JN436723

모나크 교회역사 제2권

A Public Faith

대중적 신앙

콘스탄틴부터 중세까지, 서기 312-600

아이보르 J. 데이비드슨(Ivor J. Davidson) 지음

라 은 성 옮김

존 D. 우드브리지 (John D. Woodbridge) 및
데이빗 F. 라이트 (David F. Wright)
고문편집인

팀 다울리(Tim Dowley), 시리즈 편집인

그리심

A Public Faith

by Ivor J. Davidson

대중적 신앙

저자 :

아이보르 J. 데이비드슨(Ivor J. Davidson)은 오타고(Otago) 대학교의 신학교수다. 그는 기독교 초기 교회의 역사와 신학에 관해서 많은 글을 썼다.

존 D. 우드브리지(John D. Woodbridge)는 트리니티 이벤젤리칼 디비니티 스쿨(Trinity Evangelical Divinity School)의 교회사와 기독교 사상사 연구교수이다.

데이빗 F. 라이트(David F. Wright)는 에딘버러 대학(Edinburgh University)의 교부 및 개혁주의 기독교 교수이다.

팀 다울리(Tim Dowley)는 『기독교 역사 라이온 핸드북』(*The Lion Handbook to the History of Christianity*)을 비롯하여 많은 책을 편집했다.

역자: 라은성 교수(www.eunra.com)

라은성 교수는 고신대학교(B.A.), 총신대학교 신학대학원(M.Div.),
Covenant Theological Seminary(Th.M.), Trinity Evangelical Divinity School(Th.M.)
그리고 University of Pretoria(Ph.D.)를 졸업했다.
현재 총신대학교에서 역사신학 교수로 재직 중이다.

저(역)서로는
『르네상스와 종교개혁』을 번역하여 한국기독교 출판문화상에서 주는 신학 해외번역부분 최우수상(2002년)과 『여인들의 발자취』를 써서 일반신앙 저작부분 최우수상(2005년)을 수상했고, 『다빈치 코드의 족보』를 써서 '다빈치 코드의 저격수'라는 별명을 받게 되었고, 논문을 위한 실제적인 제안서인 『연구주제부터 포맷까지』 등 이 외에도 다수의 책들 저술했다. 그 외 번역서로 『이단과 정통』, 『로마 카톨릭주의와 복음주의』, 『역사신학』, 『기독교 역사가들』 등이 있다.

저자 서문

이 책은 이 시리즈물의 첫 번째 책인 교회의 시작부터 4세기 초까지의 기독교 역사를 다룬, 『교회의 탄생』에서 시작한, 이야기를 이어받는다. 그 책에서 나는 초기 기독교가 발전시킨 사회적, 정치적, 문화적 맥락에 관한 것들을 제시하고, 첫 기독교 공동체가 조직한 주요한 방식들을 설명하며, 그리고 신앙의 첫 세기에 기독교의 회심과 확증과 도전과 팽창과 관련한 것들을 평가하려고 노력했다. 첫 번째 책에서 다루어진 이런 많은 배경들은 현재의 책에서 논의되는 이슈들, 운동들, 그리고 발전들을 이해하는데 매우 중요하고, 독자들은 여기서 자료의 반복을 피하기 위해서 많은 부분에서 『교회의 탄생』이란 책에 의뢰해야 한다. 확실히 필수적이지는 않을지라도, 이 책과 첫 번째 책을 같이 살피는 것이 바람직할 것이다.

이 책의 목표－알기 쉬운 설명, 균형 잡힌 평가, 포괄적인 취급－는 첫 번째 책과 동일하다. 그러므로 필자는 역시 항상 그 목표를 염두에 두고 집필하였다. 전처럼 나는 언급하지 않은 것들과 분석과 설명을 확대하는 유혹에 저항했어야 했던 것들과 간결성을 위해서 복잡한 상황을 과도하게 단순화시킨 위험성이 있었음을 역시 의식한다. 나는 서방 사람으로서 영어를 말하는 독자들을 위해 글을 쓰면서, 기독교의 초기 역사를 서방화 또는 유럽화시키는 안 좋은 위험성을 특히 인식한다. 그리스로마 세계가 이 시기의 기독교 신앙과 관련한 영역 전체를 대변하지 않았다는 사실과, 로마의 지배를 받았던 아프리카 지역만이 아니라 비로마제국과 아시아의 중심에 속한 다른 곳에 거주한 신자들도 선교적인 열정과 금욕적인 열정, 학문, 영성, 그리고 신학에서 활발하고 독특한 역할을 했다는 사실을 잊기가 너무 쉽다. 21세기의 시작에 서 있는 우리들은 기독교가 명백히 점점 더 서방 주도적인 사건이 되지 못하고 통계적인 수치가 아시아와 아프리카(물론 라틴아메리카를 포함하여)에 집중되는 운동이 되어가고 있을 때, 우리는 이런 발전의 양상이 고대의 뿌리로의 회귀를 대변하고 있

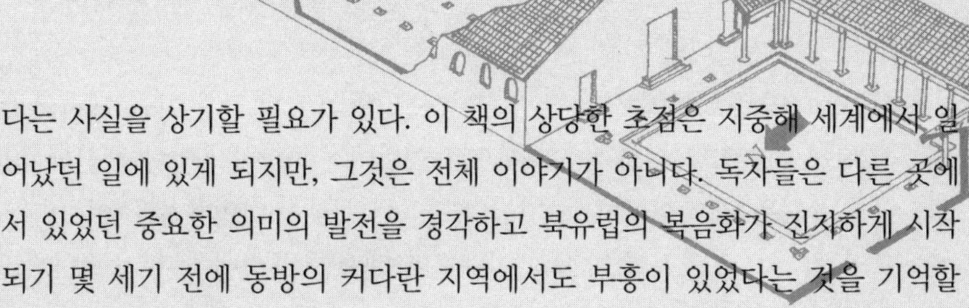

다는 사실을 상기할 필요가 있다. 이 책의 상당한 초점은 지중해 세계에서 일어났던 일에 있게 되지만, 그것은 전체 이야기가 아니다. 독자들은 다른 곳에서 있었던 중요한 의미의 발전을 경각하고 북유럽의 복음화가 진지하게 시작되기 몇 세기 전에 동방의 커다란 지역에서도 부흥이 있었다는 것을 기억할 필요가 있다.

특히 몇 페이지의 분량에 전체 세기의 발전을 설명하려는 시도인 "거시사"(Macrohistory)는 많은 부분에서 요즈음 환영받지 못하는 일이다. 너무도 자주 그러한 노력들은 어떤 시기의 모든 다양한 하부 역사들을 단일한 이야기로 축소시켜 제시하거나 큰 규모의 정치 문화적 사건만을 주로 말하는 "상의 하달식"(top-down)의 이야기 – 훨씬 더 일상적인 사회 환경에서 삶을 살아가고 있는 보통 사람들의 경험과 관점에 관한 것보다는 힘이 있고 교육을 받고 인정을 받으며 특권이 있는 자들의 세계 – 를 만들어낼 위험성이 있다. 나는 그러한 경향의 조야한 증거들을 삼가고, 유명한 몇 사람의 가정과 논증과 성취가 유일한 중요한 역사로서 취급되어서는 안 된다는 사실에 관심을 가지려고 했다. 모든 세대에서 복음을 접하고 그 복음이 활성화되는 것은 보통 크리스천들의 수많은 범주들의 믿음과 증거를 통해서다. 우리가 듣는 탁월한 주교들, 설교자들, 정치가들, 사상가들만이 아니라 – 물론 그들이 불가피하게 중요할지라도 – 나는 너무 자주 잊고 마는 사람들 – 여성, 금욕주의자, 평신도, 시인, 헌신적인 작가, 그리고 기존 형태를 도전했던 사람들 – 이 어떤 종류의 위치가 주어지게 하려고 애썼다. 짧을지라도 상징주의, 의식, 예술, 그리고 음악을 역시 논하고 크리스천의 도덕성과 실천에 대해서 상고하려는 일부 노력이 주어질 것이다. 이상적으로는 이런 양상들에 관해서 훨씬 더 많이 말해야하겠지만, 지면의 제약으로 인해 나는 일부만을 언급하고, 더 자세한 것은 자료들을 제시하려고 애썼다. 모든 단계에서 나는 인간의 "나쁜 점들까지 모두" 제시하려고 노력했다. 모든 시대에 크리스천들의 부도덕함, 실패, 퇴보, 그리고 고통을 간과하는 역사의 순행적인 접근이나 칭송 일색의 설명을 저항하려고 애썼다.

이 책의 다양한 항목에서, 가장 명확하게는 아마도 2-3장과 7-8장에서의 논의가 상당히 신학적인 설명과 필연적으로 연관이 있게 된다. 이렇게 신학적인 설명이 집중되는 데는 확실히 나 자신의 관심의 일부를 반영하지만, 이 시기의 기독교의 지적이고 영적인 발전의 이해를 위해서는 그것이 매우 중요하다고 나는 생각한다. 이 책에서 만나는 많은 인물들이 믿음을 구분하려는 후대의 경향－교리와 영성, 신학과 성경 주해, 또는 교회 활동과 개인적인 믿음을 서로 구분하여 언급하는 것－에 매우 당황할 것이다. 그 때문에 다른 사람들보다도 나는 각 영역에서 발생할 수 있는 믿음과 실천, 교리와 정치, 윤리와 예배를 복합적으로 구성함으로써 그러한 잘못된 양극성을 극복하는데 관심이 있다. 때로 그러한 접근이 제시하는 도전과 그들 자신의 정황 속에서 과거에 있었던 신학적인 논쟁들을 보게 하는 도전에 독자들이 인내하기를 나는 바란다. 다시 한 번, 제시한 책의 목록은 이러저러한 문제들을 더 깊게 탐구하기를 원하는 사람들을 위해서 선별하여 제공한다. 『교회의 탄생』에서처럼, 이 목록은 잡지나 인터넷 자료보다는 영어로 된 자료와 책으로 의도적으로 제한했다. 나는 이 책들이 연구를 시작할 수 있는 올바른 자리이며, 많은 좋은 자료들이 여기서 소개되고 있다고 믿는다. 총론적인 항목과 참고문헌의 세부적인 장들에서 열거된 많은 신학적인 가이드들은 그것을 추구하는 사람들에게 아주 큰 자극이 될 것이다.

바라기는 이 작품이 교회 역사의 초보자들에게만이 아니라 교회 역사의 중요한 세기들에 오랫동안 관심을 두고 있던 사람들에게도 어떤 가치가 있게 되는 것이다. 이 시리지물에 대한 팀 도울리(Tim Dowley) 박사의 격려와 관심과 헌신 그리고 이전 책에서처럼 이 책과 관련한 그의 모든 수고에 나는 다시 한 번 매우 감사한다. 나는 이 원고를 읽어준 익명의 독자의 언급들에도 감사한다. 나는 토니 콜린스(Tony Collins)와 모나크 책들(Monarch Books)의 스텝들에게 매우 감사한다. 그들은 이 책의 생산과 시리즈를 촉진하는 일에 아낌없는 수고를 다하였다. 또한 폴 브린커호프(Paul Brinkerhoff)와 미시간주 그랜드 래피드의 베이커 북스(Baker Books) 팀이 연출한 중요한 역할을 인정할 수 있어서 기쁘다. 데이비드 라이트(David Wright) 교수는 이제껏 격려와 현명한 조언을 제공했다. 콘스탄틴 전각의 사진에 대한 로버트 한나(Robert Hannah) 부교수의 도움과 뉴질랜드, 영국, 미국의 여타 모든 사람들이 이 책에 중요한 미술품들이 삽입될 수 있게 역할한 도움에 감사한다. 리서치로 도와준 제키 데이비스(Jacqui Davis)와 지도(maps)로 도와준 빌 무니(Bill Mooney) 그리고 자금으로 도와준 오타고(Otago) 대학에 다시 감사한다. 내가 가장 감사해야 할 사람은 가까이에서 저작되는 모든 과정을 지켜보면서 인내해준 나의 아내 쥴리(Julie)다.

아이보르(Ivor) J. 데이비드슨(Davidson)
두네딘(Dunedin), 뉴질랜드
2004년 9월

역자 서문

전체 교회 역사를 최근까지 다룬 이 책은 「교회의 제왕적 역사」(Monarch Histo of the Church)의 시리즈 8권 중 한 권이다. 그 시대의 범위는 312~600년에 이 다. 본래 이 작품은 첫 번째 책은 『교회의 탄생-예수님부터 콘스탄티누스까 30~313년』(*Birth of the Church –From Jesus to Constantine, AD 30-313*)의 후속 이다. 두 권을 연계해서 읽는 것을 추천한다. 두 권의 저자인 아이볼 데이빗슨(Iv J. Davidson)은 현재 영국, 세인트 앤드루 대학교의 역사신학교수이다. 글라스고 대학교에서 교부신학으로 박사학위(Ph.D.)를 받은 자로서 초대교회 역사에 정통 신학자이다.

이 작품은 총 14장 중 처음 7장에 걸쳐 역사적이고 교회사적인 논쟁들을 다루 있다. 그는 놀라울 정도로 공평하게 설명하면서 교회 역사에 일어난 논쟁들과 그 과들에 끼친 정치적인 영향들에만 치중하지 않는다. 아니 과장하지 않는다고 말하 편이 더 나을 지 모르겠다. 또 교부신학자답게 교부들의 신학에 특별히 관심을 쏟 있다. 초대교회에서 가장 중요한 이단 논쟁, 즉 신학 논쟁인 삼위일체 논쟁에서 타난 주역 아리오스주의와 아타나시오스에 관심을 갖는다. 아타나시오스는 사도 기독론의 구세주로 나타내기도 하지만 그의 어두운 면도 나타낸다. 이뿐만 아니 아폴리나리스주의, 네스토리오스주의 및 단성론 논쟁도 다루고 있다.

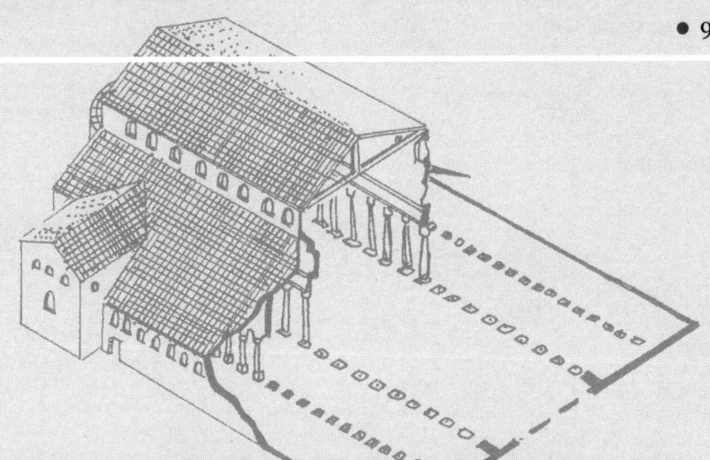

그리고 아우구스티누스와 펠라기우스의 논쟁을 균형 있게 자세히 설명하고 있다. 하지만 이 작품은 역사신학적인 측면보다 사회적이고 문화적인 배경만 아니라 인물전에 집중해 있으니 초대교회사 연구에 많은 참조가 되리라 여겨진다.

그리고 나머지 7장에서 그는 그 외 초대교회 역사에서 일어난 사건들을 자세히 다루고 있다. 예를 들면, 수도원운동, 예배, 야만족의 확장과 기독교의 확장 등과 같은 주제들이다. 더욱이 그는 여성문제에 대해서도 다룬다. 요즘 흥미 있는 주제이기에 독자들은 좋은 견해를 접할 수 있을 것이라 사료된다.

2012년 12월

라 은 성

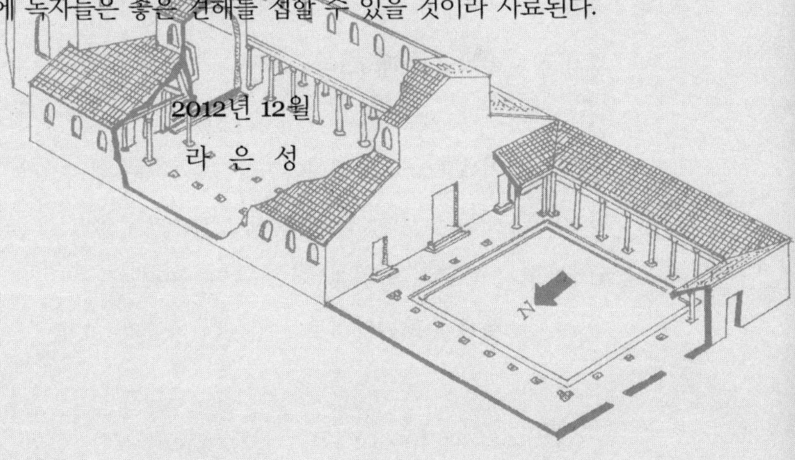

차 례

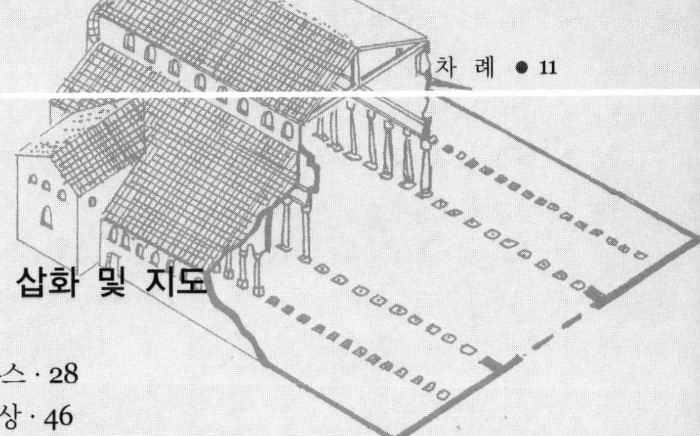

삽화 및 지도

새 시대의 여명

4세기 초의 기독교

4세기가 시작했을 때, 기독교는 처음 시작되었던 팔레스타인과는 아주 멀리 떨어진 거리까지 나아갔다. 기독교는 유대교가 기원한 곳을 멀리 넘어서서 확산되었고, 로마 세계와 그 외의 지역에서 이방인 회심자들을 얻었다. 기독교는 크고 작은 규모의 공식적인 박해와 폭넓은 대중적 무관심이나 사상에 대한 박해, 상당한 실패와 분쟁, 그리고 따르는 자들 사이에 분열을 포함하는 많은 폭풍우들을 견디어냈다. 이런 가운데 기독교는 그 본질적인 가르침을 설명하고 변화하는 정교한 지적 전통들을 발전시켰고, 또한 기독교의 사회적 구조와 내적 생명의 에너지를 언급했던 훈련과 영성과 사역의 구조를 발전시켰다.

사회의 모든 차원의 사람들을 접촉했고, 널리 서로 다른 인종적, 종교적, 문화적 배경의 사람들 사이에서 제자들을 만들어 내었다. 예배자들의 공동체는 규모에서 아주 다양했고, 시리아와 페르시아에서 서방 유럽의 아주 먼 지역에 이르기까지, 애굽과 북아프리카에서 영국, 발칸, 아르메니아 그리고 조지아(Georgia)에 이르기까지 크리스천들을 발견할 수 있었다. 기독교는 황제의 로마 영토로 결코 제한될 수 없었고, 가장 융성했던 교회들과 영적인 전통들의 많은 부분들이 아시아의 중추와 아프리카의 의미 있는 부분들에 상당히 집중되어 있었다. 새로운 종교 운동들이 많아지고 다원주의가 삶의 실제였던 세계에서 이 믿음은 – 모든 사람들을 위해서 메시지가 있었지만 한 분 하나님과 그리스도에게 독점적인 헌신을 요구했던 – 상당히 강력한 세력이 되었다. 전반적으로 로마 제국 내에서 인구의 10퍼센트나 그 이상은 스스로를 크리스천이라 불렀고, 로마의 지배를 넘어서는 지역들에서도 크리스천의 상당한 수를 발견할 수 있었다.

신자들의 대다수는 도시 지역에 여전히 자리하고 있었으며, 많은 시골 지역에 살았던 사람들은 기독교 복음을 접할 수 없는 상태에 있었다. 그럼에도 불구하고 삼세기 후반에 기독교는 시골 지역으로도 꽤 상당히 확산되었고, 지역 신들의 제의에 대한 대중적인 열정이 상당히 축소되고 있었다. 크리스천들은 개인 가옥에서 여전히 자주 만났지만 많은 지역에서 그들이 모이는 방은 교회 소유로 공식적으로 인정되었고, 그들의 성직자들은 공개적으로 지도자로 인정되었으며, 그들의 의식과 가르침과 조직의 형태는 대체로 사회에 의해 통상적으로 목격되었다. 로마 세계의 사람들의 다수는 크리스천의 행동에 개의치 않았지만, 크리스천들의 이상한 방식에 대한 소문이 돌았고, 시기가 어려워질 땐 크리스천들을 조소하고 비난할 가능성이 항상 있었지만, 고대 도시 사회에 서로 부딪히는 밀집적인 환경에서 열정적인 크리스천들의 영향을 피하거나 그들과 같이 살고 있다는 것을 인정하지 않을 수 없었다. 실로 개인적인 차원에서 많은 보통 사람들이 크리스천 이웃과 완벽하게 조화를 이루었을 것이고, 어떤 이들은 그들의 삶의 방식에 대한 헌신에 감탄했을 것이다. 크리스천들을 점차적으로 유복한 환경과 책임 있는 자리, 행정, 경제적인 활동, 전문 직업, 그리고 황제의 일가에서 발견할 수 있었다. 한 마디로 그들을 무시하기에는 이제 그 수가 너무 많아졌다.

그리고 실로 이것은 문제였다. 처음이 아니라 크리스천들이 정치적인 책임이 있다는 것이 권위자들에게 분명했었다. 로마세계에서 고전적인 종교의 모든 신과 여신들의 배후, 또는 그것을 뛰어넘는 단일한 신적 존재가 있다는 개념에 대한 상당한 공감이 있었다. 그러나 크리스천들은 – 유대 조상들과 동류기인(畸人)들처럼 – 아주 진지하게 일신론의 의무를 취하는 것으로 보였다. 세대에 걸쳐서 그리스도를 따르는 자들은 황제를 신으로 인정함으로써 또는 로마의 전통적인 신들에게 희생제사를 드림으로써 주님에 대한 헌신을 훼손하기를 거부했고, 황제의 제의에 대한 그들의 태도에서 아주 불편해했다. 3세기에는 대의에 대한 배반자이든 순교자이든 상당한 수의 크리스천들이 굴복하는 것을 보았을지라도, 그들의 충성과 관련해서 지속적인 불확신이 있었다. 황제는 강력하고 믿을 만한 군대에 결정적으로 의존했고, 일부 크리스천들은 전혀 군대에서 봉사하기를 거부했다. 어떤 다른 크리스천들은 전쟁에 참전했을 때 십자가의 성호를 그림으로써 로마의 수호신을 범하는 일을 무릅썼다. 쉽게 일이 잘못될 수 있었던 세계에서 크리스천들은 로마의 안전에 커다란 위협이었다. 이 때문에 크리스천들은 다시 한 번 박해를 받았다.

"대박해"

처음에 로마의 군대에서 신자들을 몰아내는 조치가 취해졌다. 보다 많은 광범위한 행위가 뒤따랐다. 303-304년에 시작된 "대박해"는 크리스천들을 일괄적으로 짓누르려는 시도였다.1) 처음에 피 흘림을 피하려는 일부 노력이 있었다. 크리스천들의 권리를 축소시키고, 신자들이 주요한 직책에서 물러나게 하고, 그들의 재산을 빼앗고, 지도자들을 구금하며, 성경을 불태우는 전략이 있었다. 그러나 황제의 모든 시민들을 로마의 신들에게 제물로 바치는 사형의 벌을 내리겠다고 강압하였을 때 사태는 더 위협적이 되었다.

시도된 박해는 범위와 강도 그리고 지속성에서 상당히 다양했고, 박해의 궁극적인 영향은 서방에서보다도 제국의 동방에서 훨씬 더 심각했다. 동방에서 갈레리우스(Galerius) 황제와 막시민 다이아(Maximin Daia)는 기독교를 야만적인 결의를 갖고서 파괴하려고 했다. 그들은 그들의 명령에 순응하지 않는 크리스천들을 구금하고 유배시키고 고문했다. 이전의 박해에서처럼 많은 신자들이 박해 중에 굴복하기도 하였지만 또 많은 이들이 끝까지 신앙을 누그러뜨리지 않고서 충실하게 죽음의 고통을 맞거나 끔찍한 상처를 안고서 남은 생애를 견디어냈다.

그 대가가 아무리 끔직한 것이라 할지라도 크리스천들은 인내했다. 갈레리

A.D. 312년에 밀비안 다리에서의 승리를 기념하는 로마 황제 콘스탄틴의 전각.
로버트 하나(Robert Hannah)가 그린 그림. 허락을 받고 실었다.

우스는 311년 5월에 죽었는데, 그는 침상에서 크리스천에 대한 사면령을 내렸고, 그와 로마 국가를 위해서 크리스천들이 기도해 줄 것을 호소했다. 하지만 거의 변화가 없었다. 막시민은 특히 애굽 교회에 끔찍한 위해를 가하면서 열정적으로 박해를 새롭게 했다. 하지만 그의 시대도 계수되고 있었다. 네 존속하는 제국의 통치자들 사이에 세력 싸움이 있었다. 이 네 통치자들은 소아시아, 시리아, 애굽의 막시민(동방에서 가장 선임 황제였던)과 갈레리우스가 이전에 신임하였던 리시니우스(Licinius), 이탈리아와 북아프리카의 막센티우스(Maxentius) 그리고 이때에 영국과 골(Gaul)과 스페인을 지배하였던 서방의 이전 아우구스투스인 콘스탄티우스의 아들 콘스탄틴(Constantine)이었다. 콘스탄틴은 리시니우스와 동맹을 맺었고 막센티우스는 막시민과 동맹을 맺었다. 312년 10월 28일에는 콘스탄틴이 로마 외곽의 밀비안 다리에서 막센티우스를 패퇴시키고, 서방을 충분히 제어할 수 있게 되었다. 그의 승리는 그리스도의 십자가 표지와 기독교의 하나님의 은혜로 발생하였던 것으로 전해진다.

콘스탄틴은 이미 기독교에 대한 관용 정책을 수년에 걸쳐서 채택했고, 막센티우스도 서방에서 폭넓게 관용적인 접근을 시행했다. 동방에서 막시민이 채택한 사악한 행동을 이제 콘스탄틴과 리시니우스가 반대했다. 콘스탄틴은 특히 동방의 막시민을 제어하려는 목표를 두고서 제국의 모든 영역에서 박해를 중단할 것을 명령했다. 막시민은 크리스천들이 믿음을 실천할 수 있는 권리를 부여하고 동방 지역에 관용령을 발행했다. 하지만 그들이 재산을 다시 찾을 수 있게 허락하지는 않았다. 313년 2월에 콘스탄틴과 리시니우스는 밀란에서 만났고, 리시니우스와 콘스탄틴의 이복 여동생인 콘스탄티아(Constantia)의 결혼으로 동맹을 확고히 했다. 그들은 그들의 영토에서 종교적인 자유의 정책에 동의했다. 두 달 뒤에 리시니우스는, 전해지는 바에 따르면, "지고의 하나님" 께 도움을 구한 후에 아드리아노플의 전투에서 막시민을 패퇴시키는 데 성공했다. 리시니우스는 동방의 지배자가 되었고 콘스탄틴은 서방의 지배자가 되었다.

박해의 끝

313년에 리시니우스는 그의 지역의 통치자들에게 그의 이름과 콘스탄틴의 이름으로 크리스천에 대한 모든 박해를 중단하고 신자 개인과 집합적인 실체로서 교회에 속하는 땅과 재산들을 회복시킬 것을 명하는 회람을 발행했다. 모든 사람들이 그들의 양심에 따라서 예배할 자유가 있게 되었다. 소위 이 "밀란의 칙령" 은 (그것의 관습적인 이름이 잘못 호도하고 있는 것처럼) 밀란에서 콘스탄틴과 리시니우스가 몇 달 전에 만났던 것에서 출원하지는 않았지만, 이 두 사람이 이미 그곳에서 분명히 동의했던 전략을 반영했다. 그것은 박해가 끝났다는 공식적인 선언이었다. 막시민은 스스로 목숨을 끊었고, 동방에서 그의 박해의 마지막 흔적은 사라졌다.

그럼에도 불구하고 콘스탄틴과 리시니우스의 동맹은 허약했다. 콘스탄틴은 처음부터 유일한 황제가 되려는 야망을 명확하게 육성시켰고, 오래지 않아 그와 리니시우스는 갈라지게 되었다. 리시니우스의 관용에 대한 애착은 콘스탄틴의 애착보다는 빈약했고, 콘스탄틴과의 동맹이 무너지기 시작했을 때, 그는 그의 대적자 곧 콘스탄틴의 열렬한 지지자로서 크리스천들을 박해하는 일을 다시 한 번 시도했다. 그의 반 기독교적인 조치들은 뒤이어지는 해에 강력하게 촉진되었고, 그는 교회의 법적 특권을 취소하고 기독교인들의 활동을 억압하기를 추구했다. 그러나 결국에 리시니우스는 콘스탄틴에게 상대가 되지 않았다. 콘스탄틴은 크리스천들에 대한 이전 동맹자의 점증하는 적대를 그가 마지막 대결을 펼칠 정당성을 제공하는 것으로 간주했다. 324년의 말경에 콘스탄틴은 리시니우스를 패퇴시키고 폐위시켰으며, 기독교인들을 더 이상 괴롭히는 일은 이제 없게 되었다. 콘스탄틴은 교회와 교회의 지도자들에 대해서 이전에 벌써 상당한 호의를 베풀었다. 그의 전임자들이 하지 않았던 방식으로 기독교를 공개적으로 대우한 황제는 로마 세계의 유일한 책임이 있게 되었다.

콘스탄틴은 어떤 크리스천이었는가?

그러나 콘스탄틴은 어떤 크리스천이었는가? 그의 기독교 예찬자들은 밀비안 다리에서의 승리가 그가 이미 그 실제를 확신하고 있었던 기독교의 하나님에 대한 그의 헌신에 직접적으로 영향을 주었고, 그리스도에 대한 그의 전환은 로마 제국에 대한 하나님의 은혜의 새 시대의 여명을 열었다고 여긴다. 이에 뒤이어지는 모든 것들은 하나님이 선택하신 통치자의 불가피한 주도와, 기독교 원리에 입각한 모범적인 질서를 확립하도록 부름 받은 신이 임명한 지도자에 의한 악의 세력에 대한 승리였다.

기독교적인 대의에 대한 콘스탄틴의 공개적인 지원은 막센티우스를 패배시키기 전이나 그 즈음에 아주 명확했고, 뒤이은 시기에서 그의 행동들은 단순한 관용 이상의 정책을 보였다. 우리가 뒤이어지는 페이지들에서 보다 상세하게 보게 되는 것처럼, 그의 통치 하에서 크리스천들은 상당한 재정적, 법적, 문화적 혜택을 직접적으로 받았고, 이는 정치적인 측면에서만이 아니라 도덕적으로 영적으로 기독교의 대의가 진리라는 확증을 암시했다. 전적으로 로마 제국의 이전 역사에서는 없었던 형태로 교회는 명백한 사회적 혜택의 수령자가 되었고, 예수를 따르는 자들이 고수했던 믿음의 전반적인 형태는 황제의 개인적인 후원에 의해 복을 누렸다.

하지만 콘스탄틴의 실제적인 종교적 확증에 대해서 많은 모호함이 있다. 그가 밀비안 전투에서 군사들에게 창에 그릴 것을 명했다는 군호 – 그리스도의 이름을 상징하는 '카이로' (그리스도를 의미하는 헬라어 – 역자주)라는 문자 형태의 십자가[2] – 는 당시에 존재했던 로마 기병대의 표시를 각색한 것이지 기독교와 전혀 관계가 없었을 것이다. 어쨌든 콘스탄틴의 상징은 '라바룸' (군장)으로 알려지게 되었고, 이는 제우스의 제의에 나오는 전통적인 상징이었던 '리바리스' 또는 이중 도끼와 관련이 있었을 수도 있음을 함축한다.

콘스탄틴이 전투에 참가하기 전에 하늘에 있었던 십자가의 상징을 경험했다는 이야기는 다른 역본들에서 이교의 태양신의 환상으로서 제시된다.[3] 이 신은 그에게 확실히 지속적으로 중요했던 것으로 보인다. 그가 황제로서 초기에 발행했던 동전들은 다양한 다른 이교 신들의 상징만이 아니라 '솔 인빅투스' (*Sol Invictus*) 즉 "무적의 태양"이란 이미지를 포함했다. 그리고 나중에 막센티우스와의 전쟁에서 승리한 것을 기념하기 위해서 로마에 세워진 현존하는 기념비는 '솔 인빅투스' 를 콘스탄틴의 보호자로 묘사하고 있고 그것은 구체화되지 않은 단순히 "신성"을 가리킨다. 321년에 콘스탄틴이 주간의 첫날을 공휴일(또는 꼭 필요하지 않는 노동은 하지 않는 날로 정하고 재판소와 같은 공기관들은 노예를 자유롭게 하는 구제의 목적으로만 열릴 수 있게 한)로 선언했을 때, 그가 진술한 이유는 기독교의 예배와 실천을 촉진하려는 것이라기보다는 "태양을 숭배하는 날"을 존중하려는 것이었다.

콘스탄틴의 십자가 환상의 기사가 어떤 사실이 들어있다면, 그는 기독교의 하나님을 개인 수호신인 태양신과 연관 지었다고 생각할 수 있을 것이다. 그러한 의례적인 형상이 "의의 태양" (참조 말 4:2)으로서 그리스도에 관한 성경적 개념과 제휴시키는 것은 어렵지 않았다. 기독교 설교자들은 그리스도의 개념을 인간의 빛의 근원으로서 태양의 본성을 가진 구원의 빛과 자주 연관시켰고, 크리스천들이 주일(일요일)에 만났을 때 태양 숭배와 관련이 있다는 대중적인 소문이 오랫동안 있었다. 로마의 성 베드로 무덤에서 발견된 3세기 말과 4세기 초의 모자이크는 그리스도를 전차 속에 있는 태양신 아폴로로 명백하게 묘사하고 있고, 콘스탄틴은 아폴로의 형상을 보스포러스(Bosphorus) 해협에 콘스탄티노플의 새 도시에서 자신의 공적인 신상(statue)으로 활용했다. 콘스탄틴에게서 그가 좋아하는 신의 전통적인 상징과 기독교의 하나님의 교리를 제휴시키는 것은 꽤 쉬운 일이었을 것이다.

이런 저런 모호한 관계에 비추어 볼 때, 콘스탄틴의 회심 이야기는 기독교 역사에서 가장 복잡하고 논쟁적인 장(chapters) 중에 하나다. 콘스탄틴은 참으로 크리스천이 되었는가 그렇지 않았는가? 어떤 해석자들은 그가 그리스도의 참된 제자가 된 것이 아니라 단지 자신의 목적을 위해서 로마 세계 내에 기독교의 의미를 이용할 것을 선택했다고 믿는다. 그의 행위에 따른 결과는 교회의 영적 순결에 재앙이었고, 그 교리와 실천은 21세기에서조차 전적으로 행해질 수 없었던 방식으로 정치적인 압박과 문화적인 유행에 영향을 받을 수밖에 없었다. 반면에 다른 이들에게서 콘스탄틴은 믿음의 참된 옹호자였고, 그의 회심은 예수의 첫 제자들이 상상할 수 없었던 기독교의 팽창과 인정을 위한 기회를 연 하나님의 섭리의 놀라운 조치였다.

그렇게 서로 다른 견해들이 존재하는 것으로 보건대, 콘스탄틴을 어떻게 평가해야 하는가? 이 질문에 대답하기를 시도하는데 영향을 줄 수 있는, 이 책에서 우리의 이야기를 시작할 수 있는 다양한 증거들이 있다. 역사에서 기독교회의 이야기에서 콘스탄틴의 회심의 의미를 과장하는 것이 가능할지라도 – 콘스탄틴은 기독교를 채택한 첫 통치자가 아니고 아시아와 아프리카에서 무수한 신자들이 그의 제국의 범주 내에 속하지 않았다 – 우리가 뒤이어지는 장들에서 상고할 거의 모든 것은 4세기 초의 정치적인 분기점에 의해 어떤 차원에서든 영향을 받았다. 우리가 콘스탄틴에 대해서 무슨 말을 하던 간에 크리스천들이 숨 쉬었던 공기는 그의 시대로부터 다시는 전과 같지 않았다. 좋든 나쁘든 – 어떤 면에서는 둘 다 – 기독교 신앙에 대한 새 시대가 열렸다.

제1장

콘스탄틴과 교회들

콘스탄틴과 이교 종교

콘스탄틴이 311년이나 312년에 크리스천이 되었더라도, 그는 전통적인 종교와 관련한 행동을 전적으로 변혁시키는 것을 허락하지 않았다. 수년에 걸쳐서 콘스탄틴 시대의 동전은 이교 신들을 그려 넣는 일을 계속했고, 그는 아우구스투스 이래로 모든 황제들이 보유한 이교 대제사장의 칭호인 '본티펙스 막시무스' (*Pontifex Maximus*)를 유지했다. 그는 황제의 제의를 축소시키는 일은 거의 하지 않았다. 그가 짐승의 제사를 한탄하고 그러한 제의를 행하지 않을 기독교 관리들을 임명하는 것을 선호한 것으로 보이지만, 그가 짐승의 제사를 단절시켰다는 증거는 없다. 주일(일요일)에 대한 제정이 보여주는 것처럼, 그의 친 기독교적 행위들은 비 기독교적 개념에 호소하였다. 그때에 우리는 적어도 그가 관습적인 종교적 상징들의 문화적 중요성에 민감했음을 보여주는 수고를 취했다고 말할 수 있다.

크리스천에 대한 혜택

그럼에도 불구하고 콘스탄틴의 기독교에 대한 공적 지원은 막센티우스를 패배시킨 후에 곧바로 나타났다. 크리스천의 하나님이 밀비안 다리에서 그의 승리를 부여하셨다면, 그는 그 빚을 인식하는데 게으르지 않았다. 오랫동안 관용 정책을 택한 그는 일찍이 313년부터 예수를 따르는 자들에게 공개적인 호의를 베풀기를 시작했다. 단지 박해의 문제가 공식적으로 끝난 것만이 아니라, 그는 기독교에 이득을 가져오는 일을 적극적으로 장려하였다. 그는 교회를 공식적인 지위를 갖는 공적 단체로서 인정하였다. 기독교는 더 이상 사사롭고 은밀한 운동이 아니라 합법적인 권리와 상당한 사회적 특권을 가진 실체였다.

수년에 걸친 많은 법적인 조치들이 교회의 이익을 촉진시켰다. 성직자들은 시민의 책임과 세금을 면제받았다. 주교들은 다양한 민사 소송에 판결을 하게 되었고, 주교들이 참석하여 교회 앞에서 노예를 법적으로 자유롭게 하는 일이 가능하게 되었다. 처음으로 기독교 목사들이 종군 목사로 임명되었다. 교회는 부자들로부터 유산을 받을 수 있게도 되었다. 때로 크리스천들이 혜택을 받음으로 다른 이들이 손해를 보는 경향이 있었다. 전통적으로 그 마을의 의무에서 면제받을 수 있었던 유대인들이 이런 면제 혜택을 받을 수 없게 되었다. 유대인들은 크리스천들이 혜택을 입은 것만큼 상실을 입었다. 상류층 시민들이 단순히 도시의 의무에서 면제를 받기 위해서 성직자가 되지 못하게 하는 법이 시행되었다. 크리스천들은 결국 더 좋은 실제적인 자격을 갖춘 다른 이들에게 손해를 가져오며 많은 종류의 행정적인 자리에 오르는 혜택을 입었다.

혜택을 입은 기독교 전문직의 한 사례는 303년에 박해가 발생할 때까지 니코미디아(Nicomedia)의 디오클레시안의 법정에서 이전에 봉사했던 수사학 교사인 락탄티우스(Lactantius, 약 250-325)였다. 이제 늦은 나이에 그는 콘스탄틴의 젊은 아들인 크리스푸스(Crispus)의 가정교사로 임명되었다. 과거 수년에 걸쳐서 락탄티우스는 '신의 제도'(*Divine Instititute*)라 불리는 이교 종교의 잘못을 의례적으로 논증한 기독교 신앙의 명쾌한 라틴어 해석을 작성하는데 참여했다. 기독교적 방식의 진리에 관한 지적인 비판자들을 설득할 목적으로 락탄티우스는 그리스도가 이교만이 아니라 성경적 자료에서도 발견되는 예언과 기대의 성취라고 논증했고(콘스탄틴은 버질의 네 번째 '목가'[Eclogue]에 나오는 처녀에게서 난 영웅의 이야기를 "메시아적"인 것으로 지적했다),

기독교 윤리를 특징짓는 인성을 권장했다. 313-315년에 생산된 『박해자의 죽음에 관하여』(*On the Deaths of the Persecutor*)란 락탄티우스의 앙심에 찬 소책자는 콘스탄틴이 기독교를 옹호하는 자라고 믿었던 사람에 의해 쓰였다. 그것은 교회를 괴롭혔던 사람들, 특히 갈레리우스와 막시민이 당하는 고통스러운 죽음을 묘사하고 있다. 이것은 그들의 사악성에 대해서 하나님이 심판하신 것이라는 것이다. 또한 그것은 순교자들이 하나님에 의해 보수하심을 받은 것으로 그리고 있다. 박해에 대한 가치 있는 자료이자 기독교 승리주의의 강력한 논조를 담고 있는 이 작품은 교회에서 많은 이들에게 영향을 주었던 정치적인 확신의 정신을 암시한다.[1)]

콘스탄틴은 유린하는 박해의 시대를 끝낸 후에 상당한 돈을 교회 건물을 재건하는데 바쳤고, 성스러운 글(텍스트)들을 폭넓게 파괴하는 것을 끝낸 후에, 성경을 복사하는 일에 재정을 투자했다. 밀비안 다리에서의 승리를 만끽한 후에 그는 로마의 교회에 이전에 황궁이 들어있었던 곳을 기증했고, 종국에 성 요한의 라테란 대성당이 되었던 커다란 건물을 짓는 일을 시작했다. 새 교회들이 베드로와 바울이 묻혀 있다고 생각되는 사원에 세워졌고, 258년에 발레리안(Valerian) 황제에 의해 순교된 아주 존경받는 로마의 성직자인 성 로렌스(Lawrence)가 묻혀 있던 곳에도 성전이 세워졌다.[2)] 콘스탄틴의 어머니인 헬레나(Helena)가 거주했던 궁전은 그리스도가 못 박히셨던 바로 그 십자가 유물이 적재되었다고 말들을 하고, 이 장소는 역시 나중에 대교회가 세워질 것이다. 아울러 콘스탄틴은 기독교 공동체에 많은 자원을 기증하여 이 모든 재산을 유지할 수 있게 했고, 궁핍한 자들에게 자비를 확대시킬 수 있게 했다.

교회를 위한 이런 지출은 로마로 한정되지 않았다. 동방에서도 니코메디아(Nicomedia), 안디옥 그리고 다른 여러 곳에서 장엄한 건물이 세워졌다. 팔레스타인은 특별한 관심의 대상이 되었는데, 그곳은 크리스천들의 존중을 받는 거룩한 장소가 되었다. 예루살렘에서 헬레나는 그리스도가 달려 죽으셨던 본래의 십자가라고 일컫는 것을 발견하였고, 예수가 묻히셨다고 추정되는 곳은 하드리안(Hadrian)이 세웠던 이교 신전 아래에 있는 것으로 확인되었다. 따라서 부활의 새 교회가 그 지점을 특징짓기 위해서 세워졌다(그 건물의 일부는

본문에 나오는 주요한 장소들을 보여주는 4세기와 5세기의 기독교

후대의 '성묘교회' [Holy Sepulcher]로 계속해서 존재하고 있다). 베들레헴에서 콘스탄틴의 재물은 장엄한 '성탄교회' (Holy Nativity)의 탄생에 일조했다. "성지"(*terra sancta*)는 기독교인들의 중요한 순례지가 되었고, 신자들은 그들의 주님이 걸으셨고, 말씀하셨고, 고난당하셨고, 죽으셨던 곳을 보기 위해서 몰려들기 시작했다.

성지를 방문하는 일은 그리스 로마 세계에서 수 세기 동안 흔한 현상이었고, 삼세기에 순례자로서 팔레스타인으로 크리스천들이 갔다는 몇몇 증거들을 발견할 수 있다. 콘스탄틴과 헬레나의 영향 아래서 그러한 여행은 증폭되었다. 4세기 후반에, 성경의 아주 많은 이야기들이 설정되는 조망을 목격하고 예수가 계셨던 곳에서 영적 체험을 열망하는 많은 크리스천들이 성지로 향하였다. 성지는 그 자체가 특별한 것으로 간주되었기 때문이 아니라 그 성지에서 살았던 거룩한 사람들 – 무엇보다도 그리스도 – 로 인해서 특별한 거룩성이 부여되었다고 믿었기 때문이다. 순례여행의 성장은 기독교 영성과 이상의 확산, 예전적인 실천, 성인들의 제의, 그리고 대체로 교회에서 성인들의 유물에 대한 주요하고 긴 영향을 가질 것이다.[3)]

콘스탄틴이 유일한 황제가 되다

콘스탄틴의 많은 증여는 4세기에 십 수 년에 걸쳐서 부여되었다. 이 시기에 그는 자신의 정치적인 위치를 공고히 하고 절대적인 권력을 확보하는 일을 꾸준히 힘썼다. 그가 313년에 리시니우스와 동맹을 맺었음에도 불구하고 그의 동료와의 관계는 처음부터 쉽지 않았다. 316년에 그 동맹은 깨어졌고, 리시니우스는 동방의 상당 부분을 콘스탄틴의 지배하에 내어주었다. 이로 인해 리시니우스는 남아 있는 그의 영토에서 기독교에 대한 적대적인 정책을 부활시켰다. 그는 먼저 기독교인들의 법적 특권을 없앴고, 나중에는 아르메이나에서 신자들을 박해하는 일을 적극적으로 펼쳤다. 313년 이전과 이후에 크리스천들에게 관용을 보이고 기독교인 아내와 결혼하였을 동안에도 리시니우스는 교회에 전적으로 호의를 보이는 콘스탄틴의 열정을 공유하지는 않았지만, 그 두 사람이 헤어지고 한 다음에 리시니우스는 기독교 지도자들을 자신의 대적자를 지지하는 자로 간주했다. 그가 착각한 것은 아니었다. 콘스탄틴은 그의 정치적 대의를 지지할 수 있도록 동방의 주교들을 적극적으로 영입하였기 때문이다.

리시니우스의 반 기독교 조치들은 천천히 더 강렬해졌고, 결국에 그러한 정책은 콘스탄틴이 그를 붕괴시킬 수 있는 구실을 제공했다. 324년 9월에 콘스탄틴은 보스포로스(Bosphorus)로 들어가는 입구 근처의 크리소폴리스(Chrysopolis) 전투에서 이전 동맹국을 패배시키고 로마 세계의 유일한 통치자가 되었다. 리시니우스는 포로로 잡혀 나중에 처형되었다. 콘스탄틴은 제국을 재통합하는 일을 하나님이 자기에서 요청하신 사명이라고 스스로 고백한 것을 이루어내었다. 모든 제국의 백성들은 한분 참되신 하나님을 섬기도록 명령을 받았다. 자연히 대다수는 그러한 일을 하지 않았고, 승낙을 얻어내려고 종교적인 억압을 하는 것은 금지되어 있었다. 하지만 적어도 명목상일지라도 기독교로의 폭넓은 전환이 있었을 것이다.

콘스탄티노플: "새 로마"

리시니우스를 패배시킨 후에 콘스탄틴은 흑해 입구의 비잔틴의 역사적 장소에 새로운 도시, 즉 동방의 "새로운 로마"를 세울 생각을 품었다. 신의 계시에서 기원되었다고 말했던 이 계획은 기독교 도시를 세우기 위해서 이교제의와 관계한 것들로 더럽혀지지 않았고, 이 도시는 새로운 "기독교" 제국의 중심으로 기능할 "콘스탄티노플"로 알려지게 되었다. 이 도시의 건설은 330년까지 이루어졌고, 이런 오랜 기간 동안 콘스탄틴은 주로 니코데미아에서 거주하며 가끔 방대한 건설 계획이 진전되는 것을 감독하기 위해서 방문하는 것으로 만족했다. 이 새로운 도시는 신전을 포함하지 않았고, 많은 수의 교회를 가졌는데, 그 중에 가장 장엄한 것은 '성 지혜의 교회' (Holy Wisdom, Sancta Sophia)였다. 황제와 교회 사이의 본질적인 관계를 상징하면서 이 교회는 황궁과 인접해 있었다.

이 도시가 330년에 화려하게 헌정되었을지라도, 오직 한 성당만이 콘스탄틴이 살아 있을 동안에 완성되었다 – '성 사도교회' (Holy Apostles)는 황제의 무덤으로 기능하려고 의도되었고, 거기서 황제는 그리스도의 복음의 열 세 번째이자 마지막 "사도"로 매장될 것이었다. '성 지혜의 교회' 는 콘스탄틴의 아들 콘스탄니우스 2세 때인 360년에 가서야 완공되었다. 그래도 콘스탄틴의 도시는 그의 시대에 이미 웅장한 공공건물과 많은 약탈한 예술품(특히 이교신전에서 가져온 조각들)들이 채워지고, 새로운 원로원 엘리트들이 거주했으며, 신분과 부에 대한 다양한 약속들로 인해서 동방의 사람들을 유혹한 장엄한 도시가 되었다. 그의 조신들은 매 주일 "승리의 하나님"을 예배하도록 부름을 받았고, 종교적 도덕적 문제에 대해서 하나님의 주권적인 조언을 듣도록 요구를 받았다.

로마는 이미 정치적인 중요성에서 퇴색하기를 시작했다. 황제의 진정한 수도는 황제 자신이 기거하는 곳이 되었기 때문이다. 서방에서 트리어(Trier)와 같은 도시가 황제가 기거함으로써 새로운 중요성을 갖기 시작한 것처럼 말이다. 콘스탄틴은 326년 이후에는 로마를 방문하지 않았다. 콘스탄티노플 도시를 세운 후에 로마의 정치적 쇠퇴는 가속화되었다.[4] 콘스탄티노플의 원로원은 로마의 원로원보다 기술적으로는 열등할 수 있었지만, 황제가 그의 이미지를 구현하기를 의도했고 또 그가 그곳에 있기를 선택했던 것이 바로 그 도시였다. 황제의 마지막 로마 여행은 불화로 가득했기에 그의 집안싸움은 그의 아들인 크리스보(Crispus)와 그의 둘째 아내인 파우스타(Fausta)의 처형으로 이끌어졌다. 라테란에서 파우스타가 거주한 궁전은 주교인 실베스터(Silvester)에게 건네져서 그의 공식적인 거주지로 기능했다.[5] 그러므로 로마의 가장 중요한 사람은 그 도시의 주교인 것으로 보였다.

주교들의 찬탄: 가이사랴의 유세비우스

당연하게 콘스탄틴은 교회 지도자들 사이에서 많은 찬탄자와 적극적인 조언자들을 가질 수 있었다. 코르도바의 오시우스(Ossius, 약 256-357)는 황제의 특별한 고문관으로 역할했고, 제국 내에 정치적인 성인(saint)으로 콘스탄틴을 간주했던 많은 다른 주교들이 있었다. 그들 가운데 가장 유명한 자는 유세비우스(Eusebius, 260-340)가 있었다. 그는 314년에 가이사랴의 주교가 되었다. 이전에 박학한 오리겐 학파와 순교자 팜필리우스(Pamphilus)의 학도였던 그는 동방에서 박해가 발생했을 때 이미 중년의 나이에 있었고, 그는 그 시기에 가이사랴에서 두로로 그리고 한때에 구금되었던 애굽으로 도망했다. 콘스탄틴 시대에 복직된 그는, 논쟁이 되기는 할지라도, 320년대의 교리 논쟁에서 주요한 역할을 했다. 박해에 대한 그의 기사는 기독교를 분쇄하려는 사람들의 야만성과 그들의 계획의 무용성을 강조한다.

비판자들과 박해자들에 대한 유세비우스의 방대하고 적극적인 믿음의 변호는 폭넓은 범주의 문학적 기획에서 그 표현을 발견할 수 있지만 그 사실이 특히 『복음의 준비』(*Preparation for the Gospel*)와 『복음의 제시』(*Demonstration of the Gospels*)(또는 『복음의 증거』)라는 두 논문에 특히 집중되어 있다. 『복음의 제시』는 손상된 채로 전해지고 있다. 이 두 작품은 기독교의 복음을 이교와 유대교가 소망한 것의 분명한 성취로 간주하고, 그 모든 것들이 콘스탄틴

가이사랴의 유세비우스
미시간 대학의 '특별한 작품' (Special Collection) 도서관에 소장되어 있는 Andre Thevet, *Les Vrais Portraits et Vies des Hommes Illustres*(Paris, 1584)의 그림. 허락을 받고 실었다.

의 영향 하에서, 그의 섭리적인 혜택이 교회가 역사에서 정점에 이르게 했다고 보았다. 동일한 찬사가 유세비우스의 가장 잘 알려지고 유명한 『교회사』(*Ecclesiastical History*)란 책에서 넘친다. 그것은 기독교의 이야기에 관한 전반적인 기사를 제공하는 일을 처음으로 시도한다. 역사가로서 유세비우스의 자질은 평가하기가 복잡하고, 어떤 점에서 그의 작품은 적지 않게 고고학의 다른 역사적 증거와 더불어 살피는 것이 필요하지만, 교회의 발전에 관한 그의 설명은 그 형태가 편협할지라도 고전적인 가치가 있는 자료다.

수년에 걸쳐서 작성된 유세비우스의 『교회사』는 311년에 박해의 끝에서 324년에 리시니우스의 패배에 이르기까지 정치적 상황이 바뀌었을 때의 다양한 변화들을 반영해준다. 그것은 사실상 이 땅에 하나님 나라의 성취로서 콘스탄틴의 회심과 통치를 절정으로 삼는다. 하나님의 목적에 따르면, 교회와 황제의 연합은 유세비우스에게 그리스도의 대의를 위한 믿음과 정치의 명확한 수렴을 대변한다. 『콘스탄틴의 생애』(*Life of Constantine*)로 알려진 우아한 네 권의 송덕문은 그 주군이 죽은 후에 완성되었는데, 유세비우스는 그의 영웅의 위치를 이 땅에서 하나님의 대리자로 설명한다.[6]

도나투스주의자들

그러나 콘스탄틴의 관대함은 다른 문제를 낳았다. 북아프리카에서 황제는 그의 호의를 얻기 위해서 경쟁하는 크리스천들이 있음을 발견했다. 그곳에서 두 구분되는 그룹들은 가톨릭교회를 대변한다고 서로 주장했다. 그들 사이에 분열은 교회의 훈련과 순결의 영역에서 왔다. 이런 분쟁이 발생한 것은 놀라운 일이 아니었다. 북아프리카에서 그러한 문제를 놓고 250년대부터 수 세대에 걸쳐서 심각한 논쟁이 있었기 때문이다.[7] 그러나 콘스탄틴의 시대에 이런 종류의 차이는 잠재적인 새로운 요소에 의해서 영향을 받았다 – 자신들의 입장이 참되다는 것을 행정당국에 설득할 수 있는 사람들을 위한 황제의 지원을 기대하였다. 수세기 동안 크리스천들이 황제에게 호소하였지만 이전에는 중요한 정치적 보상과 관련한 성공의 전망은 전혀 없었다.

311년이나 312년에 카실리안(Caecilian)이 카르타고(Carthage)에 새 주교로 임명되었다. 하지만 그는 그 지역의 다수의 크리스천들에게 거부를 당했다. 그를 성별한 성직자 중에 한 사람인 아프툰기의 펠릭스(Felix of Aptungi)가 배교자(traditor) – 성경의 복사본을 박해 중에 불태워지도록 건네었던 사람 – 였다는 소문이 돌았기 때문이다. 반대자들은 경쟁하는 주교로서 자신들의 후보자인 메이저리누스(Majorinus)를 옹립했고, 313년에는 도나투스(Donatus)라는 사람이 그 뒤를 이었다. 카실리안을 도전하는 자들은 주로 누미디아(Numidia) 출신의 사람들이거나 현대의 동부 알제리아의 변방 출신사람들이었지만 그들은 재빨리 폭넓게 지지를 얻었다. 그들은 북아프리카 기독교인들의 다수가 되지는 못하였을지라도 상당한 소수파를 형성했다. 그들은 터툴리안과 키프리안의 정신을 강력하게 가졌고,[8] '배교자' 나 성경을 불태울 수 있도록 건넨 치욕과 관련된 사람들을 끔찍한 배교의 죄를 지었다고 정죄했다. 그리스도에 대한 배신은 이교도의 희생제사로 한정되는 것이 아니라(동방에서 의도되었던 것처럼) 성별된 재산을 포기하거나 특히 믿음의 거룩한 글(텍스트)들을 건넨 사람들을 포함한다는 것이었다.

이전에 노바티안주의자들처럼,[9] 도나투스주의자들이나 도나투스 지지자들은 참된 교회란 박해에 직면해서도 끊임없이 증언을 유지할 수 있는 사람들 사이에서 발견할 수 있다고 주장했다. 그들은 그들의 교리적인 논증을 따라 일련의 불만을 터뜨렸다. 카르타고의 지난 주교였던 멘수리우스(Mensurius)는 규칙적인 예배를 드리는 것을 중단하고 자신의 책들을 파괴할 수 있도록 건네면서 당국자들에게 협력했다(물론 그는 문제가 된 책들은 이단적인 신학적 작품이었다고 주장했다). 캐실리안은 그의 수석 부교역자였고, 그는 심지어 당국자들에게 저항하여 구금을 당하였던 신자들의 육체적 필요를 제공하는 일조차도 방해하려고 했다고 제기되었다.[10] 또한 그는 순교자의 유물에 열정적인 헌신을 한 루실리아라고 불리는 부유한 크리스천 여인을 나무랐다. (그녀는 논란 상태에 있었던 한 순교자의 뼈를 교회에 가져와서 열광적으로 입맞춤함으로써 하나의 관습을 분명히 만들었다.) 마침내 멘수리우스가 죽자 캐실리안이 황급히 그 자리에 선출되었고, 그는 누미디안의 지역 주교에게 성별 의식에 주요한 역할을 하는 통상적인 예우를 배려하지 않았다.

이 분쟁은 신학적인 차이만이 아니라 개인적인 감정이 혼합된 것이 직접적인 원인임이 분명하다. 성직의 야망이 좌절되고, 저명한 크리스천 여성이 기분을 상하게 되고, 새 주교가 개인적인 차원에서 그리고 믿음을 타협한 사람과의 관계로 인해서 공직에 부적합하다는 감정이 생겼다. 사실상 누미디안의 성직자들 가운데 일부도 '배교'와 다른 실수의 죄책이 있었을 것이고, 펠릭스에 대한 그들의 비난도 근거가 확실하지 않았다. 경쟁하는 주교로서 처음 선택한 메이저리누스는 루실리아 가정의 일원이었다는 사실은 이 일의 모호함을 암시해준다. 캐실리안은 그의 편에서 로마의 교회에 지원을 얻었다. 그는 세례에 관한 로마의 입장을 받아들일 준비가 확실히 되어 있었다. 세례에 관한 로마의 입장은 믿음으로 시행되고 하나님의 이름으로 시행된다면 주관하는 사역자와 상관없이 어느 세례도 타당하다는 것이었다. 로마교회와의 이런 동의는 도나투스주의자들을 더욱 자극했다. 그들은 키프리안처럼 가톨릭의 성례 안에서 실행된 세례만이 참된 성사라고 주장했다 – 이는 그들이 보기에 캐실리안의 교제가 아니라 '그들의' 교제 안에서임을 의미했다.

카실리안의 교회가 관대한 황제의 자금을 수령자가 되어야 한다는 전망에 분개한 도나투스주의자들은 콘스탄틴에게 호소했다. 황제는 이 일을 개인들끼리의 편협한 싸움인 것으로 보았다 – 그것은 처음에 본질적으로 그러하였다. 그러나 북아프리카에서 위험이 상승한 것을 보게 되는 것은 어렵지 않다: 대립하는 당들이 영적인 위치뿐만이 아니라 실제적인 이득을 위해 경쟁하고 있었다. 어떤 지역에서는 도나투스주의자 성직자들이 공감하는 지역 당국자들의 호의를 얻었지만 다른 지역에서는 캐실리안에 충성하는 사람들이 자금을 얻고 세금을 면제받을 권리가 주어졌다. 교회에 대한 콘스탄틴의 관대함은 양 진영 사이에서 제기한 교리적인 강조에 대한 진정한 인식도 없이 크리스천들 사이에 분쟁을 판결해야 하는 상황을 초래했다.

콘스탄틴은 처음부터 캐실리안의 편을 들 것을 선택했다. 분명히 로마의 주교인 밀티아데스(Miltiades)의 영향을 받았을 것이다. 314년에 아를레스(Arles)에서 주교들이 모인 자리에서 도나투스주의자들의 운명이 결정났다: 캐실리안은 책임이 면해졌고, 세례에 관한 로마의 관행이 북아프리카의 상황에도 적용되는 것으로 공식적으로 승인되었다. 316년에 콘스탄틴은 또 다시 도나투스주의자들에 의한 진전된 호소를 들었다. 다시 한 번 캐실리안을 선호하는 판결을 한 그는 317-321년 사이에 다양한 조치를 취함으로써 도나투스주의자들을 압박하였고, 그들 중에 많은 이들이 목숨을 잃었다. 그러나 결국에 황제는 그러한 박해에 마음이 내키지 않아서 도나투스주의자들에 대한 조치를 철회할 것을 결정했다. 도나투스주의자들이 겪은 고난은 그들의 결의를 오직 강화시켰다. 그들은 마치 그들의 영적 조상들이 행했던 것처럼 믿음의 대가를 지불할 준비가 되어 있었고, 전보다 더 하나님의 백성으로서 그들의 신분을 강화시켰다. 도나투스는 카리스마적인 리더였고, 그의 공동체가 북아프리카의 진정한 전통을 대변했다는 그를 지지하는 자들의 주장은 진정으로 그럴 법한 가능성이 있었다. 그들의 입장에 대한 열정은 그들에 대한 정치적인 태도가 완고해짐으로써 오히려 불타올랐다.

황제에게 정의를 위한 호소를 기꺼이 했던 것에서 보는 것처럼, 도나투스주의자들은 처음에 그들의 반대자들과 마찬가지로 국가로부터 원하는 것을 얻어내려고 열심히 노력했다. 하지만 그들의 주장이 결정적으로 거부당하자 어떤 지역에서는 로마에 대한 적대적인 감정이 발생했다. 도나투스주의는 단순히 정치적인 항거 운동으로 특징지을 수 없고, 카트리지의 로마화된 가톨릭 기독교와 싸우는 토착적인 변방 세력으로 볼 수도 없다. 그럼에도 불구하고 4세기의 일련의 과정에서 도나투스주의자 운동의 일부 요소들과 국수주의적인 투쟁과 어떤 연관이 있었고, 그들에게서 순교자에 대한 전망은 로마 당국자들의 박해에 맞서는 대의적인 영광을 고조시켰다. 그리고 그러한 연관

지음은 많은 도나투스주의자들을 당황하게 하였을 것이다. 그들의 그리스도에 대한 열성이 다른 이상들과 혼동됨으로써 퇴색하였기 때문이다. 하지만 교회의 분열이 경제적인 가난과 사회적 불만을 경험했던 사람들에게 어떻게 호소될 것인지를 상상하기는 어렵지 않다.

도나투스주의자의 분열주의는 한 세기를 넘어서 북아프리카 교회의 삶을 완전히 지배했고, 그것이 제기했던 이슈는 6장(pp. 203-212)에서 보게 되는 것처럼 4세기 후반과 5세기 초에 서방의 의미 있는 신학적 묵상을 이끌어냈을 것이다. 콘스탄틴은 도나투스주의자들을 진압하려 한 마지막 황제가 아니었다. 그는 단지 그 일에 실패한 첫 번째 황제일 뿐이었다.

동방의 논쟁: 아리우스

서로 일치할 수 없었던 것은 서방이 크리스천만이 아니라는 것을 콘스탄틴은 발견했다. 그가 324년에 동방을 장악하였을 때, 그는 곧 헬라 교회들도 첨예하게 분리되어 있었다는 것을 발견했다. 이때에 그 싸움은 교회의 훈육이나 교회의 본질에 대한 것이 아니었다. 그것은 심지어 더 주요한 것에 관한 것이었다 – 그리스도의 위격을 생각하는 방법.

이 갈등의 배경은 알렉산드리아 교회에서였다. 318년경에 그 도시의 교회 사제였던 아리우스가 그의 주교인 알렉산더와 논쟁하면서 이 일이 불거졌다. 리비아 태생인 아리우스(256-336)는 바우칼리스(Baucalis)라 불리는 알렉산드리아의 지역 교회에 리더였다. 그는 개인적인 성격과 금욕주의에 대한 헌신으로 인해서 평판이 높은 대중적인 설교자였다. 그는 지역에서 따르는 자들이 많았다. 우리는 아리우스가 알렉산더에 의해서 그의 사상을 질책 받았는지 또는 알렉산더 주교가 하나님의 교리에서 양태론[11]의 경향을 의심스럽게 보인다고 아리우스가 대담하게 그를 비판하였는지를 확실히 할 수는 없다. 아마도 후자가 더 타당할 것이다.

이 단계 그리고 나중에 아리우스의 입장에 대한 세부적인 설명은 발견하기가 매우 어렵다. 우리들이 갖고 있는 많은 증거가 그때에 또는(대부분의 경우에) 뒤이은 그의 반대편 사람들에 속했던 사람들로부터 나온 것이기 때문이다. 아무래도 반대편 사람들의 이유는 처음부터 부정적인 방식으로 아리우스의 개념을 제시했을 것으로 보는 것이 자연스럽기 때문이다. 아리우스 자신이 속한 문서들조차도 – '탈리아' (Thalia, "향연")라 불리는 시의 단편들과 두 서신들이 있는데, 그것은 아리우스가 대중적인 노래 형태나 시절로 신학적인 개념을 설정하였다고 말할 수 있는 능력을 보여준다 – 가능한 가장 나쁜 형태로 그의 견해를 보여주려고 비판자들이 의도적으로 선별하였기 때문에 존재했을 것이다. 자주 아리우스는 자신이 말하지 않은 것들과 견해들을 고집한 것으로 제기된다. 확실히 그의 믿음은 나중에 "아리안들"이라고 불렸던 많은 사람들이 설명한 것과는 구분할 필요가 있다. 4세기의 과정에서 전개된 아리안주의의 어떤 다양한 형태들은 아리우스의 가르침과는 상당한 거리가 있었다.

아리우스의 적들은 그를 교묘하고 논리적인 분석을 좋아하여 잘못 유리된 기만적인 철학자로 묘사했다. 사실상 아리우스는 자신을 보수적으로 보았음이 분명하다. 그는 그가 전수받은 교리적인 전통을 고수하고 사색적인 형이상학보다는 성경 본문에 뿌리내릴 것을 추구했다. 이것은 아리우스가 스토아 철학과 플라톤 사상을 알 수 있는 능력을 갖지 못한 사상가라는 것은 말하고자 하는 것이 아니다. 그가 기독교 이야기의 실제적인 형태의 선포와는 거리가 먼 사상을 좇는데 관심이 없었음을 말하고자 하는 것이다. 어떤 의미에서 아리우스를 당대의 알렉산드리아 전통에 속한 것으로 볼 필요가 있고, 일부 학자들은 그의 가르침이 한분 하나님의 초월하심에 관한 오리겐의 강조를 단순히 과장함으로써 시작되었다고 믿는다.[12)]

변화와 고난의 우연성에 반하여 하나님의 유일성과 완전성을 보호하기 위한 욕구가 아리우스를 그렇게 몰아갔다고 믿을만한 좋은 이유가 확실히 있다. 그의 주요한 관심 중에 하나는 하나님의 본질적인 "다름"을 곤란스럽게 하지 않는 예수의 이야기를 해석하는 방식을 발견하는 것이었다. 인간의 연약성에 그리스도가 참여함은 아리우스에게서 그가 소위 "아버지"라 불렀던 하나님과 정확히 동일한 의미로 그를 생각해서는 안 된다는 증거였다. 그리스도는 하나님의 "아들"로 실로 알려졌지만, 이것은 하나님의 은혜와 호의에 의해서 그에게 부여된 칭호라고 아리우스는 주장했다. 나머지 피조물에게 영향을 주는 도구가 되기 위해서 하나님이 생산하신 유일한 존재로 아들을 생각해야 한다는 것이었다. 유일하게 낳아지신 분으로서(요 1:18), 그리스도의 기원은 시간 전에 있었지만 그는 아버지와 영원히 공존하시지는 않았다. 그는 "모든 피조물보다 먼저 나신 자"(골 1:15)였고, 그 지혜는 주의 첫 번째 역사로서 생겨났으며(잠 8:22-36), 모든 피조물보다 높임을 받으셨다. 그는 "신"이라고 말할 수 있겠지만, 피조물이셨다. 그는 하나님이 하나님이신 것과 같은 하나님은 아니셨다.

아리우스의 견해에 따르면 그리스도는 하나님의 뜻으로 완전한 인간의 삶을 사실 수 있었고, 바로 이 때문에 유일하다는 것이었다. 아들은 하나님 아버지가 존재하시는 방식으로 본질상 죄가 없으시지도 불변하시지도 않았다. 그는 세상에 하나님을 드러내실 수 있었을지라도 하나님을 완전히 알 수는 없었다. 진정한 유혹과 악에서 승리하신, 예수가 사셨던 도덕적 삶으로 인해서, 그는 뒤좇는 나머지 인간들의 모범이셨다. 그의 발자취를 따름으로써 그의 아들 됨이 은혜에 의해서 우리 것이 될 수 있다고 아리우스는 주장했다. 인간 구원의 실제적인 업무가 아리우스의 가르침의 핵심에 가까이 놓여 있는 것으로 보인다.

아리우스에 대한 대처

아리우스의 행위 동기가 무엇이든 간에 그의 견해는 콘스탄틴 시대보다 훨씬 오래 지속되었던 폭풍우를 낳았다. 많은 면에서 그 폭풍우는 기독교회의 뒤이은 이야기에서 전적으로 누그러지지 않았고, 그 결과 이 책과 관련한 기간보다 훨씬 더 많은 기간을 점유하게 될 것이다. 동방에서만이 아니라 서방에서도 아리안주의 논쟁은 교회와 로마 제국을 위해서 상당히 중요했다.

우선 다음과 같은 사건들이 전개되었다. 아리우스는 하나님에 관한 그의 견해를 제시하면서 알렉산더에게 편지를 썼다. 그는 자기 자신을 그가 가르침 받은 전통을 따르고 주교에게 순종하기를 추구하는 자로 설명했다. 그는 "아시지 않고 오직 영속하시고 시작이 없으신" 한분 하나님 아버지를 믿는다고 주장했다. 아들은 하나님의 자손이요, 나시지 않은 분에게서 나셨고, 그러므로 피조물이셨고, 그는 아버지와 "한 본질"('호모우시오스')이 아니시다. 이런 가르침에 근거해서 알렉산더는 아리우스를 반박하는 행위를 시작했고, 아리우스와 그의 직접적인 지지자들을 질책했다.

아리우스는 니코메디아(Nicomedia)의 주교인 유세비우스(가이사랴의 유세비우스와 혼동하지 않아야 한다)를 접촉하여 알렉산더가 자신을 부당하게 대했다고 불평했다. 황제의 궁전에 있는 사람들과 가까이 지냈던 니코메디아의 유세비우스는 아리우스의 대의를 지원할 수 있는 중요한 위치에 있었고, 그는 아리우스에게 동정적인 사람들의 기초를 넓히는데 기여했다. 또한 아리우스는 자신의 정통성을 항변하면서 다른 성직자들에게도 호소했고, 312년에 순교했던 영향력 있는 교사인 안디옥의 루시안(Lucian)의 견해와의 연관성을 암시했다. 한때에 그렇게 가정되었음에도 불구하고 그가 사실상 루시안의 학도였을 것 같지는 않고, 그는 자신의 목적을 위해서 루시안의 권위와 자신을 동일시하려고 애썼다. 알렉산더의 편에서는 아리우스가 애굽과 리비아의 주교에 의해 정죄를 받았다는 것을 대체로 교회들에 알려주는 회람을 발행했다. 알렉산더는 아리우스의 가르침이 심각하게 잘못이 있다고 주장했다. 아리우스는 하나님이 항상 아버지가 아니었고, 그의 '말씀'은 영원으로부터가 아니라 무로부터 만들어졌으며, 아들은 "존재하지 않은" 때가 있었다고 주장했다는 것이다. 공식적으로 파문된 아리우스와 여섯 장로들과 여섯 집사들 그리고 리비아 출신의 두 주교들을 포함하는 그의 지원 그룹들은 교회에서 떠나도록 명령이 주어졌다. 그러나 그의 주교처럼 아리우스는 다른 성직자들과 폭넓게 교류하는 일을 계속했고, 그를 지지하는 자들은 니코메디아만이 아니라 팔레스타인과 시리아에서도 점차적으로 많아졌다. 그의 가장 강력한 교회론적 지지자는 가이사랴의 주교인 유세비우스인 것으로 나타났는데, 유세비우스는 아리우스의 입장을 옹호하려는 그의 노력으로 인해서 심각한 곤란을 겪었다.

324년 말경에 동방의 교회들은 아리우스 편에 있는 사람들과 알렉산더가 제기한 노선을 승인한 사람들로 첨예하게 나뉘어졌다. 콘스탄틴의 최초의 본능적인 조치는 주요한 두 파 사이에 화합을 모색하는 시도였다. 그는 알렉산더와 아리우스에게 편지를 써서 본래의 논쟁으로 이끌었던 사소한 사건들을 서로 제쳐둘 것을 촉구하였지만, 아리우스와 그의 동료 성직자들에게 취해진 종교회의의 파문이 유효하다고 진술했다. 그들에 대한 복권은 오직 황제의 허락에 의해서만 가능할 수 있었다. 이 편지는 코르도바의 오시우스(Ossius of Cordoba)를 통해서 알렉산드리아로 보내졌는데, 그는 관용과 용서가 필요할지라도 아리우스가 주교의 권위에 존중하고 그 징계에 순복하는 의무가 결국에 주어졌다는 견해를 표명했다.

콘스탄틴은 이 일을 해결하려는 상당한 시도를 했지만 성공하지 못했다. 325년 초에 안디옥 종교회의는 안디옥의 새 주교로서 아리우스의 확고한 반대자인 유스타디우스(Eustathuis)를 세웠고, 그는 하나님의 나신 자인 성자가 피조물임을 의미할 수 없다는 믿음을 활발하게 펼쳤다. 아들은 아버지의 형상으로 신비스럽게 나신 분이셨으며 존재하신 적이 없다고 생각해서는 안 된다는 것이었다. 세 명의 주교들이 이런 입장을 반대했고, 그 중에 한 사람이 가이사랴의 유세비우스였다. 그들은 잠정적으로 파문되었고, 몇 주 뒤에 있을 갈라디아의 안키라(Ancyra, 현대의 터키 안카라)에서 열릴 공의회 재판에서 비준을 기다려야 했다.

이 공의회가 본래 콘스탄틴의 계획에 따른 것인지 아리우스의 가르침을 격렬히 반대했던 안키라의 주교인 마르셀루스가 먼저 제기한 것인지는 분명하지 않다. 마르셀루스는 아들이 아버지의 특징을 공유하고 있어서 전혀 하나님과 구분된 '히포스타세이스' 나 위격이 아니라는 주장을 가졌다 – 이 견해도 상당한 논쟁을 일으킬 수 있는 견해일 것이다. 아무튼 콘스탄틴은 교리적인 싸움을 해결하려는 열심이 있었다. 알렉산드리아에서 시작된 논쟁이 동방 전체의 교회 관계를 손상시킬 뿐 아니라 서방으로 꽤 확산될 가능성이 있었기 때문이다. 그것은 정치적으로 신학적으로 통일된 제국을 제시하려는 그의 꿈을 조롱하는 일이 될 수 있을 것이었다. 그의 생각에 따르면, 전체 사건은 사소한 것이고, 그 분쟁을 빨리 끝내면 끝낼수록 더 좋았다.

니케아 종교회의

마르셀루스가 주재했던 안키라 종교회의는 아리우스의 반대자들을 좋게 하려는 것으로밖에 볼 수 없었다. 황제 자신도 이를 불편하게 여겼다. 그러므로 콘스탄틴은 자신이 몸소 참석할 수 있도록 그 장소를 니코메디아(현대의 이스닉) 근처의 니케아로 옮겼다. 그가 제기한 이유는 공기가 그곳이 더 좋고, 보스포루스(Bosphorus)를 바로 건너면 있는 니케아는 서방의 성직자들이 접근하기에 훨씬 좋다는 것이었다. 니코메디아의 유세비우스의 책략이 그 결정에 꽤 영향을 주었을 것이다.

니케아 종교회의는 325년 5월 20일에 제 시간에 소집되었다. 이 종교회의는 교회 건물에서가 아니라 황제의 건물에서 모였고, 콘스탄틴이 직접 개회를 주재했다. 이 종교회의는 당시에 소집되었던 성직자들 모임 중에 가장 규모가 컸다. 참석한 주교들의 전체 수는 220명에 이르렀고, 성직자들을 환대하라는 콘스탄틴의 정책에 따라서 그들 모두의 교통비와 집과 음식이 공식적인 비용에서 지출되었다. 기술적으로 그들은 황제의 모든 지역을 대변했다. 사실상 대다수가 동방에서 왔지만 말이다. 소수의 서방 성직자들은 코르도바의 오시우스(Ossius)와 로마의 실베스터 주교가 보낸 두 사제를 포함했다. 아리우스를 공개적으로 지지했던 자들은 모두 합해서 20명을 계수할 수 있었다. 콘스탄틴은 대리자들에게 일치에 이를 것을 엄숙하게 권고한 후에 공의회의 공식적인 의장을 오시우스에게 넘겼다. 황제는 절차를 직접 관장하지는 않았지만 처음부터 그 결정에 그의 권위를 부여했고, 참여한 모든 사람들은 아리우스가 발발시켰던 위기에 대한 해결책을 찾으려는 그의 결심을 인식할 수 있었다.

니케아에 모인 사람들의 일치에 이르려는 숙고는 두 달 동안 진행되었다. 이 모임에 대한 구체적인 설명이 담긴 기록은 공식적이든 비공식적이든 우리들에게 전해 내려오고 있지 않고, 발생한 일에 대한 지식은 후대에 남겨진 다양한 종류의 증거들에서 도합할 수 있을 뿐이다. 아리우스와 그의 추종자들의 신학은 용인할 수 없는 것이라는 사실이 꽤 일찍부터 결정되었던 것으로 보인다. 그러나 아리우스의 반대자들 사이에서도 믿음의 대안적인 진술을 제시할 수 있는 것과 관련한 명확한 견해가 없었다. 마르셀루스와 같은 몇몇 사람들은 "세 히포스타세이스"에 대한 오리겐의 말에서 내려왔던 전반적인 구조는 불충분하였다고 믿었다. 즉 하나님의 궁극적인 특징은 그의 연합이고 아버지와 아들의 구분은 본질적으로 창조와 관련한 임시적인 것일 뿐이라고 그들은 주장했다. 타협안을 쥐고 있는 대리자들 중에서 가장 커다란 그룹은 거의 확실히 헬라 교회의 전통적인 '로고스' 모델에 충실하기를 원했던 사람들이었다.[13] 그들은 아들이 아버지보다 존재에서 더 열등하다는 아리우스의 형태를 승인할 수 없었다. 그들은 아들의 신성을 축소시키지도 않고 아버지와 아들의 구분을 단순히 서로 다른 임시적인 나타남의 문제라고 여기지 않는 방식으로 아버지와 아들의 관계를 표현할 수 있는 진술을 찾아내는 일을 도전했다.

대답을 찾는 과정에서 가이사랴의 유세비우스의 역할이 의미가 있었다. 리시니우스와의 경쟁에서 황제가 승리한 것을 『교회사』에서 강조하려고 했던 유세비우스의 의지에 감동한 콘스탄틴은 안디옥에서의 유세비우스에 대한 견책을 승인할 수 없음을 분명하게 보여주었다. 유세비우스는 전통적인 입장을 대변한다고 주장하면서 인정을 얻기 위해 공의회에서 자신의 신조를 제시했다 - 그는 주장하기를 그것이 그가 세례 시에 고백했고, 성직자로서 항상 가르쳐왔던 신조라고 말했다. 유세비우스의 신조의 일부는 아버지의 유일하게 나신 분으로서 아들에 대한 믿음을 확증했는데, 그는 아들을 "하나님으로부터 나오신 하나님, 빛으로부터 나오신 빛, 생명으로부터 나오신 생명, 유일하게 나신 아들, 아버지로부터 모든 세대가 나오기 전에 모든 창조 중에 처음 나신 자"로 언급하였다. 유세비우스는 콘스탄틴이 이 용어를 승인했음을 표현했고, 아들과 아버지의 신성의 관계를 묘사하기 위해서 '호모우시오스' ("한 본질에 속한")란 용어를 첨가함으로써 그것을 채택할 것을 제기했다고 우리에게 말한다.[14]

유세비우스의 증거는 그 저자의 입장을 정당화하고 그의 신조를 들었을 때 현명하게 진리를 인식했던 콘스탄틴이 제기한 부분을 강화시키는데 자연스럽게 관심이 있다. 안디옥에서의 정죄로 인해서 유세비우스는 논쟁에 해결책을 제시할 수 없는 위치에 있었고, 자신의 이름을 결백하게 해야 하는 상황에 있었다. 이런 그가 그의 정통을 변호하기 위해서 제시한 신조는 그가 만든 것이 아니라 당대에 팔레스타인이나 시리아 전통에 입각하고 있었다. 사실상 유세비우스 신조의 어휘와 니케아에서 마지막에 채택된 진술 사이에 미묘하고 중요한 차이가 있었다. 유세비우스는 상당히 머뭇거린 후에 마지막 니케아 신조에 동의할 수 있었다. 유세비우스의 자기 변호적 진술을 황제가 재가한 후에도 확실히 많은 협상이 진행되었다. 그럼에도 불구하고 그의 정통성을 정당화시키려는 노력에서 나타난 어구들은 공의회의 수고에 따른 궁극적인 결과를 형성하는데 도움이 되었다.

니케아 신조

결국에 다음과 같은 정의가 제기되었다.

> 저는 유일무이하시고 전능하시며, 천지와 모든 보이는 것과, 보이지 않는 것을 창조하신 하나님 아버지를 믿사오며, 유일하신 주 예수 그리스도를 믿습니다. 그는 하나님의 독생자이시며, 온 우주에 앞서 나셨고, 참 신이시며, 참 빛이시며, 참 신 가운데 신이시며, 하나님에게서 나셨고, 창조함을 받지 않으셨고, 성부 하나님과 같은 본질이시며('호모우시오스'), 그로 말미암아 모든 만물이 창조되었고, 모든 인간들과 우리의 구원을 위하여, 하늘에서 내려오셨고, 성령으로서 동정녀 마리아에게서 인간으로 나셨고, 우리를 위하여, 십자가에 달려 죽으셨습니다. 그는 고난을 받으시고, 장사함을 받으셨으나, 제 삼일째 되는 날 성경에 기록된 말씀에 따라 다시 살아나셨고, 하늘에 오르사 성부의 오른편에 앉으셨으며, 장차 산 자와 죽은 자들을 심판하려 영광 가운데 다시 오실 것인데 그의 나라는 영원무궁합니다. 저는 성령을 믿습니다.

이 어절 다음에 다음과 같은 진술이 덧붙여졌다.

> 그러나 다음과 같이 말하는 자들, 즉 그는 계시지 않은 때가 있었고, 그가 나시기 전에는 그는 계시지 아니하셨다거나 그는 무로부터 생겨나셨다고 말하거나 하나님의 아들이 어떤 다른 실재['히포스타시스']나 본질['우시아']로부터 되었다거나 창조되었다거나 변할 수 있다거나 달라질 수 있다거나라고 주장하는 자들을 보편적인 사도적 교회는 정죄합니다.

이 두 진술이 더불어 본래의 니케아신조를 형성한다. 일반적으로 "니케아 신조"로 알려진 신조의 어휘는 오늘날 사실상 이 공의회에서 출원하지 않고,

뒤이어 모인 다른 공의회 즉 381년에 콘스탄티노플 공의회에서 승인된 신조에서 출원한다(pp. 111-116을 보라). 학자들은 구분을 명확하게 하기 위해서 325년의 신조를 "N"으로 381년의 신조를 "C"로 자주 지칭한다. 엄격히 말해서 니케아신조로 통상적으로 지칭된 진술은 니케노-콘스탄티노플 신조로 알려져야 한다 – 이것이 많이 제정된 예전적인 실천이 비해 아주 적은 부분을 대변할지라도 말이다.

니케아 신조에서 가장 즉시 두드러진 양상은 유세비우스가 콘스탄틴이 제기했다고 주장하는 말인 '호모우시오스'("한 본질에 속한")가 아버지와 아들의 관계를 다룬 긴 두 번째 어절의 진술에 핵심을 이루었다는 사실이다. 특히 이 용어가 왜 옹호되었는지는 전적으로 분명하지 않다. 콘스탄틴이 스스로 이 용어를 주도하여 도입시켰다고 단순히 말할 수는 없다. 아마도 오시우스가 배후에 있었을 것으로 자주 추정된다. 이 용어는 아버지, 아들, 그리고 성령의 "한 본질('우나 서브스탄시아' [*una substantia*])을 말하는 전통적인 서방의 방식에 꽤 잘 어울리고, 어떤 면에서 하나님의 본질적인 하나에 대한 유스타시우스와 마르셀루스의 강조와도 조화를 이룬다.

그러나 '호모우시오스'는 난해한 역사를 가진 말이다. 처음에 그 용어는 성경적이지 않았다. 그것은 공의회가 직접적으로 성경에서 가져온 용어라기보다는 철학적이거나 개념적인 측면에서 신성의 본질을 언급하는 것을 제기하였음을 의미했다. 아리우스와 그에게 공감하는 사람들에게서 이 용어는 심각한 문제였다. 그들은 건전한 신학은 그 용어에 있어서 성경적이어야 한다고 믿었기 때문이다. '호모우시오스'란 용어가 아버지의 참된 후손으로서 아들을 언급하기 위해서 오리겐에 의해 사용되었을 것으로 생각되지만 그것의 보다 직접적인 연관은 훨씬 더 부정적이었다. '호모우시오스'는 천상의 세력이 하나님의 충만하심에 참여했던 방식을 설명하기 위해서 영지주의 교사들에 의해서 처음 신학적인 강론으로 도입되었는데, 그 용어는 알렉산더의 디오니시우스가 양태론자라고 정죄하였던 리비아의 주교에 의해서 260년대에 사용되었다. 또한 하나님의 단일성을 아주 강조함으로써 아들의 선존재를 부정하였다고 268년의 안디옥 공의회에서 정죄를 받은 사모사타의 바울(Paul of Samosata)에 의해서 사용되었다.[15] 여전히 더 의미가 있는 것은 우리가 이미 보았던 것처럼 아리우스 자신이 이 용어를 부인했다는 것이다. 아리우스에게서 그 용어는 "마니교적" 이었다.[16] 그것은 아버지의 일부가 존재로부터 떨어져나가서 "아들" 로 알려졌던 것처럼, 신성이 유사 물질적인 방식으로 두 부분으로 나뉠 수 있었음을 암시했기 때문이었다.

그러므로 표면적으로는 조짐이 좋지 않았다. 하지만 공의회의 결과는 사실상 만장일치였다. 단 두 사람 외에 모든 주교가 이 신조를 인정할 것을 동의했다. 반대자인 마르카리카의 데오나스(Theonas of Marmarica)와 프톨레마이스의 세쿤두스(Secundus of Ptolemais)는 둘 다 아리우스를 적극적으로 지지했던 리비아 출신의 주교였다. 그들은 아리우스처럼 유배를 당했다. 겉으로 보기에 나머지 사람들은 하나였고, 콘스탄틴은 그가 얻고자 하는 것을 얻었다. 교회는 아리우스의 가르침에 반대하여 하나로 뭉쳤다.

그러나 실상은 훨씬 더 복잡하였다. 확실히 가장 중요했던 '호모우시오스' 는 사실상 다양한 방식으로 이해될 수 있었다. 문자적으로 그것은 "존재에서 하나" 를 의미했다. 하지만 여기서 "하나 됨" 은 무엇이었는가? "같다" 는 것은 구체적인 의미에서 "동질적" 인 것을 의미하거나 총칭적인 의미에서 "똑같은" 을 의미할 수 있다. 의문시 되는 "존재" 도 역시 모호하다: 인간과 동물은 "존재들" 로 묘사될 수 있으나 전자는 "존재" (또는 "본성" 이나 "본질") 를 갖고 후자는 다른 "존재" 를 갖는다. 유스타시우스와 마르셀루스와 같은 아리우스의 완고한 대적자들에게서 '호모우시오스' 는 "하나와 동일한 존재" 를 의미했다. 한편으로 가이사랴의 유세비우스에게서는 그것은 "존재에서 똑같은" 을 의미했다 – 잠재적으로 매우 의미 있는 차이가 있다. 아들은 존재에서 하나님과 동일한 아들이신가, 또는 그의 존재에서 하나님과 똑같은 분이신가? 유세비우스와 많은 다른 헬라 주교들에게서 그것은 아들이 아버지와 같다(like)고 말하는 것이 훨씬 더 좋아보였다. 그들이 보기에 아들이 하나님과 동일하다고 하는 주장은 아들과 아버지 사이에 구분이 없다는 것을 함축하였다. 그러한 인상은 신성의 근원으로서 아버지의 역할을 상쇄시키고 아버지와 아들이 신성에서 구분되는 위격이 아니라 한 하나님이 다른 시기에 나타난 서로 다른 양태일 뿐이라는 것을 암시할 수 있을 것이었다.[17]

니케아 신조의 마지막 항목에 포함된 저주(아나데마)는 하나님의 뜻에 따라 어느 시점에서 시작된 '피조된' 존재로 아들을 관련짓는 아리우스의 용어를 명확하게 정죄하는 것을 확실히 의도하였지만, 아들의 신분에 관한 명확한 정의는 알렉산더보다도 아리우스에게 더 동정이 갔던 많은 성직자들에 의해 승인될 수 있었다. 콘스탄틴은 그에게 설명된 '호모우시오스'에 대해서 본질적으로 모호함을 갖거나 갖지 않을 수 있었으나 그 용어의 의미론적인 난해함은 그가 필요로 했던 것 즉 주교들의 대다수가 동의할 수 있었던 신조를 정확히 제공한 것으로 보였다.

니케아의 법규

신조와 더불어 니케아 종교회의는 교회에 대한 다른 중요한 유산들을 후대에 남겼다. 많은 실천적이고 기구적인 문제들을 다루는 스무 가지 "법규"나 규칙이 발행되었다. 그것들은 성직자와 평신도에 대한 규칙을 설명하고, 서임 이전에 세례를 받고 검증하는 기간이 필요하다는 것과 부제의 기능, 타당한 성직자의 성직수임의 절차와 같은 문제들에 대해서 교회의 많은 기구들을 통한 표준적인 훈련을 목표로 하고 있었다. 주교들은 한 지역에서 다른 지역으로 옮기는 것이 금지되었고, 일반적으로 한 지역의 전체 교구나 최소한 다른 세 주교들이 승인해야 한다고 결정했다.

가장 중요하게는 니케아의 법규들은 어떤 교회가 다른 어떤 교회보다 권위를 행사할 수 있는 권리를 갖는다는 원리를 간직했다. 알렉산드리아, 안디옥, 로마는 애굽과 리비아와 시리아와 남부 이탈리아의 전체 대교구보다 위에 있는 권리를 갖는 것으로 인정되었다. 이 지역의 주교들은 "대주교교구"나 단지 지역 관구보다도 전체 교구의 지도자로서 특별한 의무를 갖는 것으로 여겨졌다. 그들은 그들의 교구 안에 있는 다른 주교들에 대한 재판권을 가졌고, 이 지역들의 서임후보자들을 거부할 권리를 가졌다. 가이사랴의 대교구적인 권리를 손상시키지 않고서 특별한 영예가 에일리아(Aelia)나 예루살렘의 주교들에게 부여하는 것으로 언급되었다. 얼마 안 있어 콘스탄티노플의 새 주교가 동일한 엘리트 그룹에 속할 것을 열망하였으나 콘스탄티노플의 교회가 그와 같은 위치를 얻는 데는 또 다른 한 세기가 걸렸고, 심지어 그때에

도 콘스탄티노플의 주교들은 로마의 동료 주교들보다 강력할 수 없었다.[18]

니케아에서 다룬 다른 주제들은 부활절의 날짜와 관련한 문제가 포함되어 있었다. 그것은 2세기 이래로 상당한 논쟁이 있었던 일이었다.[19] 이제 부활절은 로마와 알렉산드리아의 관행에 따라서 준수되어져야 하고, 니산월 14일(유월절 시기)의 유대 월력의 계산과는 상관이 없다고 선포되었다. 더 중요하게는 구조적인 측면에서 분파적인 자들과의 화해와 관련한 법규의 판단이었다. 노바티안주의자들은 속죄의 징계에 순응하는 자들에게 가톨릭교회의 성찬에 재허입되었다. 그러나 안디옥의 사모사타의 바울(Paul of Samosata)을 추종하는 자들은 그들의 성직자들이 가톨릭교회 내에서 직무를 계속하는데 적법하다고 허락되었을지라도 다시 세례를 받아야 했다.[20]

언급된 다른 분열자들 가운데 가장 최근의 사람들은 애굽의 멜리티안들(Melitians)이었다. 그들은 유명한 콥트 교회의 주교인 리코폴리스의 멜리티우스(Melitius)를 따르던 자들이었는데, 대 박해가 극성을 부리고 있었을 때에 멜리티우스는 알렉산드리아 교회를 조직하는데 열성적이었다. 그 지역의 주교인 피터(Peter)가 당국자들에 대항하는 활동을 계속 펼치기 위한 구실로 몸을 숨겼기 때문이다. 멜리티우스는 알렉산드리아 내부와 외부에서 많은 사람들을 목회적인 목양과 위기의 시기에 예배를 인도할 수 있도록 서임하였다.[21] 그런데 얼마 안 있어 피터가 되돌아왔고, 멜리티우스는 그의 활동으로 인해서 체포되었다. 하지만 그의 행위를 확고하게 지지하는 사람들이 있었다. 그들은 피터가 믿음을 타협하려 하였고 관용을 베푼다는 근거 위에서 타락한 자들을 재허입하려고 하였다고 고소하였다. 그러한 비난은 피터가 스스로 활동을 중지하였을 때조차도 계속되었다. 결국에 멜리티우스와 그를 추종하는 자들은 피터와 그의 지지자들과 분리하여 멜리티안이라는 “순교자의 교회”를 세웠다. 두 파의 구성원들은 믿음을 위해서 서로 고난을 당할 것을 요청받았을 때조차도 서로 대립했다.

결국 피터는 311년에 순교하였으나 멜리티우스는 살아남았다. 니케아 공의회는 멜리티우스의 직무를 빼앗는 결정을 했다. 하지만 그에 의해서 서임된 자들은 화해가 이루어져서 알렉산드리아의 주류의 일부가 될 것을 동의한다면 성직자로서 계속 역할할 수 있었다. 이런 조건들은 이어지는 수년에 걸쳐서 멜리티안들을 돌아오게 하는데 충분했지만, 전부는 아니었고, 이전에 멜리티안 성직자였던 자들의 일부는 뒤이어지는 수년 동안 알렉산드리아 주교단에 육체의 가시역할 노릇을 했다. 멜리티우스의 분열은 아프리카를 넘어서서 확산되지는 않았지만 교주에 해당했던 멜리티우스가 죽은 이후에서 오래도록 존재했다. 모양과 달리 그것의 주요한 대의는 엄격주의와 온건주의의 충돌이라기보다는 애굽과 리비아의 교회들 사이에서 주교의 권위를 놓고 경쟁한 것에 더 가깝다. 알렉산드리아는 다른 곳에 문화적으로 열등한 기독교의 대변자들로 간주된 것들의 도전을 용인할 수 없었고, 이 대교구 안팎에 성직자들의 각각의 권리를 둘러싸고 오래도록 지속된 긴장이 있었다.

나케아 종교회의 이후

니케아 종교회의는 콘스탄틴의 통치 20년을 기념하기 위한 연회에서 325년 7월에 종료되었다. 주교들은 후원자 곧 황제의 포상금을 나누어 갖고서 해산되었고, 만족스러운 결과를 가진 것으로 보였다. 아리우스와 그를 지지하였던 사람들을 정죄하는 결정은 애굽과 리비아의 교회들에게 전달되었고, 알렉산더와 그의 사제 사이에서 시작되었던 논쟁은 잠정적으로 해결되었다. 연합이 매우 빈약한 기초를 갖고 있었을지라도, 니케아는 성직자들이 한 이상을 표현할 수 있음을 상징하였다.

기독교인들을 나누었던 심각한 교리적인 이슈들을 무시할 수만 있었다면, 모든 것이 잘 되었을 것이다. 그러나 불가피하게 콘스탄틴이 스스로 확보하였다고 자랑하였던 연합에 금이 가는 것을 보는 것은 오래 걸리지 않았다. 몇 주 후에 니케아 신조에 서명했던 니코메디아의 유세비우스는 공의회에서 정죄되었던 아리안들이 성찬에 참여할 수 있도록 조치하였다. 유사한 행위를 또 다른 서명자인 니케아의 주교 데오그니스(Theognis)가 실행하였다 – 공의회가 모였던 바로 그 장소에서 말이다. 콘스탄틴은 격노하였다. 그들의 행위는 그가 생각하기에 교리적인 배신일 뿐 아니라 정치적인 반역이었다. 이 두 연로한 주교들은 황제의 명에 따라 직위에서 해제되어 유배로 보내졌다. 결국에 그들은 니케아 신조에 동의했다고 항변함으로 호소하였고, 327년에 니케아 교회 법정의 모임에서 황제의 승인으로 그들의 파직 결정이 철회되었다.

반면에 아리우스는 콘스탄틴 황제에게 그의 믿음에 관한 진술서를 보냈다. 거기서 그는 성경적이고 전통적인 그의 믿음을 고백했다. 그는 니케아 신조의 모든 언급은 예리하게 생략했다. 그 신조가 교회의 중요한 "에큐메니칼" 공의회의 첫 번째 산물이며(즉 온 교회와 "전 세계의 거주자들"을 대변하는 자들의 발견)[22], 가톨릭 정통주의를 대변하는 것으로 간주될지라도, 이 시점에서 그것의 위치는 결코 그렇지 않았다. 니코메디아의 유세비우스와 니케아의 데오그니스(Theognis)를 복직시킨 동일한 모임에서 아리우스의 간청이 받아들여져서 그는 유배에서 돌아올 수 있게 되었다.

이런 모든 재판에도 불구하고, 아리우스의 개인적인 영향은 제한적이었다. 그를 지원하는 가장 저명한 인물은 다시 한 번 니코미디아의 유세비우스였고, 아리우스의 대의가 328년경부터 새로운 자극을 얻었던 것도 적지 않게 그의 노력 때문이었다. 하지만 애굽에서 알렉산더는 아리우스를 성찬으로 재허입하라는 명령을 무시했고, 그가 328년 4월에 죽었을 때, 그 요청은 여전히 실행되지 않는 상태로 있었다. 그의 계승자인 아타나시우스라는 젊은이도 역시 아리우스를 성찬에 받아들이지 않을 것을 결정했다. 아리우스는 이단으로 정죄되었었고, 그와 그의 동맹자들이 그의 복직을 확보하기 위해서 어떤 교묘한 책략을 펼쳤든 간에, 아타나시우스와 관련되는 한, 그의 사상은 잘못된 것으로 계속 남아 있었다.

아타나시우스

아타나시우스는 기독교 역사에서 아주 중요한 인물 중에 한 사람이다. 그의 시대에 논쟁적이었던 그는 항상 다양한 평가를 이끌어낸다. 즉 많은 사람들은 그를 영적인 거인이자 정통의 옹호자로 생각하지만 다른 사람들은 그가 물리적인 폭력을 포함하여 그의 목적을 이루기 위해 극단적인 수단을 사용하는 것을 거리끼지 않았던 교활한 정치 전략가였다고 믿는다. 그의 결점은 부정하기가 어렵지만 그가 탁월한 은사를 가진 사람이었음은 의문의 여지가 없고, 신학자로서 그의 영향은 우리가 이어지는 장에서 자세히 보는 것처럼 거

아타나시우스의 초상

메사추세추주의 보스턴에 있는 성 변화산 수도원의 그림. 허락을 받고 실었다.

대하였다.

아마도 알렉산드리아에서 299년경에 태어난 아타나시우스는 기독교적인 환경에서 양육되어 어린 나이에 이미 교회를 봉사하는 자가 되었다. 젊은 부제로서 그는 알렉산더의 비서로서 일했고, 325년에 니케아 종교회의 때에 알렉산더를 수반했다. 알렉산더에 의해 그의 계승자로 지명된 아타나시우스는 328년 6월 8일에 알렉산드리아의 주교로 성별되었다. 그때에 거의 곧바로 그는 그의 권위를 도전하는 폭풍우를 경험했다. 주교로서의 그의 선택이 다양한 이유 때문에 타당하지 않다는 소문이 퍼졌다. 그런 이유 가운데는 너무 어려서 주교가 되었다는 것(그는 갓 30살이 넘었는데 보통 이 나이부터 주교로 인정될 수 있었다)이 포함되었다. 또한 그가 당시에 사제가 아니라 부제로서 주교 자리에 올랐고, 그가 소수자에 속하는 애굽의 주교들에 의해서 성별되었다는 사실이 그가 주교가 되는 것을 반대하는 이유에 포함되어 있었다.

특히 이전에 멜리티안 성직자들이 처음에 이런 반대를 주도하였다. 그들은 아타나시우스를 받아들이기를 거부했고, 그를 대신해서 자신들의 주교 후보자를 세웠다. 그들은 아타나시우스가 억압적이고 부당한 방식으로 그들을 대우하고 있으며 폭력과 협박을 사용하여 자신들을 복종케 하고 있다고 비난하였다. 아타나시우스가 거친 방식을 사용하는 것을 주저하지 않았을 가능성이 전적으로 있다. 그가 반대자들을 순종하게 하기 위해서 또는 반대자들의 세력을 축소시키기 위해서 구금과 폭력을 사용하였을 수 있다. 그러한 전략은 후대에 알렉산드리아의 주교들에 의해서 확실히 비난을 받았으며, 그들이 아타나시우스가 행한 사례에서 이 사실을 제기하였다는 좋은 증거가 있다.

330년대 초에 애굽 내에서 아타나시우스를 적대하는 멜리티안에 속하는 일부 사람들이 다른 곳에서 친 아리안 신자들과 느슨한 동맹을 형성하기를 시작했다. 멜리티안들은 교리적인 공감에서는 아리안이 아니었다 – 실로 멜리티안들은 알렉산더가 아리우스를 정죄하기 전에 멜리티우스가 이전에 아리우스를 정죄했다는 주장을 나중에 펼칠 것이다. 그러나 그들은 아타나시우스가 주장했던 것을 반대하는 다른 이유들을 가졌던 사람들과 아리우스를 그의 교회로 복직시킬 것을 거부한 아타나시우스에 대해서 분개한 사람들이 제기한 이야기들을 듣고 보충하기를 기꺼이 했다. 알렉산드리아의 주교 곧 아타나시우스는 횡령, 성적인 일탈, 신성모독, 마술에의 참여, 심지어 살인을 포함하는 모든 종류의 죄를 지었다는 의혹이 제기되었다. 아타나시우스가 아주 이상스런 행동을 한 죄를 범했을 가능성은 거의 없지만, 강압과 협박의 죄는 근거가 있었고, 니코메디아의 유세비우스와 다른 대적자들의 조합된 영향은 그가 조사를 받아야함을 의미했다.

335년경에 콘스탄틴은 아리안을 동정하는 자들과 화해의 분위기에 있었다. 유세비안들(Eusebians)에 의해 격려를 받은 그는 그의 제국의 평화가 아리우스를 지지하는 자들의 회복에 의해서 가장 증진될 것이라는 계산이 있었다. 아리우스를 지지하는 자들의 행위가 안정에 위협을 줄 것으로 보이지 않았기 때문이다. 재연합의 의식적인 표현이 예루살렘에 있는 장엄한 새 '부활교회' 의 헌정식에서 있을 예정이었다. 콘스탄틴은 모든 제국의 성직자들을 초대했고 여기에는 아리안으로 지적된 사람들도 포함했다. 그러나 이런 화해는 교리적인 문제뿐만 아니라 정치적인 해결을 전제했다. 335년에 두로에서 주교들의 모임에서 황제의 관리자로서 주재한 유세비안 파들은 주교가 될 수 없는 행동을 한 것으로 아타나시우스를 정죄할 수 있었다. 아타나시우스는 주교직에서 파직되고 파문되었다. 그의 죄는 공식적으로 그의 교리적인 입장과 관계가 있었던 것이 아니라 도덕적인 행동에 단호히 있었다.

수적으로 우세한 대적자들에 의해서 정죄를 받을 것을 알았던 아타나시우스는 정죄를 받을 것을 이미 예상했고, 그는 예루살렘에서의 헌정식에 참석하기 위해서 미리 그곳에 와있었던 콘스탄틴 황제에게 직접 호소했다. 처음에 황제는 그의 편을 드는 경향이 있었지만(아타나시우스가 애굽에서 콘스탄티노플로 가는 중요한 곡식의 공급을 막기 위해서 항만 스트라이크를 요청하겠다고 위협한 후에), 알렉산드리아의 교회는 아타나시우스가 없다면 더 잘 될 수 있을 것이라고 믿도록 설득을 받았다. 그래서 그는 거친 주교를 고울(Gaul)의 트리어(Trier)로 추방할 것을 결정했다. 이후에 곧바로 맹렬한 반 아리안인 안키라의 마르셀루스(Marcellus)도 그의 주교직에서 파직되었고, 콘스탄티노플 종교회의에 의해서 유배에 처해졌다. 이는 유세비우스와 그의 일파들의 책략에 따른 결과였다. 황제의 어머니인 헬레나가 팔레스타인과 시리아로 최근에 방문하였을 때, 마르셀루스는 그녀를 모욕했다고 제기되었다. 그런데 사실상 이의가 있었던 것은 그의 신학이었다. 그는 하나님을 본질적으로 단일하고 창조와 구속의 과정에서만 세 가지인 것으로 언급하였다. 많은 사람들에게 이는 이단의 첫 발발을 연상시켰다. 사벨리우스(Sabellius)가 한 세기 전에 이 같은 주장으로 정죄를 받았기 때문이다.[23)]

아타나시우스는 도덕적이고 정치적인 근거에 의해서 파직되었고, 마르셀루스는 교리적인 근거에 의해서 파직되었다. 실제적인 측면에서 보면, 그 결과는 똑같았다. 유세비안파의 대의가 승리했고, 연합에 대한 콘스탄틴의 욕구는 325년의 사건에는 자비로운 무관심을 보였다. 황제의 정책과 관련해서 니케아는 단지 정치적인 과정에 한 단계일 뿐이었다 – 그것은 싸우는 성직자들의 분쟁을 해결하는데 있어서 당시에 중요했고, 교회와 황제의 관례를 언급하는데 있어서 역시 중요했던 것이지 주교의 행위를 용인할 수 있느냐를 결정하는 엄격한 검증은 아니었다. 콘스탄틴이 인식하기에 이 이슈에 폭넓은 해석을 좋아했던 사람들은 수적으로 우세한 편에 서있는 것으로 보였다는 것이었다 – 그래서 그들은 그들의 반대자보다도 더 잘 행동하는 것으로 자주 보였다. 실용적인 접근이 평화를 위한 가장 좋은 전망을 확보했다.

이런 분위기 속에서 아리우스가 공식적으로 복권되지 않아야할 이유가 거의 없었다. 정치적인 세력으로서 그의 인간적인 의미가 사실상 끝났을지라도 말이다. 이제 나이가 들고 육체적으로도 허약한 상태에 있었던 아리우스는 교회적인 문제에 어떤 실제적인 중요성을 갖게 될 수가 없었다. 그는 그의 이름으로 영원히 관계가 있게 될 논쟁을 본래 불러 일으켰지만 그가 죽기 오래 전에 그보다 훨씬 유능한 성직자들이 이 이슈를 갖고 싸우고 있었다. 전설은 그가 336년에 복권되기 전 어느 날 밤에 콘스탄티노플의 거리에서 이상하게 쓰러졌다. 그는 아마도 독성에 의한 치명적인 질병으로 희생되었을 것이다. 그는 그의 종국을 대중들이 들썩이는 곳에서 외롭게 죽음을 맞았다. 진실은 정확히 알 길이 없고, 우리는 아리우스가 용서를 받았는지 그렇지 못했는지도 말할 수 없다. 사실상 아리우스 자신을 제외한 모든 사람들에게서 그것은 아마도 중요한 문제가 되지 않았다는 것이었다.

콘스탄틴의 죽음과 유산

뒤이어지는 해의 봄에 콘스탄틴은 병에 걸렸다. 자신의 때가 얼마 남아 있지 않음을 안 그는 마침내 입문자로서 교육을 받고 니코미디아의 유세비우스의 안수로 기독교 세례를 받았다. 세례 받은 신자로서 그의 생은 매우 짧았다. 그는 페르시아로 군사 원정을 떠날 계획을 세웠지만, 337년 5월 22일의 오순절 날에 죽었다. 페르시아는 그의 동방 지배에 주요한 경쟁자였고, 아르메니아에 대한 페르시아의 침입은 한동안 군사적으로 정치적으로 그의 관심을 끌었다.

아르메니아 사람들은 아르메니아의 귀족이었으나 갑바도기아에서 기독교인이 되어 자기 민족에게 복음을 전하기 위해서 고국으로 돌아왔던 “조명자”인 그레고리(약 240-332)의 영향 하에서 그들의 왕인 티리데이트(Tiridate)가 회심하였을 때인 4반세기 전에 이미 공식적으로 기독교를 수용한 첫 번째 나라였다. 콘스탄틴이 그가 계획한 페르시아에 대한 공격을 기독교 영토를 위협하는 이교 세력과 기독교 세력과의 일종의 성전으로 간주했음이 분명하다. 콘스탄틴에게서 이 싸움은 일어나지 않았고, 페르시아와 로마간의 교전의 성과는 350년까지 사실상 결정되지 않을 것이다. 콘스탄틴은 콘스탄티노플에서 자신이 계획한 장엄한 성 사도 교회의 묘소에 묻혔다－그는 거기서 그리스도가 특별히 선택한 사도의 반열에 열세 번째로 오른 것으로 상정되었다. 그럼에도 불구하고 원로원은 그를 전통적인 로마 형태로 헌정하는 시간을 가졌다.

콘스탄틴의 죽음은 중요한 시기를 끝내게 되었다. 그의 개인적인 동기가 무엇이든 간에 그가 통치하던 기간은 로마 세계에서 기독교 신앙의 위치에 혁명적인 변화를 가져다주었다. 교회는 자주 박해를 받고 기껏해야 가끔 관용적이었던 상태에서, 육체의 무기가 아니라 하나님에 대한 신앙으로 세상에서 불안정하게 살았던 데서, 공식적으로 인정을 받은 제도가 되어 상당한 사회적 경제적 문화적 특권을 소유하는 것으로 바뀌었다. 도나티스주의와 아리안주의의 초기 역사가 보여주었던 것처럼, 믿음의 문제에 대해서 교회 지도자들의 결정이 전과 달리 세속적인 권위에 휘둘리게 되었고, 기독교 신앙의 진술을 형성하는 과정에서 자주 성경적이거나 영적인 고려와 상관없이 정치적인 이득에 강력하게 영향을 받게 되었다. 황제가 선호하는 형태가, 그것이 가져왔던 상당한 물질적인 혜택과 함께, 성직자들이 채택한 과정을 곧바로 결정하게 하였고, 크리스천들이 믿음과 실천의 문제에 동의할 수 없을 때, 그들이 국가에 제기한 호소는 황제의 호의를 얻지 못해서 경쟁에서 진 사람들에게는 심각한 고통을 당하는 것을 의미할 수 있었다. 불관용의 위험성, 그리고 차이가 나는 부분을 협상으로 해결하기보다는 일치를 강요하는 정책은 이전 시대에는 없었던 일이었다.

어떤 역사가들은 이런 변화가 기독교의 고결성과 교회의 순결성에 큰 재앙을 가져다주었다고 믿는다. 그들은 "콘스탄틴주의"는 기독교인의 증거의 중요한 요소를 치명적으로 타협하게 만들었고, 신앙이 문화적인 울타리에 안주할 위험성에 노출되게 되었다고 말한다. 복음의 예언적이고 반문화적인 양상은 희석되었다. 그 문제들이 즉시 나타나지는 않을 것이지만 장기적인 차원에서 콘스탄틴의 회심은 불가피하게 "기독교왕국"의 부상으로 이끌었고, 기독교 신앙을 예수의 인격적인 제자도와 세상 세력의 부패와 맞설 의무를 포함하는 산 전통의 내주와 동일시하기보다는 정치와 윤리 그리고 특권과 동일시하게 되었다. 세속의 정치적 이득에 의해 교회가 지배되는 "황제 교황주의"가 제정되었고, 그 독소적인 영향에서 특히 유럽의 기독교는 결코 회복하지 못할 것이다.

또 다른 이들은 콘스탄틴의 유산을 훨씬 더 긍정적인 일로 생각한다. 그것이 기독교와 전반적으로 사회 간에 관계의 정의에 대해서 특별한 도전으로 이끌었을지라도, 전체적으로 신앙의 팽창에 매우 소중한 힘이 되었다는 것이다. 로마의 파워가 극치에 달했을 때 그리스도를 인정하는 일이 교회 선교역사에서 유례가 없는 기회를 가져다주었다. 이런 관점에 따르면, 하나님은 그리스로마 문명의 구축에서 예수의 오심을 위해 특히 세상을 준비시키셨다. 동일한 정치적 문화적 영역을 변화시켜 하나님이 예수 안에서 행하신 진리를 권세자와 권위자들이 능력과 권위로 인식하게 하고 더 방대한 사람들이 접할 수 있게 하셨다.

콘스탄틴의 영적인 위치와 관련해서 우리는 그의 개인적인 신앙에 대한 접근을 가질 수 없음을 인식해야 한다. 그의 기독교적 신앙의 확신이 참된 것인지 순전히 전략적이었는지를 우리는 결정할 수 있는 자료가 없다. 민감한 기독교 교리에 대한 그의 이해가 빈약하고 그리스도의 인격이 어떤 정확한 용어로 정의되어야 한다는 것이 기독교인들에게 궁극적으로 왜 그렇게 중요한지를 인식하지 못했다거나 종교단체로서 교회의 눈에 보이는 순결이 많은 신자들에게 주요한 관심사여야 한다는 것을 알지 못하였다고 주장할 많은 것들이 있다. 하지만 신학적인 감각이 약하거나 영적인 통찰이 부족하다고 해서 그것이 믿음의 부족을 필연적으로 함축하지 않으며, 콘스탄틴이 기독교에 대한 그의 공적인 헌신에서 일탈하였다는 증거도 없다. 설사 헌신에 대한 그의 표현이 시간과 더불어 보다 포괄적이 되었을지라도 말이다. 결국에 콘스탄틴의 내적인 영성에 대한 진실은 신비한 것으로 남아 있어야 한다.

콘스탄틴 시대에 많은 크리스천들에게서 그의 통치는 환영할 수 있는 박해의 끝을 가져왔고, 이전 세대의 신자들은 상상할 수 없었던 기독교의 사회적인 팽창과 정치적인 영향을 위한 기회를 제공했다. 교회에 대한 그의 관대함은 많은 구조들, 즉 물리적인 것만이 아니라 사람과 관련한 것에서도 많은 새로운 구성을 이루게 했다. 기독교는 황제의 가족들의 공식적인 신앙이 되었다. 황제는 하나님의 대리자였고, 주교들은 돈과 지위와 위엄이 부여된, 새롭게 성장하는 엘리트들 사이에서 지도자가 되었다. 콘스탄틴은 정치적이고 사회적인 측면에서 많은 것을 이룩했다. 즉 제국의 변방을 향한 그의 군사적 원정은 특히 서방에서 상당한 안정을 확보하였고, 그의 경제 정책은 삼세기의 많은 부분 동안 로마 세계의 다수의 사람들에게 잊혔던 경험이었던 번영을 이룩했다.

하지만 그 변화가 상당하였을지라도, 콘스탄틴의 행위는 로마 제국을 기독교 영역으로 전환시키지는 못했고, 기독교 복음의 참된 영적 도전을 단지 자신들의 구미에 맞게 만들었을 뿐이었다. 기독교에 대한 천명은 의무적인 것이 아니었으며 콘스탄틴은 전통적인 종교들을 억압하지도 않았다. 단지 그는 기독교적인 황제의 건축물의 기금을 조달하기 위해서 이교 성전의 보물창고를 약탈했을 뿐이었다. 로마 세계는 확실히 신정정치도 아니었고, 거주자들의 대다수는 그리스도에 대해서 무관심하거나 적대적인 상태로 남아 있었다. 크리스천들은 여전히 사적으로나 공적으로 자주 조롱과 경멸을 당한 소수파였다. 4세기의 전 과정에 걸쳐서 사람들이 전보다 더 많은 수로 교회에 합세하기를 시작하였지만, 이는 기독교적인 삶을 살아야할 도덕적 책임을 가르칠 필요가 있었던 사람들에게 의미 있는 도전을 창출했다(pp. 292-299를 보라). 유세비우스에게서 콘스탄틴은 교회를 인정과 세력과 재물이 있는 약속의 땅으로 노예상태의 교회를 인도했던 새로운 모세였다. 다른 이들에게서 – 도나투스주의자들이나 궁극적으로 아타나시우스와 같은 황제의 다양한 교회의 탄원자들 중에서 진자들 – 개인의 믿음과 관련한 콘스탄틴의 선언은 특별한 호의가 되지 못했다. 황제가 기독교인이라고 고백했을지라도, 국가가 당신의 편에 항상 서 있음을 의미하지는 않았다.

소위 "콘스탄틴의 혁명"이라 불리는 가장 중요한 영향은 외적인 조건이나 물질적인 차원에서 교회에 가져다준 혜택의 수준에 있다기보다는 크리스천이라 자처했던 로마 제국 내에 있는 사람들의 '마음' 에 내적으로 가져다준 발전에 있다. 크리스천이 되는 것은 이제 이론상으로 두려움이라기보다는 형태의 문제일 뿐이었다. 그리스도를 따르는 자가 되는 것은 사회적으로 비난받는 원인의 헌신자가 아니라 황제의 신앙을 공유하는 것이었다. 콘스탄틴이 시동을 걸었던 것은 "기독교화" – 기독교의 상징과 문화의 폭넓고 명백한 동화를 로마 제국과 동일시함 – 의 점차적인 과정의 시작이었다. 콘스탄틴의 지배에 속하지 않았던 동방 지역에 상당수의 기독교인이 살았다는 것을 기억하는 것이 중요하다. 그 많은 사람들에게서 기독교를 제국의 기풍과 연관시키는 것은 낯 설은 전개로 보였을 것이다. 신앙은 이전처럼 어느 것에서도 "로마"의 사건이 되지는 않았다. 로마 세계의 철저한 기독교적인 변화는 확실히 콘스탄틴으로 인해 발생하지는 않았다 – 또는 실로 그 이후에 다른 황제들로 인해 발생하지도 않았다. 하지만 그가 추구했던 정책의 영감이 어떠했든 간에, 그것은 뒤이어졌던 다른 전개의 근간이 되었고, 이윽고 그것은 기독교회의 성격을 영원히 바꾸어놓을 것이었다.

콘스탄틴의 회심과 기독교의 정치적인 후원자로서 그의 역할의 본질은 항상 논쟁이 될 것이다. 해석자들은 그의 권위 하에서 발생했던 기독교 신앙의 사회적 특권이 영적인 차원에서 교회에 좋았는지 나빴는지를 논쟁하기를 계속할 것이다. 그런데 한 가지는 분명하다. 기독교의 대의와 콘스탄틴의 동일시가 승리이든 재앙이든 간에 그의 통치 기간 동안에 교회에 표면적으로 나타났던 논쟁들이 그의 죽음 이후의 세대에도 지속되었고 더 강렬해졌다는 사실이다. 콘스탄틴의 '현실정치' 가 구축했던 연합의 허울 밑에는 여전히 지적이고 사회적이며 실천적인 차이가 잠복해 있고, 많은 심각한 이슈들이 해결되지 않은 상태에 있었다.

아리우스주의의 경우에서보다도 이것이 더 강력하게 사실로 나타난 것은 없었다. 여러 면에서 아리우스와 그의 지지자들이 열어놓았던 문제들이 다가올 수년 동안 교회의 흐름을 지배할 것이다. 콘스탄틴 이후의 세계에서 이 문제들을 다루었던 방식은 이전 시대에 가정할 수 있었던 형태를 더 이상 취하지 않을 것이었다. 새로운 특징의 신학적 정치의 새 시대가 시작되었다.

제2장

아리안주의의 정치

콘스탄틴의 상속자들

콘스탄틴은 그의 제국을 그의 왕조의 상속자들이 분할해서 통치할 것을 의도했다. 그의 세 아들들 – 콘스탄틴(Constantine) 2세, 콘스탄티우스(Constantius), 콘스탄스(Constans) – 외에 두 조카들이 있었지만 그가 죽은 후에 이 조카들과 권력에 대한 다른 모든 잠재적인 경쟁자들은 피의 군사적 숙청에 의해 신속하게 제거되었고 세 아들에게로 전적으로 권력이 분할되었다. 협상이 있은 후에 세 아들들은 다음과 같이 책임을 나누기로 합의했다. 콘스탄틴 2세는 서방 지역을 통치하고(골, 스페인, 브리튼), 콘스탄티우스는 소아시아, 애굽, 시리아(접경지역에 있는 호전적인 페르시아 제국이 있었음으로 가장 커다란 도전이 되었을 것이다)를 책임지고, 가장 어린 십대의 콘스탄스는 이탈리아, 북아프리카, 그리고 발칸을 다스릴 수 있었다.

형제들 사이의 관계는 여러 면에서 어려웠다. 크리스천으로 양육을 받았던 그들은 그리스도에 대한 신앙이 로마 제국의 단일한 종교라는 아버지의 믿음을 전수받았다. 하지만 각기 그들은 한 황제가 이 정책을 시행할 의무를 갖는 것으로 충분하다는 개념을 가졌다. 이들 사이에 경쟁과 그들의 권력투쟁으로 나타났던 다양한 교리적인 공감은 교회에 중요한 의미를 가졌다. 기독교가 공식적으로 혜택을 받던 세계에서 신학적인 차이들은 더 이상 성직자나 헌신된 신자들만의 문제가 아니라 그들 제국의 주군의 문제였다. 아리우스와 그의 추종자들의 견해로 인해 발생했던 분쟁들은 정치적인 과정과 밀접하게 연관을 맺고 싸우게 되었다. 기독교인들이 여전히 소수에 속해 있었으나 그들의 교리 문제의 운명은 영향력 있는 자들의 상황 전개와 밀접한 관계가 있었다.

이런 연관들의 영향을 로마 세계 전역에서 느낄 수 있었고, 그것을 한때에 어떤 한 지역에서 4세기 교회의 이야기를 바라보는 단순한 과정으로 생각할 수 없었다. 아리안 논쟁의 정치적인 외양은 즉시 관련된 다양한 배경에서 발생했고, 복잡한 이 과정을 전반적으로 로마 제국의 교회들을 다룸으로써 인식할 수 있다. 그 모든 것을 통해서 우리는 모든 종류의 지역에서 기독교 예배와 증거의 일반적인 삶이 다양한 형태로 진행되었고, 교회는 성직자와 다른 지도자들이 관여했던 세세한 지적 논쟁이 직접적으로 반영되지 않았던 방식으로 발전하고 성장하기를 계속했다는 것을 기억해야 한다. 신학적인 논쟁의 장엄한 사건들은 이야기의 오직 한 편이고, 사람들은 복음이 들려지는 곳에서 회심하고 증거하고 투쟁하고 실패하기를 계속했다. 기독교 영성의 실제적인 영향들은 그러한 사건들의 이야기들을 기록하지 않았던 수많은 방식들에서 느껴졌다.[1)]

그럼에도 불구하고 콘스탄틴 이후의 환경에서 신자들이 속했던 지역의 전반적인 상황은 더 커다란 정치적 사건들과 불가피하게 연관되었다. 좀더 상세하게 이런 발전의 과정을 탐구할 만한 가치가 있다. 4세기의 복잡한 신학적 논쟁은 교회의 미래의 삶에 영향을 주었던 문제들이 기독교인들이 존재했던 더 커다란 사회적 문화적 배경에 영향을 받았던 정도를 드러내기 때문이다. 전반적으로 기독교적 삶의 형태를 위한 커다란 신학적 영적 의미에 관한 이슈들은 변덕스러운 정치적 세계의 사태와 복잡함을 통해서 고려되고 정돈되었다. 이런 저런 차원으로 기독교를 고백하는 사람들의 전체적인 수는 4세기의 전반부에 2천만 명을 넘어서는 것으로 성장했다. 회심의 비율과 신앙의 신실성은 황제의 방향과 전환만이 아니라 주교들이 선언한 메시지들에 의해서 영향을 받았다. 실로 자신들의 확신을 말하는 성직자들의 자유는 적지 않게 보다 넓은 정치적 공간(지역)을 책임지고 있는 사람들의 결정과 연결되어 있었다.

계속되는 교리적 긴장들

337년 6월에 사면령이 아타나시우스와 안키라의 마르셀루스처럼 유배된 주교들에게로 확대되었다. 따라서 그들은 자신들의 교구로 돌아올 수 있었다. 하지만 이 일은 부드럽게 진행되지는 않았다. 11월에 알렉산드리아로 아타나시우스가 돌아왔을 때, 그는 지역에서 상당한 적대감을 발견할 수 있었다. 335년에 공의회에 의해서 정죄를 받았던 자로서 그는 그의 교구에 대한 권리를 빼앗겼고, 라이벌 주교인 그레고리(Gregory)가 그를 대신해서 재직하였다. 한동안 숨어 지낸 후에 아타나시우스는 도망할 수밖에 없었다. 콘스탄티우스는 아타나시우스의 호소를 듣지 않으려 했다. 콘스탄티우스의 교리적 제휴는 이미 분명했다. 그것은 아타나시우스의 편에 있지 않았다. 그는 니코메디아의 유세비우스가 콘스탄티노플의 새로운 주교가 되기 위해서 이동하는 것을 지원하는 과정에 있었다. 콘스탄티우스는 아리우스의 가르침이 전적으로 잘못되지는 않았다고 느꼈던 사람들과 확실히 공감을 이루고 있었다.

반면에 마르셀루스도 반대에 직면했다. 그와 아타나시우스는 로마로 물러나서, 거기서 최근에 주교가 된 쥴리우스(Julius)에 의해 따뜻하게 환대를 받았다. 쥴리우스가 몇 달 동안만 로마의 주교로 재직하였을지라도, 확신에 찬 달변의 지도자로서의 그의 특징을 이미 보여주기를 시작했다. 그의 지도아래 로마의 교구－로마의 교구가 콘스탄틴으로부터 받았던 모든 특혜에도 불구하고 그것은 최근의 주요한 교리적 논쟁에서 평범한 역할만을 했다－는 동방에서 보다 강력하게 그 권위를 주장하기를 시작했다. 부적절한 동방의 재판으로 인해서 난민이 된 주교들을 환영함으로써 쥴리우스는 니케아 신조에 대한 반 유세비안적 독법에 대한 그의 헌신을 보여주었다. 그는 또한 아타나시우스와 마르셀루스를 파문했던 동방의 종교회의의 판단을 도전했다. 340년에 로마의 주교회의에서 유배된 주교들의 모든 죄책을 면해 주었고, 각각의 그들 교회들에서 정당한 지도자들로 그들을 받을 것을 선언했다. 그때에 쥴리우스는 이런 판단을 동방의 동료들에게 알렸고, 로마가 사도 베드로에게 귀속되는 공식적인 권리를 소유하고 있음을 주장하면서, 로마가 서방의 정의만이 아니라 동방의 정의의 문제에서도 호소할 수 있는 법정으로 기능한다고 선언하였다.

사실상 그러한 주장은 근거가 없었다. 당연히 동방의 성직자들은 좋아하지 않았다. 로마가 그 권위를 과도하게 주장하고 있다고 그들은 느꼈다. 그것은 처음이 아니었다. 최근의 정치적 전개가 그들의 이런 태도를 첨예하게 만들었다. 젊은 콘스탄스는 형인 콘스탄틴 2세가 자신의 방향을 따라야 한다고 주장하는 것을 친절하게 받아들이지 않았다. 결국에 둘 사이에 싸움이 생겼고, 콘스탄틴 2세가 패하여 죽게 되었다. 콘스탄스는 이제 제국의 2/3를 통치할 수 있게 되었고, 반면에 콘스탄티우스는 페르시아의 문제에 더욱 사로잡히게 되었다. 콘스탄스의 정치적 무게를 가중시키는 그의 결정의 일환으로서 그는 그의 형제의 영토에 있는 주교들이 채택한 입장에 반하는 로마의 주장을 지원했다. 서방과 동방의 성직자들 사이에 긴장이 고조되어 있었던 것이 그가 그렇게 처신하게 만들었다. 니코미디아의 유세비우스의 영향이 동방의 주교들을 지배했다면, 콘스탄스는 로마에 대한 '그의' 지원과 니케아 신학의 보다 엄격한 이해를 활용하여 콘스탄티우스를 더욱더 압박할 수 있었다. 정치적이고 교리적인 분열이 합세했다.

341년에 동방의 주교들의 그룹이 "황금" 성당이라 불리는 웅장한 새 교회의 완성을 기념하기 위해서 안디옥에서 모였다. 이 성당은 콘스탄틴에 의해 시작되었다가 마침내 콘스탄티우스 아래서 헌정되게 되었다. 그곳에 있는 동안에 동방의 주교들은 로마의 상황이 파생시켰던 긴장에 대한 그들 자신의 반응을 생각해 보기 위해서 만났다. 니코미디아의 유세비우스는 분명히 영향력 있는 세력이었다. 주교들이 스스로 아리안과의 공감을 단절하는 맹세를 취했을지라도 그럼에도 불구하고 로마 교회의 마르셀루스에 대한 방면을 수용하기를 거부했다. 그들은 다시 한 번 그의 견해를 이단적이라고 선언했다. 그들은 적절하게 형성된 동방에서 있었던 종교회의의 결정을 로마 교회가 반대할 권리가 없다고 거부하였다. 그러한 주장은 생소하고 근거가 없는 것이라고 주장했다. 그들은 "오직 유일하게 나신 하나님의 아들은 모든 세대가 있기 전에 그를 낳으신 하나님과 함께 존재하고 공존하셨다"라는 신학에 대한 그들의 충성을 선언했다. 완성된 형태에서 안디옥에서 발행된 신조는 아들을 “모든 시대 이전에 아버지로부터 나시고, 아버지의 신성과 본질과 의지와 능력과 영광과 똑같은 형상을 가지신 분”으로 언급하였다. 그리고 성령은 아버지와 아들과는 참으로 구분되는 세 번째 ‘히포스타시스’(*hypostasis*)인 것으로 선언하였다.

의도적으로 안디옥에서 합의한 입장은 철저한 아리안 개념을 논박하고, 동등하게 위험한 잘못이 마르셀루스의 가르침에도 있음을 의미했다. 공의회에서 사용한 일부 용어들은 의식적으로 니케아 종교회의로 되돌아갔고, 동방에서 잘 구축되었던 그리스도의 완전한 신성을 확증하는 방식을 상기시켰다. 주교들은 아들이 존재하지 않았던 때가 결코 없었고, 그리스도가 하나님“으로부터”(from)라고 생각해야 한다고 주장했다. 동시에 신성 안에 구분의 실제를 강력하게 강조하면서, 그들은 세 거룩한 위격들이 창조와 구속의 역사에서 특별한 양상과 관련된 단순히 다른 존재의 양태로 생각할 수 있다는 어느 주장도 반박하였다. 아들은 “창세전에” 아버지에게서 나셨고, “지금 아버지의 우편에 앉아계실 뿐 아니라 나중에도 역시 그리할 것이다.” 그의 “나라”는 “영원할 것이다”라고 그들은 선언했다.[2)]

그러나 서방의 많은 기독교 지도자들에게서 안디옥이 채택한 입장은 대단히 의심스러웠다. 유세비우스의 영향에 의해서 주도된 공의회가 아리안의 경향을 어떻게 갖지 않을 수 있는가? 동방의 주교들이 반 아리안이라고 주장하지만 그들은 니케아의 가장 중요하고 어려운 단어인 ‘호모우시오스’를 언급하지 않았고, “아버지의 본질과 똑같은 이미지(형상)”으로서 아들에 대한 그들의 언급은 다양한 해석을 불러올 수 있었다. 그것을 수반한 용어가 피조물로서 아들에 대한 아리안의 논조를 비난하고 있을지라도 말이다. 라틴어로 번역된 “세 ‘히포스타세이스’”란 말은 세 신에 대한 믿음처럼 들렸다. 문자적으로는 그것이 “세 본질(‘서브스탠시아’)”로 되었기 때문이었다. 동방의 지도자들이 신성의 구분을 너무 강조함으로써 삼신론의 형태(한 신이라기보다는 세 신들에 대한 믿음)와 위험스러울 정도로 가깝지 않는가?

더불어 쥴리우스의 행위와 안디옥의 결정은 특히 그 배경에 있는 정치적인 책략을 고려할 때 매우 심각한 상황을 잠재적으로 가중시켰다. 325년에 니케아에서 잠정적으로 해결되었던 분쟁이 여전히 살아 있었을 뿐 아니라,

동방과 서방의 교회를 분열시키려고 위협하고 있었다. 많은 동방의 크리스천들은 자신들의 주교의 판단을 감히 취소시키는 로마의 오만한 주장에 분개했고, 라틴어를 말하는 교회를 신학적인 용어의 섬세함을 간과하는 것으로 간주했다. 마찬가지로 서방에서는 헬라인들의 교묘함에 대한 두려움과 그들의 안건들을 강력하게 의심하게 되었다.

콘스탄스의 위치와 그의 더 커진 영토적 혜택을 감안할 때 정치적으로 서방의 상황은 더 강력해졌다. 아타나시우스는 그의 대의에 대해서 더 넓은 서방의 지원을 얻기 위한 활발한 운동을 전개하기를 계속했고, 그는 점점 더 동맹자들의 수를 얻는데 성공했다. 341-342년의 겨울 동안에 니코미디아의 유세비우가 콘스탄티노플에서 죽었고, 그의 교구는 경쟁자들 사이에서 다툼이 있었다. 다른 동방의 교회들에도 역시 폭넓은 혼란이 있었다. 그 지역의 크리스천들은 그들이 동의할 수 없는 가르침을 주고 있는 주교의 존재를 인정하기를 거부하였다. 동방의 대의에 대해서 정치적인 핵심부에서 점증하는 분열이 있는 것으로 보였다.

사르디카 공의회

그의 형제의 압박과 상황의 심각함을 깨달은 콘스탄티우스 – 어느 통치자도 많은 곳에서 발생하고 있거나 발생할 위험이 있는 기독교 교리 문제에 관한 대중적인 소요를 관용할 수는 없었다 – 는 긴장을 해소시키기 위해서 긴급한 조치를 취하는 일이 필요하다는 것을 인정했다. 로마의 쥴리우스는 동방과 서방의 주교대회가 해결을 모색하기 위해서 소집되어야 한다고 주장했고 두 황제도 동의했다. 그러므로 현대의 불가리아 소피아(Sofia)에 해당하는 사르디카(Sardica)에서 공의회로 모이게 되었다. 그것은 콘스탄스의 영토에 위치하고 있었으나 동방과 아주 가까운 접경 지역에 있었다. 그 모임이 언제 열렸는지에 대한 정확한 날짜를 지정할 수는 없으나 아마도 343년일 것이다.

양상은 씁쓸했다. 서방에서 온 사람들이 다수였고 – 이는 아주 이례적인 일이었다 – 니케아에서 주요한 역할을 했던 코르도바의 오시우스(Ossius)의 주도하에 일이 관장되었다. 동방의 사절단들은 파직된 주교들인 아타나시우스와 마르셀루스(콘스탄티노플에서 격렬한 반[反]유세비우스 주교였던 폴[Paul]을 포함하는 다른 적대자들도 포함해서)가 참석하였다는 명목으로 착석하기를 거절했다. 동방의 성직자들은 국경을 넘어 트라키아(Thrace)에 있는 필리포폴리스(Philippopolis)로 물러났고 거기서 그들 자신의 종교회의를 갖기를 시작했다.

그때에 두 진영은 서로를 비난하기를 계속했다. 동방의 주교들은 아타나시우스와 마르셀루스를 새로이 파문했고, 그들을 지지하는 모든 이들은 그들의 교구에서 사역할 가치가 없다고 선언했다. 쥴리우스와 오시우스도 정죄를 받은 사람들 중에 있었다. 서방의 지도자들도 알렉산드리아와 안키라에서 재임하고 있던 주교들을 파문하면서 마르셀루스의 가르침이 참으로 정통이라고 선언하는 것으로 반응했다. 아울러 서방의 성직자들은 마르셀루스를 변호하면서 한 "본질"로 하나님의 본성에 관한 명백하게 양태론적인 해석을 포함하는 믿음의 진술을 현명하지 못하게 발행했다. 또한 그들은 헬라인들의 편으로 넘어간 다뉴브(Danube) 지역 출신의 두 주교를 정죄했다. 주교의 징계에 관한 주제를 담고 있는 많은 규범들 중에 서방은 헬라 성직자들에 의해서 호소된 사건을 최종적으로 판결할 권리를 로마의 교회가 갖는다는 명백한 주장을 포함시켰다.

사르디카 공의회는 조잡한 정치와 불관용 그리고 교회 지도자들 사이에 비기독교적인 행위의 최악의 접근을 보인 대실패였다. 그것은 다루고자 했던 분열을 치유할 수 있는 그 어떤 것도 이루어내지 못했다. 위협을 받고 있는 바로 그 분열을 더 효과적으로 발생하게 만든 것으로 보였다. 서방의 대표자들이 콘스탄스가 그의 형제의 영토를 차지하고 유일한 통치자가 되려는데 있어서 졸개로서 이용되는 것을 스스로 허락하였을지라도, 그리고 동방의 주교들이 절차상의 문제로 침소봉대하였을지라도, 양편에서 서로 다른 의견을 이해하고 조정하려는 심각한 의지의 부족이 확실히 있었다. 로마 세계의 두 진영을 대변하는 크리스천들이 서로 불신하는 파로 나뉘었고, 그리스도의 신성의 공통된 헌신을 표현하는 방식의 서로 다른 개념에 집착하였으며, 교회의 권위에 대한 경쟁적인 주장을 제시하고 있었다.

그럼에도 불구하고 아주 영속적인 종류의 분열은 발생하지 않았고 외교적인 관계가 단절되지는 않았다. 해결에 대한 아주 강력한 정치적인 압박이 있었고, 양편에서 포기해야할 기반들이 있었다. 동방의 지도자들은 "긴 소절의 신조"(creed of the long lines, 그것은 대략 1400개의 단어들로 구성되었다)로 알려진 교리적인 진술을 이끌어내었다. 그들은 그리스도를 "모든 것에서 아버지와 같으신(like)"으로 말했고, 대다수의 성직자들이 마르셀루스의 가르침을 왜 그렇게 반대하는지를 좀더 상세히 설명하였다. 그러나 그들의 문서는 사르디카에서 마르셀루스의 사상을 서방이 변호할 때에 조잡함을 보인 것에 솔직히 당황했던 아타나시우스는 언급하지 않았다.

아타나시우스의 귀환

이런 접근으로 인해서 서방의 주교들은 마르셀루스적인 신학을 지지하는 데서 점점 멀어졌고, 반면에 콘스탄스의 시민전쟁의 위협에 민감해진 동방의 동료들은, 특히 아타나시우스가 마르셀루스로부터 자신을 멀리하기를 시작하였을 때, 그를 다시 한 번 지지할 준비가 되어 있음을 결정했다. 알렉산드리아에서 아타나시우스를 대신했던 그레고리가 죽었을 때 이에 대한 적절한 타이밍을 제공했다. 346년의 봄에 아타나시우스와 콘스탄티우스는 화해했고, 그해 10월에 아타나시우스는 알렉산드리아로 재입성했다. 아타나시우스는 자신이 대중들의 커다란 환호를 받았다고 말하고 있고, 그는 거기서 다음 10년 동안을 재직했다 – 이는 그가 주교로 적절한 책임을 맡아서 일했던 가장 긴 기간에 해당한다.

340년대 후반에 상대적으로 평화로운 시기가 찾아왔으나 그 안정성은 빈약했다. 일부 역사가들은 아타나시우스가 알렉산드리아로 돌아온 후에 그의 영향의 "황금기"를 맞았다고 말하였을지라도, 사실상 그는 많은 반대에 직면하기를 계속했고, 동방의 많은 사람들과 관련되는 한, 그는 인정보다는 관용이었다. 349년에 안디옥의 종교회의가 그를 다시 한 번 정죄했고, 그를 대신해서 갑바도기아 출신의 주교인 조지(George)의 임명을 추천했다. 그러나 이 주교 후보자는 콘스탄티우스의 비준을 필요로 했는데, 그는 다른 생각을 하고 있었다. 그는 페르시아와 수년 동안 힘든 전쟁을 치르고 있었고, 다른 곳에서도 심각한 곤란을 겪고 있었다.

350년의 2월에는 콘스탄스가 마그누스 마그넨티우스(Magnus Magnentius)라는 관료가 이끈 군사 쿠데타에 의해 골에서 살해되었고, 콘스탄티우스는 이 찬탈자를 분쇄할 것을 결정했다. 흥미롭게도 마그넨티우스와 콘스탄티우스는 그들의 대의를 위해서 아타나시우스의 지지를 얻고자 했다 – 교회에서 그의 대적자들이 무엇을 말하고 있든지 간에 이것은 아타나시우스가 국제 정치에서 가졌던 상징적인 의미를 알 수 있게 한다. 콘스탄티우스는 아타나시우스를 얻기 위해서 그에 대한 해임 명령을 분쇄할 준비가 되어 있었다. 아타나시우스는 마르넨티우스의 사절단에 지지를 표하지 않았다. 물론 아타나시우스를 대적하는 자들은 나중에 그를 마그넨티우스와 은밀히 내통한 것으로 고소할 것이지만 말이다.

연합을 위한 콘스탄티우스의 시도

그러나 반면에 콘스탄티우스의 입장은 점차적으로 복잡해졌다. 351년 9월에 그는 판노니아(Pannonia)의 무르사(Mursa)(현대의 크로아티아의 오시젝)에서 마그넨티우스와의 주요한 전투에서 이겼다. 이 전투는 발렌스(Valens)라 불리는 주교의 영토에서 발생했고, 이 주교는 아타나시우스의 격렬한 비판자였다. 위기의 시간에 영적으로 콘스탄티우스를 지원한 보답으로 발렌스는 제국의 중요한 고문관이 되었고, 마그네티우스가 마침내 353년에 쓰러지고 콘스탄티우스가 유일한 황제가 되었을 때, 발렌스는 아타나시우스에 대한 황제의 열린 마음을 되돌릴 수 있는 강력한 위치에 있었다. 교회적인 문제에서 콘스탄티우스의 주요한 목적은 연합을 이루어내는 것이었고, 그는 공통된 신앙고백적 입장으로 동방과 서방의 성직자들을 연합하는데 필요한 어떤 수단이든지 채택하려고 하였다.

사르디카에서 분명히 나타났던 것처럼, 골(335-337)과 로마(339-346)에서의 아타나시우스의 유배의 기간과 그의 활발한 운동은 그가 서방에서 폭넓은 지지를 얻는데 기여했다. 모든 교리적인 긴장 속에서도 교회들은 골과 서방의 여러 곳에서 상당히 성장하기를 계속했고 따라서 주교의 수가 팽창했다. 이 성직자들 중에 다수가 아타나시우스에게 공감하고 있었다. 그러나 그들의 상당한 수가 동방의 동료들과 아타나시우스의 논쟁에서 문제가 되고 있는 교리적인 설명에 대해서 확실한 이해를 갖지 못하고 있었다. 발렌스와 여타 사람들에 의해서 상당히 용기를 얻은 콘스탄티우스는 라틴 주교들을 설득하려고 애썼다. 그는 그들의 충성이 잘못된 곳에 두어져 있으며, 그리스도의 신분에 대한 보다 융통성 있는 이해를 하는 지혜가 필요하다고 지적했다. 필요하다면 황제는 주교들에게 뇌물을 주어 순종할 수 있게 하거나 만약 끝까지 순응하기를 거부한다면 그들을 제거하여 유배지로 보낼 준비를 하였다. 353년에 아르레스(Arles)와 355년의 밀란(Milan)에서 소집된 종교회의에서 그는 아타나시우스에 대한 현재의 서방의 인정을 취소케 하는 것을 확보했다.

많은 주교들이 콘스탄티우스의 명령에 저항했고, 반대자들이 황제 앞에 부름을 받고 아타나시우스를 정죄하든지 파직을 당하든지 하는 최후통첩을 받았을 때인 밀란에서 그 반대가 극도에 달했다. 이런 단계에서 유배를 당할 것을 감수하였으나 얼마 안 있어서 돌아온 사람들 가운데는 로마의 쥴리우스의 계승자인 리베리우스(Liberius),[3] 포이티에르의 힐라리(Hilary of Poitiers), 밀란의 디오니시우스(Dionysius of Milan), 베스셀리의 유세비우스(Eusebius of Vercelli), 그리고 격렬한 열심당인 사드리니아에 카그리아리의 루시퍼(Lucifer of Cagliari)가 있었다. 그들 가운데 몇몇은 나중에 콘스탄티우스를 독재자로, 심지어 참된 믿음에 대한 그의 반대로 인해 적그리스도라고 책망함으로써 아타나시우스에게 합세할 것이었다.

포이티에르의 힐라리

이 유배된 지도자들 중에 가장 능력 있는 신학자는 350년경에 포이티에르의 주교가 되었던 힐라리였다. 우리는 힐라리의 초기 생애에 대해 거의 아무것도 알지 못하지만 그는 아마도 315년경에 태어나서 교회의 직분을 받는 일을 시작하기 전에 상당한 고전적 교육을 받았던 것으로 보인다. 주교로서 그는 니케아신조에 대한 그의 충성을 처음부터 보였으며, 정치적인 압력에 굴복하고 아타나시우스의 정죄를 묵인한 골의 다른 주교들과의 관계를 단절했다. 356년에 그는 프랑크족의 군사들에 의해서 이끌려진 정치적인 반란에 연루되어 정죄를 받고 프리지아로 유배되었으며, 그는 거기서 다음 4년간을 보냈다. 그 경험이 그에게 중요한 형성기를 이루었다. 아시아에서 그는 동방의 교회적 논쟁을 처음으로 접하게 되었고, 아리우스의 유산에 적대적이었던 사람들에 의한 헬라어를 말하는 교회들에서 채택된 다양한 전략들을 더욱 인식할 수 있었다. 마침내 360년에 서방으로 돌아왔을 때, 힐라리는 골과 그 너머 지역에서 아리안 신학의 확고한 반대자가 되었고, 그의 이런 활동은 그로 하여금 "서방의 아타나시우스"란 별명을 얻게 만들 정도였다.

어떤 면에서 이런 지칭은 호도된 것이다. 힐라리는 아타나시우스가 행한 것처럼 '호모우시오스'란 말을 전심으로 옹호하지는 않았다. 그는 그리스도가 하나님과 동등(equal)이라기보다는 본질에서 하나님 아버지와 "같다"(like)는 것을 말하기를 좋아했다–이것은 아타나시우스가 받아들이려 하지 않은 표현이었다. 그럼에도 불구하고 힐라리는 확실히 아리안 교리의 열정적인 반대자였다. 논리적으로 선봉에 선 저항으로 그는 라틴 서방에서 진지한 지적 신학의 발전에 상당한 기여를 했다. 힐라리가 유배 시에 썼던 많은 작품들 가운데 하나는[4] 열두 권의 책으로 된 논문인 『삼위일체에 관하여』(*On the Trinity*)인데, 그것은 하나님의 아들의 신적인 본질을 정교하게 변호하는 것이었다. 그러므로 그리스도의 선존재에 관한 힐라리의 확증은 너무 강력하여 그는 성육신의 다소 가현설(도케틱)적인 모습을 보이는 것으로 끝난다. 즉 예수의 인성이 그의 신성에 의해 가려진다. 성령에 관해서 힐라리는 덜 말하였는데, 그런 면에서 그는 삼위일체에 대한 충만한 교리를 제공하지는 못했고, 그는 성령을 특징적으로 신적인 활동에 참여하는 것으로 간주한다. 힐라리는 상당히 성경적인 신학자였고, 영적으로 집중한 마태복음과 시편에 관한 주석을 작성했다. 그 주석은 오리겐처럼 동방의 자료들에 의존했다. 또한 그는 처음으로 라틴어로 찬송을 쓴 뚜렷한 작가였다. 이 찬송들의 소수의 단편만이 남아 있을지라도, 그것들은 평범한 신자들에게 건전한 교리를 가르치는 대중적인 수단으로서 영적인 노래들을 사용한 힐라리의 시도를 알려준다. 그것은 4세기 후반에 적지 않게 기독교적 관습으로 상당히 사용될 기술이었다.

선교적인 배경에서 콘스탄티우스 대의의 팽창

힐라리와 다른 이들의 노력에도 불구하고 콘스탄티우스가 지원하는 보다 융통성 있는 신학이 확장하기를 계속했고, 이것은 로마 제국만이 아니라 기독교를 받아들인 다른 지역에까지도 마찬가지였다. 라인과 다뉴브 사이에 집중된 독일계 부족의 혼합인 고트족이 적어도 250년대 이후부터 기독교적인 영향을 받게 되었다. 그들이 갑바도기아를 침략하고 그들의 죄수 가운데 교회 지도자를 포함하여 많은 신자들을 데리고 갔을 때에 말이다. 포로로 잡혀간 기독교 가정 가운데 한 후손에는 고트족들이 울필라(Ulfila 또는 Wulfila), 즉 "작은 늑대"라 불리는 한 젊은이가 있었다.

울필라(Ulfila, 약 311-383년)는 고트족 사이에서 양육을 받았으나 330년대 말 또는 340년 초에는 콘스탄티노플에서 있었다. 그곳에서 그는 콘스탄티노플에 있는 교회의 수장이었던 니코미디아의 이전 주교인 유세비우스에 의해서 고트족의 주교로 가기 위해서 성별되었다. 이는 다뉴브 북쪽의 고트족들 사이에 이미 존재했던 기독교 구역을 공고히 하려는 의도가 있었을 것이다. 그러나 울필라는 다른 고트족들 사이에서 활발한 선교 운동을 역시 펼쳤다. 그는 처음에 다시아(Dacia, 현대의 루마니아)에서, 그 다음에 기독교의 확산을 로마 세력의 침략과 동일시했던 사람들로부터 박해를 받은 후에 다뉴브 남쪽의 모세아(Moesia, 불가리아)에서 복음을 전했다.

"고트족의 사도"는 상당한 성공을 거두었고, 많은 개종자들을 이끌었다. 그의 가장 커다란 성취 중에 하나는 헬라어 성경을 고트족 언어로 처음 번역한 것이었다. 이는 놀라운 학문적 성과였다. 그 일을 하기 위해서 울필라는 헬라 문자와 기호의 조합에 해당하는 알파벳을 만들어내었다. 그는 열왕기서를 의도적으로 번역하지 않고 남겨두었다고 전해진다(그것은 오늘날 사무엘상하라 불리는 것을 포함하였다). 고트족이 이미 충분히 호전적이었고, 더 이상의 전쟁 이야기들을 읽는 것을 고무시키지 않고자 했기 때문이다. 그렇다고 이 성경의 본문들을 그가 번역하는 일을 뒤로 미루었다고 해서 그가 정경에서 열왕기서를 배제할 의도를 가졌음을 의미하지 않는다. 그의 번역은 아주 문자적이었다. 그가 죽었을 때에도 성경 번역이 다 완성되지 않았고, 현재는 그 일부만이 전해지고 있고, 그 모든 것들이 신약의 구절들이다.

아마도 유세비우스와의 관계 때문에 울필라는 아들이 아버지와 정확히 동격이라는 주장에 전혀 열정적이지 않았다. 아들은 아버지와 "같다"(like)고 말하는 것을 그는 선호했다. 따라서 고트의 기독교는 아타나시우스와는 아주 거리가 먼 교리적 입장을 전수했다. 우리가 11장과 12장에서 보게 되는 것처럼, 그러한 가르침의 영향은 결국에 황제의 교회와 로마사람들이 "바바리안"(야만인)이라 불렀던 사람들의 믿음과의 관계에 의미 있는 결과를 낳을 것이다. 울필라의 시대에 비아타나시우스적(non-Athanasian) 관점이 로마 국경 안팎에서 서방에 매우 성공적으로 퍼져 있었던 것으로 보인다.

콘스탄티우스는 다른 선교적 상황에서 아타나시우스에 대한 지지를 희석시키려고 노력했다. 제국의 바깥에서 회심한 사람들을 자신이 선호하는 교리적인 보호 아래로 데려오려는 그의 노력은 그의 권위를 확장하려는 의도에서 부분적으로 기인하였고, 또한 제국의 지배를 넘어서 있는 사람들 사이에 뿌리가 다른 신학적인 사상을 고수함으로써 오는 정치적 위험을 축소하려는 바람에서 기인하였다.

예를 들어, 북부 에디오피아에서 복음은 두로의 젊은 두 사람, 즉 프루멘티우스(Frumentius)와 에데시우스(Edesius)의 영향 하에서 4세기의 중반부에 퍼졌다. 그들은 한때에 홍해 지역에서 주요한 정치세력이 되었던 악섬(Aksum)이란 고대 왕국의 통치자에게 사로잡혀 죄수로 억류되었었다. 이 두 사람은 성공적으로 그들의 믿음을 공유하여 왕가 사람들을 회심시켰는데, 이 중에 에자나(Ezana) 왕이 포함되었다. 프루멘티우스는 뒤이어 알렉산드리아로 돌아가서 그가 충성스럽게 지지하였던 아타나시우스에 의해 악섬의 주교로 성별되었다. 콘스탄티우스는 356-357년경에 프루멘티우스의 활동을 전해 들었을 때, 그가 조지 주교에 의해 재성별되기 위해서 즉시 알렉산드리아로 되돌아오게 해야 한다고 주장하면서 악섬의 왕자들에게 강력한 서신을 보냈다. 그때에 조지는 아타나시우스를 대신해서 주교의 자리에 올랐고, 하나님의 아들의 신분에 관한 매우 다른 견해를 확고히 하는 파에 가담하고 있었기 때문이었다.

"니케아"와 "아리안" 파

350년대 중반에 새로운 관심이 니케아신조에 주어졌다. 359년대 초기의 어떤 때에 아타나시우스는 『니케아공의회에 관하여』(*On the Coincil of Nicaea*)라는 책을 썼다. 처음으로 그는 그 책에서 325년의 신조와 특히 '호모우시오스' 란 용어를 정통 교리의 표어로 취급해야 한다는 것을 제기했다. 그리스도가 문자 그대로 하나님과 "한 본질에 속하였다"는 절대적인 고백보다 덜한 것은 용인할 수 없었다. 355년에 밀란의 공의회에서 베르셀리의 유세비우스(Eusebius of Vercelli)는 아타나시우스가 정죄를 받았을지라도, 전체적으로 니케아공의회의 진술에 모든 참석한 사람들이 사인해야 한다고 주장했다(하지만 그는 '호모우시오스' 란 용어 자체의 의미에 대한 관심을 끌지는 못했다). 돌이켜 볼 때, 그러한 목표를 이루지는 못하였을지라도, 처음으로 니케아 신조가 논쟁하던 주교들의 모임을 연합할 수 있는 표준으로서 제시되었다는 사실은 의미가 있다. 뒤이어지는 해에 아타나시우스와 그에게 충성하는 사람들에 의한 이런 기준들이 더 많이 언급될 것이고, "니케아파"와 "아리안파" 사이에 명백한 대립이 나타났다.

356년 초에 아타나시우스는 다시 한 번 알렉산드리아에서 도망해야 했다. 이번에는 군사적인 무력 협박을 받았기 때문이다. 그는 다음 6년간 숨어 지냈고, 주로 애굽과 리비아의 사막에서 수도사들과 같이 지냈다. 하지만 가끔 알렉산드리아로 변장을 하고 잠입하곤 하였다. 그는 알렉산드리아 도시의 중심부에서 광범위한 충성을 누리기를 계속했고, 그를 대신했던 계승자인 조지는 그의 자리를 주장하는데 상당한 곤란을 겪었다. 조지는 358년 말에 폭도들에 의해 거의 죽을 정도로 얻어맞고 그곳에서 도망해야 했다. 그가 3년 뒤에 잠깐 알렉산드리아로 되돌아왔을지라도, 콘스탄티우스의 사망 소식이 그 도시에 이르렀을 때 곧 감옥에 갇혀 죽임을 당했다.

아리안주의의 보다 급진적인 형태

조지의 신학은 다른 곳에서 촉진된 아리안주의의 형태에 거의 가까웠다.

357년에 시리아의 게르마니시아(Germanicia)에서 이전에 주교로 있었던 아리안인 유독시우스(Eudoxius)가 안디옥의 교회를 제어했다. 그는 이전에 부제였던 아에티우스(Aetius)라 이름 하는 사람에 의해 상당히 영향을 받았는데, 이 아에티우스는 알렉산드리아의 조지에 의해 부제로 재임명되기 전에 한동안 평신도 교사로서 일했다. 아에티우스는 논리적으로 상당히 능력 있는 유능한 사상가였고, 그는 성부와 성자의 인과적 관계에 관한 문제를 그의 마음에 적용시켰다. 아리우스와는 꽤 다르게 아에티우스는 성경에 상당히 덜한 관심을 가졌고, 성육신에 관한 어떤 실제적인 설명을 제공하지 않았다. 그의 관심은 하나님의 존재에 적용할 때 "아버지"와 "아들"과 같은 용어가 무엇을 의미할 수 있는가에 관한 '철학적' 문제에 집중했다.

아들이 낳아졌거나 파생되었다면, 확실히 아들이 하나님에 의해 "인과되었다"고 아에티우스는 추론했다. 그러나 하나님의 본질은 "낳아지지 않았거나" 파생되지 않은 것이다. 그러므로 아들은 아버지와 "동일 본질에 속한" 것으로 말할 수 없다. 이런 개념은 아들의 본질이 아버지의 본질과 "같지 않다"('아노모이오스' [*anomoios*])는 믿음을 불러일으켰다. 아에티우스가 직접 이 용어를 사용하지는 않았지만 그 용어는 나중에 그의 추론을 따랐던 사람들과 연관되었다.[5] 그의 주요한 제자들 중에 한 사람은 360년대에 유독시우스에 의해 안디옥에서 서임을 받고 폰투스의 시지쿠스(Cyzicus in Pontus)에서 짤막하게 주교로 있었던 유노미우스(Eunomius)였다. 유노미우스는 아에티우스보다 훨씬 더 성경 본문을 논하는 경향이 있었지만 그는 아들이 '헤테로우시오스'(*heteroousios*), 즉 하나님과 "다른 본질에 속하였다"고 가르쳤다. 아들은 그의 행위와 의지에서 아버지와 "같다"(like)고 말할 수 있으나 본질에서 하나님과 같지 않다고 그는 주장했다. 유노미우스는 심지어 하나님이 인간 피조물보다 그의 본질에 대해서 더 알 수 없다고 말하기까지 하는 것으로 나아갔다. 하나님의 본질은 그의 낳아질 수 없음이고 우리는 이 낳아질 수 없음을 알 수 있기 때문이라는 것이었다.

이런 종류의 가르침은 아리우스가 말했던 것보다 명백히 아주 급진적이었다. 4세기에 그 반대자들의 다수가 아에티우스와 유노미우스와 다른 아리안 입장의 개념들 간에 구분들을 흐리게 하는 경향이 있었을지라도, 그 때문에 현대의 학자들은 그것을 자주 "신아리안"이라고 명명했다. 모두 잘못된 부류에 속하였다. 그러므로 아에티우스와 유노니미우스의 견해는 아타나시우스와 그의 서방 지지자들의 확신만이 아니라, 아들의 신성이 존재와 뜻과 능력에서 아버지와 "같다"고 의례적으로 말했던 동방의 대부분의 기독교인들의 전통적인 믿음과도 직접적으로 배치되었다.

아노모이안스와 호모이우시안스

동방 교회들 내에 주류의 입장이 358년에 안키라에서의 모임에서 강력하게 제기되었다. 마르셀루스의 계승자이자 유독시우스와 조지가 고무시키고 있었던 신학의 강렬한 반대자였던 지역 주교인 바실의 리더십 하에서[6] 헬라 성직자들의 다수가 아들이 아버지와 "존재에서 같다"(like in being, *homoios kat'ousian*['호모이오스 카트우시안'])는 교리를 콘스탄티우스가 승인하기를 추구할 것을 결정했다. 결과적으로 그들은 '호모이우시안스'(*homoiousians*)로 알려지게 되었다: 니케아가 그러했던 것처럼 아들이 아버지와 '호모우시오스'(*homoousios*)라고 말하지 않고 그는 '호모이우시오스'(*homoousios*)라고 말했다. 단일한 헬라 문자, 이오타를 첨가함으로써 그들은 니케아에 대한 그들의 독법과 어울리는 것을 정확히 지적했다: '호모우시오스'(*homoousios*)에서 언급된 "같음"(sameness)은 "동질성"이 아니라 "유사성"을 의미하는 것으로 이해했다. 그들은 동질성은 신성 안에서의 구분을 무너뜨린다고 믿었다. 아들은 아버지와 존재에서 동일하지 않고, 존재에서 아버지와 같다(like) – 아버지의 뜻의 완전한 모습(image).

'호모이우시안스'(*homoiousians*)는 아에티우스와 유노미우스와 같은 사람들의 개념과 확고히 반대되었지만, 둘이 하나라는 방식으로 잘못 대변되고 있다고 느꼈던 아들과 아버지와의 관계에 대한 이해도 역시 거부되었다. 바실과 그의 추종자들에게서 '호모이우시안'(*homoiousian*) 교리는 그들이 동등한 것으로 보았던 것과 반대편 극단, 즉 소위 '아노모이안스(*anomoians*)와 엄격한 ' 호모우시안스 '(*homoousians*) 사이에서 중도 – 본질적인 용어로 아버지로부터 아들의 무가치한 분리와 신성의 구분을 전적으로 무너뜨리는 양태론의 위험성을

피할 수 있었던 방식 – 를 제공했다.[7)]

서미움(Sirmium)의 "불경"

안키라의 바실은 기민한 정치적 운영자였고, 처음에 그는 '호모이우시오스' 교리가 교회를 통합하는 방식으로서 상당히 의미가 있다고 콘스탄티우스를 설득하는데 성공했다. 콘스탄티우스는 신학적인 논쟁에서 어떤 묘한 기쁨을 취하였으나, 325년의 그의 아버지처럼 폭넓은 지지를 요구할 수 있는 정치적인 해결책을 찾는데 주로 관심이 있었다. 그는 '아노모이안' (*anomoian*)의 노선이 확실히 그런 목적을 이루지 못할 것이라는 것을 인식하였고, 한편으로 '호모이우시안' (*homoiousian*)은 그에게 실제적인 가능성을 제공할 수 있는 것으로 보였다.

콘스탄티우스와 바실의 교류는 무르사의 발렌스(Valens of Mursa)의 영향에 직접적인 도전을 제기했다. 절친했던 신기두넘(Singidunum)과 서미엄의 게르마니커스(Germanicus)의 도움을 받았던 발렌스는 많은 것을 성취했었다. 357년에 서미엄에서 소수의 주교들의 모임에서 그는 나이가 많은 코르도바의 오시우스(그는 이때 일백 살은 아니었을지라도 적어도 90대에 속해 있었다)를 설득하여 신의 본질에 대한 언급을 전적으로 가장 잘 피할 수 있는 것에 동의할 수 있도록 설득하였다. 주교들은 라틴어로 표현한 '서브스탄시아' (*substantia*)란 용어나 헬라어의 '우시아' (*ousia*, essence, "본질")라 불리는 것이 하나님에 관한 조잡스러운 물질적 이미지를 불러일으킨다고 주장했다.

연합을 촉진한다는 명목으로 주교들은 아버지가 아들보다 더 크시다는 것을 함축했던 성경의 언급들(특히 요 14:28)에 관심을 갖는 진술들을 발행했다. 아들은 이차적인 방식으로만 신적이며, 따라서 아버지에 종속되는 것으로 생각해야 한다고 말했다. 그러한 견해들은 아주 오랫동안 동방에서 의례적이었고, 이 선언은 서방에서도 역시 일부 지지를 얻었다. 그러나 훨씬 더 많은 물이 많은 사람들의 귀에 결정적으로 아리안으로 들리지 않게 하는 그러한 교리를 위한 다리로 흘렀다. 북아프리카와 골에서 그 선언은 상당한 냉대를 받았다. 포이티에르의 힐라리는 그것을 "서미엄의 불경"이라고 일컬었고,[8)] 허약해진 오시우스는 그가 이룩해놓았던 것에도 불구하고 말년의 실수에서 회복하지 못했다.

발렌스와 바실은 아버지와 아들 사이에 존재의 절대적인 동질이 있어야 한다는 아타나시우스의 주장에 반대했지만 대안을 설명하는 방식에서 상당히 달랐다. 통일된 신조에 대한 콘스탄티우스의 열망은 다소 다른 방향을 촉구하는 두 성직자의 조언에 의해서 복잡해졌다. 발렌스는 성경의 용어로 되돌아갈 것과 신의 본질에 대한 모든 언급을 피할 것을 주장했다. 바실은 "유사한 본질에 속한"이란 교리가 가장 좋은 방식을 제공한다고 주장했다. 358년에 한동안 바실의 입장으로 기울더니 콘스탄티우스는 다시 한 번 발렌스와 그의 동맹자들에게로 돌아섰다. '호모우시오스'와 '호모이우시오스'를 모두 거부하는 서미움의 또 다른 신조가 만들어졌다. '호모우시오스'와 '호모이우시오스'란 용어는 비성경적이고 분열적인 것으로 금지되었다. 아들은 본질에 대한 아무 언급도 없이 단순히 아버지와 "같은"('호모이오스', *homoios*) 것으로 고백되어야 한다고 제기했다. 이것은 의도적인 생략이었다. 문제가 되고 있는 "같음"(likeness)이 무엇으로 구성되어 있는지를 거명하지 않고 남겨두었다. 바실은 서미엄의 유산이 모호함으로 위험스러운 것이라고 생각했다. 교회가 아들이 아버지와 "같다"는 의미를 설명하지 않는다면, 철저한 아리안주의를 어떻게 피할 수 있는가?

원리상 적어도 네 주요한 입장이 이제 부상했다. 우리가 교리적인 측면에서 극단적인 "좌"로 느슨하게 부를 수 있는 것에 소위 '아노모이안스'(*anomoians*)나 '헤테로우시안스'(*heteroousians*)가 있었고, 극단적인 "우"에 엄격한 '호모우시안스'(*homoousians*)가 있었다. 중간에 '호모이우시안스'(homoiousians)와 '호모이안스'(*homoians*)의 경쟁적인 대안들이 있었다. 콘스탄티우스는 두 극단은 정치적인 측면에서 용인할 수 없는 것을 확신했지만, 중간적인 입장에도 일치가 없다는 것이 그에게 점차적으로 분명해 보였다.

통합의 두 공의회들

359년의 여름에 콘스탄티우스는 동방과 서방의 성직자들의 커다란 모임을 소집할 것을 동의했다. 이제 제국의 양 진영을 대표하는 아주 많은 주교들이 있었기 때문에 두 분리된 모임을 개최할 것을 준비했다: 동방의 거주자들은 소아시아의 남부 해변과 가까운 셀류시아(Seleucia)에서 모이고, 서방의 거주자들은 이탈리아의 아리미눔(Ariminum, 리미니[Rimini])에서 모일 것이었다.[9] 모임을 둘로 나누어 갖는 이유가 있었다. 사실상 이 분리된 모임은 황제 자신이 참으로 원했던(발렌스의 '호모이안' [*homoian*]의 입장을 지지하는 것) 것, 즉 그가 결정했던 것을 권고할 수 있도록 도왔다.

황제의 대리자들에 의해서 긴밀하게 감독을 받았던 주교들은 진정으로 자유로운 토론을 할 수 없었고, '호모이안' 의 타협을 지지하는 일치를 이루어 냈을 뿐이었다. 더 큰 서방의 공의회가 먼저 굴복했다. '호모이안주의' (homoian-ism)의 반대자들은 발렌스와 그의 동맹자들의 계책을 이길 수가 없었다. 발렌스와 그의 동맹자들은 콘스탄티노플의 황제에게 그들의 반대자들에 대항해서 성공적으로 호소하였기 때문이었다. 10월 10일에 트라키아의 니케(Nike in Thrace)라는 작은 마을에서 친 니케아(Pro-Nicene) 사신들이 굴복하여 개정된 서미엄의 신조에 사인했다. 더 작은 동방의 종교회의가 이를 뒤따랐다. 하지만 주요한 '호모이안스' (homoians)인 가이사랴의 아카시우스(Acacius of Caesarea)와 안디옥의 유독시우스(Eudoxius), 그리고 알렉산드리아의 조지(George)에 대항하여 열심히 싸웠고 '호모이우시안' 의 전통을 붙잡기를 원했던 다수의 성직자들의 편에서 진정한 투쟁이 없지는 않았다.

서방과 동방의 두 진영은 콘스탄티우스에게 사절단을 보냈지만 그 해 말에 '호모이우시안스' 가 패배를 승인하게 되었다. 니케에서 서방거주자들에 의해 동의되었고 아리미눔에서 서방 거주자들에 의해 비준된 서미엄의 개정된 신조가 승인되었다. '호모이우시안스' 는 그들의 서방 동료들에게 배신감을 느꼈지만 굴복하는 것 외에는 다른 선택의 여지가 없었다. 콘스탄티노플에서 360년 초에 아카시우스(Acacius)에 의해 주재된 72명의 주로 동방의 주교들의 모임에서 "본질"과 '히포스타시스' 와 같은 용어들은 비성경적인 것으로 철회되어야 하고, 단순히 "아들은, 성경이 선언하고 가르치는 대로, 아버지와 같다(like)"라고 고백해야 한다고 결정했다. 정확히 이것이 무엇을 의미하는지에 관해서는 설명이 주어지지 않았다.

359-360년의 사건들은 발렌스의 신학과 콘스탄티우스의 실용주의가 겉으로 보기에 승리를 얻은 것으로 보였다. 동방과 서방의 다수의 성직자들이 '호모이안' 교리를 지지하게 함으로써 황제는 325년 이래로 있었던 씁쓸할 싸움들을 끝낼 수 있는 교리를 확보했다고 생각했다. 그의 마음에 셀류시아와 아리미눔은 그의 니케아 종교회의였다 – 그의 아버지인 콘스탄틴이 주재했던 그 위대한 공의회의 결정의 대응부였다. 그것은 새 시대에 제국을 연합하기 위해서 기독교인들을 통합하는 수단이었다. 이번에 만들어진 신조가 니케아 이래로 교회들이 싸워왔던 모호함이 새로운 단계를 취하게 되기를 콘스탄티우스는 소망했다. 의도적으로 정밀한 것을 피함으로써 모든 측면에서 가능한 한 많은 크리스천들의 민감함을 수용하고, 다양한 면에서 이전 세대에 로마 세계의 정치적인 안정을 위협했던 분열을 막을 수 있을 것으로 생각했다.

그런데 사실상 이런 모든 문제는 많은 강력한 반대자들을 불가피하게 낳았다. 셀루시아와 아리미눔의 신학은 아리우스와 먼 친척이 되는 신학적 노선에 지지를 보내는 것을 의미하지 않았다. 아들이 아버지와 "같다"(like)는 것을 인정하기를 거부했던 아에티우스는 안디옥에서 부제의 낮은 직급에서 파직되어 유배로 보내졌다. 하지만 '호모이우시안스'와 엄격한 니케아주의자들이 꽤 다른 방식으로 그리했던 것처럼 단순히 거명되지 않은 "같음"이 충분하지 않다는 것을 고수한 사람들에게 새롭고 더 단순한 신조는 아들의 신성을 보호하기 위해서 오랫동안 노력했던 모든 것을 배신하는 행위를 대변했다. 20년 뒤에 제롬은 아리미눔의 결정에 관해서 "전체 세계가 아리안을 찾으려고 신음했고 또 그것을 찾은 것에 놀라워했다"[10]라고 말했다. 콘스탄티우스는 동방과 서방을 통합하려고 했지만 그는 명백한 아리안주의에 대한 어떤 방비를 제공하지 않는 입장을 촉진하는 것으로써 그리 행했다.

안키라의 바실을 포함하여 많은 '호모이우시안스'는 그들의 주교직에서 파직되었고, 유배로 보내졌다. 어떤 경우에 그들의 계승자들은 경향상 아리안임이 분명했다. 콘스탄티노플에서 대담한 '호모이안'인 유독시우스가 축출된 '호모이우시안'인 마세도니우스(Macedonius) – 이전의 아에티우스의 제자 – 를 대신했다. 본투스의 시지쿠스에서 분명히 아리안인 유노미우스(Eunomis)가 '호모이우시안'인 엘류시우스(Eleusius)를 뒤이었다. 분열에 대한 콘스탄티우스의 해결은 전혀 해결책이 되지 못했다. '호모이안' 의 신조는 제국의 공식적인 교리로 선언되었지만 아타나시우스와 그의 동맹자들에게만이 아니라 엄격한 니케아파 못지않게 아리안주의를 반대한다고 생각했던 동방의 온건한 성직자들의 다수(그들의 논증이 어떤 약점을 갖고 있든지 간에)에게도 불편한 마음을 가져다주었다.

그리스도의 신분에 대한 묵상: 아타나시우스와 믿음의 논리

보다 긴 관점에서 보았을 때, 350년대 말의 논쟁들은 모든 형태에서 아리안주의를 둘러싼, 전에는 없었던, 이슈들을 구체화하는 것으로 기능했다. 아들이 완전하신 하나님보다는 덜한 분이라고 말하는 것을 용인한다면, 이것은 왜 그러한가? 그리스도가 아버지의 완전하신 형상이라고 고백하는 것은 무엇을 의미하는가? 오직 나신 분이 나시지 않는 분과 유사하다고 말해야 한다면, 그것은 어떤 점에서 유사한 것인가? "유사한"은 충분히 옳은 것인가? 신적인 속성에서 확실히 아들이 '동등' 하시나 아버지와 아들의 혼동함이 없이 어떻게 이것을 논증할 수 있는가? 이런 종류의 질문들이 한동안 특히 동방에서 기독교인들의 마음을 차지하였고, 어느 누구도 아타나시우스보다 이런 질문들에 대해서 강력하게 대답하지는 못했다.

『성육신에 관해서』(*On the Incarnation*)란 훨씬 이른 작품에서[11] 아타나시우스는 그의 기독교 복음의 이해에 핵심이 되는 논리를 보여주었다. 성육신은 피조되지 않으신 하나님이 피조되고 타락한 세계로 들어오시는 것이었고, 이는 하나님의 형상으로 만들어진 인간을 죄가 낳은 부패와 사망에서 구조하기 위해서다. 완전하신 하나님이신 분이 인간으로 오시는 것만이 이 피조물의 상태를 바꿀 수 있었고, 하나님의 참된 형상이신 거룩하신 말씀이 인간이 되시고 인간의 삶을 사심으로써 우리들 안에 손상된 하나님의 형상을 회복했다. 아타나시우스는 인간 본성을 거룩하게 하는 것으로서 구원의 역사를 말했다. 그리스도는 "우리가 거룩해질 수 있도록 인간이 되셨다."[12]

몇 년 뒤에 작성된 『아리안들에 대한 연설』(*Orations against the Arians*)에서 아타나시우스는 이런 논리를 정교하게 만들었다. 그리스도가 하나님보다 못하다면, 구원이 불가능하다고 그는 주장했다. 말씀이 타락과 죄의 영향을 다루기 위해서 인간의 상태로 들어온다면, 구세주이신 아들이 하나님과 절대적으로 동등한 것은 필수적이다. 아버지와 아들간에 본질의 완전한 동등성에 못 미치는 어떤 주장도 인간 구원의 이야기에 전적으로 비논리적이다. 아타나시우스는 이 점을 표현하기 위해서 '호모우시오스' 란 교리와 더불어 다른 용어를 채택했다 – 그는 예를 들어 전체 피조된 실제에 영향을 주는 오염으로부터 스스로 자유하기 위해서 필연적으로 피조되지 않은 분으로서의 아들을 언급한다. 그러나 그의 근본적인 취지는 항상 동일하다. 즉 아버지와 아들이 목적이나 뜻에서 같다(alike)고 단순히 말하는 것으로 충분하지 않고 존재론적('온토로지칼' [ontological])으로 하나가 되어야 한다. 즉 신의 존재에 있어서 하나가 되어야 한다는 것이다.

아타나시우스는 '호모이안' 교리를 쓸모없는 것으로 생각했다. 그것은 "같음"이 무엇을 의미하는지를 설명해야할 의무를 의도적으로 회피하였기 때문이다. 사실상 그것은 반대편 극단인 '아노모이안스' (anomoians)의 견해보다 더 좋은 것이 아니다. 그것은 구원의 과정에 대해서 어떤 것도 설명하지 않거나, 그리스도가 절대적으로 하나님이 아니시라면 왜 그리스도가 경배를 받고 기도를 받아야하는지도 설명하지 않았다. 그리고 '호모이우시안스' (homoiousians)에 대해서는 어떠했는가? 그들은 신의 본질에 대한 언급이 필요하다는 것을 적어도 인식했다. 그럼에도 불구하고 아타나시우스는 본질의 동등성을 강력하게 주장하는 것보다 못한 어느 것도 신성의 관계에 관한 실제를 표현하는 방식으로서 적합한 것으로 용인할 수 없었다. 단순히 "유사한 본질에 속한" 그리스도는 죄인들이 필요로 하는 구세주나 크리스천이 경배하는 주님이 아니시라는 것이다.

이슈들의 평가

현대의 독자들에게 4세기에 서로 주고받은 복잡하고 이상하게 들리는 슬로건들은 터무니없는 말의 게임처럼 보인다. 즉 신학자들이 하나님의 내적 존재의 불가해한 신비에 대해서 사소하게 시비를 거는 것으로 보인다. 후대의 로마 제국의 역사에 관한 훌륭한 18세기 역사가인 에드워드 기브온(Edward Gibbon)은 '호모우시안스'와 '호모이우시안스' 사이에 차이를 이오타(부호)에 대한 기독교계의 분열로 유명하게 특징지었다.[13] 하나님의 아들이 하나님 아버지와 "동일하다"(identical)고 고백하는 것과 단순히 본질에서 하나님과 "같다"(like)고 고백하는 것이 어떻게 그토록 문제가 될 수 있었는가?

기브온은 이런 종류의 논쟁이 초기 기독교 추론의 불관용과 불합리를 보여주었다고 생각했다. 정통적인 전승의 중요성을 기각하기를 원치 않는 사람들조차도 주교들이 논증했던 기교들은 별나다는 것을 발견한다. 동방과 서방의 신자들간에 정치적인 싸움의 소용돌이와 기묘한 구분은 그들이 모두 경험했다고 주장했던 참되신 예수－매일의 크리스천의 삶의 실제에서 경배하고 따르기에 합당하신 분－가 잊혀 졌다는 것을 암시하지 않는가?

아리안주의에 대한 논쟁의 주창자들 가운데는 그들이 공통된 믿음의 유산을 전수받았음을 상실했고, 그들의 숙고가 교회든 민간이든 문화적인 차이와 정치적인 관심에 의해 달라질 수 있다는 사실을 간과했음은 거의 의심의 여지가 없다. 사드리카에서와 같은 행동은 크리스천들이 생각할 때 너무 충격적이었다. 교리의 결과와 반대자들의 축출이 별로 두드러지지 않은 곳에서조차도, 일반적으로 어떤 종류의 혐오스런 정치적 계략들이 있었다. 반대자들의 논증을 듣기보다는 그들을 욕하고 유언비어를 퍼뜨리기가 자주 더 쉬었다.

동방과 서방의 교회들간에 분열은 정치적인 요소만이 아니라 신학적인 뉘앙스에 대한 서로간의 이해 부족에 의해서 더 깊어졌다. 특히 서방 쪽에서 문제가 있었다. 라틴어로는 헬라어의 보다 원활한 구조가 시도할 수 있었던 예리한 구분을 전달할 수 없었다. 제국의 양 진영에서 "아리안들"이라 불리는 많은 이들이 넓게 다양한 견해들을 고수했고, 어떤 이들은 그 이름과 관계된 사람 즉 아리우스의 개념과는 너무 먼 길을 가고 있었다. 모든 면에서 상당한 신학적 논쟁이 다수의 신자들의 생각과는 상관이 없었다는 것을 기억할 가치가 있다. 그들은 그들의 지도자들의 전문적인 논증을 읽지도 않았거나(그리고 자주 읽을 수도 없었다), 대회와 종교회의에서 주교들의 논쟁을 들을 수도 없었다.

그럼에도 불구하고 니케아 이후에 세대의 논쟁을 전반적으로 고려할 때,

아무리 수사가 과장되고 정치가 뒤틀렸을지라도, 진짜 이슈는 기독교 복음의 고결성과 기독교인의 경건의 실제적인 외보에 명백히 상당히 중요하였다. 그리스도가 하나님과 완전히 명확하게 동등이 아니시라면, 그가 어떻게 그들의 진정한 구세주요 합당한 주님이시라고 크리스천들이 주장하였던 것이 될 수 있는가? 우리가 아타나시우스의 전략에 대해서 무슨 말을 하든지 간에 그는 문제의 핵심에 도달했고, 논증을 설명하는 그의 방식은 그를 가장 위대한 신학자 중에 한사람으로 특징짓게 만든다. 다른 심오한 기독교 지성인 이레니우스가 아타나시우스 이전에 분별했던 것처럼,[14] 아타나시우스는 우주의 창조자요 악의 파괴적인 영향이 가져온 곤경으로부터 치료할 수 있는 유일한 수단으로서 하나님을 생각해야 한다고 이해했다. 예수 그리스도 안에서 거룩한 말씀의 성육신은 창조 안에서 신성의 최고의 행위, 즉 전체 실체를 변화시키는 하나님과 인간의 연합을 대변한다.

아타나시우스가 인식했던 것처럼, 완전한 신성의 그리스도만이 타락한 영역이 필요로 하는 부패의 속박에서 풀려나서 창조하신 자의 영광스러운 연합으로 들어가는 변화에 영향을 줄 수 있다. 오직 완전한 신성의 그리스도만이 인간의 곤경을 변혁시키고 인간에게 하나님이 의도하셨던 운명 - 신성의 본질에 참예하는 궁극적인 신분(참조. 벧후 1:4) - 을 가져올 수 있다. 이 진리에 대한 표현이 아버지와 아들의 관계에 대한 모든 다른 구조에 반하는 '호모우시오스' 교리의 엄격한 고수를 요구한다면, 마땅히 그렇게 해야 한다. 아무리 잘 의도되거나 기술적으로 논증한다 할지라도, '호모우시오스' 보다 덜한 어떤 것은 이전에 기승했던 아리우스 추론(하나님이 하나님인 것처럼 그리스도가 하나님이 아니었다는 개념)의 치명적인 오류에 대한 타협이었다.

360-361년에 아타나시우스 신학에 대한 정치적 전망은 밝지 않아 보였다. 그는 다시 한 번 유배를 당하였고, 그에게 공감하는 많은 사람들이 그들의 성직에서 유사하게 소외되었다. 그러나 꽤 놀라운 방식으로 곧 전환이 발생했다. 그들은 얼마 안 있어 콘스탄티우스의 죽음과 황제 정치에서 훨씬 더 사악한 현상(그 교리적인 취향이 무엇이든 간에 기독교에 대해서 시간을 내지 않는 황제)을 목격하게 되었다. 하지만 예상했던 모든 것과 달리 이교도의 공식적인 복귀는 교회의 발전에 긍정적인 전망을 가져올 것이다. 반 기독교 계획을

옹호했던 사람(곧 황제)은 오래 권력을 유지하지 못했고, 교회들 사이에 있었던 마찰을 악화시키려했던 그의 시도에도 불구하고, 조만간에 일반적으로 기독교의 재유행이 있을 것이고, 그 도전에 대항해서 특히 니케아 신앙의 부흥이 있을 것이다.

제3장

동방의 헬라교회들, 361-381

율리안: 기독교인이 아닌 황제의 기승

우리에게 율리안(Julian)으로 알려진 플라비우스 클라우디우스 율리아누스(Flavius Claudius Julianus)는 331년경에 콘스탄티노플에서 태어났다. 콘스탄틴의 사촌인 그의 할아버지는 디오클레시안의 사두정치의 일원이었고, 그의 아버지와 몇몇 다른 남성 친척들은 337년에 콘스탄틴이 죽은 뒤에 뒤따른 정치적인 숙청으로 몰살을 당했다. 율리안은 차단되어 지냈지만 지적으로 풍부한 교육을 받았다. 그의 이복 형인 칼루스(Gallus)와 더불어 그는 젊은 시절에 고립된 갑바도기아의 황제의 별장에서 형성기를 가졌지만, 헬라 문학과 수사학 그리고 철학에서 매우 훌륭한 교육을 받았다. 그는 처음에 소아시아에서 나중에 아테네에서 당대에 가장 존경받는 교사들에 의해서 가르침을 받았다. 그는 기독교 신앙의 토대를 가졌다. 그는 신자로서 세례를 받았고, 니코미디아에 있는 교회에서 성경을 봉독하는 자로 봉사하면서 어린 시절에 신실한 예배자가 되었던 것으로 언급된다.

그러나 10대 후반에 율리안의 철학 공부와 많은 스승들 특히 에베소의 막시무스(Maximus of Ephesus)라 불리는 신플라톤주의 신비가의 카리스마는 기독교가 어떤 의미 있는 결함이 있다는 것을 그에게 확신시켰다. 20살이 되었을 적에 율리안은 기독교 신앙을 은밀하게 버렸고, 합리적이고 인식적인 이해보다는 마술적인 행위의 과정에 의해서 신을 접근할 수 있다고 믿었던 신비적인 동방의 체계인 갈대아의 마술 의식에 빠져들었다.[1] 기독교에 대한 그의 반감은 354년에 콘스탄티우스의 행위에 의해 강화되었을 것이다. 그때에 갈루스가 반역죄로 처형되었고 율리안 자신도 간신히 유사한 운명을 피할 수 있었다. 그러나 이 단계에서 그는 믿음의 포기를 공개적으로 나타내지는 않았다. 그의 견해를 자신과 지적인 친구들의 작은 그룹으로 한정하는 것이 편리하다고 판단하였을 것이다. 공식적으로 그는 기독교 예배를 준수하기를 계속했다.

355년에 "시저"(Caesar)로 지칭된 율리안은 게르만 족속을 진압하려고 골에서 뒤이어지는 몇 년을 보냈다. 이 게르만 족속들은 라인 변방을 넘어서 침략함으로써 로마의 권위에 주요한 문제를 다시금 야기하고 있었기 때문이었다. 그는 그의 군사 전략에서 매우 성공적이었고, 그의 군대로부터 폭넓은 칭송을 얻었다. 360년 초에 페르시아에 대항하는 콘스탄티우스의 원정을 돕기 위해 그의 대다수 군대가 동방으로 이동하라는 명령받았을 때, 그의 군대는 반항하여 그를 오히려 황제로 선언했다. 처음에 분명히 이런 도전을 받아들이기를 마지못해 했지만 뒤이어지는 해에 그는 수락할 것을 결정했다. 이제 이교 신들을 공개적으로 옹호한 그는 그의 사촌인 콘스탄티우스와 맞서기 위해서 동방으로 행군하기를 시작했다. 크리스천 황제와 이교도의 과감한 옹호자 사이에 결정적인 충돌이 예상되었다. 그러나 이런 충돌은 일어나지 않았다. 361년의 10월에 콘스탄티우스는 길리기아에서 쓰러져서 11월 3일에 죽고 말았다. 내전은 피할 수 있었고, 율리안이 유일한 황제로서 다음 달에 콘스탄티노플에 입성했다. 이교 종교와 사상을 촉진하는 일을 부끄러워하지 않는 자가 다시 한 번 로마 세계의 책임자가 되었다. "배교자"(그의 기독교 대적자들에 의해서 그렇게 알려지게 되었다) 율리안이 권좌에 올랐다.

이교주의의 촉진

콘스탄티우스는 다양한 방식으로 반 이교 정책을 적극적으로 추구했다. 이미 340년대에 그와 콘스탄스는 신전을 폐쇄하고 이교 제의를 중단하는 조치를 취했다. 347년경에 시실리의 회심한 점성가인 쥴리우스 퍼미커스 마터누스(Julius Firmicus Maternus)는 이교 우상을 무력으로 진압하기 위한 적극적인 활동에 참여할 것을 촉구하는 황제에 대한 서한을 작성했고, 『속된 종교들의 오류에 관하여』(*On the Error of Profane Religions*)란 제목이 붙은 그의 책은 그 수신자가 공감하였던 분위기를 반영했던 것으로 보인다. 유일한 황제로서 콘스탄티우스는 이교제의를 금지시켰고, 신전을 폐쇄했으며, 357년에 원로원들에게 연설하였을 때 지난 시절 로마의 비기독교의 주요한 상징이었던 승리의 제단(Altar of Victory)을 로마의 원로원에서 철거하도록 명했다. 기독교 성직자들에 대한 재정적이고 시민적인 특권의 확장은 상응하는 이 일의 준비과정에서 어떤 경우엔 이교 제사장들과 세속적인 사상가들을 조롱하는 일이 수반되었다. 이와는 대조적으로 크리스천들은 많은 공적인 탁월한 역할이 주어졌다.

확실히 전통적인 마음을 가진 귀족들 사이에서 기독교와 크리스천에 대한 반감이 상당히 있었고, 많은 의례적인 종교적 규칙과 이교 축제들이 여전히 널리 지켜지고 있었다. 북아프리카와 나일 밸리(Nile Valley)와 같은 지역을 제외하고는 이교주의가 많은 지역, 특히 이탈리아와 골에서 매우 확고하게 구축하고 있었고, 경건의 형태를 성장시켰던 시골의 기독교 지역에서조차도 전통적인 제의의 만성적인 영향을 자주 받고 있었다. 교회가 항상 강력했던 도시에서도 다신론은 사회적으로 혜택을 받고 지적으로 정교한 지지자들을 갖고 있었는데, 그들은 그들의 목소리를 때로 위협적인 방식으로 들을 수 있게 할 수 있었다. 기독교인들이 획득했던 특권에도 불구하고, 이제 그들은 기껏해야 제국의 인구의 갓 절반을 넘은 상태였고, 그것도 이런 추산은 "크리스천"이란 말을 가장 넓게 이해했을 때에 그러했다. 그럼에도 불구하고, 생각해 볼 때, 361년에 로마 세계의 종교적인 장면은 50년 전의 상태와는 달랐고, 율리안은 이것을 바꿀 것을 결정했다.

황제로서 율리안의 가장 빠른 조치 중 하나는 종교적인 관용의 칙령을 반포하는 것이었다. 이교 제의의 부흥을 허락할 수 있도록 의도된 이 조치는 불가피하게 그 조치에 상응하게 기독교에 확장된 특권을 철회하는 일을 가져왔다. 동방 전체에 걸쳐서 율리안은 난잡한 상태가 되어 있었던 이교 신전과 제단들을 보수하고, 새로운 신전과 제단을 만들었다. 이교 제사장직이 재조직되고, 높은 도덕적 기준이 재직자들에게 강요되었다. 그들의 사회적 영향을 강화시키기 위해서 의도적으로 제사장직은 교회의 유형을 모방하여 구성되었다. 대제사장은 지역 영토에서 주교와 유사한 관할권을 가졌고, 그들의 지역에서 궁핍한 자들에게 자비를 베풀 수 있는 책임이 주어졌다. 율리안 자신은 '폰티펙스 막시무스' (Pontifex Maximus)[2]로서 매일 동물의 희생제사를 관장했고, 열심히 점쟁이들과 이교 신탁에 문의했다. 그가 영향을 받았던 혼합주의적인 신플라톤주의는 철학적인 개념과 범주를 신비주의적인 표적의 해석에 대한 전통적인 그리스로마의 관심과 혼합하도록 고무시켰다.

율리안은 그 모든 형태에서 그리스 문화의 르네상스를 장려하였다. 그는 헬레니즘을 종교와 철학만이 아니라 예술, 문학, 드라마, 음악, 그리고 과학의 모든 것을 수용하는 시스템으로 옹호하였다. 로마 문명의 역사에서 풍부한 영향을 갖는 그러한 전통에 대한 수위권은 기독교의 확산에 의해서 잠식되었었다. "갈릴리안" – 율리안은 예수를 따르는 자들을 이렇게 부르기를 좋아했다 – 이 로마의 시민과 정치적 위엄을 쇠퇴시킨 것으로 비난을 받았다. 제국을 진정한 위대함으로 회복시키는 방법을 헬라의 '파이데이아' (*paideia*) 또는 고문화(high culture)를 회복시킴으로써 가능하다는 것이었다. 그는 기독교인들을 교묘하게 차별하는 방식으로 그의 법정과 공공기관을 재조직했다. 그가 적극적으로 기독교 관리들을 박해하지는 않았을지라도, 그의 임명 절차는 이교도 그리고 기독교적인 충성과 관계를 끊으려 하는 사람들에 대한 두드러진 선호를 보여주었다.

아마도 율리안의 입법의 가장 악명 높은 양상은 교육과 관련이 있었다. 362년에 크리스천들은 학교에서 고전 문학을 가르치는 것이 금지되었다. 이는 역사가 암미아뉴스 마르셀리누스(Ammianus Marcellinus)와 같이 율리안을 칭송했던 이교 작가들조차도 너무하다고 생각했던 조치였다.[3] 뒤이은 조치는 지방의 통치자들에게 크리스천들이 가르치는 직업을 갖지 못하게 전적으로 금하는 것이었다. 이런 판단은 이때쯤에 크리스천들이 이런 가르치는 역할에 상당히 많이 참여했음을 암시해준다. 그렇지 않았다면 율리안이 그러한 조치를 취할 필요를 인식하지 않았을 것이기 때문이다. 율리안의 정책은 교육에 크리스천들이 접근하는 것을 가로막는 교묘한 시도였다. 학교라는 특별한 교회 시스템이 없다면, 크리스천들은 이교 학교와 전통적인 교육과정에 전적으로 의존할 것이기 때문이었다. 이 학교들에서 가르칠 수 있는 자격을 이교 종교에 충성하는 자들로 한정한다면, 그리고 교육에서 이교도에 대한 적극적인 장려가 있다면, 잠재적으로 기독교인들에 대한 주요한 문제를 야기할 것이다. 결국에 크리스천들은 그들의 가장 중요한 선교 무기 중 하나, 즉 정확한 헬라어와 라틴어를 말하고 쓸 수 있는 능력을 상실하게 될 것이다. 율리안은 교육받은 기독교 변증론자들이 세우기 위해 애썼던 복음과 헬라 문화 사이에 다리를 의도적으로 붕괴시키는 것을 추구했다.4)

기독교를 축소시키는 율리안의 방법은 기독교가 조롱을 받게 하는 것이었고, 그는 다양한 방법으로 그리고 점차적으로 강도 있게 이 일을 행하려고 애썼다. 그는 기독교 주교들을 조롱했고, 기독교 관리로부터의 사절단들을 영접하기를 거부했으며, 성직자들로부터 콘스탄틴 하에서 받았던 많은 특혜와 영예를 빼앗았다. 율리안은 그이 대범한 글과 서신에서 기독교 신학의 주장을 과소평가했고, 성경의 이야기들을 꾸며낸 이야기로 조소했다. 그는 성경의 이야기를 호머(Homer)와 헤시오드(Hesiod)가 말한 헬라 신화의 정교한 진리보다 상당히 열등한 것으로 간주했다. 362-363년 겨울에 많은 심각한 실제적인 문제들(그는 뒤이어지는 봄에 페르시아로 새로운 공격을 감행하는 일을 준비하기 위해서 안디옥으로 이동했지만, 그의 인격적인 형태 그리고 부족한 음식, 기근, 도시에서의 경제적 붕괴를 다루지 못하는 그의 무능력에 대한 상당한 비판에 직면했다)로 인해 압박을 받는 동안에도 그는 『갈릴리 사람들에 대항하여』(*Against the Galileans*)라는 책을 작성하여 과거와 현재의 예수를 따르는 자들을 어리석고 잘못되고 부패한 것으로 공격했다.

갈릴리 사람들에 대항하여

율리안의 논문의 첫 번째 항목의 일부만이 430년대 후반에 알렉산드리아의 주교인 시릴(Cyril)에 의해 작성된 논박 속에 보존되어 내려온다. 율리안은 기독교 신앙을 직접 경험했고, 기독교 문서와 교리적인 역사를 인식하였던 인물이다. 그는 이전에 내부자로서 기독교 신앙과 도덕을 공격하는 입장에 있었다. 이 작품의 현존하는 단편들은 조잡하고 급속하게 작성된 것으로 보이지만, 율리안이 오래 전에 죽고 나서도 그리고 매우 다른 정치적 환경에서 시릴과 같은 기독교 지도자가 그의 본문을 여전히 반박할 가치가 있다고 생각했다는 것은 의미가 있다.[5] 율리안의 주요한 주장은 기독교인들이 그리스로마의 고대 종교와 비교할 때 그들의 종교는 조상의 관습에 근거하지 않았다는 것이다. 개념적으로 고대성을 크게 높였던 세계의 관점에서 하나님, 창조, 예수, 그리고 성경의 본질에 대한 크리스천의 주장은 기원에서 매우 최근이라는 것이고, 기독교인들의 제도는 헬라적 로마의 지혜 구조보다 매우 열등하다는 것이었다. 율리안은 이전 세기에 포르피리(Porphyry)가 행한 기독교에 대한 유명한 공격에 거의 확실히 영향을 받았다. 포르피리의 글들은 기독교 신앙을 합리적으로 도전하는 사람들 사이에서 유행했었다.[6]

그러나 기독교 교리와 윤리에 대한 대단히 전통적인 요지와 더불어 율리안은 자신의 독특한 비판을 추가했다. 그의 심중에 기독교 신앙은 유대교로부터의 배교에 상응했고, 히브리 성경에 대한 크리스천의 이해는 유대 예언의 모조품이었다. 율리안은 예수에 대한 기독교인의 주장을 지원하는 히브리 성경을 인용하는 것으로 기독교인의 전략에 대한 형세를 바꾸었다. 그렇다고 그것은 율리안이 유대인들을 원리적으로 선호했다는 것은 아니다. 그는 유대인의 종교도 역시 강력하게 경멸했다. 그럼에도 불구하고 그는 기독교를 축소시키는 일을 돕기 위해서 유대인들에 대한 호의를 보일 것을 선택했다. 그는 362년 후반기에 예루살렘에 성전을 재건할 것을 명하기까지 했다. 아마도 이교의 신탁을 이루거나 성전 파괴에 대한 예수의 예언을 타당하지 못하게 하기 위한 일환이었을 것이다. 하나님이 이스라엘에서 더 이상 임재하시는 장소가 되지 못할 것이라고 예수가 말씀하셨던 바로 그곳에 유대 희생 제의를 복원하는 것보다 기독교 신앙의 실패를 더 강력하게 상징하는 것이 무엇이 있겠는가?

그러나 예루살렘에서 성전을 복원하려던 사업은 지진과 불이 나고 나서 얼마 후에 취소되었다. 하지만 율리안의 계획이 실패했을지라도, 유대인을 기독교인에 대항하여 이용하려던 그의 노력은 쉽게 잊혀지지 않았다. 부유한 유대인들이 성전 재건 사업에 필요한 재정을 지원하려고 배교한 황제와 손을 잡았고, 크리스천들의 마음속에는 율리안이 성전을 재건하는 것만이 아니라 오랫동안 금지되어 있었던 그 도시를 유대인들이 재주장하게 하는 계획을 세웠다는 두려움이 있었다. 다가올 세대에 그러한 전망은 많은 기독교인들을 놀라게 하였고, 유대교를 옹호하고 장려할 가능성이 분명히 있다고 생각한 기독교 지도자들의 씁쓸한 공격이 있었다.

열정, 반감, 억압

기독교에 대한 율리안의 적대는 많은 이교 지성과 무신론자들과 조화를 이루었고, 그는 많은 뛰어난 사상가, 교사, 문학적 인물로부터 공감과 지원과 자극을 받았다. 이런 이들 중에 가장 잘 알려진 사람은 안디옥의 뛰어난 학자인 리바니우스(Libanius)였고, 율리안은 그의 수사학에 대한 강의를 젊었을 적에 참석했었고, 그와 이후부터 친밀한 관계를 가졌다. 또 다른 이는 에베소의 막시무스였는데, 그는 황제가 처음 기독교로부터 일탈하는데 역할했고, 그 뒤부터 종교적인 고문관과 예언의 해석자로 기능했다. 그러한 사람들과 율리안은 소통했고, 그들로부터 칭송을 받았다.

그리고 자신의 경력을 밝게 하는데 도움이 되고 자신의 사회적 위치를 상승시키는데 일조한다면 교회의 관계를 기꺼이 포기하기를 좋아하는 명목상의 크리스천들도 있었다. 콘스탄티노플의 관청에 임명된 귀족인 도미티우스 모데스투스(Domitius Modestus)는 콘스탄티우스 아래서 고위직에 있었던 이전의 크리스천이었다(그는 율리안이 죽은 후에 교회로 다시 돌아왔다). 이념적인 격려자와 정치적인 가신의 조직과 더불어 율리안은 조잡한 종류의 지원에 의존하였다. 시리아의 에메사(Emesa)에서 일어났던 것처럼, 어떤 곳에서는 지역의 대중들이 광란의 반 기독교적 감정에 휩싸였다. 에메사에서 신자들은 대중적인 모욕을 당했고, 그들의 주교는 심각하게 고문을 당했다.

그러나 동방의 많은 도시들에서 지역의 관리들은 존재하지 않는 종교적 상징의 복원을 위한 황제의 열정을 공유하지 않았고, 전반적으로 대중들은 옛 신들의 의식에 대해서 자주 반감을 가졌다. 시골지역에서 추수 축제와 같은 이교 종교의 의식적인 양상들이 여전히 널리 퍼져 있었고, 기독교 이전 시대부터 내려온 많은 전통들이 있었다. 그럼에도 불구하고 이교 의식에 대한 율리안의 열정적인 옹호와 이교주의를 기독교와 구조적으로 유사하게 하는 그의 시도는, 그것을 가장 필요로 했던, 문화적 생활이 가장 활발했던 도시와 마을에서 구석구석 스며드는 존중을 요구하지 않았다. 기독교는 그 자신의 흥미로운 의식을 제공했고, 그것의 제의적 관행들(윤리적 요구가 아니라면)은 다른 종교들에서 요구하는 정교한 예전보다는 덜 힘든 것으로 때로 보였다. 어떤 곳에서 율리안은 비난과 조소를 받았으며, 시리아와 소아시아의 일부에서 그의 새로운 신전들은 무시되고 심지어 훼파되었다.

율리안은 그의 문화적인 지지자들의 공감을 얻으려고 했고, 신전의 파괴와 같은 행위는 그가 그의 뜻을 부과하기 위해서 더 형벌적인 시도를 하게 했다. 그가 크리스천들을 순교자로 만들지 않을 것을 처음에 결정했을지라도, 동방의 다양한 지역에서 물리적인 박해가 발생하는 것을 허락했다. 박해를 받은 사람들이 많지는 않았지만, 소수의 크리스천들이 고문을 당하고 죽음에 이르렀다. 안디옥 근처의 다페니(Daphne)에 있는 아폴로 신전이 362년 10월에 불에 의해 파손되었을 때, 율리안은 지역의 기독교인들에게 책임을 돌렸고, 교회를 문 닫게 하는 것으로 그들을 벌했다. 이어지는 해의 1월에 많은 처형이 군대에 있던 크리스천들에게 발생했다. 그곳에서 이교 제의에 참여할 것을 명령한 것에 강력한 반발이 있었기 때문이었다.

율리안의 죽음

한 달 뒤에 율리안은 페르시아를 원정하는 일을 시작했다. 그는 폭넓은 점쟁이와 예언가들에게 문의했지만, 이 원정이 불길하다는 많은 징조에도 불구하고 진격할 것을 선택했다고 전해진다. 전통적인 신들의 섭리적인 호의를 확증하는 전쟁에 임하고 있다고 확신한 그는, 그의 사촌의 지휘를 받고 있는 군대가 아르메니아로부터 남쪽으로 동시에 이동하고 있었을지라도, 페르시아의 수도인 체시폰(Ctesiphon)을 향해 충분히 생각하지 않고 진격했다. 체시폰에 대한 공격은 실패했고, 율리안은 좇아오는 페르시아의 군대에 맞서서 공격을 감행하다고 크게 부상을 당했다. 그는 같은 날 저녁에 즉 363년 6월 26일에 숨을 거두었다.

율리안은 창에 찔림을 당했고, 누가 그리했는지는 의심이 있었다. 가능성이 있는 자는 페르시아 진영의 아랍 외인부대 병사였으나 다양하게 폭넓은 소문이 돌았다. 황제가 자신의 사람들 가운데 한 사람에 의해 피살을 당했다든가 – 어떤 이들은 우연히 살해를 당했다고 말하고 또 다른 이들은 의도적인 기획에 의해 살해를 당했다고 말했다 – 아니면 자살을 했다는 소문이 있었다. 리바니우스는 황제가 크리스천에 의해 살해를 당했다고 뒤이어 암시했지만 이것은 진지한 주장이라기보다는 그의 죽음을 기뻐하는 크리스천에 대한 반응에 지나지 않았을 것이다. 다양한 전설들이 그의 마지막 행위와 말과 관련하여 생성되었다. 그가 상처부위에서 나온 피를 공중에 뿌리고서 태양신(Sun god)에게 "만족스러우십니까"라고 말했다고 제기된다.[7] 5세기에는 그가 경멸했던 예수에게 나아가 "당신이 이겼다. 갈릴리안"이라고 고백했다고 전해진다.[8] 이런 이야기들이 진실인지를 확실히 하기는 어렵다.

율리안은 오직 18개월만 통치하고서 32세의 나이에 죽었다. 로마 세계를 기독교 이전의 상태로 되돌리려던 그의 시도는 완전히 실패했지만 그의 지지자들의 관점에 비추어 볼 때, 그것은 매우 대담한 시도였다. 그가 성공할 수 없었던 것은 기독교가 로마 세계에서 가졌던 위치를 강력하게 증거해준다. 이교도가 어떤 지역들, 즉 골과 브리튼에서 적지 않게 새로운 자극을 얻었을 지라도, 이상화된 과거의 향수적인 찬사와 헬라 문화의 장엄한 상징적 기념들 또는 전통적인 제의 관행을 북돋은 교리적인 호소들에 내몰린 4세기에 기독교 신앙은 전반적으로 훨씬 더 깊이 뿌리내려 있었다.

율리안의 연설과 편지 그리고 논문들은 그가 죽은 후에도 순환되어 지지자들에 의해 읽혀지거나 반대하는 자들에 의해 논박되었다. 리바니우스와 같은 찬사자들은 신적인 신분을 얻은 자로 그의 덕성을 자연스럽게 찬미했다. 율리안은 옛 형태로 신성시 되었고, 타르수스(Tarsus)의 그의 매장지는 한동안 특별한 성스러움이 부여되었다. 하지만 크리스천들에게서 그의 죽음은 불가피하게 축제를 불러일으켰다. 군사 장교였던 그의 계승자 조비안(Jovian)은 페르시아에서 퇴각했던 로마의 남은 병사들을 모아 적군과 값비싼 평화를 협상할 수 있었다. 그는 크리스천이었고, 친 이교 정책으로 회귀할 수 있는 기회는 없었다. 363년 9월 16일에 기독교는 다시 한 번 로마 제국의 공식적인 종교로 선언되었다.

360년대에 교회들

기독교에 불신을 가져오게 하기 위한 율리안의 방식 중에 하나는 유배된 주교들이 그들의 교구로 돌아갈 수 있게 하는 것이었다. 표면적으로 볼 때 이것은 관용의 행위였다: 성직자들이 정치적인 보복의 두려움이 없이 다양한 믿음을 가질 수 있었다. 그러나 더 깊은 차원에서 볼 때, 율리안의 동기는, 많은 사람들이 깨달았던 것처럼, 신학적인 불일치를 조장함으로써 기독교인들 사이에서 더 많은 분열을 확산시키는 것이었다. 주교들 사이에서 곧 싸움이 생길 것을 예상한 그는 친 니케아주의자와 아리안들이 서로 반목하는 것을 목표로 하였다. 그는 구세주와 하나님의 관계를 정의하는 방식에 대해서 일치하지 못하는 그들의 무능력을 동등하게 어리석은 것으로 바라보았고, 주교들 간의 반목은 황제의 정책을 단합하여 대항할 수 없게 만들고, 잠재적인 회심자들에 대한 그들의 메시지가 신임을 얻지 못하게 약화시킬 것이었다.

그러나 다른 영역에서와 마찬가지로 율리안의 정책의 결과는 그가 예상했던 것과는 달랐다. 몇몇 눈에 띄는 예외가 있었을지라도, 많은 크리스천들은 그들 주변에 정치적이고 사회적인 변화를 그들의 차이를 재검토하고 그러한 풍토에 참으로 맞출 수 있는 방법에 대해서 열심히 생각할 수 있는 이유로 여겼다. 어떤 이들은 그들 자신의 지역적 대의를 표현하거나 원치 않는 지도자들에게 그들의 감정을 알릴 수 있는 기회를 포착했다. 도나투스주의자 성직자들은 북아프리카의 새로운 정치적 자유를 환영했고, 그들의 대의는 누미디아와 마우레타니아의 가톨릭교회를 상당히 희생시키면서 한 세대 이상 지속했던 강력한 재유행을 경험했다. 알렉산드리아에서는 율리안이 어떤 조치를 취하기도 전에 콘스탄티우스의 죽음의 소식이 알려지자 지역의 폭도들이 인기 없는 주교였던 조지(George)를 사로잡고 그에게 폭력을 가하여 죽게 하는 일이 발생하기까지 했다. 이런 행동을 한 그들은 새로운 황제에 의해 단지 온건한 책망만을 들었을 뿐이었다. 하지만 민간의 불안정에 의한 그러한 표현은 율리안이 고무시키기를 원했던 것은 아니었다.

율리안의 지배하에 있던 많은 지역에서 긴장이 여전히 많이 있었지만, 일부 지도자들은 방식에서 전보다 더 실용적으로 생각할 준비가 되었음이 분명하다. 그러한 정치적인 불확실의 세계에서 교회의 불일치를 극복할 수 있는 가장 세심한 과정을 무엇이고, 어느 방향이 참으로 중요한 진리들을 보호할 수 있게 해줄 것인가? 아타나시우스는 362년 2월에 알렉산드리아로 돌아올 수 있었다. 변화된 정치적 환경 속에서 그는 어떤 면에서 '호모우시안스' 주의자와 '호모이우이안' 주의자는 넓게 보면 유사한 헌신 – 순전한 아리안주의에 의거한 형태에 대항하여 그리스도의 신성에 대한 주장 – 을 위해 결국 싸우고 있다는 것을 깨닫기 시작했다. 362년 여름에 그는 알렉산드리아에서 주교들의 작은 종교회의를 소집하여 다양한 입장을 가진 헌신자들을 모이게 했다. 이 모임의 목적은 안디옥의 교회에서 발생한 위기에 대처하는 것이었다. 그곳에 지역의 크리스천들은 교리적인 근거에 기초하여 경쟁적인 파당으로 나뉘어져 있었다.

문제의 뿌리는 니케아 이후의 기간으로 되돌아갔다. 폴리누스(Paulinus)라는 사제가 이끄는 안디옥의 한 집단은 320년대 말에 파직되었던 이전의 주교 유스타디우스(Eustathius)의 영전에서 충성을 바칠 것을 고백했다. 다른 파당은 멜레티우스(Meletius)에 의해 인도되었다. 멜레티우스(그를 50년 전에 애굽의 분열을 이끌었던 멜리티우스[Melitius]와 혼돈해서는 안 된다, pp. 38-38을 보라)는 360년에 아에티우스의 후원자인 유독시우스가 콘스탄티노플로 이동했을 때 주교에 임명되었지만, 그가 명백한 반아리안의 경향을 가졌다는 것이 알려졌을 때 곧 쫓겨났다. 그를 대신한 사람은 유조이우스(Euzoius)라는 아리우스의 옛 형태의 지지자였다. 콘스탄티우스의 사망으로 멜레티우스는 다시 돌아올 수 있었지만, 그가 다른 곳에서 상당한 지지를 받았을지라도, 안디옥에서의 그의 적법성은 폴리누스가 이끄는 집단에 의해 도전을 받았다. 폴리누스는 그를 중요한 '호모우시오스' 교리의 문제를 "완화시킨" 것으로 간주했다.

따라서 안디옥의 교회는 강경파와 온건파로 간주되는 부류로 나뉘었다. 두 집단들은 니케아 신조를 승인했고 아리안주의를 배격했다. 그들이 불일치한 것은 신적인 구분에 관한 오래된 문제였다. 폴리누스의 지도하에 있던 사람들에게서는 한 '히포스타시스'(*hypostasis*)의 전통적인 유스타디스파와 마르셀파 논리가 지배했다. 멜레티안들에게서는 하나님 안에 세 '히포스타세이스'(*hypostaseis*)가 있다는 것을 확증하는 것이 중요했다. 아타나시우스의 자연스런 공감은 폴리누스에게 있었다. 로마의 주교도 적지 않게 그러했고, 그 종교회의에 참석한 서방의 성직자들도 마찬가지였다. 하지만 동방의 성직자들의 대부분은 이것을 받아들이지 않았다. 그들은 폴리누스를 사벨리안(Sabellian)의 경향이 있는 것으로 의심했다.[9] 그 공의회는 아리안주의를 배격하고 니케아신조를 고백하며, 성령의 신성을 인정한다면, 멜레티안들을 참된 신자로 받을 수 있다고 결정했다. 안디옥의 교회에 보내는 문서에서 모든 측면이 니케아 신조의 타협할 수 없는 기준에 동의한다면, 세 '히포스타세이스'를 언급하는 것을 용인할 수 있다고 주장했다 – "한 본질에 속한"(of one substance) 것으로 셋의 상응하는 확증이 있는 한 말이다.

아타나시우스는 많은 것을 양보할 수 있었지만 안디옥에서의 실제적인 분열은 해결되지 않은 채로 있었다. 그 공의회 후에도 알렉산드리아와 로마는 폴리누스를 인정할 것을 고수했다. 362년 10월에 안디옥에서의 대회에서 아타나시우스는 공식적으로 폴리누스를 인정했고 분열은 심화되었다. 알렉산드리아와 로마는 그 해에 그들의 입장을 완화한 동방의 성직자들로부터의 제안을 저항하기를 계속했고, 안디옥에서의 혼란은 388년까지 계속되었다. 특히 아타나시우스가 폴리누스를 적극적으로 지지한 것은 360년대 말과 370년대 초의 동방에서 엄격한 니케아의 대의를 사실상 방해하였을 수도 있었다.

안디옥에서 교회를 재통합하는데 성공하지 못했을지라도, 알렉산드리아의 공의회는 신학적인 담론을 교환함으로써 교리적 어휘를 제련할 수 있도록 기여했다. 니케아 공의회는 '히포스타시스'와 '우시아'를 서로 호환할 수 있는 용어로 다루었고, 이것은 상당한 혼란을 야기하였다. 특히 서방에서 말이다. 사람들이 세 '위격'(persons)을 말할 때, 그리고 세 '신성'(Godheads)을 말할 때, 그것은 서로 분명하지 않았다. 알렉산드리아 공의회는 이 둘을 식별하는 시도의 시작을 특징지었다. 동방에서 대부분이 전통적으로 그리하기를 원했던 것처럼, 세 '히포스타세이스'가 있다고 말하는 것은 용인할 수 있었다. 하지만 동시에 '호모우시오스'란 말을 주장함으로써 단일한 '우시아' 또는 각각의 셋에 동등하게 내재되어 있는 신적인 본질이 있어야 한다는 것을 함축했다.

라틴어를 말하는 교회들의 사람들에게서 세 '히포스타세이스'(*hypostaseis*)란 말은 계속 문제가 될 것이다. 그것은 여전히 세 '서브스탄시아'(*substantiae*) 또는 세 신들의 교리처럼 들렸기 때문이다. 그러나 동방에서 교회는 뒤이은 삼위일체 신학에서 중요했던 방향을 제련하기를 시작하고 있었다: 하나님 안에 세 본질이 있으나 한 신적인 본질이 있다.

진전된 정치적 변화와 후대의 아타나시우스

교회의 주요한 국제적인 정치가로서 아타나시우스의 중요성은 360년대에 다소 약화되기를 시작했다. 그는 362년 말에 다시 한 번 유배를 당하였는데, 그가 알렉산드리아의 이교도 귀족여인에게 세례를 준 것으로 인해 율리안의 분노를 유발하였기 때문이다. 그는 율리안이 죽고 나서 다시 알렉산드리아로 돌아올 수 있었다. 조비안의 통치 하에서 그는 다시 한 번 황제의 신임을 받는 영향력 있는 지원자가 되었다. 그는 '호모우시오스' 교리의 본질적인 중요성을 황제에게 말할 수 있는 기회를 다시 잡았다. 하지만 조비안의 통치는 매우 짧았고 니케아의 대의에 대한 황제의 공감은 구체적인 정책으로 표현할 시간을 갖지 못했다. 권좌에 오른 지 8개월만에 조비안은 364년 2월에 죽고 말았고, 다른 크리스천 군사 지도자였던 발렌티니안(Valentinian) 1세가 조비안의 뒤를 이어 황제가 되었다.

발렌티니안은 두 통치자 시스템 – 제국의 두 영역에 각기 한 통치자가 다스리는 방식 – 을 복원하려고 했다. 그는 자신이 거주하고 있는 서방은 그의 책임 아래 두고, 동방은 그의 아랫동생인 발렌스에게 할당했다. 발렌티니안은 375년까지 발렌스는 378년까지 제국을 통치했다. 권력의 분산은 교회에 중요한 의미가 있었다. 발렌티니안은 니케아의 입장에 공감하고 있었으나 거의 모든 종교의 형태에 관용 정책을 추구했다. 그의 개인적인 신앙을 강력한 교리적 제휴와 연계시키지 않았다. 군인이요 황제인 그의 주요한 관심은 다른 무엇보다도 제국의 변방의 안정을 가져오는 것이지 특별한 종교적 일정을 촉진하는 것이 아니었다. 이교 제의에 대한 적극적인 억압도 없었다. 역사가인 암미아누스는 발렌니티안이 "모든 다양한 종교들을 관용했고, 어느 누구도 괴롭히지 않았다"[10]라고 증언한다.

동일한 태도의 융통성에 맞추어 발렌티니안은 '호모이안' 성직자를 다양한 교회들에게 일할 수 있도록 준비했다. 한편으로 발렌스는 공개적으로 '호모이안'의 대의를 아리미눔과 셀류시아에서 합의한 것으로서 촉진했다. 많은 동방의 성직자들 가운데는 직무를 위해 서로 경쟁하고 있었고 발렌스가 분명히 선호하는 것은 '호모이안'의 후보자들이었다. 결과적으로 '호모이우시아' 주의자와 '호모우시아' 주의자는 유배를 당했고, 콘스탄티우스에 의해서 파직되었던 사람들이 율리안의 통치 때에 복직되더니 다시 한 번 해고를 당했다. 아타나시우스는 365-366년에 다섯 번째이자 마지막 유배를 경험했다. 그는 다시 돌아온 후엔 남은 기간을 주로 애굽의 지역적인 일에 몰두하면서 보내다가, 373년 5월에 알렉산드리아에서 죽었다.

교리적인 논쟁에 기여한 것과 그가 저작한 신학적 논문을 차치하고서 아타나시우스의 가장 중요한 성취는 그의 교회를 공고히 세워놓았다는 것이다. 많은 시간을 그 지역의 주교직에서 물러나 있었을지라도, 그는 알렉산드리아와 애굽의 변방에 괄목할 만하게 강력한 기독교 공동체를 세워놓는데 성공했다. 그는 많은 인상적인 교회들을 건축했고, 가난한 자와 병든 자 그리고 궁핍한 자들을 물질적으로 돕는 사려 깊은 제도를 관장했다. 그는 콥트 교회에 수도자들의 커다란 공동체와 연관을 가지려고 애썼다(pp. 162-168을 보라). 그는 수도원과 여성의 정결을 적극적으로 권장했고, 수도자들에게 광범위한 조언과 가르침을 제공했다. 동시에 자기 부인(self-denial)의 헌신을 유지할 것과 전심으로 니케아 교리를 수용할 것을 권면했다.

(당시의 알렉산드리아 관습에 따라서) 매년 작성되는 부활절 날에 선언된 『축제의 서신』(*Festal Letters*)에서 아타나시우스는 실제적인 문제에 관한 폭넓은 범위의 영적 가이드를 제공했다. 이 서신에서 가장 유명한 것은 367년의 39번째인데, 그것은 교회에서 성경에 관한 문제를 설명하고 신약성경을 형성한 27권의 책의 최초의 현존하는 목록을 제공한다. 그 서신 문맥은 대단히 실제

적이었다. 즉 아타나시우스는 성경의 지혜와 반대되는 것으로서 자기 자신의 지혜를 대변했던 거짓 교사들을 경고했는데, 특히 그가 "멜리티안들"(Melitians)이라 부른 자들은 그리스도의 가르침을 보충하는 계시를 전달한다고 주장하는 거짓된 일들을 지원하였던 것이다. 성경의 권위의 척도를 기술함으로써 아타나시우스는 온 애굽과 리비아의 교회에 정경적인 책들을 사용하는 가톨릭 주교들의 권위를 강화시키려고 했다.[11)]

새로운 교리적 논쟁들

니케아에 대한 지속적인 언쟁과 더불어 그 언쟁과의 직접적인 연관 속에서 360년대는 다음 세대의 신학적인 논쟁을 지배할 다른 이슈들이 나타나는 것을 보았다. 이 이슈들은 이미 362년의 알렉산드리아 공의회에서 몇몇 증거들 속에 이미 있었고, 로마 세계 특히 동방의 커다란 부분의 기독교인들 사이에서 더 진전된 분열을 촉진시키면서 그 의미는 뒤이어지는 해에 상당히 성장했다. 특히 두 주제가 중요했다. 첫째는 그리스도의 위격과 관련한 보다 발전된 논쟁이었다. 아리안주의를 둘러싼 논쟁과 연관되어 있었을지라도, 그것은 우리가 지금까지 상고했던 주요한 논쟁과는 다른 강조를 가졌다. 둘째는 성령의 신분과 관련이 있었다. 그것은 차례로 각기 자세히 살펴볼 가치가 있다.

그리스도의 인간 영

오리겐에서부터 신적인 말씀(divine Word)과 우리가 소위 예수의 "인간 심리" – 하지만 현대적인 의미에서 심리학적인 이론을 초기 기독교 시기에서 독법할 수는 없다 – 라 부르는 것과의 관계에 관심을 기울였다. 아리안들에게서 일반적인 가정은 성육신 하신 그리스도 안에서 영혼의 기능을 신적인 말씀이 직접적으로 수행했다는 것이었다. 의미심장하게도, 말씀이 신적이었다는 것을 말하는 것이 무엇을 의미했는지에 대해서 근본적으로 일치하지는 않았을지라도, 아리안들을 비판했던 대부분의 사람들이 상당히 동일한 것을 함축했다.

아타나시우스는 그 문제에 대해서 거의 말하지 않았다. 아타나시우스가 그리스도가 피조된 영혼을 소유했음을 부정했기 때문에 또는 그 개념에 대한 완전한 변호가 아타나시우스가 활동했던 대부분의 시기에는 불필요했기 때문인지는 학자들마다 다르다.[12] 어쨌든 아타나시우스는 항상 말씀이 성육신하신 그리스도의 경험의 주체였던 것으로 믿었다. 처음부터 끝까지 성육신은 구원의 신적인 행위에 관한 것이기 때문이다. 심지어 아타나시우스는 예수가 무지, 피로, 또는 육체적인 필요와 같은 인간의 연약함을 단순히 모방하셨다 – 위험스럽게 논조에서 가현설적인 주장 – 고 말할 수 있었다. 전반적으로 아타나시우스의 신학의 맥락에서 가현설의 주장은 사실상 상당히 부적절하다. 그가 성육신과 관련한 사실의 상당 부분을 하나님에 의한 물질적이고 피조된 실제의 장악으로 만들었기 때문이다. 그럼에도 불구하고 이것이 실제적인 인간 마음의 장악이거나 몸뿐만 아니라 영혼의 장악과 관련한 것인지에 대해서 의문이 어떻게 발생했는지를 아는 것이 가능하다.

362년에 이 문제가 알렉산드리아에서 발생했다. 안디옥의 유스타디우스(Eustathius)가 성육신은 개별적인 인간 존재와 말씀의 연합으로 간주해야 한다고 가르쳤다. 예수의 감정적인 경험은 말씀에 귀속되는 것이 아니라 그가 연합하셨던 인간 존재의 능력에 귀속된다는 것이었다. 이런 가르침은 논쟁이 되었다.

어떤 이들에게 그것은 의심스럽게도 양자론과 유사하게 들렸다: 말씀이 독립적으로 존재했던 인간 존재를 취득하셨는가, 또는 그리스도의 인성이 그 실제의 모든 양상을 말씀의 활동으로부터 이어받고 있는가? 알렉산드리아 공의회는 (신적인 에너지에 의해 독특하게 영감된 선지자의 형태를 따라) 성육신이 말씀에 의해 '거주되는' 단순한 인간 존재의 사례로서 생각하지 않고 "말씀이 육체를 따라 마리아로부터 우리를 위해 스스로 인간이 되신" 것으로 생각할 수 있다고 합의했다.[13] 그러나 이에 수반하는 해석은 얼버무려버리고, 말씀이 예수의 영혼을 구성했는지(constituted) 아니면 그의 영혼을 소유했는지(possessed)를 명확히 하지 않았다.

아폴리나리스

아타나시우스의 가장 가까운 친구이자 가장 충성스러운 동맹자 중에 한 사람은 라오디게아의 시리아 항구도시의 주교였던 아폴리나리스(Apollinaris, 약 310-390)였다. 아폴리나리스는 아타나시우스를 지지하기 위해서 커다란 대가를 지불했고, 니케아에 대한 철저한 헌신으로 인해서 파문과 조롱을 당한 것으로 잘 알려졌다. 율리안이 통치하던 시기에 그는 기독교 교사들의 유익을 용감하게 대변했고, 오경을 운문 형태로 만들고 복음서와 서신서를 플라톤적 대화 형태로 번안함으로써 그의 다양한 지성을 보여주었다. 그의 많은 저작들의 단편만이 존재할지라도, 우리는 그가 명민한 사상가요 능력 있는 작가였음을 이것으로부터 알 수 있다. 이런 그의 주요한 관심은 아타나시우스가 추진하고 있었던 신학의 의미를 탐구하는 것이었다.

아폴리나리스는 안디옥의 신자들이 그리스도를 언급하기 위해 채택한 용어들을 심히 염려했다. 375년에(아타나시우스가 죽은 지 2년 뒤에) 그는 안디옥의 교회 문제에 단호하게 관여하여, 자신이 보기에 예수의 인성에 대해서 올바른 가르침을 지역의 크리스천들에게 줄 수 있다고 여기는 교사를 세웠다. 명백히 폴리누스(그리고 당시의 라이벌이었던 멜레티우스와 유조이우스)를 무시한 그는 주교로서 자신의 친구 중 한 사람인 비탈리스(Vitalis)를 세웠다. 이런 조치는 아폴리나리스가 360년대에 이미 취했던 입장과 일치하였다. 그와 관련해서, 물론 그가 성육신하신 말씀의 신성을 주장한 것은 절대적으로 옳았지만 이것은 말씀이 개인적인 인간과 그 자신을 연합했음을 의미할 수 없었다 – 그것은 한 세기 전에 사모사타의 폴(Paul of Samosata)의 옛 양자론 이단이었다.[14)]

신적인 말씀의 근본적인 고결성을 보호하기 위해서 아폴리나리스는 그리스도의 인성이 다른 사람들의 인성과는 달랐다고 말하는 것이 필요하다고 추론했다. 그리스도가 독립적인 인간의 마음을 소유했다면, 그의 죄 없으심은 손상을 입을 것이다. 마음이 하나님에 대항한 죄와 불순종의 근원이기 때문이다. 게다가 성육신하신 주님은 두 가지 서로 다른 개성을 가질 것이다 – 하나는 신성이고 다른 하나는 인성이다. 오히려 신적인 마음이 그 안에 통상적이고 오류가 있는 인간의 마음을 대체했고, 말씀이 예수가 행하시고 말씀하셨던 모든 것을 인도했다. 예수는 완전한 인간존재이셨지만 그의 완전성은 말씀의 대리자(에이전시)에 의해서 보증되고 영향을 받았다. 때로 아폴리나리스는 단순히 말씀과 육신의 연합으로 두 측면에서 그리스도의 구성을 말했다. 다른 때엔 말씀을 몸과 피조된 동물적 영혼('사이키')과 연합된 것으로 보았다 – 하지만 어느 경우에도 말씀은 항상 신적인 세력이었다.

논리적으로 아폴리나리스는 특히 아타나시우스의 영향 하에 발전되었던 알렉산드리아 신학의 표준적인 주장을 단순히 따르려고 애썼다. 이 전통은 인간의 마음이 스스로 죄 속으로 표류했기 때문에 타락했다고 주장한다. 그들은 그들 스스로는 구원할 수 없는 상태에 있다. 성육신은 죄에 대한 모든 유혹을 정복하고 신의 거룩한 능력을 통해서 타락한 인간 상태를 치유하실 수 있는 분의 오심이다. 아타나시우스처럼 아폴리나리스는 성육신이 단지 일반적인 인간 존재의 신적인 지혜를 갖는 영감이 아니었다. 그것은 타락한 인간 영역으로의 실제적으로 신의 들어오심이었다. 하지만 아타나시우스가 모호했던 부분에서 – 성육신하신 그리스도가 이성적인 영을 소유했는지 아닌지에 관한 문제 – 아폴리나리스는 명확했고, 부정적이었다. 신의 들어오심은 그 마음이 다른 이들의 마음과 같지 않았던 분의 존재를 의미했다. 어떤 경우에도 그리스도는 인간의 몸을 가진 하나님의 아들이셨다.

갑바도기아 교부들

니케아의 헌신된 성직자요 옹호자로서의 그의 경력을 분명히 말해주었던 것처럼, 아폴리나리스는 어떤 급진적인 것을 바라지 않았다. 그의 설교와 광범위한 문서를 통해서 유포된 그의 견해는 그리스도에 관한 그의 가르침을 논쟁이 되지 않는 것으로 간주했던 동방의 많은 크리스천들 사이에서 공감을 얻었다. 하지만 그의 개념들은 370년대 중반에 역시 상당한 논쟁을 불러일으켰다.

이때에 아타나시우스는 세상에 없었고, 당대에 주요한 헬라 신학자로서의 그의 자리를 다른 이들이 채우게 되었다. 효과적으로 동방의 신학적 논쟁의

가이사랴의 바실
미시간 대학의 '특별한 작품' (Special Collection) 도서관에 소장되어 있는 그림 Andre Thevet, *Les Vrais Portraits et Vies des Hommes Illustres*(Paris, 1584). 허락을 받고 실었다.

전면에서 아타나시우스의 역할을 했던 성직자들의 그룹은 초기 기독교 역사에서 아주 뛰어났던 사람들이었다. 우리가 그들을 집합적으로 부를 때 "갑바도기아 교부들"이라고 하는 그룹은 주로 폰투스에 가이사랴의 주교였던 바실(Basil, "위대한 바실")과 그의 절친한 친구인 나지안주스의 그레고리(Gregory of Nazianzus, 약 329-389), 그리고 니사의 주교가 되었던 바실의 남동생 그레고리였다(약 330-395).

바실과 니사의 그레고리는 귀족으로서 재물을 갖고 있었고, 아울러 뛰어난 경건을 소유한 가정의 출신이었다. 그들의 누이인 마크리나(Macrina, 약 327-395)는 금욕주의의 헌신자였고, 350년 후반에 그녀는 어머니인 에멜리아를 설득하여 가이사랴 근처에 그들의 집에 수도원 시설을 갖추었다. 그곳에서 그녀의 또 다른 동생인 나우쿠라티우스(Naucratius)가 은거하며 살았다. 이 가족들이 채택한 삶의 방식은 다른 금욕주의자들에게 매력을 주었고, 그의 집은 중요한 수도원 운동의 센터가 되었고, 그곳에 괄목할 만한 여성들이 같이 기거했다. 마크리나는 글을 남기지 않았으나 그녀의 영적인 헌신은 즉은 다음에 니사의 그레고리가 쓴 전기 속에서 기억되었다. 그 전기는 그녀가 어떻게 개척적인 역할을 했는가를 보여준다. 마크리나는 그녀의 형제들에게 영적인 영향을 형성할 수 있도록 도왔고, 그녀가 얼마나 중요했는지를 자주 간과하는 것은 유감스러운 일이다. 또 다른 중요하지만 소홀히 되는 인물은 나지안주스의 사촌인 암필로키우스(Amphilochius, 약 340-395)였다. 그는 373년에 이고니움의 주교가 되었다. 그는 다양한 신학적 주제에 관해서 글을 썼고, 교

나지안주스의 그레고리
미시간 대학의 '특별한 작품' (Special Collection) 도서관에 소장되어 있는 그림 André Thevet, *Les Vrais Portraits et Vies des Hommes Illustres*(Paris, 1584). 허락을 받고 실었다.

리적인 논쟁에서 영향력 있는 역할을 했다. 하지만 대부분 그의 작품은 단편적인 형태로만 존재한다. 아마도 셋이 아니라 다섯의 훌륭한 갑바도기아 신학자들이 있었다고 말할 수 있을 것이다. 그 그룹에 관한 주요한 문학적 유산이 가장 유명한 세 사람의 이름으로 한정하고 있을지라도 말이다.

나지안주스의 그레고리는 그가 태어났던 갑바도기아의 마을의 이름과 영원히 관련되었다. 하지만 그곳에서 주교였던 사람은 그가 아니라 그의 아버지였다. 그는 아르메니아 접경에 사시마(Sasima)라 불리는 후방의 갑바도기아 작은 마을에 성직자로 한 때에 있었다. 하지만 그는 그곳에서 거주한 적이 없었다. 그는 그의 성인 시절의 대부분을 나지안주스와 셀류시아 그리고 콘스탄티노플에서 보냈다. 마지막으로 그는 콘스탄티노플에서 381년에 짤막하게 주교로 있었다. 그가 황제의 호의를 누렸을지라도, 지역적인 차원에서는 그의 자리를 못마땅하게 여겼다. 형식적으로 그가 한 교구에서 다른 교구로 이동할 수 없다는 근거 위에서 반대했지만, 사실은 그의 교리적 견해가 몇몇 그의 동료 성직자들에게 불편했기 때문이었다. 그는 그의 가족의 영지인 수도원에서 마지막 생애를 보냈다.

갑바도기아 교부들은 지식과 문화를 기독교 금욕주의에 대한 열렬한 애착과 조합시켰다. 바실은 콘스탄티노플과 아테네에서 일등급 교육을 받았고, 나지안주스의 그레고리는 팔레스타인, 알렉산드리아, 그리고 아테네에서 수학했다(아테네에서 그와 바실은 친구가 되었고, 그곳에서 그는 율리안과 동기생이었다).

니사의 그레고리는 조예가 깊은 그의 형인 바실에 의해서 수사학을 교육받았고, 주교가 되기 전에 그 자신도 교사로 일했다. 그들 모두는 문학적인 재능이 있는 인물이었고, 웅변을 통달했으며, 우아한 글을 썼다. 나지안주스의 그레고리는 특히 산문만이 아니라 운문도 잘 작성했다. 그는 많은 서신과 상당한 수의 시, 아울러 지적인 예리함과 수사적인 기술을 보여주는 다량의 신학적 연설을 남겼다. 니사의 그레고리는 세 사람 중에서 가장 다산의 작가였다. 그의 작품들은 신학, 주해, 영성, 신비주의, 그리고 금욕주의를 망라했다. 그의 글의 형태를 현대의 독자들이 이해하기는 자주 어려울지라도, 그는 뛰어난 사상가요 사색 있는 신학자였다.

헬라적 가치와 이상을 기독교 문화와 중재시킨 갑바도기아 교부들은 4세기 후반에, 특히 고전적이고 성경적인 영향으로 육성된 독특한 신학의 형성기에, 헬라 기독교적 통합을 발전시키는데 상당히 기여하였다. 수도적인 사람에 대한 바실의 가르침과 그의 이상을 실현시키는 조직적인 기술은 동방의 금욕주의에 지속적인 의미가 있었고, 우리는 5장에서 그들의 중요성을 다시 한 번 살펴보게 될 것이다(171-173을 보라). 믿음의 삶의 영적 여행에 관한 니사의 그레고리의 심오하고 정교한 가르침은 기독교 신비주의적 전통의 발전에 훌륭한 가치가 있었다.[15]

그러나 갑바도기아 교부들이 가장 유명했던 것은 교리적인 논의에 대한 그들의 기여다. 아폴리나리스의 가르침이 이 두 그레고리에 의해 제어를 당했다. 가장 정확하게는 나지안주스의 그레고리에 의해서 인데, 당대의 논쟁의 이러저러한 영역에서 그의 능력은 그를 "신학자 그레고리"란 고전적인 지칭을 듣게 만들어 주었다. 바실은 다소 어색한 입장을 취했다. 그가 니케아의 '호모우시오스' 교리의 중요성에 처음으로 설득을 당한 것은 분명히 아폴리나리스의 덕택이었기 때문이다. 아폴리나리스와 바실은 서로 긍정적인 관계를 이루었다. 결국 안디옥에 대한 아폴리나리스의 간섭을 정죄하고 멜레티우스에 대한 지지를 표현할 수밖에 없게 된 바실은 이전에 그의 멘토였던 아폴리나리스를 확실히 비난했지만 상세한 설명은 다소 약했다.

나지안주스의 그레고리: "전제로 취하지 않은 것은 치유되지 않는다"

370년대 말에 아폴리나리스의 개념은 동방과 로마에서 널리 정죄를 받았고, 그와 그의 지지자들은 가톨릭교회에서 분열하였다. 그러나 무엇이 그의 신학과 관련이 있었는가? 그에 대항한 비판자들 중에 일부는 전적으로 정당하지 않았다. 예를 들어, 그는 예수의 처녀 잉태를 비판하고 그리스도의 육체가 보통의 인간 물질에서 유래하지 않았다는 유사 영지주의적인 교리를 가르쳤다고 고발되었다. 이런 종류의 비난은 분명히 과녁이 빗나간 것이다. 그럼에도 불구하고 그의 주장에서 심각하게 생각해야할 이슈가 있었다. 실제 문제를 가리킨 것은 나지안주스의 그레고리였다. 인간 본성의 한 양상인 정상적인 인간 마음의 소유가 그리스도 안에서 상실되어 있다면, 그의 삶이 어떻게 진정으로 인간이겠는가?

주변적인 것들을 떠나서 나지안주스의 그레고리는 자연적으로 구원의 필요에서 가장 두드러진 것은 마음이라고 주장했다. 인간이 처음으로 죄에 떨어지게 된 것은 인간 마음의 활동(의지)이었기 때문이었다. 하나님의 명령에 대행해서 스스로를 높이게 한 것은 교만해진 인간의 마음이었다. 그가 말했던 가장 유명한 문장은 아폴리나리아주의의 치명적인 약점을 잘 진단해주었다: "전제로 취하지 않은 것은 치유되지 않는다. 하지만 신성과 연합된 것은 구원을 받는다."[16] 그레고리에게서 성육신의 복음은 하나님이 그 마음을 '포함하여' 인간이 의미하는 '모든' 것을 취하셨다는 좋은 소식이었다. 그 과정의 결과로 말미암아 인간의 모든 것이 치유되고, 변화되고, 참으로 거룩해진다.

그레고리는 말씀이 성육신에서 능동적인 주체라는 원리와는 다투지 않았지만, 말씀이 전제로 취하고 있는 "육체"는 인간의 몸만이 아니라 인간 본성의 전체라고 주장했다. 아폴리나리스가 옳다면 인간 구원은 생각할 수 없을 것이다. 말하자면 그리스도 안에서 하나님의 구원하신 행위는 그 곤경을 다루기 위한 모든 필요와 무능력을 포함하는 인간 상태의 모든 부분을 포용했다.

성령의 위치

4세기 후반부에 동방에서 발생했던 또 다른 커다란 논쟁은 성령의 위치와 관련이 있었다. 아타나시우스는 350년대 말에 나일의 델타지역에 드미우스(Thmuis)의 주교인 절친한 친구 세라피온(Serapion)에게 썼던 편지에서 성령의 신학으로 그의 관심을 돌렸다. 그때까지 성령의 위치는 대부분의 신학적 논의에서 아주 소홀하였다. 니케아 신조는 성자 하나님의 동등한 신성을 확고하게 대변했지만 성령과 관련해서는 간단하게 진술했다: "그리고 [우리는] 성령을 [믿는다]." 그러한 고백이 무엇을 의미하는지 더 이상 구체적으로 설명하지 않았다. 세라피온은 아타나시우스에게 조언을 구했다. 아들의 신성은 인정하려고 하지만 성령을 히브리서 1:14에서 언급된 "부리는 영들" 중에 최고의 피조된 존재인 것으로 생각해야 한다고 주장하는 신자들의 그룹을 그는 어떻게 다루어야 할지 잘 몰랐기 때문이다.

아타나시우스는 그러한 사람들을 '트로피코이'(Tropikoi)라고 일컬었는데, 그들은 그들의 경우에 잘 맞지 않아 보이는 성경을 비유적 또는 알레고리적(헬라어 '트로피코스', "비유적으로")으로 해석했기 때문이다. 그들은 오직 소수의 본문에 초점을 맞추어, 성령이 완전히 신이시라는 폭넓은 성경적 증거의 명백한 증언을 피하기 위해서, 이런 식으로 성경을 독법했다. 성령은 고양된 천사가 아니라고 아타나시우스는 주장했다. 성령은 하나님의 생명을 주는 자 그리스도의 영이시다. 그러므로 그는 아들이 아버지와 동등하신 것처럼 아들과 필연적으로 동등하시다. 아들의 신분과 관련한 아타나시우스의 경우에서처럼 이 논증은 구원의 본질로 전환되었다: 인간 존재가 참으로 성화되고 거룩해지려면 그리스도 성령의 대리자에 의해서 이 과정이 발생하며, 만약 성령이 단지 피조물이라면 그는 그 구원을 유효하게 할 수 없다. 만약 성령이 하나님의 생명을 인간에게 가져오는 분이시라면, 그는 아들이 피조된 존재가 아닌 것처럼 피조된 존재가 될 수 없다. 성령도 역시 완전하게 신이시며 하나님 아버지와 같이 '호모우시오스'이시다. 362년에 알렉산드리아 공의회에서 "성령이 피조물이며 그리스도의 본질과는 구분되는 것이라고 말하는 사람들"에게 아나데마(저주)가 발행되었다.[17]

360년대에 성령의 신성을 거부하는 다른 이들이 동방에서 나타났다. '트로피코이'와 연관되어 있지는 않았을지라도, 그들은 꽤 유사한 주장을 했다. 그들을 적대하는 사람들은 그들을 '프뉴마토마코이' 또는 "성령과 싸우는 자들"이라고 불렀다 – 성령에 대한 성경의 가르침에 저항하는 사람들. 그들은 나중에 "마게도니안스"(Macedonians)라고 불렸는데 360년대에 유배를 당하여 362년에 죽었던 콘스탄티노플의 '호모이우시안' 주교인 마게도니우스(Macedonius)의 이름을 딴 것이다. 마게도니우스는 성령이 오직 피조물이라고 유사하게 주장했다고 제기된다. 그러나 그런 주장을 확증할 증거는 없고, 그러한 연관성은 아마도 위조되었을 것이다. "성령과 싸우는 자들"이란 별명을 얻은 사람들은 370년대에 소아시아에서 상당히 많았다. 아마도 그들 가운데 가장 뛰어난 대변자는 폰두스에 세바스티(Sebaste in Pontus)의 주교였던 유스타디우스(Eustathus)일 것이다.[18] 유스타디우스는 이전에 바실에게 수도원에 대한 열정을 불어넣은 사람이었다(p. 172을 보라). 하지만 이 두 사람은 성령의 위치에 대해서 상당히 불일치하게 되었다.

바실의 성령론

374-375년경에 작성된 바실의 논문인『성령에 관하여』(*On the Holy Spirit*)는 그의 가장 중요한 작품 중에 하나다. 하지만 성령의 논쟁에 대한 그 접근은 20년 전에 아타나시우스가 제기한 것보다 상당히 덜 직접적이다. 바실은 성령이 하나님이시라는 것을 명백히 말하지 않았다. 성경의 어느 곳에서도 그러한 용어로 정확하게 진술하지 않고 있기 때문이었다. 그리고 그는 성령의 '호모우시오스'란 용어를 사용하기를 꺼렸다. 그의 이런 망설임은 니케아의 대의에 헌신했던 다른 사람들 사이에서 상당히 불편한 마음을 야기했다. 그들은 바실이 성령의 신성을 충분히 강력하게 변호하는 입장을 취하지 않고 있음을 염려했다. 어떤 현대 신학자들은 동방에서 전형적이었던 '호모이우시안'에 대한 바실 자신의 배경이 370년 초에는 꽤 포기되지 않았고, 그의 이런 신중함은 '호모우시안'의 입장에 대한 확신의 부족을 보여주었다고 주장했다.

그러나 틀림없이 그의 이런 접근은 전략적이었다. "성령과 싸우는 자들"은 성경의 문자를 넘어서서 나아가는 것을 거부했고, 그들은 성령에 대한 니케아 공의회의 소량의 내용을 그대로 유지할 것을 주장했다. 바실이 성경 본문의 근거를 아주 긴밀하게 주장하였다면 그의 반대자들은 그것을 독법하는 다른 대안적인 방식을 제공했을 것이고, 만약 바실이 니케아 전통의 근거를 주장하였다면 그의 반대자들은 니케아가 하나님과 성령의 관계와 관련해서 더 이상의 구체적인 설명을 하지 않고 성령을 믿을 것만을 말했다는 의심할 수 없는 사실을 지적했을 것이다. 그러므로 바실의 전략은 공적으로 진술되는 것과 신자의 영적 경험 속에서 사적으로 고백되는 것 사이에 차이가 있음을 말하는 것이었다.

성령의 신성은 믿음의 삶에서 특히 교회의 예전에서 개인적으로 경험될 필요가 있는 것이라고 바실은 주장한다. 만약 크리스천이 아버지와 아들과 성령의 이름으로 세례를 받는다면, 그리고 성령이 아버지와 아들과 더불어 축복기도에서 언급된다면, 그때에 성령은 아버지와 아들과 동일한 차원으로 암시되고 있다. 통상적인 송영은 "아버지에게 아들을 통해서 성령 안에서 영광이 있기를"이라는 형식을 취했는데, 바실은 대안적인 독법인 "아버지와, 아들과(and/with), 성령에게(and/with) 영광이 있기를"을 사용함으로써 비판을 불러왔다. 그는 이 송영들이 타당하고 사실상 후자가 세 위격의 위치에서 동등성을 더 잘 가져온다고 주장했다. 바실은 성령을 언급함에 있어서 성경의 문자를 넘어서서 나아가는 것을 조심했지만, 그의 근본적인 확신은 의심의 여지가 없었다. 즉 성령은 아버지와 아들과 동일한 존재이시다.

메살리안들(Messalians)

바실은 성령에 대해서 직접적으로 진술하는데 있어서 신중했던 또 다른 이유가 있었다. 4세기 말(3/4)과 5세기 초에 "메살리안들"(Messalians)이라고 알려진 금욕주의자들 그룹의 활동에 대해서 소아시아에서 상당한 논쟁이 있었다. 그들의 영향은 시리아를 넘어서까지 확산되었다. 그들의 이름은 "기도하는 자"라는 시리아어에서 유래하는데, 때로 메살리안들은 동등한 헬라어 지칭인 "유키테스"(Euchites, 헬라어로 '유코마이', "나는 기도한다")로 알려졌다. 그들은 끊임없이 기도하고 하나님께 완전한 의존을 하는 상태로 자신들이 부름을 받았다고 믿었다. 그들은 마귀가 세례 시에 나타나기를 계속하므로 간절한 기도와 금욕적인 묵상으로써만이 악한 세력에게 승리할 수 있다는 견해를 가진 것으로 그들의 비판자들에 의해 제기되었다. 그들은 사회와 일상적인 교회의 예전에서 물러난 삶을 살았다.

멜레시안들은 성령께 기도하는 것에 커다란 중요성을 두었다. 세상과 육체의 관심에서 자유로움을 얻을 수 있는 것은 성령의 역사하심에 의해서였다. 그들의 열정은 금욕주의를 주창했던 주류 성직자들에 대한 도전을 대변했다. 한편으로 그들은 자기 부인과 묵상의 훌륭한 이상을 좇았고, 다른 한편으로 교회의 성례적인 삶과 주교적인 권위의 규칙적인 통로와 무관하게 성령이 작용하는 것으로 간주했다. 바실은 초기 아시아 멜레시안들이 대변했던 것에 공감을 확실히 가졌다 – 실로 『성령에 관하여』라는 그의 논문의 일부는 분명히 메살리안주의에 영향을 받은 작품과 같이 나중에 순환되었다.[19] 메살리안들은 많은 교회모임, 특히 431년에 에베소 회의에서 정죄를 받았지만 (204-5), 그들의 가르침의 요소들은 정통적인 범주에서도 폭넓은 칭찬을 받았다. 바실은 성령의 능력에 관한 그들의 강조를 본능적으로 인정하면서도 통상적인 교회 구조의 중요성을 지지하는 강력한 관심 사이에서 갈등을 겪었다.

신학적인 용어에 대한 명쾌한 정의

성령의 위치에 대한 탐구는 갑바도기아 교부들의 편에서 상당한 신학적인 기여를 한 부분이었다. 성령에 관한 논문을 내놓기 이전에 바실은 『유노미우스에 대하여』(*Against Eunomius*)란 주요한 작품을 저작했었다. 그것은 유노미우스의 가르침의 다른 양상들 중에서 하나님이 인간이 알 수 있는 것보다 자신의 본질에 대해서 더 많이 알 수 없다는 견해를 논박하기를 추구했다. 유노미우스의 그 주장에 대항하여 바실은 하나님을 본질적으로 명확히 알 수 없고 표현할 수 없다고 제기했다. 유노미우스의 답변에 반응하여 두 그레고리가 이와 동일한 논증을 했는데, 그들은 하나님의 불가해성은 피조 되지 않는 그의 본성에 기초하고 있다고 주장했다. 하나님은 그의 활동이나 에너지를 통해서 드러나지만 그의 본질은 접근이 불가능하다. 피조물이 하나님의 내적인 본질을 얼마나 알 수 없는가를 인식할 수 있게 하고 따라서 그를 예배할 수 있게 인도하는 것은 하나님의 에너지를 통해서이다.

그러한 주장을 통한 사고의 과정에서 갑바도기아 교부들은 매우 중요한 신학적 종합에 점차적으로 기여했다. 375년경에 바실은 매우 오랫동안 많은 논쟁을 야기했던 두 용어들('우시아'와 '히포스타시스') 간에 구분을 주장했다 – 또는 어찌되었든 수용에 영향을 주었다. 이 용어들을 사용하는 다른 방법들이 서로 다른 교리적 위치를 의미할 수 있다는 것이 362년에 알렉산드리아에서 받아들여졌다. 하지만 이 용어들 사이에 관계를 분명히 함으로써만, 이 용인에 어떤 신학적 정확성이 주어질 수 있었다. 바실은 '우시아' (*ousia*)와 '히포스타시스' (*hypostasis*)를 동일한 실체를 언급하는 것으로 간주할 수 없다고 지적했다. 하나님의 '우시아'는 하나님의 알 수 없는 본질이고, 그의 초월적인 신적 존재이다. 그러나 '히포스타시스'란 말은 하나님의 구체적인 나타나심을 오직 가리킬 수 있고, 이중에는 셋이 있고 이 셋 모두 동등하게 신적이지만 구분된다: 아버지와 아들과 성령. 하나님 안에 한 '우시아'가 있지만 세 '히포스타세이스' (*hypostaseis*)가 있다.

'우시아'와 '히포스타세이스' 간의 구분은 그레고리의 니사와 나지안주스의 그레고리에 의해서 채택되었다. 최근의 학자들은 "한 우시아, 세 히포스타세이스"의 실제적인 용어는 갑바도기아의 문서들에서 자주 나타나지 않는다는 사실에 관심을 모으고, 그들의 신학적 논증과 관련해서 "갑바도기아들의 해결"[20]과 같은 말로 표현하는 것을 삼가는 것이 더 좋다고 했다. 니사의 그레고리와 나지안주스의 그레고리는 하나님의 하나와 셋을 구분하는데 있어서 다른 다양한 용어들을 역시 사용했다. 그럼에도 불구하고 세 신적인 위격이 신적인 행위의 특별한 작용인들로서 있다는 것과 그들이 하나님으로서 전부 동등하다는 것 간의 구분은 갑바도기아 사상의 근본이었다. 니사의 그레고리는 외적인 활동에서 아버지와 아들과 성령 사이에 연관이 있다면 그들의 본성 안에 연합이 있기 때문이라고 주장했다. '우시아'는 세 '히포스타세이스'에 의해 동등하게 공유되는 측량할 수 없는 신적인 존재다.

나지안주스의 그레고리는 세 '히포스타세이스'가 그들의 서로 다른 "관용구"나 특징에 의해서 구분되는 이유를 진행시켰다: 아버지는 나시지 않으셨고 아들은 나셨으며, 그리고 (요 15:26에 근거하여) 성령은 "나오시거나" 아버지로"부터 오신다." 따라서 이런 구분들은 하나님의 존재를 형성하는 본질적으로 필요한 관계에 기초하고 있다. 나지안주스의 그레고리에게서 모든 셋은 "한 본질에 속한" 것으로 말할 수 있고, 성령은 완전한 하나님이시라고 인정된다는 것이 필수적이다.

삼위일체 하나님인가 세 하나님인가?

이런 모든 것이 갖는 가장 분명한 위험성은 삼신론이었다: 확실히 '히포스타세이스' 간의 구분을 강조하면, 그 교리는 한 하나님이 아니라 세 하나님을 말하는 것으로 귀결되었다. 니사의 그레고리가 모두 동등하게 신이신 세 '히포스타세이스'와 사도 베드로, 야고보 요한과 같은 세 인간들이 모두 동등하게 인간이라는 유사성을 밝혔다는 사실도 그러한 인상의 위험성을 경감시키지 못했다. 이것은 아버지와 아들과 성령이 세 독립적이거나 자율적인 자아라는 것을 함축하지 않았는가?

그레고리의 니사는 사실상 그런 유사한 많은 것들을 만들지 않았다.[21] 그는 그런 것들이 부정확하고 잠재적으로 잘못된 것으로 이끌 수 있음을 인식하고 있었기 때문이었다. 아울러 그는 세 신적인 위격들이 역시 참으로 어떻게 하나인지를 설명하는 다른 논증들을 많이 제시했다. 『아브라비우스에게: 세 신들이 아닌 이유에 관해서』(*To Ablabius: On Why There Are Not Three Gods*)란 작은 책에서 그는 '하나님'이란 용어는 단수로만 사용할 수 있고, 하나님은 본질적으로 단일하다고 주장한다. 셋 사이에 구분은 기원의 서로 다른 양태나 신적인 '우시아'를 공유하는 방식과 오직 관련이 있다. 셋은 한 하나님의 존재 내에 각기 실제적이고 실질적인 정체성을 소유하지만 다른 둘의 생명을 공유한다. 셋이 행하는 모든 중심에는 의지와 목적과 능력의 연합이 있다.[22]

후대의 신학에서 이런 모델과 유사한 것의 보다 발전된 형태가 '페리코레시스'(*perichoresis*)란 이름으로 주어질 것인데, 이는 "돌아다니다"를 의미하는 헬라어 단어에서 출원한다. 세 신적인 '히포스타세이스'는 효과적으로 서로 "돌아다니신다" – 즉 그들은 서로 여지를 남기시거나 순복하신다.[23] 그러한 원리는 나중에 "상호내재"로 알려지게 될 것이다. 즉 셋은 하나에 속한 모든 것이 다른 것들에 속할 수 있도록 서로 역동적으로 관통하거나 스며든다. 하나님이 하나님이신 방식은 셋으로지만 이 셋은 하나로밖에는 생각할 수 없다. 하나님은 내적 존재에서 본질적으로 관계적이시다.

그러한 개념들을 유한한 마음들이 이해하기는 불가능하였고 또 불가능하지만 하나님의 본성과 세상과의 그의 관계를 크리스천이 이해하는데 중요한 의미를 내포하고 있다. 현대 신학자들은 이 의미를 좀더 흥미를 자아내는 방식으로 탐구했는데, 그들은 갑바도기아 교부들이 신적인 차원만이 아니라 인간적인 차원에서도 "인성"이 무엇을 말하는지에 관한 완전한 이해의 토대를 놓았다고 주장했다. 인간이 이런 방식으로 형성된 하나님의 형상으로 창조되었다면, 피조물의 관계에서 인간 개인의 존재의 적절한 개념은 창조주의 삼위적인 관계의 본질로부터 추론할 필요가 있다는 것이다. 하나님의 성품을 "공동의 존재"로 생각하는 것은 정치적이고 사회적인 이슈들에 대한 기독교인들의 사고에 아주 중요할 것이다. 그것은 역사 속에서 하나님의 백성들의 공동체로서 교회의 본질에 관한 이해에도 적지 않게 의미가 있다는 것이다.

이런 영역에서 일부 현대적인 사고는 그러한 개념의 씨가 갑바도기아 교부들 속에서 나타난 정도를 과장한다. 더 심각하게는 아마도 4세기에서 추론한 "사회적 삼위일체"의 보다 조야한 형태는 위험스럽게 하나님의 본질을 사회적 동등성에 대한 인간의 계획을 해독케 하는 것으로 사용할 수 있다고 주장하는 것에 거의 가깝다. 그렇게 함으로써 그들은 인간의 개념들을 인정하기 위해서 하나님의 이름을 부름으로써 배교의 위험을 무릅쓴다. 관계적인 것으로서 어떤 개념의 특성이 아무리 가치가 있다하더라도 구원의 기독교적 논리의 측면에서 삼위일체로서의 하나님의 교제는 은혜에 의해서 경험되어야지 인간적인 기발한 발상으로 흉내 낼 수는 없다. 인간의 사회적 구성이 하나님 안에 존재하는 거룩하고 신비로운 관계를 복제할 수는 없다.

그럼에도 불구하고 삼위일체 교리는 예수 그리스도 안에서 그리고 성령에 의해서 알려지신 하나님의 임재 속에서 삶의 실제적인 외보에 대한 많은 심오한 원리를 확실히 담고 있다. 갑바도기아 교부들은 자신들의 이름으로 주창되지 않았던 것들을 인정하지 않을 것이지만, 정교한 삼위일체 신학의 해석 속에서, 그들은 이 영역에서 더 자세히 생각해야할 많은 양식들을 제공했다.

정치적인 발전들

그리스도의 위격과 성령의 위치에 대한 논쟁이 진행되는 동안에 정치적인 장면에서 매우 자극적인 발전이 발생하고 있었다. 이것은 교리의 문제에 대한 논쟁의 과정에 상당히 영향을 미쳤다. 378년 8월 9일에 동방의 황제인 발렌스가 현대의 불가리아에 있는 아드리아노플(Adrianople)의 전투에서 고트족과 싸우던 중에 전사하였다. 이 전투는 로마의 세력에 재앙적인 패배를 안겼다. 황제의 군사 중에 2/3와 그의 장교들의 대부분이 그와 함께 죽었다. 서방에서는 발렌스의 조카인 그라티안(Gratian)이 그의 아버지인 발렌티니안이 죽은 뒤인 375년부터 통치하고 있었다. 그라티안은 황제에 올랐을 때 십대였고, 명목상으로 그의 네 살 난 이복동생인 발렌티니안 2세와 그의 명령을 공유하도록 요구를 받았다. 그라티안은 기독교 귀족의 무리들에 둘러싸여 있었고, 그들 가운데 일부는 그들의 특권적인 배경과 영향력 있는 위치에 대해 크게 자부심을 갖고 있었다. (그들 가운데 가장 뛰어난 자는 그라티안의 가정교사였던 아우소니우스인데 그는 골 지역 출신으로서 세련된 시인이자 수사학자였다. 그는 그리스도에 대한 믿음을 고백했지만 항상 학문이 먼저요 기독교는 그 다음이었다.)[24)]

아드리아노플의 재앙에 관한 소식이 전해졌을 때, 그라티안은 21살에 지나지 않았지만 모셀(Mosel) 유역의 트리어(Trier)의 그의 궁전에서 자신의 영토를 충분히 제어할 수 있었다. 하지만 군사적인 상황이 신속한 결정을 요구했다. 이런 긴급한 순간에 그라티안은 동방 지역을 구하기 위해서 재능 있는 젊은 스페인 사령관인 데오도시우스(Theodosius)를 임명하는 현명한 결정을 했다.

데오도시우스: 니케아 황제

379년 1월 19일에 데오도시우스가 동방의 황제로 취임하였다. 그는 자신의 의무를 추진하는데 매우 유능했고, 몇 달 안에 고트족들을 몰아내고 매우

데오도시우스 1세 황제를 보여주는 로마의 동전.

뉴질랜드 두네딘(Dunedin)의 오타고 박물관에 있는 그림. 허락을 받고 실었다.

위험스러웠던 정치적 상황을 안정시키는데 성공했다. 그의 전략은 학살만이 아니라 외교와도 관련되었다. 연이은 해에 그는 이전에는 덜 추진하였던 정책을 확대하여 많은 고트족들을 로마와 동맹케 하여 군인으로 모집하였다. 이는 고트족들이 제국에 대항하여 싸우게 하기보다 제국을 위해 싸우게 하는 것이 더 낫다는 계산으로 인한 것이었다(pp. 348-351을 보라).

기독교 교리적인 측면에서 데오도시오스는 처음부터 강력한 친 니케아 성향을 가졌다. 380년 2월에 그는 데살로니가의 그의 기지에서 가톨릭 신앙을 따르라는 칙령을 "모든 백성들"에게 반포하였고, 그 신앙은 로마의 주교인 다마수스(Damasus)와 알렉산드리아의 주교인 피터(Peter)에 의해 제기된 가르침과 관련하여 정의되었다. 학자들은 이 칙령이 구속하는 법적 명령이었는지 즉 순응하기를 거부하는 사람들을 황제가 보복하겠다는 위협적인 내용을 암묵적으로 담고 있는 것인지, 아니면 새로운 황제의 개인적인 선호를 나타내는 선언서인지를 논쟁한다. 후자가 더 그럴 것 같고, 대체로 사회적인 측면에서 그 정책은 본래 교회와 관련이 있는 사람들을 목표로 하고 있음이 확실해 보인다. 그럼에도 불구하고 이 칙령은 신학적인 문제에 대한 데도오시우스의 결의를 보여주었고, 그의 교리적인 성격은 모호하지 않았다. 380년의 여름에 질병에서 회복한 뒤에 황제는 친 니케아 주교인 아콜리우스(Acholius)에 의해 데살로니가에서 세례를 받았다.

데오도시우스의 선호는 분명하였지만 그는 다른 이들에게 그것을 부과하는 것이 전혀 쉽지 않다는 것을 콘스탄티노플의 움직임에서 곧 발견했다. "모든 백성들"에 대한 그의 칙령이 무엇이었든지 간에 그것은 그를 괴롭히게 되었다. 동방의 아주 넓은 지역에서 이러저러한 종류의 아리안주의가 교회에서 범람하였고, 이 아리안주의를 반대하는 사람들 사이에는 폭넓은 분열이 있었다. 친 니케아 신자들은 여전히 아폴리나리스의 가르침에 대해서 일치하지 않았고, 특히 안디옥에서 상당한 논쟁이 있었다. 마르셀란, 유스타디안, 그리고 폴리니안의 전통들이 주장했던 것처럼 하나님 안에 한 '히포스타시스'를 말하는 것이 적당한지, 아니면 갑바도기안들이 주장했던 것처럼 세 '히포스타세이스'를 말하는 것이 적당한지의 이슈에 대해서 말이다. 바실은 이제 이 장면에서 사라졌고, 두 그레고리들이 상당한 지지를 받았으나 그들의 가르침이나 안디옥의 멜레티우스에 대한 그들의 지지에 대해서 일치가 없었다. 니케아 신학의 정치적인 지원에 대한 전망은 그리 밝아 보이지 않았다. 콘스탄티노플의 데모필루스(Demophilus) 주교는 데오도시우스의 포고에 순응하지 않고 지난 그의 '호모이안' 교리를 충실하게 지키는 것을 좋아했다. 그는 그의 주교직에서 파직되었으나 도시 성벽 바깥에 유배지로 그의 회중들을 데리고 나갔다. 도시 외곽의 교회에서 니케아의 입장을 공고히 하였던 나지안주스의 그레고리는 분명히 데모필루스의 뒤를 이을 수 있는 사람으로 보였지만 그는 가장 그럴듯하지 않은 후보자인 이전에 견유학파 철학자인 막시무스(Maximus)라는 자의 갑작스러운 성별에 의해 방해를 받았다. 막시무스는 알렉산드리아 교회의 지지를 받았고, 그레고리는 그가 자기에게 충성하는 자였다고 생각하였었다. 이런 논쟁은 치명적인 라이벌 관계와 알렉산드리아의 피터의 욕구, 즉 콘스탄티노플의 권위보다 자신의 권위를 우월한 것으로 주장하는 것과 상당히 연관이 있었다.

콘스탄티노플 공의회

381년 1월 10일에 데오도시우스는 더 진전된 포고령을 내렸다. 이번에 그는 로마나 알렉산드리아가 따르는 것으로 그 믿음을 언급하지는 않았지만 아리안주의(Arianism)와 유노미안주의(Eunomianism)를 포함한 이단들의 그룹을 명백하게 불법으로 선언했다. 이런 제도를 고집하는 사람들은 공회의 권리를 빼앗기게 될 것이며, 계속 불응하는 사람들은 그 지역에서 쫓겨날 것이었다. 5월에 황제는 콘스탄티노플에서 모이는 총회를 소집하였다.

5세기에 즈음하여 이 총회가 두 번째 "에큐메니칼" 공의회로 간주되었을지라도(물론 첫 번째는 니케아 공의회다), 150명의 대리자들은 모두 동방에서 왔고, 그것도 주로 소아시아와 시리아로부터 왔다. 로마로부터의 대표단은 없었고, 새로이 임명된 알렉산드리아의 주교인 티모디(Timothy)도 커다란 열정을 갖지 않았다. 콘스탄티노플 도시는 기독교적인 험담으로 가득했다: 니사의 그레고리는 "만약 당신이 변화를 요구한다면, 그 사람은 '낳아진 것' 과 '낳아지지 않은 것' 에 대한 신학적인 논쟁으로 시작하고, 만약 당신이 빵의 가격에 대해서 묻는다면, 아버지는 더 크시고, 아들은 종속된다고 대답이 주어지며, 만약 당신이 목욕이 멋지다고 말한다면, 그 사람은 아들이 존재하지 않은 것에서 온다고 선언한다" 라고 적었다.[25)]

로마와 알렉산드리아에서 그에 대해 퍼져 있는 강한 악의에도 불구하고, 공의회의 의장은 안디옥의 멜레티우스에게 주어졌다. 대표자들은 처음에 나지안주스의 그레고리가 콘스탄티노플의 지명된 주교가 되어야 한다고 결정했다. 하지만 일은 곧 복잡하게 되었다. 멜레티우스가 총회가 열려 있는 동안에 죽었고, 그레고리는 그를 대신해서 의장 일을 보았다. 신랄한 논쟁이 안디옥과 콘스탄티노플의 긴박한 상황에 대해서 곧바로 쏟아졌다. 그가 사시마(Sasima)의 현재 주교직에서 이동하는 것은 니케아의 규칙에 따라 기술적으로 타당하지 않다는 근거 위에서 그레고리의 승급은 반대되어졌다. 사실상 주교들의 대다수는 서방을 달래기 위해서 결국에 폴리누스가 멜레티우스를 대신해야 한다는 그레고리의 제안에 반감을 가졌다.

그레고리는 의장직을 사임하고, 대단히 기분이 상해서 공의회를 떠나, 갑바도기아에서 책을 저술하며 여생을 보냈다. (그가 이 시기에 저술한 다양한 작품들 가운데는 그가 동료들에게 받았던 기분 나쁜 대우를 한탄하는 운문의 전기가 있다.) 안디옥을 책임 맡은 자로 공의회는 멜레티우스의 성직자 가운데 속하는 플라비안(Flavian)을 선택했다. 콘스탄티노플은 중립적인 후보자가 주어졌다. 그는 저명한 평신도인 원로원 소속의 네크타리우스(Nectarius)였고, 그는 어떤 파와도 관련이 없었다. 그는 적절히 세례를 받고 임명되었다. 평신도의 그러한 급속한 승급은 유례가 없는 것은 아니지만 그들은 공식적으로 낙심했고, 네크타리우스의 사례는 콘스탄티노플에서 결코 마지막이 아니었다.

니케아가 그랬던 것처럼, 콘스탄티노플 공의회는 많은 규칙들(하지만 니케아보다는 훨씬 더 적은 수의 규칙들)을 발행했다. 이 규칙들 가운데는 콘스탄티노플의 주교가 로마 주교 다음으로 "영광의 수위권"을 가져야 한다고 선언하는 것이 들어 있었다. 이런 판단은 알렉산드리아와 로마에 반감을 샀는데, 알렉산드리아는 콘스탄티노플이 알렉산드리아의 뛰어난 전통에 맞서서 부적절하게 특권이 부여되었다고 느꼈었고, 당연하게 로마는 수위권이 세속적인 도시의 위상에 달려 있다는 것을 반대했다. 이런 콘스탄티노플의 수위권에 대한 주장과 멜레티우스의 죽음 이후에조차도 안디옥의 폴리누스를 인정하지 않은 공의회에 대해서 서방으로부터 오랫동안 적대감이 있을 것이다. 이 규칙은 1215년에 제4차라테란 공의회에 가서야 로마에 의해서 최종적으로 승인되었다.

하지만 콘스탄티노플 공의회의 주요한 의미는 어떤 그룹의 주교들에 대해서 결정한 것에 있지 않다. 아무리 문제가 있는 교회들이 중요할지라도, 아무리 그 결정이 논쟁적일지라도, 공의회에 명성을 가져온 가장 커다란 결정과 주장은 관련된 교리적인 입장에 있다. 데오도시우스의 바람에 따라서 주교들은 니케아 신앙을 재확증하고 많은 이단들을 정죄했다. 이 가운데는 "유노미안들…아리안들…프뉴마토키안들, 사벨리안들, 마르셀란들,…그리고 아폴리나리안들"의 견해들이 포함되었다. 부가적으로 "폰티니안들"(Photinians)의 견해를 정죄했다. 이들은 344년경에 서미움(Sirmium)의 주교였던 폰티누스(Photinus)의 믿음과 관련한 사람들이었다. 그들은 그리스도에 대한 양자론적 견해를 가르쳤다고 제기되고, 그들은 이미 데오도시우스에 의해서도 금지되었었다.

니케아-콘스탄티노플 신조

공의회에서 발행한 공식적인 교리적 진술은 존재하지 않는다. 451년에 칼케돈 공의회에서(pp. 252-255을 보라), 니케아 신조의 더 긴 형태가 콘스탄티노플에서 유래하는 것으로 언급되는 것이 채택되었다. 니케아 신조는 325년 이래로 발생했던 논쟁들에 비추어 381년에 수정되었다고 제기되었다. 확실히 콘스탄티노플 신조와 니케아 신조 사이에는 강력한 핵심적인 유사성이 있지만, 콘스탄티노플 신조는 니케아신조와 더불어 콘스탄티노플에서 확증된 구별된 신조일 가능성이 있다. 콘스탄티노플 신조는 381년에 처음 작성된 것이 아니라 콘스탄티노플의 교회에서 당시에 사용된 형태에서 유래하였을 것이다. 하지만 니케아로부터라기보다는 콘스탄티노플로부터 유래하는 콘스탄티노플 신조의 기원이 어떠하든지 간에, 우리가 소위 "니케아신조"라 부르게 되었던 것의 근간을 형성하는 것이 '이' 신조다. 공식적으로 그것은 "니케아-콘스탄티노플 신조"로 알려져야 한다. 그것이 본래의 니케아 신조의 강조를 많이 반영할지라도, 세부적인 것은 다양한 측면으로 전개된다. 전문의 내용은 다음과 같다.

> 전능하신 아버지시요, 천지와 보이는 것과 보이지 않는 모든 만물의 창조주이신 한 분 하나님을 내가 믿사오며,
> 만세 전에 아버지로부터 나신 하나님의 아들 한분 우리 주 예수 그리스도를 믿사오니, 이는 하나님으로부터 나신 하나님이시며, 빛으로부터 나신 빛이시며, 참 하나님으로부터 나신 참 하나님이시니, 지으심을 받지 않고 나시었으며, 아버지와 동일 본질이시며, 그로 말미암아 모든 것이 지은 바 되었나이다. 우리 인간과 우리의 구원을 위하여 하늘로부터 내려오셔서, 성령으로 말미암아 동정녀 마리아에게서 육신이 되사 사람이 되시었고, 본디오 빌라도 아래서 우리를 위해 십자가에 못 박히시어 고난을 받으셨고, 장사 지낸 바 되었다가 성경에 기록된 대로 사흘 만에 다시 살아나시며, 하늘에 오르사 하나님 아버지 우편에 앉아 계시다가 영광중에 다시 오사 산 자와 죽은 자를 심판하시며, 그분의 나라는 영원할 것을 믿사옵나이다.
> 주님이시며, 생명을 주시는 분이신 성령을 믿사오니, 이는 아버지와 아들에게서 나오셨으니, 아버지와 아들과 더불어 경배와 영광을 받으시며, 선지자들을 통하여 말씀하셨나이다.
> 하나의 거룩하고 보편적인 사도적 교회를 믿사오며,
> 죄사함을 위한 하나의 세례를 고백하며, 죽은 자의 부활과 오는 세상의 생명을 바라옵나이다. 아멘.

용어가 니케아 신조의 용어와 많은 점에서 다르고, 325년의 신조의 끝부

분에 부착된 저주(아나데마)가 없다. 아들의 나라는 끝이 없는 것으로 언급된다. 이는 그리스도의 나라가 어느 날 하나님 아버지에게 순복하게 될 세상의 일이라고 주장했던 안키라의 마르셀루스와 같은 교사들의 개념에 대항한 것이다. "하나의 거룩하고, 보편적이며, 사도적인" 교회에 대한 믿음의 고백이 있다. 이 설명은 이 세상에서 그리스도의 몸으로서 교회의 본질에 관한 신학적 분석의 근본이 될 것이다.[26] 세례와 죽은 자의 부활과 장래에 있을 삶에 대한 크리스천의 소망에 관한 부가적인 어절들이 있다.

그러나 니케아 콘스탄티노플 신조의 가장 독특한 특징은 성령에 관한 어절이다. 니케아가 성령에 대한 믿음만을 단순하게 고백했던 반면에 여기서 성령은 "주"(고후 3:17)와 "생명을 주시는 분"(고후 3:6) 그리고 아버지와 아들과 함께 예배를 받으시는 분으로서 성경적인 용어로 인식된다. 성령이 아버지와 함께 '호모우시오스'이거나 그렇게 "하나님"으로 불리어진다는 직접적인 주장은 없다. 성경적인 용어를 선호하고 성령에 대해서 '호모우시오스'의 용어를 피한 것은 명확한 용어로 성령의 신성을 확증하는 것을 곤란해 했던 사람들을 달래기 위한 일환임을 암시한다.

그럼에도 불구하고 갑바도기아 교부들이 370년대와 380년대에 동방에서 주로 옹호하였던 종류의 신학의 영향을 분명히 보여준다. 아들은 "하나님의 유일하게 나신 아들, 즉 창세전에 아버지에게서 나셨다"라고 언급되고, 따라서 아버지로부터 유래되었을지라도 아버지와는 명백하게 구분되는 위격이시다. 성령은 "아버지로부터 나오시고" 역시 구분된다. 성령은 신의 기능을 수행하고 아버지와 아들과 동등하게 예배를 받으시기에 합당하시다. 고백의 진의는 모두 동일한 차원의 신적인 존재의 세 영원한 '히포스타세이스'가 있고, 서로 구분되지만 분할되지 않는다.

니사의 그레고리와 같은 인물에 의한 이 신학의 가장 성숙한 해석의 일부는 이 공의회보다 뒤에 나올지라도,[27] 콘스탄티노플의 신조는 그리스도와 성령에 대한 지난 세대에서 발생했던 논의의 본질을 반영했고, 그 용어는 그레고리가 선호했던 본질적인 접근을 표명했다. 아들과 성령은 아버지와 동등하실 뿐만 아니라, 이 모든 셋은 한 분 하나님으로 함께 선언되었다. 381년의 절차에 따른 결과는 과거 두 세대에 걸쳐서 발전했던 전체 친 니케아 전통을 효과적으로 간직하였고, 하나님 아버지와 관련한 성자나 성령의 위치를 경시했던 어느 신학도 공식적으로 거부하였다.

동방과 서방

그럼에도 불구하고 콘스탄티노플 공의회를 실제적인 의미에서 "에큐메니컬" 모임이라고 거의 부를 수 없었고, 서방에서는 수년 동안 그 공의회의 선언에 거의 관심을 기울이지 않았다. 교회의 권위에 대한 콘스탄티노플 공의회의 실제적인 결정은 불만에 싸여 있었다. 그 교리적인 확증이 니케아 공의회 이후에 있었던 논쟁과 비교하여 덜 분쟁적이었을지라도, 부분적으로 이는 데오도시우스가 구조적인 형태에서 니케아 신앙이 타당하다는 확고한 입장을 가졌기 때문이다.

공의회 이후에 데오도시우스는 건설적인 예배를 구축하기 위해서 아리안과 아폴리나리안들을 포함하여 다른 이단들을 금하는 법령을 시행했고, 즉시 그는 비정통적인 가르침을 채택한 주교들과 다른 성직자들의 파직을 명했다. 이번에 그는 로마의 주교를 언급하지 않고 주요한 동방의 주교들에 속하는 견해와 관련한 정통을 정의하는 것을 조심했다. 데오도시우스와 관련하여 콘스탄티노플의 동방 주교들의 일치는 참된 신앙의 경계를 특징지었으며, 그들과 함께 거하기를 거부했던 사람들은 교회의 영향력 있는 직책에서 폭넓게 제외되었다.

하지만 데오도시우스는 여전히 동방에서만 황제였다. 서방의 교회는 어떠했는가? 이러저러한 종류의 아리안주의는 4세기의 하반기에 서방에서 계속 넓은 지지를 누리고 있었다. 힐라리와 같은 인물들의 노력과 콘스탄티우스가 바라던 것에 반대하여 아타나시우스를 충성스럽게 지지했던 사람들이 지불했던 대가에도 불구하고, 많은 좋은 서방의 크리스천 리더들은 이 실제적인 문제에 대해서 매우 명확하지 않았다. 전반적으로 라틴 신학은 정교함에 있어서 헬라 신학에 비해 많이 뒤떨어졌다. 사건들이 보여주었던 것처럼, 서방 주교들의 대다수는 아타나시우스를 거부하고 아리안의 방향에 명백하게 의존했던 정책을 지지하는 것으로 꽤 나아갔다. '호모이안' 성직자들이 다양한 의미심장한 교구를 지배하였고, 그들은 발레티니안 1세의 관용적인 세력 하에서 방해를 받지 않았다. 발렌티니안의 계승자인 그라티안은 헌신적인 젊은이였지만, 황제로서의 초기 시절에 그는 신학적인 지식과 확고한 입장을 취하는 성숙한 성격을 결여하고 있었고, 한동안 교리적인 압박에 갈등을 겪었다.

결국에 아리안주의는 역시 주요한 서방 교회들에서도 실패하였지만, 동방에 못지않게 서방에서 니케아 신앙의 승리는 힘들게 얻어진 일이었고, 4세기의 후반부에 여전히 반대에 직면하였다. 다음 장에서는 4세기말과 5세기 초의 과정에서 서방에 기독교가 공고히 되어가는 것에 관심을 기울일 것이다. 이 시기는 아리안주의가 정치적으로 소멸하고 서방의 로마 제국에서 교회가 사회적으로 문화적으로 더 발전해 나가는 것을 보게 된다. 그때는 괄목할 만한 기독교 인물들이 발생하는데, 그들의 임무는 거짓 교리들을 반대하는 것을 훨씬 넘어서서 확대되고, 서방 기독교의 장래에 대한 그들의 지적, 조직적, 영적 유산들은 상당한 영향을 미치게 될 것이다.

제4장

서방에서 기독교가 공고히 되어감

밀란의 암브로스

서방에서 아리안주의를 종식시키는데 다른 어느 누구보다도 기여한 교회 지도자는 374년부터 밀란의 주교로 있었던 암브로스(Ambrose, 약 339-397)였다. 그는 초기 교회에서 모든 주교들 중에서 가장 인상적인 인물 가운데 속한다. 제국의 주요한 관리 중에 한사람인 골의 친위대 장관의 아들인 그의 아버지는 그가 여전히 어린아이였을 때 죽었다. 암브로스와 그의 누이인 마르셀리나(Marcellina), 그리고 형제인 사티루스(Satyrus)는 강한 기독교적 영향을 가졌던 로마의 가정에서 자랐다. 그의 누이는 정결을 맹세했고, 십대서부터 영적인 삶에 헌신했다. 암브로스와 그의 형제는 전형적인 고전 교육을 받았고, 황제의 관리가 될 수 있는 경력을 쌓았다. 근면한 노력과 영향력 있는 원로원인 섹스투스 페트로니우스 프로부스(Sextus Petronius Probus)의 후원 덕택에 암브로스는 상대적으로 어린 나이에 북이탈리아의 아멜리아-리구리아(Aemilia-Liguria) 지방 총독의 중요한 직책에 올랐다. 그의 본부는 밀란(Milan)의 도시에 있었다.

밀란의 주교는 355년 이래로 저명한 '호모이안' 인 아욱센테이수(Auxentius)가 차지하고 있었다. 포이티에르의 힐라리와 여타 사람들 그리고 지역적 차원에서 상당한 반대가 있었을지라도, 아욱센티우스는 영향력 있는 주교였고

밀란의 암브로스

미시간 대학의 '특별한 작품' (Special Collection) 도서관에 소장되어 있는 Andre Thevet, *Les Vrais Portraits et Vies des Hommes Illustres*(Paris, 1584)의 그림. 허락을 받고 실었다.

안정을 확보했다. 그가 374년에 죽었을 때, 밀란의 성직자들의 다수는 그의 '호모이안' 유산을 존속시키는데 헌신하였다. 그러나 그 도시의 니케아파들은 다른 생각을 가졌다. 그의 계승자를 뽑는 일과 관련해서 소란이 발생했고, 통치자로서 암브로스는 평화를 유지하기 위해서 개입했다. 대중의 무질서를 차단하려는 노력을 하는 가운데 그는 예기치 않게 자신이 몸소 주교역할을 하도록 요청하는 사람들을 발견했다. 여기서 "암브로스 주교여"라고 외치는 한 어린이의 음성이 들려졌고, 이에 서로 싸우던 파들이 총독을 후보자로 올려놓는 것을 지지하는데 합세했다는 이야기가 전해진다. 사실상 그 진행이 그리 매끄럽지만은 않았을 것이나, 암브로스는 중요한 순간에 밀란 교회의 리더십을 떠맡는 합당한 선택자로 다수에 의해 분명히 간주되었다.

암브로스는 마지못해했다. 그는 친니케아적 공감을 이미 갖고 있었지만, 당시의 많은 신자들이 그랬던 것처럼 그가 기독교적인 양육을 받았을지라도 세례를 아직 받지 않았다. 또한 그는 교리적인 차이로 분열된 큰 교회를 인도할 수 있는 직책을 떠맡을 신학적인 준비 측면에서도 심각하게 구비되어 있지 않았다. 그러나 발렌티니안 1세 황제의 재가를 얻은 후에 그는 그 도전을 수용하였다. 그는 니케아 성직자에 의해 세례를 받았고, 374년 12월 7일에 주교로 성별되기 전에 짧은 시간 안에 교회 직무의 다양한 등급을 급속히 밟아나갔다. 그럴법하지 않은 이런 시작과 달리 그의 주교직은 22년 동안 지속되었고, 북이탈리아만이 아니라 훨씬 더 넓은 지역의 서방에서 가톨릭 신앙의 사회적 번영이 형성되는 것을 목격했다.

주교로서 초기 시절에 암브로스의 활동은 그가 직면했던 반대 세력과 영적인 교사로서의 그의 준비부족으로 인해서 제한을 받았다. 그럼에도 불구하고 타고난 은사, 행정가로서 이전의 경력으로 인해 받은 인상, 열성적인 노력의 조합은 비교적 짧은 시간 안에 상당한 진보를 가져왔다. 그는 필로, 오리겐, 그리고 가이사랴의 바실을 포함하는 헬라 권위자들의 책을 읽고 연구하는데 열심을 내었다. 그가 헬라 언어에 능통하게 된 것이 그로 하여금 재빨리 알렉산드리아 주해의 기술과 적어도 일반적인 의미에서 친 니케아 변증론의 전략들에 동화할 수 있게 했다. 암브로스는 매우 능력 있는 연설가이자 설교자였다. 그의 설교는 특히 구약성경에 기초했고, 폭넓은 지식과 강렬한 목회적 관심을 보여주었다. 성경을 영적으로 해석하는 그의 능력은 청중들에게 깊은 인상을 주었다.[1] 그는 헬라 철학의 주요한 요소들, 특히 신플라톤주의에도 익숙했다. 그는 설교에서 플로티누스와 여타 사람들의 문구들을 환기시킬 수 있었고, 성경 이야기에 대한 그의 적용은 물질과 정신의 관계에 대한 플라톤적 개념에 영향을 받았다.

암브로스의 주제들

암브로스는 독창적인 사상가는 아니었지만, 다른 사람들의 개념들을 아주 효과적으로 종합할 수 있는 능력이 있었다. 지적인 측면에서 그의 주요한 업적은 설교와 글을 통해서 헬라의 니케아 사상을 라틴으로 전파한 것에 있었다. 그는 의미 있는 많은 저작들을 남겼다. 그중에 많은 것이 부분적으로 그의 설교로부터 유래한다. 그는 창세기 1장에서 창조의 여섯 날을 주해적으로 다룬 글(바실이 쓴 동일한 이름의 작품에서 상당히 빌려온 '헥사에메론' 또는 "여섯 날들"), 욥과 다윗과 같은 히브리 성인들, 다양한 시편들, 그리고 누가복음에 관한 글들을 썼다.

암브로스는 재능 있는 찬송 작가였고, 밀란에 헬라의 회중 찬송을 소개하였다. 그는 교리를 가르치는 도구로 찬송의 가치를 인식하였다. 성부 하나님과 완전하게 동질이신 그리스도와 진정으로 신이신 성령을 칭송하는 단순하지만 감동적인 찬미를 사람들이 노래하게 함으로써 그는 니케아 정통의 본질적인 진리를 그들에게 새겨주었다. 그의 찬송 저작이 오직 소수만이 전해 내려오고 있을지라도, 암브로스의 찬송의 특징은 뒤이은 서방 예전의 방향에 상당한 영향을 끼쳤다.

암브로스의 가장 유명한 찬송 중에 하나는 예수의 탄생을 기리기 위해 작성되었다. 그것은 처녀 탄생의 기적과 그리스도의 신성과 인성의 연합을 기뻐한다. 그리스도의 성육신은 하늘에서 이 땅으로의 여행으로 묘사되고, 실로 지옥의 깊은 곳으로 내려오셨다가 인간구원을 위해서 하나님의 보좌로 다시 올라가는 것을 그린다. 시편에 대한 암시와 교리적인 강조와 메시아의 인격과 사역의 신비를 기뻐함과 세상의 빛으로서 그리스도의 심상은 암브로스의 스타일의 전형이다.

들으소서, 당신은 이스라엘을 통치하시고
당신은 그룹 위에 앉으셔서
에브라임 앞에 나타나시고
당신의 권능을 일으키시고 오시는도다!(시 80:1-2)

오소서, 세상을 구속하시는 이는
처녀로부터 잉태하시고
온 세상을 놀라게 하시는도다:
그러한 태생은 하나님에게 적합하도다.

남자의 씨에게서가 아니라
신비로운 영에 의해서
하나님의 말씀이 육체가 되셨도다
여자의 열매가 번성하였도다.

처녀의 자궁이 부풀었고
정결의 문이 닫혔도다

덕성의 깃발이 빛나고
하나님이 그의 성전에 거하시도다

그가 그의 신방으로부터 나오시고
즉 정결의 왕궁으로부터 나오시고
두 본질의 거인이
그의 길을 열정으로 가시도다.(참조. 시 19:5)2)

그의 나오심은 아버지로부터이고
그의 오심은 아버지에게로다
그의 여행은 지옥만큼 멀고
그의 회귀는 하나님의 보좌로다

영원한 아버지와 동등하시고
그는 육체의 왕관을 쓰셨도다
우리의 몸의 연약함을 강하게 하시는도다
그의 인내하시는 권능으로.

당신의 구유가 이제 빛이 나고
밤이 새로운 빛으로 숨쉬는도다
밤이 곤란함을 가져다주는 것이 아니라
끊임없는 믿음으로 빛을 발하는도다.

설교와 강해들 그리고 찬송들뿐만 아니라 암브로스는 많은 교리적인 작품들, 성직자들와 정치 지도자들에게 보내는 편지들, 그리고 도덕적이고 금욕적인 주제, 특히 기독교의 이상으로서 순결에 대한 증진을 담은 중요한 글들을 남겼다. 그는 자기 부인과 정숙의 강력한 옹호자였고, 그의 격려로 많은 젊은 여성들이 금욕의 맹세를 했고 교회의 전임봉사자로 헌신했다. 4세기 후반의 많은 다른 지도자들처럼 그는 성직자들의 독신을 주장했고(pp. 327-330를 보라), 과부가 된 크리스천 여성들에게 재혼하지 말고 남은 생을 그리스도의 대의를 위해 살라고 촉구했다. 금욕적인 훈련의 확립된 전통에 맞추어(5장을 보라), 암브로스는 (심지어 결혼한 사람들조차도) 성적인 관계를 성령의 삶을 산란하게 하는 것으로 간주했다. 그는 그리스도에 대한 헌신의 보다 높은 정결의 상태를 추구함으로써 육체의 위험한 세계로 보았던 것을 초월할 필요성을 설파했다.

암브로스는 동등하게 강조하는 표준들을 도덕의 다른 영역들에도 적용했다. 그것은 음식, 옷, 물질의 소유와 관련한 태도를 포함했는데, 특히 그는 지도적인 위치에서 봉사하는 사람들에게 그것을 요구했다. 동시에 이상적인 지도자에 관한 그의 형상은 통상적으로 사회구조가 인정하는 지도자상을 포용했다. 그의 가장 잘 알려진 논문 중에 하나는 『의무에 관해서』(*On Duties*)라고 알려진 작품인데, 그것은 훌륭한 로마의 저자인 키케로(Cicero, 106-43 B.C.)가 쓴 많이 읽혀지는 동일한 이름의 책에 기초하고 스토아사상에 상당히 영향을 받은 성직자에 관한 윤리 지침이었다. 암브로스는 그의 성직자들이 좋은 행동의 모범이 되어야 하고 옛 덕성과 새 덕성의 조합을 암묵적으로 전달하는 방식으로 그리해야 한다고 촉구했다. 성직자들은 오래전부터 내려오는 로마 신사의 좋은 특질들을 보여야 하고, 동시에 그리스도의 종의 보다 엄격한 윤리적 표준을 보여야 한다. 그들은 사회적 존중과 존경을 받을 수 있는 방식으로 행동하고 말하고 걸어야 하며, 또한 겸손과 자기 부인과 다른 이들에 대한 봉사에 헌신하는 모습을 추구해야 한다. 즉 그들은 사회가 기독교적인 범주 이외에는 목격할 수 없는 헌신의 수준을 보여야 한다.

암브로스의 영적인 비전은 엄격했고 비타협적이었다: 교회는 성결과 증거의 삶으로 부름 받았고, 악한 세력의 타락한 세계에 둘러싸인 공동체였다. 이 악한 세력들의 끊임없는 욕구는 하나님의 백성들에 대한 목적을 방해하고 반대하는 것이었다. 이 세력들은 사탄적인 유혹, 거짓 교사들, 적대적인 정치가들, 그리고 육욕의 속이는 음성들로 다양하게 구성되었다. 세례에 의한 믿음의 공동체로의 입문은 암브로스의 설명에 따르면 신비로운 특권이었고, 그는 세례를 받는 입문자들에게 믿음이 없는 사람들의 눈에는 결코 볼 수 없는 하나님의 깊은 것에 다가갈 수 있도록 은혜가 주어진다는 점을 강조하였다.

그의 가르침이 독창적이지는 않았을지라도, 그는 많은 영역에서 서방 신학의 발전에 기여하였다. 그는 어거스틴에 의해 5세기 초에 상술될 원죄를 이해하는 양상을 보여주었다. 성찬에 관한 그의 묘사는 사제가 예수의 말씀을 음창할 때 그 요소에서 발생하는 초자연적인 변화에 대해서 말했다. 그 개념은 중세신학에 상당히 중요하였다. 스토아 철학에 밀접하게 영향을 받은 자연법에 관한 그의 이해는 후대의 도덕 사상에 꽤 모태가 될 것이다. 다른 곳의 윤리적 가르침에서 그는 전쟁이 어떤 상황에서는 정당하고 하나님이 허락하셨다는 원리에 관한 후대의 고찰에 기여하였다. 여성의 금욕을 권장함에 있어서, 동정녀 마리아의 모범에 관한 그의 강조는 후대에 서방에서 마리아 경배를 진전시키게 만들었다(322-323를 보라).

정치가로서의 암브로스: 니케아 신앙의 성공

하지만 암브로스가 특출 났던 것은 니케아 신앙을 이교만이 아니라 기독교의 모든 종교적 대안에 대한 본질적인 승리로 제시하였던 그의 능력에 있다. 하지만 그의 사역의 초기에는 성공에 대한 징조가 좋지 않아보였다. 그는 밀란의 '호모이안' 대적자들의 적극적인 로비로 인해서 상당한 반대에 직면했다. 이 반대자들은 리더로서의 그의 타당성을 인정하기를 거부했고, 주요한 교회의 예배와 분리해서 사적으로 예배를 드렸다. 370년대 말에 암브로스는 이고니온 지역에서 니케아 신앙의 후보자가 그 자리를 확보할 수 있도록 하기 위해서 주교 선거에 간섭함으로써 그 지역의 저명한 '호모이안' 주교들을 당황하게 만들었다. 기분이 상한 파당들은 밀란에서 암브로스를 반대하는 자들의 공통된 대의를 모색하였고 그의 몰락을 모의하는데 열중하였다.

교조적인 신학에서 암브로스의 전략은 그의 대적자들을 거의 위협하지 않는 것이었다. 378-381년의 시기에 두 단계로 나왔던 젊은 그라티안(그는 가톨릭 신앙의 해석에 관해서 문의했다)에게 수신된 『믿음에 관해서』(*On the Faith*)란 제목이 붙은 작품에서 암브로스는 그의 교리적인 예리함을 주장하지 않았다. 그의 글은 이 단계에서 복잡하지 않고 반복적이었으며, 그의 진정한 타도대상인 '호모이안' 신학이 제기한 철학적인 이슈들에 개입하지 않고 아리안주의의 모든 형태의 수사적 정죄에 상당히 의존하였다. 암브로스는 훌륭한 사색적 신학자는 아니었고, 그가 교리적인 논쟁을 했을 때, 확실히 그보다 더 유능한 다른 쪽의 사람들이 있었다. 381년에 『믿음에 관해서』란 논문의 후속편으로 그는 『성령에 관해서』(*On the Holy Spirit*)란 제목이 붙은 작품을 냈다. 그것은 서방에서 성령에 대해서 처음으로 다룬 책이었지만 성령의 본질적인 신성의 장황한 증거 이외에는 크게 발전시키지를 못했다.[3)]

하지만 암브로스는 신학적인 전문성 이외에 다른 기술에 의존했다. 그라티안을 명백한 니케아 파로 얻어내는 그의 노력은 아드리아노플의 군사적인 재앙, 발렌스의 죽음, 그리고 뒤이은 나뉴브 지역의 약탈이 아리안 신앙을 채택하고 증진시킨 사람들에 대한 하나님의 심판을 대변한다고 주장한 것과 관련이 있었다. 제국의 안위가 참된 신앙에 대한 충성에 부수하였다. 370년대 말의 격한 분위기에서 이것은 강력한 주장이었고, 암브로스가 뒤이어지는 몇 년에 걸쳐서 다양한 맥락 속에서 계속해서 만들게 될 것이었다. 로마의 수위권에 대한 강력한 전통적 자부심에 호소한 그는 '호모이안' 신학에 대한 공감을 정치적인 반역으로 효과적으로 동일시하였다.

381년에 그라티안의 궁전이 트리어(Trier)에서 밀란으로 이동하였고, 암브로스는 황제의 귀에 가까이 접근할 수 있는 길을 획득했다. 이는 서방에서 이전의 주교들은 전혀 알지 못했던 일이었다. 그가 황제의 결정을 움직이게 하는 노력에서 항상 성공적이지는 않았고 그의 행동이 어떤 때에는 반대를 불러왔을지라도, 그는 궁전에서 기술적인 로비스트였다. 그는 그가 권위를 가질 수 있는 다양한 대의를 위한 지지를 자주 얻어내었다. 그의 영향은 교회 정치에서 확실히 이익을 얻어내었다. 381년 9월에 아드리아 해의 아퀼리아(Aquileia)에서 열린 종교회의에서 그는 일리리굼(Illyricum)에서 그에 대한 주요한 '호모이안' 비판자들인 라티아리아의 주교 팔라디우스(Palladius)와 싱기두눔의 주교 세쿤디아누스(Secundianus)에 대한 정죄를 주도했다. 동방의 주교들이 모임에 참석할 필요가 없다고 그라티안을 설득한(동방의 주교들 가운데 많은 이들이 그해 5월에 열렸던 콘스탄티노플 공의회에 최근에 참석했다) 그는 북부 이탈리아와 골 출신의 철저히 충성하는 지지자들의 그룹들에 둘러싸였다. 이 그룹들은 '호모이안' 의 원리를 고수하는 사람들을 열심히 끌어내리려는데 열성적이었다. 암브로스는 팔라디우스와 세쿤디아누스가 그들의 주교직에서 파직되는 것을 확실히 하기 위해서 그라티안과 데오도시우스에게 호소하여 그 판단을 따르고, 그의 지역에서 그에게 곤란을 야기하고 있었던 다른 이들에 대한 조치를 취할 수 있었다.

그라티안은 전적으로 암브로스가 원하는 대로 한 것은 아니었지만, 니케아 신앙에 대한 지지를 보여주었다. 그는 이교도를 공개적으로 욕되게 하는 많은 조치를 역시 취했다. 379년과 382년 사이에 어떤 시기에 그라티안은 폰티펙스 막시무스(Pontifex Maximus)의 칭호를 공식적으로 거절하였다. 381년에 그는 베스탈 버진(Vestal Virgins, 베스탈 여신을 섬기는 처녀 – 역자주)의 제의를 포함한 전통적인 제사 제의에 대한 정부 보조금을 철회했고, 뒤이은 해에 그는 로마의 원로원에서 '승리의 제단' (Altar of Victory)을 다시 제거했다(승리의 제단은 콘스탄티우스에 의해 제거되었는데 율리안에 의해서 다시 복원되었다). 그는 이 결정을 철회해달라는 저명한 이교 상원의원들의 호소를 받아들이지 않았다. 이런 정책들은 모두 중요한 행동이었다. 그것은 그의 전임자들이 행했던 것보다 훨씬 더 반이교주의의 정책을 취하려는 그라티안의 준비를 알려주었다. 콘스탄티우스도 발렌티니안도 이교 제사장들을 허락하는 것을 간섭하지 않았고, 이전의 기독교 황제도 아직 자신을 "대제사장"(Chief Priest)의 신분으로 여기는 것과 절연하지 않았다. 이제 과거 이교의 가장 유능한 상징적 이미지의 하나가 명확하게 포기되고 다시 복원되지 않았다.

그러나 그라티안의 통치는 짧았다. 383년에 그는 군 사령관인 마그누스 막시무스(Magnus Maximus)가 이끄는 반란군에 의해 희생되었다. 그는 막시무스의 부하 중 한 사람에 의해 골에서 살해되었다. 쿠데타 이후에 암브로스는 정치적인 중재자로서 중요한 역할을 했다. 그는 안정을 호소하기 위해서 몸소 막시무스에게 갔다. 데오도시우스는 막시무스가 트리어에 기반하여 골 지역을 관장하는 것을 마지못해 동의했다. 막시무스가 밀란의 어린 소년 황제 발렌티니안 2세의 권위를 방해하지 않는 한 말이다. 그의 자리로 돌아온 암브로스는 빌란티니안에게서 제한된 권력만을 얻었다. 권좌의 배후에 있는 명확한 세력인 발렌티니안의 어머니인 유스티나(Justins)가 '호모이안' 신학을 헌신적으로 지지하였기 때문이다.

. 384년에 암브로스는 발렌티니안을 설득하여 '승리의 제단' 을 원로원에 복원시켜야한다는 저명한 로마 원로원 의원인 심마쿠스(Symmachus)로부터 법률적인 간청을 거부하게 하는데 성공하였다. 그러한 요청을 들어주는 것은 다시 한 번 시대가 분명히 지나간 옛 신들에게 신임을 주는 것이 될 것이었다. 심마쿠스는 종교적인 관용과 로마 전통의 영광을 위해서 웅변적이고 세심한 호소를 했다. 그의 이런 사례는 다양한 종교적 전통에 대한 정치적 자유를 부여할 가치를 대변하는 획기적인 시도를 한 것으로 역사에서 내려온다. 그러나 암브로스는 황제가 그러한 추론에 동의한다면 무서운 결과를 낳게 될 것이라고 어린 황제를 협박할 수 있었다. 그는 어떤 양보도 그리스도를 배신하는 것으로서 교회의 파문을 유발할 수 있는 심각한 일임을 은연중에 암시했다.

이런 성공에도 불구하고, 380년대 중반에 여전히 암브로스에게 심각한 어려움이 있어 보였다. 유스티나와 궁전에서 그녀의 동맹자들이 밀란에서 암브로스의 많은 '호모이안' 대적자들과 공통된 대의를 만들고서는 '호모이안' 신앙에 따라서 예배하기를 원하는 사람들의 필요를 각 교회가 알아서 관장할 수 있게 해야 한다는 명령을 만들었다. 암브로스는 그러한 모든 명령을 단호하게 거절했다. 그들이 법적인 재가에 의해 지원을 받고 있었을지라도 말이다. 그의 주요한 반대자 중에 한사람, 즉 다뉴부강 하류 지역 출신의 이전 주교인 아욱센티우스의 영향 아래서 '호모이안' 신자들의 예배의 자유를 주장하는 법이 통과되었다. 암브로스의 마음속에 아리안들에게 공적으로 자리를 내어주는 것은 상징적인 합법성을 제공해주는 것이며, 그는 이것을 참을 수 없었다. 밀란의 중심에 다양한 교회들 중에 어느 교회를 요구하든 간에('호모이안' 들은 한 교회 이상을 얻으려고 시도했다), 어느 것도 포기할 수 없었다. 신실한 주교는 "하나님의 성전"을 포기할 수 없다고 암브로스는 주장했다.[4)]

위기가 극에 달했던 386년의 부활절에 암브로스와 그의 지지자들은 밀란의 주요한 교회들 중에 한 곳에서 연좌시위를 했다. 그 동안에 그 건물은 황제의 군대에 의해서 봉쇄되었다. 이때에 그가 회중의 교창적인 찬송의 관행을 도입했던 것으로 보인다. 이는 대단히 긴장된 밤샘을 위한 중요한 시간이었다. 신실한 자들이 교회에 앉아서 찬송을 부르며 그들에게 물리적인 위험을 가져올 수 있는 권위자들에 맞서고 있었다. 악의 세력들－실상은 법과 질서의 세력들－이 바깥에서 동정을 살피고 있고, 그들을 잡아먹으려고 준비하고 있었다. 이런 상황에서 암브로스의 개인적인 용기는 실제적이었다. 그의 공개적인 도전의 행위가 궁전의 분위기를 내부적으로 알 수 있었기 때문에 계산된 극한상황을 반영했을지라도 말이다. 어찌되었든 간에 그의 결의는 보상을 받았다. 발렌티니안과 저스티나는 물러났다. 심각한 공적 무질서가 발생할 수 있다는 전망에 놀랐고, 막시무스가 이탈리아로 침공할 수 있음을 염려했다. 암브로스가 방출한 대중적인 지원의 흐름이 궁전을 무력하게 만들었다.

위기의 직접적인 시간이 지난 후에 암브로스는 밀란에서 장엄한 새 성당을 만듦으로서 그의 성공을 보증했다.[5] 그때에 그는 일부 저명한 순교자의 유물을 발견하고 그것을 새 건물에 안치하는 일을 관장했다. 순교자의 제의는 서방의 교회에서 점차적으로 강력해졌고, 이런 뼈들의 발견은 상당한 대중적 흥분을 자아냈다. 진리에 충성한 주교를 하나님이 축복하신 것이라고 생각되었다. '호모이안' 은 밀란에서 그들의 힘을 발견할 수 없었다. 몇 달 뒤에 발렌티니안과 저스티나는 데살로니가로 도망갔고, 막시무스에 대한 암브로스의 또 다른 사명은 군사적인 긴장이 확산되지 않게 하는 것이었다. 정치적 상황은 위험스러웠으나 교회의 흐름은 바뀌었다. 밀란에서 니케아 신앙이 승리하고 있었다.

암브로스와 데오도시우스

막시무스의 침략에 맞서서 데오도시우스는 교리적 관계 이전에 그의 정치적 의무를 먼저 두었다. 신속하고 결정적인 원정에서 그는 주로 바바리안 군대를 이끌고 서방으로 향했다. 그는 아퀼레이아(Aquileia) 근처에서 막시무스를 패퇴시키고 그를 죽였다. 발렌티니안은 골로 파송되기 전에 밀란으로 돌아와서 암브로스와 화해했다. 공식적으로 그는 골 지방을 통치하게 되었으나 사실상 그는 끝이 났다. (그는 392년에 죽었는데, 그가 아마도 자결했을지라도, 그의 이교 군사 장관인 아르보가스트[Arbogast]가 그의 죽음의 배후에 있다는 소문이 돌았다.) 데오도시우스는 그의 직접적인 통치 하에 서방의 남은 지역을 두었고, 391년까지 밀란에 기지를 두었다. 처음에 암브로스는 새로운 정부와의 외교적 역사가 부재함으로써 곤란을 겪었으나, 발렌티니안 하에서 쌓았던 정치적 경력을 이용하여 영적인 지도자로서 자신을 가볍게 볼 수 없다는 것을 데오도시우스에게 각인시켰다.

388년말에 유프라테스의 칼리니쿰(Callinicum)의 마을에서 폭동이 발생했다. 지역의 주교에 의해서 이끌려진 기독교 폭도들이 그 지역의 유대 회당을 노략질하고 불태워버렸다. 데오도시우스는 그 주교에게 그와 그의 교회의 비용으로 회당을 다시 세울 것을 명했다. 암브로스는 이 판정에 대한 소식을 들었을 때, 엄중하게 반응했다. 그는 데오도시우스에게 그 명령을 철회할 것을 촉구하는 서한을 보냈다. 신실한 크리스천이 "우상숭배"하는 곳을 새로 짓는 책임을 가질 수 없다는 근거에서였다. 그의 편지는[6] 엄격히 반 셈적인 감정을 반영한다. 그것은 오늘날의 독자들에게는 충격을 가져다주었을 것이다. 데오도시우스는 메시아를 거부한 죄를 지은 사람들인 유대인들이 교회를 이길 수 있도록 도와주는 위험한 일을 하고 있다는 경고를 받게 되었다. 결국 암브로스는 그를 설득하여 칼리니쿰에서 죄를 지은 사람들에게 내려진 형을 철회하였을 뿐 아니라 전체 문제를 없던 것으로 하였다. 암브로스의 전기 작가들은 이 접촉을 용감한 주교 나단과 징계를 받은 황제 다윗간의 대결로 전통적으로 묘사했다(참조. 삼하 12:1-14). 확실히 암브로스가 거침없이 말하였으나 사실상 데오도시우도 관대함을 베푸는 것이 정치적인 가치가 있음을 식별했다. 그는 이탈리아의 가톨릭 신자들이 감사하게 될 것을 인식했다.

390년에 동방의 공적인 무질서의 훨씬 더 충격적인 사건이 주교와 황제가 또 다시 대결하는 장면을 제공했다. 폭동이 발발하고 데살로니가의 요새에 군 사령관이 암살당함으로써 극악한 폭력적인 벌이 마을 주민들에게 가해졌다: 7천명이나 되는 많은 사람들이 지역군에 의해서 학살당했다. 대다수는 폭동의 범죄에 대해서 무고했고, 학살자들이 보복할 범죄의 책임이 있는 실제 핵심적인 리더들은 이미 도망하였다. 불가피하게 여론이 분노하였다. 데오도시우스는 잔악한 행위를 한 자들과 자신을 멀리하려고 했다. 그 일이 그의 직접적인 지배하에 있지 않은 군인들에 의해 저질러진 학살 행위임을 함축하면서 말이다. 아마도 그럴 수 있지만 그는 그 모든 일에 전반적인 책임을 져야 했다. 암브로스는 황제에게 편지를 써서 만약 그가 자신의 교회에 나타난다면 성찬을 기념할 수 없을 것이라고 경고했다. 이것은 효과적으로 파문의 위협이었고, 황제는 데살로니가의 사건에 대해 참회하는 공적인 고행의 시간을 갖게 되었다. 데오도시우스는 그의 할 일을 하고, 390년에 크리스마스에 암브로스에 의해 성찬으로 재허입되었다.

암브로스와 데오도시우스의 관계는 이 유명한 사건들이 암시하는 것보다 사실상 더 복잡하였다. 암브로스는 의심할 나위 없이 원숙한 정치 운영자였다. 그는 최대의 대중적 영향을 획득하기 위하셔 최대한 그의 이점을 이용하였다. 재국의 수도에서 그는 니케아를 지지하는 황제가 가져다주는 본질적인 혜택을 전략적으로 이용할 수 있었다. 자신의 위치를 위해서 그리고 그의 대적자들과 맞서서 그의 대의의 승리를 위해서 말이다. 데오도시우스의 편에서는 니케아 신앙에 대한 그의 충성에 대한 표현으로 주교의 권위를 업을 수 있었다. 동시에 교회와 국가의 친밀한 유대의 이미지를 보여주는 것은 양 당사자들에게 분명히 적합했다. 각기 공통된 전략을 홍보하기 위해서 서로를 필요로 했다. 사실상 암브로스의 직접적인 영향은 대중적인 이미지가 암시했던 것만큼 꽤 안정적이지 못했으나 그는 종교적인 정책의 문제에 관해서 필수불가결하고 변함없는 영적 고문관이라는 인상을 만들어 내었다. 그의 세심하게 제련된 인성은 정사에서 전통적인 로마인의 자질을 구약성경 예언자의 도덕적 고결성과 용기와 결합할 수 있게 했다.

황궁의 광대한 기관에 의해 지배되는 대도시에서 암브로스는 명민한 눈과 귀를 얻을 수 있는 공동체를 세웠다. 그는 밀란에 많은 새 교회들을 건축하여, 우아한 스타일로 장식했다. 이것은 니케아 신앙으로 그의 도시를 사로잡고, 전통적인 이교 이미지가 풍기는 도시의 정체성을 바꾸어놓았음을 상징했다. 그는 그에게 충성하지 않거나 그의 교리적인 확신에 동의하지 않는 사람들을 일원에서 제외시키기를 추구했고, 신실한 부하들의 협력 체제를 세심하게 구축함으로써 그의 교회의 영향을 밀란 내에서만이 아니라 북이탈리아의 작고 빈약해 보이는 주변 교구들로 확대할 수 있었다.

암브로스의 성공은 4세기의 주교들이 새로운 종류의 제국의 엘리트로 기능할 수 있었던 정도를 보여준다. 그들은 정치적인 조언자요 대중적인 권위를 갖는 특별한 대의의 지원자요, 정부와 백성간의 중재자요, 재정적인 문제에서의 조정자요, 점차적으로 불어나는 상당한 교회 자원을 집행하는 행정가였다. 암브로스는 커다란 자선 조직을 갖춘 의미 있는 관료조직을 관장했고, 지역의 이익과 전통을 보존하는 책임이 있었다. 그는 본성적으로 리더였고, 그가 제국의 관료로서 연마했던 기술들은 교회의 봉사에 유용하게 사용할 수 있었다. 암브로스와 같은 인물의 영향으로 말미암아 기독교 신앙은 이교의 지성들과 뛰어난 관리들 사이에서도 퍼져나갔다.

데오도시우스의 입법

기독교가 명확하게 정치적인 측면에서 로마 세계의 타종교에 승리하게 된 것은 콘스탄틴이 아니요 데오도시우스 하에서였다. 데오도시우스의 리더십으로 4세기의 첫 쿼터 이래로 진행되어온 기독교화의 길고 평탄하지 않은 과정이 다시는 돌아갈 수 없는 동력을 얻었다. 그러할지라도 그리스도에 대한 대량의 회심이 발생하지 않았음을 주목하고 또 대체로 데오도시우스의 전략은 개인적인 믿음과 가치가 아니라 단지 공적인 집회와 상징들을 전달하였음을 기억하는 것이 중요하다. 황제가 사적인 종교적 활동에 대해 입법을 하기를 시도했을 때조차도 그는 사람들로 하여금 어떤 것을 믿도록 강압하지 않았고, 그렇게 할 것을 시도하지도 않았다. 원리적으로 데오도시우스는 이교 신들에 대한 지적인 믿음과 그와 같은 전통들을 근절시키려는 단계를 취하지 않았다.

데오도시우스의 정책의 본질과 그의 입법의 범주는 상당히 오랜 시간에 걸쳐서 발전되었다. 그의 통치의 초기 시절에, 특히 시네기우스(Cinegius)라는 극단적인 반(反) 이교 근위대 장관의 지도하에, 신전에 대한 폭력적인 사건이 동방에서 발발했다. 하지만 이런 시기에도 데오도시우스는 고위직에 이교도들을 계속 임명했다. 384년에 그는 그의 아들인 알카디우스(Arcadius)의 교육을 콘스탄티노플의 교외 지역의 장관으로 임명했던 이교 연설가인 데미스티우스(Themistius)에게 맡겼다. 황제가 막시무스를 대처하기 위해서 서방으로 갔을 때, 그는 이교 관리들을 동방의 주요한 책임자로 남겨두었고, 그가 389년에 로마를 방문했을 때, 많은 저명한 이교 원로원들에게 영예를 부여하였다. 그러한 태도는 충분히 투명했다. 그는 비그리스도인들이 제국의 관리가 되는 것을 전혀 염려하지 않았다. 그들이 그들의 직업에서 훌륭하다면, 그들이 기독교화된 정치 제도를 전복할 위험을 무릅쓰지 않는다면, 황제가 생각하기에 적절한 사람들을 발탁하고 승진시키는데 아무런 문제가 없었다. 이교 관리들을 사용하고 가치 있게 여긴 그의 의지는 이교도들을 직접적으로 위협하지 않았던 종교 정책을 부과한 그의 최초의 바람을 입증해준다.

그러나 390년대에는 분위기가 바뀌었고, 불관용의 더 큰 사인들이 있었다. 데오도시우스에 대한 암브로스의 영향력이 증대되어간 것이 변화의 원인이거나, 아니면 다른 정치적 계산에서 변화가 유래했는지는 결정하기가 어렵다. 아마도 암브로스의 상승은 적절한 설명이 되지 못할 것이다. 어쨌든 391년 2월에 데오도시우스는 모든 희생제사에 대한 공식적인 금지를 선언하고 신전들을 폐쇄했으며, 공적으로 이교 제의를 지키기를 고집하는 사람들과 그 제사에 책임이 있는 사람들에게 벌금을 부과하였다. 이것은 이교 제의에 대한 가장 포괄적인 금지 명령이었고, 그것은 콘스탄틴 시대 이래로 이론적으로 제국의 기독교 입법 역사에서 가장 의미 있는 순간이었다. "미신"과 희생제사에 대한 일부 유사한 입법이 콘스탄티우스 하에서 이전에 시도되었으나 시행할 의미 있는 조치들이 후속되지 않았다. 데오도시우스의 경우에 상당히 효과가 있었다. 그것이 폭력적인 벌로 위협하는 것에 의존하기보다는 공적인 관리들에 의한 이교의 후원을 근절하는 전략에 더욱 의존하였기 때문이었다.

데오도시우스의 입법은 전례가 없는 이교 신전에 대한 공적인 적대의 문을 열었다. 알렉산드리아에서 로마 세계의 가장 유명한 신전 중에 하나이자 장엄한 박물관인 세라피움(Serapeum)이 그 지역의 주교에 의해 촉구된 기독교 폭도들에 의해 파괴되었다. 그러한 만행은 황제의 권위자들에 의해 제제를 받지 않았고, 대중들 사이에서 분명히 거의 보복의 두려움이 없었다. 특히 훌륭한 예술 작품들을 멋대로 파괴하지 말라는 공식적인 명령이 발행되었으나, 많은 경우에 그런 것들이 무시되었다. 때로 파괴를 행했던 사람들에게 이교 신의 심판이 명백히 발생하지 않음으로 인해서 사람들이 이교에서 회심할 수 있는 용기를 얻게도 하였다. 세라피움이 파괴되고 난 뒤에 애굽은 나일이 특이하게 풍부한 비로 복을 받아서 그곳에 특별한 풍년을 보증했다. 이것은 종교적인 충성의 변화를 생산하기에 충분할 만큼 기독교의 하나님이 호의를 베푸시는 사인으로 많은 사람들에 의해 간주되었다.

유명한 신전들이 파괴를 면한 곳에는 그 신전과 그것을 둘러싼 성스러운 땅들이 자주 교회들에 의해서 강압적으로 몰수되어 기독교의 부지로 재성별 되었다. 소아시아, 시리아, 페니키아와 애굽 지역에서 크리스천 주교들은 이교의 종교적 재산을 징집하고 세속의 귀족들에 대항하여 노략 행위를 하기 위해서 수도사의 약탈 부대나 고용한 조직을 만들었다. 이런 폭력적인 행위는 데오도시우스가 죽은 후에도 오래도록 계속되었다. 알렉산드리아에서는 415년에 최악의 행위에 이르렀는데, 상당한 지적인 능력을 갖고 있는 신플라톤주의 교사인 히파티아(Hypatia)가 크리스천 폭도들에 의해서 살해 되었고, 그녀를 죽은 자들은 벌을 받지 않았다.

데오도시우스가 이교에 대해서 폭력을 행사한 사람들을 관대하게 다루었을지라도, 유대인들의 권리를 보호하는 것에는 더욱 조심했다. 사실상 로마 세계에서 유대인들의 신분은 데오도시우스의 법률 하에서 다소 증진되었던 것으로 보인다. 4세기에 유대인들에 대한 크리스천의 태도는 자주 험악하였고, 유대인들이 배교자 율리안에게 협조한 것은 도움이 되지 못했다. 그러나 데오도시우스의 정권 하에서 유대인들은 방해를 받지 않고 그들의 믿음을 실천할 수 있었고, 그들의 선교 활동은 반감이 있었고 자주 기독교 성직자들이 지역적인 차원에서 혹독한 반대를 하였지만 불법은 아니었다. 회당은 이교 신전들처럼 다루어지지 않았고 회당에 대한 폭력적인 행위는 법에 의해 처벌 되었다.

칼리니쿰 사건이 보여주었던 것처럼, 데오도시우스의 본능은 유대 성소를 파괴하고 약탈한 책임이 있는 사람들에게 원상복귀를 요구하는 것이었다. 그가 암브로스의 열정적인 수사에 의해 설득을 당하였을지라도 그의 견해는 분명하였다. 그런데 그가 그런 자신의 견해를 고수하지 않은 것은 커다란 비극이었다. 암브로스의 논증에서 발견된 일종의 무례한 반셈족주의는 몇몇 도시에서 5세기 초에 강화될 것이고, 안디옥에서 가장 악명스러울 것이다. 데오도시우스로 하여금 칼리니쿰의 폭력에 책임이 있는 자들을 처벌하지 못하게 설득했던 암브로스의 성공은 불관용과 억압의 경계를 무너뜨리려 했던 사람들을 부추기는 일이 되었다고 생각할 수 있다.

이교도에 대한 칙령의 진전된 과정이 391년부터 뒤따랐다. 공개적인 게임과 서커스 유흥이 4세기 전반에 걸쳐서 기독교 황제들이 통치하였을 때도 계속되었지만, 전통적인 제의 제사가 없이 진행되었다. 또한 주일이나 부활절과 오순절과 같은 기독교 축제에는 정규적인 게임과 공연을 금하는 조치가 취해졌다. 392년 11월에 데오도시우스는 이교의 예배관행을 보다 광범위하게 금하기를 시도하였다. 그럼에도 불구하고 그 금지는 적용에서 제한적이었고, 그 법을 폭넓게 우롱하였다. 많은 마을과 도시에서 희생제의를 포함한 이교 의식들이 이어지는 세대에도 은밀하게 진행되었고, 시골지역에서는 항상 그랬던 것처럼 이교가 확고하게 침투해 있었다. 데오도시우스의 시대에 금지법을 어긴 사람들에게 징집한 벌금은 6세기 전에는 거의 시행되지 않았다.

마니교

4세기의 지난 세대는 다신교와 종교적인 믿음의 다른 형태에 대한 황제의 의미 있는 조치를 목격했다. 이 시대의 가장 강력한 종교 세력이면서 데오도시우스 하에서 가장 박해를 받은 것은 마니교였다. 시리아어를 말하는 세련되고 카리스마적인 바벨론 교사 마니(Mani, 약 216-276)에 의해 삼세기에 창시된 마니교는 최종적이고 우주적인 종교를 제공하는 것을 의도했다. 마니는 유대 기독교의 형태에서 개종하였지만 그의 구조는 페르시아 조로아스터교의 전통적인 이원론과 급진적인 영지주의 개념과 아울러 불교의 요소들에 상당히 의존했다. 마니는 "그리스도 예수의 사도"로 자신을 유형 지었고, 그가 더 높은 진리에 대한 특별한 계시를 받았을 때, 처음에 속했던 종파를 버렸다고 주장했다.

마니교의 신화는 두 외적인 원리 즉 빛과 어둠 사이에 우주적인 경쟁을 담고 있었다. 말하자면 원시 시대의 최초의 싸움에서 빛의 나라가 어둠의 나라에 의해 침공을 당했으나, 어둠이 빛의 입자들을 삼킴으로써 이 입자들은 이제 살아 있는 것들의 물질적인 몸에 갇혀 있다. 물질적인 세계는 이런 갈등의 결과였고, 그 역사는 빛과 어둠의 계속된 경쟁의 이야기다. 부처, 조로아스터, 히브리 선지자들, 그리고 예수와 같은 종교 선생들은 빛의 영혼들을 몸의 포로에서 해방시키기 위해서 보내졌다. 지식의 과정('그노시스')에 의해서 이 영혼이 신적인 기원들을 깨닫고 육체적인 존재의 부패한 영역의 자리에서 해방될 수 있기 때문이었다.

마니 자신은 페르시아의 조로아스터교의 재부흥 시에 순교자의 죽음을 당했으나 그가 일으킨 이 운동은 메소포타미아, 페르시아, 시리아, 팔레스타인, 애굽, 그리고 아프리카 전역을 통해서 급속히 퍼졌고, 그가 죽은 지 몇 년 내에 동방 로마 세계의 상당한 지역에서 주요한 세력이 되었다. 마니교도들은 로마 사회에 대한 페르시아의 위협으로 디오클레시안(Diocletian) 하에서 심각하게 박해를 받았지만, 서방의 많은 지역으로 퍼져나가기를 계속했다. 마니교도들은 열정적인 선교사들이었고, 장사하는 무역업자들에 의해 자주 전달된 그들의 믿음은 인도와 중국으로까지 침투했고, 그곳에서 13세기 말이나 14세기 초까지 다양한 파생적인 형태로 남아 있게 될 것이다.

마니교에는 두 등급이 있었다. 높은 등급은 "선택된 자"로 대변되었는데, 그들은 성적인 활동을 금하면서 엄격한 금욕주의를 실천했다. 그들은 채식을 했으며, 특히 빛의 입자를 상당히 많이 가지고 있다고 믿었던 멜론과 오이와 같은 생산물들을 주로 먹었다. 그러나 대부분의 마니교도들은 통상적인 팔로워(follower, "따르는 자")나 "듣는 자"(Hearer)였다. 그들은 엄중한 자기 부인의 삶이 없이 비교적 일상적인 삶을 살았다. 그들의 기대는 그들이 죽었을 때에 어떤 다른 인간의 형태로 환생하는 것이었고, 그들의 열망은 도덕적인 노력의 과정에 의해서 "선택된 자"의 일원이 될 수 있는 지점까지 나아가는 것이었으며, 궁극적으로는 어둠에 대항하는 투쟁의 주기에서 자유롭게 되는 영을 갖는 것이었다.

마니교는 동방과 서방의 기독교회에 주요한 도전이었고, 그것은 4세기 후반에 반복해서 금지되었다. 로마인들은 마니교의 은밀한 의식을 흑마술(black magic)과 도덕적 범죄와 곧 연관시켰고, 미니교도들은 기독교인들이 한때 그렇게 고소되던 것처럼 일종의 유해한 행위를 하는 자로 의심되었다. 정권적인 차원에서 말한다면, 발렌티니안 1세는 그들을 색출하여 학대하였고, 그들의 재산을 징집하였으며, 그라티안은 그들을 바람직하지 않은 극단적인 아리안과 같이 대하는 입법을 시행했다. 더 심각하게 금하는 조치는 데오도시우스 하에서 잇따랐는데, 황제는 마니교도들이 제국의 인정된 믿음으로서 안전한 가톨릭 기독교의 비전에 대한 위협을 대변한다고 믿었다. 그러나 이 모든 노력에도 불구하고 마니교도들은 여전히 주변에 많았다.

프리실리안과 그를 따르는 자들

마니교가 특히 반감을 갖게 된 이유 중의 하나는 그것의 도덕적 가르침이었다. 특히 금욕주의적인 마니교의 개념은 자기 부인의 기독교적인 이미지의 영향에 직접적인 도전을 제기했다. 적어도 한 상황에서 그러한 경쟁의 결과는 비극이었다. 370년대에 남동부 스페인에서 프리실리안(Priscillian)이라는 재능 있는 귀족이 기독교로 개종했고, 금욕주의 발전에 헌신했다. 그의 가르침의 세부적인 설명은 전적으로 확실하지 않지만, 그가 상당히 많은 사람들에게 자기 부인과 영적인 열정으로 특징지어지는 기독교적 라이프스타일의 형태를 채택하도록 영향을 주었음이 분명하다. 또한 그는 예배의 리더십에서 남자와 여자의 동등성을 열심히 촉진하였다. 여성들은 확실히 프리실리안의 이상에 공감하는 범주들에서 도덕적인 모범자와 여선지자로서 주요한 역할을 행했다. 프리실리안은 출처가 불분명한 사도들의 '행전'(Acts)과 비정경적인 성경에 대한 열정과 일종의 신비적인 의식에 관심을 보여주었지만, 그의 주요한 관심은 금욕주의와 성결의 특별한 개념을 주창하는 것이었다.

프리실리안주의자와 연관된 일부 견해들은 스페인과 사라고사(Saragossa)에 골의 주교들의 회의에서 380년 10월에 정죄되었지만, 프리실리안 자신은 견책을 면했고, 뒤이어지는 해에 그의 지지자들은 그를 아빌라(Avila)의 주교로 성별할 수 있었다. 그러나 프리실리안은 많은 적들을 가졌고, 그는 곧 스페인을 떠나 보르듀스(Bordeaux)로 가도록 명해졌다. 그곳에서 그는 더 많은 따르는 자들을 얻었고, 특히 귀족의 여인들에게서 그러했다. 그의 영향이 확산되는 것을 본 반대자들은, 분명히 그의 금욕주의적인 생활에 대한 평판 때문에 그를 마니교도라고 주장하면서, 그라티안에게 그를 다루어줄 것을 호소했다. 프리실리안은 자신이 마니교의 가르침과 연관된다는 것을 강력하게 부인했지만, 그것은 380년 초에 대단히 비판적이고 경쟁적인 종교적 분위기에서 그의 비판자들이 만들 수 있는 강력한 주장이었다. 그라티안은 공식적으로 모든 이단들은 쫓겨나야 한다고 판정했지만 프리실리안과 그의 지지자들은 그곳을 떠나기를 거부했고, 그들은 골과 이탈리아에서 더 많은 지지를 얻으려고 노력했다. 밀란의 암브로스와 로마의 교황 다마수스(Dama년)에 의해서는 거절을 당했을지라도, 그라티안의 최고위직에 속했던 마케도니우스(Macedonius)를 설득하는데 성공했고, 그들은 하나의 운동으로 존재할 수 있는 권리를 부여받았다.

그라티안의 몰락 후에 막시무스가 프리실리안의 주요한 스페인 대적자 중 한 사람인 이타시우스(Ithacius)에 의해 고무되어 프리실리안에 대한 보다 진전된 조치를 지지하였고, 384년에 보르듀스의 종교회의에서 프리실리안과 그의 추종자들은 분명히 마니교도로 다시 정죄되었다. 프리실리안은 막시무스에게 직접 호소했으나 이번에 그의 적들은 그를 마니교도가 아니라 마술과 요술을 행하는 보다 심각한 죄로 고소하였다. 막시무스는 그의 근위대 장관인 에보디우스(Evodius)에게 그 문제를 넘겼고, 따라서 에보디우스 하에서 프리실리안과 많은 그의 동료들이 정죄를 받았다. 투르의 주교인 마틴(Martin)의 호소에도 불구하고(그에 대한 더 자세한 것은 149-50을 보라), 프리실리안과 많은 정죄 받은 자들이 처형되고 여타 사람들은 유배되었다.

프리실리안의 운명은 서방 교회에 어두운 그림자를 드리웠다. 한 기독교 리더가 용인할 수 없다고 생각했던 견해를 지닌 것으로 다른 이들에 의해서 죽음으로 내몰렸다. 프리실리안에 대한 비합리적인 운동을 너무 늦게 인식한 것으로 보이는 암브로스는 로마의 다마수스의 계승자인 시리시우스(Siricius)가 그러했던 것처럼 프리실리안을 고소한 자들을 파문했다. 막시무스는 프리실리안주의자들이 참으로 마니교도들이었다고 주장함으로써 그 일에 대한 그의 정당성을 변호하려고 했지만 그의 주장에 대한 좋은 증거가 없었다. 그 일과 연관되는 것을 회피한 것은 인정된 형태에 도전적이고 논쟁적인 경건의 형태를 가진 기독교인들을 제거하는 구실을 단순히 제공했다. 프리실리안은 다소 괴짜였지만 마니교도는 아니었다.

프리실리안의 일부 적들에 대한 조치가 취해졌을지라도, 그와 그의 추종자들에게 취해졌던 방식에 분노했던 감정을 사그러뜨릴 수는 없었다. 데오도시우스의 입법은 마니교도들을 확고하게 반대하였지만 프리실리안주의는 어떤 부흥을 경험했고, 스페인의 일부에서 프리실리안은 대중적인 성인으로 추앙되었다. 스페인과 로마에서 그의 가르침에 대한 다른 다양한 정죄가 있었음에도 불구하고, 그의 이상에 대한 참된 열정이 반체제적인 소수파들 – 아마도 스페인의 가톨릭교회의 점증하는 부에 대해서 민중적인 반감을 가진 사람들 – 사이에서 6세기 말까지도 계속되었다.

데오도시우스의 통치말

392년에 발렌티니안이 죽고 나서 불신을 받던 아르보가스트(Arbogast, pp. 109-10을 보라)는 서방에서 그를 위한 새로운 동료, 즉 웅변가이자 귀족인 플라비우스 유지니우스(Flavius Eugenius)를 지명함으로써 데오도시우스를 완화시키려고 추구했다. 유지니우스는 명목상으로 크리스천이었지만 전통적인 종교에 대한 강력한 공감을 가졌고, 로마가 이교도에 대한 데오도시우스의 법에 불만을 품은 전통주의자들의 상당한 세력이 있는 잠재적인 정치적 수도라는 것을 인식했다.

데오도시우스와 시도한 협상이 깨어진 다음에 유지니우스의 성향이 전면에 나오게 되었고, 이교 원로원의 귀족들이 자신들의 원하는 것을 강압하기 위해서 기회를 보았다. 유지니우스는 393년에 이탈리아를 침공했고, 이교 제의를 위한 자금을 회복시키자는 제안에 동의했으며 – 그 자원이 국가의 재원이 아니라 그의 개인적인 자금에서 나왔을지라도 – 또한 로마 원로원에 '승리'의 신상(제단은 아닐지라도)을 회복시키는 것에 동의했다. 많은 이교 관리들이 로마에 임명되었고, 신전들을 회복시키는 노력들이 있었으며 전통적인 축제를 복원시켰다. 이교도의 소망을 불러일으켰으며, 다양한 신탁이 기독교의 몰락을 예언했다. 데오도시우스가 과거의 "미신들"을 유린했을지라도, 이교도는 아직 소멸되지 않은 것으로 보였다.

그러나 비기독교인들의 기대는 생명이 짧았다. 유지니우스와 아르보가스는 서미엄과 아퀼레이아 사이에 있는 프리지두스(Frigidus)의 전투에서 394년 9월에 데오도시우스에 의해 완전히 패하였다. 유지니우스는 포로로 잡혀 처형되었다. 그 후에 그의 지지자들은 관대하게 다루어졌지만, 그 전투는 찬탈자만이 아니라 데오도시우스의 기독교 국가에 도전할 수 있다고 생각한 자들과 동맹하려 했던 이교 원로들의 구축이 실패로 돌아갔음을 보여주었다. 이교도는 자주 끈질겼지만, 408년에 매우 짧은 재유행을 제외하고는 사적으로만 진행되었고 공식적인 인정을 받지 못했다.

데오도시우스가 395년에 밀란에서 죽었을 때 암브로스는 세상을 흔들리지 않게 붙잡은 믿음의 후원자요 모범적인 기독교 통치자로 그를 추앙하였다. 하지만 사실상 이 전망은 어느 곳에서도 암브로스가 주장한 것처럼 좋게 진행되지 않았다. 정치적인 지평선에서 서서히 올라오고 있는 고통의 불길한 징조들이 있었다. 397년에 암브로스가 죽고 나서 몇 년 내에 그와 데오도시우스가 만들고자 했던 안정된 가톨릭 제국의 꿈은 서방 세계가 바바리안의 압력 하에서 분열되고, 종교적인 제휴가 다른 곳에 있는 고딕 족에 의해 로마가 무너질 때 주요한 혼란으로 산산이 흩어질 것이다(pp. 66-67, 348-355를 보라). 니케아 신앙에 대한 데오도시우스의 지원과 기독교가 로마 사회를 장악케 하려는 그의 노력은 제국의 안전을 궁극적으로 보증하지는 못했다. 그럼에도 불구하고, 크리스천들의 반대자들에게는 불이익으로 나타났을 때, 크리스천들이 그의 정부 하에서 얻었던 혜택은 교회들이 이전 세대에 유사하게 전개되었던 정치적 사건들에서 가졌던 것보다 훨씬 더 강력한 입장에서 5세기 초의 혼란스러운 기간으로 들어갔다는 것을 의미했다.

로마의 교회

서방에서 가톨릭 신앙이 공고히 되어가는 모습을 우리가 그릴 때, 360년대 이후부터 로마의 교회가 발전되어가는 것을 고려하지 않는다면 완전하지 않다. 로마와 그 주교들은 콘스탄틴이 준 수혜로 인해 상당한 혜택을 입었지만, 로마의 주교가 영적인 권위의 열망에 맞는 정치적 특권과 일치하는 정체성을 얻게 된 것은 4세기 후반이 되어서였다.

로마 교회가 명백히 다른 형태의 출현을 갖게 된 배경은 당연히 350년대의 교리적 논쟁이었다. 리베리우스(Liberius) 주교가 콘스탄티우스에 저항한 것으로 인해서 355년에 유배를 가있을 동안에, 교회의 부제들 중에 한 사람인 펠릭스(Felix)가 그를 대신했다. 펠릭스는 별로 인기가 없었고, 콘스탄티우스는 리베리우스를 좋아하는 대중들의 모습과 리베리우스가 올바른 자리로 돌아와야 한다는 여성 귀족들의 요청에 직면하였다. 리베리우스 자신도 복권에 필사적이었다. 그는 타협적인 교리를 묵인할 것을 동의한 후에 358년에 되돌아올 수 있었다. 콘스탄티우스의 바람은 리베리우스와 펠릭스가 서로 교회의 리더십을 나누어갖는 것이었다. 이것은 로마 크리스천들의 상당한 규모에 의해서 반대에 부딪혔고, 교회는 두 진영으로 갈렸다.

펠릭스가 365년에 죽고 리베리우스도 다음 해에 그를 따라 죽었지만 로마에서 개시된 분열은 강화되었다. 일부는 펠릭스의 지지자들을 선호하여 (그리고 간헐적으로 리베리우스와 연관된 사람들은) 다마수스(Damasus)를 그의 계승자로 지명했고, 그렇지 않은 이들은 리베리우스에게 항상 충성하였던 우르시누스(Ursinus)라는 부제인 또 다른 후보자를 선호했다. 문제가 366년 10월에 전면에 나타나게 되었다. 대중적인 폭동이 발생했고, 우르시누스의 지지자들 중에 137명이 죽임을 당하는 끔찍한 학살이 발생했다.[8] 교회의 건물 안에서 살생이 발생했기 때문에 여론이 분개했다.[9] 정치적인 지지로 인해서 다마수스는 직위를 유지하는데 성공했지만, 분쟁과 살육은 대중적인 이미지에서 그의 교회가 매우 대가를 치르게 했다. 다마수스는 그의 반대자들을 죽인 것에 대한 책임으로 고발을 당했고, 그를 위해서 발렌티니안 1세에게 직접적으로 호소했던 부유한 친구들의 중재 덕택에 정죄를 면할 수 있었다.

다마수스

신임의 부족을 만회하기 위해서 다마수스는 그의 직무의 위엄을 확대하는 일에 착수했고 그의 지도 아래서(366-384) 로마의 교회적인 위상은 전례가 없는 정도로 발전했다. 그는 로마의 교회를 세우고 멋진 재료들을 가지고 새로운 건물들을 건설하며 장엄한 장식물로 그것들을 꾸미는데 상당한 돈을 소비했다. 순교자와 이전의 주교들의 성지가 훌륭한 조각과 경구들로 발전되고 풍요롭게 되어졌다. 교회의 예전에서 성인들을 기념하는 관행이 확장되었다. 다마수스는 로마 주교의 사도적인 기원에 특별한 관심을 기울였고, 로마의 지난 영광이 제국의 영광에 있는 것이 아니라 기독교적인 유산에 있다는 것을 강조했다. 바울과 베드로가 그들의 믿음을 위해서 순교한 곳이 이 도시였고, 그들의 유물이 지역 교회에 특별한 영적 발산을 전달하는 곳이 바로 이 도시였다는 것이다. 그의 교회와 도시의 상징적인 중요성을 성스러운 역사의 거인들의 기억과 융합시킴으로써 다마수스는 로마의 이미지를 다른 곳과 다른 기독교의 중심으로 만들었다. 콘스탄틴에 의해 시작된, "로마인"들을 기독교와 직접적으로 동일시하는 과정은 예전보다 훨씬 더 강하게 취해졌다.

380년대에 다마수스는 그의 교회의 권위를 강화시키는 다른 조치를 취했다. 380년에 그는 데살로니가에 새로운 주교인 아콜리우스(Acholius)를 세우고서 발칸 지역에서 그를 직접 대리하는 자로 취급했다. 따라서 콘스탄티노플 교회의 관할 하에 있었던 영역에 대한 주장을 펼쳤다. 382년에 로마의 종교회의는 로마의 수위권이 교회 회의의 결정에 달려있는 것이 아니라 – 이전해에 콘스탄티노플 공의회에서 만들어진 결정에도 불구하고 – 사도 베드로에 의해 세워졌던 로마 교회의 적법한 권리에 있다는 것에 일치했다.

다마수스는 그러한 교회의 수장으로서 그의 위치에 적합하다고 생각했던 형태로 살기를 추구했다. 이교의 비판자들은 다마수스의 호화로운 방식을 주목했다. 대다수가 규칙적인 경제적인 곤란과 음식의 부족으로 고통하고 있는 동안에 부를 탐닉하는데 익숙한 삶을 사는 다마수스의 누림은 악명이 높았다. 그와 그의 성직자들은 넉넉한 연회, 멋진 옷, 사치스러운 삶을 즐겼고, 마차로 여행을 일삼으며, 안락과 위엄의 허세를 가지고 황제를 능가하는 삶을 살았다고 제기되었다. 다마수스는 특히 로마의 부유한 여성들의 관심을 배양하여 그들의 부를 끌어낸다는 평판을 얻은 것으로 주장되어 왔다. 그의 적들은 잠재적인 재원을 가진 자들에 대한 그의 아부하는 헌신적인 모습에 "여성의 귀를 긁어주는 자"로 그를 치부하였다. 그의 관리들은 그의 모범을 따랐고, 그들은 그 과정에서 그들의 교회만큼이나 그들 자신을 풍요롭게 했다고 언급되었다. 한 부유한 이교 귀족인 베티우스 아고리우스 프래텍사투스(Vettius Agorius Praetextatus)는 "나를 로마의 주교가 되게 하면 나는 내일 크리스천이 될 것이다"라고 농을 했다.[10] 확실히 일부 과도한 모습은 과장된 것일 수 있으나, 많은 사람들이 보기에 다마수스가 축적한 부와 광휘는 그가 처음부터 조야한 성품의 소유자였다는 소문을 쫓아버릴 수 없었다. 당연히 사람들은 그가 그의 개인적인 부상(prize)으로 그러한 부를 얻기 위해서 대량학살조차도 마다하지 않을 준비가 되었었다고 생각했다.

세속적인 위신에 대한 다마수스의 열정은 로마에서만이 아니라 먼 지역에 이르기까지 사회 전반에 걸쳐서 그의 반대자들을 낳았다. 동시에 그러한 사회적 책략이 교회 생활의 일부가 이미 되지 않았었다고 생각하는 것은 잘못일 것이다. 적어도 3세기부터 전 기독교 세계의 주교들은 자신의 위상, 권한, 위엄 등을 배양하려고 노력했고, 4세기에는 서방에서 특히 그 과정이 가속되었을 뿐이었다. 불어난 많은 교회 성직자들이 상류층의 사회배경을 가진 사람들이었고, 그들은 공식적인 존경을 받을 것과 그들 사회에서 자연스럽게 핵심에 속할 것을 기대했다. 다마수스가 주요한 가정의 출신은 아니었을지라도(그의 아버지는 사제였다), 그의 행위는 어떤 의미에서 콘스탄틴 이후에 제국에 존재했던 흐름의 확장이었을 뿐이었다.

4세기 중반 이후부터 상류층이 로마 사회에서 교회에 토착화되어 가는 것은 존중할 수 있는 선택으로서 기독교의 팽창에 기여했다. 교회가 부와 권력의 외적인 장악 속에서 성장했던 것처럼, 기독교가 유력한 사람들에게 보다 매력적인 전망이 되어 주었다. 다마수스와 그의 직원들은 교회의 평판에 명백하게 위험스럽게 하였을 만큼 부유한 여인들에게 구애하였지만, 동시에 그러한 노력들은 기독교 복음이 귀족들의 집안으로 침투하는 길을 제공했다. 그렇지 않았다면 기독교를 대변하는 자들의 주장에 관심을 가질 이유들이 없었을 것이기 때문이다.[11] 사실상 이런 성공은 여인들에게로 자주 한정되었다. 남자들은 가정의 여인들이 개종한 후에도 오랫동안 이교도로 남아 있는 경향이 보통 있었다. 그럼에도 불구하고 그것은 축적된 효과를 가져왔다. 자녀들이 그들의 어머니와 이모로부터 적어도 기독교적인 영향을 받을 수 있었기 때문이다.

다마수스는 이단들을 진압하려고 애썼고, 끊임없이 아리안주의를 반대하는 노선에 섰다. 그의 교회와 기념물들은 로마의 건축술로 풍성하게 장식되었고, 그는 새롭고 안전한 부지에 그의 교구의 보관물들을 적재했다. 그의 성직자들의 세속성에 대한 소문에도 불구하고 – 혹은 때문에 – 그의 부하들에게 도덕적 헌신의 길을 추구할 것을 촉구했다(암브로스와 같은 여타 성직자들처럼 다마수스도 마찬가지였다). 그는 성찬을 주재하는 사람들이 부름 받았다고 믿었던 의식적인 정결의 필수적인 부분으로서 사제의 금욕을 포함시켰다. 모든 일에서 위엄에 몰두해 있던 로마인 다마수스는 로마 교회의 예배에서 라틴어를 사용할 것을 격려했다 – 이때까지 도시에서 예전의 표준은 헬라어로 진행하는 것이었다. 이 관습은 불가피하게 대다수의 사람들을 소외시켰다. 헬라어가 오랫동안 전적으로 대체되어지지는 않았을지라도, 다마수스는 자국어로 로마의 예배를 드리는 공식적인 전환을 촉진하였다.

다마수스의 가장 중요한 결정 중에 하나는 서기로서 그를 도울 수 있는 한 사람을 선택한 것이었다. 그는 삼십 대 중반의 사람을 등용했는데, 그의 경력은 이미 논쟁이 되고 있었지만, 그의 은사는 초기 기독교 역사에서 가장 위대한 학자 중의 한사람으로 그를 올려놓게 할 것이다. 이 사람이 동방에서 그의 삶의 상당 부분을 보내고, 동방의 전통, 가치, 관습에 익숙해 있었으며, 서방의 반대자들을 공격하는 시간을 상당히 가졌을지라도, 그의 사고방식은 근본적으로 라틴인이었다. 라틴에서의 그의 일의 범위와 본질은 서방 교회에서 유례가 없었고, 그가 그의 가장 커다란 영향을 끼친 것은 서방에서였다.

제롬

우리가 알게 되는 것처럼 헤에로니무스(Hieronymus)나 제롬(Jerome)은 347년경에 달마디아의 스트리돈(Stridon)의 소박한 마을에서 태어났다. 그의 부모들은 부유한 크리스천이었고, 그들은 교육을 위해서 아들을 로마로 보냈다. 제롬은 고전 문학, 언어, 수사학에서 매우 철저한 훈련을 받았고, 세속적인 저자들의 영향이 그의 삶에 깊이 자리했다. 공부를 마친 다음에 제롬은 널리 여행을 했다. 골에서 그는 수도원운동에 강력한 관심을 발전시켰고, 시

알비스 비바리니(Alvise Vivarini(대략 1475/1480)에 의한 "성 제롬의 책읽기."

워싱턴 DC에 있는 국립박물관(National Gallery of Art)의 Samuel H. Kreiss Collection에 소장되어 있는 그림. 허락을 받고 실었다.

리아로 이동하여 안디옥 동쪽의 찰키스(Chalcis)의 사막에서 은둔자로 살았다. 그곳에서 그는 더 많은 언어 공부에 헌신했다. 특히 히브리어를 습득하였다. 제롬은 세 언어를 통달한 사람이 되었다. 즉 헬라어와 라틴어만이 아니라 기독교 범주에서 훨씬 더 성스러운 언어인 히브리어도 할 줄 아는 유능한 사람이 되었다. 사막에서 다른 은둔자들과 여러 번 다툼에 연루된 다음에 그는 안디옥으로 돌아와서 그곳에서 사제로 임직을 받았다. 그때에 그는 더 멀리 여행을 했으며, 380-381년에는 콘스탄티노플에서 그를 볼 수 있었다. 그는 그곳에서 당대의 헬라 신학의 논쟁에 익숙할 수 있었다. 결국 그는 로마에 도달했고, 그곳에서 다마수스의 관심을 끌었다.

다마수스는 저자와 학자로서 제롬의 능력에 깊은 인상을 받았다. 그는 그를 주요한 대화 파트너로 그리고 문학 서기로 대하기를 시작했다. 그러한 역할과 관련한 규칙적인 의무와 더불어 제롬은 훨씬 더 중요한 임무를 맡게 되었다. 다마수스는 "적절한" 라틴어 전통을 강화시키기 위한 그의 계획에 발맞추어 제롬에게 라틴어 성경의 새 역본을 만드는 일을 책임져줄 것을 부탁했다. 서방에서 2세기 이후부터 라틴어로 성경의 많은 다양한 역본들이 사용되었고, 지역마다 번역들이 달랐다. 이탈리아에 있는 신자들과 골이나 스페인의 신자들에게서 성경 본문이 서로 달랐다. 북아프리카에서도 다른 성경을 사용하였고, 심지어 작은 지역 내에서도 많은 다양한 역본들이 순환되고 있었다. 제롬이 다마수스에게 말한 것처럼, 성경의 사본만큼이나 라틴어의 많은 텍스트 형태가 있었다. 이보다 몇 년 뒤에 글을 쓴 어거스틴에 따르면, 헬라어에 어느 정도 능력이 있다고 생각하는 사람들은 성경을 번역하는데 뛰어들 준비가 되어 있었다.[12] 이런 라틴어 역본들은 어휘와 구문에서 자주 구어적이고 특이했고, 새로운 공통된 판본이 매우 필요했다.

제롬의 첫 번째 임무는 현존하는 라틴 텍스트들의 가장 좋은 역본들을 대조함으로써 표준적인 텍스트를 만드는 것이었고, 그는 사복음서를 작업함으로써 그 일을 시작했다. 충분히 자연스럽게 이 일은 헬라어 원문과 라틴어 본문들을 대조하는 것과 관련이 있었고, 사실상 제롬은 어느 정도 새로운 번역이라고 할 수 있는 새 구문을 만들었다. 다마수스가 그와 같이 전적으로 새로운 번역을 만들라고 그에게 책임을 부여하지는 않았을지라도 말이다. 제롬은 384년 말에 다마수스가 죽기 직전에 복음서의 새 번역을 그에게 선사했다.

제롬의 성경

제롬은 라틴어 전체 성경인 "벌게이트"를 만든 자로 전통적으로 환호를 받았다. 벌게이트는 수세기 동안 서방에서 성경의 표준적('불가타', "공통된", 또는 "흔한") 판본이 되었다. 그러나 진실은 이런 전설이 제기하는 것보다 다소 복잡하였다. 제롬이 자기 자신의 성경의 판본을 언급하기 위해서 '벌게이트' – 헬라어와 히브리어를 이해할 수 있는 학자들만이 아니라 보통의 크리스천들이 접근할 수 있도록 그가 그 성경을 의도하였음을 의미하는 – 란 용어를 사용하였을지라도, 혼자가 그 모든 것 또는 벌게이트 성경으로 알려진 대부분의 것들을 만들지는 않았다. 그가 신약 성경 모두를 번역했다고 주장하기는 할지라도, 그가 복음서 이외에 신약성경의 나머지 부분을 번역했을 것 같지는 않다. 벌게이트의 집합의 일부가 되었던 사도행전, 서신서, 요한계시록의 본문들은 정체성을 파악하기 어려운 다른 번역자나 번역자들의 작품일 것이다. 우리가 벌게이트라 부르는 것은 적어도 6세기까지는 단일한 통일체로 합쳐져 있지 않았다. 존재하는 가장 오래된 벌게이트 사본인 '코덱스 아미아티누스' (Codex Amiatinus)는 7세기 말경에 영국의 노덤버란드(Northumberland)에서 생산되었지만, 9세기에 새로이 집합된 벌게이트가 진지한 의미에서 표준적인 판본으로 간주되었다. 이 벌게이트 성경을 표준화하려는 시도는 그 후에도 수세기 동안 계속되었다.

그러나 우리가 말할 수 있는 것은 제롬이 어느 누구보다도 서방 성경이 궁극적으로 표준화되어졌던 과정에 기여했고, 무엇보다도 그 작업을 기독교 성경이 아니라 유대 성경을 가지고 그렇게 했다는 것이다. 복음서에 관한 그의 새로운 역본을 완성한 후에 그는 70인경의 헬라어로부터 시편의 새로운 판본을 책임 맡았다. 이 번역은 급하게 만들어져서 약간 서툰 표시가 보인다. 그것은 16세기에 교황 피우스 5세의 시대까지 로마에서 사용되었던 시편 역본인 "로마의 시편"과 전통적으로 관련되었지만 이런 판별은 신뢰할 만하지 못하다. 제롬의 노력은 후대의 성경 본문에 기여했지만, 로마의 시편은 그처럼 제롬의 작품이 아니었다. 몇 년 뒤에 로마를 떠나서 동방에 정착한 후에 제롬은 시편의 다른 번역을 만들었는데, 이번에는 오리겐의 '헥사플라' (Hexapla)에서 주어진 것처럼 70인경의 본문을 사용하였다.[13] 이 역본은 골의 교회들에서 처음 사용할 수 있도록 인정된 것처럼 "갈리칸(Gallican, 골 교회) 시편"으로 알려졌다.

구약성경의 다른 부분들에 대한 진전된 작품은 제롬에게 헬라어 본문에만 의존하는 어느 번역도 솔직히 충분히 좋지 않다는 것을 확신시켜주었다. 즉 히브리 원문으로 돌아가는 것이 필요하였다. 제롬은 이런 도전을 취하는 일에 특히 잘 구비되어 있었다. 그는 히브리 성경의 완전한 새 번역에 착수하였다. 많은 헌신의 대가를 통해서 얻은 히브리어에 대한 지식은 오리겐을 포함하여 초대교회의 어느 다른 인물들도 그가 능가하게 했다. 그는 이 전문적인 지식을 지극히 가치 있게 사용하였다. 간헐적으로 추진된 히브리어 성경으로부터의 번역작업은 390-391부터 405-406년에 이르기까지 15년에 걸쳐서 이루어졌다. 그것은 히브리어에 기초한 시편의 세 번째 개정을 포함했다. 이 시편의 역본이 이전의 골 교회에서 사용되던 시편번역의 예전적인 대중성을 얻지는 못했을지라도, 그 대신에 그것은 벌게이트 사본들에 포함되었고 16세기의 트렌트 공의회에서 공식적인 텍스트로 인정받았다.

제롬이 구약성경의 히브리어로 돌아간 것은 다양한 면에서 개척적이었다. 그것은 적지 않게 성경의 정경에 대한 의미를 불러 넣었다. 70인경의 번역은 히브리 정경에 속하지 않은 많은 책들을 포함했고, 그것은 비헬라적 유대교에 의해서 거부되었다.[14] 초기에 글을 쓸 때, 제롬은 동등한 성경으로서 이런 본문들에서 인용하는 통상적인 기독교 관행을 따랐고, 어느 때도 기독교회에 대해서 그것들을 무가치한 것으로 부인하지 않았다. 그러나 그는 이 책들이 히브리 정경에 포함되지 않았기 때문에 "출처가 불분명한" 또는 진지한 학자들에게서 부차적인 위상을 갖는 것으로 간주되어야 한다고 주장하게 되었다.

그러한 주장은 논쟁적이었다. 제롬은 당대의 많은 크리스천들에 의해 매우 비판을 받았고, 비판자들 중에는 어거스틴도 있었다. 어거스틴은 제롬이 서방에서 알려진 선행하는 헬라어 성경을 상대화시키거나 명백한 포기는 성경을 "유대화" 시키는 위험이 있다고 주장했다. 그러나 사실상 제롬의 전략에 대항하는 논증들은 무지에 의해서 파생되었다: 그를 반대하는 자들은 언어의 지식에 있어서 학문적인 근거를 가지고 그와 겨룰 수 있는 위치에 있지 않았고, 하나님에 의해 특별하게 영감된 것으로서 헬라어 성경에 대한 그들의 경외는 무엇보다도 전통적으로 사용되어 왔다는 빈약한 기초에 의존했다. 4세기말의 교회는 헬라어 형태에 의해서 지배되었는데, 기독교의 히브리적 유산의 중요성을 회복시킨 것은 제롬의 가장 커다란 선물이었다. 이와 관련한 그의 열정은 종교개혁 때까지 서방에서 다시금 겨룰 자가 없었다.

성경학자요 주석가

성경 번역가요 본문 비평가로서 그의 일의 일부로서 그는 작업한 자료의 내용에 대한 광범위한 조사를 했다. 그는 성지에 대한 여행에서 얻은 지식에 의존해서 중요한 성경의 장소에 대한 지형을 연구했다. 많은 고대의 학자들처럼 그는 어원에 관한 논의에 역시 관심이 있었다. 그는 도덕적이고 영적인 의미가 있다고 전통적으로 간주되는 히브리 이름들의 의미에 관한 연구를 했다.

하지만 단연코 그의 문학적 생산의 대다수는 성경 주석으로 구성되어 있다. 그는 당대의 사람들에게 성경 본문의 의미를 명확하게 하려고 애섰다. 제롬은 구약성경의 거의 모든 책들과 신약성경의 일부에 관한 주석서를 썼다. 아마도 이중에 가장 중요한 것은 히브리 예언에 관한 그의 연구다. 그것은 이사야서에 대한 방대한 주석과 소선지서 즉 최소한 다니엘서와 요나서에 대한 가치 있는 취급을 포함했다. 제롬은 대선지서와 소선지서를 포함하는 모든 선지서에 관한 글을 쓴 고대 교회의 유일한 저자였다.

제롬의 주석들은 우리가 오늘날 예상하는 것처럼 구절구절 해석한 것이 아니다. 그렇게 하는 대신에 그의 주석들은 특별한 조명이 필요하다고 그가 느꼈던 본문의 선별된 부분들 – 절 또는 항목들 – 을 주석한다. 그의 작품은 자주 초스피드로 작성되었고, 마태복음에 관한 그의 주석처럼 어떤 것들을 며칠만에 완성되었다. 가끔 논쟁에 참여하였을 뿐 아니라(다니엘과 같은 그의 주석은 악명 높은 이교도 비평가인 포르피리[Porphyry]의 논증을 반박하는데 상당히 소비한다), 그의 연구들은 기독교와 유대교 권위자들의 책을 광범위하게 읽었던 흔적을 보여준다. 그는 문자적이고 역사적인 주해에 상당히 강조를 두지만, 자주 오리겐의 영향으로 그 개념이 유래하는 알레고리적인 해석의 가능성에 대한 열정도 있었다(하지만 후대에 그는 교리적인 근거 위에서 격렬하게 오리겐을 비판하였다). 아울러 그는 유대의 주석적 전통이 히브리 성경의 기독교적 이해에 중요하다는 것을 확신했다. 이 영역에 대한 그의 지식의 일부는 오리겐에서 간접적으로 나온 것이었지만, 상당 부분은 랍비적 지혜를 가진 사람들과 직접 만나서 얻은 것으로 보인다.

도덕 교사

로마에서의 제롬의 시간은 궁극적으로 히브리 성경에 푹 빠져 있는 자신을 발견한 성경 학문의 시작 그 이상의 것들과 관련이 있게 했다. 그는 다양한 다른 주제들에 관해서 폭넓게 글을 썼고, 특히 금욕주의를 촉진시켰다. 그는 많은 귀족의 기독교 여성들과 우애를 형성하여 그들의 집에서 함께 성경과 영적인 이상들을 공부했다. 그들 가운데는 부유한 미망인인 마르셀라(Marcella)가 있었는데, 그녀의 집은 아벤틴(Aventine, 로마의 일곱 언덕 중에 하나)의 멋진 지역에 있었고, 그녀는 영적인 헌신을 한 것으로 이미 잘 알려져 있었다. 또한 마르셀라보다 훨씬 더 어린 여성인 파울라(Paula)가 있었는데, 그녀의 두 딸 – 최근에 과부가 된 약 20살의 브레실라(Blesilla)와 십대였던 유스토키움(Eustochium) – 도 역시 동일한 범주에 속하였다. 다른 이들은 약 50살의 과부인 아셀라(Asella)와 또 다른 과부이자 마르셀라의 절친한 친구였던 레아(Lea)가 있었다.

특히 파울라와 그녀의 딸들에 제롬은 강력한 영향을 미쳤다. 그러한 여성들에게서 그는 일종의 개인 교사요 조언자였다. 그는 그들에게 통상적인 사회와는 다른 방식으로 물러나서 살 것과 성별(聖別)보다 체면을 찾는 기독교의 타협과 거리를 둘 것을 고무시켰다. 파울라와 그녀의 나이든 동료들은 이미 그러한 이상들을 육성하였지만 젊은 여성들에게는 그것이 좀더 어려웠다. 브레실라는 적극적인 사회 활동을 누리고 옷과 모양에 관심을 기울였던 활발한 소녀였다. 제롬은 그녀와 그녀의 여동생(그녀는 훨씬 더 쉽게 영향을 받았던 것으로 보인다)이 그러한 기쁨을 포기하고 더욱 수녀처럼 사는 것으로 부름을 받았다고 확신했다. 따라서 정숙을 소중히 여기고, 음식에서 금식과 단순성을 실천하고, 의도적으로 외적인 모양을 소홀히 하고, 기도와 성경 연구의 삶으로 스스로를 성별할 것을 요청했다.

제롬은 특히 성적인 욕구를 바람직한 방향으로 돌리고 결혼한 남녀들의 무리와 사귀는 것을 피할 것을 권고했다. 그의 아주 유명한 서신 중에 하나('서신 22')는 순결의 주제에 관해서 유스토키움에게 말한다. 그것은 세상의 위협적인 세력으로부터 물러나서 자신의 경건을 유지한 자기 부인과 경건한 묵상의 지극한 모범자로서 동정녀 마리아를 천거한다. 제롬의 조언은 유스토키움만이 아니라 로마 교회의 아주 넓은 대중들이 읽을 것을 의도하였다. 동일한 시기에 제롬은 성과 관련하여 다른 견해를 주장했던 교회의 사람들과 논쟁하였다. 그는 마리아가 예수를 낳은 후에 통상적인 결혼생활을 했다고 가르치고, 따라서 결혼은 독신의 금욕만큼 높은 상태에 있는 것이라고 주장했던 평신도 신학자인 헬피디우스(Helvidius)에 대항하는 논문을 썼다.

헬리비우스의 견해에 따르면, 신약성경에 언급된 예수의 "형제들"(마 12:46-47; 막 3:31-32; 6:3; 눅 8:19-20; 요 7:3, 5; 행 1:14; 고전 9:5)은 마리아와 요셉이 낳은 다른 자녀들로서 그 용어의 자연스러운 의미로 취해야 한다는 것이었다. 이것은 역사적으로 가장 그럴법한 해석이었고, 터툴리안을 포함한 서방의 다른 학자들도 용인했다. 그러나 제롬은 이에 대해 격렬한 예외를 취했다. 독신이 더 우월한 삶의 방식이라는 논증의 상정된 성경적 주장을 손상시켰기 때문이었다. 헬리비우스에 대한 열정적인 공격에서 그는 마리아가 영원히 처녀였고 성경에서 언급된 예수의 친척들은 사촌들이었다고 주장했다 - 제롬이 글로바의 아내이자 예수의 어머니 마리아의 여동생이라고 간주한, "작은 야고보와 요세의 어머니"(막 15:40; 16:1)인 마리아의 아들들이었다는 것이다. 제롬의 논증이 득세했고, 그의 가르침은 로마 교회의 공식적인 견해로 인정받았다. 하지만 후대에 많은 사람들에 의해 도전을 받았다.[15)]

어떤 이들에게서 자기 부인과 관련한 제롬의 조언의 압박은 너무 과도했다. 브레실라는 신경쇠약에 걸렸고 과도한 금식으로 인해 죽었다. 파울라는 딸의 장례식에서 혼절함으로써 결국에 제롬이 그의 제자들로 하여금 가도록 권고했던 금욕에 대해서 상당히 대중적인 반감이 일어나게 했다. 제롬은 브레실라에 대한 과도한 슬픔을 보인 것으로 파울라를 책망했다. 그는 브레실라가 영적인 영웅으로 천국에서 승급이 되었다고 주장했다.

그러나 제롬에게 진정한 고통을 가져다준 것은 그러한 금욕주의에 대한 주창 때문이 아니라 교회에서 그의 동료들에게 가했던 비판 때문이었다. 그는 로마 성직자들의 잘못에 대해서 준엄한 비판을 행했고, 로마 교회와 "엉터리" 크리스천들의 사치와 부패에 대해서 독설적으로 공격하는 글을 썼다. 당연히 그러한 공격은 동료들의 기분을 아주 좋지 않게 만들었다. 그들은 제롬이 금욕적인 덕성을 설파하고 자기들의 세속성을 비난하지만, 여성 후원자들, 특히 파울라와 같은 그의 그룹과 친밀한 관계를 미묘하게 즐겼던 것으로 역설적으로 보았다.

시리시우스의 출현: 제롬이 동방으로 떠나다

제롬은 다마수스가 살아 있는 동안에는 안전했지만 그의 운은 그의 후원자가 죽은 후에 바뀌었다. 다마수스의 계승자인 시리시우스(Siricius)는 빈틈없는 행정가였고, 주교로서 그가 재직했던 기간(384-399)은 다른 서방교회에 직접적인 명령을 하달하기를 주저하지 않을 정도로 로마 교회의 실제적인 권위가 훨씬 더 확장되는 것을 보게 될 것이다. 그는 아프리카, 스페인, 골에 지역 권위자들에게 전달하는 "교서"나 서신들에서 황제의 권위적인 칙령을 모방하였다. 스페인의 타라고나(Tarragona)의 주교인 힘머리우스(Himerius)에게 전달한 일련의 도덕적인 권고인 첫 포고문들에서 분명히 나타났던 것처럼, 시리시우스는 성직자의 금욕적인 이상을 확고하게 승인하였지만 그는 금욕주의의 과도하게 기발한 지지자들로 간주했던 사람들에게는 기회를 주지 않았다. 제롬은 확실히 문제가 되었다. 그는 조사를 받고 그의 개인적인 행위에 대해서 정죄를 받고, 결국에 385년에 로마에서 추방되었다.

파울라와 유스토키움이 이끌었던 헌신된 여성들의 무리가 제롬을 뒤따랐다. 그들은 시리아에서 만나 성지로 단체로 여행했다. 그곳에서 그들은 많은 성스러운 장소를 탐방했고, 386년에 베들레헴에 최종적으로 정착하기 전에 애굽도 여행했다. 파울로의 재산의 도움으로 두 수도원이 세워졌다 – 하나는 제롬이 주관하는 남자들을 위한 것이었고, 다른 하나는 파울라가 운영하는 여성들을 위한 것이었다. 제롬은 두 공동체를 위한 규율을 작성했다. 그는 이런 환경에서 여생을 살면서, 420년에 죽을 때까지 연구와 글과 가르치는 일에 헌신하였다. 그는 성경의 주해 이외에도 넓은 주제에 관해서 광범위하게 글을 썼다. 여기에는 다양한 동방의 은둔자들의 삶과 『유명한 사람들에 관해서』(*On Famous Men*)라 일컫는 저명한 크리스천들에 관한 일종의 "인물연구"를 포함한다. 그것은 칭송적인 경외와 자신이 신랄하게 비판했던 것을 망라한다.

논쟁주의자 제롬

제롬이 동방에 정착했을 때에 하지 않았던 한 가지는 논쟁하는 것이었다.

그의 경력은 다른 크리스천들과 도덕적, 교리적, 성경적 해석을 놓고 논쟁한 목록을 읽을 수 있다. 그는 모든 곳에서 깨어진 관계를 남겼다. 수년 동안 제롬은 오리겐의 열성적인 헌신자였다. 우리가 주목했던 것처럼 오리겐의 주해로부터 그는 상당한 양을 전용했고, 그는 라틴어로 오리겐의 많은 설교를 번역하기까지 했다. 그러나 4세기 말에 동방교회들에서 오리겐의 가르침을 놓고 격렬한 분쟁이 발생했고(pp. 178-187을 보라), 제롬은 오리겐에 대한 그의 충성을 바꾸었다. 그는 "오리겐주의"와 그 영향들을 완강하고 극단적으로 반대하게 되었다.

제롬이 로마에서 만났던 아퀼레이아의 학자적인 수도사이자 아주 오래된 친구 중의 한 사람인 루피누스(Rufinus)는 오리겐을 기념하는 일에 충성하는 제롬의 반대편에 섰다. 루피누스는 몇 년 동안 예루살렘의 수도에서 기거하였으나 397년에 이탈리아로 돌아왔다. 398년에 그는 로마에서 오리겐의 『첫 번째 원리에 관해서』(*On First Principle*)의 새로운(다소 자유로운) 번역을 발행했다. 그것은 오리겐의 정통성을 의심할 수 없다고 주장하는 진술을 포함하고 있었다. 아울러 그는 제롬이 이전에 알렉산드리아의 작품들을 열성적으로 추종하였었다는 진술을 대담하게 말했다. 제롬은 루피누스의 번역과 오리겐에 대한 결의적인 충성에 대해서 화가 났다. 뒤이어지는 해에 전에 친구였던 두 사람 사이에서 격렬한 싸움을 볼 수 있었다. 제롬은 오리겐이 얼마나 이단적인지 그리고 그의 작품에 대한 그의 이전의 열정이 얼마나 잘못되었는지를 입증하기 위해서 『첫 번째 원리에 관해서』(*On First Principle*)에 대한 자신의 축어적인 번역을 출간했다. 그는 루피누스를 진리와 이단과 거짓된 번역을 모조한 것으로 고발하였고, 지극히 무절제한 용어로 그의 성품을 공격했다. 411년에 루피누스가 죽은 뒤에서 이런 막말은 계속되었다.

제롬은 그의 학문적인 능력에 열성적이었고, 그는 수준이 낮은 것으로 간주된 사람들의 지적이거나 문학적인 노력을 기쁘게 받아들이지 않았다. 초기 시절에 그는 순결의 주제에 관한 암브로스의 기여를 칭송했으나 이런 평가는 곧 교리적이고 주해적인 작품에서 암브로스의 독창성의 부족과 빈약한 형태를 준엄하게 비난하는 것으로 바뀌었다. 이 비판은 교묘하게 익명으로 되어 있었으나, 제롬의 조롱의 대상은 의도적으로 분명해졌다. 제롬의 평가에 대해서 암브로스는 어떤 종류의 반응도 하지 않았다. 제롬에 의한 보다 예견할 수 있는 공격은 조비니안(Jovinian)과 같은 반대자에게로 향하였다. 조비니안은 이전에 이탈리아 수도사였는데, 그는 금욕생활에 환멸을 가졌고, 모든 세례 받은 신자들은 동일한 신분을 갖는다고 주장함으로써 성경적인 근거 위에서 마음의 변화를 옹호하기를 추구했다. 독신은 결혼한 사람의 상태보다 우월하지 않고, 금식은 특별한 보상을 가져오지 않으며, 세례 받은 사람들은 사탄의 유혹에서 안전하다는 것이었다. 조비니안의 추론은 제롬 이외에 다른 성직자들에 의해서도 크리스천의 도덕적 노력과 영적인 측면에서 성직자의 암묵적인 우월성을 위협하는 것으로 인식되었다(암브로스와 어거스틴도 역시 조비니안의 견해를 공격했다). 그러나 자기 부인의 이상이 서방의 성직자의 구조의 본질적인 차원으로 강화되었던 것은 조비니안의 견해에 대한 제롬의 열렬한 공격 덕택이었다.

395년에 버질란티우스(Vigilantius)란 아퀴타니아(Aquitania)의 사제가 베들레헴을 방문하였고, 그곳에서 그의 체류는 불침기도와 유물 숭배와 같은 성인들에 대한 대중들의 헌신하는 모습이 옳은지를 놓고 논쟁하는 것으로 귀결되었다. 몇 년 뒤에 제롬은 버질란티우스를 강렬하게 비판하는 글을 썼다. 그는 그를 동서방의 교회에서 아주 강력했던 순교자의 제의에 관한 성스러운 원리를 반대하는 것으로 비난하였다. 삶의 말년에 제롬은 많은 다른 저명한 성직자들처럼 펠라기안주의(Pelagianism)를 공격하는데 가담하였지만(pp. 213-226을 보라), 그는 대적자들이 제기하고 있는 교리적인 이슈를 이해하려는 능력보다는 그들을 직접적으로 비방하는 능력을 더 크게 보여주었다.

제롬은 복잡한 성격의 소유자였다. 그가 대적자들에게 가했던 많은 비난의 말들은 그의 심리 내에 깊이 자리한 불안과 긴장을 반영했다. 학자들은 이것이 금욕주의에 대한 제롬의 추구에서 특히 사실로 나타났다고 주장했다. 즉 그의 금욕주의에서 자기 자신의 강력한 성적 요구를 이겨보려는 고통스러운 탐구가 적지 않게 나타났다는 것이다. 세속적인 학습에 대한 그의 태도에서도 그 경우가 확실하다. 유스토키움에 대한 유명한 서신에서 그는 한 꿈 이야기를 설명하는데, 즉 그는 하늘로 올려 졌으나 자신이 "크리스천이 아니라 키케로 연구가"라는 이유로 돌려보내졌다고 말한다.[16] 그는 그 후에 고전들보다는 성스러운 글들에 헌신할 것을 맹세했다고 말한다. 수년 동안 그는 고전 문학에서 인용하는 것을 삼갔으나 후대의 서신('서신 70')에서 그는 좋지 못한 도덕적 요소들을 적절하게 걸러낸다면, 그의 젊은 시절에 많은 책들이 유용한 사용이 될 수 있다는 수용의 입장을 제기했다.

제롬은 고전 세계의 문학에 아주 익숙해 있었고, 그 문화적 유산을 포기하는 것이 지극히 어렵다는 것을 발견했다. 그의 꿈에 관한 유명한 이야기조차도 고전적인 영향으로 심히 특징지어지는 문구로 표현했다. 결국에 당시에 여러 다른 매우 박학한 크리스천들처럼 그는 기독교 학자가 과거의 가장 좋은 것들을 취하여 개조할 수 있다고 주장하게 되었다. (그는 나중에 꿈에서 했던 맹세는 구속할[binding] 수 없다고 말했다.) 하지만 그의 마음속에 있던 긴장은 유명하였다: 후대에 유럽의 많은 수의 그림들이 사막에서의 제롬을 묘사하고 있는데, 그것은 그가 고전 문학을 읽으려는 유혹을 그의 가슴에서 몰아내기 위해서 돌로 자신을 때리고 있었다.

제롬을 학자가 되게 한 천재성이 그에게 오만과 모남을 가져왔고, 그는 좀처럼 재능보다 더 좋은 것을 보지 못했다. 제롬은 성격이 급하면서도 상당한 유머를 가진 사람이었다. 그는 인상적인 관대함과 놀라운 악의를 동시에 가졌다. 성경에 박식한 연구자로서 고대 교회에서 라이벌이 없었고, 주해가로서의 그의 능력은 여러 세대의 성경 해석자들에게 모범이 되었다. 심리적인 근거가 어떻게 복잡하게 연관되었는지는 몰라도, 금욕주의에 대한 그의 지원은 그의 당대의 기독교 세계에 상당한 힘이었다. 그의 명확한 잘못이 무엇이었든 간에, 제롬은 매우 은사가 있는 인물이었다. 다방면에서 그가 행한 일이 없었다면, 특히 서방의 신자들은 문화적으로 상당히 나빴을 것이다.

특히 금욕주의적인 이상에 대한 제롬의 헌신은 중요한 질문을 제기한다: 4세기와 5세기 초는 서방만이 아니라 특히 동방에서 기독교인들 사이에 금욕주의 성장이 널리 퍼지는 주요한 기간이었음을 입증해주는 것은 어째서인가? 그 질문에 대답하기 위해서 우리는 당시의 금욕적인 전통의 복합적인 본질을 좀더 세밀하게 살피는 것이 필요하다.

제5장

금욕주의자로서의 크리스천들

금욕주의와 사회적 변화

금욕주의는 초기부터 기독교계에서 의미 있는 세력이었고, 2세기와 3세기는 자기 부인의 영성과 신학에 상당한 발전이 있었다.[1] 교회가 팽창하고 로마 제국의 문화적 세계에 더욱 침투했을 때, 그러한 특별한 헌신의 모습은 점차적으로 강력해졌다. 3세기 이후부터 이전보다 훨씬 더 많은 크리스천들이 사회적 발전의 혜택이 도덕적인 특징과 영적인 에너지라는 측면에서 부수적인 대가를 치르게 하지는 않는지를 스스로 묻는 자신을 발견하였다. 이런 질문은 250년대에 로마와 카르타고(Carthage)의 교회들에 영향을 주었던 것과 같은 교회의 순결과 연합에 대한 주요한 논쟁의 대부분에 함축되어 있었고, 대체로 교회들에서 그들의 형제와 자매들보다 더 엄격한 헌신의 삶을 갈기를 추구했던 아시아, 시리아, 애굽의 3세기 크리스천들의 마음에 확실히 내재해 있었다.

그러나 금욕주의에 대한 열망이 동력을 얻었던 것은 특히 4세기였다. 박해를 받을 가능성이 상당히 있었던 시대가 끝이 났고, 크리스천들이 부와 지위로 혜택을 누리게 됨으로써 교회가 안락함의 분위기에 안주하고, 주변 세계와 달라야 하는 소명을 배반할 위험성이 실존했다. 순교할 가능성이 급격히 줄어들고, 도덕적인 타협의 위험성이 발생했다. 중앙에서의 정치적인 변화와

4세기 초의 잠깐의 시련으로 말미암아 영적인 엄격함에 대한 지역적 전통들의 상승이 조합됨으로써, 새롭고 광범위한 금욕주의적인 열정의 표현이 파생되었다.

이런 표현들은 상당히 서로 달랐고, 지역의 분위기에 따라서 강력하게 형성되었지만, 로마 세계에서 모든 기독교인들 사이에서 존재했던 분위기의 일반적인 변화가 없었다면, 그렇게 나타나지는 않았을 것이다. 또한 콘스탄틴 이후에 바뀐 세계적 상황이 없었다면, 금욕주의의 다른 종류의 습관과 독특한 개념들이 한 곳에서 다른 곳으로 그렇게 급속하게 퍼지지는 않았을 것이다. 동시에 4세기의 변화된 환경에서 크리스천들은 이 믿음의 특혜를 그들의 번영에 대한 심각한 위협이라고 여겼던 다른 신앙 구조들과 점차적으로 활발한 경쟁에 직면할 것이다.

특히 스토아파와 피타고라스파의 전통[2]은 물질적인 단순함, 자기 훈련, 묵상의 삶을 이상화했고, 교육받은 독자들은 플로티누스(Plotinus)의 포르피리(Porphyry)의 『삶』(*Life*)과 같은 작품들과 훌륭한 시리아 신플라톤주의 철학자인 이암블리쿠스(Iamblichus, 약 250-326)가 만든 피타고라스의 전기와 같은 이교 금욕주의를 글로 칭송한 것에 익숙해 있었다.[3] 이런 전통들에서 소중히 여겨진 이미지들은 예수를 따르는 자들이 금욕에 헌신함으로써 그들의 경쟁자들을 능가할 수 있다는 암묵적인 도전을 대변했고, 이교도 자료에서 금욕적인 덕성에 관한 설명들은 기독교 작품에서 성스러운 도덕성의 특징에 의미 있게 영향을 줄 것이다.

시리아와 메소포타미아

4세기 초에 금욕주의가 가장 활발했던 지역은 자기 부인의 충동이 이미 몇 세대 전에 강력하게 느껴졌던 시리아와 메소포타미아였다. 로마 세계의 동부 변방이나 그곳을 넘어서는 지역에 살았던 금욕주의자들의 도덕적 영적 영향의 의미는 기독교 영성에 대한 우리의 모습이 지중해 문화의 명확한 중심지를 넘어서서 진행되었던 발전을 포함해야 한다는 또 다른 모범적인 사례를 제공한다. 정통주의적인 리더였던 아프라하트(Aphrahat, 약 270-345)와 같은 초기 시리아 전통의 아주 탁월한 저자들의 가르침은 주류 교회와 관련되는 한 분리주의자가 아니었고, 헌신이 오로지 그리스도에게만 속해야 하는 세례 받은 자의 특징으로서 성별과 성적인 절제에 강력한 강조를 두었다. '이디하야' ("금욕")란 시리아어는 사실상 "독신" 또는 "홀로"로 번역될 수 있다(헬라어 '모나코스' ["수도사"]의 어근도 '모노스' ["독신"이나 "홀로"]이지만 '모나코스'란 말의 원 의미는 분명하지 않다).

동부 시리아 배경의 신자들의 경우에 하나님을 단일한 마음으로 붙드는 대가는 남달랐다. 데오클레시안의 시대까지 황제의 당국자들에 의한 박해는 사실상 안디옥의 동부 지역으로 제한되어 있었으나, 많은 크리스천 남녀가 대박해 시에 이 지역에서 순교했다. 그러나 콘스탄틴 혁명이 있고나서 이런 박해가 멈추었고, 325년에 메소포타미아의 주요한 도시인 니스비스(Nisbis)는 니케아 공의회에 자신들의 주교인 제이콥(Jacob)을 보낼 수 있었다. 제이콥을 따르던 자 중에 한 사람인 에프렘(Ephrem, 약 306-373)은 시리아 교회에서 가장 유명한 작가였고, 그의 신학은 금욕적인 원리로 깊이 형성되어 있었다.

에프렘(전통적으로 "시리아의 에프렘"으로 알려져 있다)은 정당하게 추구할 가치가 있는 탁월한 인물이었다. 니스비스에서 태어난 그는 교회의 "해석자" 또는 "주해가"로 제이콥에 의해서 임명되었다. 그는 지역 크리스천들의 교화를 위한 글을 쓰고 가르치는 역할을 했다. 니스비스가 363년에 페르시아로 넘어간 후에 에프렘은 에뎃사에서 그의 여생을 보냈다. 그곳에서 그는 현존하는 많은 작품들을 생산했다. 에프렘은 상당히 많은 책을 썼다. 그의 이름으로 거짓되게 귀속되는 다량의 자료가 존재함으로 문제가 좀 복잡할지라도, 그의 많은 작품은 성경과 다른 텍스트들(타티안의 디아테사론[Diatessaron])에 관한 주석,[4] 설교, 찬미의 형태로 존재한다. 이 모든 작품은 시리아어로 되어 있고, 상당한 부분이 운문으로 되어 있다. 그의 작품들은 (매우 정치적으로 혼란한) 동부 로마 세계 변방의 기독교의 상황에서 신학적인 논증과 성경 해석의 방식에 매우 중요한 통찰을 제공해준다. 현대의 학문계는 에프렘이 대체로 그 교회에 얼마나 영향력이 있었는지를 이제 막 탐구하기를 시작하고 있다.

에프렘이 칭송을 받고 있는 것은 무엇보다도 찬미에 대한 것이다. 서방의 암브로스가 그러했던 것처럼, 아리안과 여타 잘못된 것들에 대항하는 가톨릭의 가르침을 설득하기 위해서 기획된 이 저작들은 인간 형태의 제한으로 겸손하게 낮아져 오신 하나님의 신비로운 은혜를 감탄하며 하나님이 신의 본질과의 의도된 연합으로 인간을 회복시키시는 과정을 찬양하는 풍부하고 성육신적인 신학을 제시한다. 에프렘은 하나님을 자주 여성의 이미지를 부각시켜 묘사하는데, 이는 현대 시대에 발견된 짧은 단편 시리즈의 찬송인 2세기말의 『솔로몬의 오데스』(*Odes of Solomon*)처럼 시리아에서 유래한 다른 자료의 경우와 마찬가지다.[5] 에브렘의 찬미집은 동부와 서부의 시리아 교회의 핵심적인 예전의 일부가 되었다. 초대기독교에서 이루어진 시적인 성취 가운데 그의 저작들은 널리 번역되어 모방되었으며, 후대에 비잔틴 예전의 출현에 지대한 영향을 끼쳤다.

에프렘은 금욕적인 이상과 모범을 매우 중요하게 여겼다. 특히 예수의 어머니인 마리아의 성별된 처녀성을 중시했다. 에프렘에게서 정결과 거룩은 동일했고, 하나였다. 참으로 헌신된 신자들은 "천사적"인 존재로 살 것을 부름받아서, 궁극적인 성화를 향한 길을 가기 위해 이 세상의 육적인 의탁을 초월하였다. 동시에 그는 물질을 부적절하게 폄하하지도 않았다. 에프렘의 시의 배경은 자주 성례적이었고, 그는 자연 세계의 미와 질서를 하나님의 선의 상징으로 떠오르게 했다. 천사들의 삶(참조. 눅 20:34-36)이 이상적일지라도, 결혼과 자녀를 낳는 것도 인간 존재의 존속을 위해서 명확하게 필요했다. 이런 역설적인 인식에도 불구하고 에프렘이 가장 영적인 마음의 소명으로서 성적인 금욕을 내세웠다고 하는 개념을 막아주지 못했다. 그는 금욕적인 거룩함의 전형으로 환호를 받았고 그의 글에서 표현된 개념과 심상은 그리스 동부와 (덜한 정도로) 라틴 서방에서 동화되었다.

헬라적 영향이 훨씬 더 잠재력이 있었던 시리아의 서쪽 먼 곳에서 금욕주의의 다양한 형태가 4세기에 발전했다. 어떤 금욕주의자들은 공동체로 모여서 살았지만, 많은 금욕주의자들은 영적인 은둔자로서 홀로 살아가는 삶을 추구했다. 그들은 하나님과의 개인적인 관계를 배양하는 데만 헌신했다. 이 은둔자들(hermits, 이 영어단어는 헬라어 '에레미테스', "사막에 거하는 자"에서 유래한다)은 자주 특별한 내핍생활의 형태를 취했다. 그들은 사슬을 몸에 감고, 의도적으로 몸을 사막의 극단적인 기후에 노출시켰으며, 자주 일부러 굶주렸

시리아의 텔라니수스의 그의 기둥 주변에 세워진 "고행자" 성 시므온의 5세기말 바실리카 유적지.
R. 프리싱거의 그림, 허락을 받고 실었다.

고, 어떤 경우에는 짐승의 식사로 연명했다.

그들 중에 어떤 이들은 타원형의 돌이나 이와 유사한 구조물에 올라가서 살았다. 한 사람은 텔라니수스(Telanissus)에서 자신을 안디옥 북동쪽의 사막의 기후에 노출시키면서, 여생을 12-18미터 높이의 기둥 꼭대기에[6] 올라가서 보내기 위해서, 특히 수도원의 관계적인 위로를 뒤로 하였다. 그는 "고행자" 또는 "기둥 거주자" 시므온이었다. 그는 기독교 세계에서 아주 유명해져서 그의 헌신을 목격하기 위해서 순례자들이 찾아왔다.[7] 많은 사람들이 자기 증대의 왜곡된 형태라고 그의 행위를 비판하였을지라도, 그는 많은 신자들에게 의미 있는 인상을 주었고, 그의 모범으로 많은 이교도들이 회심했다고 전해진다. 동방과 애굽 그리고 그리스에는 뒤이은 세기에 유사한 관행을 채택한 많은 다른 "고행자들"이 있었다.

시리아의 많은 은둔자들은 5-6세기의 과정에서 상당히 성장했다. 많은 열심자들이 문맹이었고, 성경이나 다른 영적인 글들을 묵상할 수 없었지만, 그들은 기도와 자기 고행의 삶으로 자신을 내어주었다. 남자들뿐만 아니라 여자들도 전적인 헌신을 보여주기 위해 의도된 관행들을 취했고, 의미 있는 방식으로 금욕주의는 여성들이 사회에서 그들의 전통적인 역할을 벗어나서 매우 자립적으로 성(gender)의 의례적인 개념들을 도전하는 길을 추구할 수 있는 기회를 제공했다. 여성과 남성들이 그들 자신을 내어주었던 극단적인 엄격주의는 대부분의 현대인들에게 기괴하고 미신적인 것으로 두드러져 보인다. 확실히 많은 금욕주의자들에게서 그 영성은 기독교와 비기독교적 가설의 복잡한 혼합이었고, 확실히 어떤 이들은 "그리스도를 위해서 바보"(참조. 고후 10-12장)처럼 헌신을 취한 기간 때문에 유명해질 수 있다는 욕구에 이끌린 광신자였다. 그러나 많은 이들은 세상의 것들과 자신을 분리시킴으로써 하나님께 더 가까이 나아가고자 하는 탐구에 신실했다. 설사 그 탐구에 깔려 있는 전제가 성경적인 측면에서 반대를 당할 수 있을지라도 말이다.

많은 금욕주의자들은 조직화된 교회와 무관하게 자신들의 소명의식을 추구하는 일에 헌신하였다. 이런 부류 중에 가장 잘 알려진 자는 4세기와 5세기 초의 소위 메살리안들(Messalians)이나 "기도하는 사람들"(pp. 105-106을 보라)이었다.[8] 그들은 순회하는 삶을 채택했으며, 그들이 믿기에, 육체의 욕구를 초월하고 영적인 안정의 상태를 유지하게 하실 수 있는 성령께 계속 기도하는 삶의 형태를 실천하며 살았다. 설사 교회론적인 권위의 일반적인 구조를 도전하는 것으로 간주되었을지라도. 특히 헬라어를 말하는 동방에서, 성령의 능력에 관한 그들의 강조는 일부 주류 크리스천들에게 어떤 매력을 주었다.

애굽

시리아와 메소포타미아가 금욕적인 행위의 성장에 가장 생산적인 토양을 제공하였다면, 수도원 운동의 가장 영향력 있는 '신학'은 애굽의 남단에서 출원했다. 다른 곳에서보다 애굽의 기독교는 사회와 사막이 양립하는 곳에서 성장했고, 나일강 주변에 군집한 많은 사람들의 거처지와 사막이 서로 가까이 있음은 애굽의 기독교인들에게 조직화된 사회의 압박에서 벗어나서 정적을 추구할 수 있는 광야의 거친 상징과 계속 부닥뜨리게 했다. 사막은 모든 곳에서 볼 수 있었고, 사막은 고독을 말해주었다.

이것은 애굽인들의 금욕주의가 단순히 사회를 거부했던 사람들로 형성된 운동으로 보지 않아야 한다는 것을 의미한다. 그들은 은둔을 향한 자연스러운 경향을 갖고 있었기 때문이다. 오히려 애굽의 금욕주의자들은 인간 존재의 통상적인 패턴에 대한 의존에서 자유로운 영적 삶의 능력을 보여줌으로써 사회와 새로운 관계 설정을 형성하는데 관심이 있었다. 애굽의 교회들은 아주 초기부터 금욕주의자들을 생산했고, 오리겐과 같은 선생들의 사상은 그 지역에서 수도원 영성의 발전에 상당한 무게를 제공했다.[9)]

안토니

애굽의 금욕주의자의 가장 유명한 사람은 안토니(Antony, 약 251-356)였다. 그의 모범은 그가 죽고 나서 곧바로 작성된 아타나시우스의 매우 영향력 있는 전기에 의해 칭송되었다. 아타나시우스의 기사는 안토니를 기독교의 이상화된 거장으로 제시한다. 확실히 아타나시우스는 주교제의 권위에 대한 충성을 염두에 두고 안토니의 삶과 지혜를 조명하는데 관심이 있었지만, 그의 설명은 다른 당대의 기록에서 폭넓게 보강할 수 있는 모습을 제시한다.

아타나시우스에 따르면, 안토니는 유복한 기독교 가정에서 태어났으나, 18살의 나이에 어린 여동생과 함께 고아가 되었다. 270년경에 그는 금욕적인 삶에 대한 소명을 경험했고, 그의 여동생을 처녀들의 공동체가 돌보게 했으며(그녀는 뒤이어 그러한 삶의 방식을 채택했다), 금욕주의자들이 모여 사는 마을에서 학도가 되었다. 세상과 분리하는 도전과 영적으로 씨름하는 기간이 지난 후에(그동안에 그는 마귀들과 씨름했다고 말하는 광야 주변의 무덤을 방문했다), 그는 사막으로 이동해서 근처의 안전한 공동체의 무리들에서 떨어져서 홀로 지냈다.

안토니는 중부 애굽의 피스피르(Pispir)에 버려진 요새에서 은둔자로서 20년간을 지냈고, 그 이후에는 다른 크리스천들과 접촉을 가졌다. 그때에 그는 홍해의 동부 사막으로 더 이동할 것을 결정하였고, 그곳을 피스피르의 “외부 산”(Outer Mountain)과 구분하여 자신의 “내부 산”(Inner Mountain)이라 지칭했다. 그는 제자들을 받아들이고 다른 금욕자들을 조언하기 위해서 주기적으로 "외부 산"을 방문했지만 대부분의 시간을 "내부 산에서" 보내다가, 그곳에서 356년에 고령의 나이로 죽었다.[10] 그가 사막으로 더욱더 이동한 것은 악의 세력들과 대결하고, 예수가 복음서의 유혹의 기사(마 4:1-11; 막 1:12-13; 눅 4:1-13)에서 사탄의 간계에 저항했던 광야 지역에 평화와 사랑과 훈련의 영적인 오아시스를 세움으로써 그들의 영토를 정복하려는 그의 결의를 상징했다.

안토니는 교사로서 유명했다. 그가 고독한 삶을 사는 것으로 끝났을지라도, 그는 "외부 산"으로 그를 방문한 자들에게 조언과 기도와 때로 애원자들에게 영적인 치유를 행했다. 그가 말했던 것(또는 어떤 경우에 그에 대해서 말했던 것)의 상당수가 '오포프데그마타 파트룸'(Apophthegmata patrum, "교부들의 말씀들")으로 알려진 사막의 수도사들의 지혜의 문헌집에 보존되어 있다. 하나님과 가까이 살았던 사람들이 거룩한 영감으로 말하고 그토록 존경을 받는 선임 수도사가 말한 지혜의 말씀을 덜 경험이 있는 수도사들과 방문자들은 생생하게 추구해야 한다고 느꼈다. 안토니와 같은 현자들은 영적인 덕성으로 침묵을 소중히 여기는 경향이 있었고, 그들은 마지못해 조언을 승낙했지만, 그들의 소중한 말들은 열정적으로 전수되었고, 다양한 판본으로 순환되었다.

아타나시우스는 그의 영웅을 문맹자로 묘사하지만 안토니는 다른 수도사들, 기독교인들, 그리고 정치적인 인물들과 서신을 교환했다. 아타나시우스의 『삶』(*Life*)과 『아포프데그마타』(Apophthegmata)만큼 영향이 있지는 않을지라도 그의 서신들의 일부가 다양한 단편과 번역으로 존재한다. 안토니의 영성은 사탄의 세력의 유혹적인 위험을 식별하고 – 특히 두려움, 분노, 그리고 육적인 욕구와 같은 자연적인 감정으로 대변되는 – 기도와 묵상 속에서 그리스도의 능력을 구함으로써 그것들에 대해서 승리할 필요성에 집중했다.

은둔 수도원운동

수도원 운동의 모범자로서 안토니의 영향은 지대했다. 아타나시우스가 그를 조직된 교회 지도자와 제휴하여 산 것으로 제시할지라도, 사실상 안토니는 '아나코레시스' ("은둔")의 원리와 동등한 삶을 살았다. 그러한 유형을 따랐던 사람들을 "은둔자"라 일컬었다. 안토니는 이런 관행의 개척자는 아니었다. 유사한 삶을 살았던 애굽의 사막에 수천의 다른 수도사들이 있었다. 팔라디우스(Palladius, 4세기말에 애굽의 다양한 수도사들을 방문했던 소아시아 출신의 교육 받은 기독교 지도자)의 『사막 수도사들의 이야기』(*Lausiac Histoty*)[11)]나 익명의 『애굽 수도사들의 역사』(*History of the Monks of Egypt*)와 같은 5세기 초의 글들에서 우리는 그 지역의 수도원 운동의 다양성과 순수한 규모를 감지할 수 있다.

일반적으로 많은 수도사들이 작은 독방이나 분리된 장소에서 홀로된 삶을 따라 사는 것을 추구했다. 그들은 육체적인 자기 부인과 계속되는 반복된 기도, 그리고 성경을 (공식적인 연구보다는) 음송하는 삶을 살았다. 음식이나 수면을 취해야 할 필요를 육체의 항복과 영적인 의무를 산란하게 하는 것으로 여기고, 긴 도취는 유혹적인 여인과 같은 "마귀들"이 금욕자의 결심을 시험하기 위해 나타날 수 있는 환영과 몽환으로 유도할 수 있다고 자주 간주하였다.

하지만 모든 은둔자들이 엄격한 의미에서 홀로 지낸 것은 아니었다. 특히 니트리아(Nitria), 켈리아(Kellia, 직역하면, "독방들"), 그리고 스케티스(Scetis) 주변의 '아래쪽 애굽' (Lower Egypt)의 많은 수도사들은 느슨한 사회적 조직의 다양한 형태를 취했다. 그들은 영적인 장로들 주변에 모여서 때로 서로 격려하는 만남을 가졌다. 육체적인 필요를 충족한다면 영적인 소명에 더 잘 헌신할 수 있다는 근거 위에서 그들 자신을 지원할 수 있도록, 어떤 경우에는 건물과 교회를 가졌고, 공유된 산업이나 상업 활동에 참여하였다. 그러한 범주에서 두드러졌던 인물 가운데는 아문(Amoun), 팜보(Pambo), 알렉산드리아의 대 마카리우스(Macarius the Great), 그리고 또 다른 알렉산드리아의 마카리우스(Macarius)를 포함했다.

그러한 교사들의 주변에는 상당수의 제자들이 모였다. 그들은 독방에서 주로 살았으나 때로 교제를 위해서 가끔 만나기도 하였고, 그들의 성스러운 멘토의 지혜를 듣기도 하였다. 모든 그러한 헌신자들은 남자만이 아니었다. 안토니가 그의 여동생을 맡겼던 것처럼 애굽의 도시에 여성 금욕주의자들의 그룹이 있었는데, 그들을 여성 운둔자 또는 "은자"라고 불렀다. "사막의 아버지들"('아바스' [Abbas])과 많은 "사막의 어머니들"(암마스[Ammas]) – 데오도라와 사라와 같은 여인들 – 에 대한 언급이 팔라디우스의 『역사』(*History*)와 『아포프테그마타』에서 보존되고 있다.

켈리아에서 이전에 콘스탄티노플 교회에 속했다가 금욕 생활로 전환한 매우 교육을 많이 받은 폰투스의 에베그리우스(Evagrius of Pontus, 346-399)는 영적인 가르침의 복잡한 해석을 수도원에 제공했다. 그는 갑바도기아와 콘스탄티노플의 발전된 신학에서 영향을 받았던 그의 배경을 특히 대 마카리우스로부터 흡수한 사막의 실천적인 경건과 연결할 수 있었다. 그는 상당한 양의 작품을 쓴 첫 기독교 수도사에 해당한다.

오리겐에게 매우 영향을 받았던 에바그리우스는 금욕자가 되려는 사람들을 잘못되게 만드는 여덟 가지 악한 욕정이나 "악마들"을 분석했다: 폭식, 탐욕, 허욕, 낙담, 분노, 무관심이나 게으름('아시디'), 허세, 그리고 교만. 그는 이런 세력들이 영혼의 다른 구획에 할당되어 있고(심리에 관한 플라톤주의자들의 생각에 따라서), "순결"이나 무언의 기도의 연습으로 발전되는 영적인 묵상의 과정으로만 궁극적으로 이런 것들을 극복할 수 있다고 믿었다. 즉 그는 그러한 고양된 상태에서만 악한 세력들이 주입하는 하나님에 관한 육체적인 심상에서 마음이 자유롭게 된다고 가르쳤다. 자아 부인의 완전한 실현은 '아파데이아'("냉정함")의 획득이었다. 스토아철학은 그 조건을 세상의 본질에 관한 적절한 이해가 있는 상태로 고취시켰다. 그러나 에바그리우스는 그것을 세상적인 이미지에 의해 물들지 않은 하나님에 대한 참된 영적 사랑의 행위를 가능하게 하는 마음의 평온함과 정결로 보았다.

4세기 말에 오리겐의 가르침의 타당성에 대해서 격렬한 논쟁이 발생했을 때(178-181을 보라), 에바그리우스의 개념도 역시 일부 사람들에게 의심을 받게 되었고, 예리한 분열이 애굽(그리고 팔레스타인)에서 오리겐주의를 선호했던 금욕자들과 그렇지 않았던 금욕자들 사이에서 발생했다. 그러나 결국에 영적인 삶에 관한 에바그리우스의 실천적인 조언은 그 싸움을 견뎌냈고, 그의 작품은 헬라[12]와 특히 동방의 시리아 금욕주의에 커다란 영향을 끼쳤다. 니트리아의 한 방문객 즉 존 카시안(John Cassian, pp. 177-178을 보라)을 통해서 그의 사상은 서방으로 일찍이 전달되었다. 직접적이고 간접적인 수도원 운동에 대한 에바그리우스의 영향은 상당하였고, 영성과 기도의 탐구에서 애굽에서 파생된 금욕주의 신학은 대체로 교회에 중요한 결과를 가져왔다.

파코미우스: 공동생활하는 수도원운동

모든 애굽의 수도원운동이 운둔자 형태를 따른 것은 아니었다. 남쪽 먼 지역의 데바이드(Thebaid)의 타베니시(Tabennisi)에서 또 다른 종류의 금욕적인 범주가 파코미우스(Pachomius, 290-346)에 의해 개척되었다. 파코미우스는 팔로만(palamon)이라는 금욕주의 교사를 따라 운둔자로서 몇 년 동안 보냈던 이교에서 회심한 기독교도였다. 그는 그 후에 자신이 다른 형태의 수도원 생활을 발전시키도록 부름을 받았다고 확신했다. 그는 금욕자들이 홀로 지내기보다 함께 살아가는 제도를 구축하기를 시도했다.

처음에 파코미우스는 별다른 성공을 거두지 못했다. 삶의 모범에 의해 인도하려는 그의 본능을 이용하고, 자신들의 이득을 좇았던 사람들 사람들이 있었기 때문이었다. 그는 수도사들 사이에 참된 연합을 보증할 수 있는 공통된 규칙의 제도가 없이는 그의 계획이 제대로 작동할 수 없다는 것을 곧 발견했다. 그는 사도행전 2:42-47(또한 행 4:32-35을 참조하라)에 묘사된 초대 교회 교제의 유형을 따라서 공동의 소유권과 권리에 헌신하기로 다짐하는 '코에노비움' 또는 "공동체"(그는 그것을 "교제" 또는 '코이노니아' 로 생각했다)를 세웠다. 그곳에서는 가르치는 상관에 의해 주재되는 엄격한 규율 조항이 있었다(파코미우스는 이전에 군인으로 있었다). 이런 구조와 함께 그 개념은 아주 매력적이어서 파코미우스가 살아 있을 동안에 타베니시의 공동체는 일천 명 이상의 수도사들이 거주했고, 애굽의 다른 곳에서 수많은 유사한 수도원들이 확산되었다.

이 금욕자들이 채택한 라이프스타일은 진지했지만, 은둔자들의 생활만큼 엄격하지는 않았다. 많은 수도원의 엄격함과 비교할 때, 이 수도원 공동체는 아주 자유로웠다. 그들은 잠을 잘 수 있는 침대가 있었고, 검소할지라도 규칙적인 식가가 있었다. 수도사들은 작은 방이나 집에서 소그룹으로 함께 살았고, 음식을 만들고 빨래를 하는 의무를 서로 나누어가졌다. 그들의 삶이 매일 두 번의 공동 예배에 중심하고 있었을지라도, 수도자들은 다양한 수제품 만들기나 거래에 참여했고, 병자와 여행자에게 자비를 베풀었다. 그럼에도 불구하고 그들은 세상과 거리를 두는 것을 상징했던 벽을 두고 살았고, 어느 누구도 이전에 혹독한 평가가 없이는 공동체에 들어오는 것이 허락되지 않았다.[13] 파코미우스의 공동생활 형태의 모델은 남자들만이 아니라 여자들에게도 매력을 주었다. 많은 지역에서 여성들만을 위한 분리된 공동체가 형성되었다. 여성들의 공동 거주지 가운데 하나는 파코미우스의 누이인 마리아가 책임자로 있었다. 저명한 알렉산드리아 가문의 딸인 신클레티카(Syncletica)는 도시 외곽에 여성들을 위한 공동체를 세웠고, 그녀는 안토니에 대한 아타나시우스의 묘사를 생각나게 하는 5세기에 익명의 사람이 만든 『삶』(*Life*)이란 책으로 칭송되었다.

팔레스타인: 수도원과 라브리(Lavrae)

팔레스타인에서 수도원운동은 4세기에 순례자들을 강력하게 이끌었던 성지와 관련하여 성장하는 경향이 있었다(pp. 24-25을 보라). 380년대 초에 스페인이나 골의 대서양 해변 지역 출신의 귀족 부인이 애굽, 팔레스타인, 에뎃사 그리고 소아시아를 포함하는 동방의 여행에 대한 일기를 썼다. 그녀의 이름은 에게리아(Egeria)였고, 그녀는 수녀였던 것으로 보인다. 구어적인 라틴어로 작성된 그녀의 작품은 다양한 이유 때문에 독자들을 이끌었는데, 특히 당시에 동부 기독교 예전에 관한 상세한 설명과 수도원 운동의 내용에 대한 증언에서 탁월했기 때문이었다.[14] 성지에 대한 유게리아의 설명은 시내산에서 갈릴리에 이르는 거의 모든 순례지에 있는 수도사들을 언급하는 것을 포함한다. 우리가 예상할 수 있는 것처럼 예루살렘은 가장 중요한 중심지였고, 그곳에서부터 금욕주의 운동이 헬라, 곱틱, 그루지아, 그리고 아르메니아의 배경에서 성장했다. 자주 이 공동체들은 순례자들을 맞아들이기 위한 숙박시설을 갖추고 있었다.

감람산에서 금욕자들의 공동체가 370년대 말에 멜라니아(Melania, 약 342-

410)라 이름 하는 부유한 로마 부인에 의해 세워졌다. 그녀는 결혼하고 얼마 안 있어 과부가 되고 나서 영적인 삶을 취했다. 멜라니아는 아퀼리아(Aquileia)의 젊은 루피누스(Rufinus)에 의해 예루살렘에 합세했다(p. 153을 보라). 멜라니아는 사막의 수도사들을 방문하는 여행을 하던 중에 수도원운동에 개종한 또 다른 교육 받은 사람인 루피누스를 애굽에서 만났다. 멜라니아 그리고 그녀와 함께 살았던 성별된 처녀들은 방문객들을 접대하고 병자들을 돌보면서 자비의 삶을 살았다. 아울러 멜라니아는 성경과 기독교 저자들 특히 오리겐의 헌신된 학도였다. 4세기 말 경에 그녀는 수년 동안 이탈리아로 돌아갔지만(루피누스는 오리겐의 저작과 관련한 논쟁이 발발하고 나서 이미 고향으로 돌아갔었다), 그녀의 삶의 마지막 시간에는 다시 한 번 예루살렘에 거주했다.

멜라니아의 모범을 베들레헴에서 부유한 로마 과부인 파울라가 뒤따랐다. 그녀는 제롬이 남성 공동체를 설립하는 것을 재정적으로 지원했고, 부근의 예수가 태어나셨다는 평판이 있는 동굴 옆에 그녀 자신의 여성공동체를 시작했다(p. 152를 보라). 하지만 심지어 그들이 도착하기 전에 베들레헴에 이미 헬라의 '코에노비움'이 있었다. 멜라니아, 루피누스, 파울라, 그리고 제롬의 수도원은 학문적인 활동의 중심지였다. 제롬과 그의 제자들은 상당히 헌신된 학도들이었고 텍스트들의 필사자였다. 그들은 광범위하게 책을 만들었을 뿐 아니라 의미심장한 도서관을 세웠고, 문서들이 정치적인 격변 중에 너무 쉽게 소실되거나 파괴될 수 있었던 불안정한 세계에서 중요한 기독교 문헌을 보존했다. 루피누스는 교회와 수도원운동의 역사가였고 열정적인 – 다소 자유로울지라도 – 헬라 작품들의 번역자였다. 또한 성경과 사도신경에 관한 주석을 포함한 믿음에 관한 다른 작품들의 저자였다.

자기 부인과 연구와 자선에 대한 멜라니아의 관심은 그녀의 손녀인 소(小) 멜라니아(Melania the Yunger, 약 385-439)에 의해 이어졌다. 두 사람이 그녀의 가족이 갈망하던 자손을 낳지 못하게 되자 20살의 나이에 소(小) 멜라니아는 그녀의 부유한 남편인 피니아누스(Pinianus)를 설득하여 남편이 아니라 형제처럼 금욕을 실천하며 살고자 했다. 그들은 로마에 그들의 집을 포기하고 북아프리카와 애굽으로 여행했다. 그들은 그곳으로 갔을 때, 막대한 재산을 나누어주었고, 종국에 팔레스타인에 정착했다. 서유럽과 북아프리카에 커다란 동산을 포함하여 그들이 재산을 처분한 일은 그들의 가족을 격분시켰고, 강력한 반대에 직면해서도 그들의 재산을 포기하려는 그들의 결의는 그들의 확신이 얼마나 강렬했는지를 증거해준다. 피니아누스가 죽은 이후에 멜라니아는 감람산에 다른 수도원을 세웠다.[15)]

유대 사막에서 금욕자들의 많은 남성 공동체는 4세기와 6세기의 과정에서 발전했고, 다시금 개척적인 인물들의 대부분은 본래 순례자로 그곳에 왔었다. 첫 유명한 정착자는 320년대나 330년대에 일련의 수도원 거주지를 시작한 소아시아 출신의 차리톤(Chariton)이었다. 차리톤과 그의 동료들은 특색 있는 형태의 수도원을 발전시켰다: '라브리'의 형태. 라브리의 가장 오래된 형태는 교회와 다른 건물들로 구성된 복합물로 구성되어 있었는데, 멀리 주변에 흩어진 개인 독방들과 더불어 식당을 구비하고 있었다. 독방들은 전형적으로 약 35m 간격으로 자리하고 있었다. 헬라어 '라브리'는 "좁은 길"을 의미하고 그러한 거주지에 그 용어를 사용한 것은 독방들이 일반적으로 협곡을 따른 길이나 능선에 위치하고 있다는 사실에서 유래했다. 수도사들은 자신들의 독방에서 홀로 대부분의 시간을 보냈으나 공동의 기도와 식사를 위해 함께 모였다. 그들의 라이프스타일은 '코에노비움'의 공동생활과 사막 은둔자들의 고립된 실존의 중간에 위치하였다.

유대의 사막 금욕주의는 수도사 유티미우스(Euthymius, 377-473)와 그의 제자 세바스(Sebas, 439-532)에 의해 확장되었다. 그들의 삶은 그들의 수도원에서 경험했던 다른 수도사인 스시도폴리스(Scythopolis) 출신의 시릴(Cyril, 약 525-558)에 의해 상세히 설명되었다.[16)] 유티미우스는 '라브리'의 기풍을 금욕자들이 열망해야하는 삶으로 제기했지만, '코에노비움'이 헌신자가 되려는 사람들을 위한 적절한 출발점이라고 인정했다. 5세기와 6세기에는 특히 오리겐 신학에 대한 서로 다른 생각 때문에 정치적이고 교리적인 논쟁의 범주로 이끌려진 팔레스타인 수도사들을 보게 되는데, 그들 간에 예리한 분쟁이 있었다. 사막의 수도원은 7세기의 페르시아와 아라비아의 침입으로 쇠퇴하였다.

갑바도기아: 바실의 가르침

갑바도기아에서 금욕주의 운동은 헬라의 신학적 개념과 시리아의 수도원 영향의 수렴에 의해서 형성되었다. 우리가 3장에서 주목한 것처럼(p. 99를 보라), 바실과 니사의 그레고리의 누이인 마크리나(Macrina)가 그녀의 어머니를 설득하여 350년 말에 가이사랴 근처에 자신들의 부지에 가족 수도원 공동체를 설립하였고, 그녀의 동생인 나우크라티우스(Nauvratius)는 일종의 은둔자로서 그곳에서 살았다. 마크리나가 380년에 죽었을 즈음에 그곳에는 남자와 여자를 위한 수도원이 있었고, 여성들이 개척한 가정적인 금욕주의의 중요한 전통이 융성하였다. 바실은 이런 가족 환경과 다른 곳에서 수도원에 대한 그의 경험에 의해서 직접적으로 영향을 받았다.

바실은 폰투스의 세바스테(Sebaste)의 주교가 되었고, 갑바도기아의 동부에서 멀지 않은 곳에서 많은 금욕주의적인 공동체의 설립을 촉진시켰던 유스타디우스(Eustathius)와 한동안 친하게 지냈다. 바실은 금욕주의적인 삶에 대한 유스타디우스의 열정을 공유했었다(하지만 그들은 성령의 위치에 대해서 매우 일치하지 않았다; p. 104을 보라). 시리아와 메소포타미아와 팔레스타인과 애굽의 성지를 여행한 후에 바실은 폰투스의 이리스(Iris) 강 곁에 아름다운 가정집에서 작은 수도원적 그룹으로 몇몇 친구들과 한동안 같이 살았다. 그는 그곳에서 그의 첫 금욕주의에 관한 논문인 『도덕적 규칙』(*Moral Rules*, 약 358-359)을 썼다. 그것은 성경의 인용으로 지원되는 80가지 원리들을 모은 것이다.

4세기 중반에 상당한 긴장이 금욕주의자 그룹의 상승하는 힘과 교회의 규칙적인 생활 간에 나타나기를 시작했다. 수도원은 사회의 낙후자, 도주한 범죄자, 그리고 다양한 경제적 또는 사회적 대의에 대한 반항자들에게 매력을 줄 수 있었고, 다양한 방식으로 수도원의 실천들은 기존의 주류 기독교인들의 사회적 영적 경제적 질서를 도전하였다. 공식적인 교회의 일상적 과정과 훈련으로 살아가는 도전을 받아들이지 않고 탁발 금욕자로서 이곳저곳을 방랑하는 사람들에 반대하는 성직자들의 적지 않은 논증이 있었다. 아타나시우스의 『안토니의 삶』은 그 영웅을 오히려 교리적인 복종에 순응하는 자로 아울러 주교에게 순종하는 것으로 의도적으로 제시한다. 반면에 380년대와 390

년대에 메살리안들과 같은 논쟁적인 그룹은 자기 자신의 영적 성취를 추구함으로써 교회의 성례를 소홀히 한 것으로 비난받았다. 심지어 은둔적인 금욕자들은 그들의 믿음에서 철저히 정통적이었을 때조차도 정규적인 예전적 구조와는 다른 곳에 그들의 이상을 두었다.

유스타디우스가 357년에 세바스테의 주교가 되었을 때, 그는 수도원의 구조와 직접적으로 주교의 영향 하에 있는 사람들을 서로 구분하는 것을 경시했다. 수도사들은 전체 교회를 위해서 행해야하는 자비의 의무가 주어졌다.[17] 유스타디우스의 접근은 바실이 370년에 가이사랴의 주교가 되었을 때 그에 의해 더욱 강화되었다. 바실은 제도적인 교회의 통제 하에 지역의 수도사들을 직접적으로 두는 일을 착수했고, 그는 거룩함의 평판을 추구하여 장기적으로 극단적인 시도를 하는 수도사들을 비난하였다. 그는 그러한 행위가 금욕주의에 나쁜 평판을 가져다주고 이웃을 자기 자신처럼 사랑하라는 복음의 명령을 타협하는 일이라고 생각했다. 바실은 금욕주의가 교회의 조직화된 삶의 일부요 주교의 권위 아래 있는 질서 체계라고 규정했다.

여러 다양한 판본을 거쳤던 바실의 『아스케티콘』(*Asketikon*)[18]은 적절한 금욕적인 영성이 기초해야 하는 원리를 질문과 대답의 형식으로 설명했다. 수도사들은 주교의 권위 아래 있지 않으면 예배를 위해서 만날 수 없었고, 그들은 경건의 개인주의적인 과시를 할 수 없었다. 은둔적인 형태는 세상을 섬기는 일에 실패한 것이요, 거룩은 세속적인 영역에 휩쓸리지 않는 영과 관련이 있지만 이것은 복음이 다다르기를 의미했던 바로 그 사회의 필요를 이기적으로 소홀히 하지 않는 것이어야 했다. 성령의 은사들은 교회의 성례적인 삶을 희생시켜 추구해서는 안 되었다.

바실의 가르침의 요지는 두 가지였다. 첫째로 가장 분명한 것은 주교가 수도원의 활동을 확고하게 통제하고, 세상에서 은둔하는 소명을 실제적으로 표현하는 방식을 결정할 수 있었다. 극단적인 금식이나 과시적인 자학은 관용할 수 없었고, 주교에 대한 순종은 아주 중요했다. 그러나 둘째로 금욕적인 기독교의 영향은 동시에 교회의 더 커다란 삶에 통합되었다. 바실의 교회는 수도사가 의학적인 돌봄을 제공하는 병원과 정해진 기도 시간을 갖는 것을 포함했고, 수도원의 찬양대가 정규적인 예전에서 더욱더 두드러졌다. 가난한 자를 위한 구조의 행위와 교육적인 프로젝트도 전형적으로 수도사에 의해 주도되었다.

학자들은 이 두 원리 – 주교의 권력이나 수도원의 동화 – 중에 어느 것이 결국에 수도원 역사에 더 중요했는지를 논쟁하기를 계속하고 있다. 바실이 제기한 규칙의 일종이 단편적이고 개인적인 세력에 필요한 질서를 제공했는가, 혹은 주교의 지배하에 수도원을 흡수함으로써 금욕적인 삶의 독특성을 축소시켰는가? 금욕적인 영성의 상정이 주류 교회의 존재를 풍성하게 했는가, 혹은 비현실적인 것들을 추구하는 호소로 뒤처지게 만들었는가? 아마도 중간의 어느 지점에 해당할 것이나 확실히 일반적으로 수도원은 자발성과 개인주의보다는 조직과 사회성에 대한 4세기말과 5세기 초의 욕구에 의해 깊이 영향을 받았다.

수도원이 삶의 대안적인 방식을 대변했다면, 주교적인 가톨릭의 잣대 바깥에서보다는 그 안쪽에서 훨씬 더 자주 그러했다. 가끔 이런 결과는 긍정적이었고, 금욕적인 가치는 교회의 영적인 삶에 활력적인 경향을 불어넣었다. 다른 경우에 그 결과는 훨씬 더 모호하였다. 즉 4-5세기에 애굽, 시리아, 소아시아의 여러 곳에서 수도사들의 무리는 자경단, 교회의 분쟁에 고용된 세력, 도망한 주교들의 보호자(아타나시우스의 경우처럼), 그리고 이교 신전의 파괴자로 다양하게 동원되었다.

서방의 상황

서방에서 금욕적인 이상은 340-371년에 베르셀리(Vercelli)의 주교인 유세비우스(Eusebius)와 같은 성직자에 의해서 북부 이탈리아의 교회들에서 촉진되었다. 유세비우스는 355-362년에 유배되어 있었을 시에 동부 수도원들을 방문했고, 그 자신과 그의 성직자들을 위해 수도원을 세웠다. 밀란에서도 역시 암브로스의 시대에 도시 성벽 외곽에 수도원이 있었고, 그것은 사제와 주교의 관장 하에 주재되었다. 여성 금욕주의도 우리가 이미 보았던 것처럼(pp. 122-123), 암브로스에 의해 유난히 주창되었다. 암브로스는 성직자의 독신을 열렬히 지지하였고, 그는 그의 성직자들이 결혼하지 않거나 만약 서임을 받기 전에 결혼한 상태라면 아내와 금욕하며 살 것을 주장했다. 암브로스나 제롬(그들의 비전은 이 영역에서 아주 유사하였다, pp. 149-151을 보라)의 설득으로, 성적인 활동의 포기와 처녀성을 고수하는 것은 육체를 더 높은 영의 생명에 복종시키는 평온으로 가는 길이었다.

제롬이 깨달았던 것처럼, 특히 다른 크리스천들의 편안한 삶에 대한 비판과 조합될 때, 그러한 원리의 혹독한 추구는 칭송만큼이나 반대와 곤란을 촉진할 수 있었다. 4세기말과 5세기 초에는 금욕자들을 잘못된 극단주의자들로 생각한 교회 안팎의 많은 사람들이 있었다. 금욕주의는 잘 의도된 경건의 출구를 제공했고, 적어도 공동체적인 형태로, 그렇지 않으면 홀로 있어야할 사람들을 위한 일종의 교제와 공통된 헌신을 제공했지만, 다른 사람들보다 더 영적인 것으로 어떤 신자들을 제시함으로써 교회들을 분열시키기도 하였다. 폭넓은 차원에서 수도원의 영향이 분명히 있었다. 특히 여성들을 의례적인 활동에서 자유롭게 하거나 상속받은 가족의 재산을 나누어주도록 사람들에게 고무시킴으로써 사회적인 패턴을 아주 흔들어놓았다. 헌신의 그러한 표현을 촉진했던 성직자들이 그들의 조언에 감동한 사람들의 친척들로부터 심각한 적대행위를 받았다.

그럼에도 불구하고 수도원운동은 서방 교회의 삶에 잘 스며들었다. 많은 수도원들이 4세기말에 로마에 있었고, 동방의 개념과 『안토니의 삶』과 같은 작품의 라틴어 번역물들을 읽는 강력한 관심을 가졌다. 북아프리카에서 금욕주의적인 원리는 어거스틴에 의해 소중히 간직되고 주창될 것이다. 우리는 그에 대해서 다음 장에서 더 자세히 배우게 될 것이다. 어거스틴은 동방의 영향을 받았으나 수도원운동에 관한 그의 가르침에서 자신만의 독자적인 강조를 포함시켰다.

놀라의 폴리누스

4세기말과 5세기 초에 이탈리아에서 금욕주의의 가장 두드러진 모범자 중에 한 사람은 폴리누스(Paulinus, 약 353-431)였다. 그는 로마의 남부인 캄파니아(Campania)의 놀라(Nola)의 주교가 되었다. 보르독스에서 태어난 폴리누스는 귀족이었고, 상당한 재산과 땅을 소유하였으며, 많은 교육을 받았고, 캄파니아 지방에서 이전에 통치자로 있었다. 그의 스페인 아내인 데라시아(Therasia)도 역시 부유했다. 그런데 이 부부의 유일한 아들이 389년에 죽자 그들은 그들의 방대한 재산을 처분하기 시작했고, 성스러운 크리스천의 삶으로의 소명을 추구했다. 그들은 서방과 동방의 금욕주의적인 영향에 영감을 받았지만, 부분적으로는 공적인 인물로서 폴리누스가 해야 할 의무적인 영역에서 가변적인 정치적 분위기에 염증을 느꼈기 때문이었다. 폴리누스는 사제로서 서임을 받았고, 그와 데라시아는 캄파니아의 놀라로 돌아왔고, 잘 알려진 성인인 펠릭스(Felix)의 유골이 안치되어 있는 곳과 가까운 지역에 남자와 여자를 위한 두 개의 수도원을 세웠다. 그는 410년경에 놀라의 주교로 성별되었다. 아마도 데라시아가 죽은 후에 말이다.

폴리누스의 수도원의 조직은 단순했고 결코 극단적이지 않았다. 남자와 여자들은 구분되는 복장을 했으며, 남자는 머리를 짧게 깎았고 여자는 가리개를 썼다.[19] 하지만 폴리누스는 인상적인 교회와 게스트하우스/진료소를 건축할 수 있는 재정을 충분히 갖고 있었고, 부릴 수 있는 직원들을 가졌다. 그는 음식을 먹는 것에서 절제했지만 좋은 포도주를 만들 수 있는 저장소를 가졌으며, 잘 구비된 도서관을 가졌고, 규칙적으로 자신의 원로원 친구들을 방문하기 위해서 로마로 여행하였다. 폴리누스는 넓은 범주의 기독교인 친구와 비기독교인 친구와 서신을 왕래했고, 성경의 주제와 기독교 성인들에 대한 칭송이 고전적인 라틴 운문의 형태와 음조와 결합된 세련된 시들을 작성했다. 그의 훌륭한 저작들은 오늘날도 상당한 학자들의 관심을 끌고 있다. 금욕주의자로서 그는 경건의 추구와 세상으로부터의 은둔을 전통적인 귀족 학자의 이상적인 삶과 조합시키는데 성공했다.

투르의 마틴

골에 폴리누스에게 영향을 주었던 인물 중에 한 사람은 투르(Tours)의 주교인 마틴(Martin, 약 315-397)이었다. 그의 삶은 폴리누스의 삶과는 다소 달랐다. 그의 성품은 그의 제자 중 한 사람인 술피시우스 세베루스(Sulpicius

Severus, 약 360-420)라는 폴리누스의 친구이자 다른 귀족 학자에 의한 유명한 전기에서 칭송적인 용어로 묘사된다.[20]

파노이아(Pannonia, 현재의 오스트리아와 헝가리의 접경 지역에 있는 곳)에서 군인의 가정에 태어나서 밀란 근처에서 성장한 마틴은 황제의 군대에 들어가기 위한 경력을 추구했다. 그는 기독교로 개종하였는데, 나중에 어느 날 한 거지를 만나서 그에게 자신의 망토의 절반을 나눠준 것으로 보고된다. 이 거지는 뒤이어 그 망토 쪼가리를 입고서 그리스도로 환상 중에 마틴에게 나타남으로써 그는 그의 군대 경력을 포기하고 가난한 삶에 자신을 바치는 영감을 얻게 되었다. 얼마간의 여행 후에 360년경에 그는 포이티에르(그는 그곳의 힐라리 주교와 이전에 알고 지냈었다) 근처에 리구게(Ligugé)라 불리는 곳에 암자를 세웠다. 그는 그곳에서 느슨하게 조직된 공동체로 그와 함께 살고자 했던 제자들의 그룹을 얻게 되었다. 탁월한 깊이의 영적 인물로서의 평판을 쌓음으로써 결국 그는 371년경에 투르의 주교로 선택을 받았다.

마틴은 주교로서 지역의 강력한 지지를 받았지만 가난에 대한 그의 공개적인 헌신과 외양에 대한 그의 무관심은 골과 스페인에 부유한 많은 주교들의 사이에서 논쟁이 되었다. 그는 투르의 북동쪽에 있는 마르무티어(Marmoutier)에 또 다른 수도원 공동체를 세웠다. 그것의 원리는 리구게에서 따랐던 원리와 유사했으나, 그 구조는 훨씬 더 엄격했다. 이 기지로부터 마틴은 이교도에 강하게 붙잡혀 있는 로이레(Loire)와 세이네 밸리(Seine Valleys)에 활동적인 복음전도 운동을 펼쳤다. 그의 방법들은 다양한 기적들, 치유, 그리고 영적인 표지들을 포함하는 것으로 알려져 있다. 그는 이전에 이교도 사원이 있는 곳에 교회와 다른 수도원들을 세우면서 선교사역에서 많은 성공을 이루었다. 그의 노력은 골 지역에 기독교가 퍼져나가는데 주요한 역할을 했다.

술피시우스 세베루스는 마틴을 거룩과 영적인 능력에서 뛰어난 전형적인 성인("거룩한 사람")으로 제시한다. 그가 믿음 때문에 그의 생명을 내어놓는 것으로 부름을 받지는 않았을지라도, 모든 서방 성인들 중에 가장 잘 알려진 사람 중에 한 사람이 되었고, 그를 기리는 풍성한 제의가 골에서 발달했다.

존 카시안

금욕주의에 관한 마틴의 형태는 동방이나 애굽의 모형과 비교적 상관이 없이 발전했을 수 있다. 골의 수도원운동의 또 다른 훌륭한 중심지 – 프로벤스(Provence) – 에서는 그와 같지 않았다. 카네스(Cannes) 근처 해변의 작고 암석이 많은 섬인 레린스(Lérins)는 이전에 골의 귀족이자 동방과 애굽에서 금욕주의를 경험했던 호노라투스(Honoratus, 약 365-430)가 조직한 공동체의 근거지였다. 그의 수도원은 많은 회심자들을 이끌었고, 남부 골 지역에 상당한 영향을 가졌다. 이 수도사들 가운데 많은 이들이 주교가 되었고, 나아가서 그들은 자신들의 교구에 수도원을 세웠다.

호노라투스 자신도 그의 말년에 아를레스(Arles)의 주교가 되었다. 그러나 그가 여전히 레린스를 책임 맡고 있는 동안에 존 카시안(John Cassian)이라는 수도사가 마르세유(Marseilles)에 도착했다. 카시안은 스시디안(Scythian) 출신이었고, 베들레헴에서 수도사로 있었다. 그는 애굽을 폭넓게 여행했고, 니트리아에서 폰투스의 에베그리우스의 가르침과 파코미우스가 남긴 방식들로 인해 깊이 감동을 받았다. 오리겐주의의 논쟁이 극치에 달했을 때, 카시안은 애굽을 떠나서 콘스탄티노플로 이동했고, 그곳에서 몇 년간을 보내다가 로마를 거쳐 서방으로 향하여 마침내 마르세유에 정착했다.

카시안은 애굽 수도원운동의 가치와 관습을 서방의 상황에 적용하기를 추구했다. 그는 이 원리들에 입각한 남자와 여자를 위한 공동체를 마르세유에 조직했다. 그의 『제도』(*Institutes*)에서 그는 매일의 헌신의 질서적인 흐름과 세상과 육체의 세력과의 싸움으로 수도원 생활의 상세한 비전을 제시했다. 그의 구조(패러다임)는 분명히 파코미우스의 영향을 보여준다. 카시안은 전적으로 하나님께 삶을 헌신하기를 바라지만 사막에서 홀로 살아갈 수 있는 "완전한 사람"의 성취에 이를 만큼 충분히 강력하지 못한 사람들을 위한 아주 실제적인 선택을 제공하는 공동체 생활 구조를 제시하는데 관심이 있었다. 고독한 삶은 궁극적인 이상으로 볼 수 있지만, 이 이상은 세상을 포기하려는 모든 사람들에게 가능한 것이 아니라는 인식이 있었다.

420년대에 작성된 『논의』(*Conferences*)라는 작품에서 카시안은 실천적인 금욕자가 배양할 필요가 있는 마음의 습관에 관한 광범위한 영적 가르침을 제공했다. 그 글은 사막의 교부들과 일련에 논쟁하는 것으로 제시되고 있고, 여덟 가지 주요한 죄를 피하고 그러한 부패에서 초월하기 위한 탐구에 관해서 에바그리우스의 조언을 많이 담고 있다. 그러나 카시안의 비전은 논조에서 더 직접적으로 성경적이다. 즉 그의 이상은 스토아적으로 들리는 '아파데이아' ("냉정함")가 아니라 마음의 정결이라는 명백하게 성경적인 심상이었다(참조. 시 24:4; 마 5:8; 딤전 1:5; 딤후 2:22; 벧전 1:22).

카시안은 어거스틴의 도덕적 신학의 양상에 도전한 것으로 인해서 논쟁에 휘말렸다(pp. 222-224을 보라). 이것은 어떤 지역들에서 그의 평판에 그림자를 드리우는 일이 되었다. 서방 전통에서 그는 성인으로 공식적으로 시성되지는 않았다. 그럼에도 불구하고 수도원운동에 관한 그의 가르침은 서방에서 매우 커다란 영향을 끼쳤다. 그는 사막의 영성에 관한 중요한 양상들을 전달했지만, 전반적으로 그는 바실이 아시아에서 촉진했던 질서와 규율과 비슷한 것을 서방의 금욕주의에 가져왔고, 그는 골에서 성인들, 특히 마틴에게서 수반되었던 은사적인 선정주의를 차단시켰다. 카시안은 외적인 과시에 사로잡히기보다는 영적인 헌신의 내면성과 자기 부인의 단순하고 검소한 형태에 집중했다. 그의 이상은 우리가 12장에서 보게 되는 것처럼 6세기에 누르시아(Nursia)의 베네딕트(Benedict) 수도원운동에 깊이 영향을 주었다(pp. 322-24를 보라).[21]

오리겐주의 논쟁

동방의 수도원운동에 관한 우리의 설명에서 다양한 장면에서 나오는 것은 오리겐의 저작의 정통성과 관련한 4세기말과 5세기 초의 주요한 논쟁에 대한 언급이었다. 이 논쟁은 수도원 운동에 영향을 주었고, 주요한 교회들의 관계를 악화시켰으며, 크리스천의 행위에 일부 비극적인 요소와 관련이 있었다. 그것의 다양한 결과는 당시에 신학, 정치, 영성간의 관계가 복잡했음을 강조해주고, 교회론적이고 정치적인 세력의 관심과 금욕적인 신앙에 대한 헌신자간에 존재할 수 있었던 심각한 긴장을 노출시켰다.

오리겐의 가르침은 그가 살아 있는 동안에도 논쟁적이었고,[22] 이후에도 계속 논쟁의 주제가 되어 왔다. 그의 교리에 대한 변호를 그레고리 다우마투르고스(Thaumatourgos), 팜필루스(Pamphilus) 그리고 가이사랴의 유세비우스(Eusebius of Caesarea)와 같은 열광자들이 썼고, 그의 작품은 여전히 널리 읽혀지고 인정을 받았지만,[23] 의심과 혐의가 떠나지 않았다. 370년대 중반에 모든 종류의 이단들에 대해서 결의적인 운동을 펼쳤던 키프로스에 살라미스(Salamis)의 주교인 에피파니우스(Epiphanius, 약 315-403)는 오리겐에 대한 맹렬한 공격에 착수하였다.[24] 즉 오리겐은 영혼의 선존재와 사탄의 궁극적인 구원을 가르쳤고, 성경의 문자적인 진리를 영적인 형태로 해석함으로써 특히 육체의 부활의 교리를 부정하는 것으로 비난을 받았다. 오리겐의 저작들에 대한 이러한 많은 비판이 확실히 근거가 있었고, 그것은 새로운 것이 아니었다. 에피파니우스의 논증이 특히 의미가 있었던 것은 “어떤 애굽의 수도사들” 가운데 오리겐의 영향에 대한 언급이었다. 에피파니우스는 꽤 의도적으로 애굽의 수도원운동에서 발생하고 있었던 논쟁을 지적했다.

니트리아(Nitria)와 켈리아(Kellia)에서 “키 큰 형제들”(Tall Brother)이라고 알려진 네 수도사들의 그룹이 있었는데, 그들은 무명의 사람들이었지만, 아주 영향이 있었다. 그들은 모두 오리겐의 가르침에 강력하게 헌신했다. 폰투스의 에바그리우스가 애굽에 도착했을 때 찾았던 것이 이들이 있는 곳이었고, 이 에바그리우스의 작품을 통해서 오리겐의 사상이 사막의 금욕주의의 영적인 전통 속에서 훨씬 더 알려지게 되었다. 본질적으로 영적이고 합리적인 것으로서 오리겐의 하나님에 관한 플라톤주의적 개념의 흐름을 따라서, 에바그리우스는 기도하는 영은 육체적인 형태를 가진 존재로서 하나님에 관한 정신적인 이미지를 초월해야 한다고 가르쳤다. 하나님이 육체를 취하셨다는 증언과 함께 이런 플라톤주의적 개념들을 도전하는 것으로서 성육신을 보았던 사람들에게서 “순결”이나 “무심상”(imageless)의 기도에 관한 에바그리우스의 주장은 그리스도 복음의 진리의 위반이었다. 크리스천의 헌신의 실천을 위해서 그리스도 안에서 하나님의 인간 형상의 관계를 확증했던 신인동형론자(안드로포모르파이츠[Anthropomorphites])와 그것을 부인했던 “오리겐주의자들” 간에 싸움이 발생했다. 예리한 분열이 에바그리우스의 노선을 선호했던 니트리아의 수도사들과 그렇지 않았던 스케티스(Scetis)와 여타 곳의 수도사들 사이에서 발생했다.

그러나 이때쯤 이 논쟁은 주로 에피파니우스의 활동으로 말미암아 폭넓게 퍼져나갔다. 393-394년에 에피파니우스는 팔레스타인을 방문했고, 그곳에서 그는 오리겐의 가르침에 대항하는 설교를 자극적으로 했다. 예루살렘의 주교인 존이 오리겐의 개념을 지지하는 자였음에도 불구하고 말이다. 에피파니우스는 또한 오리겐의 교리가 잘못되었다고 이전에 오리겐의 책의 번역자요 칭송자인 제롬을 설득하였고, 이윽고 제롬은 오리겐을 격렬하게 반대하는 사람으로 바뀌었다. 이전에 제롬의 친구이자 동료 수도사인 루피누스는 오리겐에 대한 충성을 여전히 간직하였고, 뒤이어지는 해에 이전에 서로 친구였던 두 사람 사이에 소란스런 분쟁을 목격할 수 있었다. 그것은 무엇보다도 제롬의 분노에 의해 가열되었고, 로마에서 그가 접촉한 사람들에 의해 악화되었다(p. 153을 보라).

애굽에서 오리겐주의자들은 티모디(Timothy, 381-385) 주교와 그의 계승자인 데오필루스(Theophilus[데오빌로], 385-412) 하에서 알렉산드리아 주교들의 지지를 처음에 누렸다. 그러나 399년경에 데오필루스는 신인동형론자(안드로포모르피트) 수도사들로부터 집단적인 저항에 직면하였고, 그는 애굽의 대다수가 반 오리겐주의 편에 있다는 것을 인식했다. 그는 급작스럽게 그의 충성을 바꾸었고, 400년에 오리겐주의는 알렉산드리아에서 정죄되었다. 이때에 에바그리우스는 이미 죽었으나, 뒤이은 해에 그의 지지자들의 수도원들이 약탈을 당했고, "키 큰 형제들"(Tall Brothers)과 여타 사람들(젊은 존 카시안을 포함하여)은 해외로 도망할 수밖에 없었다. 서방에서 오리겐의 혐의를 벗게 해주려는 루피누스의 친구들의 노력에도 불구하고, 제롬의 글들과 데오필루스의 건의가 로마의 주교인 아나스타시우스(Anastasius)를 설득시켜 "우리의 믿음에 반하는 오리겐에 의해 지난날에 쓰인 모든 것들"의 정죄를 발행하게 했다.[25] 아나스타시우스는 오리겐을 개인적으로 정죄하는 것은 꺼렸지만, 적어도 그의 가르침의 양상에 관한 비난은 중대했다. 오리겐주의를 거부한 일이 팔레스타인과 시리아에서 공식적으로 지지되었다.

존 크리소스톰

미시간 대학의 '특별한 작품' (Special Collection) 도서관에 소장되어 있는 Andr? Thevet, Les Vrais Portraits et Vies des Hommes Illustres(Paris, 1584)의 그림. 허락을 받고 실었다.

콘스탄티노플: 존 크리소스톰

"키 큰 형제들"은 콘스탄티노플로 가서 그곳에서 황제의 궁전과 특히 그 지역 주교인 존(John)과 관련한 이야기와 연루되었다. 설교자로서 그의 능력 때문에 나중에 '크리소스토모스' ("황금 입")라고 불리고 전통적으로 "존 크리소스톰"으로 알려진 존은 초대교회의 이야기에서 가장 의미심장한 인물 중에 한 사람이지만 그의 경력은 오리겐 논쟁을 둘러싼 간계에 의해 치명적으로 어둠이 드리워졌다.

존은 340년대 후반에 안디옥의 유복한 가정이자 고위 관리의 아들로 태어났다. 그는 당시에 유명한 이교 교사인 리바니우스 아래서 철학과 수사학으로 잘 교육받았다. 젊은 시절에 황제 율리안도 리바니우스의 강의를 들었었다. 크리스천으로서 세례를 받은 후에 존은 신학과 금욕주의를 공부하기 시작했다. 자기 부인의 보다 극단적인 형태에 이끌린 그는 안디옥 바깥의 산으로 은거하여 그곳에서 4년 동안 한 연로한 은둔자와 함께 살았고, 그 다음에 동굴의 다소 고립된 곳에서 2년간을 지냈다. 그가 참여한 수도원의 조직은 아주 엄격해서 그는 그의 건강을 해쳤다(그는 그 이후부터 약한 위장으로 인해서 고생했다). 그는 381년에 부제로 안디옥에서 서임을 받기 전에 민간인을 위해 봉사하는 일의 세속적인 경력으로 한동안 돌아갔고, 386년에는 사제가 되었다. 그는 다음 11년 동안을 안디옥의 교회에서 봉사했고, 그 동안에 탁월한 설교자와 교사로서 평판을 쌓았다.

존의 가장 유명한 설교 시리즈 중에 하나가 안디옥 도시에 폭도들이 발생하여 데오도시우스 황제와 그의 아내의 동상을 파괴하고, 따라서 그곳에 심각한 보복이 있을 것이라는 위협이 있었을 때인 387년에 설파되었다. 존의 설교는 무리들의 폭력에 대한 비난과 위기의 시간에 두려워하는 자들을 안심시키는 내용이 서로 조합되어 있었다. 아주 많은 그의 설교들이 존재하고(도합해서 거의 일천 편), 속기로 기록되어 있다. 많은 설교들의 연대를 확증하기가 아주 어려울지라도, 현존하는 글들의 상당 부분이 안디옥에서 그가 재직하고 있었을 때에 유래하였을 것이다. 그의 설교는 성경 강해, 이단에 대한 공격,[26] 금욕에 대한 권면, 그리고 당시의 사회적 관습, 특히 부자의 부패와 가난한 자들에 대한 부자들의 홀대에 대한 정죄가 멋지게 혼합되어 제시된다. 397년에 콘스탄티노플의 네크타리우스(Nectarius)의 주교가 죽고 나서 계승자의 선택을 둘러싸고 논쟁이 있은 후에 존의 이름이 후보자로 거론되었다. 그리하여 그의 의지와 반하게 존은 콘스탄티노플로 부름을 받아 뒤이어지는 해에 주교로 임명되었다.

오리겐주의자와 관련한 일에 대한 존의 태도는 많은 요소들에 의해 복잡했다. 그는 타르수스의 주교인 디오도레(Diodore)에 의해 성경 주해에 대한 훈련을 받았다(232-233을 보라). 이 디오도레는 오리겐이 이상화한 영적인 의미에 대한 추구와는 다르게 성경의 문자적 해석을 주창하였고, 존의 설교가 알레고리적이고 모형론적인 주해에 일부 관심을 보일지라도, 전반적인 그의 선호는 성경 본문의 직접적이고 역사적인 독법이었다. 금욕주의와 세상과 기독교인들의 타협에 대한 그의 강력한 비난에도 불구하고 존은 세상적인 실제를 초월하는 영성의 에바그리우스파에는 매혹되지 않았다. 그는 오리겐의 가르침을 경외하였던 수도사들과 좋은 관계를 확실히 가졌지만, 오리겐주의자들의 접근에 속하는 자는 아니었다. 그의 신학은 자의식적으로 신의 위격의 동등성과 구세주로서 그리스도의 은혜에 대해서 정통이었고, 오리겐주의자의 전통이 가지고 있었던 추상적인 비약에는 거의 또는 전혀 관심이 없었다.

문제는 콘스탄티노플과 알렉산드리아의 관계에 의해서 얽히게 되었다. 알렉산드리아와 로마는 콘스탄티노플이 로마 다음으로 교회론적인 우위를 점한다는 381년에 콘스탄티노플 공의회의 판단에 분개했고, 네크타리우스가 죽었을 때, 알렉산드리아의 데오빌로는 이시도르(Isidore)라 일컫는 사제를 콘스탄티노플의 새 주교의 후보자로 내세우려고 시도했다. 그 주교를 지렛대로 이용하려는 목적으로 말이다. 데오필루스의 이런 시도는 실패하였지만, 그는 새로이 재직하게 된 존과 합리적인 관계를 그럭저럭 유지할 수 있었다. 그런데 존이 지금 "키 큰 형제들"(Tall Brothers)에게 공감하기를 결정했다면, 이 분위기가 바뀔 수 있었다. 존은 애굽의 수도사들의 경건과 신실성에 실로 감동하고 있었고, 그는 그들에게 접대를 제공했었다. 그동안에 궁전은 이 부분에 대해서 대답할 의무가 있다고 결정했고, 데오필루스가 알렉산드리아로부터 소환되었다.

하지만 데오필루스에게 다른 세력들이 작용하고 있었다. 주교로서 재직한 이래로 존은 콘스탄티노플에 상당히 많은 대적들을 만들었다. 그는 그의 교회의 도덕적인 개혁에 착수했다. 안일했던 전임자는 도덕적 기준에서 매우 느슨했었다. 제롬은 성직자의 질서를 세우기 위해서 무가치한 후보자들을 숙청했고, 그의 회중들은 책임 있는 자리에 있는 사람들의 결점을 예리하게 비판하는 소리를 듣게 되었다. 존은 재정적인 탐욕을 정죄함으로써 성직자들을 성가시게 했고, 그의 습관대로 방문하는 성직자들이 검소하게 혼자 식사하게 함으로써 또한 그의 호의를 추구했던 성직자들에게 소박한 접대와 지원만을 제공함으로써 그들의 기분을 상하게 했다. 결국 그가 훌륭한 식사와 포도주를 은밀히 탐닉하고 있다는 소문이 돌았고, 그러한 중상모략이 증거가 없을지라도, 그의 이미지를 실추시켰다. 존은 부자들이 사치스러운 삶을 살고 가난한 이들을 홀대한다고 반복해서 정죄함으로써 또한 개인 재산이 타락의 결과라고 주장함으로써 그들을 괴롭혔다. 그는 재물을 쌓아두거나 개인의 풍족함을 밉살스럽게 보여주는 것에서가 아니라, 나누어주고 자비를 베풀어주는 것에서 참된 재산이 발견된다고 주장했다.

존은 교회의 개혁에 있어서 경직되고 순진한 접근을 취했다. 기지는 그의 강점이 아니었다. 그의 거리낌 없는 방식이 일반 대중들의 많은 지지는 얻게 했을지라도, 고위직에 있는 사람들과 도시의 부유한 엘리트들 중에 많은 이들에게서 반감을 사게 했다. 그는 자신의 관할 바깥에 있는 교회적인 문제에도 관여했는데, 410년에 그는 여섯 명의 아시아 주교들을 "시모니"(성령의 은

사를 돈으로 사려고 했던 사도행전 8:18-24에 시몬 마구스의 사례를 따서 이름 지어졌다)나 공직을 뇌물로 샀다고 해서 파직시켰다. 이런 조치는 그의 평판을 멀리까지 미치게 했다. 그는 또한 왕비인 유독시아(Eudoxia)를 불쾌하게 했다. 당시에 황제 자리의 실질적인 권력을 행사한 것은 그녀의 남편인 아크라디우스(Arcadius)가 아니라 그녀였다. 유독시아와 존의 관계는 상당한 존중과 위험스러운 반감 사이를 오르내렸다. 그녀는 장래에 데오도시우스 2세가 될 유일한 아들인 그녀의 아기를 존이 세례를 하도록 요청했었고, 자신의 목적을 위해서 많은 경우에 주교의 권위를 이용했었다. 그러나 존은 그녀가 왕궁의 살인에 연루되었음을 내비추고, 동의 없이 남의 재산의 일부를 차지한 "이세벨"로 넌지시 언급함으로써(참조. 왕상 21장) 그녀의 기분을 상하게 했다.

데오필루스가 403년 여름에 콘스탄티노플에 도착했을 때, 그는 이런 악의들을 전적으로 이용하고 존을 직접적으로 이단이라고 정죄할 것을 결심했다. 그는 이미 존을 오리겐주의의 죄로 흔들어놓았던 에피파니우스를 이용하려고 시도했었고, 그의 이런 노력이 성공을 거두지는 못했었을지라도, 콘스탄티노플과 여타 곳에서 존재했던 존에 대한 반대의 정도를 보여주었었다. 다양한 비열한 수단을 이런 세력들을 융합시킨 데오필루스는 보스포루스 해협 건너에 "참나무"(오크[Oak])로 유명한 지역의 빌라에서 자신의 종교회의를 갖기를 결정했다. 이 빌라는 이전에 데오도시우스의 관리가 소유하였던 곳이었다. 이 오크 대회("참나무 대회")는 많은 애굽 주교들과 존의 반대자들의 그룹으로 구성되었고, 존은 그들 앞에 나타날 것을 명령받았다. 이 요청을 존이 거부했을 때, 파직의 선언이 그에게 통보되었다. 궁전에서 존에 대해 현존하였던 반감이 그 종교회의를 그가 회피한 것으로 인해서 더 강화되었고, 놀랍지 않게 황제는 그 종교회의 평결을 지지했다. 존은 유배를 가도록 명해졌다.

존은 대중적인 차원에서 상당한 지지를 호소했고, 콘스탄티노플에서 그의 파직에 대한 상당한 항의가 있었다. 따라서 몇 시간 내에 그는 승리적으로 제자리로 돌아올 수 있었다. 그럼에도 불구하고 얼마 안 있어서 그의 솔직한 말이 그를 다시금 곤란에 처하게 했다. 그는 이번엔 유독시아를 세례요한을 참수하는 일을 선동한 헤로디아(마 14:1-12; 막 6:14-29)로 비교함으로써 그녀를 불쾌하게 했다. 404년 6월에 그는 두 번째로 유배에 처해졌고, 이번엔 그 명령이 강행되어 그는 아르메니아의 쿠쿠수스(Cucusus)로 보내졌다.

이전에 콘스탄티노플에 그의 교회 옆에 수도원을 세웠었고 그와 특히 가까이 지냈던 올림피아스(Olympias)라는 귀족 여인의 도움으로 존은 유배지에서 지지자들과 넓게 연락을 취할 수 있었으며, 많은 서방 주교들에게 도움을 호소할 수 있었다. 그의 목양지에 많은 신자들이 콘스탄티노플에서 그를 보기 위해서 그곳 유배지까지 여행했다. 정부는 로마교회와 다른 곳에서의 건의를 무시했고, 존이 그의 교구로부터 더 멀리 떨어질 필요가 있다고 결정했다. 결국 그는 친구들이 쉽게 접근할 수 없는 더 먼 지역으로 이동해야 했고 407년의 여름에 도보로 흑해의 동부 해변의 고립된 수감지로 가는 끔직한 원정길에 올랐다. 당국자들이 거의 확실히 의도했던 것처럼 이 끔직한 여행은 그에게 너무 힘든 일이었다. 그는 407년 9월 14일에 폰투스로 가던 도중에 죽고 말았다.

존이 삶을 비극적으로 끝내게 된 이유 중에 몇 가지는 확실히 그에게 가까이 있었다. 그가 보다 현명하게 행동하고 그의 말을 완화시켰다면, 그는 민중들만이 아니라 전략적인 측면에서 가장 중요했던 근원들(황궁)로부터도 지지를 얻었을 것이다. 존은 은사가 있는 설교자요 성경 해석가요 교회의 목회자였다. 황제의 수도가 있는 대도시 세계에서 그의 영향은 방대했지만 그의 "황금" 입을 제어하지 않은 것이 그가 침몰한 원인이었다. 그럼에도 불구하고 더 큰 교회론적인 사건의 측면에서 그의 몰락을 촉진시켰던 것은 주로 오리겐주의에 대한 논쟁이었다. 그가 "키 큰 형제들"과 데오필루스의 행위와 관련하여 다른 입장을 취하였다면, 그의 운명은 확실히 매우 달랐을 것이다. 존은 오리겐주의자는 아니었다. 그의 대적자들이 그를 제거할 수 있는 기회를 가졌던 것이 오리겐주의였다는 것은 너무 잔인한 왜곡이었다.

존에게 많은 고통을 야기한 데오필루스의 역할은 알렉산드리아 주교를 매우 나쁜 관점에서 보게 하였고, 존의 죽음에 이어지는 해에 콘스탄티노플과 알렉산드리아 사이에 깨어진 관계를 목격할 수 있었다. 또한 로마와의 심각한 긴장이 있었다. 로마의 주교인 이노센트(Innocent, 402-417)가 존의 이전 대적자들을 인정하기를 단호히 거부하였고, 콘스탄티노플의 새 주교인 아티쿠스(Atticus)가 존의 명예를 회복시킬 것을 종용하였다. 아티쿠스는 순응하려는 표지를 거의 보이지 않았고, 수년 동안 콘스탄티노플에서 의견을 달리하는 많은 회중들이 아티쿠스의 교회와 무관하게 모임을 가졌으며, 이를 로마가 지원했다. 이노센트가 죽고 나서 몇 년이 지난 뒤인 420년대 후반에 가서야 치유가 발생했다. 콘스탄티노플의 다른 주교인 네스토리우스가 알렉산드리아의 또 다른 주교인 시릴 – 데오필루스의 조카이고 처음에 그러한 압력에 완강히 저항하였다 – 이 존이 콘스탄티노플 교회의 가치 있는 성인이라는 것을 인정하도록 설득했다. 그때서야 차후에 동방 기독교에서 존의 신분이 제자리를 찾게 되었다.

후대의 오리겐주의와 금욕주의 운동

오리겐주의를 둘러싼 격렬한 논쟁은 존 크리소스톰이 죽고 나서도 사라지지 않았다. 이 논쟁은 6세기말까지 애굽과 팔레스타인의 수도원을 분열시켰고, 팔레스타인에서 530년대와 540년대에 특히 강렬하게 불타올랐다. 많은 크리스천들이 오리겐의 교리의 의미심장한 영역의 정통에 대해서 어떤 합법적인 불안을 가졌든지 간에, 그의 영향은 여러 세대 동안 동방과 서방의 금욕주의의 주요한 지역을 지배하게 되었다. 오리겐주의는 여러 시기에 정죄를 받았는데, 특히 543년에 콘스탄티노플에서 열린 종교회의에서, 그리고 다른 이슈를 해결하기 위해서 553년에 그 도시에서 개최된 에큐메니컬 공의회로 간주되었던 또 다른 종교의회에서 그러했다(pp. 229-31을 보라). 오리겐은 말할 것도 없이 중요한 저자로서 항상 간주될 것이지만, 그의 가르침은 상당히 제한적인 인정만을 가질 것이다.

4세기에서 6세기에 오리겐주의에 대한 다툼은 금욕주의의 실천이나 신학 훨씬 이상의 것에 관한 것이었지만, 그럼에도 불구하고 모든 단계에서 그것들이 수도원 전통의 가르침과 기능에 대한 논쟁에 깊이 개입되어 있었고, 정규적인 교회 당국자들과 수도원 세력과 관련해서 존재했던 주요한 의견 차이를 반영했다. 오리겐의 사상은 금욕주의의 팽창으로 말미암아 논쟁이 된 것이 아니라, 금욕주의가 발전했던 방식, 주류 교회 생활의 구조와 관련하여 일부 지역에서 금욕주의에 대해 인식한 위협, 그리고 수도원에 대한 주교의 지배적 행사가 오리겐주의 논쟁이 370년대 이후부터 취했었던 과정에 확실히 영향을 주었다.

제6장

히포의 어거스틴

어거스틴에 대한 소개

누미디아 동부에 다가스테(Thagaste, 현대의 알레지아에 있는 사욱카라스)라는 작은 마을에서 354년 11월 13일에 이교도 아버지와 크리스천 어머니 사이에서 한 아들이 태어났다. 그는 어거스틴이라 이름 지어졌다. 그의 아버지 패트릭(Patrick)은 수수한 땅 소유주였고 마을의 의원이었으며 그의 아들이 훌륭한 로마 교육의 혜택을 받고 큰일을 해주리라는 커다란 소망을 가졌다. 그의 어머니 모니카(Monnica)는 헌신된 크리스천이었고, 아들이 하나님을 알고 사랑하는 것으로 성장하기를 간절히 바랐다. 세속적인 지적 형성과 기독교 복음의 요구가 길고도 고통스러운 분투를 파생시켰을지라도, 양 부모의 이런 영향이 그의 형성기를 이루었다. 어거스틴의 젊은 시절에 대부분은 세상의 흡인이 그리스도의 흡인보다 더 강하였지만 결국에 그가 온 마음을 바친 것은 그리스도에게였다. 그는 뒤이어지는 삶에서 서방 사회에서 기독교 역사에 심오하게 영향을 주었던 봉사와 사상과 행위를 펼쳐보였다.

어거스틴이 태어날 즈음에 기독교 신앙을 고백했던 사람들이 로마 제국 인구의 과반을 약간 넘었을 것이다. 어거스틴은 기독교 신앙의 오래되고 풍부한 전통을 이미 가졌던 지역의 출신이었고, 어떨 때는 아프리카 지역을 벗어나서 기독교 영역에서 확실히 중요했던 도시들에서 보냈다. 그는 많은 뛰어난 기독교 지도자들과 학자들과 사상가들이 있었던 시대에 살았다. 하지만 본서에서 상고하고 있는 이 시기의 어떤 사람도 후대 서방 신학에 영향을 미친 정도에서 어거스틴과 비교할 수 있는 사람은 아무도 없다고 말하는 것이 정당할 것이다. 우리가 전반적으로 서방에 교회의 발전을 이해하려면, 4세기 말과 5세기 초만이 아니라 그 이후에서도, 어거스틴과 그의 세계 – 그의 사상을 의심하는 반대자들을 포함하는 세계 – 는 상세히 연구할 가치가 있다.

고백들

우리는 어거스틴의 지적이고 영적인 순례에 대한 지식을 그의 『고백』(*Confessions*)의 첫 아홉 가지 단편에서 그가 묘사한 것에서 불가피하게 찾아볼 수밖에 없다. 그 책은 온 유럽 문학에서 가장 위대한 책들 가운데 두어질 만한 가치가 있다. 하나님께 대한 기도 형태로 언급되고 성경적인 용어로 가득한 어거스틴의 이 책은 두 가지 면에서 "고백"과 관계가 있다. 첫째는 죄에 대한 인식이고 둘째는 창조자요 보호자요 구원자로서의 하나님에게 그의 마음을 쏟아 붓는 시편기자의 형태를 닮은 감사와 찬양의 표현이다. 성숙한 사고의 관점에서 397-401년의 시기에 작성된 『고백』은 부분적으로 개인의 이야기이며, 부분적으로 영적인 묵상이요, 부분적으로 영적인 삶에서 그 저자의 발자취를 따르는데 관심이 있는 지성들을 위한 도덕적 사례요, 부분적으로 점증한 많은 비판자들에 대항하는 변호로 의도되어 있다.

『고백』은 어거스틴의 심리를 상당히 엿볼 수 있게 하고, 보다 일반적으로는 인간 정신의 본질에 대한 탁월한 통찰을 제공한다. 하지만 그것은 어떤 직설적인 의미의 말로 전달되는 자서전은 아니다.[1] 우리는 어거스틴의 우아한 웅변과 세심하게 다듬은 자기표현이 마치 정확히 그의 삶의 기사를 제공하는 것으로 생각함으로써 잘못된 길에 빠져서는 안 된다. 아울러 역사가들은 어거스틴에 대한 여행을 그 책에 담겨 있는 그의 설명에 비추어서만이 아니라 폭넓은 자료를 참조하여 탐구할 필요가 있다. 그럼에도 불구하고 그러한 다른 증거는 결국에 제한되어 있고, 유아시절부터 성인시절로, 지적인 어두움에서 그리스도의 빛으로, 도덕적 속박에서 복음의 자유로 가는 그의 삶에 대한 어거스틴 자신의 설명이 우리가 그의 영적인 형성기에 대해서 가질 수 있는 가장 정교한 설명이다.

이 시기에 크리스천 부모들(한쪽만 크리스천이든 둘 다 크리스천이든)의 많은 어린이들처럼, 어거스틴은 젊었을 적에 세례를 받지 않았다. 그가 입문자로 등록되어 있었고 기독교적 가르침을 받고 있었을지라도, 그는 교회와 강력한 유대를 느끼지 않았다. 십대 때에 감각적인 모험에 대한 매력이 훨씬 더 그에게 다가왔던 것으로 보이고, 17살의 나이에 그는 첩(낮은 사회 계층의 여성, 그녀의 이름은 우리에게 알려져 있지 않다)을 둠으로써 당시의 표준적인 관행을 따랐다. 그는 그녀와 충실하게 몇 년 동안을 살았고, 아데오다투스(Adeodatus, "하나님이 주신")라는 아들을 가졌다. 그는 철학적인 탐구의 덕성에 대해서 말하는 『호르텐시우스』(*Hortensius*)라는 키케로의 (지금은 소실되고 없는) 작품을 읽고 나서 진지하게 도덕적인 문제들에 대해서 생각할 수 있었지만, 그의 문학적 연구가 발전하였을 때에 기독교 성경에 대해서는 별로 감동을 받지 못했다. 그는 성경의 형태를 로마 문학의 훌륭한 고전과 비교할 때 조야하고 단순한 것으로 생각했다. 어거스틴은 그의 학업을 잘 마치고, 부유한 후원자의 도움으로 카르타고에서 그의 교육을 더 진행시킬 수 있었다. 그는 현대의 대학 교수에 해당하는 직위를 얻어서 카르타고(376-383)와 로마(383-384)에서 수사학을 강의했다.

기독교에 불만족스러웠던 그는 마니교에 이끌렸다. 마니교(pp. 135-137을 보라)는 교회의 권위에 대한 단순한 동의보다 이성에 기초한 삶의 방식을 그에게 제공하는 것으로 보였다. 마니교는 일부다처제의 족장 이야기와 하나님에 대해서 의인화된 형상을 갖는 히브리 성경의 명백한 조야함을 비판했고, 자체적인 다소 우아하고 화려하게 설명한 문학 전통을 제공했다. 또한 마니교는 공산사회적인 덕성의 추구를 중요하게 여기는 매력적인 초점을 유지하는 반면에 물질세계의 부패한 영향을 초월하려고 노력하였다. 어거스틴은 마니교에서 "듣는 자"나 낮은 수준의 따르는 자가 되었고, 거의 십년 동안 그 운동과 관계를 유지했다. 그러나 그는 점차적으로 이런 유대에 역시 환멸을 느끼게 되었다. 진리를 소유하고 있는 마니교의 허세는 처음에 그렇게 보였던 것보다 덜 합리적이었고, 그 이중적인 우주관은 형이상학적 측면에서 악의 복합성을 만족스럽게 설명하지 못했다. 어거스틴은 당시에 인정받던 마니교 교사인 파우스투스(Faustus)로부터 대답을 얻으려하였지만, 그는 개인적으로 파우스투스에게는 감명을 받았을지라도, 그의 지식이 피상적이고 그의 논증이 부적절하다는 것을 발견했다. 그는 모든 것을 의심하는 철저한 회의주의와 불확실성의 상태로 빠져들었다.

이것이 어거스틴이 384년에 밀란의 도시에서 수사학 의장이 되었을 당시에 그의 분위기였다. 어거스틴은 뛰어난 친구들의 영향으로 말미암아 이 직분을 얻을 수 있었다. 그것은 지방의 총독과 원로원 신분을 얻을 수 있는 진지한 기회를 포함하는, 이전에 북아프리카 작은 마을의 소년에게 좋은 전망을 가져다주었던, 유망한 자리였다. 그럼에도 불구하고 사물에 대한 자신의 생각 때문에 그는 내적인 평안을 갖지 못했다. 그의 개인적인 혼란은 그가 경력을 위해서 그의 첩을 포기하라는 요청에 마지못해 승낙함으로써 더욱 깊어졌다. 이탈리아로 어거스틴을 좇아간 그의 어머니는 "좋은" 결혼을 해야 한다는 소망을 가졌다. 그녀의 당부로 인해 그는 그의 정부와 고통스럽게 헤어졌고, 젊은 상속녀와 약혼하였으나 그들의 결혼은 사실상 발생하지 않았다.

어거스틴은 그때에 두 요소들이 그의 삶에 영향을 주었다고 우리에게 말해준다. 하나는 그가 "헬라어에서 라틴어로 번역된 플라톤의 몇몇 책들"이라고 일컫는 것을 읽은 것이었다.[2] 우리는 이 책이 무엇인지를 정확히 알지 못하지만, 그가 플로티누스의 『엔네아즈』(*Ennesds*)의 라틴어 번역본과 아마도 플로티누스의 제자요 대중적 인물이었던 포르피리(Porphyry)의 일부 자료들을 읽었을 것이다.[3] 플로티누스의 신비적인 신플라톤주의는 밀란의 많은 유력한 지식인들 사이에서 인기가 있었고, 그들에게서 그것은 기독교 신앙과 완벽하게 조화되었다. 마니교에서 떨어져 나온 어거스틴은 참된 지식의 습득은 불가능하다고 생각했지만, 플로티누스주의적인 접근은 인간의 마음이 물리적인 세상과 순간적인 이미지를 초월하여 참된 영의 영역에 이를 수 있다는 것을 가르쳐주었다. 이런 구조는 어거스틴에게 의인화된 종교와 마니교의 물질주의에서 벗어날 수 있는 길을 제공했다.[4] 실제에 대한 참된 본질이 영적이고, 존재하는 모든 것이 선에 근접한 것에 따라서 등급이 매겨진다면, 그때에 악 또는 선에서 가장 완벽하게 돌아서서 완전히 무존재를 향해 움직이는 것은 근본적으로 부정 – 선의 부재나 결여 – 이었다. 어거스틴은 영적인 존재로 자신을 볼 수 있었고, 그의 의무는 동시에 그의 존재의 근거인 실재에 관한 지식과 그를 초월하는 것을 추구하는 것이었다.

어거스틴의 삶을 변화시킨 다른 발전은 그의 지역 주교인 암브로스의 사역과의 만남이었다. 암브로스에게서 어거스틴은 존경할 만한 기독교적 지성을 만났다. 의식 있는 교수가 처음으로 주교의 수사적 웅변에 감동했고, 그 다음에 점차적으로 암보로스의 설교를 특징지었던 지식의 분위기에 감동했다. 암브로스의 설교는 신플라톤주의자의 이미지가 들어 있었고, 어거스틴이 그의 플라톤주의를 특히 암브로스로부터 흡수했다는 직접적인 증거는 없을지라도, 암브로스의 교양적인 특징에 반했음이 분명하다. 무엇보다도 어거스틴은 성경을 해석하는 암브로스의 능력에 깊은 인상을 받았다. 마니교는 유대성경을 도덕적이고 역사적인 측면에서 기독교와 배치되고 야만적인 것으로 기각시키는 경향을 갖도록 그를 고무시켰지만, 암브로스는 구약성경을 영적으로 비유적으로 읽을 수 있음을 그가 알게 해주었다. 선택된 자는 신비롭게 운명이 지어졌고, 죄는 인간의 제어를 넘어서는 세력에 따른 결과라고 가르쳤던 마니교의 결정론과 다르게 암브로스는 어거스틴에게 의지적인 선택의 문제로 선과 악을 보게 하고, 하나님과 진리에 대한 탐구는 모든 인간이 하나님의 형상으로 창조됨으로써 자연스럽게 나타나는 성향이라고 믿도록 권고했다.

동일한 방향으로 어거스틴을 촉구하는 다른 세력들이 있었다. 그는 암브로스의 교관(그리고 그는 궁극적으로 밀란에서 주교로 암브로스의 계승자가 될 것이다)이었던 심플리시아누스(Simplicianus)라는 학식 있는 사제와 면담을 가졌다. 심플리시아누스는 플라톤주의로 잘 다듬어져 있었고, 그는 어거스틴에게 플라톤주의의 사상을 기독교 복음의 가르침과 연결할 것을 확실히 고무시켰다. 이 심플리시아누스는 세례를 받은 후에 그 믿음을 공개적으로 고백함으로써 파란을 일으켰던 아프리카 태생의 저명한 로마 플라톤주의 교사인 마리우스 빅토리누스(Marius Victorinus)의 회심에 관해서 어거스틴에게 이야기해주었다. 마리우스 빅토리누스가 기독교의 진리를 인정하고 자신을 기독교의 훈련으로 겸손하게 준비시킨 것은 어거스틴에게 깊은 인상을 심어주었다.[5] 또한 어거스틴은 다른 친구로부터 두 젊은 황제의 관리들이 『안토니의 삶』을 읽고 어떻게 독신의 삶을 취하는 것으로 나아갔는지에 관한 이야기를 들었다.

어거스틴은 이 모든 요소들이 그의 삶의 최종적인 위기에 어떤 결정을 할 수 있도록 기여했다고 우리들에게 말한다. 그의 회심의 기사는 아주 유명하다. 오랜 내적 투쟁이 있은 후에 정신적으로 육체적으로 지쳐 있었던 386년의 8월에 밀란의 한 친구의 정원에 앉아 있다가 그는 '톨레, 레게'("펴서 읽어라")라고 외치는 어린 아이의 음성을 들었다. 그는 기독교 성경을 닥치는 대로 펼치고서 로마서 13:13-14에 나오는 바울의 말씀을 읽었다. 그것은 그가 오랫동안 씨름했던 성적인 방종에 대한 성향을 버리고 그리스도로 "옷 입으라"고 요청하는 것으로 그에게 다가왔다.[6]

어거스틴의 설명은 그의 회심이 전적으로 합리적인 과정이었음을 보여주는 것으로 의도하고 있는데, 그는 마침내 참된 한 분 하나님의 강력한 진리를 깨닫게 되었다. 그는 그의 모든 순례를 통해서 하나님은 그를 인내하며 은혜롭게 부르시면서 항상 그와 함께 계셨고, 그의 마지막 항복은 온 날을 그에게 구애하셨던 분의 아름다움에 불가피하게 자신을 내려놓는 것이었음을 고백한다. 그가 젊은 시절에 성적인 것을 탐닉함으로써 그리고 그의 문제에 대한 다른 대답을 교만하게 추구함으로써 이 운명에서 어리석게 도망하려고 했다고 묘사할 때조차도, 그는 항상 그를 이끄셨던 영광으로서 참된 하나님의 매력적인 광휘를 본다.

하나님에 대한 궁극적인 복종과 하나님의 도덕적인 요구들은 어거스틴이 세상적인 만족의 비속한 대체물들을 포기하고 그리스도의 멍에를 채택해야 하는 불가피하게 감정적으로 긴장된 사건이었다. 그러나 어거스틴의 마음속에 그의 삶의 모든 것과 젊은 시절의 지적이고 도덕적인 분투는 하나님의 존재의 끊임없는 임재와 매력의 배경에 비추어 독법해야 한다. 그가 『고백』의 초두에 유명하게 말했던 것처럼, "당신은 당신 자신을 위해서 우리를 만드셨고, 우리의 마음은 당신 안에서 쉼을 발견할 때까지 쉼이 없다."[7] 신플라톤주의가 물려준 상승의 비전이 그 마음을 굴복시키고 영을 흥분시키며 의지를 움직이게 하는 거룩한 은혜의 흡인력의 이야기로 전환된다.

회심 이후

어거스틴은 밀란 외곽의 카시시아쿰(Cassiciacum)의 작은 마을에 있는 친구의 집으로 한동안 은거했다. 그는 그의 아들, 어머니, 형제 그리고 다른 친구들을 동반했다. 그들은 행복의 본질, 지식의 근거, 섭리의 형성, 그리고 영혼의 불멸과 같은 철학적인 이슈들을 가지고 서로 논의했다. 어거스틴의 사상은 계속 플라톤주의와 인문학 교사의 전통적인 지적 관심으로 깊이 특징지어졌다. 대화의 우아한 형태로 발행된 그의 친구들과의 논의는 기독교 인문주의의 분위기를 풍기고, 묵상의 삶의 모습에 대한 저자의 계속된 이상화를 드러낸다. 어거스틴은 그의 회심이 세속적인 경력의 포기와 자기부인의 길을 의미했음을 확신했다. 이런 확증은 그의 강력한 성적 욕구를 정복하기 위한 그의 투쟁을 반영했다. 암브로스의 플라톤적 영성에 대한 그의 경험이 역시 그것을 고무시켰다. 암브로스의 가르침에서 그리고 그 주교의 엄격한 삶의 방식에서, 어거스틴은 헌신된 크리스천의 존재란 육체를 부인하고 하나님과의 내세적인 합일을 향한 영적인 상승의 길을 추구하는 소명이 있다는 그의 인식과 일치하는, 자기를 통제하는 비전을 포착하였다.

387년 부활절에 암브로스로부터 세례를 받은 후에 어거스틴은 북아프리카로 되돌아갈 것을 결심했다. 그는 로마에서 일 년 동안 지체할 수밖에 없었는데, 데오도시우스와 막시무스 사이에 시민전쟁으로 인해서 출항이 봉쇄되었기 때문이었다. 이 기간 동안에 그의 어머니가 죽었다. 그에게는 매우 슬픈 순간이었다. 바로 그 달에 그는 동방의 수도원운동에 대해서 읽었고, 이런 이상을 서방이 모방하고 있는 것에 익숙하게 되었다. 그는 성직자의 일원으로서 교회의 정규적인 봉사에 자신을 바칠 의도는 없었다. 오히려 그는 같은 마음을 가진 신자들의 공동체에서 금욕적인 삶을 추구하고자 하는 뜻을 갖고 있었다. 자신의 고향인 다가스테로 돌아온 그는 거의 3년 동안 일종의 평신도 금욕주의 단체의 친구들과 같이 지내며 기도와 금식과 연구에 헌신하며 또한 자비를 실천하는 삶에 헌신했다.

이 기간에 그는 성경과 다른 글들을 연구했고, 이제는 카시시아쿰에서 그를 사로잡았던 일종의 철학적인 질문보다는 명백하게 신학적인 문제에 더욱 초점을 맞추어 광범위하게 글을 썼다. 그는 성경 주해, 기독교 신앙의 본질, 그리고 기독교 도덕에 관한 많은 작품들을 완성했다. 그가 깊게 연구했던 성경 본문 중에는 바울의 서신이 있었고, 이로부터 그는 죄에 관한 매우 영향력 있는 이해가 될 첫 번째 단계를 설명하기를 시작했다. 처음에 어거스틴은 죄의 상태에서 은혜의 상태로의 전환은 인간 선택의 문제라고 믿는 경향이 있었지만, 그는 죄가 아주 강력하게 인간을 무능력하게 만들어서 구원은 순전히 인간 공로가 아닌 은혜를 통해서 온다고 볼 수 있음을 곧 믿게 되었다. 당시의 아프리카 전승들과 암브로스로부터 들었던 가르침에 의존하여 어거스틴은 타락이 인간 존재를 죽음에 이르게 하였을 뿐 아니라 올바른 방향으로 그들의 의지를 사용할 수 없게 만들었다고 논증했다. 그들에게 임하는 하나님의 은혜에 의해서만이 인간이 진리를 인식하고, 더 중요하게는, 진리를 향해서 나아갈 수 있다는 것이다.

히포의 주교: 설교자, 목사, 학자

다카스테의 그의 공동체에 합류하는데 관심이 있는 어떤 사람을 방문하기 위해서 391년에 히포 레기우스(Hippo Regius, 현대의 알제리에 있는 아나바)의 항구도시로 여행한 어거스틴은 그 지역에 연로한 주교인 발레리우스(Valerius)에 의해 사제로 서임을 마지못해 받았다. 395년에 그는

히포의 어거스틴

미시간 대학의 '특별한 작품' (Special Collection) 도서관에 소장되어 있는 Andr? Thevet, *Les Vrais Portraits et Vies des Hommes Illustres*(Paris, 1584)의 그림. 허락을 받고 실었다.

발레리우스를 보좌하는 신부가 되었고, 발레리우스가 죽고 나서 다음 해에 히포의 유일한 주교의 자리에 올랐다.

이전에 지역 교회에 부속된 평신도 공동체에서 살았던 어거스틴은 주교로서 금욕자들의 관사와 작은 신학교를 세우는 단계를 취했다. 수도원의 이상은 인간 본성의 잘못된 것과 세속적인 장애물들의 위험성에 대한 해독제였다. 그의 성직자들은 자비와 공동 소유에 기반한 공동체적 삶의 잣대를 제시하고 있는 『규칙』(*Rule*)을 지켜야 했다. 그들은 독신의 삶을 살았지만 성적인 순결 자체가 공동체의 주요한 관심은 아니었다. 최우선의 열망은 교만과 개인주의와 이기심의 죄를 극복하는 사회적 환경의 회복이었다. "조화"('콘코르디아')가 핵심적인 이상이었고, 어거스틴은 이것을 강조함으로써 수도원운동의 신학에 독특한 차원을 추가하였다. 불가피하게 수사학이 요구했던 것보다는 실제로는 덜 실천된 것이 있었으며, 어거스틴의 글은 히포의 헌신된 사람들 사이에서 일어났던 모든 인간적인 문제들의 많은 증거를 담고 있다. 그럼에도 불구하고 바깥세상의 사람들과는 다른 기준의 헌신과 이타주의와 친밀함의 공동체가 그 목표였다.

평안의 길과 지적인 묵상을 추구하는 꿈이 사라지지는 않았지만, 그의 삶은 임직을 받은 후에 이미 상당히 변해 있었다. 주교로서 그는 거의 무자비한 압박을 받고 있었다. 그는 교사와 목사와 성스러운 의식의 집행자와 성직자들에 대한 교수, 자비의 분배자, 교회 행정가, 재판가, 그리고 중재자의 의무를 전제하고 있었다. 설교는 매일의 책임이었고, 그가 발레리우스를 뒤잇기 전에 조차도 그는 이미 이 영역에서 그의 은사에 대한 강력한 평판을 얻기를 시작했다. 어거스틴은 자연적인 웅변의 은사를, 그의 회중을 형성했던 평범하고 전반적으로 문맹인 사람들에게 접근할 수 있는 단순한 용어로 성경의 진리를 전달하는 능력과 조합시켰다. 동시에 이전에 수사학 교수로서 그는 교육 받은 자들을 자극할 수 있었다. 그는 히포 이외에 특히 카르타고에서 방문 설교자로 와달라는 요청을 많이 받았다.

목사로서 어거스틴은 기독교의 사회적 위치에 많은 발전이 있었음에도 불구하고, 관습, 미신, 그리고 이교도의 대중 의식이 폭넓게 자리하고 그의 회중들이 이교도의 가치와 전제에 여전히 강력하게 영향을 받았던 사회에서 활동했다. 그는 극장, 경기, 그리고 쇼와 같은 대중오락의 매력이 여전히 상당했고, 이교 종교의 상징과 기독교 이전 세계의 윤리가 무겁게 내재해 있었던 사람들에게 사역했다. 구별된 삶과 천국의 마음의 중요성을 설파했던 모든 사람들처럼 그는 그의 노력에서 성공과 실패를 동시에 경험했다.

이런 헌신과 더불어 어거스틴은 상당한 시간을 토지와 재산과 빚의 문제에 대한 대중들의 분쟁을 중재하는데 소비했다. 이것은 당시에 주교들이 표준적으로 갖고 있었던 의무였지만 그가 심하게 유감스러워 했던 짜증나는 잡무들이었다. 그는 또한 그의 교회에 바쳐진 헌금과 유산을 관장하고, 궁핍한 자들을 구제하는 일을 조직하고(또는 그 조직을 위한 전반적인 책임을 맡았고), 교구민들과 행정 당국자들 사이에 문제를 중재하는(자주 비성공적이었을지라도) 일을 해야 했다. 목사이자 사람들의 리더로서 그의 경험과 좌절은 인간 본성에 대한 보다 비판적인 분석을 추적하게 했고, 다른 사람들과 자기 자신 속에서 죄성의 증거를 더욱더 직면하는 자신을 느꼈다.

아주 많은 요구들 가운데서도 어거스틴은 놀라울 정도의 학문적인 활동에 참여했다. 해야 할 많은 활동들이 그가 지적인 추구를 하지 못하게 한다고 한탄했지만, 그가 가장 지속적인 영향을 이룬 것은 그의 문필이었다. 그가 죽고 나서 히포가 431년에 고트족들에 의해 그 토대가 불탔을 때 어거스틴의 도서관은 기적적으로 파괴를 면했다. 많은 그의 문학적 유산이 전해내려오게 된 것은 이런 섭리 덕택이었다. 그는 말년을 책과 서신과 논문의 세 가지 분류를 상정하여 그의 작품들을 편집하고 주를 달고 교정하면서 보냈지만, 93개의 작품들에 분산된 232개로 추산되는 책들을 개관할 수 있을 뿐이었다. 그의 전기학자인 포시디우스(Possidius)는 모두 합해서 1030의 책과 서신과 논문을 계수하지만, 이것이 모두 다는 아니라고 인정했다.

어거스틴은 철학적, 도덕적 논쟁적 주제들에 관한 방대한 작품들을 이룩했다. 그는 언어의 본질, 리듬의 이론, 결혼의 효용성, 그리고 죽은 자의 장사와 같은 다양한 주제들에 대해서 썼고, 그의 주요한 텍스트들은 인간의 인식, 기억의 기능, 아름다움의 본질, 그리고 시간과 영원의 관계를 포함하는 이슈들을 반영한다. 그의 철학적인 맥락과 문화적인 관심사가 매우 고대의 세계이지만, 그의 글들은 오래도록 매력적인 질문들에 대답하고, 이 시대까지 지속하는 사상의 범주에 호소하고 있는 방식으로 말미암아 그 제한성을 훨씬 초월한다.

어거스틴의 수천의 설교들 중에서, 그의 서신들에 대한 우리의 수집은 현대에 중요한 새로운 발견으로 증대되었을지라도, 백여 가지가 존재한다. 요한복음과 시편에 관한 설교처럼 그의 설교들 중에 어떤 것은 다소 독립적인 목회적 논문들 속에 합쳐져 있다. 그의 설교는 히브리 성경과 복음서들의 영적인 해석을 꽤 자유롭게 사용하지만, 훈련된 웅변가로서 그는 성경의 문자적 의미에서 오는 명확한 의미도 역시 존중했다. 『기독교교리론』(*On Christian Doctrine*)이란 중요한 작품에서 그는 성경 주해와 설교 그리고 세속 문화 사이에 관계를 탐구한다. 성경 진리의 해석과 전달을 용이하게 하는 한, 그는 수사학, 언어, 그리고 역사적 연구의 기술을 포함하는 세속 학문의 가장 좋은 것들을 크리스천들이 이용할 수 있는 것으로 보았다. 성경을 전달하는 설교자는 헬라어와 히브리어에 관한 지식이 있어야 한다고 주장하면서, 어거스틴은 자신이 소유하지 않았던 능력도 사실상 추천한다. 그는 헬라어는 수수한 능력만을 보유했고, 히브리어는 전혀 이해하지 못했다.[8)]

교리적으로 어거스틴은 니케아 전통에 충실히 헌신하는 것을 추구했다. 헬라어에 대한 그의 빈약한 지식이 장애가 되어 그가 때로 동방의 논쟁의 복잡한 문제들을 인식하는데 제한이 있었을지라도 말이다. 그는 특히 기독론에 관한 작품을 쓰지는 않았지만 성경에 대한 그의 접근은 많은 영역에서 강력하게 그리스도 중심적이었다. 그는 그리스도 안에서 구속, 치유에 초점을 맞추었고, 또 구원을 확보케 하고 인간에게 세속 철학이 도달할 수 없었던 하나님에 관한 지식을 제공하는 인성과 신성의 연합의 모범적인 기능에 집중했다.

삼위일체론

가톨릭 정통을 변호하려는 어거스틴의 바람이 15권의 책으로 이루어진 방대한 연구물인, 모든 그의 작품들 중에 가장 중요한 것 중에 하나인, 『삼위일체론』(*On the Trinity*)으로 귀결되었다. 399-419년에 이르는 20여년 간의 기간에 걸쳐서 생산된 어거스틴의 이 논문은 서방에서 첫 번째로 이런 종류의 실제적인 작품이다. 그것은 이전의 라틴 신학자들의 노력을 훨씬 능가하고, 쉽게 삼위일체 신학의 모든 서방 해석들 중에 가장 영향력 있는 작품임을 입증하였다. 어거스틴은 아리안과 사벨리안의 잘못을 거부하고 아버지보다 열등한 것으로 아들이나 성령을 저하시키는 것에 대항하는 하나님의 교리를 정의하려고 했다. 그는 셋이 존재와 활동에서 하나라는 당시의 정통주의 견해를 옹호하고 설명하려고 애썼다. 신성을 설명할 때에 각기 셋으로 설명할 수 있지만 오로지 한 분 하나님으로 계신다.

그러나 이런 실재를 설명하는 개념적인 용어에 이를 때, 어거스틴은 매우 조심스러워했다. 그는 "한 '우시아'와 세 '히포스타시아'"라는 용어는 서방의 실제적인 동의어로 터툴리안이 말했던 교리("한 '서브스탠시아'[*substantia*], 세 '퍼스내'[*personae*]")를 가질 수 있다고 인식했다. 그러나 그는 '우시아'의 적절한 동의어로서 '서브스탄시아'보다 '에센시아'(*essentia*)를 선호했고, '퍼스내'(위격들)란 용어를 셋의 복수성을 잠재적으로 과장하는 것으로 간주했다. 아버지와 아들과 성령은 분명히 셋이지만 하나님이 한분이시라면 어째서 셋인가? 이 지점에서 어거스틴은 이 세 분을 세 독자적인 개인으로 볼 수 없기 때문에 인간의 용어는 실패한다고 주장한다. 그분들을 "세 위격들"이라고 부른다면, 이것은 그 지칭이 매우 적합하기 때문이 아니라, "아무것도 말하지 않는 것을 피하기 위해서일 뿐이다."[9)]

셋을 구분하는 것으로 말할 수 있는 유일한 방법은 "관계들"의 용어에 의한 것이다. 그들은 모두 동등하게 신이시고, 동등하게 영원하시지만 특별한 방식으로 서로 '관계'되어 있다. 아버지는 아들과의 관계 때문에 아버지이시고, 아들은 아버지와의 관계 때문에 아들이라 일컬어진다. 성령은 어떠한가? 어거스틴은 성령이 아들에 대한 아버지의 사랑과 아버지에 대한 아들의 사랑의 "선물"이며 성령은 이분들의 상호적인 사랑의 유대로서 아버지와 아들과 관계되어 있다고 주장한다. 그러므로 셋은 "실제적이거나 현실적인 관계"의 측면에서는 구분되지만, 의지, 의도, 속성의 차원에서는 하나이시며 모든 것에서 불가분리로 행하신다.

아버지를 신성의 "근원"이나 "원인"으로 말하는 경향이 있었던 갑바도기아 교부들과 달리 어거스틴은 신격의 유일한 원천으로서 그 단일한 전체 속에서 신성을 본다. 하나님의 내적인 관계 내에서 성령은 아버지로부터만이 아니라 아들로부터도 나오신다(하지만 어거스틴은 이 나오심이 아버지로부터 "주로" 발생한다고 역시 인정한다). 성령의 "이중적인 발원"의 교리는 서방 신학자들의 사상에서 이미 구축되어 있었으므로, 어거스틴이 그것을 확증함으로써 논쟁을 불러일으켰음을 의미하지 않는다. 그의 주요한 관심은 단순히 삼위일체의 연합을 강조하는 것에 있었다. 그러나 어거스틴 이후에 라틴어 '필리오케' (*Filioque*, "그리고 아들로부터")가 서방에서 성령에 관한 니케아-콘스탄티노플 신조의 진술에 삽입되어, "그리고 우리는 아버지로부터 그리고 '아들로부터' 나오시는 성령을 [믿습니다]"라고 독법하게 되었다. 이런 삽입은 589년에 스페인의 톨레도(Toledo)의 제삼공의회에서 서방에서 인정될 것이고, 바뀐 신조는 뒤이은 세기들에서 서방 크리스천들에 의해 매우 광범위하게 사용될 것이다. 특히 프랑크 제국에서 그러했다. 그 교리는 마침내 11세기 초에 로마 예전의 공식적인 일부가 되었다.

그러나 "이중적인 발원"의 교리는 7세기부터 동방에서 혹독하게 반대될 것이다. 많은 동방 신학자들은 성령이 "오직 아버지로부터" 나오신다는 것을 확증하는 것이 중요하다고 생각했다. '필리오케' 문제가 발생시킨 논쟁들은 심각해서 1054년에 발생할 동방과 서방의 교회들 사이에 대분열에 상당히 책임이 있다. 이 분열들은 신학만이 아니라 정치와 관련된 것이었지만, 교리적 논쟁이 상당한 비중을 차지하였음은 의심할 여지가 없다. 수세기에 걸쳐서 이 분열을 치유하려는 많은 노력과 현대 시대에 상당한 건설적인 논의해도 불구하고, 성령의 발원에 관한 문제는 이제까지 동방과 서방의 신자들을 분열시키는 요지로 공식적으로 남아 있다.

그런데 어거스틴이 이 전적인 논쟁을 시작하게 하였다고 비난하는 것은 부당하다. 후대 세기들에서 아무리 논쟁적인 일이 되었을지라도, 어거스틴의 추론은 서방에서 그의 당대에는 꽤 의례적인 일었다. 문제는 어거스틴이 그 논리를 주장한 것에 있지 않고, 서방에서 후대에 단일하게 신조를 바꾸려고 시도한 것에 있다. 동방의 신학자들에게 이런 조치는 신학적인 잘못의 증거였을 뿐 아니라, 교회 통합에 중대한 위반과 일치한 고백적 전통의 성역을 공격한 것이었다.

『삼위일체론』의 후반부에서(8-15의 책들) 어거스틴은 삼위일체의 관계를 설명하는 다양한 방식을 탐구한다. 창세기 1:26-27에 따르면, 인간이 하나님의 모양과 형상을 따라 만들어졌다면, 그들은 삼위일체의 모양과 형상으로 만들어졌고, 이 삼위일체 성경의 증거가 인간의 구성 속에서 분명해져야 한다는 것이었다. 어거스틴은 그러한 증거가, 그가 가장 밀접하게 하나님의 존재와 유사하다고 생각한, 마음이나 영혼 속에서 특히 나타나야 한다고 추론한다. 그는 기억, 이해, 그리고 의지의 삼자적 구조를 포함하는 인간의 심리 속에서 그가 삼위일체의 "흔적"('베스티지아', "발자취" 또는 "추적")이라 불리는 범주를 찾는다. '기억'(memory)은 자기 인식과 잠재의식을 포괄하고, 그것은 개성의 중심이다. '이해'(understanding)는 신의 이성의 반영이다. '의지'는 기억과 이해가 연합한 의도에 영향을 받아 바라고 도달하려는 것이다. 이 세 가지 속에서 어거스틴은 하나님을 기억하고 알고 사랑하는 마음의 독창적인 능력의 모습을 본다.

어거스틴은 그의 추론이 추상적이라는 것을 인정하고, 본질적으로 그것을 길게 논의하였을지라도, 그의 개념에 대한 표현은 논조에서 꽤 시험적이다. 그의 사상은 확실히 두드러지게 창작적이고, 그것은 뒤이은 서방 사상에서 상당한 숙고를 불러일으켰다. 어떤 현대 신학자들은 어거스틴의 사상을 대단히 문제가 있는 것으로 생각하는데 그가 삼위 하나님의 형상을 인간의 마음이나 영혼 속에서 찾고 있는 것으로 보이기 때문이다. 인간이 분리된 개인이 아니라 타자와의 관계 속에서 분석할 필요가 있는 사실상 유형화된 자아들이라는 사실을 언급하지 않고서 말이다. 하나님을 기억하고 알고 사랑하는 본질적인 영적 능력을 말함으로써 결국 어거스틴은 영혼의 상승이란 다소 플라톤적 비전의 제시하고 있다고 비난을 받는다. 어떤 이들은 어거스틴이 잘못된 곳에서 계시의 흔적을 찾으려고 하였다고 역시 주장했다. 즉 예수 그리스도, 하나님의 아들 안에서, 그리고 예수의 영의 능력 안에서 하나님의 계시를 주로 찾으려고 해야지 어찌 인간 본질의 구조 속에서 하나님의 계시를 찾으려고 하는가?

이런 비판의 일부는 진리적인 양상이 있지만 어거스틴의 묵상은 전반적으로 그의 신학적 맥락 내에서 평가할 필요가 있다. 보다 최근의 학계는 그의 개념이『삼위일체론』자체와 그의 사상 전반에서 그의 개념이 위치하고 있는 배경을 강조하는데 관심이 있다. 어거스틴은 인간 본질이 죄로 인해 변질되어, 본래 의도한 영광에 손상이 가해진 형상만을 간직하고 있는 것으로 보았다. 즉 우리는 존재의 근원이신 삼위일체 창조주 하나님과의 올바른 관계로 올라가려면, 하나님의 은혜의 주도하심에 전적으로 의존해 있다. 어거스틴의 논리는 결국에 그의 비판자들이 제기하는 것과는 달리 플라톤적이지 않고, 훨씬 더 성경 지향적이다.

논쟁주의자 어거스틴

논쟁들이 어거스틴의 많은 문학적 활동을 파생시켰다. 히포에서의 초기 재직 시에 그는 창조의 본래적인 선과 인간 자유의지의 실제 그리고 형이상학적인 필연성보다는 선의 부재로서 악의 본질을 논증하면서, 이전에 연관을 지었었던 마니교의 개념을 논박하는 많은 작품들을 썼다. 이성의 해석적인 능력에 관한 마니교의 강조와 관련해서 그는 종교적 지식과 보다 일반적으로 진리의 이해에 관한 출발점으로 신앙의 중요성에 점증하는 강조를 두게 되었다. 유명하게도 그는 "이해하기 위해서 믿어라"고 독자들에게 요구했다.

타락한 인간의 마음이 죄로 인해 자연스럽게 어두워졌고, 이성적인 노력만으로는 자기 자신의 감금상태에서 빠져나올 수 없게 되었다고 더욱더 강조함으로써 어거스틴은 믿음의 필연성을 또렷하게 했다. 유한성과 부패를 지닌 인간의 상태에서 믿음 이외에 하나님께 나아갈 수 있는 다른 방법은 없다 – 그리고 오직 하나님만이 그 믿음을 주실 수 있다. 이성을 쓸모없는 것이라고 기각할 수는 없다 – 이성은 진리와 거짓을 분간하고 잘못된 것과 옳을 것을 구분하는데 사용하도록 하나님에게 우리에게 주신 선물이다. 하지만 이성이 신자의 삶에서 믿음의 보충이 될 수는 있을지라도, 그것은 항상 믿음이란 주요한 의무에 종속된다.

도나투스파의 교의

마니교가 한 대적을 대변했다면, 북아프리카의 환경에서 더 심각한 갈등의 또 다른 주요한 원인들이 있었다. 그 주요한 한 가지가 도나투스주의다. 4세기 초에 시작되었던 그 운동(28-32을 보라)은 이때쯤 북아프리카 전역에서 매우 강력했다. 도나투스주의의 주요한 세력의 근간은 누미디아에서 계속되었지만, 서방과 동방의 북아프리카 전역에서 사실상 모든 마을들이 서로 경쟁하는 성직자가 인도하는 두 기독교 공동체를 가졌다. 이들은 "가톨릭"과 "도나투스주의"란 명칭으로 뜨겁게 경쟁했고, 상당히 많은 지역에서 도나투스주의자들이 우세한 교회를 형성했다. 우리는 많은 지역들에서 존재했던 것을 "가톨릭"과 "도나투스주의" 사이에 경쟁으로 회고적으로 묘사할 수 있다. 당시에 그것은 기독교의 두 그룹 사이의 경쟁에 상응하고, 하나는 다른 하나보다 더 엄격했다. 그들은 서로 아프리카 신앙의 참된 전통을 대변한다고 주장했다.

도나투스주의는 시골지역만이 아니라 많은 인구를 가진 중심지에서도 교육받고 유복한 사람들의 상당한 사람들에게 매력을 주었다. 도나투스주의 리더들 가운데 많은 이들이 라틴어로 글을 썼던(그리고 아마도 예전을 인도하고 설교했던) 철저히 교양적인 사람들이었다. 사실상 또 다른 요소들도 있었다. 340년경부터 도나투스주의자들은 그들의 반대자들에 의해 "서컴셀리온스"(Circumcellions)로 알려진 그룹과 관련된 것으로 제기되었다. 서컴셀리온이란 그룹의 정체성은 전혀 분명하지 않지만 그들은 지방의 순교자 사원 주변에서 시간을 보냈던 부랑자들의 모임이었던 것으로 보인다(어거스틴은 그들의 이름을 '서컴 셀라스', 즉 "사원 주변에"에서 유래하는 것으로 설명한다). 그들은 스스로를 그리스도의 "병사"('아고니스티시')－자기 부인과 사회적 부정의를 바로잡는 대의에 헌신했던 열성적인 금욕주의자－로 유형 지었지만, 그들은 정규적으로 세워진 수도원운동의 구조 안으로 들어오지는 못했다.

구걸하고 간간히 농사일에 참여하는 것으로 생계를 이어간 서컴셀리온들은 빚의 청산을 촉구하고 경제적 불평등에 책임이 있다고 간주되는 신자들의 재산과 사람들에 대한 약탈행위에 참여함으로써 가난하고 억압받는 자들의 이익을 대변한다고 주장했다. 하지만 그들의 주요한 관심은 굴하지 않는 금욕주의자로서의 평판을 배양하고 그리스도의 대의의 옹호자로서 순교자의 위치를 추구하는 것에 있었다. 그들이 로마의 법칙에 대항하는 지역적인 반동을 이따금 지원하였을지라도, 일부 도나투스 성직자들이 주장했던 것처럼 (도나투스는 황제가 그 교회와 관련을 가져야한다고 요구했던 것으로 언급된다), 그들의 항의는 정치적인 제도에 대항하는 것만큼이나 "세상"과 타협적인 기독교 공동체에 대항한 것이었다.

전반적으로, 서컴셀리온들의 활동은, 사회적 성향이 책임을 유지하는 것이었고 또한 종교적 헌신이 어떤 멋진 행위와 불복종의 행위를 보여주는 것이 아니었던 많은 도나투스주의자들을 당황스럽게 했다. 다양한 단계에서, 특히 347-348년에 콘스탄스 황제 하에서, 당국자들에 의한 서컴셀리온들에 대한 적극적인 억압은 그들이 숭앙하던 순교자의 용기를 모방하는 호전적인 주장을 강화시켰다. 하지만 그들의 비판자들에게서 그들은 광신적인 극단주의자들이었고, 그들이 법과 질서의 힘을 유난히 자극한 것은 부당한 박해에 직면한 참된 순종이 아니라 자살에 상응하였다.

4세기 중반에 황제의 당국자들로부터 도나투스주의에 대한 학대에도 불구하고 그 운동은 율리안 통치 하에서 번성했고, 이전의 억압에서 상실했던 얼마간의 토대를 회복했다. 고통과 적대가 실제적이었을 때, 도나투스주의자들은 순수한 교회를 보존하려는 결의와 진리에 대한 신실성을 항상 붙잡았다. 카르타고의 도나투스의 계승자인 파르메니안(Parmenian) – 그는 의미 있게도 아프리카 태생은 아니었다 – 은 잘 구축된 조직으로 엄격한 교회들을 다졌던 오랜 재직 기간을 가졌다. 그의 가르침이 360년대 말부터 누미디아의 밀레비스의 오프타투스(Optatus)의 가톨릭 주교에 의해서 일부 주요한 논박을 받았을지라도, 파르메니아가 관장했던 공동체는 번성하였다.

370년대 말과 380년대 초에 티코니우스(Tyconius)라는 은사 있는 도나투스주의 평신도는 『규율집』(*Book of Rules*)으로 알려진 성경 해석에 관한 인상적인 지침서를 발간했다. 그것은 도나투스 신학 내에서 보다 온건한 전통의 지적인 다양성을 보여주었다. 그의 작품은 그 출처에도 불구하고 사실상 어거스틴에 의해 흡수되어 논의될 것이고, 성경의 모든 부분을 그리스도와 그리스도의 몸이 교회를 언급하는 것으로 해석하는 티코니우스의 원리는 후대에 서방의 주해에 폭넓게 영향이 있었다. 티코니우스는 요한계시록에 관한 주석을 포함하여 이외에 다른 책들도 썼고,[10] 우리는 그의 신학의 특징을

『규율집』과 어거스틴(그는 도나투스주의자들 사이에 분열이 발생한 정도를 강조하기 위해서 그 자신의 이유를 가졌다)의 증거에 의존한다.

교회의 영적 특징에 관한 티코니우스의 견해는 파르메니안에 상술한 "공식적"인 도나투스주의자의 입장보다 폭이 넓다. 그는 교회를 참된 일원과 거짓된 일원이 실제 행동에서 그리스도를 순종하려는 의지를 보이느냐 보이지 않느냐와 관련해서만 오직 구분할 수 있는, 혼합된, 몸으로 묘사한 것으로 보인다. 파르메니안은 티코메니우스의 교리가 도나투스주의자의 흐름에서 일탈한 것으로 판정했고, 티코니우스는 도나투스주의 교회에서 마침내 파문되었을지라도, 그는 결코 가톨릭 진영에 합세하지는 않았다. 그의 사상이 옳은지 그른지, 그리고 380년대의 사건들이 도나투스주의 내에서 서로 다른 요소들의 공존에 무엇을 함축하였든지 간에 도나투스주의자와 그를 동일시한 것은 도나투스주의 범주 내에서 발견할 수 있었던 문화적인 탄력성과 복합성을 상징했다. 도나투스주의의 실제적인 우월함이 교회, 성직자, 그리고 회중들의 존재를 무시할 수 없게 만들었던 것처럼, 그 사상가들 모두를 신학적으로 하찮은 것으로 기각할 수는 없었다.

어거스틴이 388년에 다가스테에서 도착했을 때에 파르메미안은 여전히 재직하고 있었지만, 그는 390년 초에 어느 시기에 죽었다. 그 이후부터 엄격주의자들은 사람들 간의 충돌, 예리한 견해 차이, 교회들 간의 분열로 인해 훨씬 더 분열하기를 시작하였다. 그럼에도 불구하고 그들은 여전히 매우 상당히 실존했고, 394년 4월에는 파르메니안의 계승자인 프리미아누스(Primianus)에 대항하여 일어났던 반동을 진압하기 위해서 남부 누미디아(도나투스주의자들의 본거지)의 바개(Bgai)에서 310명의 주교들의 모임을 소집할 수 있었다. 그를 반대하는 자들은 이전 해에 그를 파문했었다. 카르타고의 새로운 가톨릭 주교인 아우렐리우스(Aurelius)와 같은 성직자들의 심각한 반대에도 불구하고, 도나투스주의는 토대를 상실할 만한 모습을 보이지 않았다.

도나투스주의자들은 그 용어의 의례적인 이해에 따라서는 이단으로 정죄될 수 없었다. 그들은 동일한 성경에 대한 충성을 고백했고, 그들을 비판하는 자들과 동일한 신조적 진술을 간직했기 때문이다. 밀레비스의 오프타투스와 같은 반대자들도 그들이 기독론적이고 삼위일체적인 교리의 문제에서는 정통이라고 인정해야 했고, 그들의 죄는 이단이 아니라 분열이라고 주장했다. 즉 그들은 동료 신자들과의 교제를 깨뜨렸고, 로마와 동방의 교회들이 판단할 때, 그들은 공식적으로 인정을 받을 수 없었다. 문제는 도나투스주의자들도 동일한 종류의 잘못으로 그들의 경쟁자들을 정죄했다는 것이었다. 그들은 오직 한 참된 교회만이 있을 수 있다고 동의했지만, 그들과 관련해서는 그들이 정확히 참된 교회라는 것이었다. 즉 그들이 박해의 과정에서 확고함을 유지하고 타협하지 않았던 사람들이라는 것이었다. 소위 "가톨릭" 교회의 성직자들은 죄에 연루되었고 부패와 절연하지 못했다. 그들의 사제적 직무는 정당성이 없게 되었고, 그들이 행한 의식도 손상되었고, 무효가 되었다. 도나투스주의자들은 자신들이 순교자의 교회와 적절한 연속성 안에 있었다고 주장했고, 그들은 배교의 심각성을 가리는 것을 정당화하기 위해서 키프리안의 권위에 호소했다.

어거스틴이 히포의 주교가 되었을 때, 그는 도나투스주의자들이 다수파에 속하는 사회를 직면했고, 그들과 경쟁하는 자들은 사회적인 위치와 그들이 영적으로 덜 헌신되어 있다는 암시에 강한 불만스런 감정을 배양하고 있었다. 이 두 공동체들은 불편한 평화 속에서 대부분 공존했지만, 가끔 적대와 심지어 폭력을 보이면서 상당한 악의가 있었다. 이런 난관에 대처해야할 방법을 찾는 것이 어거스틴의 마음에 아주 긴급하고 실제적인 문제였다. 그는 도나투스주의자들의 가르침의 본질을 알고 그 운동의 역사에 대한 사실들을 확립하는 일에 착수했다.

도나투스주의에 대한 대처

도나투스주의자들이 갖고 있는 견해의 부족과 관련한 만족스런 증거를 수집한 어거스틴은 도나투스주의자 교회들의 대표자들과 공개적인 논쟁을 가지려고 시도했지만 – 그가 마니교에 대해서 커다란 성공을 거두었던 전략 – 대부분의 도나투스주의 대적자들은 그러한 만남을 피하려고 했다. 그러므로 그는 설교와 글로 진지한 논박적인 계획을 발전시키기를 시작했다. 또한 그는 그의 성직자와 평신도들 사이에 도덕적인 고결성에 관한 중요성을 매우 강조함으로써 그의 가톨릭 범주에 대한 도나투스주의자들의 비난을 미연에 방지하려고 애썼다. 도덕적으로 느슨하지 않다는 가톨릭의 주장이 논박을 받지 않으려면, 가톨릭 지도자와 평신도들이 거룩함에 대한 의무에서 진지함을 나타내 보이는 것이 필수적이었다.

우리가 어거스틴 자신이 나중에 말한 것을 그대로 신뢰한다면, 어거스틴은 처음에 황제의 세력을 이용하여 그의 대적들을 강제적으로 복종케 하려는 것을 반대했다. 그는 가톨릭이 활력을 다시 찾음으로써 도나투스주의 세력이 붕괴할 것이라고 확신했다. 정치적인 압력은 잘못된 종류의 회심자들 – 확신의 문제보다는 편리함의 문제로 충성을 바꾸는 사람들 – 을 양산한다고 나중에 그는 주장할 것이고, 그의 본능은 지적인 설득과 도덕적 모범에 호소하는 것이 황제의 법의 투박한 도구에 의존하는 것보다 낫다는 것이었다. 그러나 점차적으로 그는 강압이 도나투스주의처럼 활발한 운동을 제어할 수 유일한 방법이라는 것을 받아들이게 되었다.

강압할 수 있는 세력을 끌어들이는 것은 어렵지 않았다. 397-398년에 군대장관인 길도(Gildo)가 이끈 마우레타니아에서의 실패한 반란은 저명한 도나투스주의 성직자들 특히 다무가디(팀가트)의 매우 영향력 있는 오프다투스(Optatus)에 의해 지지되었음으로 도나투스주의자들은 로마에 대항하는 자로 상정될 수 있었다. 397년에 카르타고에서 매년 열리는 가톨릭 주교들로 지원되는 굳건한 세력의 열정은 어거스틴이 도나투스주의자들에 대한 심각한 공식적인 행위를 요청할 수 있는 시기가 왔음을 고무시켰다. 405년에 그는 호노리우스 황제의 정부가 도나투스주의자들을 단순히 분열만이 아니라 이단인 것으로 선언하고 법적으로 심각한 벌을 받게 하는 "연합의 칙령"을 발행할 수 있게 성공적으로 설득했다. 뒤이어지는 연도들에서 더 강화된 조치들이 잇따랐다.

처음에 그 인가는 부분적으로만 효과가 있었고, 실효가 있었다면, 공격과 강도와 방화와 심지어 살인의 행위에 참여한 것으로 보고되는 서컴셀리온들의 활동에 대한 강화조치였다. 그러나 어거스틴은 충분한 법적인 조사에 당국자들이 착수할 것을 설득하는데 성공했고, 가톨릭과 도나투스주의 주교들의 모임이 411년 5월에 카르타고에서 소집되었다. 아주 상세하게 전해 내려오고 있는 이 시기에 관한 기록들은 각기 가톨릭 측에서 285명, 도나투스주의자 측에서 285명이 참석하였음을 보여준다. 가톨릭 측은 어거스틴에 의해 인도되었고, 도나투스주의 측은 콘스탄틴(Constantine, 시르타[Cirta])의 주교인 페틸리안(Petilian)에 의해 인도되었다. 의장은 황제의 세력의 지역 대표자가 맡았는데, 그는 어거스틴의 친구이자 충성스러운 가톨릭 교도인 호민관 마르셀리누스(Marcellinus)였다.

각 파는 활발하게 서로 불일치하고 있는 역사적 근거에 관한 다른 이들의 형태를 도전하는 격렬하고 고통스러운 논쟁을 했고, 그후에 마르셀리누스는 가톨릭파가 그들의 경우를 확실히 입증했다고 선언했다. 결국 도나투스주의 측은 북아프리카의 참된 교회에 속하지 않게 되었다. 뒤이어지는 해의 1월에 호노리우스는 도나투스주의 교회를 불법이라고 선언했다. 그들의 재산을 압류하고 성직자는 유배되었으며 상당한 벌금(그 차이는 이탈자들의 사회적 신분에 따라서 결정되었다)이 공식적인 교회의 범주에 들어오기를 거부하는 사람들에게 부과되었다. 몇 년간에 걸친 억압은 특히 북아프리카의 해변 지역에서 강렬하였다. 그곳에서 법의 집행은 더 강력했고, 보다 단호한 입장을 취했다.[11]

그럼에도 불구하고 도나투스주의는 쉽게 사라지지 않았다. 산발적인 저항이 도나투스주의 회중들과 성직자들의 편에서 십여 년 동안 계속되었고, 분노한 서컴셀리온의 소란이 있었다. 어거스틴은 그것에 대처하기 위해서 무력 사용을 요청하고 정당화하는 일을 더욱 준비하였다. 심지어 강압은 "사람을 강권하여 데려다가 내 집을 채우라"(눅 14:23)는 주님의 명령에 대한 순종으로 제시되었다. 하지만 420년대 말에 이 원리를 강화시키는 도전이 스페인으로부터 반달족의 침입의 위협으로 인해 어두움이 드리워졌다. 429년에 아리안 신조를 신봉했던 골과 스페인의 정복자들이 북아프리카로 건너왔을 때 이 위협은 현실화 되었다(더 자세한 것은 pp. 355-358를 보라). 가톨릭파와 도나투스파들은 약탈을 당하게 되었고, 어거스틴을 포함하는 모든 곳의 기독교 지도자들이 저항하느냐 도망하느냐로 신음했다. 이 두 정책이 채택되었다.

반달족이 득세하고 어거스틴이 430년에 영원한 안식에 들어간 후에도 도나투스주의자들은 특히 누미디안의 핵심 지역에서 생존했다. 심지어 그들은

530년에 유스티니안 황제가 그 지역을 재정복한 후에도 남아 있었다. 6세기 말에도 우리는 북아프리카의 통치자들이 도나투스주의에 대해 법적인 금지를 시행하는 일에 실패하고 있음을 불평하는 것을 발견하게 된다. 7세기와 8세기에 이슬람의 정복으로만 도나투스주의자들이 그들에 대항했던 세력에 마침내 굴복하였다. 초기부터 깊어졌던 분열이 장기적으로 다른 신앙의 도래에 저항할 수 있는 기독교 세력의 능력을 아마도 약화시켰을 것이다.

도나투스주의에 대하여 무력 사용을 마지못해서 인정하였다는 어거스틴의 주장은 참일 수도 있고, 그렇지 않을 수도 있다. 아마도 그는 뒤이어 호노리우스의 법의 부과에서 사용되었던 무력의 정도와 참된 원리에서 도나투스주의 노선을 고수했던 사람들에게 가해진 취급에 대해서 후회를 느꼈을 것이다. 그는 확실히 고집스러운 사람들에 대한 처벌에서 관용을 자주 주장했다. 그럼에도 불구하고 결국에 그는 그의 신학적 목표를 이루기 위해서 정부 당국을 이용하는 것을 꺼리지 않았고, 다양한 수단을 통해 그의 전략을 정당화하려고 했다. 그는 도나투스주의자들에게 가해진 운명을 영적인 훈련의 문제, 즉 긍정적인 결과를 갖는 것으로서 그들에게 가해진 힘들고 필요한 고난으로 묘사했다. 그는 도나투스주의자들과 연관된 일부 사람들 - 서컴셀리온들 - 에게는 공개적인 폭행의 죄가 있으므로 강력한 수단을 통해 중단시켜야 할 필요가 있다고 지적했다. 게다가 도나투스주의자들은 적합할 때 그들 스스로 당국자들에게 호소하는 것에서 늦지 않았다.

그의 행위를 변호한 어거스틴의 시도들은 스스로 그 일을 합리화하려는 노력을 반영해주지만, 그것은 그에게서 그러한 접근방식으로만 다루어질 수 있었던 인간 본성의 병약함에 대한 그의 점증하는 좌절감을 암시한다. 때로 그는 벌과 두려움이 사랑과 인내가 하지 못하는 방식으로 사람들을 회개로 이끈다고 주장했다. 그의 추론의 일부는 아주 특별한 간청처럼 보이지만 확실히 그렇게 적용하는 것은 대단히 위험스럽다. 콘스탄틴과 데오도시우스 이후 세계에서 영향력 있는 성직자가 특별한 교회적 입장을 강화시키기 위해서 법과 질서의 세력을 동원하는 것은 분명히 너무 쉬웠다. 도나투스주의자들에 대한 어거스틴의 경우가 아무리 복잡할지라도 그의 입장은 유럽 교회의 보다 어두운 전략가들이 호소할 수 있는 사례로서 이후에 기능했다. 중세, 종교개혁, 그리고 반종교개혁의 시기에는 도나투스주의자들에 대항하여 어거스틴이 취한 입장을 인용함으로써 보다 잔인한 억압의 계획을 추구했다.

교회와 성사

신학적인 차원에서 도나투스주의 논리를 논박한 어거스틴의 노력은 보다 건설적인 유산을 남겼다. 4세기말과 5세기의 첫 십여 년 간에 걸친 일련의 논문들에서 그는 파르메니아주의자들, 페틸리안주의자들, 크레스코니우스(Cresconius)라 불리는 문법학자, 그리고 바개의 주교인 가우덴티우스(Gaudentius)를 포함하는 일련의 저명한 도나투스주의 교사들의 개념들을 정면으로 도전했다. 어거스틴이 보았을 때, 도나투스주의와의 불일치의 뿌리는 교회의 서로 다른 개념들에 있었다. 도나투스주의자들이 주장했던 것처럼 가톨릭 기독교 공동체는 절대적으로 순수한 존재인가, 또는 어거스틴이 주장했던(그리고 논쟁적으로 티코니우스가 인식했던) 것처럼 가톨릭 기독교 공동체는 사회학적으로만이 아니라 도덕적으로 유형의 혼합을 포함하는가?

어거스틴에 따르면 예수의 비유는 이 땅에서 하나님의 나라가 가라지와 밀, 좋은 생선과 나쁜 생선을 포함하고 있고(마 13:24-30, 36-43, 47-50), 결국에 하나님만이 그것들을 분리하실 수 있음을 함축했다. 구분하려는 인간의 시도들은 실패하고 분열을 초래할 수밖에 없으며, 이는 본래의 도나투스주의자들이 아주 혐오했던 죄 – 박해에 저항하지 못한 것 – 보다 훨씬 더 큰 죄라는 것이다. 참된 신자와 거짓 신자를 가르는 최종 구분선은 아무리 위험한 자라도 이 세상에서는 피해야 한다는 것이다. 교회의 거룩은 구성원들의 본질적인 선에 있지 않고, 그들이 속하고 있는 그리스도의 몸의 거룩하심에 있다.

나아가서 이런 사실이 사역자들이 행한 성스러운 의식의 합법에 관한 어거스틴의 이해를 결정지었다. 도나투스주의자들에게서 세례는 "순전한" 교회의 "순전한" 대표자들이 시행할 때만이 유효하였다. 박해의 시기에 저항하지 못하고 굴복한 사람들이 주관한 의식은 오염되었고 비효과적이었다. 도나투스주의자들은 3세기에 키프리안의 가르침에 이것을 정당하게 의존할 수 있었다.[12] 그러나 어거스틴은 키프리안의 조언의 또 다른 중요한 요소를 상기시키는 전략을 사용했다. 즉 회개하는 분열자들을 회복시켜야 한다. 그때에 사실상 어거스틴은 키프리안의 추론보다는 (3세기에) 스테펜(Stephen)의 로마 신학에 훨씬 더 가까운 형태로 논증했다.13) 즉 성스러운 의식의 유효성은 그 의식을 집행한 사람의 공적에 의존하는 것이 아니라 맨 처음 그 의식을 제정하신 그리스도의 공적에 의존한다는 것이었다.

중세 신학자들은 이것을 성례의 유효성에 관한 '엑스 오페레 오페라토'(*ex opere operato, ex opere operantis*와 반대됨) 이해라 부를 것이다. 즉 은혜의 전달에서 중요한 것은 사역자 개인의 위치가 아니라 성례 행위를 믿음으로 수행했느냐다. '엑스 오페레 오페라토' 견해는 대체로 공통된 서방의 입장이 될 것이다. 어거스틴의 논리는 도나투스주의자들에 의해 주관된 세례도 '유효한' 것으로 인정했음을 의미했다. 그 세례가 그리스도의 이름으로 그리고 주님 자신이 규정했던 형태를 따라 시행되었다면 말이다. 그러나 – 여기서 그는 키프리안의 추론에 더 가깝다 – 그는 그것이 은혜의 '효과적'인 수단들이 되기 위해서 수령자가 가톨릭교회와 화해할 의무가 있다고 주장했다. 그 안에서만 오직 그리스도의 성령을 발견할 수 있다는 것이었다. 도나투스주의자들이 가톨릭교회와 분리되어 있는 한, 그들은 영적인 불모지 상태에 있을 수밖에 없다.

사실상 어거스틴은 도덕적인 정직함의 중요성, 세상의 침탈에 대한 저항에 대한 도나투스주의자들의 전제를 많이 공유했고, 의식적으로 그는 그의 개념을 동일한 토착적인 전통의 강조와 연결하려고 노력했다. 그러나 결국에 교회에 대한 그의 비전은 보다 포괄적이었다. 크리스천의 성화의 중요성과 인간 본성의 본질적인 부패에 대한 그의 확신에도 불구하고, 그는 가톨릭주의를 거룩과 타락 사이의 긴장에서 신비스럽게 존재하는 것으로 규정할 준비가 되어 있었다. 그러한 정의(definition)에 관한 의미를 작성함에 있어서 그는 북아프리카 전통의 양상을 재확증하기도 하였을 뿐 아니라 떠나기도 하였다. 그는 전반적으로 아프리카적인 것만큼이나 로마적인 교리를 서방에 남겼다. 그럼에도 불구하고 교회와 성사의 주류적인 서방 신학이 되었던 것은 깊은 단계에서 성찰되어진 아프리카인의 투쟁의 맥락에서였다.

펠라기안주의

411년에 카르타고에서 있었던 회의에 뒤이어지는 시기들에서 어거스틴은 상당히 중요한 다른 교리적인 발전(우리가 소위 "펠라기안주의"라 일컫는 운동의 영향)의 문제에 사로잡힌 자신을 발견하게 되었다. 펠리기우스(Pelagius, 약 350-425)는 아마도 영국에서 태어났을 것이다. 그렇다면 그는 전해 내려오는 작품이 있는 최초의 영국 기독교 작가일 것이지만, 그가 380년대에 로마에 도착한 이후로 영국에서 멀리 떨어진 지중해 세계에서 그의 삶의 주요한 대부분을 보냈기 때문에 그것이 그리 중요하지 못하다. 그는 고전 문학과 철학의 상당한 교육을 받았지만, 그가 일부 당대 사람에 의해 수도사였던 것으로 언급될지라도, 그는 결코 확인할 만한 어느 종교적 단체에 속했다거나 사제로서 서품을 받지 않았다. 그러나 그는 강력한 금욕적 확신과 거룩을 촉진하려는 열정을 가졌다. 로마의 성직자에 대한 맹렬한 비판이 385년에 그 도시를 떠나게 촉진시켰던 제롬처럼(pp. 149-152를 보라), 그는 많은 로마 기독교인들이 행하고 있는 훈련되지 않은 방종적인 삶에 충격을 받고 긴급한 도덕적 개혁의 메시지를 전하기를 시작했다.

펠라기우스의 가르침은 많은 뛰어난 귀족 신자들에게 매력을 주었고, 그가 반대에 직면했을지라도, 로마의 부유하고 교육 받은 부류들에서 제자들과 후원자들을 얻을 수 있었다. 그의 가장 열정적인 청중들은 아니시(Anicii)의 강력한 원로원 가문이었고, 그는 그 집에서 일종의 개인 예배 인도자로 행동하기도 했다. 4세기말의 십여 년과 5세기 초의 십여 년 간에 걸쳐서 그는 로마 사회에서 매우 인기 있는 지위를 누렸고, 그의 영향은 시실리와 같은 지역으로까지 멀리 퍼져나갔는데, 부유한 그의 추종자들 가운데 일부가 그곳에 부동산을 소유하고 있었기 때문이었다. 정치적인 불확실의 시기에 부패한 세상에서 금욕적으로 초연함에 대한 이상은 사람들의 마음을 사로잡았다. 아울러 단순히 외적인 조화를 넘어서서 "참된" 기독교의 추구와 도덕적 개혁에 대한 펠라기우스의 간청은 보수적인 성향이 있는 사회 엘리트들에게 매력적으로 들렸다.

펠라기우스는 교리적인 측면에서 급진적이기를 원하지 않았다. 작성된 자료의 대다수가 그의 이름으로 전해내려 오고 있는데, 어느 작품이 그의 진정한 작품인지 아닌지를 말하기가 어려울지라도, 진성성의 증거가 확실한 경우에 우리는 기독론과 삼위일체적 믿음의 문제에 관해서 전적으로 정통으로 자기 자신을 간주한 한 인물을 보게 된다. 바울서신, 특히 로마서 5장에 관한 그의 언급들은 어거스틴이 변호한 원죄의 이해를 직접적으로 도전했지만, 펠라기우스는 어거스틴을 포함하여 다른 문제의 범주까지 저명한 기독교 저자들의 권위에 반복해서 호소했다. 그의 교화적인 논문들은 역경 가운데서 도굴하지 않는 덕성, 물질적인 풍요로움의 위험, 그리고 순결의 장점과 같은 기독교 저자들에게 익숙한 표준적인 종류의 주제들에 관한 것이었다. 펠라기우스는 그의 견해가 그에게 심각한 곤란을 가져다주었던 개혁가였지만, 그의 의도는 기독교 신앙의 근본적인 구조를 손상시키려는 것이 아니었다. 그의 관심은 단순히 신자들이 더 좋은 삶을 살도록 권하는 것이었다.

그럼에도 불구하고 그의 가르침의 신학적 토대는 매우 논쟁이 되었다. 펠라기우스는 예수가 하늘에 계신 그의 아버지처럼 "완전할" 것을 따르는 자들에게 명하셨다면(마 5:48), 완전히 의무이면서도 실현 가능한 영역이라고 주장했다. 그는 도덕적이어야 한다는 명령에 직면해서 비관적인 포기를 심히 반대했다. 그러한 패배의식이 물질적인 세계에서 악이 불가피한 요소라는 마니교적 가설(로마는 그 가설을 폭넓게 간직했다)로부터 왔든지, 또는 – 교회의 상황에서는 더 직접적인 위험이 있는 – 인간의 무능력에 대한 지나치게 부정적인 기독교적 견해로 간주했던 것에서 왔든지 간에 말이다. 그는 인간이 그 본성이 부패하기 때문에 죄를 지을 수밖에 없다는 신학적인 가르침을 심히 곤란해 했다.

어거스틴은 『고백』이란 책에서 여러 번 하나님께 "당신이 요구하는 것을 주십시오, 그리고 당신이 뜻하시는 것을 요구하십시오"[14]라고 기도한다. 펠라기우스는 그러한 기도란 신자들이 하나님의 꼭두각시에 지나지 않게 하는 것이라고 주장하고 그것은 도덕적 노력의 전체적인 근간을 훼손하는 것이라고 생각했다. 죄와 덕이 의지적인 의도의 문제가 아니라면, 도덕적 책임에 대한 근거가 없어진다고 그는 추론했다. 인간은 불가피하게 잘못된 행동을 하는 경향이 있는 죄된 본성을 전수하는 것이 아니라, 악을 저항하고 완전을 열망하는 의지의 의도를 손상시키는 환경의 영향과 나쁜 행동의 영향에 의해 죄를 짓는 것을 배운다는 것이다.

우리가 11장에서 더 자세히 상고하게 될 정치적인 전개로 인해 로마는 410년에 고딕족에 함락을 당하고, 많은 다른 도시의 엘리트들처럼 펠라기우스는 다른 곳으로 피난처를 찾았다. 그와 그의 지지자들의 그룹은 북아프리카로 향했다. 그의 동역자들 가운데 선두에 선 사람은 셀레스티우스(Celestius)라는 변호사였는데, 그는 그의 스승인 펠라기우스보다 훨씬 더 호전적인 기질을 가졌다. 펠라기우스는 곧 팔레스타인으로 이동한 반면에 셀레스티우스는 카르타고에 남아서 영혼의 본질과 아담의 죄안에서 인간 종족의 유대에 관한 지역의 신학적인 논쟁에 가담했다. 셀레스티우스는 펠리기우스의 개념에 기초하여 일련의 거리낌 없는 주장을 했다. 즉 아담은 죄의 결과로 죽을 운명의 사람이 된 것이 아니라, 창조될 때 이미 죽을 운명의 사람이었다. 하와의 죄는 오직 하와에게만 영향을 미친 것이지 자손들에게는 아니다. 유아는 아담이 타락 이전에 존재했던 순진무구와 동일한 상태로 태어난다. 세례는 구원에 필요하지만 죄 용서의 표지가 아니라 성화의 상징이다. 율법과 복음은 둘 다 죄를 피하기 위해 필요한 모범을 인간에게 제공한다. 물론 그리스도는 지극한 모범이시지만, 그리스도 이전에도 다른 죄 없는 존재가 있었다.

아주 대담하게 표현된 이런 주장으로 인해 셀레스티우스는 교회의 일로 카르타고에서 있었던 밀란의 부제인 폴리누스(Paulinus, 암브로스의 전기 작가)에 의해 이단으로 비난을 받았고, 사제로서 서임을 받으려한 셀레스티우스의 시도는 거부되었다. 지역 종교회의에서 그의 견해는 정죄되었다. 어거스틴이 412년경에 셀레스티우스의 개념을 들었을 때 그는 율법이 도덕적으로 필요하지만 그리스도의 영만이 인간이 그 율법을 순종하게 할 수 있다고 주장하면서 그들을 논박하는 일에 착수했다. 많은 논문과 서신에서 태생적인 순전성이나 구원에서 은혜의 역할과 관련한 위험스러운 개념이라고 그가 느꼈던 것을 더 자세히 반박했다. 그가 이전의 글들에서 행했던 것처럼, 인간은 깨끗한 백지 상태로 태어나는 것이 아니라 하나님 앞에서 죄인의 상태로 태어나며, 오직 유아 시에 집행되어야 하는 세례만이 원죄에 대처할 수 있다고 주장했다.

그 모든 것에도 불구하고, 어거스틴의 논증은 논조에서 상당히 온건한 것이었다. 그의 주요한 관심은 악의 실제를 보편적인 질병으로 제기하고 인간 개인적인 차원에서 그 영향에 대처하기 위해서 결과적으로 유아세례의 필연성을 주장하는 것이었다. 셀레스티우스는 에베소로 이동했고, 그곳에서 그는 그를 받아들이는 보다 수용적인 교회 공동체들을 설득하는데 성공했고, 그곳에서 415년에 서임을 받았다.

펠라기안의 개념에 대한 반응

펠라기안의 개념을 논박하는 것은 그리 쉬운 일이 아니었다. 펠라기우스와 그의 동맹자들이 주창한 도덕적 이상에 대한 일부 개념이 당대의 금욕주의의 원리를 공유하고 있었고, 놀라(Nola)의 폴리누스(Paulinus)와 젊은 시절의 멜라니아(Melania)와 피니아누스(Pinianus, 174-175; 170를 보라)와 같이 진지하게 거룩함을 취했던 존중 받는 상위 계층의 크리스천들이 펠라기우스의 개인적인 성화에 감동을 받았기 때문이다. 413년의 말에 어거스틴은 팔레기우스에게 정중한 어조로 편지를 썼다. 그러나 그가 펠라기우스의 답신을 읽으면 읽을수록 펠라기우스의 도덕적 논증에 깔려 있는 교리가 잘못이 있다는 것을 확신하게 되었다. 그럼에도 불구하고 펠라기우스 지지자들의 폭넓은 조직과 그들 가운데 많은 이들이 갖고 있었던 사회적 신분으로 인해 펠라기우스 개념을 중단케 하는 게 단순하지 않았다. 어거스틴이 펠라기우스의 조언을 따르는 것이 얼마나 위험한지를 해직된 몇몇 로마 귀족들에게 경고하기를 추구했을 때 문제가 발생했다. 그가 카르타고에서 순결의 맹세를 취했던 부유한 프로비(Probi) 가문에 젊은 여성인 데메트리아스(Demetrias)에게 시도했던 것처럼 말이다. 데메트리아스는 펠라기우스만이 아니라 제롬을 포함하는 많은 기독교 작가들로부터 조언을 얻었고, 어거스틴은 펠라기우스와의 교류가 바람직하지 않다는 것을 그녀에게 조심시켰을 때, 그는 그녀의 가족으로부터 환대를 받지 못했다.

반면에 펠라기우스는 예루살렘을 포함하여 팔레스타인의 많은 지역에서 정중하게 영접을 받았지만, 인간 의지의 능력에 대한 잘못된 확신은 오리겐주의를 생각나게 한다고 (그의 통상적인 노골적인 형태로) 응수한 제롬을 그는 과감히 비판함으로써 곤란을 겪었다. 415년경에 어거스틴은 펠라기우스의 논증을 직접적으로 도전하는 것이 바람직하다고 확신했다. 인간이 스스로 죄 없는 상태에 도달할 수 있다는 그들의 주장으로 인해 본성과 은혜에 관한 가톨릭의 이해에 위협을 준 것은 셀레스티우스와 같은 펠라기우스의 추종자들만이 아니었다. 그러한 개념을 무엇보다도 먼저 전파했던 것은 현저하게 바로 그 교사인 펠라기우스였다.

어거스틴은 열정적인 어조로 펠라기우스의 견해에 반박하는 글을 쓰기 시작했다. 그는 젊은 스페인 사제인 폴루스 오로시우스(Paulus Prosius)를 펠라기우스의 정통성을 반박하기 위해서 베들레헴으로 보냈다. 그러나 펠라기우스는 예루살렘의 주교인 존에 의해 지지를 받고, 또 제롬이 촉발시킨 대의를 다른 동방 주교들이 무관심함으로 그는 먼저 예루살렘에서 그 다음에 415년 12월에 디오스폴리스(Diospolis, 리다[Lydda])에서 개최된 지역 대회에서 명백하게 자신을 변호하는데 성공했다. 그가 셀레티우스의 보다 극단적인 용어와 자신이 무관하며 모든 도덕적 성취에 하나님의 은혜가 반드시 필요하다는 것을 주교들에게 확신시킨 후에 펠라기우스는 완전히 혐의를 벗었다.

북아프리카에서 펠라기우스의 방면은 공포로 들렸다. 어거스틴은 피고자에게 은혜가 어떻게 작용하고 있다고 이해하는지를 정확히 설명하도록 강압하지 않았다고 확신했다. 416년에 밀레비스와 카르타고에서 개최된 각각의 종교회의에서 아프리카의 주교들은 펠라기우스와 셀레스티우스를 정죄했고, 뒤이어 그들을 파문하고 저주할 것을 로마의 교황 이노센트에게 호소함으로써 그들의 정죄에 대한 후속조치를 밟으려고 애썼다. 417년 1월에 이노센트는 펠라기우스와 셀레스티우스가 자신들의 견해를 철회하지 않는다면 그렇게 할 것에 동의했다. 어거스틴도 펠라기안주의에 대한 문제는 이제 끝이 나기를 희망했다. 그러나 이노센트가 그의 칙령을 완성하지 않은 상태에서 417년 3월 12일에 죽었고, 그의 계승자인 조시무스(Zosimus)는 아주 높은 도덕적인 이상을 가진 자라는 인상을 풍겼던 셀레스티우스에 의해 직접 회유를 받았다. 아프리카의 주교들은 일전을 벌였고, 어거스틴과 그의 지지자들은 펠라기우스와 셀레스티우스에 대한 폭넓은 적대감을 조성하고 이노센트가 그들에 대해 선언한 잘못된 원인을 확실하게 하려는 일을 열정적으로 추구했다.

로마 교회는 첨예하게 둘로 나뉘었다. 418년의 봄에 주모자가 펠라기안들이었던 폭동이 로마에서 발생했고, 호노리우스 황제(그는 라벤나에 거주지를 두고 있었다)는 모든 펠라기안들을 그 도시에서 축출할 것을 명하고, 그들의 가르침을 평화에 위협이 되는 것으로 간주했다. 418년 5월 1일에 주교들의 진전된 종교회의가 카르타고에서 모였고, 펠리기우스와 셀리스티우스, 그리고 그들을 추종하는 자들에 대한 탄핵을 재확증했다. 이번엔 교황 조시무스가 압력을 가하고, 모든 동서방 지역의 주교들에게 보내는 '트락토리아'(Tractoria)로 알려진 회람에서 카르타고 공의회의 소견을 확증했고, 교황 이노센트의 결정을 존중했으며, 인간의 죄와 죄책에 대한 본질에서 반(反) 펠라기안적 진술에 대한 동의를 요청했다.

아풀리아(Apulia, 약 386-454)의 에클라눔(Eclanum, 현대의 미라벨라)이란 작은 도시의 주교인 율리안(Julian)이 이끈 남부 이탈리아의 성직자들의 그룹이 조시무스의 명령에 순응하기를 거절함으로써 그들의 주교직에서 파직되었다. 펠라기우스는 오래지 않아 그 광경에서 사라졌고, 그는 420년경의 어느 날 아마도 동방에서 죽었다. 동부로 유배된 율리안은 펠라기우스의 교리적 대의를 위해 싸우기를 계속했고, 어거스틴의 마지막 십여 년의 삶은 죄와 은혜와 자유의지, 그리고 성(sexuality)에 관한 펠라기안의 본질에 관하여 어거스틴과 율리안 사이에 길고도 신랄한 분쟁을 목격했다. 율리안은 어느 정도 능력이 있는 변증법적 신학자였고, 그는 악에 대한 어거스틴 교리의 부정적인 측면과 기독교 윤리에 대해서 어거스틴의 교리를 운명적인 의미로 그가 인식한 것에 대항하여 도덕적 노력의 본질적인 중요성을 변호하는 자로 자신을 보았다.

본성, 죄, 그리고 은혜

펠라기우스 그 다음에 율리안에 대한 논쟁의 과정에서 어거스틴은 창조에서 악의 영향에 대한 보다 비관적인 특징을 상술했다. 로마서 5:12에 따르면, 전체 인간 종족이 아담의 죄에 빠졌다고 주장했다. 아담의 죄는 악을 저항할 수 있는 사람에 의해서 저질러졌으므로 특히 가증스러웠다. 어거스틴은 창세기 3장의 이야기에서 죄는 성적인 것과 관련이 있다고 주장했다. 즉 금단의 열매를 먹은 직후에 아담과 하와는 그들이 벗은 것을 처음으로 감지했고, 자신들의 벗은 몸을 가리기를 시도했다(창 3:6-7). 그러므로 그는 아담의 죄가 생식의 행위로 인간의 모든 세대를 통해서 생물학적으로 그의 후손들에게 전수된다고 제기했다. 타락한 순간부터, 심지어 결혼한 사이일지라도, 이성이나 의지의 행위를 압도하는 부패한 정열에 대한 "욕정"이나 탐욕의 불가피한 요소가 성교 속에서 있었다. 그러므로 죄로 태어난 인간(참조. 시 51:5)은 자연스럽게 하나님 앞에서 그들의 상태를 치유하는데 무기력하다.

원죄의 죄책을 면제하는 것으로 세례를 보았던 어거스틴은 어느 인간도 순진무구하게 태어나지 않는다면, 새로 태어난 유아를 세례 하는 것이 필요하다고 주장한다. 설사 그들이 아직 어느 '실제적' 인 죄를 짓지 않았을지라도, 어린이들은 타락한 본성을 전수받기 때문에 죄책이 있다. 세례를 받지 못하고 죽은 유아들은, 비록 어른이 된 죄인들이 받는 지옥보다는 온건할지라도, 심판의 상태에 맡겨진다.[15] 세례 후에도 물론 사람들은 죄를 짓고, 하나님의 은혜를 끊임없이 필요로 하는 상태에 있으며, 스스로는 죄로 오염되지 않은 상태에 있는 어느 것도 할 수 있는 능력이 없다. 그리스도를 순종함으로 거룩함을 좇는 것은 신자의 필수적인 의무이자 참된 기쁨이지만 완전에 대한 이야기는 인간의 상태에 대한 가망 없는 순진한 평가를 가정한 것이다.

어거스틴은 인간을 전적으로 구원의 은혜에 의존하는 "멸망의 집단"으로 묘사한다. 하지만 어떤 이는 구원을 받고 다른 이는 구원을 받지 못하는 것이 분명하다. 이것은 어떤 근거에서 그러한가? 어거스틴은 하나님이 어떤 사람은 취하시거나(choose) 성경적인 용어로 "선택하시지"(elect)만, 어떤 다른 이는 선택하지 않으신다고 주장한다. 모든 사람들이 정당하게 지옥의 정죄를 받기에 마땅하지만, 어떤 이는 구원을 위해서 선택되고, 다른 이는 그들의 죄책으로 인해 마땅히 받아야 하는 운명으로 남겨진다. 그의 신학적 사고의 초기 단계에서 어거스틴은 인간 선택에 관한 하나님의 예지에 기초한 개념을 임시적으로 보유하였지만, 펠라기안주의에 대한 그의 논증을 적용함에 있어서 그는 하나님의 선택의 근거는 전적으로 신비하다고 믿게 되었다. 사람들은 창세전에 선택을 받는데, 하나님이 그 사람들 안에 우월한 가치나 어떤 본질적인 잠재력(그것은 인간 공로의 개념에 대한 근간이 될 것이다)을 미리 보셨기 때문이 아니라, 단순히 하나님이 그들에게 은혜를 주시는 것을 기뻐하셨기 때문이다. 이것이 임의적이거나 부당한 구원의 계획을 함축한다는 비난에 대해서 어거스틴의 반응은 모든 이들이 무자격하기 때문에 하나님은 한 사람이라도 죄에서 면제하기를 원하시면 자비를 보이신다는 것이다.

하지만 인간의 자유에 대해서는 어떠한가? 어떤 단락에서 어거스틴은 인간의 의지가 하나님께 협조하도록 준비시키는 것으로 하나님의 은혜에 대해서 언급하지만, 전반적으로 그의 의도는 은혜란 불가항력적인 능력이라는 것이다. 즉 하나님이 어떤 이를 구하려고 선택하신다면, 그 사람은 구원을 받을 것이다. 그러나 이것은 그러할 경우에 하나님이 인간 의지가 바라지도 않는 것을 행하도록 강압하신다는 것을 의미하지 않는다. 오히려 인간 개인은 하나님의 순전한 아름다움과 바람직함에 내어주게 되고, 그의 또는 그녀의 의지는 하려고 하는 것을 이룰 수 있는 능력이 부여되지만, 스스로 창조자의 사랑에 이를 수는 없다. 이런 식으로 『고백』이란 책의 10번째 부분의 기도에 나오는 것처럼, 하나님은 "그가 요구하시는 것을 주신다." 은혜는 자유의 불인정이 아니라 무능력한 피조물에게 그 일을 이룰 수 있는 능력을 부여하시는 것이다. 크리스천의 성품과 선한 행실에서 반영된, 인생을 끝까지 믿음으로 인내하는 것은 그 사람의 삶에서 은혜가 작동하고 있고 하나님이 선택하신 목적이 성취되고 있다는 사실을 보여주는 것이다.

펠라기안주의에 대항한 어거스틴의 논증이 근거하고 있는 기초는 확실히 많은 점에서 논쟁을 불러올 수 있다. 어거스틴의 라틴어 성경에 로마서 5:12은 모든 사람이 "아담 안에서"(in Adam) 죄를 지었다고 진술했다. 그러나 본래의 헬라어 성경에 따르면 이 구절은 "아담 '때문에'" 모든 사람이 죄를 지었다고 더 적절하게 번역할 수 있다. 이것은 어거스틴의 해석과는 다른 해석을 가능하게 만든다 – 여기에는 아담의 죄로 인해 전수되는 '유죄'와는 반대되는 것으로서 아담의 죄로 인한 죄의 타고난 '성향'의 개념을 포함한다. 그러나 이 구절의 신학적 의미를 어거스틴의 해석과 아주 유사한 용어로 다루었던 서방의 또 다른 사람들이 있었다. 여기에는 4세기 말에 우리들에게 "암브로시아스터"(Ambrosiaster, 많은 방식으로 바울 서신에 대한 상당히 정교한 연구를 했던 그의 작품이 밀란의 암브로스의 이름으로 오랫동안 잘못 순환되었기 때문이다)로 알려진 무명의 바울서신의 주석가를 포함한다. 물려받는 죄책의 개념이 암브로시아스터와 암브로스에게서 내재되어 있었다.

적어도 암브로시아스터 안에서 그러한 개념이 의존해 있던 것으로 보이는 가정 중에 하나가 서방에서 터툴리안과 같은 오래 전의 사람이었다 – 인간은 몸만이 아니라 영혼을 그들의 부모로부터 물려받는다는 개념(라틴어 '트라둑스' ["싹" 또는 "순"]에서 나온 "영혼출생설" [Traducianism]로 알려지게 되었던 견해). 많은 신학자들은 그러한 개념을 성경적으로 정당화하기 어렵다는 것을 발견했다. 그들은 그것을 영혼의 조야한 물리적 견해를 드러내는 것이라고 보았고, 대다수가 각각의 개인 영혼은 하나님의 새롭고 직접적인 행위라는 일종의 역사적으로 "창조주의자"의 입장을 가졌다. 어거스틴은 사실상 어느 입장을 취해야할지를 결정하지 않았다. 상당한 묵상과 숙고 후에 그는 타협점을 찾는 것으로 결론을 내렸다. 즉 하나님이 각각의 새로운 생명 속에 새로운 영혼을 창조하시지만 이 영혼은 태아적인 존재의 단계에서 몸과 연합하는 순간에 죄로 오염된다는 것이다.

원죄의 죄책을 면제해주는 수단으로서 세례에 관한 어거스틴의 계속된 주장은 세례에 관한 신약성경 신학의 측면에서 볼 때 분명히 문제가 있고 그것은 유아 세례가 최종적인 구원을 자동적으로 보증하는 것처럼 유아세례에 관한 미신적인 이해로 손쉽게 이끌 수 있다. 그러한 잘못된 생각은 어거스틴이 의도한 것과는 거리가 있지만 수세기에 걸쳐서 많은 서방교회들이 그런 잘못된 생각을 가져왔고, 오늘날도 좀처럼 사라지지 않고 있다.

전반적으로 어거스틴의 추론은 그 자신의 영적인 경험에 의해 강력하게 영향을 받아왔음이 분명하다. 그는 성적인 욕구로 인해 길고도 고통스러운 투쟁을 해왔고, 그가 성적인 욕구를 죄책과 연관시킨 것은 부분적으로 이런 내적 전투의 반영이다. 또한 그는 물론 정결, 금욕, 그리고 절제가 널리 인정된 기독교적 이상이었던 상황에서 살았고, 금욕주의에 관한 그 자신의 가르침은 그의 시대에는 결코 특별하지 않았던 상정을 보여준다. 설사 그런 상정들 가운데 많은 것들을 자신의 특별한 성향에 맞추어 제공하고 있을지라도 말이다. 어거스틴이 함축하는 것보다 훨씬 더 많은 성경적인 성적 묘사가 있고, 그의 시대에 득세했던 포기와 자기 부인에 관한 개념들이 제시하는 것보다 훨씬 더 성경적인 육체에 대한 견해가 있다.

그럼에도 불구하고 성에 대한 어거스틴의 견해가 전적으로 부정적이라고 생각하는 것 – 현대 세계에서 그를 비판하는 많은 자들이 행하는 것처럼 – 은 잘못일 것이다.[16] 어거스틴은 사실상 성을 타락의 직접적인 결과로 간주하지 않았다. 또한 아담과 하와가 처녀로 또는 성관계를 갖지 않은 존재로 낙원에서 살았다고 가정하지도 않았다. 그는 성적인 관계가 타락 이전에 있었다고 믿었고, 이런 확신은 결혼에 관한 그의 개념에 근본을 이루었다. 그의 성에 관한 개념은 우리가 제롬과 같은 저자들 속에서 발견할 수 있는 개념보다 전반적으로 훨씬 더 긍정적이었다. 어거스틴과 관련되는 한, 실로 결혼은 인간이 교제하는 목적과 안정된 가정의 양육을 위한 하나님이 제정하신 복이었다. 하지만 어거스틴이 성을 육욕과 밀접하게 연관시키고 결혼하였을 때조차도 성적 충동을 출산의 목적을 위해서만 사용해야 한다는 이상(理想)은 분명히 성경적인 가르침의 오독이며 내핍생활이라는 비기독교 전통의 영향에서 유래했다.

어거스틴의 논증에 대한 반대

어쨌든 율리안이 볼 때, 어거스틴이 가졌던 배경이 그의 사상에 영향을 준 것이 너무도 분명하였다 – 그리고 그것은 성적의 욕구에 대한 그의 사적인 투쟁보다는 이전에 마니교와 관계가 있었다. 율리안은 어거스틴이 반물질주의와 마니교신학의 숙명론에서 알려진 것보다 훨씬 더 깊이 영향을 받았고, 그의 가르침은 펠라기우스가 두려워했던 것처럼 윤리적인 노력에 치명적이라고 믿었다. 사람이 할 수 있는 모든 것이란 단지 불가피한 죄성의 실제를 인정하는 것이고, 구원이 가능한지 아닌지를 확신할 수 없는 것처럼 보였다. 모든 이들이 일부는 선택되고 다른 일부는 내버려두게 된다는 선택의 불가해한 과정에 의존하기 때문이었다. 어거스틴의 입장은 인간 존재를 기계로 화하게 하고, 창조의 선함을 하락시키며, 거룩을 추구할 의무를 사소하게 만드는 것으로 보였다.

교황 조시무스에 의한 펠라기안주의의 공식적인 정죄와 그의 계승자인 보니페이스(418-422)와 – 더 커다란 확신을 갖고 – 셀레스틴(Celestine, 422-432) 하에서 동일한 노선의 유지에도 불구하고, 적어도 펠라기안 사상의 양상에 대한 공감이 북아프리카로부터 브리튼으로 확장해서 서방의 다양한 부분으로 널리 퍼져나갔다(브리튼에 관해서는 410-412를 보라). 특히 수도원의 범주에서 어거스틴이 예정론 신학으로 너무 멀리 나아갔다는 강한 감정의 흐름이 있었다. 이 때문에 420년대 말에 카르타고의 남동부에 하드루멘툼의 수도사 그룹은 어거스틴으로부터 활발한 반박을 듣게 되었다. 그들은 인간의 무능력과 불가항력적 은혜에 대한 어거스틴의 설명을 일부 약화시키는 제안을 했었다. 남부 골에서의 일부 교회들도 어거스틴의 가르침이 인간의 자유의지에 대한 여지를 남기지 않았다고 주장하면서 그의 가르침의 정통성을 유사하게 의문했을 때 동일한 취급을 받았다. 마르세유 주변에 존 카시안과 그의 수도원 회원들은 은혜가 구원에 필연적일지라도, 자유의지가 복음의 초대에 전제되어 있다고 주장했다.

이 논쟁은 어거스틴과 카시안의 사후에도 진행되었다. 갈리아(골) 사람들의 견해는 어거스틴의 입장과 펠라기안의 입장에서 중도를 찾으려는 의도적인 시도를 함축하면서 때로 "반(半) 펠라기안주의"로 명명되었다. 하지만 사실상 그것은 펠라기안 교리의 합법성을 인정하지 않으려는 노력에서 나왔지만, 동시에 예정론에 관한 어거스틴의 궁극적인 입장에 다른 파문을 피하려 하였다. 엄격한 어거스틴주의자 평신도인 아퀴타이네의 프로스퍼(Prosper of Aquitaine, 약 390-463)가 존 카시안이 만든 제안들을 활발하게 공격했지만, 프로스퍼는 나중에 그의 견해를 상당히 완화시키고 자유의지의 훨씬 더 의미 있는 역할을 인정했다.

펠라기우스와 셀레스티우스는 동방에서 상당한 영향을 가졌고, 원죄에 관한 동방의 신학은 전통적으로 이해되는 "펠라기안"이란 이름을 보유하지는 않았을지라도 결코 어거스틴적이 되지 않을 것이다. 동방의 신학은 세습적인 죄가 아니라 도덕성에 관한 이야기를 계속할 것이고, 구원의 실현에서 의지의 협력에 더 큰 범주를 부여할 것이다. 실로 동방 지역에서 많이 그러했던 것처럼 "은혜"에 대해서 덜 강조가 주어지고 영혼이 하나님과 연합하는 데 있어서 성령의 직접적인 역할에 더 많이 강조가 주어질 것이다. 하지만 공식적으로 펠라기안의 가르침은 서방에서만이 아니라 동방에서도 역시 정죄된 상태로 유지되었다. 셀레스티우스는 콘스탄티노플의 총대주교인 네스토리우스로부터 공감을 얻었지만 이런 맹약은 네스토리우스가 자신의 신학적인 문제에서 호의를 얻지 못했고(pp. 235-246을 보라), 두 사람은 431년에 에베소 공의회에서 정죄되었다.

서방에서 골의 논쟁은 한동안 요란했다 – 사실상 6세기에서도 논쟁의 과정은 핵심적인 교회의 중심으로서 그들 자신의 신학적 의제를 잘 쓸 수 있는 레린스와 아를레스의 점증하는 위상에 의해서 상당히 영향을 받았다. 450년대에 프로방스에 리즈(Riez)의 주교가 되었던 레린스의 이전 수도사인 파우스투스(Faustus)와 같은 저자들이 어거스틴의 신학이 펠라기안주의를 올바르게 도전했지만 자유의지를 경시하였다고 주장했다. 어거스틴 신학은 여전히 폭넓게 선호되었지만 소위 반(半) 펠라기안 관점이 공식적으로 정죄되어진 곳에서조차도 – 아를레스의 주교인 충실한 어거스틴주의자인 가이사리우스(Caesarius)의 영향 하에서 529년에 두 번째 오렌지 공의회에서 그 일이 있었다 – 채택된 입장은 일부 어거스틴의 용어를 사용하기를 꺼렸고, 특히 인간이 정죄로 예정되어 있다는 개념을 거부하였다.[17] 골의 성직자들이 브루군디와 서고트족 아리안주의로부터 보다 직접적인 도전에 더욱 사로잡혀 있었을 때, 은혜에 대한 논쟁의 전문성은 다소 덜 심각한 문제로 보였다.

펠라기안 논쟁의 유산

펠라기안 논쟁은 확실히 양 진영에 오해가 연루되었다. 펠라기우스는 은혜의 절실한 필요를 부인하기를 원치 않았고, 어거스틴도 거룩의 중요성을 축소하기를 결코 원치 않았다. 펠라기우스는 순전한 인간 자치나 구원의 자립적인 제도를 주창하지 않았고, 어거스틴은 인간이 개인의 책임이 없는 것이라고 주장하기를 원치 않았다. 두 사람 다 후대에 그들의 이름으로 호소하는 것을 정당화했던 견해들에 분명히 불편함을 가졌을 것이다.

두 전통들 사이에 분쟁은 교회적인 상황만이 아니라 정치적인 상황 때문이었다. 로마가 무너지지 않고, 펠라기우스와 그의 동맹자들이 북아프리카와 동방으로 여행하지 않았다면, 그 일은 커다란 중요성을 갖지 못했을 것이다. 아프리카 교회가 펠라기안 교리에 대한 정죄를 확보하는데 성공하지 않았다면 어거스틴은 죄와 은혜와 선택에 관한 동일한 종합을 만들지 않았을 것이다. 하지만 어떤 역사적 상황이 발생했든지, 그리고 그의 사상의 양상에 어떤 실제적인 곤란함이 동반되었든지 간에, 펠라기안주의와 어거스틴의 만남은 서방의 가장 지속적인 신학적 강조를 생산해내었다.

어거스틴은 펠라기안과의 논쟁에서 아주 중요한 이슈들이 기독교 신앙의 핵심에 놓여 있었다는 것을 인식했다. 은혜는 선택의 수여인가, 아니면 자유롭게 의지된 반응의 소통인가? 또는 죄된 행동은 단순히 부패한 환경의 결과인가, 아니면 우리 스스로는 빠져나갈 수 없는 영향을 갖는 우리의 본성적인 상태의 불가피한 일부분인가? 예수님은 인간이 반응하기를 선택하는 모범자일 뿐인가 아니면, 우리 스스로는 이룰 수 없는 상태를 가져오기 위해서 하나님이 그 안에서 결정적으로 행하셨는가? 최종적인 구원이 하나님에 의해서 가능할지라도 그것은 인간의 노력의 문제인가, 아니면 하나님의 주권적인 선택에 의해 전적으로 확보되는가?

어거스틴은 이 선택들 사이에서 중간적인 것은 있을 수 없다고 주장했다. 인간은 완전히 죄에서 자유롭거나 자유롭지 않다. 인간은 하나님을 기쁘시게 하거나 기쁘시게 하지 못한다. 인간은 본성적으로 끝까지 견딜 입장에 있거나 그렇지 못할 입장에 있다. 어거스틴 자신의 경험이 인간은 죄에 대한 뿌리박힌 성향 – 하나님의 뜻과 인간의 최고의 이상과 반대되게 행동하게 하는 인간 안에 작용하고 있는, 바울의 용어로, "율법"(롬 7:23-24) – 이 있다는 것을 그에게 확신시켜주었다. 신-인간의 협력에 관한 신학은 마지막 분석에서 아주 쉽게 인간 공로의 신학이 될 수 있다. 하나님이 인간 안에 어떤 잠재성이나 의도를 인식한다고 말하는 것은 하나님이 자비를 베풀기 위해서 이전에 어떤 대의를 확인하신다고 말하는 것이고, 따라서 은혜가 무조건적이 아니라고 말하는 것이 된다. 구원의 영광은 처음부터 끝까지 과분한 선물이다.

18세기 이후부터 많은 서방의 자유주의 신학의 도덕적인 낙관주의는 본질적으로 인간 본성에 관한 펠라기안의 독법을 전제했다. 하지만 소위 계몽되고 정교해졌다고 하는 사람들이 현대세계에서 행하는 끔직한 범죄들을 생각할 때, 인간의 상태에 대한 어거스틴의 총괄적인 이해는 비관주의적이라기보다는 실제적으로 들린다. 오늘날 상당히 어거스틴의 추론의 모든 상세한 부분들을 인정하려고 하지 않지만, 그가 우리에게 지적하고 있는 정신이 들게 하는 실제는 일부 사람들이 제기했던 것처럼 쉽게 기각시킬 수는 없다.

하나님의 도성

차후에 일어나는 기독교 사상에 대한 어거스틴의 기여 중에 마지막 영역은 주목할 만한 가치가 있다. 410년에 로마가 무너진 후에 어거스틴은 대부분의 크리스천들처럼 당시 세계의 변화된 정치적 상황이 역사에서 하나님의 목적을 어떻게 반영했는가를 묵상하였다. 수세대 동안 신자들은 자신들이 "기독교 시대"에 살고 있고, 로마 세계는 복음의 확장을 이루고 이 땅에 하나님의 나라를 실현시키는 하나님이 선택하신 수단으로 간주되었다. 황제는 군사적인 위협과 정치적인 무정부로부터 이 영역을 보존하고 교회를 부흥하게 하고 사회에 더 깊고 확장된 뿌리를 내리게 하는 역할을 맡은 하나님의 대변자였다. 이제 그 세계가 무너졌고, 주요한 사도들에 의해 세워진 교회로 특권을 부여받은 "영원한" 도시인 로마가 야만인들(바베리아인들) – 그들 중에 많은 이들이 그때에 명목상으로 크리스천들이었다(pp. 346-352을 보라) – 에 의해 침략을 당했다. 이 모든 것에서 하나님의 섭리는 어디에 있는가?

과거에 더 적은 위기에서도 자주 발생했던 것처럼, 이교도 지성인들은 크리스천들에게 직접적으로 이 재앙을 돌리고 비난했다. 로마가 무너진 것은 전통적인 신들을 소홀히 하였기 때문이라는 것이다. 로마를 위대하게 수호하였던 참된 보호자들이 크리스천의 행위와 그들의 순진한 정치적 후원자들에 의해서 이전에는 결코 없었던 방식으로 불쾌함을 입었다. 이에 대해서 많은 크리스천들이 반응했지만,[18] 어느 누구도 어거스틴의 반응만큼 중요하지는 않았다. 413년과 426년 사이에 어느 단계에서 만들어진 『하나님의 도성』(*The City of God*)이라 불리는 방대한 작품에서 그는 기독교에 대한 비상한 변호와 세상에서 기독교의 역할에 관한 진술을 시작했다.

그 책의 전반부(1-10의 책들)에서 어거스틴은 로마 종교와 철학에 대한 확장된 비판 속에서 이교 사상가들의 비난에 대답하기를 추구한다. 광범위하게 이교 자료에 의존한 그는 로마가 야만인의 공격에서 면제받을 수 없었고, 이런 절정의 위기는 로마의 옛 신 신들과의 반목으로 인한 결과가 아니라(그들도 죽을 운명에 지나지 않았다), 실제적인 용어로 말해서 다른 이들에 대한 로마의 남용에 따른 결과였다. 그 때문에 참되신 하나님은 심판으로 임하셨다. 너무 오랫동안 로마는 정의와 의를 지키지 못했고, 심각하게 다른 사람들을 억압했다. 로마의 몰락은 이런 악행에 대한 하나님의 정죄요, 복음이 로마 세계의 사람들만을 위해서 있는 것이 아니라 야만인들을 포함하여 모든 사람들을 위해서 있는 것이라는 하나님의 사인이었다.[19)]『하나님의 도성』의 후반부에서(11-22의 책들에서) 어거스틴은 인간 사회의 본성을 논하고 두 도시의 이야기로서 역사의 이야기를 제시한다 – 거룩한 도시와 세상적인 도시, 하나님의 도시와 세상의 도시. 하나님의 도시는 하나님이 구원으로 선택하신 사람들로 구성되었다 – 따라서 그들의 바람은 일시적인 선이 아니라 하나님 그리고 정의와 사랑과 긍휼로 모든 사람을 대하라는 하나님의 명령에 순종하는 것이다. 세상의 도시는 하나님에게서 돌아서버린 사람들로 구성되어 있다 – 그들의 목표는 하나님의 법과는 무관하게 자신의 이기적인 목적을 추구하는 것이다.

어거스틴의 비전에서 이 두 도시들이 영적인 것과 육적인 것 또는 교회와 국가를 단순히 대변하지 않는다는 것을 인식하는 것이 중요하다. 어거스틴은 그의 두 영역들이 때로 한데 얽혀 있는 것으로 묘사하고, 하나님의 도시는 인간의 눈으로는 보이지 않는 방식으로 세상의 도시와 구분된다. 세상의 도시는 로마, 바벨론, 애굽 또는 어떤 다른 세력이든지 단일한 세상의 제국과 동일시되지 않는다. 그것은 하나님의 사랑보다 자기 사랑이 통제하는 개념이 있는 세속적인 전체 사회를 일컫는다. 하나님의 도시는 세상에서 경험한 것으로서 가톨릭교회가 아니다. 자기가 아니라 하나님을 사랑하는 선택된 백성들의 공동체다. 그 구성원들의 수는 하나님만 알고 계신다. 마지막에 선인과 악인을 가르시는 것은 하나님의 주권이시다.

이런 논리에 비추어 어거스틴은 로마 제국을 신학적인 측면에서 다소 중립적인 것으로 간주한다. 로마 제국은 세상의 도시와 직접적으로 동의어도 아니고 하나님의 나라와 동등시되지도 않는다. 역사의 흐름에 한 단계일 뿐이다. 그 모든 것을 통해서 하나님은 선택된 자가 창세전에 의도되었던 구원의 충만함으로 들어가는 상황을 가져올 수 있도록 역사하신다. 로마 제국은 하나님의 구속의 계획에 영향을 주는 잠정적인 맥락의 한 요소로 발생했고, 그것은 덕과 악을 동시에 갖고 있다. 세상의 통치자들은 책임 있게 통치하고 정의와 공평을 촉진하고 억압을 피할 의무가 있다. 로마 제국의 제도는 다양한 방식에서 이런 측면들에 성공했다. 크리스천들도 시민적인 차원에서 그들의 몫을 다할 의무가 있다. 그들은 정치적인 삶에 참여하고, 선한 질서를 고수하고, 그들의 사회를 방어하기 위해서 필요한 곳에서 정당한 전쟁에 참여할 수 있다. 하지만 모든 인간의 제도는 부패하고, 신자들은 로마 제국이나 어떤 다른 영역을 거룩한 지배와 혼동해서는 안 된다.

어거스틴에게서 로마의 타락은 하나님의 세계의 끝을 대변하는 것이 아니라, 결코 사라지지 않을 나라를 가져오기 위해서 역사에서 하나님의 실제적인 목적을 실현시키는 한 부분일 뿐이다. 이런 달성에 관한 어거스틴의 비전은 어떤 측면에서는 추상적이다. 예를 들어 그는 우리가 알고 있는 것처럼-말과 표지의 수단에 의한-시간, 발전, 그리고 전달이 천국에서는 더 이상 없을 것이라고 추측한다. 그럼에도 불구하고 그는 다가올 세상의 그림에 대해서 성경적인 이미지에 호소한다. 아무리 그 활동이 관조적일지라도, 하나님의 나라는 정신적인 영혼이 아니라 물리적으로 구현된 존재들이 거주하는 장소가 될 것이다.

『하나님의 도성』은 어거스틴이 핵심적으로 강조한 많은 것들을 두드러지게 조합하고 있다. 도나투스주의에 대한 그의 논쟁의 합리성과 특히 티코니우스를 독법한 것에서 그는 혼합된 사회로 교회의 모습을 발전시킨다. 그는 펠라기안주의에 대한 반대와 관련해서 교회의 본질과 모든 역사의 본질에 관한 이해의 중심으로서 선택의 신학을 제시한다. 도중에 그는 철학, 법, 정치의 문제에 관한 광범위한 묵상을 제공한다. 그의 논문은 부분적으로 변증론적이고 부분적으로 논쟁적이며, 부분적으로 정치적인 분석과 역사 철학이 있다. 범주나 형태에서 그와 같은 것은 초대교회나 그 이래로 다른 곳에서 생산되지 않았다. 결국에 복잡한 규모와 작품의 치밀한 구성은 오늘날 많은 독자들이 읽으려는 용기를 갖지 못하게 한다. 그러나 그 자신의 시대에서 어거스틴은 독자들에게 정치적인 상황에 대한 윤곽 그리고 죄로 손상되었지만 은혜로 변화될 것을 약속 받은 세상의 창조된 존재의 본성에 관한 독특한 평가를 독자들에게 제공했다.

어거스틴에 대한 회고

창작성에 대한 어거스틴의 놀라운 은사와 천재성은 그의 시대와 그 이래로 그에게 존경과 경멸을 동시에 가져왔다. 5세기와 6세기는 죄와 은혜에 관한 그의 가르침을 소중히 간직하는 모습을 보였고, 사실상 모든 중세와 종교개혁의 기독교 사상은 교회와 구원에 관한 어거스틴의 개념에 이런저런 방식으로 깊이 영향을 받았다. 동시에 그의 견해가 그의 당대에 직면했던 비판적인 반응은 결코 사라지지 않았다. 특히 현대 세계에서 그의 견해는 교회 안팎의 많은 부분들에서 상당히 공격을 받았다.

어거스틴 신학의 역사는 확실히 어두운 측면을 갖고 있었고, 어거스틴의 개념들이 발생했던 복잡한 전통에 방향이 맞추어진 비판들의 일부는 불가피하였다. 하지만 어거스틴의 지식의 창조성과 명민함은 우리가 위험을 무릅쓰고 그의 지혜를 경험하게 한다. 그는 그를 해석하거나 그의 이름으로 말하기를 추구했던 저자들보다 그의 논증에서 자주 훨씬 더 흥미롭고 균형이 잘 잡혀 있다. 다시 한 번 말하지만 어거스틴의 개념을 아주 간단히 기각해 버렸던 사람들은 너무나 자주 그에 대해서 최소한만 읽었던 사람들이었다. 어거스틴은 모든 면에서 고대의 기독교인이었지만 그의 사상에 그가 받을 만한 노고를 다할 준비가 되어 있는 사람들에게서 그는 역시 상당히 현대적인 인물로 보일 수 있다. 그의 질문과 통찰은 오늘날 인간 영성을 모호하게 하는 관심들에 강력한 방식으로 반향한다. 역사에서 하나님의 교회의 드라마적인 이야기에서 어거스틴은 가장 영향력 있는 역할 중 하나를 연출했다.

제7장

그리스도에 대한 진전된 묵상

동방의 신학적 논쟁

서방에서 신학이 성숙하게 발전되었던 시기에, 매우 중요한 다양한 교리적 사상이 동방에서는 여전히 진행되고 있었다. 헬라 신학자들은 아리안 논쟁이 발생시켰던 문제를 숙고하고, 아리안의 개념을 논박하는데 있어서 채택했던 일부 전략들의 의미를 논증했다. 아리안 신학이 잘못되었다는 강력한 일치가 있었을지라도, 동방의 교회 지도자들과 지성인들 사이에는 그리스도의 신성을 어떻게 가장 잘 묘사할 수 있는가를 놓고 지속적으로 논쟁했다. 그리스도가 그의 인성을 손상시키지 않고서 어떻게 하나님과 완전하게 동등하였다고 말할 수 있었는가? 그리고 하나님이 그리스도 안에서 진정으로 나타나셨다는 주장을 타협하지 않고서 어떻게 그리스도의 인성의 고결성을 확증할 수 있었는가?

이와 같은 질문들은 모든 신자들의 입에서 분명히 발견할 수 있었던 것은 아니었다. 항상 그러한 것처럼, 기독교인의 대다수는 목회자와 학자들을 사로잡았던 복잡한 지적인 문제들과 상관없이 자기 자신의 방식대로 믿음의 삶을 살기를 계속했다. 그럼에도 불구하고 동방의 지중해 세계의 교회들이 4세기 후반과 5세기에 걸쳐서 순례했던 전반적인 방향은 사실상 그러한 문제들에 관한 신학적 논쟁의 과정에 의해서 상당히 결정되었다.

알렉산드리아와 안디옥

3장에서 보았던 것처럼 그리스도의 신성에 대한 논쟁은 알렉산드리아 전통에 속한 곳들에서 그리스도의 인성을 잠재적으로 제한하는 결과를 낳았다. 아폴리나리스는 그리스도가 한 본성과 한 '히포스타시스' 였고, 이 그리스도 안에서 통상적인 인간의 마음의 좌소가 말씀으로 대체되었다고 믿었다. 370년대의 많은 사람들은 이 말을 활발하게 배격했고, 결론적으로 381년에 콘스탄티노플 공의회는 그리스도의 인성의 실제를 손상시키고 구세주로서의 그의 신분을 약화시키는 것이라고 그 견해를 거부했다. 알렉산드리아 기독론에 속한 아폴리나리스의 극단적인 입장에 대한 가장 예리한 비판은 안디옥의 교회에서 발생했다. 안디옥의 성직자들의 추론은 신학과 성경에 대한 다소 다른 접근에 기초하고 있었고, 사실상 아폴리나리스는 안디옥 전승의 양상에 대한 그의 반대 때문에 부분적으로 논쟁으로 내몰렸다.

안디옥 사상가들 가운데 가장 중요한 개척적인 인물은 디오도르(Diodore)였다. 그는 378년부터 390년에 죽을 때까지 타르수스(Tarsus, 다소)의 주교로서 봉직했던 안디옥의 사제였다. 안디옥에서 여전히 머물고 있을 동안에 디오도르는 성경 해석과 신학 그리고 금욕주의의 실천에 관한 가르침을 제공했던 일종의 기독교 학교를 운영했다. 존 크리소스톰(John Chrysostom)도 이 학교의 학생 중에 한 사람이었다. 디오도르는 오랫동안 알렉산드리아 전승의 일부에 속했던, 알레고리화(풍유화)하는 경향을 따르기보다는 성경의 역사적 주해에 집중했다.[1] 안디옥과 알렉산드리아 사이에 해석학적 방식의 차이를 과장해서는 안 된다. 사실상 두 학파는 다양한 해석적 기술들을 조합하고 있었기 때문이다. 모든 안디옥파들이 전적으로 성경 본문에 대한 문자적이거나 역사적인 접근을 취한 반면에 알렉산드리아의 동료들은 오로지 알레고리에만 관심이 있었다고 상정하는 것은 너무 단순한 것이다. 그럼에도 불구하고 안디옥파 신학자들이 성경의 역사적 독법에 특히 민감했고 그들이 하나님의 약속과 행위에 대한 이야기로서 하나님의 말씀에 대한 도덕적 접근을 이 세상에 파생시켰다는 것은 사실이다. 성경의 역사적인 해석은 독자들에게 실천적인 거룩함과 자기 부인에 대한 순전한 의무를 제시했다. 복음서들의 경우에 성경에 관한 역사적 해석은 인간존재로서 예수의 도덕적 선택에 관한 실제를 강조했던 예수의 삶에 관한 이해를 고무시켰다.

디오도르의 신학에 관한 상세한 설명을 확증하기는 어렵다. 그에 대한 우리의 증거가 빈약하기 때문이다. 하지만 그리스도의 위격에 대한 그의 입장을 담고 있는 개요들은 충분히 분명하다. 디오도르는 자신이 보기에 도덕적 모범자로서 구세주의 역할을 곤란하게 하였던 그리스도에 관한 이해를 거부했다. 말씀을 성육신하신 주님의 경험의 직접적인 주체로서 보아야 한다는 알렉산드리아 학파의 논리를 그는 배격했다. 태어나시고, 잡수시고, 마시고, 인간존재로서 발육하시고, 고난을 당하시고, 죽으시며, 다시 사셨던 분은 마리아의 인간 아들이셨지 말씀이 아니었다. 말씀은 본질상 불멸하시고 불변하시기 때문이다. 그리스도는 완전한 인간의 삶을 사셨고 말씀은 그의 육체와 뒤섞이거나 혼합될 수 없었다. 예수가 하나님의 도덕적 요건을 성취시키고 악에 대해서 승리하신 것은 인간으로서였다.

디오도르의 견해에 따르면 그리스도에 대한 알렉산드리아의 견해는 그의 인간 본성을 전적으로 말씀의 주도하심에 내어놓음으로써 성육신 하신 분의 인간성과 신성을 혼란스럽게 하고 섞어놓는 것으로 끝난다. 그리스도는 확실히 신이시고, 그의 신성의 충만하심에 어떤 종류의 아리안식의 환원에 대한 여지가 없었다. 하지만 그의 신성과 인성은 중요한 의미에서 구분될 필요가 있었다. 디오도르는 "하나님을 낳으신" 분, 즉 '데오도코스' (*Theotokos*)로 예수의 어머니 마리아를 묘사하는 전통적인 방식에 예외를 취했던 것으로 보인다. 이 칭호가 3세기 이래로 사용되고 있었을지라도, 그는 본질적으로 부적합했다고 믿었다. 그것이 아주 부당한 신성과 인성의 일종의 융합을 함축했고, 그것을 아폴리나리스의 지지자들이 상당히 좋아했음은 놀랍지 않았다. 마리아가 "하나님을 잉태한 자"였다면, 그녀는 동등한 무게를 갖고 "인간을 잉태한 자"('안드로포토코스' [*anthropotokos*])라 불려야 한다.

우리가 말할 수 있는 것은 디오도르가 그리스도의 인성과 신성의 개별적인 고결성을 보존하는 것이 실제로 무엇을 의미했는지를 설명하는데 성공하지 못했다는 것이다. 그러나 그의 가장 은사 있는 학도 중 한사람인 데오도르(Theodore, 약 350-428)가 이것을 더 분명하게 하는 역할을 했다. 존 크리소스톰처럼 그는 디오도르의 학도였을 뿐 아니라 유명한 이교 연사인 리바니우스(Libanius)의 학도였다. 392년에 안디옥에서 사제로 섬긴 후에 데오도르는 다소의 시실리 평원 동쪽에 있는 몹수시아(Mopsuestia)의 주교가 되었다. 설교자와 주해자로서 명성이 있었던 그는 "해석자"라는 칭호를 얻었고, 그의 인상적인 성경 주석과 교리에 관한 글들은 그가 폭 넓은 독자를 확보하게 했다.

데오도르의 신학은 본질적으로 아타나시우스와 꽤 유사한 확신에 기초해 있었다 – 피조물들이 비본질적인 방향으로 일탈했고, 오직 하나님의 행위만이 피조물의 부패와 사망의 문제를 해결하실 수 있다. 그러나 아타나시우스와 달리 데오도르는 존재론적인 것보다는 도덕적인 것으로서 하나님의 구원하시는 행위에 초점을 맞추었다. 그리스도의 도성인신과 구원하시는 행위에서 발생한 것은 세상의 상태가 지금 여기서 변화된다는 것이 아니라, 세상이 하나님께 완전한 순종을 하시며 사셨던 삶을 증거한다는 것이다. 그리스도는 만물의 상태가 다가올 시대에 변화될 것이라는 기대 속에서 우리가 따를 수 있는 지극한 도덕적 모범으로 도전한다. 구속은 인간으로서 하나님의 뜻에 반응하는 그리스도의 신실성에 확실히 달려 있다. 그리스도 안에서 그의 인간 의지와 그가 아버지라 부르는 하나님의 의지 사이에 완전한 일치가 있었다. 그의 부활은 그의 삶과 죽음이 현재 세대의 완전한 멸망을 보증했고 새로운 세계의 길을 열었음을 확증했다.

그때에 데오도르는 알렉산드리아 신학의 "말씀-육신" 모델과 구분되는 것으로서 일부 현대 학자들이 "말씀-인간" 기독론이라 명명했던 것을 제공했다. 알렉산드리아의 접근은 성육신을 전반적으로 인간 본성에 대한 말씀의 승천으로 생각했고, 안디옥파의 가르침은 성육신을 특별한 인간 존재와 말씀의 연합으로 묘사했다. 안디옥파는 주로 예수의 완전한 인간성을 강조하는데 관심이 있었고, 알렉산드리아파는 말씀의 신성에 너무 사로잡혀 그리스도의 인간성에 대해서는 오로지 말뿐이었다고 주장하는 것(자주 그렇게 제기된다)으로 취한다면 "말씀-육신"과 "말씀-인간"이란 용어는 호도하는 일이 될 것이다. 사실상 두 전승들은 하나님의 아들이 실로 성육신하셨음을 고백하는데 열렬했다. 특별한 사상가들의 기독론들을 그 차이를 과장하거나 그 가르침들의 섬세함을 단순화시키는 경직된 분류를 강요하지 않는 것이 중요하다. 그럼에도 불구하고 말씀이 구원을 위해서 인간의 시공간 속에 들어왔음을 말하는데 있어서 강조할 필요가 있는 다소 다른 개념들이 있었다. 디오도르처럼 데오도르는 알렉산드리아의 접근이 그리스도의 신성과 인성의 융합으로 이끌었음을 확신했다. 그리스도 안에서 신성과 인성의 연합은 어떤 방식으로든 그의 인간 본성의 완전성이나 통상성을 타협하거나 약화시키지 않았다. 사실상 성육신하신 그리스도는 두 방수(새지 않는) 구역 – 신성과 인성 – 의 결합으로 볼 수 있었다.

겉으로 보기에 데오도르의 설명은 그리스도 안에 '두' "위격"(헬라어로는 '프로스파') 즉 신과 인간이 있는 것처럼 보였다. 그러나 데오도르는 오로지 하나님의 선하신 뜻에 의해서 신성과 인성이 한 실제적인 "위격"('프로스폰'), 즉 "연합의 위격"으로 통합되었다고 주장했다. 말씀과 인간이 각기 그리스도 안에서 완벽하게 대변되었다. 모든 결정적인 주체로서의 말씀 대신에, 두 완전하고 손상되지 않은 주체, 즉 신과 인간이 은혜에 의해서 단일한 존재로의 상호적인 일치가 있다. 그리스도의 인간 경험 – 그의 성장, 지식의 제한, 그의 육체적인 필요들, 유혹 당하심, 그리고 그의 고난 – 은 신성적인 말씀이 아니라 인성에 귀속된다. 말씀이 신적이라면 그는 연약함이 없으시고 아픔을 느끼지 않으셨을 것이기 때문이다.

달리 말한다면, 데오도르는 아폴리나리스가 그랬던 것처럼 그리스도의 완전한 인성을 손상시키거나 아리우스가 그랬던 것처럼 그의 신성을 손상시킬 수 있었다. 성육신하신 분은 두 완전한 본성을 가지셨고, 그의 신성이 그의 인성의 수준으로 격하될 수 없으신 것처럼 그의 인성은 그의 신성으로 흡수될 수 없다.

네스토리우스

데오도르가 죽었던 동일한 해인 428년에 안디옥교회의 또 다른 사람이 콘스탄티노플의 주교에 임명되었다. 그는 데오도르의 학도 중에 한 사람이었던 네스토리우스(Nestorius, 451년에 죽음)였다. 그는 헌신된 금욕주의자요 유명한 설교자로 명성을 떨친 전직 수도사였다. 그 이전에 존 크리소스톰처럼 그는 황제의 도시에서 교회를 개혁할 것을 결심했고, 다양한 종류의 이단들을 근절하려는 열정을 가졌다. 그러나 그는 신학적 견해에 대한 논쟁에 자신이 빨려 들어가고 있는 것을 발견했다.

네스토리우스의 사제 중에 한 사람, 즉 안디옥에서 데려온 아나스타시우스(Anastasius)라 이름 하는 신부가 마리아에 대한 칭호인 '데오토코스' 를 사용하는 것을 반대함으로써 공개적인 비판을 초래했다. 네스토리우스는 아나스타시우스를 충분히 지원했고, 콘스탄티노플의 주요한 사제 중의 한 사람인 프로클루스(Proclus, 그는 이전에 그 도시에서 주교 자리를 얻으려고 시도했으나 실패했다)[2)]가 그 용어를 사용하는 것에 대해서 책망했다. 디오도르와 데오도르처럼 네스토리우스는 이 칭호를 아폴리나리우스주의와 동등한 것으로 간주했고, 배후에 있는 마리아에 대한 헌신이 아무리 참되다할지라도 그것은 그에게 부적절했다. 마리아는 '안드로포토코스' (*anthropotokos*), 즉 "인간을 낳은 자" 이거나 더 좋게는 '크리스토코스' (*Christotokos*), 즉 "그리스도를 낳은 자" 였다. 마리아에게 더 제한을 두지 않고 '데오토코스' 라고 말하는 것은 그리스도의 두 본성 사이에 구분을 해체시키고 특히 그의 인성을 손상시키는 것이었다.

네스토리우스의 목적은 그의 안디옥파 전임자들과 동일한 것을 많이 말하는 것이었지만, 용어에 대한 그의 사용은 부주의했다. 그는 마리아가 낳았던 분의 본질에 대한 다른 특별한 설명과 함께 '데오토코스' 란 칭호의 제한된 사용을 지지하는 것으로 준비하였으나, 그 용어에 대한 그의 본능적인 적대감이 의심스러워 보였다. 그것은 그가 마치 그리스도를 '오직' 인간인 것으로 취하고 신은 아닌 것으로 취한 것처럼 어떤 이들에게 들리게 했다. 네스토리우스는 양자론의 옛 이단으로 효과적으로 되돌아가고 있고, 그리스도는 하나님에 의해서 특별히 영감 받아서 아들의 관계로 입적되는 일이 일어난 인간 존재라고 말하였는가?

네스토리우스의 가르침에 대한 소식이 알렉산드리아의 주교인 시릴(Cyril, 약 380-444)의 귀에 들렸고, 5세기와 그 이후에 기독론 논쟁의 연이은 과정은 이 시릴이 반응하였던 방식에 의해서 대단히 영향을 받았다.

알렉산드리아의 시릴

시릴은 412년 이래로 알렉산드리아의 주교가 되었다. 그는 그의 삼촌인 데오필루스(Theophilus, 데오빌로)의 뒤를 이었다. 데오필루스처럼 그는 콘스탄티노플의 감독에 대한 본능적인 반감을 항상 발전시켰다. 그는 알렉산드리아파가 주장했던 것처럼 콘스탄티노플의 주교를 사도적 기초를 가진 것이 아니라 4세기에서 기인하는, 갑자기 나타난 교회론적 구성으로 간주했다. 콘스탄티노플의 위엄과 지역적인 권위가 성장하고 381년에 있었던 공의회에서 그 특권을 확증한 것은 알렉산드리아에 실로 매우 뼈아픈 일이었다. 존 크리소스톰에 대한 데오필루스의 행위는 상당히 이 사실을 보여주었고(pp. 183-186을 보라), 시릴은 여러 해 동안 존을 기념하는 일을 옹호하기를 거부했던 삼촌의 입장을 지지했다. 네스토리우스가 콘스탄티노플에서 권력을 가졌을 때, 시릴은 결국 마지못해서 존을 기념하는 일에 동의했다. 성찬의 예전을 행하는 동안에 그의 교회에서 성인들의 목록을 음송하거나 "서판"에 자신의 이름을 기록함으로써 말이다. 하지만 이런 협력의 정신은 네스토리우스의 행동에 저항하는 것으로 곧 바뀌었다.

주교로서의 시릴의 재직은 많은 논쟁으로 특징지어졌다. 그는 이단들을 척결하려고 결심하여 인접한 사회에서 그의 교회의 권위를 강화하기를 시작했다. 따라서 그는 처음부터 상당한 반대에 직면해야 했다. 412년에 그가 선출되었을 때 이미 논쟁이 있었고, 그는 자리를 안전하게 하기 위해서 정치적인 압력과 대중의 선동에 맞서야 했다. 뒤이어지는 해에 그는 교회 영역 안의 사람들만이 아니라 바깥의 사람들까지도 반대하는 사람들을 억압함으로써 애굽의 많은 사람들에게서 철저히 인기 없는 자신을 발견하게 되었다. 또한 그는 유대인들을 매우 거칠게 다루었고, 이교도들에 대해서 상당한 무관용을 보였다. 이 무관용을 조장하는 일이 415년에 암흑의 시기를 낳았다. 이 시기에 시릴의 편에서 아무런 간섭을 보이지 않음으로써 저명한 신플라톤주의 교사인 히파티아(Hypatia)가 기독교인 폭도에 의해서 살해되었다. 그녀의 죽음은 콘스탄티노플에 공포로 다가왔고, 자연스럽게 이 소식은 시릴의 책략에 대한 두려움을 가라앉힐 수가 없었다.

다른 논쟁적인 사건이 뒤이은 해에 알렉산드리아에서 계속되었다. 히파티아가 살해된 것과 같은 끔직한 일은 없었을지라도, 시릴의 거친 스타일은 그에게 계속해서 적이 나타나게 했다. 시릴의 확신은 항상 축소되지 않는 것으로 보였고, 기독교에 대항하여 배교적인 활동을 한 율리안 황제의 논증을 반박하는 작품을 포함하여 궁극적으로 그에게 많은 명성을 얻게 한 글들을 쓰는 일에 이미 참여하였다. 시릴은 매우 다산적인 작가였다. 그는 신학만이 아니라 성경에 관한 작품도 상당히 많이 썼다. 그의 문서 활동의 상당 부분이 성경 주석을 포함했다. 이 가운데 많은 것들이 지금은 소실되었으나 다수가 본래의 헬라어 형태나 고대 번역으로 보존되고 있다. 시릴의 문학적 형태는 장황하고 수사적으로 자극적이지만, 그는 파고드는 통찰과 깊은 영적인 확신을 가진 사상가였다. 아타나시우스 신학의 확고한 추종자요 기독교 문화의 뛰어난 전통의 거만한 대변자인 시릴은 사회적이고 지적인 세계에 대한 유일한 실용적인 선택으로서 그의 믿음을 제시하는데 어느 누구에게도 굴복할 이유가 없다고 보았다. 시릴의 성격의 격렬함을 과장하고 신학자요 교사로서 그의 대단함을 간과할 수는 있지만, 확실히 그는 자주 무례했고 그 시대의 폭발성을 인정한다할지라도 그에게 동의하지 않는 사람들을 다루는 그의 방식은 좀처럼 변호할 수 없다.

428년에 네 명의 알렉산드리아 시민 그룹이 데오도시우스 2세 황제에게 시릴이 자신들을 학대했다고 불만을 터뜨렸다. 이에 황제는 지역 주교인 네스토리우스에게 이 문제를 의뢰했다. 이것은 불가피하게 시릴의 분노를 자극했다. 시릴은 그의 행위를 심판하는 콘스탄티노플의 권리를 받아들이기를 거부했고, 네스토리우스의 교리적 견해에 대해서 들었던 것에 기초해서 그에 대한 공격을 시작했다. 시릴은 매우 능력 있는 신학자요 성경 강해자였지만, 철저히 극렬한 선동자였다. 그는 모든 기회를 이용하여 네스토리우스를 평가절하시켰다. 거짓 가르침의 위험성을 경고하는 애굽에 있는 그의 수도사들에게 보내는 글에서 그는 네스토리우스가 '데오토코스'를 마지못해 받아들이는 것을 비꼴 수 있는 기회를 붙잡았다. 네스토리우스가 그리스도의 신성을 부정하는 것으로 암묵적으로 비난받고 있었다는 불만(적지 않게 그가 그런 욕구를 가지고 있었던 일)을 표출했을 때, 시릴은 무엇보다도 그런 문제를 야기했던 것은 네스토리우스 자신이고 그가 해야 하는 모든 것은 이 두려움을 경감시키기 위해서 '데오토코스'를 확증하는 것이라고 항의했다.

사실상 이런 불안을 불러일으키는데 가장 책임이 있는 사람은 시릴이었다. 그는 구세주의 신성을 모독하는 자로 네스토리우스에 대한 적대적인 분위기를 조성하는데 콘스탄티노플의 동조자를 이용했고, 콘스탄티노플에서 설교하였던 로마 주교인 클레스틴(Clestine)을 경각시켰다. 콘스탄티노플에서 반대를 자극하는 것은 특히 어렵지 않았는데, 네스토리우스가 당시의 사회적 관습을 거리낌 없이 비난함으로써 적대자들을 만들었기 때문이었다. 그럼에도 불구하고 네스토리우스는 데오도시우스 2세 황제의 호의를 계속해서 받았음으로 시릴의 주장이나 그의 동맹자들의 책략이 성공적으로 이루어지기에는 제한이 있었다.

430년 초에 시릴은 네스토리우스에게 보내는 또 다른 편지를 썼다. 그 논증은 5세기 교회의 기독론에서 가장 의미 있는 문서 중의 하나가 되었다. 시릴은 '데오토코스'란 용어가 니케아 신앙에 따라서 하나님 아버지의 본질로 낳아진, "하나님의 말씀"으로 이 땅에 계셨던, 분의 인간 어머니로서 마리아의 신분과 논리적인 상관성이 있다는 것을 적절히 주장했다. 네스토리우스가 그것을 인식할 준비가 되어 있지 않다면, 성육신하신 아들의 신성에 교리적인 확증에 의문을 불러일으키는 일이었다. 시릴은 그리스도의 신성과 인성간의 구분이 그 연합에 의해서 폐지되지 않는다는 것을 인식했지만, 그럼에도 불구하고 두 측면이 단일한 인격적 실체로서 조합된다고 주장했다. 영원한 말씀이 자신의 '히포스타시스' 속에서 몸과 합리적인 영과 연합함으로써 인간이 되었다.

시릴은 그리스도의 인성이 완전하시고 예수는 이성적인 정신이나 마음을 소유했음을 강조함으로써 아폴리나리우스주의자라는 비난을 피하려고 조심했다. 하지만 그는 근본적으로 말씀이 독립적인 인간 존재와 결합한 것이 아니라 오히려 "육신이 되었다"는 것을 근본적으로 주장했다 – 그러므로 아무리 신비하고 본질적으로 무감각하고 영원할지라도 말씀은 고통을 당하시고 예수가 십자가에 못 박혀 죽으셨을 때 죽으셨을 것이다. 성장하고, 발전하고, 약할 수 있는 것으로서 말씀에 대한 언급은 대중적인 사상을 용인한 것이라기보다는 말씀이 성육신하셨음을 고백할 때 의미하는 것의 본질적인 부분이었다. 말씀이 그리스도의 성육신의 주체였다면 그리고 말씀이 하나님이셨다면, 마리아는 진정으로 하나님의 어머니, 또는 "하나님을 낳은 자"로 묘사되어야 했다고 시릴은 주장했다. 달리 말하는 것은 단일한 인간 존재로서 그리스도의 본질을 오해하는 것이었다.

네스토리우스가 시릴의 두 번째 서신에 응답했을 때, 그는 니케아 전승을 이해하지 못한 것이라고 시릴을 대담하게 책망했다. 그는 "한 주 예수 그리스도, 독생하신 아들"이란 교리 어구는 공의회의 교부들이 의도적으로 양 본성들에 속한 이름들을 나란히 두었고 그 교부들은 그리스도의 인간 영험들을 그의 신성에 직접적으로 귀속시키지 않도록 조심했음을 보여준다고 주장했다. 그리스도는 한 분이시지만 그가 말하고 행하는 어떤 것들은 그의 신성에 귀속되어야 하고 또 다른 어떤 것들은 그의 인성에 귀속되어야 한다는 것이다. 요컨대 네스토리우스는 두 구분된 본성들에 관한 고전적인 안디옥파의 기독론을 제시했다.

시릴은 네스토리우스에 대한 반대를 조장하기를 계속했다. 그는 네스토리우스의 믿음에서 살짝 가려진 용어들을 불평하는 서신들을 콘스탄티노플의 궁전의 저명한 일원들에게 썼다. 그는 네스토리우스를 인정하지 않았던 데오도시우스의 큰 누나인 풀케리아(*Pulcheria*)와 네스토리우스를 호의적으로 생각한 데오도시우스의 아내인 유독시아(*Eudoxia*) 사이에 긴장을 조성하기를 추구했다. 더 중요하게는 그는 네스토리우스에게 보내는 그의 두 번째 서신을 베낀 것을 클레스틴에게 보냈는데, 이미 클레스틴은 로마에 의해 파문되었던 펠라기우스 교회의 교인들에 대한 네스토리우스의 호의적인 취급에 대해서 콘스탄티노플에 있었던 그의 동료들에게 아주 불쾌함을 표현했었다(p. 224). 클레스틴은 로마 대회가 네스토리우스의 가르침에 대한 시릴의 반대에 기초하여 네스토리우스가 그의 견해를 바꾸든지 정죄에 직면할 것인지를 결정할 것을 통보했음을 시릴에게 확증시키는 것으로 반응했다. 네스토리우스는 시릴의 편지를 받은 뒤로부터 10일 내에 그의 견해를 철회하고 로마와 알렉산드리아에서 보유한 것과 같은 믿음을 고백하든지 파문을 당하든지 둘 중에 하나를 선택해야할 상황에 처하게 되었다.

하지만 사실상 네스토리우스에게 더 많은 시간이 주어졌다. 이 명령 통지서는 430년 8월에 작성되었을지라도, 430년 11월까지도 그에게 도달하지 않았다. 그러므로 시릴에 의해서 세 번째 서신이 작성되었다. 그는 기독론에 대한 안디옥파의 접근이 가졌던 핵심적인 요소들을 강력하게 정죄하고 네스토리우스가 니케아 신조에 대한 그의 잘못된 해석을 버려야 한다고 주장했다. 이번에 시릴은 네스토리우스에게 빠져나갈 구멍이 없음을 보여주었고, 그가 그의 방식이 잘못되었음을 인정할 것을 주장했다. 시릴은 그리스도의 위격과 관련하여 잘못된 것들에 대한 열두 저주(Twelve Anathemas)에서 그의 논증을 요약했고, 그는 네스토리우스가 모든 것에서 의견을 달리하는 말이 있으면 줄 것을 명했다. 부정해야할 "거짓된 것들" 가운데는 두 본성들 사이에 구분에 관하여 안디옥파들이 강조한 것이 들어 있었다.

네스토리우스는 말씀이 성육신하신 분의 주체이며 그리스도의 어떤 행동이나 표현을 그의 신성이 아니라 인성으로 귀결시키는 것은 잘못된 것임을 고백하도록 요청을 받았다. 네스토리우스는 말씀이 "육체 속에서 고난을 당하였음"을 확증하고 말씀이 인성의 제한 속에서 살기 위해서 그의 능력을 자발적으로 억제하였음을 받아들이는 것을 준비해야 했다. 이 서신에서 시릴의 과도한 용어는 네스토리우스만이 아니라 훨씬 더 많은 기독교 신앙고백자들에게 문제를 불러일으켰고, 그의 저주(아나데마)는 여러 면에서 바람직하지 않았다. 왜냐하면 고전적으로 알렉산드리아파일지라도 시릴의 입장은 말씀이 육신 속에서 고난을 당하셨을지라도, 그가 그 과정에서 무감각하였다 – 그의 인성을 손상시키는 것으로 보이는 주장 – 고 진술함으로써 위험스럽게 아폴리나리스의 극단에 가까운 길을 걷는 것으로 보였기 때문이다.

에베소 공의회

네스토리우스가 시릴의 서신과 교황청의 판단을 받았을 즈음에 데오도시우스는 다음 해인 431년 오순절에 에베소에서 교인들의 공의회를 열 것을 결정했다. 논쟁을 해결하기 위해서였다. 네스토리우스는 자신의 친구인 안디옥의 존이 이끄는 시리아의 주교로부터 강력한 지지를 받을 것을 확신했다. 그는 시릴의 열두 저주(아나데마)가 안디옥파의 대안을 선호하여 주교단들의 견해의 흐름을 바꿀 만큼 충분히 위험스러운 것이라고 확신했다.

그러나 네스토리우스와 그의 동맹자들이 예상했던 대로 일이 진행되지 않았다. 우선 시리아의 주교단들이 좋지 않은 일기로 인해서 에베소에 도착하는 일이 연기되었다.[4] 그 지역의 주교인 멤논(Memnon)은 네스토리우스에게 상당히 적대적이었고, 그는 어느 경우에도 공의회를 진행하자는 계획을 지지했다. 네스토리우스가 이미 참석해 있었고, 이미 회의가 연기된 바 있었다는 구실로 말이다. 황제의 대리인인 군대장관인 칸디디안(Candidian)이 그 진행을 막아보려고 노력했으나 헛수고였고, 오히려 그는 그런 노력 때문에 네스토리우스에게 호의를 베푸는 사람으로 비난을 받았다. 시리아의 성직자들이 불참한 가운데 애굽에서 건너온 많은 수도사들의 활동과 그의 대적자들을 공포에 떨게 한 멤논의 지원 하에 시릴의 입장이 강화되었다.

시릴의 수도원 지지자들과 애굽의 동료 주교들의 노력보다도 더 영향이 있었던 것은 소아시아의 주교들의 대다수가 느꼈던 안디옥파 기독론에 대한 폭넓은 적대감과 그들 지역에 다른 주교들의 대리자들에 의한 안디옥과 콘스탄티노플에 네스토리우스 교회의 권위에 대한 반감이었다. 에베소와 다른 곳에서는 자연스럽게 콘스탄티노플의 위치를 싫어했고, 안디옥의 세력은 예루살렘을 민감하게 자극했다. 예루살렘의 주교인 쥬베날(Juvenal)은 그곳의 주교가 동방의 주교단을 이끌 만한 인정을 받을 만하다고 확신하였었다.

시릴은 이런 감정들을 이용하여 네스토리우스에 대한 불안을 대중적인 차원에서 확신시켰다. 네스토리우스가 그리스도는 오직 특별하게 영감된 사람일 뿐이라고 가르쳤다고 평판이 좋지 못하게 주장함으로써 말이다. 많은 평범한 신자들에게서 네스토리우스의 이런 주장된 견해는 손쉽게 사탄적이 되었다. 그리스도를 인간 형태를 가진 하나님으로 본능적으로 묘사하고 성찬에서 썩지 않는 몸을 경배하는 것으로 스스로 생각했던 사람들에게서 본질적으로 신이 아니라는 구세주에 대한 관점은 참으로 혐오스러운 사상이었다. 사실상 이것은 네스토리우스가 가르쳤던 것이 전혀 아니었지만, '데오토코스'의 용어에 대한 그의 저항과 그리스도의 인성과 하나님의 침범할 수 없는 장엄함을 구분하려는 그의 주장은 곧바로 아주 사악한 주장인 것으로 변질되었다.

이런 압도적인 반감과 사상을 왜곡시키는 분위기 속에서 네스토리우스는 공의회의 합법성을 인정하기를 거부했고, 그 공의회 앞에 나타나지 않았다. 시리아의 주교들이 도착했을 즈음에 시릴은 네스토리우스를 교회의 권위를 경시하였다고 정죄하는 일을 도모했고, 그가 적절하게 파문되었다는 말을 셀레스틴(Celestine)에게 전달했다. 그러나 시리아 주교들(2백명 또는 시릴의 공의회의 주교들에 반대하는 43명의 사람들)은 시릴과 멤논을 부당한 총회를 개최했다고 물러날 것을 선언한 그들 자신의 대회를 개최하는 것으로 나아갔다. 마침내 사신이 로마로부터 도착했을 때, 그들은 셀레스틴의 지도를 따라서 시릴의 편을 들었다.[5] 사신들은 네스토리우스를 정죄한 것이 합법하다는 로마 주교의 재가를 주었다. 시릴의 총회가 재소집되고, 이제 그 총회는 세 번째 커다란 "에큐메니컬" 공의회로 공식적으로 언급되었다. 안디옥파의 대회는 더 이상의 논의 없이 공식적으로 해산되었고, 시리아파를 인정하지 않는 일을 강화시키고 시릴의 지지자들에게 보답하는 다양한 결정들이 만들어졌다.

시릴과 안디옥의 존이라는 두 파들은 서로를 파문했고, 두 진영은 황제에게 서로 로비했다. 상당한 혼란이 있은 후에 데오도시우스는 단일한 공의회가 분리된 교회론적 모임의 결정을 했다는 명백한 상정을 근거로 에베소 공의회의 세 당사자들 – 시릴, 멤논, 네스토리우스 – 을 정죄하는 조서를 발행했다. 그때에 고통스러운 협상의 시간이 이어졌고, 시릴은 법정의 영향력 있는 사람들에게 탄원하기 위해서 많은 뇌물을 썼다. 시릴과 멤논은 구금에서 풀려나서 공식적으로 방면되어 본래의 주교 자리로 돌아올 수 있었다. 네스토리우스는 데도오시우스에 의해서 안디옥의 그의 수도원으로 은거할 것을 허락받았다. 이는 그의 의도하는 바와 달리 그가 그의 주교직을 사임한다는 것을 가정했다. 어쨌든 그는 곤경에서 빠져나갈 수 있는 자원과 의지가 없었다. 그는 그의 운명을 받아들일 수밖에 없었다. 그를 이은 계승자는 친 시릴계로 인정할 수 있는 유약한 인물인 막시미안(Maximian)이었다.

네스토리우스가 싸움의 전선에서 물러남으로 시릴은 안디옥의 존과 그 지지자들과 평화를 이루는데 보다 유순해졌다. 하지만 두 진영은 타협하는 일이 필요했다. 즉 안디옥파는 네스토리우스에 대한 그들의 지지를 철회하고 그를 공식적으로 정죄하는 일을 받아들여야 했고, 시릴은 네스토리우스에 대한 세 번째 서신에서 규정한 열두 저주(아나데마)에 관한 그의 주장을 없었던 것으로 동의해야 했다. 시릴에게서 잘못되었다는 잠재적인 시인이 큰 충격일 수 있었으나, 데오도시우스의 압력으로 인해서 그는 해결에 이르기 위한 요청에 적극적으로 반응했다.

재연합의 신조

433년에 시릴은 재연합의 신조(Formulary of Reunion)로 알려진 진술에 서명했다. 이 문서는 저명한 시리아 신학자인 안디옥 북쪽 마을의 시르후스(Cyrrhus)의 주교 데오도렛(Theodoret, 대략 393-460)에 의해 초안되었다. 그 문서는 본래 안디옥파의 분위기를 품고 있었고, 그리스도는 "신성에서 아버지와 본질적으로 같으시고 인성에서 우리들과 본질적으로 같으신 완전한 하나님과 완전한 인간으로" 형성된 "두 본성의 연합"이라고 선언했다.

이는 원리상 네스토리우스가 승인할 수 있었던 형식의 일종과 유사했다: 성육신하신 그리스도는 두 구분되는 본성이 조합된 한 위격이시다. 그런데 이 진술은 본래 형태의 용어들을 넘어서서 실로 마리아가 '데오토코스'로 고백되어야 한다는 것을 확증하는 것으로 나아갔다. 두 본성의 연합이 "혼란스럽지 않을" 뿐 아니라 참되다는 근거 위에서 말이다. 또한 그것은 어떤 신약성경의 본문은 "한 위격"을 언급하는 것으로 이해할 수 있었고, 반면에 다른 본문들은 "두 본성" 중에 하나 또는 다른 하나를 언급하였음－열두 아나데마의 네 번째의 시릴의 내용과는 직접적으로 반대되는－을 제기하였다.

네스토리우스와 그의 충실한 추종자들의 일부를 제외하고 대부분의 안디옥파들과 특히 강력한 데오도렛은 어느 경우에도 '데오토코스'와 관련해서 사실상 심각한 어려움을 겪지 않았음으로 적어도 신학적인 측면에서 그들의 편에서 포기할 것이 거의 없었다. 이 진술은 안디옥파가 항상 주장하였던 두 본성에 관한 주장을 확보하였다. 한편으로 시릴에게서 '재연합의 신조'는 꽤 상당한 양보를 대변했다. 그는 더 이상 그리스도의 육신의 주체로서 거룩하신 말씀을 주장할 수 없었고, 또한 그리스도의 말씀과 행위를 한편으로 그의 신성과 다른 한편으로 그의 인성에 따라서 구분하는 일이 불가능하다고 주장할 수 없었다. 따라서 시릴의 보다 열렬한 지지자들은 그가 그러한 타협을 받아들인 것에 분개했으므로 시릴은 "두 본성의 연합"을 어느 인간 존재에 있는 두 기술적으로 분리된 실체인 "몸"(body)과 "영혼"(soul) 사이에 존재하는 연합과 유사한 것으로 이해했다고 그들을 확신시키기를 추구했다. 마음(mind)이 논리적으로 이런 실체들과 다를 수 있을지라도, 사실상 그들의 연합에 따른 유일한 한 "본성"일 수 있다.[6)]

정치적인 영향의 강력한 조처 하에서 일치된 재연합의 신조는 시릴과 존이 여전히 살아 있는 동안에 안디옥파와 알렉산드리아파 사이에 어느 정도 평화를 가져왔다. 그럼에도 불구하고 상당한 불만이 있었다. 시릴은 언급된 이중성과 반대되는 것으로서 단일성을 의도적으로 강조함으로써 대체로 안디옥파의 진술에 그가 묵인한 것을 변명하기를 계속했지만 이런 그의 노력이 신적인 말씀의 구원하시는 행위의 단일성에 관한 모든 중요한 강조를 손상시켰다고 느꼈던 사람들을 만족시킬 수는 없었다. 또한 안디옥파의 진영에서도 일부 심각한 동요가 있었다 – 그것은 재연합의 신조의 신학의 전반적인 의미 때문이 아니라 네스토리우스를 개인적으로 배신했던 방식 때문이었다. 존과 시릴이 심지어 죽기 전에도 문제가 있었다. 시릴은 자신이 사실상 이전의 가르침의 어느 것도 철회하지 않았다고 주장했고, 동시에 시리아와 아르메니아와 페르시아의 대다수의 편에서 시릴의 견해와는 꽤 구분되는 단위로서 안디옥파의 교리에 대한 지속적이고 열렬한 지지가 있었다.

데오도렛은 시릴의 개념을 반하는 말을 계속했고, 네스토리우스의 위대한 스승인 데오도르의 신학에 대한 폭넓은 존경을 표했는데, 특히 데오도르의 가르침은 에데사의 주교인 이바스(Ibas)에 의해 옹호되었다.[7)] 시릴은 아르메니아 교회들이 공감을 갖지 않게 하려고 적극적으로 간섭했고, 콘스탄티노플의 막시미안의 계승자인 프로클루스(Proclus)의 주선으로 이 일을 부추겼다. 이 프로클루스는 명백하게 시릴의 편을 드는 방향으로 재연합의 신조를 해석한 아르메니안 사람들에게 보내는 긴 편지를 썼었다. 데오도르는 실명을 들어 정죄를 받지는 않았지만, 강력한 어조로 안디옥의 기독론이 속해 있었던 신학적인 궤도가 잘못되었다는 것을 지적받았다. 성육신은 독립적인 인간과 그 말씀의 연합이 아니라 "삼위 중 하나인 거룩한 말씀"이 육체로 오신 것이었다.

나중에 440년대에는 논쟁의 전선에 있었던 인물들이 거의 생존해 있지 않았다. 안디옥의 존은 441년에, 시릴은 444년에, 프로클루스는 446년에 각기 죽었다. 로마에서 432년에 클레스틴의 뒤를 이어 433년의 해결을 비준했던 식스터스(Sixtus) 3세는 440년에 죽었고, 레오(Leo) 1세가 그 뒤를 이었다. 네스토리우스는 그와 동시대를 살았던 대부분의 대적자들보다 오래 살았고, 그를 뛰어나게 지지했던 데오도렛만이 남아 있었다. 435년에 그의 글은 정죄를 받았고, 437년에 그는 애굽으로 추방을 당했지만, 451년경까지도 살아 있었다. 그는 사막에서 마지막 시기를 보냈는데, 거기서 상당한 고통을 겪었다.

유배 중에 있을 동안에 네스토리우스는 일련의 서신과 소책자를 통해서 자신의 정통성을 변호하기를 추구했지만 대부분 파편들만이 오늘날 존재한다. 그러나 이런 유산에서 나온 중요한 자료는 후대의 불가해한 제목의 『헤라클레이데스의 책』(*The Book of Heracleides*)에 나와 있는 개념들의 집합이다. 이 본문의 시리아역이 19세기 후반에 발견되었는데, 그 사본이 세계제1차대전 시에 쿠르디스탄에서 파손되었지만 그 복사본들이 이미 만들어져서 1910년에 출판되었다. 이 작품에서 네스토리우스의 논증을 액면 그대로 취한다면, 그의 신학은 반대파가 제기한 것과는 전혀 달랐음이 분명하다. 그의 자기주장이 강한 형태의 태도와 그의 대적자들의 견해에 대한 강력한 고발은 그의 대의에 도움을 주지 못했지만, 교리적인 측면에서 그는 그의 대적자들이 주장했던 것처럼, 두 구분되는 위격들로 구성되었다는 분열적인 그리스도의 교리를 가르치지 않았고 단순히 예수가 하나님과 특별한 관계에 있었던 사람이었다고 주장하지 않았다는 점에서 결코 "네스토리안"이 아니었다. 그가 죽을 즈음에 해결되었던 기독론의 일치로 보건대, 그는 정통의 범주에 수용될 수 있었다.

논쟁이 다시 시작되다: 다른 인물들

그러한 수용은 네스토리우스의 운명이 아니었다. 하지만 그의 입장을 변호하려는 노력들은 그의 견해가 440년 후반에 안디옥의 전통주의자들 사이에서 상당한 지지를 받았음을 확실히 해준다. 그의 가르침에 비추어 알렉산드리아와 안디옥 사이에서 구체화된 차이들은 쉽게 사라지지 않았다. 한 번 더 심각하게 다툼이 일어났던 것은 두 진영의 주요한 주창자들이 죽고 나서였다. 안디옥에서 디오스코루스(Dioscorus)가 시릴의 뒤를 이었다. 디오스코루스는 처음에 시릴과는 다른 자로서 널리 환영을 받았다. 그는 다른 주교들과의 관계를 위험스럽게 하지 않을 것 같은 겸손하고 온건한 사람으로 보였다. 심지어 데오도렛도 디오스코루스의 좋은 감각에 높은 기대를 가졌다. 그러나 알렉산드리아의 새로운 리더는 무례하고 교활한 성격으로 변하여 그의 전임 대주교의 영향을 강조하고 네스토리우스파의 지지를 근절하려는 열렬한 결의를 가졌다.

디오스코루스의 전략은 동방에서 그의 주요한 동시대 인물들에 의해서 촉진되었다. 안디옥에서 존의 계승자는 데오도렛에게 매우 복종한 유약한 리더였던 존의 조카 돔누스(Domnus)였다. 콘스탄티노플에서는 플라비안(Flavian)이 프로클루스를 대체했다. 그는 호인이었지만 다소 사교성 없는 성격의 소유자였다. 플라비안의 충성은 기독론에 대한 "말씀-육체"의 접근에 있었지만 그는 양편의 보다 근본적인 견해들 사이에서 평화를 유지하기 위한 근거로서 재연합의 신조를 열렬히 고수했다. 이 모든 와중에 황제 데오도시우스 2세는 상당히 우유부단하여, 경쟁하고 변화하는 세력들에 항상 먹이가 되었고, 그는 440년대 후반에는 크리사피우스(Chrysaphius)라는 관료에 의해서 인도를 받았다. 크리사피우스의 세력과 교활함은 플라비안이 적수가 되지 못했다. 크리사피우스는 콘스탄티노플의 선임 대수도원장이나 "수도원장"인 유티케스(Eutyches)에 의해 영향을 받았다.8) 유티케스는 시릴의 신학에 상당히 열정적이었고 두 본성의 기독론에 함축되어 있는, 네스토리우스적인 경향으로 간주된 것들을 격렬히 반대했다.

446년부터 디오스코루스는 네스토리안주의자들을 근절한다는 구실로 안디옥파의 영역을 간섭했다. 그는 (기술적인 측면에서) 돔누스가 세웠던 이전에 시릴의 강력한 비판자이자 두로의 주교이며 헌신적인 안디옥파인 이레니우스(Irenaeus)를 제거하는데 성공했다. 돔누스에게 야기된 명백한 당황스러운 일들 외에 데오도렛에게 불평이 쏟아졌다. 그래서 데오도렛은 자신의 교리를 변호하는 글을 써야할 의무가 생겼다. 데오도렛은 '에라니스테스' (Eranistes) 또는 "수집자" (전형적인 시릴파의 신학자들이 모든 종류의 이단적인 개념들을 거짓된 교리의 집합으로 모아놓은 것)라는 제목이 붙은 글을 발행하여 알렉산드리아 기독론에 관한 길고도 교묘하게 고안된 공격을 시도했다. 이 작품은 가상의 시릴파 대적자와의 세 가지 대화로 형성되어 있고, 데오도렛은 이 대적자를 그리스도의 본질을 혼란케 하고 그 신성을 변질과 혼합과 고통이 있게 만드는 것으로 고발한다. 데오도렛의 논증은 교묘하게 구성되어 있고, 성경과 전통적인 권위가 있다고 인정되는 것들을 인용함으로써 섬세하게 지원한다.

그러나 데오도렛이 변호하기를 추구하고 있었던 신학에 대항하는 세력들의 축은 상당하였다. 디오스코루스는 네스토리안주의에 대한 적대를 몰아갔을 뿐 아니라 사도 베드로에 의해 세워졌다고 제기되는 안디옥 교회가 마가에 의해 세워졌을 것으로 상정되었던 알렉산드리아 교회보다 더 위엄 있는 성직자의 자리를 차지한다고 주장하는 안디옥의 시도에 대해 강력한 반감을 일으켰다. 또한 디오스코루스는 영향력 있는 접촉들을 가졌다. 그와 연관을 가졌던 한 사람은 시릴을 극히 칭송했던 유티케스였다. 유티케스는 시릴과 이전에 교류했었다. 디오스코루는 강력한 힘을 가졌던 크리사피우스와도 밀접한 관계를 가졌다. 448년 봄에 디오스코루스, 크리사피우스, 그리고 유티케스의 동맹은 데오도렛이 공의회를 소집할 수 없게 그리고 자신의 관구를 벗어나지 못하게 황제의 칙령을 발행하게 만들었다.

유티케스와 플라비안

같은 해에 유티케스(Eutyches)는 "연합 후에 두 본성"에 대해서 말했던 사람들의 건전성을 자극적으로 공격했다. 그리스도의 인성이 그의 신성에 흡수되었다고 주장하면서 말이다. 말씀이 육신이 되었지만 그의 인간 본성은 우리와 "동일한 본질"이 아니었다. 그것은 신적인 말씀의 본성으로 화했다. 재연합의 신조는 교리적인 표준으로서 니케아 신조에 쓸데없이 첨가되었다고 유티케스는 주장했다. 유티케스의 가르침은 겉으로 보아도 의식적으로 시릴적인 성향을 지니고 있었다. 시릴 자신도 "성육신하신 거룩한 말씀의 한 본성"을 언급했다. 그러나 '성육신' 이란 용어를 배제시킴으로써 유티케스는 전적으로 지배적인 것으로서 거룩한 말씀을 보았음을 함축하였고, 그리스도의 인성은 우리의 인성과 동질이라는 것으로 부정하고 재연합의 두 본성이란 용어를 비판함으로써 그는 모호성의 여지를 남기지 않았던 것으로 보였다. 그는 실로 말씀과 육신의 연합 '이전에' 두 본성이 있었지만 그 이후에는 오직 한 본성이 있었다고 믿었다.

유티케스는 도리내움(Dorylaeum)의 주교인 유세비우스(Eusebius)에 의해 플라비안 앞에서 이단으로 고발당했다. 유세비우스는 거의 20년 전에 콘스탄티노플의 젊은 법조인으로서 네스토리우스를 공격했고, 그는 네스토리우스를 공감하는 모든 것들을 강력하게 반대했지만, 유티케스가 너무 반대편 방향으로 나아가서 대체적으로 두 본성을 혼란하게 만드는 죄를 지었다고 생각했다. 448년 11월의 콘스탄티노플의 지역 대회에서 유티케스는 그리스도의 충만한 인간성이란 아폴리나리안의 견해로 되돌아가는 것을 가르쳤다고 정죄했다. 유티케스는 그의 재판이 정당하게 이루어지 않았다고 주장하고, 알렉산드리아와 예루살렘의 주교들만이 아니라 로마의 주교에게 자신의 문제를 항의했다.

놀랍지 않게 디오스코루스는 유티케스를 전적으로 편들었고, 보충적인 요구를 할 수 없다는 431년의 에베소 공의회에서의 결정에도 불구하고, 정통의 결정적 요인으로서 니케아 신조와는 다른 것을 요구하는 것으로 플라비안을 정죄했다. 이 때문에 플라비안은 자신의 문제를 로마의 레오에게 보고했다. 크리사피우스에 의해 영향을 받고 있고 이바스 주교의 가르침으로 인해서 에데사에서 혼란이 있다는 보고에 의해 신경이 곤두선 데오도시우스는 이 논쟁을 다룰 수 있는 능력이 플라비안에게 없다고 확신하고서 플라비안과 유티케스 사이에 문제를 해결하기 위해서 사법적인 권한과 함께 449년 8월에 에베소에서 또 다른 공의회를 개최할 것을 결정했다. 디오스코루스가 의장으로 주재했다.

에베소에서의 두 번째 공의회와 레오의 교서

플라비안에게 곤란한 일들이 확고하게 쌓여갔다. 친 알렉산드리아 주교들의 강력한 대표단들과 충실한 수도사들의 그룹이 자신들의 존재를 알리기 위해서 책임을 맡은 디오스코루스를 지원했다. 가장 강력한 반대 목소리를 낼 수 있는 데오도렛은 침묵했고, 황제도 유티케스의 편이 되었다. 레오는 로마에서 에베소로 참석해줄 것을 요청받았으나 플라비안과 유티케스 양쪽에 의한 호소를 어떻게 다루어야할 지를 몰라서 미적거렸다. 레오는 처음에 대부분의 콘스탄티노플 수도사들처럼 플라비안이 주제를 넘어서 행동했고, 유티케스는 이단적이라기보다는 어리석었다고 느꼈다. 유티케스의 재판을 상세히 숙지한 후에 레오는 유티케스가 명백히 잘못을 저질렀다고 인식했지만, 그는 여전히 공의회에 참석하기를 거부했다. 그 대신에 그는 플라비안에게로 보내는, 공의회에서 읽혀질 수 있는, 교리서와 세 명의 대리자를 보냈다.

레오의 교서(Tome, 헬라어의 '토모스' [책]에서 유래했다고 우리에게 알려진)는 특이하게 우아한 산문으로 쓰였다. 그것은 내용상에서 원문이 아니었고 서방 기독론의 확립된 가설을 반영했지만, 유티케스의 개념을 확고하게 비난한 것으로 작성되었다. "연합 후에 한 본성"을 언급하거나 그리스도의 인성이 통상적인 인간 본성과 동질이라는 것을 부인하는 것은 상당히 잘못되었다는 것이다. 그리스도가 우리와 진정으로 하나가 아니라면, 그가 "처녀의 몸에서 그의 몸의 실제를 받음으로써" "그의 것이 되지" 않았다면, 그는 인간의 상태에 영향을 주는 죄와 사망을 정복할 수 없었다. 인간의 구원이 확보되기 위해서는 하나님의 은혜에 의해서 두 구분되는 본성의 연합이 있을 필요가 있었다고 레오는 주장했다. 성육신하신 그리스도는 "그에게 속한 것에서 완전하셨고, 우리에게 속한 것에서도 완전하셨다." 설사 한 위격 속에서의 연합으로 말미암아 각 본성의 속성이 다른 속성에 적용될 수 있음을 말할 수 있을지라도 그의 인성이 축소될 가능성은 없었다. 유티케스는 꽤 잘못된 방식으로 일을 진척시켰다. 진리는 연합 이전에 두 본성이 있었고 그 이후에는 한 본성이 있었다는 것이 아니라 이전에는 한 본성이었고 연합 이후에는 두 본성이 있었다는 것이다.

레오의 교서는 서방 기독론이 동방 사상의 두 흐름의 양상을 동시에 붙잡을 수 있었고, 440년대 후반에 그 메시지가 보다 풍성하게 분명해졌던 방식을 보여주었다. 로마의 교회가 우려했던 것처럼 유티케스가 아무리 강력한 지원을 받는다할지라도 방향에서 잘못되었고 그의 잘못을 철회하도록 요청을 받았어야 했다. 하지만 레오의 노력은 플라비안에게 소용이 없었다. 로마로부터의 사절단들은 공의회에 참석하여 귀인의 자리가 주어졌지만 그들의 대주교의 공식성명을 읽을 수 없었다. 플라비안과 그의 지지자들은 변호할 수 있는 허락을 받지 못했고, 플리비안과 도리래움의 유세비우스는 재연합의 신조에 대한 찬성을 정통의 검증으로 취급함으로써 에베소의 규정을 어긴 것으로 간주되었다. 그러므로 그들은 파직되었다. 재연합의 신조와 연합 이후에 두 본성에 관한 용어는 포기되었다.

디오스코루스는 자신이 원하는 것을 얻기 위해서 폭력과 협박과 뇌물을 사용했다. 플라비안은 육체적으로 공격을 당하였고, 그가 받은 상처에서 회복되지 않았으며, 오래지 않아 강압적인 유배의 길에서 죽었다. 디오스코루스는 데오도렛, 이바스, 그리고 돔누스의 파직을 확보함으로써 자신의 승리를 보증했다. 그 여파로 도리래움의 유세비우스를 포함하여 다른 이들은 네스토리안주의의 죄책이 있는 것으로 유사하게 인식하게 되었고, 449년의 11월에 이전에 시릴의 후배이자 최근에 콘스탄티노플에서 디오스쿠루스의 대리자였던 아나톨리우스(Anatolius)가 수도에서 플라비안의 계승자로서 임명되었다.[9]

이때쯤 레오는 에베소에서 진행된 일을 이미 들었고, 그는 분노했다. 그는 "강도의 굴혈"('라트로시니움')로 이 모임을 비난했고, 로마 대회가 동일한 결론에 이르렀었다는 것을 황제에게 전달했다. 플라비안, 유세비우스, 그리고 데오도렛의 호소에 둘러싸인 레오는 또 다른 공의회를 소집할 것을 요청하는 서신을 황제에게 보냈고, 이 일을 이루기 위해서 데오도시우스의 누이인 풀케리아(Pulcheria)의 지지를 얻으려고 애썼다. 그는 또한 아나톨리우스와 협상을 시도했다. 하지만 데오도시우스는 "강도 의회"든 아니든 간에 에베소의 결과에 만족한 상태로 남아 있었다. 풀케리아의 영향이 크리사피우스의 위치를 도전하기를 시작하였을지라도, 알렉산드리아파가 이룩했던 혜택을 아직 바꿀 수는 없었다.

그러나 모든 것이 450의 여름에 바뀌었다. 말에서 낙상한 후에 데오도시우스는 7월 28일에 죽었다. 풀케리아가 통치권을 가졌고, 그녀는 그녀의 배우자로서 마르시안이라 이름 하는 이전의 트락시안의 장관이자 의원을 취했다. 새 연대는 교회 정치에 변화를 가져왔다. 풀케리아와 마르시안은 야만인들의 침략이 드셌던 시기에 콘스탄티노플과 로마 사이에 좋은 관계를 형성할 것을 결정했다. 이것은 데오도시우스가 지난 시기에 이루어놓은 신학적인 입장의 역전을 의미했다. 크리사피우스는 처형되었고, 유티케스는 유배로 보내졌다. 풀라비안의 유적은 콘스탄티노플로 돌아왔고, 그를 기념하는 일이 회복되어 그의 이름이 성찬에서 언급되던 성인들의 이름에 올랐다. 레오는 아나톨리우스와 협상하는 일을 계속했고 – 두 성직자들의 관련된 신분에 관한 경쟁적인 주장들을 모두 내려놓는 일련의 전략을 사용함으로써 말이다 – 그들 사이에 일치가 이루어질 것을 소망하였다.

마르시안은 단번에 이 문제를 해결할 것을 결정했고, 결국에 451년 9월에 니케아에서 만나는 총회를 요청했다. 이 모임 장소는 콘스탄티노플에서 보스포루스를 건너 칼케돈으로 이동되었으며, 10월 8일까지는 일련의 행사들이 시작되지 않았다.

칼케돈 공의회

15번에 걸쳐서 만난 공의회는 11월 10일까지 진행되었다. 5백 명의 주교들이 참석했다.[10] 압도적인 다수가 동방에서 왔다. 서방은 로마의 교회에서 단 두 명의 대표자가 왔고, 아프리카에서는 두 명의 주교가 참석했다. 절차는 풀케리아 황제의 대리자들에 의해 확고하게 제어되었고, 이 회기들의 대부분을 평신도들이 관장했다. 디오스코루스는 "강도 의회"를 실시했다는 죄목으로 재판을 받았고, 결국 불법적으로 행하였다는 죄책을 갖게 되었다. 그가 끝까지 저항하였을지라도, 파직되었고, 449년의 절차는 뒤집혔다. 예루살렘의 쥬비날과 같이 이전에 디오스코루스와 동맹하였던 자들은 그를 버림으로써, 자신들의 자리를 유지했다. 쥬비날은 팔레스타인 전체를 관할하는 것으로 교황의 인정을 공의회에서 받았지만, 그가 고향으로 돌아왔을 때 많은 반대가 있다는 것을 발견했다.[11] 데오도렛과 이바스는 이단으로 정죄된 네스토리우스와 관계하지 않는다는 조건으로 그들의 직무로 회복되었다.

그러나 이 공의회에서 이룩한 가장 중요한 성취는 발행한 믿음의 진술이었다. 처음부터 마르시안과 풀케리아는 그들의 관료들을 통해서 새로운 고백적 신조를 형성하는 것에 열정적이었고, 설사 그 과정에서 많은 불안과 분쟁이 있을지라도 주교들은 지난 과거의 교리적인 논쟁을 해결하기 위한 어떤 것을 안출해 내야하는 의무감을 가졌다. 모든 이들이 동의할 수 있는 입장을 명백하게 이끌어내는 고백적 진술의 내용을 담아야 하는 것이 필수적이었다. 325년에 니케아 공의회의 진술과 381년에 콘스탄티노플 공의회의 진술을 제한 없이 승인해야 하고 431년에 에베소 공의회의 가르침도 역시 재확증해야 한다는 것에 동의했다. 이 공의회들은 전체 교회의 연합된 권위를 갖는 것으로 모두 인정되었다.

그러나 보다 최근의 논쟁에 대해서는 어떠한가? 레오의 '교서'가 읽혀졌고, 약간의 논쟁이 있은 후에 정통으로 인정되었지만 레오의 가르침은 그 권위가 근본적으로 중요한 것으로 다루어진 시릴의 가르침과 본질적으로 일치하는 것으로 제기되었다. 네스토리안주의에 대한 시릴의 절연은 그리스도의 단일성에 대한 그의 강조에 핵심이었기에, 네스토리안주의는 단호하게 거부될 필요가 있었다. 헬라 주교들 중에 많은 이들이 이보다 더 나아가는 것을 마지못해 했다. 그리스도의 단일성과 이중성에 관한 공식적인 관계에 대한 어떤 새로운 진술은 분열을 영속시킬 수가 있었기 때문이었다. 그럼에도 불구하고 황제의 권위자들은 레오의 중재적인 용어를 단지 유효하게 인정하는 것만이 아니라 더 많은 것을 확보할 것을 결정했다. 많은 협상과 논의가 있은 후에 공의회는 믿음에 관한 다음과 같은 새로운 고백을 만들었다.

> 그러므로 교부들을 따라서 우리는 하나의 일치 안에서 한 분이시며 같은 아들 우리 주 예수 그리스도를 받아들이도록 가르치는데, 그는 신성에 있어서 완전하시며, 동시에 인성에 있어서도 완전한 분이시고, 참으로 하나님이심과 동시에 참으로 인간이시며, 또한 이성적 영혼과 육체를 가지고 계시며, 그의 신성에 있어서는 성부와 같은 본질을 지니고 계시며, 그의 인격에 있어서는 우리와 같은 본질을 지니고 계시는데, 죄로부터는 떨어져 있으나 모든 측면에서 우리와 같으시고, 그의 신성에 관해서는 역사 이전에 아버지로부터 출생하셨지만, 그의 인간적 출생에 관해서는 우리와 우리의 구원을 위해 하나님의 어머니(헬. '데오토코스', 하나님의 어머니)인 동정녀 마리아에게서 나

> 셨다. 한 분이시고 동일한 그리스도, 성자, 주님, 하나님의 외아들이신 그는 두 가지 본성 안에서(in two natures) 인식되는 바, 혼돈 없이(without confusion), 변화 없이(without change), 구분 없이(without division), 분리 없이(without separation) 계신 분이시며, 본성들의 차이는 결합으로 인해 결코 없어지지 아니한다. 오히려 각 본성의 특징들은 보존되고, 한 인격과 생존을 형성하기 위하여 함께 오며, 두 인격으로 분리되거나 나눠짐이 없이 한 분 같은 성자요 독생자이시며, 말씀, 하나님, 주 예수 그리스도이시며, 이와 같은 사실은 심지어 가장 최초의 선지자도 그에 관하여 말씀하셨고, 우리 주 예수 그리스도 자신이 우리에게 가르치셨고, 교부들의 신조로도 우리에게 이어져 내려오고 있다.

포함된 신조적 용어들은 다양한 고백들에서 가져왔다. "신성에 있어서 완전하시며, 동시에 인성에 있어서도 완전한 분이시고, 참으로 하나님이심과 동시에 참으로 인간이시며…, 그의 신성에 있어서는 성부와 같은 본질을 지니고 계시며, 그의 인격에 있어서는 우리와 같은 본질을 지니고 계신다"는 그리스도에 관한 묘사는 재연합의 신조에서 왔다. "본성들의 차이는 결합으로 인해 결코 없어지지 아니한다"라는 어절은 네스토리우스에게 보내는 시릴의 두 번째 서신에서 유래했다. "각 본성의 특징들은 보존되고", 이 특징들이 "한 인격과 본질 속에서 발생하는" 것으로 생각할 수 있다는 주장은 레오의 '교서' 에서 기원했다. 성육신하신 말씀의 단일성에 관한 시릴의 강조가 "하나"와 "동일한"의 반복에서 의도적으로 주장되었고, '데오토코스' 도 역시 확증되었다. 동시에 그리스도의 "합리적인 영"에 관한 언급은 어쨌든 그리스도의 인성의 고결성을 축소시키는 것으로서 말씀의 주체를 이해하는 아폴리나리안주의를 배제시켰고, 유티케스의 가르침에 반하여 우리와 동질이신 것으로 그리스도의 인성이 확고하게 진술되었다.

가장 논쟁적인 어절은 레오의 교서에서 나온 "두 가지 본성으로"(in two natures)였다. 일부 성직자들은 "두 가지 본성 안에['엔']"보다는 "두 가지 본성으로부터['에크']"를 말하기를 선호했지만, 일부 지역에서 특히 로마의 사절단들 사이에서 그것은 "그리스도가 둘에서['에크'] 하나"를 언급했던 위험한 유티케스의 입장을 무릎 쓰는 것이라는 두려움이 있었다. 그리스도가 "두 본성 '안에서' 인식되었다"고 말함으로써 그 신조는 그리스도가 두 본성을

'가진 것' 으로 인정됨을 함축했다. 이 본성들의 연합에 관한 세부 설명이 네 부정어구에 의해 구현되었다(헬라 원문에서는 네 단일한 부사들): "혼돈 없이(without confusion), 변화 없이(without change), 구분 없이(without division), 분리 없이(without separation)." 첫 번째 두 어구는 안디옥파의 형태로 연합에서도 두 가지 실체를 확증했고, 두 번째 두 어구에서는 두 구분되는 인격을 형성하기 위해서 본성과 분리된 네스토리안적 분열이 있을 수 없음을 역시 분명히 했다. 따라서 이 신조는 전통적인 알렉산드리아파 접근으로 한 분 주 예수 그리스도의 연합을 확증하려고 노력한 반면에 안디옥파의 영향 하에서 구세주의 신성과 인성 사이에 융합에 관한 어떤 개념도 차단하려고 애썼다.

칼케돈 공의회는 성육신의 신비를 언급할 수 있는 기준을 설명하고, 어떤 면에서 오랫동안, 특히 동방에서, 쓸데없이 교회를 분열시켰던 갈등을 해결하려고 시도했다. 그럼에도 불구하고 신조의 정의는 즉시 곤란을 야기했다. 보다 열정적인 안디옥파의 일부 사람들은 두 본성의 본질적인 속성이 충분히 강력하게 확증되지 않았다고 염려했다. 한편으로 상당히 더 길게 철저한 알렉산드리아파로부터 반대가 있었다. 그들은 안디옥파의 접근방식에 너무 많이 양보했다고 생각했다. 그리스도가 "두 가지 본성으로부터(*from*)" 오지 않고, "두 가지 본성 안에서[*in*] 인식되었다"면, 아무리 "구분"이나 "분리"가 없다고 경고를 해도, 성육신 하신 분이 단일한 "인격"과 "본질"을 대변한다고 아무리 말해도 육체를 입으신 거룩한 말씀의 유일성이 훼손될 수밖에 없는 것으로 보았다.

이 신조는 특히 애굽의 상당한 수의 크리스천들과 동방의 여타 곳, 특히 팔레스타인과 시리아의 여타 크리스천들에 의해서 거부되었다. 이 신자들은 "한 본성"으로 존재하시는 성육신하신 그리스도에 대한 시릴의 설명을 소중히 여겼고, 칼케돈 공의회가 이 땅에서 육체를 입으신 신의 존재의 실제를 배반했다고 확신했다. 5세기 후반과 6세기, 7세기에서 동방 교회들의 정치적이고 지적인 역사는 칼케돈 신조를 받아들였던 사람들과 그 가르침에 심각한 잘못이 있다고 보았던 사람들 사이에 연합을 회복하려는 일을 이룩하려는 상당히 (결국에 무익한) 다양한 시도들의 이야기다.

제8장

칼케돈에 대한 논쟁: 분열과 확장

칼케돈에 대한 인정

칼케돈 공의회의 대표자들이 다다른 일치는 곧바로 문제가 발생했다. 우선 공의회의 실제적인 시행을 둘러싸고 상당한 난관이 있었다. 이전의 공의회에서처럼 일련의 법규들이 발행되었다. 27개로 구성되어 있는 그 법규들은 주로 교회 질서와 공무자들의 훈련과 관련이 있었지만 그 조항 가운데 교회의 권위와 관련한 일부 논쟁적인 판단이 있었다. 콘스탄티노플의 주교는 지방의 주교들의 결정에 대하여 호소할 수 있는 법정으로 기능하는 권리를 갖는 것으로 인정되었다. 28번째 법규가 역시 추가되었다. 그것은 옛 로마처럼 "새 로마"가 제국의 위상 때문에 교회의 수위권을 소유한다는 381년의 콘스탄티노플 공의회에서 논쟁된 결정을 재확증했다. 더 나아가서 콘스탄티노플의 주교가 폰투스, 아시아, 그리고 트라키아(Thrace)의 주요한 대도시 교구들과 이 도시들과 관련한 제국 바깥의 교회들에 대한 직접적인 관할권을 갖는다고 상술했다.

로마의 사절단들은 로마, 알렉산드리아, 그리고 안디옥을 세 주요한 대교구로서 거명했던 니케아의 여섯 번째 법규에 호소하면서 이런 결정에 강력하게 항의했다. 하지만 이 법규는 콘스탄티노플 도시가 생기기 이전에 발생한 일이었다. 로마의 권위가 사도적 기초의 고결성에 달려 있기보다 세속적인 정치적 위상에 의존하는 것으로 28번째 법규를 간주했던 교황 레오는 그것을 전혀 인정하지 않았다. 마르시안(Marcian) 황제는 공식적으로 칼케돈 공의회의 선언을 합법적인 것으로 선언하였을지라도, 레오는 강력한 어조로 칼케돈 공의회의 선언(그리고 콘스탄티노플의 주교 아나톨리우스)을 항의하면서 28번째 법규를 무효화 할 것을 추진했다. 교회적인 관계와 관련한 명백한 위험성에도 불구하고 그는 453년까지 칼케돈의 교리적 진술을 비준하기를 거부했다.

레오는 공의회의 신학과는 다툼을 벌이지 않았다. 그가 공의회의 선언을 공식적으로 인정하는 것을 지체한 것은 콘스탄티노플의 진전된 위상을 반대하는 것에서 비롯했다. 그러나 다른 이들은 칼케돈에서 합의한 세부조항들에 대해서 훨씬 더 깊이 자리 잡은 반대를 했고, 가장 지속적인 문제가 있었던 것은 공의회의 기독론에 대한 상술에서였다. 325년에 니케아 종교회의의 경우에서 그랬던 것처럼, 공의회의 고백적 진술에 서명했던 사람들 사이에서조차도 그 해석을 놓고 서로 다른 견해가 있었다. 대표자들은 네스토리우스와 안디옥파에 대한 시릴의 편지에 관한 그들의 인정을 기록했지만, 그들은 어떤 특별한 서신이 심중에 있었는지를 분명히 하지 않았다. 심지어 상당히 온건한 시릴파들 중에서 이 진술은 유명한 열두 아나데마가 있는 시실의 세 번째 편지(p. 240을 보라)의 승인을 포함한다고 주장했다. 그것이 사실이라면, 성육신하신 그리스도 안에서 인성과 신성의 본질의 연합과 관련해서 그 교리가 언급했던 이중성은 특히 제한된 형태로 분명히 해석해야 했다.

"단성론자"의 반대

여전히 더욱 의미심장했던 것은 연합 후에 그리스도 안에서 두 본성을 어떻게 기술하든지간에 서로 교류할 수 없다는 사람들의 반대였다. 그들은 주님의 지상적 존재의 위엄에 대한 분열적인 진술의 위험스러운 부과로 간주했던 것을 격렬하게 항의했다. 이 열정이 애굽, 팔레스타인, 그리고 특히 시리아에서 일어났고, 그곳에서는 소위 "단성론"이라 불린 감정이 가장 강력하였다.

"단성론"이란 명칭은 이런 입장을 취한 사람들이 스스로 붙인 이름이 아니었다는 것을 강조할 필요가 있다. 그들에게서 이 용어는 그들의 반대자들이 사용한 공격적인 별명이었다. 그들은 성육신한 주님 안에서 신성과 인성의 관계에 대해서 만들어진 정밀한 요지를 인정할 수 없었다. 반대자들은 유티케스가 말한 것 – 즉 성육신한 말씀의 단일한 본성이 우리 나머지 사람들이 공유하는 인성과 어떤 다른 본질에 속하였다 – 으로 제기되었던 것을 그들이 말하고 있지 않다고 주장했다. 그것이 아니라 그들의 주장은 신성과 인성이 합쳐짐에 있어서 이 연합은 너무 밀접해서 그 이후에 "두 본성에서 한 본성" 되었다는 것이다. 이보다 덜한 어떤 것을 말하는 것은 성육신의 완전한 실제를 축소하고 네스토리우스가 431년에 에베소에서 정죄되었던 잘못을 저지르는 것이라고 그들은 주장했다.[1)]

또한 로마에서처럼 알렉산드리아에서 콘스탄티노플에 대한 칼케돈의 특혜에 강력한 반감이 있었지만 분노의 가장 심각한 초점을 제공했던 것은 공의회의 두 본성 교리였다. 특히 애굽의 많은 수도사들의 감정이 격해졌다. 그들은 칼케돈의 용어에 깊이 적대감을 가졌고, 이 공의회의 옹호자와 반대자들 사에서 뒤이은 다툼은 수년 동안 이어졌다. 알렉산드리아의 대교구장으로서 디오스코루스(p. 246을 보라)의 계승자이며 칼케돈을 승인했던 프로테리우스(Proterius)는 457년 3월에 대중적인 폭동에 의해 살해되었다. 몇 주 전에 마르시안 황제가 죽은 여파로 수도사들에 의해 후보자로 부상하게 된 열정적인 칼케돈 공의회 교리의 반대자인 티모디 아엘루루스(Timothy Aelurus)가 프로테리우스를 대신했다.[2)] 티모디 마르시안의 계승자인 레오 황제(그를 레오 교황과 혼돈해서는 안 된다)에게 칼케돈은 잘못되었고 그 진술을 알렉산드리아 교회가 수용할 수 없으며, 새 공의회가 451년의 결정을 무효로 하기 위해서 소집되어야 한다고 항의했다.

티모디의 견해는 너무 극단적이어서 실현 불가능했고, 황제는 그를 유배로 보내야 한다는 측근들의 조언을 받아들였다. 알렉산드리아의 주교는 칼케돈파로 확신했던 또 다른 티모디인 티모디 살라파시오루스(Timothy Salafaciolus)에 의해서 채워지게 되었지만,[3)] 쫓겨난 주교가 그의 교회에서 계속해서 다수의 지지를 얻었고, 자신의 견해를 진전시키는 글을 쓰는 적극적인 활동에 참여하였다. 티모디 살라파시오루스는 특히 수도사들이 파생시킨 강력한 감정으로 인해서 많은 면에서 "단성론자"가 민감하게 생각하는 것을 존중할 수밖에 없었다. 그래서 그는 "새 로마"의 지위에 대한 칼케돈의 주장을 받아들일 수 없다는 것을 콘스탄티노플에 공식적으로 항의했다. 칼케돈에서 선언된 교리의 위상은 수년 동안 애굽에서 상당히 논쟁적인 대의로 남아 있었다.

중대한 긴장이 "단성론"이 강력하였던 지역과 다른 상황에 있는 교회들, 특히 로마 교회와의 사이에 발생하기를 시작했다. 심지어 칼케돈의 기독론에 분명히 충성하였던 곳에서조차도 그 공의회가 콘스탄티노플의 주교에게 부여하였던 위상에 상당한 반감을 가졌다. 칼케돈의 반대자들을 좀처럼 무시할 수는 없었다. 그들의 수적인 우세와 그들의 대의에 대한 헌신이 예사롭지 않았기 때문이다. 로마 세계는 매우 변동적인 시기 속에서 이미 살고 있었다. 제국의 양 진영에서 바베리아인의 세력이 심각하게 압력을 가하고 있었고, 많은 지역에서 전통적인 정치적 구조가 치명적인 쇠퇴의 시대로 상당히 접어들고 있었다.

470년대에 제노 황제가 궁중 쿠데다로 잠시 쫓겨났고, 찬탈자인 바실리스쿠스(Basiliscus)는 동방 전역에 반 칼케돈파에게 호의를 보이기 위해서 정치적으로 그것을 이용하였다. 티모디 아엘루루스는 알렉산드리아로 되돌아올 수 있었고, 그곳에서 그는 477년에 죽을 때까지 로마에 의해 인정받지 못한 경쟁하는 주교로 남아 있었다. 또 다른 유명한 "단성론자"인 피터 풀러(Peter the Fuller)가 안디옥에 취임했다. 주교들은 칼케돈의 교리를 비난하는 성명을 승인하기 위해서 초대되었다. 이 정책들은 제노 황제가 476년에 재집권하였을 때 역전되었고, 피터와 여타 유사한 사상을 가진 성직자들이 파직되었다. 하지만 여러 동방 교회들에서 이 문제는 지속되었고, 뒤이어지는 시대에 알렉산드리아와 특히 안디옥에서 경쟁하는 후보자들을 두고서 주요한 분쟁이 있었다.

제노의 '헤노티콘'과 아카시안의 분열

콘스탄티노플에서 유능한 주교인 아카시우스(Acacius, 471-489)는 로마에 대한 충성과 동방의 다른 지역에 있는 그의 형제들을 유화시켜야 하는 압력 사이에서 갈등했다. 그는 후자의 대의가 더 중요하다는 것을 점차적으로 확신했다. 482년의 여름에 그는 황제 제논이 알렉산드리아, 애굽, 그리고 시레나이카(Cyrenaica)의 교회들에 회람을 발행할 것을 설득했다. 그것은 알렉산드리아와 콘스탄티노플 사이에 연합을 회복하는 것을 목적으로 하고 있었다. 그곳에서 일반적으로 친 칼케돈파와 반 칼케돈파만이 아니라 다른 변형된 반 칼케돈주의자들 사이에서도 긴장이 있었다.

아카시우스와 밀접히 협력하여 만들어진 문서는 '헤노티콘' 또는 "연합의 도구"로 알려지게 되었고, 그것은 어느 공의회나 대회를 개최하지 않고 황제 자신의 권위로 발행되었다. 그 문서는 시릴의 열두 아나데마에서 인가된 네스토리우스와 유티케스를 정죄했고, 그리스도가 "둘이 아니라 하나"인 것으로 선언했다. 이 문서는 "본성"에 대해서 전혀 언급하지 않았다. 기독론의 본질적인 권위는 니케아-콘스탄티노플 교리의 가르침에서 언급되었고, "칼케돈이든 다른 대회에서 가르쳐졌든 간에" 어느 반대적인 교리에 저주를 선언하였다.

'헤노티콘'은 알렉산드리아와 안디옥의 "단성론" 지도자들에 의해 동의되었다. 그들은 그들의 협력에 대한 보답으로 황제로부터 인정을 확보했고, 표면적으로 연합의 조치를 이루었다. 거의 모든 반 칼케돈파들의 요구가 충족되었다. 하지만 칼케돈 자체는 무효화하지 않았다. 그러나 보다 확고한 주장을 하던 많은 "단성론자"들에게서 이것은 충분하지 않았다. 그들에게서는 칼케돈을 공식적으로 거부하는 것이 명확히 필요하였다. 알렉산드리아에서 친 '헤노티콘' 주교인 피터 몽고스(Peter Mongos)[4]는 칼케돈의 강렬한 반대자들의 로비로 인해 강력한 반대에 부딪혔는데, 그들은 몇 가지 이유들을 가지고 그를 그들의 대의에 대한 반역자로 간주했다. 직무를 유지하기 위해서 그는 콘스탄티노플로부터의 지원에 의존해야 했다.

칼케돈파 쪽에선 분명히 다른 이유 때문에 반응이 훨씬 더 거셌다. 제노의 문서는 칼케돈의 교리가 의심을 받고 있음을 함축하는 것이었기에 그것을 용납할 수가 없었다. 명백하게 거부하는 것으로 말하지는 않았지만, "단성론자들" 사이에서 논쟁의 특별한 주축이 되었던 레오의 '교서'(Tome), 즉 칼케돈의 중요한 영향중에 하나가 거부되어야 한다는 것을 역시 암시했다. 로마에서 이것은 주요한 위법의 원인이었다. 아카시우스는 칼케돈의 반대자들과의 관계를 세우기 위한 그의 의도에 대해서 로마에 문의하지도 않았고, 그는 로마의 사신들을 대할 때에 노골적인 회피를 보여주었다. 그러므로 로마는 알렉산드리아와 안디옥에서 칼케돈파를 지지함으로써 그 대의를 돕지 않았다 – 정치적으로 용인할 수 없는 사람들을 지지하고 피터 주교의 권위에 대해 잡음을 일으켰다. 결국에 교황 펠릭스(Felix) 하에서 로마 대회는 484년 7월 28일에 아카시우스를 파문했고, 황제 제노에게 분노를 전달함으로써 그가 주교들만이 해결해야 하는 사건에 간섭하지 말 것을 교훈했다.

"아카시안의 분열"로 역사에 알려진 로마와 콘스탄티노플 사이에 발생한 분열은 한 세대 동안 지속되었다. 그 분열은 아카시우스가 죽고 나서도 펠릭스 이후에 몇몇 다른 로마 지도자들이 재직하고 나서도 오랫동안 계속되었다. 이 분열의 원인은 교리만이 아니라 교회 정치가 상당히 혼합되어 있었다. '헤노니콘' 이 문제를 점화시킨 단일한 불똥은 아니었다. 이런 분열에 기여하는 많은 요인들 중에 하나일 뿐이었다. 그중에 가장 심각한 것은 두 주교들 사이의 경쟁이었다. 역사적인 이유들 때문에 적대감이 동방이 아니라 로마의 편에서 가장 강력했다. 심지어 펠릭스의 지지자들 중에 일부는 그가 콘스탄티노플에 전적인 항복을 너무 많이 강요하였다고 느낄 정도였다. 그럼에도 불구하고 그렇게 오랫동안 불화가 지속된 것은, 이런저런 종류의 바베리아인의 통치가 이미 그 시대의 질서가 되어버린 로마와 서방과의 좋은 관계보다도 궁극적으로 동방의 안정이 중요하였던 정치적이고 교회적인 콘스탄티노플의 확신의 강도를 증거해 준다.

독특한 신학적인 전통이 강화되다

교회 지도자들과 사상가들이 그들 각자의 확신을 정당화하고 정교히 하는 것에 집중했을 때, 이 시기는 동방의 다양한 신학들이 점차적으로 확립된 형태로 정착하는 것을 보게 되었다. 분열을 치유하고자 하는 움직임이 간간히 시도되고 있었음에도 불구하고 일치의 보다 커다란 조치는 없었다.

다양성을 무시할 수가 없었다. 칼케돈 이전에 있었던 불만을 육성한 이들이 있었다. 그들은 네스토리우스가 잘못 취급되었고, 431년의 에베소 공의회와 이후에 뒤따랐던 모든 것들이 그리스도의 두 본성 사이에 구별을 배신했다고 느꼈다. 하지만 그들의 반대자들에게서 이런 신자들은 단순히 "네스토리우스파"였고, 그들은 억눌러져야 마땅했다. 489년에 에데사에서 기독교 학교가 주장된 네스토리우스 경향 때문에 문을 닫게 되었다. 사실상 이런 전통 속에 있는 사람들의 유사성은 데오도르의 특성 속에 있는 전통적인 안디옥파의 가르침에서 필수적이었다. 그럼에도 불구하고 그들은 칼케돈이 주창한 것과는 다른 표현을 채택하는 경향이 있었으며, 그들은 두 본성의 붕괴를 조심하면서 칼케돈의 성공에 대해서 깊이 양면적인 감정을 갖고 있었다. 정치적인 기후가 황제의 정책이 "단성론자들"을 유화하는 것으로 기울었다는 그들의 믿음을 고무시켰다. 결의가 굳은 안디옥파 크리스천들은 더욱더 동방으로 즉 그들의 전통적인 시리아의 핵심지역을 넘어서 페르시아 특히 니시비스(Nisibis)로 이동하였다.

니시비스의 주교인 바르수마스(Barsumas, 496년 전에 죽음)와 같은 인물들은 데오도르의 신학에 대한 강력한 열정가였고, 디오도르와 데오도르의 글들은 이런 상황에서 그들의 인기로 인해 시리아만이 아니라 페르시아에서도 보존되었다. 동일한 환경에서 또 다른 주요한 사상가는 나르사이(Narsai, 약 503에 죽음)였다. 그는 바스루사스의 시대에 니시비스에서 학교를 세웠던 에데사 출신의 교사인데, 그는 영적인 교사, 성경 주석가, 그리고 찬송 작가로 상당한 영향을 미쳤다.[5] 페르시아의 기독교는 영성, 금욕주의, 예전, 그리고 조직에서 자신의 오래 지속된 전통을 이미 갖고 있었고, 그 지도자들은 큰 공의회에는 참석하지 않았다. 5세기말에 페르시아의 크리스천들은 자신의 정치적 복리를 위해 로마 세계와 멀리 하는 일에 신경을 썼다. 페르시아가 로마와 전쟁을 하고 있었을 때, 거의 항상 페르시아 당국자들부터 박해가 있었기 때문이다. 황제적인 기독교의 방식에 대항한 안디옥파의 기독론에 대한 헌신은 구별된 교회적 정체성을 만들려는 페르시아의 노력을 도와주었지만, 페르시아의 교회들과 다른 입장을 펼쳤던 다른 곳의 신자들 사이에 간격은 분명히 더 벌어졌다.

황제의 정책이 두 본성의 교리를 부인하는 사람들의 수용을 지지한다는 두려움은 충분히 근거가 있었다. 황제 아나스타시우스(Anastasius, 491-518) 하에서 관용은 그 시대의 질서였고, 서방에서 발생했던 심각한 문제에도 불구하고, '헤노티콘' 은 동방에 연합을 촉진하는 가장 좋은 방법으로 보였다. 메소포타미아의 분리주의 안디옥파는 그들이 제국의 영토 바깥에 있다는 것을 감사했을 것이고, 로마 제국 내에 신념이 있는 칼케돈파들에게서 환경은 더욱더 직접적으로 우울해지고 있었다. 이런저런 종류의 반 칼케돈 신학이 융성했다.

단일 본성적인 접근의 가장 정교한 해석은 512년부터 안디옥의 총대주교였던 세베루스(Severus, 약 486-538)의 작품에서였다. 세베루스는 시릴 신학의 열렬한 헌신자였다. 그가 유티케스의 정죄에 동의하고 그리스도의 인성을 평가절하하는 사람들에 대해서는 시간을 갖지 않았을지라도, 그는 연합 후에 두 본성의 용어에 대해서 활발하게 반대했다. 신성과 인성의 두 차원으로부터("out of") 단일한 "에너지"가 활동하는 단일한 본성의 신적인 말씀의 한 성육신하신 본성이 있었다. 세베루스는 헬라적인 서방 시리아의 많은 지역에서는 잘 알려져 있지 않았지만, 그의 작품은 시리아어를 말하는 지역들에서 아주 먼 동쪽 지역에까지 상당한 정도로 영향이 있었다. 그는 히에라폴리스의 필록세누스(Philoxenus of Hierapolis, 약 440-523)와 같은 저명한 성직자들로부터 충성스런 지지를 받았다.6)

세베루스와 그의 동맹자 조직의 유형 외에 또 다른 "단성론주의" 형태가 있었다. 세베루스의 친구 중에 한 사람인 카리아의 할리카르나수스의 주교인 율리안(Julian)은 서부 소아시아에서 가장 영향력 있는 단일 본성 신학자인데, 그는 성육신의 의미에 대해서 더 강력한 노선을 취했다. 율리안은 그리스도의 육체가, 엄격히 말해서, 잉태의 첫 순간부터 부패하지 않는('아프다르토스') 것이었고, 그리스도의 지상적 존재의 고난은 다른 이들을 위해서 약해지신 그의 자유로운 선택에 기인했다는 견해를 상술했다. 이 견해는 부활 이후에 가서야 부패가 그리스도의 육체를 특징짓지 않았다고 주장했던 세베루스에 의해 도전을 받았다. 예리한 논쟁이 이 문제에 관해서 서로 반대편에 서 있다고 하는 "단성론자들" 사이에서 발생했다. 즉 "세베루스주의자들"은 "율리안주의자들"을 가현설(도케티즘)의 형태를 취한 것으로 비난했고, 반면에 율리안주의자들은 세베루스주의자들을 "부패한 자를 섬기는 자들"이라고 명명했다. 일반적으로 "단성론" 신학은 세베루스의 전통을 고수하는 보다 온건한 흐름과 율리안의 노선을 따랐던 보다 급진적인 그룹으로 불릴 수 있는 것의 공존으로 특징지어지게 되었다.

로마의 친 칼케돈 교회와의 관계를 괴롭혔던 모든 문제에도 불구하고, 콘스탄티노플의 교회에서는 명백하게 단일 본성의 논리에 대한 반대의 강력한 흐름이 여전히 있었다. 때때로 그 반대는 전례적인 행위의 문제에 대한 논쟁에서 확실히 드러났다. 칼케돈 이전에 예배 시에 '트리사기온'("세 번의 거룩")으로 알려진 후렴을 사용하는 표준이 많은 교회들에서 있었다. 그것은 "거룩한 하나님, 거룩하고 강하신, 거룩하고 영원하신 분이 우리에게 자비를 내리소서"라고 되어 있었다. 몇몇 지역들에서, 특히 시리아, 아시아 일부, 그리고 애굽에서 이 용어는 삼위일체에 관한 것보다 그리스도에 대한 찬미로 보였고, 안디옥에서는 "우리들을 위해 십자가에 못 박히신"이란 어구가 "거룩하고 영원하신" 어구 다음에 추가되었다. 이것은 많은 "단성론자들"에 의해 지지되었으나 부가된 것이 그리스도의 두 본성 간에 구분을 흐리게 하고 인간 예수보다는 삼위일체 하나님이 십자가에 못 박히셨다는 것을 함축한다고 느꼈던 많은 칼케돈 신봉자들에 의해 격렬하게 반대되었다. 512년에 콘스탄티노플의 예배에서 수정된 '트리사기온'을 사용한, 아나스타시우스에 의해 지지된, 시도는 공개적인 폭동을 낳았다.[7)]

분열의 끝

518년에 연로한 유스틴이 아나스타시우스의 뒤를 이었을 때, 관용적인 종교 정책에 대한 급격한 역전이 있었다. 유스틴의 뿌리는 서방에 있었고, 그는 라틴어를 말하였고, 로마에 충성하였다. 그는 사실상 그의 일을 행했던 재능 있는 조카인 유스티니안(Justinian)에 의해 칼케돈의 방향으로 영향을 받았다. 아나스타시우스 하에서는 이들이 매우 멀어졌을지라도, 로마의 가장 최근의 주교인 호르미스다스(Hormisdas, 514-523)는 콘스탄티노플과의 관계를 재형성하기 위해서 이미 움직이고 있었다. 유스틴의 지원으로 호르미스다스의 주도는 이제 열매를 맺게 되었고, 519년에 콘스탄티노플의 주교인 존(John)과 동방 주교들의 대표단은 칼케돈과 레오의 '교서'를 인정하고 로마의 권위의 중요성을 인정하면서 아카시우스를 정죄하는 조서에 사인했다. '헤노티콘'은 포기되었고, 480년 초부터 지속되어온 로마와 콘스탄티노플 사이에 분열은 끝이 났다.

그들의 유형과 상관없이 신념이 있던 많은 "단성론자"들이 곤란에 처하게 되었다. 율리안과 세베루스는 파직되었고, 여타 사람들도 다른 곳에서, 보통 알렉산드리아에서, 피난처를 갖게 되었다. 세베루스는 538년에 죽을 때까지 남은 삶의 대부분을 유배지에서 보냈다. 그는 그의 많은 추종자들에게 서신으로 조언을 했고, 또한 530년경에 동방에서 뚜렷한 비칼케돈파 성직자 조직을 세운 것을 축복하였다.

유스티니안과 연합을 위한 탐구

황제 유스티니안(Justinian, 527-565)의 긴 통치 하에서 동방과 서방을 정치적으로 재연합하고, 우리가 11장에서 보게 되는 것처럼, 바베리아인들에 의해 매우 심각하게 침식을 당하였던 이전의 로마 세계의 영광을 되찾으려는 일치된 노력이 있었다. 6세기 초에 콘스탄티노플의 황제의 지배력은 대체로 지중해를 접경으로 하는 영토로 한정되었다. 서방에서의 지배는 다양한 바베리아인 통치자들의 손 안에 있었고, 설사 이들 가운데 많은 이들이 황제를 대신해서 통치한다고 주장하였을지라도, 사실상 서방 지역은 더 이상 콘스탄티노플의 권위 하에 있지 않았다. 동방에서도 북쪽의 게르만 민족으로부터 점증하는 압박이 있었고, 수세기 동안 로마의 주요한 육체의 가시였던 동쪽의 대적자 페르시아 제국의 세력으로부터 곤란을 겪고 있었다.

우리는 12장에서 유스티니안과 그의 정치적이고 문화적인 정책으로 되돌아갈 것이다. 여기서는 황제의 우선했던 전략과 교리적인 안정을 확보하려는 그의 노력 간의 관계만 단지 주목할 것이다. 그의 삼촌처럼 유스티니안은 서방의 유업에 자부심을 갖고 있었던 라틴어를 말하는 자였다. 또한 그는 동방의 신학적이고 문화적인 전통을 깊이 인식하고 있던 헬라 사상가였다. 그는 헬라어를 말하는 비잔틴 세계의 위상을 확장하는데 헌신하였을 뿐 아니라, 로마의 역사적인 영광이 있는 서방의 상징에 호소할 수 있었다. 서방의 회복은 중요하였지만 재생된 제국의 중심은 옛 로마가 아니라 콘스탄티노플이 될 것이었다. 연합의 가장 활력적인 표현 중에 하나는 공통된 종교적 제휴를 목격하는 것이었다. 서방에서 비배리아인의 통치자들에 대항해서 가톨릭 신앙의 위상을 재생하는 것이 필요했다. 동방에서 동일한 정통적인 교리의 보전과 그리스도의 육화된 영광에 대한 공통된 개념의 옹호는 위협하는 이웃들의 어둠에서 빛의 제국을 구별시켜 줄 것이다.

유스티니안과 관련되는 한, 로마 제국의 전통적인 영광의 복귀와 단일한 정통적인 신앙의 강화 사이에는 본질적인 연관이 있었다. 그는 교회의 성직자와 수도사들이 교회 권위의 명백한 대표자들이라는 사실을 인정했지만, 동시에 그는 황제로서 그의 개인적인 책임은 국가의 정사와 교회적인 특권의 일반적인 보호만이 아니라 올바른 신앙의 촉진을 확장하는 것이라고 생각했다. 그는 신학적인 논쟁에 긴밀하게 연관되는 것을 주저하지 않았다. 그는 성경과 교리 역사에 관한 지식을 사용하여 가장 선임적인 성직자들에게 직접적으로 그들이 해야 하는 것을 권고하곤 하였다.

그러나 여기서 유스티니안은 갈등적인 경향에 부딪혔다. 유스틴의 통치 시에 그가 가졌던 영향에서도 이미 분명했던 것처럼, 그는 본능적으로 칼케돈을 강력하게 선호하였다. 그는 서방을 되돌리려는 그의 목적에 그것이 아주 중요하다고 보았다. 한편으로 그의 통치에서 주도적인 역할을 행했고 그의 정책에 상당히 영향을 주었던, 전직 여배우인, 그의 왕비 데도도라(Theodora, 548년에 죽음)는 확고하게 그녀의 마음을 친 "단성론"에 두고 있었다. 따라서 유스티니안의 종교적인 전략은 칼케돈파와 그 반대자들의 민감성을 수용하려는 근본적인 욕구에 내밀린 많은 왜곡과 전환으로 특징지어졌다. 칼케돈파들은 유스티니안의 진정한 공감을 얻는 특권을 누렸고, 결국에 그의 강력한-그리고 논쟁적인-후원의 수령자가 될 것이지만, 특히 연합을 추구할 의무가 맡겨진 정치적인 상황의 동방에서 반 칼케돈파도 아주 중대함으로 그들을 그냥 무시할 수는 없었다.

신학적인 주역들

530년대 초에 단일본성 전통을 제한하려는 정치적인 시도가 있었을지라도, 그것은 동방에서 매우 강력한 세력이 되었다. 명백한 "단성론" 교회가 자신의 성직자와 수도사 그리고 그 예전들과 함께 유배된 세베루스의 승인을 받고 동부 시리아와 특히 텔라의 존(John of Tella)이 개척한 소아시아의 다양한 지역에서 확실히 부상했다. 애굽에서도 역시 교회 내의 권력 투쟁이 계속되었고, 알렉산드리아의 관구가 "단성론" 지도자인 티모디 3세의 장악 하에 있었다. 심지어 콘스탄티노플에서조차도 대중적인 차원에서 단일 본성의 가르침에 대한 공감이 있었다. 공식적인 성직자들 사이에서는 그렇지 않았을지라도 말이다. 많은 확신 있는 "단성론" 성직자들과 수도사들은 수도와 여타 지역에서 데오도라에 의해 은신처와 지원이 제공되었다.

반칼케돈 신학은 역시 진지한 지적인 표현을 했다. 이름이 알려지지 않은 시리아 저자는 신플라톤주의 철학자인 플로티누스와 프로클루스(약 410-485)라 불리는 플라톤주의 아테네 교사의 작품에 매우 영향을 받았다. 그는 6세기 초에 아테네에서 사도 바울의 두 명의 회심자 중 한 사람(행 17:34)인 디오니시우스(Dionysius)란 이름으로 신비신학적인 작품들을 발간했다. 현대 학자들이 그를 지칭할 때 "위 디오니시우스"라 일컫는 작품들은 도덕적 진보에 관한 이교의 헬라적 이해와 순전한 지식으로서의 영의 개념으로 깊이 특징지어지지만 그것들은 역시 온건한 형태의 "단성론"을 반영하고 있었다. 이윽고 그것들은 칼케돈주의자들에 의해서도 성경의 디오니시우스의 진정한 작품들로서 존중을 받았고, 동방과 서방의 많은 주류 영역에서 후대의 신비적인 신학의 발전에 심히 영향을 주었다. 그러나 그것들은 처음에 "단성론" 신자들에 의해 사용되었다. 또 다른 중요한 "단성론" 학자는 알렉산드리아의 은사가 많은 플라톤주의 교사인 존 필로포누스(John Philoponus, 약 490-570)였다. 그는 아리스토텔레스에 관한 학식 있는 주석을 썼고, 기독교 교리의 논증도 세심하게 고안했다.

동시에 칼케돈주의 쪽에서도 진지한 지적인 비중 있는 사람들이 있었다. 동방의 많은 사상가들이 신학적인 민감성과 창조성을 보여주는 방식으로 칼케돈에 대한 변호를 취했다. 아나스타시우스의 통치의 마지막 해에 존 그램마리안(John Grammarian)이라 불리는 신학자가 칼케돈의 가르침이 사실상 전적으로 시릴의 논리와 조화를 이룬다고 주장하기를 추구했다. 시릴의 작품은 특히 보다 온건한 형태로 "단성론" 사상의 출현에 아주 영향이 있었었다. 십 년 뒤에 예루살렘의 레온티우스(Leontius)로 우리에게 알려진 수도사가 유사한 논증을 전개했다. 그는 시릴의 추론에 따라서 그리스도의 인성이 독립적인 실재를 이루는 것이 아니라 거룩한 말씀과 연합하여서만이 실재한다고 주장함으로서 그 사례를 강화시켰다.[8] 그리스도의 인간 본성은 오직 말씀 '안'에서만 실재이거나 인격이시다. 본래 그리스도의 인성은 인격적인 존재가 아니고, 그 실재는 말씀의 거룩한 위격 '안'에서의 존재로부터 온다. 따라서 "실재가 아니시며"(본래 개인적으로는 실재하지 않는, anhypostatic) 또한 동시에 "실재하신다"(위격 '안'에서 또는 말씀의 '히포스타시스' 안에서 인격적으로 실재하신다)고 말할 수 있다.

현대 학문은 때로 그러한 논쟁을 "신칼케돈주의"라고 명명하였지만 그런 지칭은 잘못된 것이다. 레온티스와 같은 사상가의 목적은 칼케돈을 수정하려는 것이 아니라 시릴적인 용어로 그것을 변호하는 것이다. 삼위일체의 제2위로 성육신하신 분의 한 '히포스타시스'의 정체성을 강조함으로써 말이다. 451년의 교리의 독법으로서 그들의 제안은 그럴듯한 좋은 주장이었다. 전형적으로 그들을 반대하는 자들과의 긴 전문적인 논쟁으로 발전된 그들의 추론은 칼케돈에 충실하면서도 성육신에서 말씀의 주체에 관한 시릴의 강조를 유지할 가능성이 있는 굳건한 지적인 사례를 제시했다. '안히포스타스틱'(anhypostatic)과 '엔히포스타틱'(enhypostatic)이란 용어의 다른 사용들은 비잔틴의 레온티우스(Leontius)로 우리에게 알려진 또 다른 레온티우스를 포함하는 다른 칼케돈파에 의해서 발전되었다.[9] 그는 팔레스타인 출신의 수도사이며, 530년대와 540년대에 콘스탄티노플에서 그리스도의 위격과 관련한 논쟁에 적극적으로 참여했고, 기독론의 주제에 관한 일련의 소책자를 썼다. '엔히포스타틱' 용어로 칼케돈을 변호함으로써 이 레온티우스는 그처럼 정확히 말씀 "안"에서 그 인성에 관한 토대보다는 그리스도 인성의 구체적인 실재를 주로 강조했다. 그는 네스토리안주의와 유티키안주의의 동등한 위험성에 대항해서 그리스도 안에서 신성과 인성의 철저히 믿을 만한 연합을 강조하는 것이 필요하다고 믿었다.

유스티니안이 칼케돈에 동의하는 친구들을 얻는 데에 직면한 어려움들이 하나님의 아들의 고난을 말하는 정확한 방식에 대한 논쟁에서 예증된다. 동방의 일부 크리스천들은 "삼위 중 한 분이 육체로 고난을 당하였다", 또는 "삼위 중 한 분이 십자가에 못 박히셨다"고 말하는 어구를 좋아했다. 그러한 용어는 430년대만큼이나 이른 시기에 사용되었는데, 그것은 '데오토코스'를 강조하고 "말씀 곧 하나님이 육체로 고난당하셨다"는 시릴의 가르침을 의도적으로 환기하였다. 그러나 그것은 그리스도의 두 본질을 융합하였다는 근거 위에서 칼케돈의 서신에 충성한다고 주장하는 많은 사람들에 의해 거부되었다. 이런 이들과 관련되는 한, 성육신한 분 안에서 신성과 인성의 혼란이 없다는 칼케돈의 주장은 거룩하신 분 중에 한 분이 예수의 인간 경험의 가장 희생적인 양상들에 직접적으로 연관되었다고 말할 수 있는 가능성을 배제시켰다. "데오파키티즘"(Theopaschitism) – 하나님이 고난을 당하신다는 개념 – 이란 용어에 의문이 가해졌고, 그 용어를 사용한다면, 신성은 모든 고난의 가능성을 필연적으로 초월해야 한다는 전통적인 가정을 위반하는 것이었다. 요컨대 삼위일체 중의 한 분이 십자가에 못 박히셨다는 주장은 "단성론"의 실수를 반영했다.

오늘날 많은 신학자들은 신의 연약성에 대한 이런 종류의 저항은 하나님에 관한 성경적인 개념보다는 헬라 철학적인 개념에서 유래했다고 논증할 것이다. 육체를 취하시고 우리들 중에 거하시는 하나님의 아들은 세상에서 몸소 약해지시고 무기력해지시기를 선택하셨다는 것은 아마도 논쟁이 될 수 있다. 하지만 창조에 부수하는 하나님의 초월하심은 타협할 수 없을지라도, 성육신의 신비의 일부는 그리스도 안에서 하나님이 몸소 피조물의 고통과 상처의 경험으로 들어오셨다. 사실 타락한 세상의 상태에 들어가는 정도가 그리스도의 신성과 인성이 각기 그들 자신의 고결성을 갖고 있다는 확증과 불화를 일으킬 필요는 없다. 그것이 삼위일체의 2위에 의해 전제되고 실현되어지는 한, 세상에서 그의 인성이 존재했다고 말할 수 있기 때문이다.

유스티니안 자신은 칼케돈의 논리와 불화하는 논쟁적인 어구를 고려하지 않았고, 그는 그것을 인가함으로써 단일본성의 입장의 헌신자들을 얻을 것을 분명히 희망하였다. 532년에 상당한 범위에 걸쳐서 양 진영의 대표자들 사이에 논쟁이 있은 후에, 그는 니케아, 콘스탄티노플, 에베소, 그리고 칼케돈의 네 공의회의 위상을 승인하고 '데오토코스'를 강조하며, "데오파키트" 교리를 확증하는 칙령을 533년 3월에 발표하였다(레오의 '교서'는 언급하지 않았고, 네스토리안주의는 다시 거부하였다). 마침내 이 칙령은 로마로부터 지지를 얻었지만, 동방의 많은 칼케돈파들이 '데오파키테' 용어가 포함된 것을 기분나빠하였다. 다른 사람들, 곧 강력하게 시릴적인 형태로 칼케돈을 독법했던 사람들은 '데오파키테' 교리를 성육신하신 그리스도가 경험했던 모든 것을 경험한 분은 "한 분 동일하신 아들"이었다는 명백한 칼케돈의 주장과 전적으로 상응하는 것으로 지지하면서 다르게 논증할 것이다. 신학적으로 그들은 매우 좋은 사례를 가졌고, 그들의 입장이 결국에 승리할 것이지만, 두 본성 사이에 구분에 더욱더 강조를 두었던 다른 칼케돈파들로부터 많은 적대가 있었다.

칼케돈을 지지했던 크리스천들이 그들 사이에서 동의할 수 없었다면, "단성론"의 공감자들이 그들의 편에서 칼케돈을 재확증했던 어느 칙령에 대해 인정을 할 것이라는 기회는 확실히 없었다. 분리된 신자를 연합하기 위해서는 이보다 더한 것을 취할 것이다.

"세 잘못된 글"과 두 번째 콘스탄티노플 공회

540년대 초에 유스티니안은 다른 정책을 시도했다. 칼케돈의 변호자들이 활발했지만, 그들의 반대자들도 역시 그러했고, 그들의 강세는 어쨌거나 약화될 조짐을 보이지 않았다. 유스티니안의 마음 속에 다양한 파들을 화해시키려는 욕구는 세상의 심판의 불길한 사인들에 의해 특별히 긴급하게 되었다. 특히 541-543년에 제국을 황폐화시켰던 끔직한 역병의 영향이 그러했다. 그 때에 동방의 인구의 1/4이 아마도 죽었을 것이고 황제 자신도 생명을 잃을 뻔했다.[10] 그가 그의 병에서 회복되었을 때, 유스티니안은 그 위기에 의해 파생된 행정적, 경제적, 군사적 필요들의 방대한 배열을 다루어야 했다. 그는 "단성론" 교회가 역경 가운데서도 번성했던 사실을 직면하게 되었고, 부분적으로 이는 그가 없는 동안에 데오도라가 정부의 방향을 단성론자들에게 유리하게 이끌었기 때문이기도 하였다.

많은 "단성론자들"의 생각에 칼케돈에 대한 커다란 반대 중에 하나는 그들이 보기에 네스토리안주의의 죄책이 있었던 안디옥파의 지도자들의 견해를 정죄하지 않았다는 것이었다. 동부 시리아와 페르시아 교회에 영향을 받았던 지역에서 안디옥파의 교리가 공고히 되어감은 그 잘못이 확고해지는 것으로 그들에게 보였다. 특히 페르시아 기독교는 선교적인 측면에서 아주 적극적이었고, 네스토리우스는 아닐지라도 데오도르의 견해가 훨씬 남쪽과 동쪽으로 순환했다. 6세기 중반 이전에 글을 쓴 강력한 안디옥파인 코스마스 인디코프류스테스(Cosmas Indicopleustes, 코스마스 "인도의 항해자")로 우리에게 알려진 알렉산드리아 출신의 상인은 명백히 네스토리안은 아니었을지라도 자연 세계에 관한 정보의 자료로서 성경의 신뢰성을 변호하는 『기독교의 지형』(*Christian Topography*)이라는 제목이 붙은 작품을 썼다.[11] 그는 그 책에서 남부 인디아와 스리랑카와 같이 먼 지역까지 유사한 신자들이 있음을 언급했다. 확실히 이 믿음은 중앙아시아를 넘어 인도-중국으로 가는 선교사들과 무역업자들에 의해 전달되었을 것이고, 나중에 역시 아프리카의 일부와 심지어 로마에서도 유사한 가르침의 증거들이 있었다. 그러한 교리에 대해서 가장 입장을 분명히 한 비판자들은 일찍이 무자격한 두 본성 신학의 이런 폭넓은 전파의 표지는 5세기의 실수를 가리켰다.

네스토리우스의 허위성에 연루된 성직자들을 칼케돈이 너무 가볍게 다루었다고 느꼈던 사람들을 유화시키려는 일환으로 유스티니안은 몹수시아의 데오도르, 데오도렛, 그리고 에데사의 이바스에 의한 부당한 가르침의 목록을 거부할 것을 마음먹었다. 데오도르라는 사람과 그 작품들, 시릴에 대항한 데오도렛의 작품들, 그리고 니시비스의 마리(Mari)에게 보내진 이바스의 서신은 네스토리안주의의 끔찍한 화법으로 물들은 "세 잘못된 글"로 정죄되었다. 로마에서 버질리우스(Vigilius, 537-555)는 이것을 마지못해 동의했다. 두 본성 기독론의 저명한 대표자들의 정죄가 칼케돈 교리를 계속해서 확고히 하는 일과 조화를 이룰 수 없는 것으로 보였다. 황제의 권위로 동방으로 소환이 있게 되고 심각한 압박에 처하게 된 버질리우스는 그것에 동의했지만 이 때문에 그는 예루살렘과 알렉산드리아의 칼케돈파에 의해 의절되었고, 북아프리카의 교회에서는 파문되었음으로, 그는 551년에 그의 승인을 철회하였다. 주변에 상당한 긴장감이 돌았고, 유스티니안은 이 문제를 해결하기 위해서 553년 5월에 콘스탄티노플에서 모이는 새 공의회를 소집할 것을 결정했다.

이 모임은 다섯 번째 "에큐메니컬" 공의회로 알려져 있다. 하지만 서방에서는 적은 수의 대표자만이 참석했고, 버질리우스와 그와 가까운 지지자들은 참석하기를 거부했다. 그 대신에 버질리우스는 데오도르의 가르침과 거리를 두는 진술서를 발행했다. 하지만 직접 데오도르를 정죄하는 것은 거부했다. 그러나 그가 참석하지 않음으로 인해서 그는 이전 해에 동요를 보여주었던 유스티니안에 의해 모욕을 당했다. 그의 이름은 연판에서 제외되었다(그것은 버질리우스와는 직접 교류하는 것을 단절한다는 뜻이었다. 전체적으로 로마 교회와의 단절은 아닐지라도 말이다). 이 공의회는 마지막 회기에서 "세 사람의 글들"을 파문했다. 버질리우스는 다시 한 번 그의 마음을 바꾸어서 "세 사람의 글들"을 거부하는 문서를 작성했다. 이것은 그와 유스티니안과의 관계를 완화시켰지만 그의 행위는 로마와 다른 교회들 간에 많은 잠정적인 분열이 있었던 서방에서 그를 구하기에는 너무 늦었다. 버질리우스는 555년에 이탈리아의 그의 고향으로 가던 중에 죽었다. 그의 계승자인 펠라기우스 1세(Pelagius I, 555-561)는 "세 사람의 글들"을 정죄하는 것에 격렬히 저항했으나 서방의 지속적인 반대에도 불구하고 공의회의 권위를 지지하는 것으로 유스티니안에 의해 설득을 당했다.

콘스탄티노플은 "단성론자"의 귀에 가장 불쾌하게 들리는 개념들에 대한 거부로 칼케돈의 승인을 얻어내려는 유스티니안의 노력을 대변했다. 성육신하신 그리스도는 두 본성으로 구성되었을지라도 그의 인성은 거룩한 말씀이 전제될 경우에만 실재할 수 있다는 본질적으로 시릴적인 노선을 지지했다. 성육신의 주체는 인간 존재로 살기 위해서 겸손히 낮아지신 말씀이었다. 육체로 십자가에 목 박히신 그리스도는 삼위일체 중에 한분이셨다는 것을 부정하는 사람들을 역시 정죄했다. 유스티니안은 이런 확증이 분열을 해결할 수 있기를 바랐다. 하지만 불가피하게 이 시도는 실패했다. 꽤 온건한 "단성론자"들조차도 아무리 연합이 기능한다고 말할지라도, 연합 후에 두 본성의 개념을 차단하지 않았던 일치와 거래할 수 없었다.

정치적인 해결을 이룰 것으로 생각했던 이 공의회는 화해가 아니라 구분을 더 굳게 했고, 그 감정은 로마의 입장과 관련한 뒤틀린 책략과 조정으로 악화되었다. 이전의 네 일반적인 공의회와 달리 콘스탄티노플 공의회는 어느 법규도 발행하지 않았지만 그것의 결정 가운데 540년대 초에 팔레스타인에서 다시 불거지고 이미 대단히 논박적인 교리적 기후에서 상당한 분열을 야기하였던 오리겐주의를 정죄하였다.

"단성론자"의 확장과 강화

유스티니안은 단일본성을 가르치는 자들을 끌어들이기 위해서 점차적으로 확고한 방법에 의존했다. 그러나 그 대의를 이루는 일은 결코 간단하지 않았다. "단성론"이 열정적인 선교사들과 헌신된 리더들에 의해서 지원을 받아 그 영향을 확장시키고 심화시키기를 계속했다. 칼케돈파들로부터 강력한 반대가 있었음에도 불구하고, 은사적인 시리아의 리더인 제이콥 바라듀스(Jacob Baradaeus, 약 500-578)는 대단히 성공적인 은밀한 확장 프로그램에 참여하기를 시작했고[12], 그것은 시리아만이 아니라 소아시아와 에개 해의 커다란 영역에까지 "단성론" 교회를 번성케 하였다.

제이콥은 유스티니안의 정책을 반 칼케톤 전통의 고결성을 위협하는 것으로 보았고, 그는 잠재적인 회심자들 사이에서 믿음을 확산시켰을 뿐 아니라 기존 크리스천들을 단일본성의 입장으로 바꾸게 하려고 노력했다. 그는 사제들을 임명하여 새로이 형성된 분열자들의 공동체를 이끌 수 있게 했다. 그들 중에 많은 이들은 처음에 수도원 주변이 기지를 두었고, 열정적인 지원자들의 도움으로 그들의 활동은 활발하였다. 제이콥의 노력의 결과는 상당하였고, 안디옥의 관구와 단절하고 독자적인 주교적인 계승을 가졌던 비칼케돈파 시리아 신자들은 그의 영향을 기리어 "제이콥파"로 묘사되기 시작했다. 중동과 남부 인도(서유럽과 아메리카에서도 지지자들이 있다)에서 강력하게 대변되었던 그들의 후손들은 시리아 정통 교회로 알려진다. 인도에서 현대에 말라바르(Malabar)의 "토마스 크리스천"("Thomas Christians")이란 주요한 단체가 이

전통을 대표한다.[13] 그들은 그 나라에서 가장 교육을 받고 영적으로 활동적인 크리스천 공동체 중에 하나를 대변하고 아프리카와 아시아에 많은 선교사역에 참여하고 있다.

애굽에서 콥트의 대다수가 강력하게 시릴계의 믿음을 자연스럽게 선호했다. 그들은 제기된 시릴계의 변호자들의 논증에도 불구하고 칼케돈이 전반적으로 그러한 입장이 갖는 관심을 보호하지 못했다고 느꼈다. 그러므로 알렉산드리아의 주교들의 공식적인 선언이 있었음에도 불구하고 451년의 교리에 대한 지원은 계속해서 소수의 입장이 되었다. 콘스탄티노플에서 황제의 주교들의 칼케돈주의와 교류하고 있었던 애굽과 시리아의 주교들은 시리아어로 '말카야' ("황제의")의 헬라어 번역인 '멜키테스' (Melchites)로 알려지게 되었지만, 대다수는 다른 노선을 취했고 그들의 영향이 상당했다.

북부 수단을 향해 남쪽 방향으로 나있는 나일 밸리에 누비아 왕국은 540년대에 주로 "단성론" 선교사들에 의해 복음화되었고,[14] 한 세대 내에 노바티아, 마쿠리아, 알로디아의 세 누비안 영토가 그 지역의 통치자들의 회심에 뒤이어 공식적으로 기독교 국가가 되었다. 적어도 노바티아에서 아마도 더 넓은 지역에서 채택한 신학은 "단성론"이었다. 칼케돈의 비판자들은 이것은 왕비 데오도라의 결정적인 간섭에 따른 결과라고 주장했다. 데오도라는 이 지역의 복음전도의 주요한 프로그램이 칼케돈을 반대하는 설교자들에 의해 점유되는 것을 목도했다. 그러한 주장을 진지하게 취할 수 있는지는 확실히 알기 어렵지만, 누비아에 퍼진 기독교가 실로 교리상 "단성론"이었다는 것은 의심의 여지가 없다. 악섬 왕국이 칼렙 왕 하에서 6세기의 전반부에 중요한 기독교 영역이 되었던 에디오피아에서 콥트 교회와 시리아 교회간의 강력한 역사적 연계가 있었고,[15] "단성론"의 확신이 특징적으로 지배하였다.

아르메니아는 민족적인 차원에서 공식적으로 기독교 신앙을 받아들인 첫 국가였지만(p. 49을 보라), 그 교회는 칼케돈을 대변하지 않았다. 아르메니아 기독교는 4세기와 5세기 초의 과정에서 매우 인상적인 인물들에 의해 인도되었다. 373년경까지 아르메니아 총대주교나 "총주교"는 네르세스(Nerses)였고, 그는 아르메니아의 "사도"인 "조명자" 그레고리의 직접적인 후손이었다. 네르세스는 활력 있는 조직가이자 도덕 개혁가였고, 왕족의 죄에 대한 거침없는 정죄는 종국에 당국자들에 의한 그의 제거를 초래했다. 그의 아들인 이삭(Isaac the Great, 약 350-438)은 콘스탄티노플로부터 아르메니아 총대주교라는 대도시의 위상을 얻었고, 갑바도기아의 가이사랴 교회의 권위에서 벗어났으며, 메스로브(Mesrob, 약 361-439)라는 보좌 주교와 함께, 그는 아르메니아 기독교 문학과 찬송을 상당히 촉진하는 일을 했다.[6)]

506년과 555년에 드빈(Dvin)의 공의회에서 아르메니아 교회의 지도자들은 확고하게 두 본성의 용어를 거부했다. 두 번째 공의회에서 아르메니아 주교들은 비칼케돈파 시리아와 동맹했으며 황제의 교회를 교리적으로 부패한 것으로 명확하게 정죄했다. 아르메니아의 본래 왕국은 4세기 후반부터 페르시아와 인접해 있는 동부쪽에서 로마와 페르시아 제국 사이에 위치하였고, 아르메니아 기독교인의 칼케돈에 대한 반대는 단순히 신학적인 확증을 반영하는 것만이 아니라 로마 세계와 거리를 두고 콘스탄티노플의 지배의 오래된 영향에서 벗어나려는 그들의 바람을 반영할 것이다.

506년에 아르메니아인들은 남부 카우카수스에서 흑해의 북부에 이르는 그루지아(또는 헬라에서 알려진 대로 "이베리아") 교회들에 의해서 두 본성 신학에 대한 그들의 반대에서 지지를 받았다. 그루지아에서 기독교가 4세기에 확산되었고, 이는 특히 – 적어도 영향력 있는 전승에 따르면 – 350년경에 그루지아의 여왕과 그녀의 가족을 회심케 한 갑바도기아 출신의 여성 노예인 니노(Nino)의 증거 때문이었다. 5세기와 6세기 초에 많은 그루지아 기독교 지도자들은 수도원에 대한 그들의 헌신으로 주목을 받았다. 그들은 칼케돈에 대한 강력한 반대자들을 역시 포함했다. 그러나 519-520년경부터 이 지역의 교회는 점차적으로 아르메니아로부터 독립을 주장하는 것에 열심을 내었고, 그들은 마침내 콘스탄티노플과의 교류를 재구축했다.

유스티니안이 이루었던 모든 것에도 불구하고 그가 제국에서 교리적인 연합을 확보할 수 없었음이 분명하다. 칼케돈에 대한 그의 결의적인 충성은 특히 데오도라가 죽은 후에 더 강력하게 표명되었고, 서방에서 단일본성을 가르치는 것에 대한 깊은 적대감을 명확히 보였다. 하지만 말년에 그는 이전에 반 칼케돈파인 율리안의 가르침과 그리 멀지 않은 그리스도 육체의 부패하지 않음에 관한 교리에 일부 지지를 보냈다. 그러나 결국에 협상보다는 박해로

"단성론자" 들을 다루려는 유스티니안의 노력은 단성론자들의 확신을 강화시킬 뿐이었고, 특히 시리아와 애굽에서의 분열은 무력을 사용함으로써 더 깊어졌다. 황제가 반대한 이 지역의 기독교인들에게서 박해가 더 명확해졌을 때, 그들은 점차적으로 황제의 정부와 멀어지게 되었고, 로마 세계로 남아 있는 것에 덜 관심이 있었다. 페르시아의 점증하는 압력과 아랍으로부터의 고통스러운 초기 조짐으로 인해 이미 폭발하기 쉬운 시대에 정치적인 분열이 교리적인 분열에 의해 가속화되었다.

다양한 바베리아인의 압력과 동방의 군사적인 도전의 상승 속에서 유스티니안의 제국의 계승자들이 직면했던 심각한 군사적 곤란은 정치적인 측면에서 무엇보다도 교회적인 안정에 대한 바람을 가져다주었다. 실제로는 그렇게 되지 않았을지라도 말이다. 계속된 침략에 직면함으로써 "단성론" 이 가장 지배적이었던 많은 지역의 전략적인 중요한 의미가 분열된 신자들과의 화해를 바람직하게 만들었다. 동방의 황제의 상당한 영토가 이전에 서방의 운명을 따라 다른 세력들에 무너지기를 시작했고, 남아 있는 것의 안정이 가장 중요하게 되었다. 영적인 확신만큼이나 정치적인 관심에 의해서 다시 자주 지향되는 일부 진전된 시도들이 고백적인 신앙의 일치를 확보하려고 하였지만, 이제 그 분열은 실용적인 수용에 의해 중재되기에는 너무 심각하였고, 제국의 대적들은 그들 자신의 목적을 위해서 이 긴장을 이용하는 것에 느리지 않았다.

단의론자와 양의론자

황제 헬라클리우스(Heraclius, 610-641)는 비잔틴 통치의 새로운 왕조의 창시자였고, 능력 있는 전략가였다. 그의 정책은 모든 불협화음 가운데서 페르시아에 대항하여 상당한 토대를 회복할 수 있었다. 그의 통치 하에서 성육신하신 그리스도가 두 본성을 갖고 있을지라도, 행동의 단일한 원리나 "에너지" 의 단일한 양태를 소유하였다는 제안이 개진되었다. 이 견해는 콘스탄티노플에서 헤라클리우스의 총대주교인 세르기우스(Sergius)에 의해 630년대 초에 지지되었고, 로마에서 교황 호노리우스에 의해 처음에 승인을 얻었다. 하지만 대부분의 확신 있는 칼케돈파들은 그것을 전적으로 인정하지 않았고, 특히 예루살렘의 주교인 소프로니우스(Sophronius)에 의해 강력하게 반대되었다. 아마도 논의의 심각성을 알지 못한 호노리우스는 조심성 없이 그리스도 안에서 단일한 "에너지"가 아니라 단일한 "의지"라고 말했다. 단일한 "의지"란 용어는 638년에 헬라클리우스에 의해 발행된 진술 속에서 개진되었고 ("진술"에 대한 헬라어인 '에크테시스'로 알려진), 이것은 638-639년에 콘스탄티노플의 동방 성직자들의 모임에서 인정되었다.

그러나 이런 사상은 칼케돈의 두 본성의 가르침을 배신하는 것으로 뒤이어지는 해들에서 널리 거부되었다. 연합 후에 두 본성이 있다면 이것은 성육신하신 그리스도가 두 의지, 즉 하나님과 인간의 의지를 소유했다고 말해야 하는 것을 의미한다고 대부분의 칼케돈파 크리스천들은 추론했다. 아들이 자신의 뜻을 행하지 않고 그를 보내신 아버지의 뜻을 행하기 위해 오셨다고 말하는 요한복음의 언급이나 겟세마네 동산에서의 예수의 기도 – "나의 뜻대로 마시고 당신의 뜻대로 행하시옵소서"(눅 22:42; 참조. 마 26:39; 막 14:36) – 는 "단일한 의지"나 "단의론"의 입장이 아니라 "두 의지"나 "양의론"의 해석을 제기하는 것으로 보였다.[18] "단의론"은 "단성론"을 직접적으로 암시하는 것으로 보였고, 이 개념은 단일본성 신학을 가장 소중히 하였던 동방의 일부 지역에서 특별한 호의를 얻었다. 인정하듯이 보다 열성적인 시릴계 칼케돈파들의 일부는 그 견해 – 거의 확실히 뒤이은 황제의 사상에 영향을 주었던 사실 – 를 역시 지원했다. 그러나 명백히 두 본성의 진영에 속한 대부분의 사람들은 단의론을 반대했고, 다가올 시기에 실로 그 저항이 매우 확고하였던 서방에서 특히 그러했다. 따라서 그 이슈는 논쟁이 되었고, 평화를 촉진하려는 명목으로 칙령이 콘스탄스 황제 2세에 의해 ('티포스' 또는 "규칙"으로 알려진 것이) 반포되었는데, 그것은 '에크데시스'를 취소하고 그리스도 안에 의지나 활동의 어느 수에 대한 모든 언급을 금하였다.

로마에서 마틴 1세(Matin I, 649-653)는 단의론의 입장에 대한 확고한 반대를 입증했고, 단일 의지의 가르침과 그것에 관한 논의를 금하는 법적인 명령은 649년에 라테란 성당에서 열린 주요한 서방 주교들의 공의회에서 정죄되었다. 저항이 북아프리카의 교회에서 특히 강력했다. 그곳에서는 많은 지역

대회가 이미 단일의지의 입장을 정죄했고, 황제의 정책이 이단적이라고 선언했다. 특히 마틴은 그의 대담한 저항에 대한 결과를 거두었다. 그는 그의 직무에서 쫓겨났고, 당국자들에 의해 심각하게 취급을 당하다가 그리미아로 추방되었으며, 그곳에서 고통을 당하다가 655년에 죽었다.

마틴은 순교자로 추앙된 로마 주교의 마지막 사람이었지만, 그리스도 안에서 두 의지의 신학에 대한 고수로 인해서 고난을 당한 마지막 사람은 아니었다. 단의론은 은사 있는 비잔틴 수도사요, 신학자요, 그리고 금욕적인 작가인 막시무스 "고백자"(약 580-662)라는 아주 능력 있는 지적인 반대자를 만났다. 막시무스는 연합 후에 두 본성에 대한 칼케돈의 언급의 논리성을 설명했다. 그는 연합이 인간 본성의 심오한 확증과 신의 구속적인 능력의 시연을 동시에 제공하는 것으로 제시했다. 상당히 창조적인 형태로 막시무스는 예수가 취한 참된 선택과 시험으로 그의 인성의 진정성을 강조할 수 있었고, 동시에 그것이 하나님의 아들의 인성이었기 때문에 정확히 존재했던 대로 그의 인간 본성이 존재했던 것을 역시 주장할 수 있었다. 성육신하심으로써 말씀이 인간이 되셨지만 신의 인격의 유일한 방식으로 그리하셨고, 따라서 그의 인간 의지는 전적으로 순전할지라도 하나님의 뜻과 조화를 이룬다는 것이었다. 막시무스는 그러한 개념이 인간의 고결성이 완전히 존중되는 창조와 하나님의 신비적인 연합으로서 구원의 비전을 촉진시켰다고 생각했다. 구원을 받기 위해서는 "신성화되어야" 했고, 하나님과의 그러한 연합은 피조된 존재의 위엄의 말살이 아니라 사실상 피조물의 참된 운명의 실현이다.

막시무스는 640년대에 동방과 서방에서 단의론에 대한 격렬한 적대를 불러일으키는 역할을 했다. 결국에 그는 양의론에 대한 그의 충성을 버리고 '티포스' 칙령에 순응하라는 황제의 명령에 저항한데 대한 끔직한 대가를 치렀다. 이미 체포되어 그의 견해로 인해서 유배형에 처해진 그는 661년에 다시 콘스탄티노플의 당국자들에 의해 재소환되어 고문을 당했다. 그의 혀와 오른손 – 그가 그의 교리 전쟁을 감했던 도구들 – 이 잘려나갔다. 그는 뒤이어지는 해에 그의 상처로 인해 유배지에서 죽었다. 그에게 동의했던 대부분의 성직자들에 의해 그는 비극적으로 잊혀졌다. 오직 회고적으로 그가 그의 확신으로 말미암아 고통을 당하였음을 인정하여 그에게 "고백자"란 칭호가 붙여졌다.

막시무스가 옹호했던 양의론의 입장이 종국에 680-681년에 콘스탄티노플에서 열린 또 다른 공의회에서 우세했다. 그 공의회는 그 도시에서 개최된 세 번째 공의회이자 전체 총회로는 여섯 번째 공의회였다. 그 모임은 단의론의 입장이 더 이상 정치적으로 유용하지 않았다는 것을 확신한 콘스탄틴 4세 포고나투스(Constantine IV Pogonatus)의 명령으로 개최되었다. "단의론"이 630년대 이후부터 대부분 아랍의 지배로 떨어지고, 그들이 계속 그런 방식을 유지할 것처럼 보였던 지역에서 발견되었기 때문이었다. 콘스탄티노플의 이 공의회의 절차는 양의론의 견해를 강력하게 확증하는 최근의 로마 대회의 평결을 연결하는 로마 교회의 사절단들에 의해 주도되었다.

공의회는 두 의지의 필요성에 대한 부가적인 언급을 명확히 하면서 본질적으로 칼케돈의 용어를 재생산했다. 막시무스에 대해서는 어느 언급도 주어지지 않았고 법규도 발행되지 않았다. 그것은 그리스도 안에서 "나누임, 변화, 분리, 혼란이 없이 활동[에너지들]의 두 본성적인 의지와 양태가 있다"고 선언했다. 그러나 죄 없는 분의 심리에는 긴장이 없다고 언급되었다. 즉 "그의 인간 의지는 어떤 저항이나 마지못함이 없이 복종 속에서 그의 신적이고 전능한 의지를 좇는다." 공적인 정통성과 관련해서 칼케돈의 교리는 양의론의 형태를 좇은 것으로 이해되었다.

칼케돈을 다시 돌아보기

7세기 말에 칼케돈의 친구와 적들을 화해시키려는 전망은 거의 없었다. 사실상 적어도 두 종류의 정통이 동방에서 발전했다. 하나는 콘스탄티노플, 알렉산드리아, 안디옥, 그리고 예루살렘의 네 총대주교에 의해 인도되는 주류 비잔틴 교회의 정통이 있었다. 그것은 서방의 교회들과 교류하였다. 이 모든 신자들은 칼케돈을 고수했고, 또한 553년과 680-681년에 콘스탄티노플에서 진술한 진전된 요건을 좇았다.[19]

다른 종류의 정통은 더 적지만 여전히 매우 의미 있는 반대자 세력의 입장이었다: 아르메니아, 곱트, 에디오피아, 그리고 시리아의 대다수. 그들은 "두 본성 안에"란 용어가 성육신하신 말씀의 유일성을 위반하는 것으로 전적으로 거부했고, 이 가르침을 설명하려는 6세기와 7세기의 노력을 자연히 회피했다. 대부분 시릴계 구성원들인 첫 그룹과 대부분 온건한 구성원들인 두 번째 그룹 간에 논의 속에서 때로 일부 제한적인 발전이 있었을지라도, 결국에 두 부류 사이에 차이가 너무 컸고, 단의론/양의론의 논쟁의 결과는 의심할 여지없이 그들의 관점에서 분열을 보증하는 것으로 나타났다.

이런 양자 그룹과 더불어 더 먼 동방과 남방에서도 또한 다른 권역에서도 역시 의미 있는 세력들이 다른 입장을 조우하고 있었다. 그들은 스스로를 참된 믿음을 유지하는 것으로 생각했고, 니케아의 그리스도를 인정했다. 그러나 그들은 431년에 에베소에 대한 정의와 '데오토코스'로 마리아를 지칭한 것을 거부했고, 그들은 칼케돈에 대해서 열정적이지 않았다. 그들이 가장 선호하는 것은 안디옥, 니시비스 그리고 에데사의 전통에 대한 것이었고, 따라서 그들의 동료 신자들에게서 그들은 "네스토리안들"이라고 불렸다. 사실상 네스토리우스와 관련해서 그들의 신학이 그런 면을 보유하고 있다고 말할 수 없을지라도 말이다. 알려지는 것처럼(현대에 동방의 앗시리아 교회로 유형지어지는), "동방의 교회"는 일부 매우 은사 있는 지도자들과 교사들과 영적인 사상가들을 배출했다. 그들은 바르수마스와 나르사이와 같이 이전에 소개한 인물들만이 아니라 그리스도 안에서 신성과 인성의 연합에 관한 작품을 만들었던 바바이 대제(Babai the Great, 628년에 죽음), 그리고 사도나(Sahdona, 7세기 중엽 사람)와 니네베(니느웨)의 이삭(Isaac, 약 700년에 죽음)과 같이 지속적인 인기를 끌었던 일련의 수도원 저작자들을 포함한다.

칼케돈 공의회가 연합을 촉진하는 것을 지칭한다면, 그것은 분명히 실패했고, 대화와 유화든 또는 칙령과 강압이든, 2세기 이상에 걸쳐서 화해의 근거를 찾으려는 모든 노력들은 소용이 없게 되었다. 특히 박해의 사용은 확신을 강화시킬 뿐이었고, 정치적인 발전은 그 차이를 더 악화시켰다. 더 불길한 변화가 목전에 있었고, 그 결과는 장기적인 측면에서 기독교인들의 분열을 대수롭지 않은 것으로 만들었다.

이슬람의 발흥(The Rise of Isrlam)

비잔틴과 페르시아 제국과 더불어 또 다른 사람의 그룹이 있었는데, 그것은 두 커다란 세력의 싸움터에 접경하고 있었던 스텝과 사막 지대를 점유하고 있는 아랍이었다. 아랍 부족민들은 무역과 선교사들의 접촉으로 인해 수 세기 동안 유대와 기독교의 영향 하에 있었다. 4세기 이래로 특히 북부와 중부 아라비아의 많은 촌장들은 기독교 수도원을 세우고 그들의 방대한 땅에 산재한 오아시스 도시에서 기독교 학문과 경건을 촉진하기 위해서 풍부한 재원을 바친 헌신된 신자들이었다. 아랍 기독교의 구조는 전적으로 분명하지 않지만, 기독교 하나님께 헌신하는 것을 스스로 자랑스럽게 여겼고, 다른 종교들을 따르는 부족들과 다른 그들의 정체성의 통합된 부분으로서 그들의 믿음을 보았던 씨족들이 있었다.

570년경에 아라비아 반도의 서부 중간 부분에 있는 히자즈의 메카 도시에서 상인인 부모들에게서 모하멧(Mohammad)이란 아들이 태어났다. 우리는 그의 초기 시절에 대해서 거의 알지 못하지만, 40살의 나이에 그는 종교적인 환상을 경험하기 시작했고, 그것은 그와 관련해서 오직 한 분 참된 하나님(아랍어로 알라)이 있다는 것을 확증시켜 주었다. 그는 세상의 종교적인 다양성을 초월하는 분으로서 이 하나님의 진리를 선포하도록 부름을 받았다고 믿었다. 모세를 통해서 말씀하셨고, 예수와 다른 무수한 선지자들을 통해서 말씀하셨던 이 동일하신 하나님이 이제 한 선지자를 통해 직접적으로 명확하게 전달하셨다. 모하멧은 메카에서 일부 개종자를 얻었으나 622년에 그와 그를 추종하는 자들은 북쪽의 메디나의 도시로 이동하여 그곳에서 그룹으로 정착했다. 그들의 '히즈라' 또는 "도피"의 연대는 새로운 달력의 시작을 특징짓게 될 것이고, 그것은 새로운 사람들이 구성되었음을 가리킨다.

모하멧과 그의 제자들은 어떤 다른 무리들처럼 무장한 무리였지만, 그들은 하나님이 모하멧에게 말씀하셨고, 하나님이 그를 모든 아랍인들을 그들의 우상숭배적인 방식에서 돌이키게 하고 그들이 이스마엘을 통한 아브라함의 후손이라는 것을 인식하게 하는 일로 부르셨다는 그들의 확신을 확산시켰다. 630년대에 모하멧과 그의 무리들은 메카로 돌아왔고, 그곳에서 그들은 아브라함이 참된 한 분 하나님에게 제사를 드렸다고 믿었던 지점에 신전 즉 '카아바' 를 정결케 했다. 따라서 그들은 아브라함의 하나님의 복을 외침으로써 본래의 종교적 영광으로 그 지역을 상징적으로 회복시켰다. 메카는 이 운동의 영적 중심지가 되었고, '카아바'는 가장 거룩한 신전이었다.

모하멧은 610년부터 632년에 죽을 때까지 간헐적이면서 극적으로 비전(환상)을 받기를 계속했다. 그가 이 환상 중에 말했던 말들은 자기 스스로 말한 것이 아니었다. 그는 그것이 하나님의 말씀을 음송하고 있다고 주장했다. 일련의 음송된 말들은 그의 추종자들에 의해서 세심하게 기억되었고, 아랍 세계의 전문적인 인용자들에 의해 전수되었다. 그것은 이야기전달자, 시인, 그리고 학자들의 호환을 통해 매우 풍부한 전문적인 용어로 발전되었다. 이 말들은 모하멧이 죽은 후 한 세대까지 실질적이고 연속적인 형태로 작성되지는 않았다. 아랍어로 "읽기"를 의미하는 '코란'으로 우리에게 알려진 이 책의 형태를 갖춘 것은 모하멧이 죽은 지 한참 지나서였다. 코란은 참된 한 분 하나님의 음성을 담고 있는 최종적으로 영감된 책이라고 제기한다.

이 하나님의 뜻에 모든 사람들은 복종할 필요가 있다는 것이다. 새로운 믿음에 의해 채택된 이름인 "이슬람"과 그것을 신봉하는 사람들을 묘사하는데 사용되는 용어인 "무슬림"은 "복종", "항복" 또는 "신뢰"라는 동일한 아랍어 문자에 근거하고 있다. 이교도 신앙의 다양한 신들을 따랐던 사람들은 참된 하나님에 대해서 무지하거나 의지적으로 하나님을 거부했다. 설사 자신을 유대인이나 크리스천이라고 부를지라도 초월적인 신성을 신뢰하는 모든 이들이 "무슬림"이었다. 모하멧의 추종자들과 관련되는 한, 유대인과 크리스천들은 배교했거나, 모세와 예수에 의해 그들에게 전달된 메시지를 왜곡시켰다. 크리스천들의 경우에 이런저런 방식으로 그리스도의 신성을 정의하는데 소비한 모든 에너지는 끔직한 실수였다. 예수 자신은 신이라고 주장한 적이 없다고 그들은 말한다.

이 새로운 운동은 놀랍도록 급속하게 발전하였다. 모하멧의 동료들은 하나님이 그들의 편에 있고 그들은 하나님의 명예를 보존하고 그들의 대의의 의로움을 보여주며, 그들의 동료 아랍인들을 거룩한 심판에서 구하기 위해서 성전(holy war)을 행하고 있다고 확신했다. 그들은 아라비아 반도의 도시와 마을을 신속하게 접수했다. 모하멧과 그의 동료들 이후 세대에서 이 운동의 정치적인 리더로서 기능했던 "계승자들"인 칼리프의 지도 하에서 아랍은 소아시아의 방대한 지역을 넘어서 확장되었다. 모하멧이 죽은 지 일백년 내에 그의 추종자들의 믿음을 대변했던 영토는 애굽과 북아프리카 건너의 중앙아시아부터 스페인의 대서양 해변까지, 바그다드에서 코르도바에 이르기까지 뻗어나갈 것이다. 그것은 오랫동안 기독교의 복음 증거의 핵심적인 중심지를 포함하는 거대한 영역을 포함할 것이다.

최초의 아랍이 기독교인들에게 그들의 믿음을 포기할 것을 강압하였다고 생각하거나 아랍 사회가 어떤 실제적인 의미에서 오늘날의 무슬림 세계와 유사한 것을 구축했다고 상상하는 것은 잘못이다. 7세기에 이슬람이 실질적으로 자리한 것은 압도적으로 도시들 안이나 주변에 집중했고, 많은 지역에서 크리스천 엘리트들은 그 지배력을 행사하기를 계속했다. 오랫동안 유대인과 크리스천들은 죽음과 이슬람 사이에 선택에 직면했던 이교 종교의 헌신자들과 달리 그들의 믿음을 포기하라고 물리적으로 강압을 받지 않았다. 무슬림의 동료 일신교도들은 주로 특별한 세금에 책임이 있는 어떤 조건들이 부여되었으나, 그들은 예배의 자유와 실로 법적인 보호가 주어졌고, 기독교인과 무슬림 간에 상당한 사회적, 지적, 경제적 접촉이 있었다. 때로 이전의 페르시아 영토들의 경우에서처럼, 무슬림 통치자들은 그들의 전임자들보다 크리스천들에게 더 관대했고, 동방의 많은 부분들에서 크리스천들은 정치적인 측면에서 이슬람의 도래를 사실상 환영했다. 통계적으로 볼 때. 이슬람은 아랍인들이 취했던 지역들에서 오랫동안 소수적인 믿음을 유지했고, 이슬람으로의 폭넓은 개종과 철저한 이슬람 사회 문화의 발전은 중세기까지는 발생하지 않았다. 그럼에도 불구하고 궁극적으로 이런 결과들을 파생시킬 과정의 첫 씨가 심겨졌다.

분열된 기독교인들

이슬람의 확산의 이야기와 동방과 서방에 이슬람의 기독교에 대한 장기적인 결과는 이 시리즈의 다음 책에서 후속될 것이다. 여기서는 7세기에 특히 동방의 크리스천들 사이에 있었던 씁쓸한 분열들이 아랍의 침입에 직면해서 응집력 있는 복음전도를 유지하는 일에 도움이 되지 못했다는 것만을 언급한다. 공통된 도전에 직면했던 많은 신자들이 복음의 핵심이 그들 자신의 특별한 교리적 입장에 달려 있다고 주장하기를 계속했다. 비잔틴 제국에서 시리아와 애굽과 같은 지역의 상실은 이 영토들에서의 교회와 비잔틴 지역 사이에 구분을 굳히게 해주는 것으로 기능했다. 비잔틴 제국에서 이탈한 지역들은 더 이상 황제의 영향이나 지배에 종속되지 않았다. 정치적인 조망에서 격변들은 전반적으로 기독교회의 측면에서 알렉산드리아와 안디옥의 고대 관구들의 규모와 영향을 상당히 축소시켰다.

교회론적인 구조만이 아니라 백성들의 구조도 모든 동방 크리스천들이 살았던 세계가 분열되고 불확실한 지역이라는 사실을 반영해주었다. 칼케돈은 황제의 비잔틴 영역에서 그리스도에 대한 올바른 고백의 척도로 고수되었고, 따라서 원리상 동방의 다수 크리스천들과 서방의 신자들 사이에 공통된 믿음이었다. 그들에게서 이 공의회는 본질적으로 논쟁적이지 않았다. 그럼에도 불구하고 동방에서 우세했던 정통에 관한 본질은 정치적인 범주에 의해 주로 윤곽이 그려졌고, 이런 제한된 범위 바깥에서는 매우 다른 견해를 가진 사람들이 있었고, 이들은 그들 자신을 복음에 충실한 것으로 동등하게 생각했다.

그것은 그렇게 계속되었다. 아르메니아, 시리아, 애굽, 그리고 에디오피아의 주요한 교회들이 이즈음에 여전히 공식적으로 칼케돈을 거부했지만 그들은 초기 세기들의 훌륭한 신학자들이 해석한 사도적 기독교의 참된 가르침에 충실하다고 주장했다. 따라서 그들은 뿌리가 비잔틴 세계에 있는 동방 정교회(Eastern Orthodox)와 자신들을 구분하기 위해서 오리엔탈 정교회(Oriental Orthodox Churches)로 자주 묘사되었다.[20] 현대에 이 서로 다른 지체들 사이에 상임위 차원에서 다양한 접촉들이 있었고, 로마 가톨릭교회와도 대담이 역시 이루어졌다. 장래에 어떤 소망을 제공하는 것으로 보이는 공통된 확증의 많은 선언들이 발행되었지만, 공식적으로 칼케돈의 분열은 지금도 지속되고 있다. 수세기에 걸쳐서 고갈과 분열, 그리고 고통을 감수하였던 동방의 충성스런 안디옥파 교회는 451년의 고백에 대한 명백한 적대를 표현할지라도 양면적인 감정이 계속해서 병존하고 있다.

이런 모든 전통들의 후속되는 역사는 이 책의 범주를 넘어선다. 각기 그것은 흥미진진한 이야기를 제공하고, 교회의 비칼케돈파 부류들은 괄목할 만한 크리스천들을 배출하였다. 수세기에 걸쳐서 많은 정치적 사회적 역경–특히 이슬람의 보다 호전적인 형태에 의해 제기된 도전– 속에서 그들의 증거는 자주 탁월하였다. 오늘날 칼케돈을 승인하는 사람들은 복음이 아시아, 인도차이나, 그리고 아프리카의 의미 있는 지역으로 확산된 것은 비칼케돈파 크리스천들의 노력으로 말미암은 것임을 잊어서는 안 되고, 이런 전통 출신의 많은 신자들은 거룩, 영적인 열심, 그리고 그리스도에 대한 헌신의 놀라운 모범을 보였다. 그들은 대적들의 공격 하에서 그들의 믿음의 궁극적인 대가를 지불할 준비가 되어 있었다.

또 다른 차원에서 기억할 가치가 있는 것은 우리가 기독교와 유대교의 성스러운 텍스트들의 매우 중요한 복사본들만이 아니라 네스토리우스의 『헤라크레이데스』(*Book of Heracleides*)와 같은 작품의 역본이 생존할 수 있게 한 것은 시리아, 곱틱, 에디오피아의 교회 덕택이라는 사실이다.21) 또 아르메니아에서 메스로브(Mesrob)와 같은 학자적인 기독교 지도자들 덕택에 그 민족이 문자를 획득했을 뿐 아니라 성경, 찬송, 그리고 많은 다른 신학적 작품들의 소중한 번역물들을 얻을 수 있었다. 이런 모든 맥락에서 자주 강력한 생기와 아름다움의 독특한 예전적이고 영적인 전통들이 다른 영향에서 비교적 독립한 데 따른 결과로 직접적으로 발전하였다.

장기적으로 분리주의자의 사고는 어떤 의미에서 칼케돈에 저항했던 사람들로 제한되지 않았다. 칼케돈을 공통적으로 붙잡는 것이 후대에 동방의 주류 정통 교회와 서방의 크리스천들 사이에 있었던 훨씬 심각한 분열을 막아주기에 충분하지 못했다. 9세기 이후부터 로마와 콘스탄티노플 사이에 오랜 차이들이 상승했고, 다른 교리적, 예전적, 정치적 이슈에 의해서 가열되었다. 그 문제는 특히 서방 교회가 성령이 아버지로부터만이 아니라 아들로부터도 나온다(p. 169를 보라)고 말하기 위해서 니케아-콘스탄티노플 신조를 수정하려는 것과 관련이 있었다. 동방정교회의 사람들에게서 그것은 불가능한 일이었다. 이런 차이는 11세기에 대분열에서 정점에 이를 것이다. 연합을 회복하려는 대의 속에서 많은 정치적 교회적 노력이 있었음에도 불구하고, 그 차이는 오늘날 동방과 서방의 지배적인 기독교 전통들을 여전히 기술적으로 갈라놓고 있다.

오늘의 칼케돈

칼케돈의 지속적인 유효성에 대해서는 무엇을 말할 수 있는가? 여전히 칼케돈에 반대하는 교회들의 상당 세력이 있음에도 불구하고, 오늘날의 세상의 다수의 크리스천들에게서 칼케돈의 교리는 정통적인 전통의 공식적인 부분으로 남아 있고, 그리스도의 신분에 대한 적절한 고백을 유용하게 측정할 수 있는 핵심적인 요지를 이룬다. 하지만 적어도 역사로부터 판단할 때, 칼케돈은 연합케 하기도 하였지만 분명히 분열을 일으켰고, 우리가 이 장에서 관심을 두고 있는 시기에 그 가르침은 분명히 정치적인 격변의 중요한 시대에 적어도 기독교 대의의 일부의 증거를 약화시킨 문제에 분명히 기여했다. 하지만 놀랍게도 그 분열이 많은 상황에서 기독교의 팽창과 성장을 방해하지는 못했고, 아주 다양한 견해를 가진 사람들이 교회 이야기의 풍부한 이야기를 수놓는 일부가 되었다. 그럴지라도 이 사실이 역사적인 분열을 정당화시킬 수는 없다. 오늘날 이 고대의 사실에 기초해서 분열의 연속을 합법화시킬 수는 없다. 칼케돈이 낳았던 것이 이것이라면, 그러한 복합적인 유산에 대해서 우리는 무엇을 말할 수 있는가?

신학적인 진술로서 칼케돈의 선언은 지난 두 세기에 걸쳐서 상당한 비판에 직면했고, 그 대부분은 공식적으로 그 가르침을 고수했던 서방 전통의 대표자들에 의해 파생되었다. 칼케돈은 복음서의 살아계신 예수보다도 매우 추상적이고 형이상학적인 그리스도를 제시하는 것으로 비판을 받았다. 그 용어는 이 세상에서 예수의 실제적인 존재의 역동성에 관한 성경적인 묘사보다는 "본질", "본성", "위격"과 같은 범주들에 사로잡혔다. 신성과 인성간의 관계에 대한 칼케돈의 정의는 긍정이기보다 본질적으로 부정으로 언급된다. 즉 그것은 두 본성의 연합에서 발생하지 '않은' 것을 언급하고 있지(신성들은 "혼돈 없이, 변화 없이, 분열 없이, 분리 없이" 존재하신다), 이 두 차원들이 실제로 어떻게 하나가 된 것으로 간주할 수 있는지에 관한 근본적인 문제에는 실로 대답하지 않는다.

그러한 비판에 대해서 그리고 그 비판들을 다양하게 순화한 것에 대해서 지속적인 중요성을 갖는 교리적 진술로서 칼케돈의 위상을 변호하는 자들은 그 공의회가 성육신을 '설명하려고' 시도한 것이 아니라 그리스도의 위격의 신비를 고백하는데 필요한 기준을 설명한 것이라고 지적한다. 그것은 인간의 이해를 초월하는 경이에 대해서 안전하게 말할 수 있는 모든 것을 언급하고 있는데, 성육신하신 분의 두 양상 사이에 밀접함과 구분을 타협하지 않고 동등하게 조심하면서 그리한다. 신성과 인성이 단일한 역사적 개인들 안에서 유일하게 어떻게 공존하실 수 있는가에 관한 "설명"은 필연적으로 불가능하고, 본성의 연합의 긍정적인 양상만이 아니라 부정적인 양상을 강조함으로써 그 교리는 신자들이 이 사실을 솔직히 인식할 수 있도록 초대한다. 그리스도의 신성과 인성을 보호하고 성자 하나님이 인간의 삶을 사는 것이 의미하는 바를 상술하기 위해서 칼케돈은 모든 시대에 신자들이 확증할 필요가 있는 폭넓은 기초를 인상적인 정밀함과 명확함으로 설명한다. 그것의 논리에 대한 다양한 해석을 허락하면서 말이다. 신비는 "풀어지지" 않고, 어떤 본질적인 방식으로 단지 요약된다.

칼케돈의 비판자와 옹호자 사이에 논쟁은 계속될 것이다. 오늘날 그 교리의 가치에 대해 회의적인 사람들은 그 주장이 그들 자신의 시대에만 어떤 타당성을 가졌을 것이라고 인정하려고 하고, 그 공의회가 역사에서 유감스러운 분열로 이끌었다고 생각하는 또 다른 사람들은 그럼에도 불구하고 그 고백이 신자들의 대다수에 계속해서 중요한 정교한 해설을 대변하며, 기독교 전승에서 그 칼케돈의 위치는 너무 중요해서 제쳐둘 수가 없다고 느낀다. 어떤 이들은 어느 시대에라도 모든 그러한 교리적인 요약들은 기독교 신앙에 정치적인 통일성을 부여하려는 잘못된 시도라고 주장하고, 또 다른 이들은 고백적인 진술들이 믿음의 일치의 표현으로서 올바르고 적절할지라도 이 특별한 것이 언급해야 하는 것을 포착하지 못하거나 오늘날 대부분의 크리스천들에게는 도달하기 어려운 용어로 표현되었을 뿐이라고 주장한다.

이 논증의 어느 편에서 말하든지 간에 칼케돈의 논증의 역사는 적어도 우리에게 이것을 가르쳐야 한다. 즉 그리스도의 위격에 대한 믿음의 주장은 항상 이성에 도전을 받을 것이다. 이성이 신성과 인성이 본질적으로 양립할 수 없는 범주라고 전제하기를 계속하는 한 말이다. 하나님이 인간 예수의 위격 속에서 세상에 나타나신다고 고백하는 것은 사고의 자연스러운 방식이란 단지 잘못된 것임을 인정하는 것이며, 믿음에 따르면 하나님은 이 놀랍고 비교할 수 없는 형태로 그리스도 안에서 참으로 계셨고, 계신다. 이런 방식으로 우리에게 오실 것을 선택하심으로써 하나님은 인간의 예상을 타파하셨고, 신성과 인성에 대한 우리의 왜곡된 개념을 재정의하셨다. 부정과 긍정의 용어의 세심하게 균형 잡힌 칼케돈의 조합과 구원에서 신적인 행위의 우선성과 예수의 인성의 구체적인 실재에 관한 그 강조는 모든 시대에 필수적인 기독교적 취지들을 반영하고 있다. 신자들이 오늘날 칼케돈을 너무 빨리 기각시키거나 그 주장을 전적으로 포기한다면, 그들은 그들이 역시 주님이라고 부르는 분에 대한 공통된 증거의 풍부한 유산과 자신을 단절시키는 일이 될 것이다.

한편으로 공의회의 고백이 실로 불행한 방식으로 기독교인들을 분열시켰다는 것은 확실하다. 그것이 널리 간직된 고백적 전통의 숭고한 부분이 되었을지라도, 그 가르침은 그 교리적인 본능이 이전의 공의회의 정통성의 표준에 의해서는 이단으로 간주할 수 없는 많은 사람들에게서 호의를 얻지 못했다. 이 모든 신자들도 나사렛 예수의 위격 안에서 성자 하나님이 성육신하셨다는 확신을 공유했고, 그들 중에 어느 누구도 그리스도의 신성이나 인성을 축소하기를 원치 않았다. 그들의 유산도 실로 동등했다. 현대의 대화가 보여주었던 것처럼, 그 전승이 칼케돈과 반대되는 사람들도 오늘날 여전히 그들의 대담자와 동일한 확증의 많은 것들에 의해서 자주 이끌려졌다. 불일치의 본질은 "정통"이 의미하는 것에 있지 않고, 그 의미의 세부설명을 식별하는 방식에 있다. 성육신의 핵심적인 영역에서 어느 누구도 잘못된 것들을 얻기를 원치 않는다.

칼케돈의 위치가 성경보다 전통에 있는 한, 그것은 원리적으로 일종의 재고를 할 수 있어야 한다는 것을 대부분의 크리스천들이 동의할 것이다. 그러나 에큐메니칼적인 공의회의 권위적인 역할과 그러한 권위의 유산을 완화시킬 수 있는 정도는 지속적인 논쟁의 주제가 되고, 그것은 거룩한 계시가 어떻게 발생하고 하나님의 영에 의해 이끌리는 몸으로서의 교회의 본질이 무엇인지와 관련해서 기독교 전통들 내에서 서로 다른 개념들에 달려 있을 것이다. 이런 재검토하는 일이 시간과 함께 더 어렵게 되었다고 볼 수 있는데, 양쪽 편에서 확립한 투자의 비중과 이 논쟁이 지적인 차이만이 아니라 오랫동안 구축된 조직적인 구조 사이에 긴장과 정치적 윤리적 분열과 얽혀 있기 때문이다. 교리적인 문제를 진지하게 다루는 것은 모든 면에서 심각한 실제적 대가－크리스천들이 직면하기를 자주 마지못해 하는 대가－를 치른다는 것을 의미할 수 있다

칼케돈을 계속 다루려면, 현대 신학에서 많이 논의되었던 조건－'끝'이 아니라 '시작'으로－속에서 그것을 보는 것이 아마도 가장 좋을 것이다. 칼케돈이 초기 기독교 시대의 기독론적 논쟁을 끝내지 못했던 것처럼, 그것이－그 전통들이 이런저런 정도로 공식적으로 칼케돈과 그들 자신을 연결하기를 계속하는 다수의 신자들과 칼케돈의 권위를 거부하기를 계속하는 사람들 사이에서－오늘날도 진전된 묵상과 탐구와 대화를 미리 차단해서는 안 된다. 예수 그리스도에 대한 언급은 최종적일 수가 없고, 믿음의 모든 새로운 인식이 예수가 오늘날 어떤 분이시고 과거에 어떤 분이셨는지에 관한 경이에 대해서 새로운 묵상을 파생시킬 것이다. 그 묵상 중에 어떤 것들은 과거에 크리스천들의 고백의 중대한 사건과 관련해서 취해져야 하고, 칼케돈의 추종자만이 아니라 비판자들도 인식하고 있는 것처럼, 칼케돈은 확실히 이중에 하나다. 이런 방식 속에서 칼케돈의 용어를 사용하던 사용하지 않던 간에, 그것의 확증은 모든 곳에서 예수를 따르는 자들에 의해 보유된 근본적인 전제의 인식과 더 진전된 사고를 자극함으로써 어떤 '시작'으로서 기능할 수 있다.

그리스도에 대한 현대적 사고가 초기 기독교 세기에 신자들이 애썼던 복합성의 종류를 오래도록 피할 수 있을 것 같지만 않지만, 그렇다고 칼케돈이 말하려고 했던 이슈에 대한 참여가 이미 모든 것이 언급되었다거나 아무리 복잡할지라도 분열이 치유될 수 없다고 전제할 필요는 없다. 한 가지는 분명하다. 즉 예수 그리스도가 크리스천들이 말하는 분이시라면－신성이나 인성, 또는 단일한 연합 즉 그의 존재의 구체적인 실재를 손상시키지 않는 방식으로 "하나님이 우리와 함께 하신다"－그때에 그는 칼케돈에서든지 어디에서든지 그를 이해하거나 설명하려는 인간의 모든 노력을 항상 초월할 것이다.

제9장

기독교 예배

일상의 믿음

우리의 이야기의 이 단계에서 주요한 설명에서 벗어나서 4세기 이후부터 발전된 기독교인의 삶과 증거의 보다 실천적인 양상들을 상고할 만한 가치가 있다. 이전 장들에서 우리가 살핀 이슈들이 아무리 중요할지라도, 기독교인의 믿음의 실천이 우리의 문학적 자료를 지배하고 있는 학자와 정치가 개인의 활동보다도 훨씬 더 연관되어 있다는 것을 기억해야 한다. 신자들의 압도적인 다수는 교리 문제에 대한 공의회와 대회의 논쟁에 참여하지 않았고, 그 대부분은 교회의 훌륭한 사상가들이 생산한 변증이나 논증의 작품을 읽을 수 없었다. 사회에서 기독교인의 복음증거와 확장의 영향은 정치적인 구조의 변화나 공식적인 선언의 외적인 상징에서만이 아니라 일상적인 사회의 실제 속에서 살았던 평범한 사람들의 증거에서 느껴졌다. 그리스도를 따르는 대부분의 사람들과 관련할 때, 영적인 발전은 그들이 그리스도 안에서 형제와 자매와 공유했던 삶의 핵심에 있는 예배와 의식에 주기적으로 참여함을 통해서 그리고 매일의 그리스도인의 순종의 역동성 속에서 발생했다.

이어지는 두 장에서 우리는 기독교인들이 예배했던 방식과 그들의 공동체가 4-6세기의 과정에서 조직되고 이끌어졌던 양식을 살펴볼 것이다. 그러나 여기서 역시 우리는 성장이 공식적인 교회 활동의 맥락에서 공적인 선언이나 의식을 통해서만이 아니라 개인적인 접촉, 경험의 나눔, 그리고 일상적인 차원에서 실천적인 기독교의 표현에 의해 발생했다는 것을 염두에 두어야 한다. 이 세기들에서 풀뿌리적인 경건의 이야기는 대체로 알려지지 않고 있고, 대부분의 평범한 신자들의 이름은 역사의 안개 속에 갇혀 있을지라도, 고대의 크리스천 공동체의 주요한 활동 – 모든 뒤이어지는 시대와 마찬가지로 – 은 규칙적인 사회적 환경에서 그들의 믿음을 따라 살아간 사람들의 제자도 속에서 진행되었다.

통계적인 성장의 효과

콘스탄틴 이후의 세계가 예수 그리스도에게 그들의 삶을 헌신하려는 절박한 바람으로 교회에 나오는 많은 사람들을 보았다고 상상하는 것은 잘못일 수도 있겠지만, 4세기 이후부터의 시기는 확실히 기독교 공동체의 눈에 보이는 범주에 합세하려는 상당한 사람들을 목격할 수 있었다. 기독교가 혜택을 받을 수 있는 신앙이라는 로마 세계의 정치적인 분위기 속에서 크리스천의 고백의 의미를 적절히 이해하고 있는가를 확실히 할 필요가 더욱 있게 되었다. 이전에는 없었던 종류의 통계적인 성장은 매우 고무적이었을 것이나, 그것은 역시 상당한 위험이 있었다. 사람들은 기독교의 대의에 자신을 접속시키는 다양한 이유들을 갖고 있었고, 그 모든 것이 진정한 확신을 암시하지 않았다. 즉 기독교의 고백이 전망을 밝게 할 수 있는 한 방식, 경제적이거나 정치적인 발전의 수단, 또는 사회적 책략의 일환일 수 있었다. 사람들은 친척이나 상관을 기쁘게 하기 위해서, 또는 배우자를 얻기 위한 방법으로 또는 특별한 개인이나 가족의 호의를 얻기 위해서 믿는다고 주장할 수 있었다.

이런 실제에 대응하려는 시도로 2-3세기에 발전된 교리와 고행과 자기 심사 프로그램이 상당히 확장되었고, 그 때문에 교회에 입문하는 과정이 훨씬 더 정교해졌다. 그러한 발전은 당시의 급진적인 사회적 변화 속에서 도덕적이고 영적인 고결성을 보존하려는 기독교 공동체의 노력을 반영했다.

신비적인 과정으로서의 입문

우리가 기독교 입문의 과정에서 나타나는 구조의 종류에 관한 인상적인 문헌적 증거를 갖고 있는 것은 행운이다. 한 가지 특별히 두드러진 사례는 동방과 예루살렘 교회로부터 출원한다. 326년에 예루살렘으로 헬레나가 방문하기 전에(p. 21을 보라), 예루살렘의 관구는 특별히 중요한 것으로 간주되지 않았지만, 그녀가 순례하고 나서 그리고 콘스탄틴에 의해서 새로운 교회가 성지에 건설되고 나서부터 그 도시는 높은 위상을 획득했다. 신자들이 로마의 전세계로부터 팔레스타인으로 몰려들었을 때, 예루살렘의 교회는 위상이 매우 높아졌고, 나아가서 그 관습과 예전적 행위가 다른 곳에서도 지극히 영향력이 있게 되었다. 방문객들이 그들이 체험한 의식을 갖고 고향으로 돌아갔기 때문이었다. 또한 그것은 후원자들에 의해 제시된 일부 유형을 흡수하였다. 예루살렘은 예전적 관습의 폭넓은 범주를 위한 발사대요 모임 장소였다.

350년경의 어떤 시기에 최근에 예루살렘의 주교가 되었던 시릴(Cyril, 약 315-387)은 그의 교회의 세례 후보자들에게 일련의 교리 문답 강좌를 실시했다. 그것은 '프로케티케시스' (procatechesis) 또는 입문자에 대한 서론적인 강좌를 시작했고, 사순절 전에 전체 교회가 있는데서 전달되었고, 입문자가 취해야할 단계의 중요성을 강조하고 회개와 적절한 준비에 대한 필요를 인식시켰다. 이어서 사순절 동안에 '포티조메노이' (*photizomenoi*), 또는 "계몽되어지는 사람들"에게 언급되는, 예루살렘 교회에서 이해한 믿음의 본질을 설명하는, 18번의 공부가 뒤따랐다.

우리가 이 강좌에 텍스트에 첨부된 다섯 번의 '미스타고기칼 케디케시스' (Mystagogical Catecheses)를 갖는데, 이는 부활절 주간에 '네오포티스토이' (*neophotistoi*) 또는 "새로이 조명된 자"에게 전달되었다. 이것은 성례의 본질을 다룬다. 즉 첫 세 번은 세례에 관해서 마지막 두 번은 성례에 관해서 다룬다. 일부 학자들은 이 다섯 강좌가 시릴에 의해서 작성된 것이 아니라 그의 계승자인 387년에 예루살렘의 주교가 되었던 존(John)에 의해 작성되었다고 생각한다. 그 강좌가 시릴에 의해 주어졌다면, 그것들은 확실히 그의 마지막 재직 시에 유래했고, 따라서 앞서 언급한 강의와는 다른 상황에서 유래한 것으로 보아야 한다. 하지만 그 강좌가 시릴에 의한 것이 아니라할지라도, 그것들은 거의 확실히 그의 것과 유사한 가르침을 반영한다.

이 강좌들, 특히 '미스타고기칼 카티게시스' 는 예루살렘의 예전적인 관행을 상당히 엿볼 수 있게 해준다. 세례는 놀라운 특권으로서 극적인 방식으로 나타났다. 공식적으로 세례를 받는 과정에 있는 사람들은 다른 입문자들과는 이미 구분되었다. 이 부분에서 기독교 영성은 그리스와 동방의 이교 신비 종교의 개념에서 빌려왔고, 교회로 입문하는 마지막 단계는 아주 신비스러운 전환으로 특징지어졌다. 그것은 적절한 의식이 선행되는 것이 필요했고, 상당한 비밀로 제한되었다. 그러한 개념들은 이전의 특히 2세기 후반과 3세기 초의 교리 문답의 기독교적 가르침에 뿌리를 두고 있었으나 그것들은 4세기에 상당히 발전되었다. 세례를 받는 후보자는 그들에게 진행되고 있는 모든 세부적인 사항들을 몰라야하는 것이 중요한 것으로 보였고, 불확실과 경이의 분위기가 그 과정의 심리적인 영향을 강화시켰다.

학습을 받는 사람들은 그들이 배우는 것을 드러내지 않아야 하고, 회심하지 않은 그들의 이웃들에게는 말할 것도 없거니와, 보통의 입문자들에게조차도, "하나님의 깊은 것들"의 비밀을 드러내지 않아야할 것을 경고 받았다. 경외감과 거룩한 침묵의 유지는 소중했고, 한 번 후보자들이 세례를 받고 성찬을 기념했다면, 그들은 이 의식의 영적인 의미에 관한 설명만 주어졌다. 신비적인 용어가 세례식에서 특히 사용되었고, "비법"(mystagogy)은 입문에 따른 가르침을 묘사했다. 후대에 불신자이거나 평범한 입문자들이거나 간에 그럴 가치가 없는 사람들의 엿보려는 눈에서 믿음의 내적인 사항들을 감추려는 그러한 강조는 '디시플리나 아르카니', 즉 "비밀 훈련"이라고 명명될 것이다.1)

시릴의 교회에서 세례 후보자는 세례장의 현관에 모였다. 서쪽을 응시한 그들은 그들의 손을 쭉 펴서 형식적으로 마귀를 단절시켰다. 그 다음에 동쪽으로 돌아서서 그들은 경건하게 삼위일체 하나님과 회개의 세례에 대한 믿음을 고백했다. 안쪽 방으로 들어가서 그들은 옷을 벗고 기름을 발랐다. 그 다음에 "성스러운 우물"로 인도되어, 그곳에서 그들의 믿음을 다시 고백했고 세 번 침수했다. 다시 한 번 기름을 바른 그들은 하얀 옷을 입고, 불이 붙은 초를 들고서 신입자로 교회로 인도되었다. 그 다음에 그들은 첫 성찬을 받았다.

전체적인 과정은 의도적으로 극적이었고, 상징으로 수놓아져 있었다. 세례는 중생으로 간주되었고 구원에 필수적이었다. 이는 죄를 깨끗이 하고 성령의 선물을 수여받는 것으로 인정되었다. 세례반은 죄가 상징적으로 거하고 있는 죽음의 물과 영생의 선물이 전달되는 생명의 물을 담고 있었다. 그리스도와 함께 죽고 사는 바울 신학(특히 롬 6:3-11; 골 2:12-15)이 입문의 심상을 지배했고, 참여의 전체 순서는 예수와 상징적으로 일체를 이루는 것으로 간주되었다. 즉 그것은 죄에 대한 그의 죽음의 세례였고, 악에 대한 결정적인 승리와 영생의 서약으로서 그의 부활의 세례였다. 세 번의 침수는 십자가와 부활 사이에 무덤에서 예수가 계셨던 삼일을 언급했다. 세례 후에 기름을 바르는 것은 그리스도의 영의 보증을 상징했고, 주의 도구로서 신입자에 대한 확증을 나타냈다. 하얀 옷과 불이 붙여진 초는 어둠속에서 이전에 살았던 사람들을 이제 비추는 부활한 그리스도의 빛을 의미했다.

기독교 입문의 성스러운 신비에 관한 상당한 강조와 그것에 수반하는 영감을 불러오는 의식은 4세기말과 5세기 초의 다른 주요한 저자들에게서도 발견된다. 시릴의 강좌와 더불어 우리는 안디옥의 존 크리소스톰, 밀란의 암브로스, 그리고 몸수에수티아의 데도오르의 세례에 관한 설교를 갖고 있다. 이 지도자들에 의한 세례의 과정에 관한 묘사는 모든 교회들에서 관찰할 수 있었던 관습을 묘사하고 있지는 않고, 많은 지역에서 변형된 세례가 행해졌음을 발견할 수 있다. 하지만 그러한 설교의 증거를 통해서 적어도 어떤 폭넓은 패턴을 재구성하는 것이 가능하다.

부활절은 세례를 주기에 가장 선호되는 시간이었고, 사순절의 기간은 세례를 받기 전의 교리교육 시간으로 사용되었다. 도덕적 교훈이 항상 이 과정의 중요한 요소였고, 공적인 심사가 로마와 북아프리카에서 특히 진지하게 취해졌다. 전반적으로 교회에서 세례를 위해 등록된 사람들에게 주어지는 교리적 가르침은 이전 시대보다도 훨씬 실제적이었고, 주교의 강의는 특별한 신조에 관한 해설의 형태로 일반적으로 진행되었다. 이전 시대에 세례의 고백이 문답적인 형태로 더욱 특징지어졌다면－주교가 후보자에게 "당신은...을 믿습니까?"와 같은－4세기에는 훨씬 더 선언적인 성격을 취하게 되었다. 즉 후보자 스스로 믿음의 근본에 대해서 충성을 고백하게 했다.

그 고백은 세례가 발생하는 하나님의 세 위격의 이름을 고백함으로써 보통 삼위일체적이었다. 그 시간엔 입문자에게 삼위일체로서 하나님의 본성에 관한 구조적인 분석의 종류를 제공할 것을 기대하는 것이 아니라, 다만 창조자, 구속자, 거룩하게 하시는 자로서 하나님의 특성에 관한 진리의 핵심적인 요소를 발할 것을 의도했다. 그러한 선언적인 신조는 "상징"(헬라어의 '심볼론', 라틴어의 '심볼룸'), 고백적인 표지 또는 심지어 신자의 공동체의 온전한 일원을 위한 암호로 알려졌다. 공식적으로 주교에 의해 "전달되거"나 "건네진" 그것은 암송하고 그 다음에 "발표하고" 또는 세례의식의 일부로서 공개석상에서 후보자가 음송하였다. 두 가지 과정이 라틴어로 '트라디티오 심볼리'(*traditio symboli*)와 '레디티도 심볼리'(*redditio symboli*)로 알려졌다. 신조의 경건한 전달, 암송 그리고 시연은 입문 과정의 신비에 기여했다. 세례의 과정에 있는 사람들만이 그 신조가 주어졌고, 심지어 그 준비의 마지막 단계까지 그것이 그들에게 비밀로 간직되었다.

세례 시에 고백의 관습은 근본적인 진리의 요약만이 아니라 정통의 검증으로서 신조적인 형식의 점증하는 중요성에 역시 기여했다. 전통적으로 후보자들에게 전달된 상징들은 지역의 문제였고, 교회에서 이해한 믿음의 본질에 대한 적요였다. 근본적인 내용에 관한 지식이 명확한 한, 언어적인 음송에서 절대적으로 완벽할 것을 주장하지는 않았다. 하지만 4세기의 교리적인 논쟁의 과정에서 정확한 어휘가 매우 중요하게 되었다. 후보자는 어떤 종류의 그리스도를 고백하였는가 – 하나님 아버지와 완전히 "동질"이신 분인가, 아니면 약간 느슨한 의미로 하나님과 "같은" 분이신가? 어떤 종류의 성령을 확증하였는가 – 참으로 신이신 분이었는가, 아니면 하나님의 목적들을 중개하는 성부 하나님보다 열등한 분이셨는가? 니케아 신학에 대한 논증이 강화되고 확장되었을 때 니케아의 어구는 지역의 신조에서 더욱더 중요하게 되었다.

동방 교회에서 표준적인 세례 형태로서 기능하였던 "니케아 신조"라고 부르는 형식은 콘스탄티노플 교회에서 사용된 지역의 신조로서 기원했을지라도, 니케아의 신조는 동방의 교리문답에서 널리 사용되었다(pp. 114-115을 보라). 서방에서 소위 "사도신경"은 이전의 세례 형식에서 나타났고, 학자들에 의해서 "옛 로마 신경"이라고 전통적으로 지칭되었다.[2] 지역의 신조들이 널리 존재하기를 계속했지만 특히 지형적인 영역에서 어휘적인 형태 사이에 유사한 군(family)이 있는 경향이 있었다. 전반적으로, 세례는 일반적으로 크리스천이 승인해야 하는 진리의 규범적인 요약에 대해 공식적인 인정을 수반할 필요가 있는 믿음에 근거한 언어의 표준과 안정을 향한 점증하는 경향이 있었다.[3)]

세례의 과정에서 교육적인 양상 이외에도 다른 요소들이 동방과 서방의 입문 의식에서 널리 퍼졌다. 세례를 받기 전에 옷을 벗는 것, 세례를 받는 물의 복, 침수 시에 믿음의 고백, 그리고 세례 이후에 하얀 옷을 입는 것은 모두 매우 공통된 특징이었다. 악의 포기(헬라어로 '아포탁시스'), "충실한 붙잡음"의 행위 또는 그리스도에 대한 충성의 고백, 그리고 세례 전과 후에 기름을 바르는 특별한 의식은 준수되어야 했다. 세례 전에 기름을 바르는 것은 축사(엑소시즘)의 형태나 마귀와 싸우기 위한 준비의 표지로 다양하게 간주되었다. 시리아에서는 후보자의 머리가 몸과 분리되어 전형적으로 기름이 발려졌다. 첫 번째는 그리스도에 의한 새로운 주인 됨을 특징짓는 것을 함축했고, 두 번째는 불멸의 새로운 갑주로 무장하는 것을 암시했다.

세례 후에 견진은 자주 단순히 머리에 기름을 붓는 것이었지만 시릴의 예루살렘에서처럼 또 다른 경우에 그것은 머리만이 아니라 귀, 코, 가슴이 연관되었고, 은혜의 복의 특별한 차원을 상징하는 각각의 제스처가 따랐다. 북부 이탈리아에서 암브로스는 요한복음 13:1-17에서 예수의 행위를 따라서 새로이 세례를 받은 사람들의 발을 씻는 의식적인 행위를 첨가한다. 암브로스의 시대에 이것은 로마에서 행해지지 않았으나, 서방에서만이 아니라 동방에서도 많은 교회들에서 부활절 주간의 의식의 일부가 되었을 것이다. 새로이 세례를 받은 사람들에게 전수되는 비법적인 가르침은 모든 의식 행위에 정교한 영적인 해석을 제공했다. 그것은 그들이 경험했던 것의 의미를 상술하기 위해서 성경 본문의 모형론적이고 알레고리적인 해석을 제공하였다. 자주 신입자들에게 전달된 설교들은 나머지 신자들이 참석한 가운데서 이루어졌다. 4세기 후반에 스페인 순례자인 에게리아(Egeria, p. 168을 보라)는 예루살렘 교회에서 교리문답적인 강의와 세례 후의 설교가 새로운 입문자들만이 아니라 교회의 기존 구성원들에게도 전달되었던 방식을 설명해준다.

어린이의 세례

이전은 아닐지라도 2세기 후반부터[4)] 세례가 성인만이 아니라 어린 아이들에게도 적용되었다. 이런 관습에 대한 반대가 있기는 했지만 3세기에 그것을 널리 발견할 수 있었다. 특히 북아프리카와 서방의 여타 지역에서 더욱 그러했다. 4세기에 이 관습이 급속히 퍼졌다.

자녀들이 세례를 받는 나이는 상당히 다양했다. 어떤 경우에 세례는 아주 갓난 아이였을 때에 발생했고, 또 다른 경우에 어린이가 아홉 살이나 그 이상이 되었다. 유아 사망률이 매우 높았던 세계에서 다양한 기독교 교사들이 유아가 가능한 한 어렸을 적에 세례 해야 한다고 이미 주장했다. 키프리안과 오리겐이 3세기에 이 방식을 이미 논증했다.[5)] 한편으로 나지안주스의 그레고리는 세 살 경이 가장 좋은 시기라고 생각했고, 그는 이 나이에 어린이가 "신비한 것을 받아들일 수 있고 대답할 수(질문이 그들에게 주어졌다) 있다고 말했다. 심지어 그들이 아직 충분히 이해하지 못한다할지라도, 그럼에도 불구하고 그들은 어떤 인상을 받을 수 있다"라고 그는 썼다.[6)] 그레고리는 세 살의 나이의 역량에 대해서 낙천적인 생각을 가졌지만, 원리상 자녀들이 세례를 받기 위해서 성인 후원자에게 의존하기보다 스스로 대답할 수 있어야 한다는 것에 분명히 관심을 가졌다.

5세기에 펠라기안과의 고통스러운 논쟁의 과정에서 어거스틴은 유아세례를 신학적으로 명백하게 변호하는 입장을 발전시켰다. 어린이의 편에서 개인의 믿음은 세례를 위해서 필요치 않다고 그는 주장했다. 오히려 어린이는 그를 대신해서 대답했던 사람의 믿음을 통해서 은혜의 수령자가 되었다. 세례가 원죄의 죄책을 씻어주고 유아가 어떤 실제적인 죄를 저지르기 전에 이 원죄의 결과에 영향을 받았다면, 유아들은 가능한 한 빨리 세례를 받아야 하는 것이 중요했다. 그들이 세례를 받지 않고 죽는다면, 그들은 정죄를 받을 것이다. 설사 그들의 벌의 정도가 나이든 사람들에게 부여되는 벌의 정도보다 훨씬 가벼울지라도 말이다. "긴급한" 세례가 유아들이 주교가 도착하기 전에 죽을 수 있는 경우에 사제들에 의해 자주 실행되었다. 세례가 영적인 중생에 필수적이고 그 유효성이 의식의 수행에 공식적으로 있는 한, 유아 세례는 서방에서든 동방에서든 대부분의 교회에서 규범이 되었다.

유아와 어린이의 세례를 수반했던 의식은 일반적으로 성숙한 후보자에 대한 의식과 유사하였고, 기름을 바르는 것과 같은 의식도 표준적이었다. 다만 연약하거나 아픈 유아는 침수에서 면할 수 있었고, 보통 물을 뿌리는 것으로 대체되었다. 자주 어린이들은 세례를 받은 후에 가능한 한 성찬을 받을 수 있었고, 동방에서는 아주 어릴지라도 즉시 성찬이 뒤따랐다. 그러나 그러한 관습에는 많은 변화들이 있었다. 로마와 다른 곳의 교회에서는 어린이가 세례를 받기 전에 교리문답의 과정을 거치는 것이 바람직하다고 생각했다. 그들이 죽음의 위험한 상태에 있지 않다면 말이다. 그들은 어린 나이에 교리문답자로 등록할 수 있었고, 부활절에 세례를 받기 전 사순절 동안에 축사와 교훈이 주어졌다. 대다수의 경우에 그들은 분명히 너무 어렸기 때문에 들은 것을 이해할 수 없었을 것이나 적어도 이론상으로 그들이 입문하기 전에 진리를 인식해야 한다는 것이 중요하다고 생각되었다.

도덕적 헌신으로서 세례의 경건은 많은 사람들이 늦은 나이까지 세례를 연기하게 만들었다. 바실, 나지안주스의 그레고리, 존 크리소스톰, 암브로스, 제롬, 그리고 어거스틴과 같은 탁월한 성직자들을 포함하여 기독교 가정의 자녀들의 상당수가 어린 시절에 세례를 받지 않았다. 황제 콘스탄틴과 같은 개종자들도 자신의 생애 끝 무렵에 세례를 받았다. 예비 신자로 등록하여 교리 교육을 받는 것과 세례 입문의 마지막 단계에 들어가는 것은 별개의 문제였다.

세례와 확증

세례를 위한 후보자의 수가 4세기에 급증함으로 주교들이 직접 그 모든 사람들을 세례할 수 없었고, 세례는 자주 사제들에 의해서 주관되었다. 확실히 긴급한 세례의 경우에 그러했고, 또한 그것은 선교적인 환경에서도 적용되었으며 어떤 교회에서는 사제들이 주교가 참석한 가운데 의식을 수행하기도 했다. 그럼에도 불구하고 주교의 권위는 특히 성별하는 일에서 중요한 것으로 간주되었다. 동방의 교회들에서 성별하는데 사용된 기름은 주교가 주관하는 것이 흔하였다. 설사 사제들이 그것을 적용할 수 있을지라도 말이다. 로마 교회에서 주교의 권위로 사제들이 세례 하는 것이 허락되었지만, 세례 후에 후보자들의 이마에 기름을 붓는 것은 허락되지 않았다. 성령의 그러한 "보증"은 명백히 주교의 특권으로만 보유되었다.

처음에 그러한 구분의 결과는 매우 의미가 있지 않았다. 세례를 받았던 사람이 이 두 번째 성별을 자주 곧바로 받았기 때문이고, 심지어 이 일이 있기 전에도 그들은 첫 성찬에 참여할 수 있었다. 그러나 시간이 흐르면서 세례와 확증(견진)의 차이가 서방교회에서 더 커졌다. 5세기 골과 같은 환경에서는 관구가 아주 커서 주교의 권위가 중부 이탈리아보다도 훨씬 약했으므로, 세례와 "견진"의 갭이 더욱 컸고, 두 번째로 기름을 바르는 확증은 주교 앞에서 자신을 보일 기회가 발생할 때에 삶의 나중 단계에서 행해지는 전적으로 개별적인 의식이 되었다. 중세 시대에 견진은 도덕적인 이유 때문에 주교들에 의해서 자주 거부될 것이고, 그것이 상징하는 헌신의 정도가 불필요하거나 바람직하지 않다고 느꼈던 고백하는 신자들에 의해서 전적으로 소홀해질 것이다.

성찬 의식

세례를 둘러싼 경외감은 자격이 부여된 성찬 의식의 경건성과 긴밀하게 연관되었다. 예배자들에게 그리스도의 몸과 피에 참여하는 일의 거룩함을 각인시키기 위해서 성찬 의식은 훨씬 더 형식적이고 정교해지게 되었다. 그 이미지는 사도 시대와 4세기에 이미 상당히 발전했던 개념에 의존했는데, 성찬 의식은 교제의 성스러운 축제만이 아니라 그리스도의 완전한 봉헌을 영적으로 대변함으로써 하나님께 영광을 돌리는 거룩한 희생이나 제물을 의미했다.[7] 그러한 개념은 예배에서 경이와 존경의 전반적인 고취의 일부로서 확장되었고, 성찬은 심오한 신비로 묘사되었다. 그것의 영적인 깊이는 너무 거룩하고 놀라워서 가벼이 할 수 없거나 자격이 없는 자들에게 알려질 수 없었다.

그 경우에 장엄함에 관한 강조가 더욱 필요했다. 회중들은 더 이상 참으로 헌신된 자들로 주로 구성되지 않았고, 예배가 어떤 의미인지를 품는 것에 대해서 빈약해 보이는 많은 사람들을 수용하고 있었다. 교회에서 사람들의 행실은 기독교 지도자들로부터 자주 비판이 가해지게 했고, 소음과 잡담이 예배시간에 흔했으며, 못된 장난을 하거나 예배자의 지갑을 훔치는 일이 있었다. 파괴적인 행위는 교회 바깥의 험악한 요소로 한정되지 않았다. 스스로 신실한 자라고 하는 사람들이 성경을 읽고 설명하거나 기도가 행해지는 예전시간에 불손한 형태로 험담하고 행동함으로 책망을 들었다.

이런 문제들을 다루기 위해서 성찬은 점차적으로 신비로운 거룩한 드라마처럼 제시되게 되었고, 예전적인 행위의 형태가 발전하여 발생하고 있는 일의 심오함과 진지함을 강조하게 되었다. 그러한 논조들은 물론 초기 시대 이래로 언급되었으나 4세기에 전보다 더욱 필요하게 되었다. 예배자들은 자신들이 전능하신 하나님의 임재 속에 있고, 상한 몸과 흘린 피가 감사로 상징되었던 그리스도가 거룩함으로 그곳에 계시다는 것을 인식할 필요가 있었다. 예비 신자(교리문답)에 대한 가르침이 성찬에서 제공되었던 희생의 거룩함과 두려움과 떨림으로 그것을 대하는 것이 중요함을 강조했던 것처럼, 기도와 찬미와 예배 내에서 취하는 모든 절차는 경외와 경건을 주입하는 것으로 의도되었다.

성찬의 기도는 처음부터 발생하고 있는 것이 전적으로 성스러운 것임을 분명히 할 것이다. 성찬의 요소는 그리스도의 상징으로서만이 아니라 영혼을 육성하는 거룩한 음식과 신비로운 영적인 능력의 대상으로 간주되었고, 수령자들에게 축복의 종류를 전달하였다. 즉 성찬의 요소는 몸을 거룩하게 하고 악과 병에서 몸을 보호할 것이다. 성찬을 받는 적절한 영에 관한 실제적인 조언은 다음과 같은 형태를 취하였다.

> 당신이 앞으로 나올 때, 팔을 흔들거나 손가락을 편 채로 나오지 말라. 당신의 왼손을 당신의 오른손을 위한 받침으로 만들라. 당신의 오른손이 왕을 환영할 것이기 때문이다. 당신의 손바닥을 잔처럼 만들고 그 안에 그리스도의 몸을 받고, 아멘으로 답하라. 그 다음에 거룩한 몸에 닿음으로써 당신의 눈을 복되게 하고, 그것을 먹어라. 한조각도 떨어지지 않게 조심하라. 그것의 어느 하나를 잃는 것은 당신 자신의 몸의 일부를 잃는 것과 같다…. 당신이 그리스도의 몸을 먹었다면, 그의 몸의 잔에 다가가라. 그것에 당신의 손을 뻗지 말고, 단지 공손히 당신의 경의와 경건을 보이기 위해서 '아멘' 이라고 말하라.

> 또한 그리스도의 피를 먹음으로써 당신 자신을 거룩하게 하라. 그리고 그 습기가 여전히 당신의 입술에 있는 동안에, 그것을 당신의 손에 대고, 당신의 손에 대고, 당신 눈과 이마와 다른 감각 기관을 복되게 하라.[8)]

크리스천은 떡과 잔을 먹는 것이 그리스도의 몸과 피에 진정한 참여를 대변했다는 것을 항상 믿었고, 성찬의 요소의 상징적인 해석은 계속되었다. 하지만 초기의 권위자들에서 발견할 수 있었던 보다 "실재적"인 해석이 점차적으로 흔하게 되었다. 주교들은 청중들에게 성찬의 희생의 제단에 두어진 상징들이 단지 떡과 잔이라고 생각하는 것은 잘못이라고 경고했다. 성찬을 주관하는 자의 행위는 기억과 감사만이 아니라 떡과 잔을 '성별'하는 것과 관련이 있는 것으로 간주되었다.

성별

이런 성별이 어떻게 발생했는지와 관련해서 서로 다른 견해들이 있었다. 동방에서 '에피클레시스' 또는 거룩한 능력의 탄원에 관한 강력한 강조가 있었다. 초기 시대에 그러한 탄원은 주로 그 요소들을 받아먹는 예배자들에게 하나님의 복을 간구하는 것으로 주로 이해되었다. 이렇게 참여자의 복에 대한 호소가 여전하였을지라도, 하나님이 직접적으로 그 요소들에 행사하시고 의도된 거룩한 목적을 이룰 수 있는 특별한 위치를 그 요소들에 부여해달라고 탄원하는 감정이 이제 더욱더 있었다.

때로 기도자는 삼위일체의 제2위인 로고스가 이 임무를 이루기 위해서 보내져야 한다고 간구했다. 이것은 두무이스의 주교이자 아타나시우스의 친구(p. 102을 보라)인 세라피온(Serapion)이 전통적으로 작성했다고 제기되는 기도에서 명백히 나타난다. 그것은 다음과 같은 간구를 포함한다. "오 진리의 하나님. 그 떡이 말씀의 몸이 될 수 있도록 이 떡 위에 당신의 거룩한 말씀이 임하게 하소서, 또한 그 잔이 진리의 피가 될 수 있도록 이 잔 위에 당신의 거룩한 말씀이 임하게 하소서." 말씀에 대한 탄원은 특히 애굽의 예전 전통에서 흔하였다. 그러나 일반적으로 호소를 받는 분은 성자가 아니라 성령이었고, 많은 동방의 훌륭한 주교들의 성찬 기도는 이런 형태를 취하는 경향이 있었다. '에피클레시스' 는 점차적으로 성령이 떡과 잔을 복 주실 뿐 아니라 신비로운 방식으로 그것들을 그리스도의 몸과 피가 되게 하실 것을 요청하는 것으로 점차적으로 간주되었다. 그러한 개념은 세라피온에게 귀속되는 '말씀' 과 관련한 기도에서 이미 명백하다. 그것은 성령과 관련해서 예루살렘의 시릴, 존 크리소스톰, 그리고 여타 사람들과도 널리 유사하다.

한편으로 서방 교회들에서 성찬 요소들의 성별은 성령에 대한 탄원을 통해서가 아니라 주관자가 그리스도의 말씀을 음송할 때("이것은 나의 몸이니라…") 규정된 설명으로부터 발생한다고 제기되었다. 암브로스는 그것을 이런 식으로 설명한다.

> 떡인 것이 어떻게 그리스도의 몸이 될 수 있는가? 어떤 말씀에 의해 그 성별이 효력이 있게 되고, 그것은 누구의 말씀인가? 주 예수의 말씀. 이전에 언급된 모든 것들은 사제의 말이다. 즉 찬미가 하나님께 드려지고, 기도가 드려지며, 간구가 백성과 왕과 다른 모든 이들을 위해 드려진다. 그러나 지고의 거룩한 성사가 있게 되는 순간에 제사장은 자신의 말을 더 이상 사용하지 않고 그리스도의 말씀을 사용한다. 따라서 이 성사가 있게 하는 것은 그리스도의 말씀이다.[9)]

암브로스가 성령에 대한 기도가 성찬의 제공을 복되게 하는 것으로 하였을지라도, 전반적으로 서방의 예전은 성령에 대한 '에피클레시스' 를 성찬의 요소들이 성별되는 수단으로 보지 않았다. 4세기 이후부터 이런 구분이 서방과 동방의 교회들 간에 주요한 예전적 차이가 될 것이다. 일반적으로 서방은 예전적인 형태를 발전시키는데 있어서 동방보다 훨씬 늦었다 – 특히 로마에서 성찬은 다마수스의 시대 때까지 헬라어로 여전히 수행되었지만 뚜렷하게 라틴어 의식이 나타났을 때, 이 영역에서 그 차이가 두드러졌다.

동방과 서방은 성찬의 요소에서 발생하는 변화를 언급하는 경향이 점차적으로 있었으나 서방은 이것을 그리스도의 말씀의 경건한 음송으로 발생하는 것으로 간주했지만 동방은 성령께 대한 호소에 커다란 의미를 부여하기를 계속했다. 성령에 대한 호소의 형태는 일부 서방의 형태에서 확실히 추적할 수 있으나 전통적인 로마의 의식은 성령에 대한 언급을 담고 있지 않았고, '에

피클레시스' 의 기도는 서방 예전에서 일상적으로 추가된 것은 훨씬 후대에서였다.

성찬의 기도들

어떤 차이가 동방과 서방에서 발생하기를 시작하였든지 간에 4세기는 전반적으로 교회에서 성찬의 기도가 점차적으로 표준화되어가는 것을 목격했다. 건전한 교리의 수단으로서 예전적인 형태의 중요성을 인식한 주교들은 그리스도의 신성과 성령을 적절하게 말할 수 있는 유형을 사용하는데 열심이었다. 신자들이 예배하고 있는 삼위 하나님의 참된 특성을 이해할 수 있도록 말이다. 성찬의 예배가 동방과 서방에서 지도자와 회중 간에 대화의 형태를 전형적으로 취하기를 계속했다. 그것은 다음과 같이 시작한다.

주님이 당신과 함께 하시기를.
　　그리고 당신의 영과 함께 하시기를.
당신의 마음을 들어 올리십시오.[10)]
　　우리가 그것을 주님께 올려드립니다.
주님께 감사하십시다.
　　그것이 옳고 합당합니다.[11)]

이런 주고받음은 창조와 구속에서 나타난 하나님의 영광에 관한 친미로 이끌 것이다. 이것이 이사야 6:3에 "거룩하다, 거룩하다, 거룩하다…"(일부 유대 회당 기도에서 발견되고 이미 초기 시대에 기독교인들에 의해 사용된 형태)라는 천사의 외침에 기초한 '상투스' 로 라틴어에서 알려진 찬미에서 절정을 이루는 것이 보통이었다. 하지만 동방에서와 달리 서방의 성찬에서 '상투스' 가 확립되는 데에는 오랜 시간이 걸렸다. 6세기에 마태복음 21:9의 '베네디쿠스 퀴 베니트' ("주의 이름으로 오시는 이는 복이 있으시도다")라는 더 많은 찬미가 추가되었다. 제정된 설명을 보통 읽을 것이지만,[12)] 예수를 기념하여 먹고 마시는 것에 관한 그의 말씀들이 인용될 것이다. 모인 무리에 의한 감사나 영적인 희생 제사를 하나님이 받도록 간구되어지고 다른 중보가 교회를 위해서 만들어진다. 매우 자주 이 기도들은 산자와 죽은 자를 포함하여 모든 신실한 자들을 포용하는 것으로 간주되어지고, 이 기도 속에서는 이미 죽은 성인들과 순교자들의 이름을 거론하는 것이 흔하였다. 아주 많은 교회들에서 주기도가 회중들에 의해 음송된다. 마지막으로 하나님께 대한 찬미를 드리는 송영이 있게 된다.

특별한 상황에서 구체적인 전통들을 소중히 하였을지라도, 이런 많은 유형들이 이곳에서 저곳으로 전파되어 서로 다른 교회들 간의 교류를 활발하게 했다. 주요한 전형은 안디옥파나 서부 시리아전통(고전적으로 성 바실과 성 존 크리소스톰의 예전으로 알려진), 알렉산드리아 전통(성 마가의 예전), 그리고 로마의 전통(로마의 법규)을 포함했다. 분명히 각기 독특한 특징을 갖고 있었을지라도, 그것들의 고전적인 텍스트의 형태에 대한 연구는 '아나포라' 또는 "봉헌"(offering) 기도의 폭넓게 유사한 순서가 넓은 기독교 지역에서 관찰될 수 있음을 보여준다. 예전의 많은 발전이 뒤이은 세기들에서 계속되었지만 이미 5세기 초에 개별적인 성직자들의 편에서 혁신적인 것을 사용하지 못하게 하는 강력한 분위기가 있었다. 감사의 엄숙함은 표준적인 반복의 위엄에 의해 가장 잘 특징지어지는 경향이 있었고, 즉석적인 사용은 성스러운 관례를 위반하는 것으로 간주되었다.

드라마적인 인식

성찬 행위에서 드라마적인 인식이 물리적인 의식과 언어적 형태에서만이 아니라 설교하는 과정의 해석에서도 포착되었다. 몸수에스시아의 데오도르는 전체 예전을 예수의 고난, 죽음, 그리고 부활의 알레고리로 묘사한다 – 구원의 기독교 이야기에서 기초적인 요소들의 드라마적인 재연출. 각각의 행위와 무대는 그런 이야기의 핵심적인 양상을 대변했다. 제단에 떡과 잔을 가져오는 것은 수난으로 이끌려지시는 예수를 상징했고, 천으로 덮은 것은 예수를 감쌌던 무덤의 옷이나 붕대를 상기시켰다. 성령에 대한 호소는 십자가에 죽으신 분이 죽음에서 일어나서 그의 백성들에게 은혜와 능력을 하사하시는 장면을 대변했다. 떡을 엄숙하게 떼어 내는 것은 그에게 와서 먹으라고 신실한 자들을 초대하시는 부활한 그리스도의 모습을 말하였다.

4세기 후반에 성찬은 주일만이 아니라 매일 많은 주요한 교회들에서 기념되었다. 성찬을 매일 기념했다고 해서 그 엄숙함이 조금도 약화되지 않았다. 성찬이 더욱 경건한 영감과 신비가 주어질수록 일반 평신도와 본래 이 의식이 주어진 진정한 목적 – 영적인 성취의 정도나 사회적 신분의 차이와 상관없이 그리스도를 기억하고 나누는 특권 – 과는 더욱더 거리감이 생겼다. 의식의 수용에 필요한 도덕적 성품에 그러한 중요성을 두었던 존 크리스소톰과 같은 주교들은 그들의 의도했던 것과는 정반대의 결과를 낳았다. 심각한 죄의 책임이 있는 사람들에게 성찬을 받기 전에 예배에서 떠날 것을 조언했을 때, 주교들이 바랐던 목적은 신자들이 스스로를 심사하여 그들의 생활을 고칠 것을 고무시키는 것이었다. 하지만 실제로는 많은 청중들이 특히 규칙적인 차원에서 성찬에 전혀 참여하지 않을 것을 단순히 선택했다. 어떤 이들은 일년에 한번만 성찬을 받았다. 불행한 결과는 많은 출석자들이 성찬에 참여하는 것을 믿음에 부수적인 것으로 간주하게 되었다는 것이다 – 이는 가장 초기(초대교회)의 기독교인들의 실천과는 분명히 배치되는 생각이었다.

그러한 개념들은 성직자와 평신도 사이에 간격을 넓히는 일을 촉진시켰다. 어떤 이들은 성찬을 성직자들이 자신들을 대신해서 행하는 것으로 생각하고, 필연적으로 참석할 필요가 없다고 여겼다. 교회 지도자들은 성찬 전에 떠나는 행위를 비난했으나 그것을 직접적으로 막으려고 하지는 않았다. 성찬 전에 떠나는 사람들이 적어도 질서적인 방식으로 그렇게 하게 하기 위해서 다양한 해산의 의식을 예전에 추가하게 되었다. 성찬을 받는 신자들은 주관자에 의해서 공식적인 복을 받은 이후에 역시 보내어졌다. 성찬 전이든 후이든 서방에서 라틴어 명칭인 '미사'(*missa*, 행렬에서 병사들의 해산에 사용된 단어)나 성찬 예배에 적용된 "매스"(mass, 곧 미사)로 이끌려진 것은 해산의 이런 관행이었다.

우리가 6장에서 보았던 것처럼, 어거스틴이 이 예식을 "성스러운 것의 표지"나 그것을 받는 사람들에게 거룩한 은혜가 전달되는 "보이는 말씀들"이라고 상술했을 때, 세례와 성찬의 본질에 관한 신학적인 묵상은 5세기에서 상당히 확장되었다. 그러한 정의는 중세, 종교개혁, 그리고 후대의 사상에 끊임없이 논쟁을 파생할 것이지만, 그 세부적인 설명이 무엇이든지 간에, 그것은 초기의 기독교 사상의 구축된 요소들을 확실히 환기시켰다. 3세기 초로 거슬러 올라가면, 터툴리안에게서 세례와 성찬의 의식은 신자들이 그리스도의 신비(헬라어 '미스테리온'을 라틴어에서 '사크라멘툼'으로 번역함)에 참여하는 수단이 되었기 때문에 법적으로 "성례"(Sacraments)라 불렸다. 그것들은 '사크라멘툼'이나 로마 병사들이 취한 충성의 "성스러운 맹세"를 상기시켰다.

세례를 받는 것은 공개적으로 그리스도에 대한 최초의 헌신을 보여주는 것이었고, 십자가의 표지로 보증하는 것은 신앙의 싸움을 싸워야 하는 표준을 받는 것이었다. 성찬을 취하는 것은 그리스도의 병사의 무기의 일부가 되려는 자신의 맹세를 유지하고 모든 대적들에 대한 그리스도의 확실한 승리를 기대하게 하는 것이었다. 어거스틴이 주장했던 것처럼 성례의 참여는 크리스천의 생활의 핵심이었고, 은혜의 수단으로서 그 중요성을 하찮게 여기는 것은 크리스천의 존재의 근본적인 원리를 심각하게 위반하는 것이었다.

일상의 기도

4세기에 기독교가 인정된 것은 이전 세기들에서 발전되었던 매일의 기도의 형태가 크리스천의 경건에 사적인 양상만이 아니라 공적인 양상이 될 수 있었다. 3세기에 대부분의 신자들은 매일 여러 번의 기도를 준수하는 것이 규범이었다. 즉 하루에 세 번(오전 9시, 정오, 오후 3시) 또는 다섯 번(이 세 번 외에 이른 아침과 저녁) 순차적으로 기도하는 것이 보통이었다. 그러한 기도 주기는 사적으로 또는 가정에서 지키는 개인 신자나 크리스천 가족을 위한 것이 더 이상 아니었다. 그 기도 주기는 공적이고 공개적으로 보이는 장소에서 시행된 교회의 일상적인 예전의 일부가 되었다. 특히 두 기도 시간, 즉 이른 아침과 저녁의 기도는 성직자가 인도하는 공동체적 행위가 되었다.

학자들이 일컫는 것처럼 "주교"의 직무는 전체 교회에 의한 찬양과 중보의 제사 – 믿는 공동체와 그 공동체가 두어진 세계를 위한 사역과 관련한 사제의 봉사 – 로 보였다.[13] 시편이 특히 두드러졌다. 아침에 시편 148-150편이 널리 사용되었고, 시편 51편과 63편도 애용되었다. 저녁에는 시편 141편이 동방에서 상당히 표준이 되었다. 그것은 전통적으로 불을 켜고 노래를 부르는 헬라어 찬미인 '포스 힐라론'과 같은 것이었다.[14] 시편 105편은 서방에서 흔하였다. 특별한 상황에서 선호되는 시편과 찬미는 항상 사용되는 경향이 있었다. 기도는 교회와 사회를 위해서 대체로 드려졌다. 기도의 제사의 상징인 중보(참조. 시 141:2; 계 8:3-5)는 4세기 후반에 많은 주요한 교회들에서 사용되었다. 하지만 예배 시에서 그것의 사용은 7세기까지는 확장되지 않았다. 초를 켜는 의식은 4세기에 이미 꽤 흔하였고, 세례의 예식에서 불을 켠 초의 사용은 아마도 고전적인 신비 종교들의 입문 관행에 뿌리를 두었을 것이다. 우리가 이미 보았던 것처럼, 그것은 크리스천의 성례 드라마의 이해에 일부 영향을 주었다.

매우 널리 퍼진 기도의 한 형태는 안디옥에서 기원하여 콘스탄티노플로 퍼졌고 로마와 서방으로 이동한 것으로 보이는 "리타니"(헬라어 '리타네이아', "탄원")였다. 리타니는 사제나 부제(부제의 리타니는 특히 동방에서 흔하였다)인 리더에 의해서 언급되고 때로 노래로 불리고 여기에 대해서 고정된 반응을 주었던 일련의 간구로 구성되었다. 특히 한 가지 짧은 반응은 특히 폭넓은 사용을 가졌다: 헬라어 '키리에 엘레손', "주여 자비를 베푸소서"(보통 '키리에 엘레이손'으로 번역되었다). 이 동방의 기도는 5세기 후반에 번역되지 않은 헬라어로 성찬의 라틴 예전에 포함되었다.

6세기말에 로마의 성찬 예전이 그레고리 대제 하에서 다양한 방식으로 개정되었을 때(pp. 388-396을 보라), '키리에 엘레이손'은 의미에서 다른 간구를 압도하면서 미사에 중요한 요소로 인정되었고, 동방에서는 발견되지 않을지라도, 그레고리는 '크리스테 엘레이손', "그리스도여 자비를 베푸소서"라는 보충적인 간구가 로마에서 통상적이 되도록 기여했다. 후대의 세기에서 이 기도들은 '키리에 엘레이손'의 아홉 번의 반복, 그리고 '크리스텐 엘레이손'의 세 번의 반복과 같이 공식적인 형태의 범주로 조직될 것이고, 그것에 음악을 부여하는 정교한 형태가 고안될 것이다.

4세기에 금욕주의의 팽창은 의미 있는 예전적 발전을 역시 낳았다. "수도원"의 기도는 집합적인 찬양과 중보보다는 영적인 묵상을 위한 탐구의 요소로서 끊임없는 묵상에 그 근거를 두었다. 애굽과 시리아의 사막에서 혼자만의 묵상은 하나님과의 특별한 친밀함을 추구하는 계속된 기도 불침번을 유지하는 일에 항상 집중해 있었지만, 금욕주의의 보다 공동적인 형태는 일상적인 세계에서 살고 있는 신자들에게서 가능했던 것보다 묵상의 더 높은 차원을 계발하는 일에 헌신케 했다. 대부분의 종류의 수도원들은 일반적으로 시편과 성경에 대한 특히 깊은 헌신을 공유했는데, 자주 단일한 기간에 연속된 매우 긴 자료를 음송하였고, 기도에 대한 그들의 헌신은 듣는 예배만이 아니라 묵상과 조용한 간구의 불굴의 형태와 관련이 있었다. 바실과 존 카시안과 같은 인물들에 의해 계발된 임무의 구조는 예배가 끊임없는 활동이 되게 영감을 주었다. 수도원이 고립된 지역만이 아니라 도시와 마을의 주변에 자리하게 되었을 때, 그리고 더욱더 성직자의 구성원들이 교회 지도자로서 그들의 직무에 들어가기 전에 이러저러한 형태로 금욕적인 삶을 경험하였을 때, 수도원의 기도 유형은 대체로 교회의 실천에 점점 더 영향을 주었다.

많은 교회에서 주교가 주관하는 예전이 많은 임무들을 수용하는 것으로 확장되었고, 성직자들만이 아니라 평신도들도 매일의 예배로 적절한 헌신을 드릴 것을 권고 받았다. 5세기와 6세기경에 로마의 교회는 시편을 주간의 과정에서 전체적으로 음송하는 구조를 고안했고, 가장 긴 시편인 119편의 읽기는 그 날의 3시, 6시, 9시의 예배 시에 고정되어 있었다. 다른 지역에서의 패턴들은 자주 더 간단했고, 더 작은 범주의 시편들이 사용되었지만 성경 자료의 영창이나 노래가 일정한 종류의 주기를 뒤따랐고, 그것은 교훈이나 찬미의 문제일 뿐만 아니라 묵상의 과정으로 공식적으로 간주되었다. 예배자들은 규칙적인 교회 예배 이외에 자신들의 사적인 기도 생활을 배양하도록 격려를 역시 받았고, 금욕주의자들의 사례는 영감적인 것으로 자주 인용되었다.

수도원과 도시 교회가 서로 가까이 있고, 두 단체 사이에 일부 인물들의 이동은 그 개념들이 다른 방향으로 역시 이전하는 것을 의미했고, 수도원의 기도는 보다 주류적인 관습을 흡수했다. 540년경에 만들어진 누르시아의 베데딕트(Benedict of Nursia)의 수도원 『규칙』(Rule, pp. 377-379를 보라)에서 아침 기도의 임무는 시편의 정연한 주간의 주기를 따라 매일 아침에 동일한 시편을 사용하면서 주교가 관장하는 교회의 예배와 본질적으로 유사하였다. 저녁 기도의 유형은 형태상 전형적으로 수도원적이었지만 말이다. 베네딕트의 구조는 성경 본문의 "답창" 또는 반응적 영창, "교창" 또는 시편과 찬미 전과 후에 교호적인 형태로 음송된 성경 구절들, 그리고 성경 본문의 고정된 프로그램을 포함했다.

뒤이은 세대에 교회와 수도원의 접근방식의 진전된 융합은 중세기에 다음에 열거하는 임무의 대부분 또는 모두를 포함했던 형태를 널리 지키는 것을 확실히 했다: 마틴스(Mattins, 라틴어 '마투티누스', "아침의")와 이른 아침에 로우즈(Lauds, 시편 148-50에 나오는 찬미, 라틴어로 '라우다테'), 세 번째 시간 또는 오전 9시에 테르스(Terce, 라틴어 '테르티우스', "세 번째"), 여섯 번째 시간 또는 정오 12시에 섹트(Sext, 라틴어로 '섹스투스', "여섯 번째"), 아홉 번째 시간 또는 오후 3시에 논(None, 라틴어 '노누스', "아홉 번째"), 그리고 저녁에 베스퍼스(Vespers, 라틴어로 '프리무스', "첫 번째"). 첫 번째 시간 또는 오전 6시에 지켜진 프라임(Prime, 라틴어로 '프리무스', "첫 번째"), 밤에 은거하기 전에 그 날의 완성을 말했던 콤플라린(Compline, 라틴어 '콤프레토리움', "완성"; 동등한 헬라어 번역은 "저녁식사 후에"라는 '아포데이프논' 으로 알려졌다)도 역시 매우 흔하였다.[15] 많은 변형이 존재했고, 상황마다 다양성을 보여준 성경 본문과 노래 자료에 의한 예배의 내용은 일반적인 교회의 성직자와 수도사에 의해서 공유되었다.

찬송들

찬송은 크리스천들에게 항상 중요했고, 매일의 기도에 관한 예전의 발전은 예배에서 노래의 사용을 촉진하였다. 항상 그랬던 것처럼, 시편들은 특히 소중하였고, 모든 곳에서 기독교인의 찬미의 널리 미치는 특징이었다. 다른 저작들도 점점 의미를 가졌으나 이 대부분은 여전히 강력하게 성경적인 정취를 가졌다. 『사도헌장』(*Apostolic Constitutions*)으로 알려진 4세기 후반의 문서[16]는 라틴어로 '글로리아 인 엑셀시스' ("높으신 하나님께 영광이 있기를")로 알려질 찬미의 헬라어 판을 가리킨다. 본질적으로 시편들에서 발견된 찬미의 용어의 이런 종류의 기독교 판인 그것은 동방에서 아침 직무에 사용되었고, 6

세기 초에 그것은 서방에서 성찬에 도입될 것이다. 삼위일체 하나님의 각 위격에 대한 찬미의 후렴구를 형성하는 짧은 형태의 송영인 '글로리아 파트리' ("아버지께 영광이 있기를...")도 역시 4세기에 사용되었다.

전반적으로 성경으로부터 가져온 "송영"과 "송시"를 지속적으로 선호했다. 누가복음 1:46-55에서 동정녀 마리아가 부른 찬미의 노래인 '마그니피카트' ("나의 영혼이 주를 찬양하나이다...")는 동방과 서방에서 아침과 저녁의 예전에서 다양하게 노래 불려졌고, '베네딕투스' ("주님께 복이 있도다..."), 아들인 세례요한의 탄생에서의 스가랴의 감사(눅 1:68-79)도 마찬가지였다. '누그 디미티스' ("이제 당신의 종을 떠나게 하소서...")는 특히 저녁에 널리 사용되었다 (헬라어판은 『사도헌장』에서 언급된다). 모세(출 15:1-8; 신 32:1-43), 한나(삼상 2:1-10) 그리고 이사야(사 26:1-21)와 같은 다른 성경의 노래들도 특히 동방에서 사용되었고, 성경의 묵시 책(『세 어린이들의 노래』[*The Song of the Three*])에 사드락, 메삭, 아벳느고란 유배된 세 히브리 젊은이(단 3장)의 입에서 나오는 찬미의 노래에 기초한 '베네딕테' ("주님을 찬미하라...")는 동방과 서방에서 유명했다.

그러나 이런 명백하게 성경적인 형태와 더불어 다른 종류의 찬미가 특히 교리적인 가르침의 도구로서 더욱 흔하였다. 성육신과 삼위일체 신학의 본질에 관한 4세기의 신학적인 논쟁의 혼란 속에서 아리안파와 니케아파는 그들의 개념들을 진전시키는 노래들을 사용했다. 우리가 5장에서 보았던 것처럼 시리아의 에프렘은 그리스도의 영광, 이 세상에서 하나님의 임재, 그리고 인간 구원의 본질을 기념하는 찬송가에 두드러지게 기여했다. 에프렘의 저작들은 다른 저자들에게 크게 영향을 미쳤고, 아르메니아어, 헬라어, 라틴어, 그리고 다른 언어들로 번역되었다. 헬라어 찬송도 역시 나지안주스의 그레고리와 같은 다른 재능 있는 저작자들에 의해 생산되었다. 회중찬양은 콘스탄티노플의 존 크리소스톰과 같은 교사들에 의해 촉진되었고, 그것은 밀란의 암브로스에 의해 특히 괄목할 만한 영향을 갖고 발전되었다(pp. 103-4, 109를 보라). 암브로스의 찬송은 서방에 매우 강력한 영향을 끼쳤고, 그의 기법을 모방하는 것이 매우 흔하였다. 그 때문에 대다수의 찬송들이 거짓되게 암브로스의 저작인 것으로 귀속되었다.

서방의 찬송 작가 중에 가장 인상적인 사람 중에 한 사람은 아우렐리우스 프르덴티우스 크레멘스(Aurelius Prudentius Clemens) 또는 간단하게 프르덴티우스(Prudentius, 약 348-410)라는 스페인 시인이었다. 프르덴티우스는 그의 삶의 많은 부분을 행정가로 보냈지만, 은퇴한 이후에는 영적인 훈련과 기독교적인 주제에 관한 글들을 쓰는데 자신을 바쳤다. 그는 예술적인 재능을 믿음의 진리에 대한 깊은 헌신과 조합시켰고, 그리스도의 신성과 악의 기원 그리고 다른 신학적 주제들에 관한 탁월한 시를 저작했다. 크리스천 영혼의 시련과 시험이 세상에서 교회가 직면하는 도전을 대변한다는 긴 알레고리인 그의 '사이코마키아' ("영혼의 투쟁")는 특히 영적인 악과 덕을 묘사하기 위한 의인화의 사용에서 후대의 서방 저자들에게 엄청난 영향을 미쳤다. 프르덴티우스는 고전적인 운율로 많은 서정시를 썼고 그것으로부터의 발췌문들이 찬송의 집합들에서 널리 인용되었다. 라틴어로 저작되었을지라도, 그것들은 로마 문헌에서 오래 지속된 관습을 따라서 헬라어 제목이 주어졌다. '카데메리논' ("매일의 순환")은 주로 매일 사용할 수 있도록 의도된 열두 찬미의 모음이었고,[17] '페리스테파논' ("순교자의 면류관에 관해서")은 다양한 스페인과 이탈리아의 순교자들을 찬미하는 열네 저작들로 구성되어 있다.

거의 생애가 알려져 있지 않은 5세기의 시인 캘리우스 세두리우스(Caelius Sedulius)는 그리스도의 복음에 관한 서사시를 작성했고(그는 그것을 산문으로도 번역했다), 그 많은 찬송들 중에 두 가지만 오늘날 전해 려온다.[18] 그러나 라틴 작가들 중에 가장 재능 있는 사람은 포이테이르에 정착하여 말년에 그곳의 주교가 되었던 북이탈리아의 시인인 베난티우스 포르투나투스(Venantius Fortunatus, 약 540-601)였다. 포르투나투스는 상당히 금욕적이고 영적인 특성을 가진 삼백 개의 시적 작품을 썼는데, 여기에는 찬미, 엘레지, 경구, 비문, 찬사, 그리고 여타 작품들을 포함했다. 그의 가장 유명한 찬미는 그리스도의 십자가의 주제에 관한 것이었고, 561년에 메로빙거 왕조의 경건한 여왕인 라디군드(Radegund)에 의해 세워진 포이티에르의 새 수도회에 참된 십자가라고 주장된 것에 대한 헌정식을 위해 작성되었다. 특히 그중에 두 작품 – "왕이 깃발로 나아가자" ('베실라 레기스')와 "나의 혀여 영광스러운 전투를 노래하라" ('팡게, 링구아')는 후대에 서방의 수난절 예전에 포함되었고, 이즈음까지 많은 찬송집에 들어 있다.

초기 라틴 찬송 가운데 가장 유명한 것은 불확실한 기원을 갖는다. 성부와 성자를 찬미하는 '테 데움' (Te Deum)은 운문이 아니라 운율적인 산문으로 작성되었다. 그것은 4세기 후반에 다뉴브 변방에 고딕족들 사이에서 선교사로 있었던 레메시아나(Remesiana)의 주교인 니세타(Niceta, 약 335-414)를 포함하는 많은 다른 작가들과 연관되었다. 9세기의 전설은 어거스틴의 세례를 위해서 암브로스가 그것을 작성했다고 주장했지만 이는 순전히 가공적이다. 이 작품의 참된 기원은 불확실한 채로 남아 있다. 그것은 아마도 3세기에서 유래하는 유월절의 축일전야(Paschal Vigil) 예전과 연관을 가질 것이다. 그 기원이 어떠하든지 간에, 그것은 6세기에 서방에서 이미 매우 많이 사용되었고, 마틴스(Mattins)의 임무에 규칙적인 일부분이 되었다.

찬양을 성경의 용어로 제한해야 한다고 주장하는 사람들이 있었고, 6세기에 예배 시에 비성경적인 시 작품을 사용하는 것을 반대하는 공식적인 선언이 어떤 범주에서 있었다. 그러나 어느 것도 자신들의 헌신과 교리를 운문 형태로 표현하려는 크리스천들의 본능을 억제할 수는 없었다. 동방 교회에서 '트로파리아' ("스탠자")로 알려진 짧은 교리 찬송이 성행했고, 로마노스(Romanos)라는 시리아 작가는 6세기 중엽에 콘스탄티노플에서 '콘타키아' (*kontakia*)의 저작자로 유명해졌다.

'콘타키아' 는 예수의 삶에서 가져온 주제를 이용하여 음악 형태를 취한 광범위한 운문적인 설교였다.[19] 한 스탠자를 솔로리스트가 노래하고 뒤이어 후렴을 합창으로 노래했다. 가장 유명한 '콘타키온' 의 사례는 '아카디스토스' (헬라어로 "앉지 않고"란 의미인데, 그것을 서서 노래하였기 때문이다)로 알려진 24개의 스탠자로 된 이합체의 찬송이다. 그것은 동정녀 마리아를 기리는 것으로 저작되어 있었다. 그것은 로마노스에 의해서 작성된 것은 아니지만 그 저자가 로마노스에게 상당히 영향을 받은 것으로 보인다. 그러한 작품들은 7-8세기에 동방에서 매우 유명하였고, '아카디스토스' 는 사순절 동안에 동방정교회에서 오늘날도 여전히 노래로 불리고 있다.

음악

기독교 예배의 실제적인 음악에 대해서는 우리가 바라는 것만큼 잘 알지는 못한다. 우리가 말할 수 있는 것은 노래가 모든 곳에서 사실상 반주가 없이 진행되었지만, 도구가 없었다고 해서 예배의 심미적인 특성을 가볍게 취급했음을 확실히 의미하지 않았다. 찬양의 형태가 성경에 나오는 것이든 다른 저작이든 간에 예전 음악에 대한 계속된 노력이 취해졌음이 분명하다. 성무일도의 영창은 일반적으로 글을 읽는 사람이나 노래를 부르는 자－솔로로 본문을 영창하거나 반응적인 형태로 예배자들을 이끄는 젊은 공무자나 때로 어린 소년－에 의해 인도되었다. 합창은 4세기 후반에 널리 발견할 수 있었고, 보다 큰 도시의 교회에서는 그 규모가 상당하였다.

확실히 항상 그랬던 것처럼, 노래는 예배자들에게 감동을 주었고, 때로 어떤 참여자들은 그것에 곤란함을 느꼈다. 어거스틴은 믿음을 가진지 얼마 지나지 않아서 밀란의 교회에 참석하여 찬송을 듣고 깊이 영향을 받고서는, 어떤 경우에 음악이 말씀보다 더 그에게 영향을 주는 것을 우려했다.[20] 북아프리카의 교회에서 어거스틴 당대의 많은 사람들을 포함하여 여타 사람들이 그러한 우려를 공유했고, 성경의 자료를 영창보다는 말로 읽을 것을 주창했다. 그러나 전반적으로 경외스럽게 취급된 음악은 예배를 방해하기보다 확장시킨다는 사실을 인식했고, 어거스틴 자신도 음악을 없애야 한다고 주장하는 사람들에 동의하지 않았다.

동방에서, 시리아 교회에서, 그리고 갑바도기아 같은 지역에서 교호적인 노래가 흔하였고, 암브로스의 찬송이 이런 방식으로 불렸을 가능성이 높다. 일반적으로 주요한 교회들의 관행은 더 작은 교회들의 형태에 영향을 미치는 경향이 있었다. 로마에서 6세기 말경에 그레고리 대제는 예전의 위엄을 상당히 강조하였고, 거기서 발전된 노래의 형태가 서방의 다른 곳의 유형에 영향을 심오하게 주었다. 후대에 로마 스타일을 "그레고리안 찬트"로 언급하는 것이 표준이 될 것이지만, 사실상 그레고리의 교회에서 발견할 수 있었던 것보다 단선율의 성가의 고중세 형태가 훨씬 더 발전하였다.

기독교 지성인들은 '음악'(*musica*)의 과학이 인문학의 하나라는 고대의 전례를 인정하였고, 영적인 배움의 준비로서 그러한 세속 학문의 합법성을 인정하는 사람들은 음악의 탐구를 기독교 교육과 관계가 있는 것으로 부여하였다. 이런 면에서 음악은 오늘날 우리가 생각하는 것처럼 음악이론이 아니라 소리와 음조적 구조의 설명 간에 수학적인 관계의 연구였다. 어거스틴은 이 주제에 관해서 회심한 직후에 논문을 썼고, 그것은 운율과 리듬의 이론에 관한 신플라톤주의 사상과 기독교의 조합을 제공했다. 보에티우스(Boethius, pp. 366-367을 보라)와 카시오도루스(Cassiodorus, pp. 379-381를 보라)와 같은 후대의 다른 서방 작가들은 그러한 사고가 타당함을 인정할 것이고, 그 시대의 성스러운 음악에 그들의 사상을 적용하기를 추구할 것이다. 공식적인 음악 기호법은 9세기까지는 계발되지 않을 것이지만 중세기의 지식체계 구조는 고대로 거슬러 올라가는 리듬과 조화에 관한 수학적인 고찰이 있는 기독교 음악의 합성에 그 뿌리를 두었다.

제10장

조직, 사역, 그리고 상징

주일

4세기는 예전적인 형태에서 진전된 발전을 고무시켰을 뿐 아니라 크리스천의 예배와 헌신을 위해 별도의 특별한 시간을 형성하는 것에도 기여했다. 321년에 콘스탄틴은 노예를 해방시키는 것 외에 다른 목적을 위해서 주일날에 황제의 법정을 열지 못하게 했고, 농사일은 배제했을지라도, 일반적으로 주일에는 일하는 것을 삼가도록 명했다. 콘스탄틴이 공언한 목적은 기독교 예배를 촉진시키려하기보다는 태양에 대한 존중을 격려하는 것이었지만, 그의 입법은 주일을 안식의 날만이 아니라 기독교인들이 주님을 기억하고 그의 부활을 기념하기 위해서 모이는 날로 처음으로 공식적으로 인정하는 것을 특징지었다.

일요일은 점차적으로 기독교 모임과 감사와 찬양을 위한 주요한 날로 간주되었을 뿐 아니라 보통의 일상적인 추구에서 벗어날 수 있는 시간으로 인정되었다. 통상적인 활동에서 의식적으로 멀어져서 함께 모여 – 그들의 선물을 가져와서 예배를 드리고, 하나님의 말씀의 권위에 자신을 내어놓는 – 신자들이 교회의 참된 본질을 드러내는 것으로 그들 자신을 생각하도록 격려를 받았다. 주간의 나머지 날 동안에 신자들은 그들의 다양한 활동을 할 수 있도록 세상으로 흩어졌고, 이 일요일에 그들은 주변에 사람들과는 공개적으로 다른 사람으로서 함께 모여 그들 사이에서 주님의 특별한 임재를 경험하고 하나님의 나라가 오리라는 소망을 다짐했다.

많은 크리스천들, 특히 사회적 지위가 낮거나 평균적인 사람들에게서 주일에 일하지 않는 자유는 상당히 제한되어 있거나 존재하지 않았으나, 가능한 한 주일은 특별한 날로 취급해야 한다는 점증하는 감정이 있었고, 예배자들은 그들의 주요한 헌신을 하는 날에 부적절한 활동을 피하도록 권고를 받았다. 그러한 원리는 콘스탄틴 이전에 이미 선언되기 시작했지만 4세기의 과정에서 더 자극을 받았고, 많은 성직자들이 주일에 세상적인 오락에 자신을 내어주는 신자들을 매우 비난하였다.

권세가 있는 사람들과 가까이 지냈던 주교들의 영향으로 4세기 후반, 5세기, 6세기에 그러한 활동을 금하는 민법을 파생할 수 있게 했지만, 전반적으로 극장의 쇼, 게임, 경주는 계속되었고, 기독교 지도자들은 그들의 모든 양떼들이 영적인 의무를 위해서 대중적인 오락을 포기하는 열정을 갖지 않는 문제들과 씨름해야 했다. 주일이 경건의 날로 분명히 통일적으로 지켜지지 않은 정도를, 교회에 참석하지 않은 자들과 주일에 부적절한 일을 추구하는 사람들에 대한 중세기 초의 입법에서 규정한 상승하는 벌에서 측정할 수 있다.

성스러운 시기들

니케아 공의회가 유월절이 춘분 이후에 첫 만월에 뒤이은 첫 주일에 해당한다고 선포함으로써 부활절의 날짜에 대한 논쟁을 확고하게 결정했다. 이것을 일반적으로 인정하였지만 부활절을 주일날에 항상 지켜야 한다는 원리와 의견을 달리하기를 계속했던 사람들이 있었고, 커트로데시만 신자들(니산월 14일을 부활절의 시작으로 여겼던 사람들 - 역자주)을 5세기에 역시 동방의 여러 부분들에서 발견할 수 있었다.

춘분을 계산하는 방식에 대한 지속적인 차이가 역시 있었다. 3세기에 라오디게아의 주교였던 아나톨리우스(Anatolius, 약 282년에 죽음)라는 알렉산드리아의 학자는 유월절의 날짜를 계산하는 유대적 방식에 기초한 19년 주기를 만들었다.[1] 19년 주기의 다른 설명들이 6세기까지 알렉산드리아와 콘스탄티노플에서 사용되었지만 서방의 다른 많은 교회들과 더불어 로마는 꽤 오랫동안 대안적인 84년 주기를 따르는 것을 선호했다(하지만 360년대 초에도 밀란의 교회는 19년의 형태를 따랐다). 19년 주기는 점차적으로 서방에서 우세했고, 6세기 초에 로마도 그것을 종국에 받아들였다. 그럼에도 불구하고, 19년 주기 형태로 로마가 이동한 것은 한 세기 이상이나 의미심장한 문제를 여전히 야기하였다.[2] 로마의 전통들이 다른 근거에 기초하여 활동하기를 고집했던 다른 서방의 크리스천들의 민감함과 충돌하였기 때문이다(pp. 453-454을 보라).

부활절은 세례를 위한 주요한 시기로 널리 인정되었고, 모든 신자들이 금식의 시행과 영적인 훈련을 준비해야 하는 축제로 인식되었다. 4세기에는 사순절 기간을 지키는 일에 성장을 보았다. 그때는 세례 후보자가 입문을 위한 준비를 하는 마지막 단계에 해당되었고, 신실한 자들은 주님을 기념하여 자기 부인을 실천했다. 이 유월절 이전에 금식을 지속하는 일은 교회마다 상당히 달랐다. 4세기의 시작에서 예수의 사례를 모방한 40일 금식(마 4:1-11; 막 1:12-13; 눅 4:1-13)[3]은 서방에서 흔하였지만, 많은 동방의 교회들은 부활절 이전에 칠일 간에 걸친 금식의 짧은 기간으로 한정했다.

아타나시우스가 330년대에 서방에서 유배를 당하였을 때, 그는 사순절의 준수와 관련해서 서방 신자들이 보여준 상당한 헌신에 감동하였다. 따라서 동방으로 돌아왔을 때, 그는 그곳에서 40일의 구조를 채택하는 일을 고무시켰다. 그러나 확장된 사순절 기간이 일반적으로 표준이 되었을 때 그 의무를 계산하는 많은 다른 방법들이 있었다. 동방에서 사순절은 칠주간 동안 지속되었지만 대부분의 교회들에서 주일뿐만이 아니라 토요일도 금식에서 면제되는 것으로 생각되었다(부활주일 이전에 토요일을 제외하는 것과 더불어). 서방에서 6주간의 금식은 토요일을 포함하는 것으로 지켰다. 예루살렘의 교회는 명백히 제외하고서 40일 전체에 대한 사순절의 준수가 널리 퍼지기까지는 오랜 시간이 걸렸다. 서방에서 7세기까지는 그것을 발견할 수가 없었다. 그 이전에 다양한 지역의 관습들이 지속되었고, '40'이란 수는 문자적인 것보다 상징적인 것으로 자주 취급되었다.

부활절의 특히 성스러운 날들은 자연스럽게 금요일, 토요일, 주일의 삼일이었지만, 부활절로 인도되는 전체 성주간을 특징짓는 것이 일반적이 되었다.

그 관습은 예루살렘에서 시작되었고 순례자들로 인해서 확산된 것으로 보인다. 경건한 신자들은 예수의 삶의 절정적인 사건들을 예전적인 형태로 재시행하려는 바람을 가졌다. 에게리아가 예루살렘을 380년 초에 방문했을 때, 그녀는 유월절 철야와 성직자들의 세례에 관한 익숙한 형태만이 아니라 부활절 전 주일날에 종려가지를 들고 행진하는 의식, 제기된 그리스도의 십자가의 유물에 경의를 표하는 것을 포함하는 성금요일의 예배, 그리고 다락방이 위치하고 있다고 믿었던 지점에 세워진 교회에서 제자들에 대한 부활하신 주님의 출현에 대한 기념을 목격했다.

종려주일의 준수와 예수가 죽으셨던 진정한 십자가의 유물은 아니라할지라도 십자가에 대한 경외는 특히 서방에서 다른 교회들로 확산되었다. 예전적인 세부사항들이 지역에 따라서 다소 달랐고, 전통적인 것이 될 어떤 관습들(종려의 축복과 같은)은 훨씬 후대까지 발전하지는 않았지만 전통적인 성금요일의 주요한 요소들의 많은 부분이 이미 4세기 후반에 잘 구축되었다. 여기에는 예수가 제자들의 발을 씻기시고 성찬을 제정하셨던 날로 부활절 전에 성목요일의 기념을 포함한다.[4)]

부활절에 뒤이은 오십일의 기간은 축하의 시간으로 계속 간주되었다. 금식은 허락되지 않았고, 무릎을 꿇는 기도도 없었다. 이 두 규칙들이 니케아 공의회의 정경에서 발견되었다. 4세기 이전에 성령의 부으심이 50일째 되는 날에 발생했던 사실에 두었던 강조는 적어 보였지만, 이제 부활절 다음으로 신자들이 중요하게 여기는 또 다른 특별한 시기로 오순절을 특징짓게 되었다. 사도행전 1:9에 묘사된 것처럼 부활하신 예수가 하늘로 올라가신 승천은 4세기 후반에 전형적으로 경건한 행진과 더불어 준수되었고, 예루살렘에서는 감람산으로 원정대가 올라갔다. 승천은 어떤 경우에 오순절과 연계되어 기념되었지만, 부활하신 예수가 제자들에게 나타나시어 그들에게 40일간 가르치셨던 누가의 연대표에 따라서(행 1:3), 부활절 이후에 40일째 되는 날에 승천을 특징짓는 것이 표준이 되었다. 어떤 교회들에서, 특히 서방에서, 승천의 날에 대한 의미가 이 날 다음에 정규적인 금식의 재개로 이끌었다. 금식이 오순절 동안에 발생한 것으로 생각할 수는 없을지라도 말이다.

예수의 탄생의 축제로 12월 25일을 기념하였다는 가장 초기의 증거를 354

년에 수집한 로마 주교의 목록에서 발견할 수 있는데, 그것은 336년에 로마에서 중요하다고 여겨졌던 날들을 언급한다. 12월 25일이 선택된 이유는 분명하지 않고, 그것을 설명하기 위해서 다양한 이론들이 제기되었다. 한 이론은 그 날이 율리우스력에서 겨울의 전환점이고, 태양신의 생일을 기념하는 대중적인 이교 축제의 시기이기 때문에 그리스도가 그 날에 예배되어지기에 마땅하신 의의 참된 태양임을 보여줄 의도가 있었다는 것이다. 콘스탄틴 이후에 그리스도와 태양의 연계는 매우 흔하였고, 복음의 진리를 대변하면서도 동일한 심상의 양상들을 불러일으키는 기독교의 대체물들을 사람들에게 제공함으로써 이교도의 기념과 사람들을 동떨어지지 않게 하려는 관심이 심중에 있었다. 그러한 의도적인 혼합주의는 4세기 교회들에서, 특히 로마에서, 이교도의 상징의 다른 양상들에서 확실히 발생했다.

이미 일부 초기 기독교 저자들 속에서 논의된 다른 가능성은 12월 25일이 예수의 삶의 기간을 계산하는 특별한 방식에 의해 나타났다. 예수의 삶의 길이는 정확한 횟수가 되어야 한다고 일부 지역에서 믿었고, 따라서 예수가 죽었던 날짜는 그가 잉태되었던 날짜와 동일하다고 생각하였다. 그가 3월 25일에 죽었고, 그의 잉태가 그 날짜에 역시 발생했다는 계산으로 그의 탄생은 정확히 아홉 달 뒤인 12월 25일에 발생했다고 추정하였다. 그 문제의 진실이 무엇이든지 간에 그리스도의 탄생에 관한 기념은 4세기의 많은 교회지도자들에 의해서 성육신의 실재를 강조하고 그의 신분에 열등한 견해를 갖는 것에 대항해서 하나님의 아들의 온전한 신성을 확증하는 방식에 중요한 것으로 간주되었다.

동방에서 1월 6일의 공현 축일이 예수의 탄생과 전통적으로 연관을 가졌다. 그것이 그의 세례를 기념하는 것이었을지라도 말이다. 처음에 동방의 크리스천들은 공현 축일을 크리스마스보다 더 중요한 것으로 취급했지만 점차적으로 12월 25일이 서방에서만이 아니라 동방에서도 중요한 것으로 성장했고, 5세기 중엽에 그것이 잘 확립되었다. 예루살렘의 교회는 12월 25일을 특별한 날로 채택하는 것에서 보다 늦었는데, 그들은 549년까지 예수 탄생의 축제로 12월 25일을 인정하지 않았고 아르메니아의 교회는 지금까지도 성육신을 기념하는 날로 1월 6일을 고수하기를 계속한다. 그러나 대체로 12월 25

일이 수용되었다.

크리스마스가 발전했을 때, 공형 축일의 의미도 크리스마스와 함께 어느 정도 발전했다. 1월 6일은 예수의 탄생과 오랫동안 관련이 있었을 뿐 아니라 그것은 특히 예수의 세례와 관계가 있었다. 이런 연관은 특히 동방에서 계속 되었지만, 로마와 북아프리카에서 그것은 동방박사들이 방문한 맥락(마 2:1-12)과 관련해서 이방인들에게 그리스도가 나타나신 것과 가나의 혼인잔치에서 물이 포도주가 되게 하신 것(요 2:1-11)과 더욱 연관이 있었다. 동방의 의식이 이즈음까지 물의 엄숙한 복을 포함하고 여타 서방 교회들이 예수의 세례와 지배적으로 연관을 시킬지라도, 로마와 북아프리카의 예전은 이방인에게 구원이 나타나게 된 시간을 기념하는 것으로 1월 6일에 주요한 의미를 두어 강조했다.

성인들에 대한 제의

4세기와 그 이후에 교회의 생활에서 가장 두드러진 특징 중에 하나는 성인들을 기념하는 제의가 확장된 것이었다. 최초의 기독교회에서 "성도들"에 대한 묘사는 일반적으로 신자들에게 적용되었지만 초기의 기독교 사상은 어떤 사람들, 특히 순교자들을 특별히 거룩한 것으로 간주했던 유대 전통들을 역시 흡수했다. 여러 세대를 거치면서 이제 기독교 순교자들은 특별히 거룩한 것으로 부여되었고, "평범한" 신자들을 위해서 하나님께 중보할 수 있는 경건한 능력을 가진 것으로 인정되었다. 순교자 축제는 잔인한 억압의 희생으로 말미암은 죽음이 천국으로의 새로운 삶으로 들어가는 성스러운 "생일"이라고 간주했다.[5)]

이 모든 관습들은 활발하게 계속되었다: 순교자의 무덤에 대한 경의가 전보다 더 중요해졌고, 유물들이 놀라운 능력이 있는 거룩한 소유물로 소중히 여겨지고, 거래되고, 유증되었다. 순례하는 일이 점차적으로 흔한 것이 되었을 때, 제의도 같이 전파되었고, 혼란의 시기에 자신의 교회에서 도망쳐 나온 크리스천들에 의해 그 관행들이 공유되었다. 성인들의 날들은 의미심장하게 중요했고, 본래 한 지역에서만 유명했던 많은 훌륭한 개인들이 본래의 배경과 아주 멀리 떨어진 교회들에서 숭앙되게 되었다. 놀라의 파울리누스[6]와 프로덴티우스(pp. 311-312을 보라)와 같은 훌륭한 시 작품을 쓴 저자들의 상당수가 성인들을 기리는 작품을 생산했고, 순교자의 희생에 관한 다른 문학적 기사들이 매우 유행했다. 제의적 관행에 대한 대중적인 힘이 막대했다.

성인들의 범주는 순교자들만이 아니라 하나님에 의해 특히 성별되고 사랑을 받는다고 여겨지는 다른 신자들을 포함했다. 이 안에는 역시 고백자, 처녀들, 그리고 특별한 영적 교사들이 있었다. 선택된 자들이 천국에 등록되어 있다는 성경적인 개념을 모방하여 죽은 영웅만이 아니라 산자들의 이름이 성찬예식에서 부제가 음송하는 목록("두 쪽으로 접는 서판")에서 주어졌다.[7] 우리가 이전 장들의 많은 요지들에서 설명했던 것처럼, 그러한 목록에서 어떤 이름을 의도적으로 제거하는 것은 의문시 되고 있는 사람에 대한 엄숙한 심판의 표지로 간주되었다. 성경의 모범자들도 점증하는 중요성을 갖는 인물들로 특징지어졌고, 그들의 의미를 기리기 위한 날들이 설정되었다. 따라서 구약의 인물들과 신약의 사도들이 널리 기념되어졌다. 그러나 가장 중요한 모범자는 동정녀 마리아였고, 모든 성인들 중에 가장 추앙받는 자로서 그녀의 위상은 4세기 이후부터 상당히 발전되었다.

마리아 숭배

5세기 초에 발생한 '데오토코스'로 마리아의 칭호에 대한 열정은 마리아가 이미 매우 경외되고 있었던 정도를 가리켜준다. 에베소와 칼케돈 공의회가 확증했던 것처럼, 그녀가 참으로 그런 칭호에 합당하다면, 그러한 헌신이 증가하는 것은 당연하였다. 마리아가 예수의 어머니가 될 것이라는 천사 가브리엘의 마리아에 대한 선언(눅 1:26-38)을 기념하는 성수태 고지(Annunciation) 절기는 6세기에 일부 교회들에서 3월 25일에 지켜졌다. 마리아의 죽음은 다양한 방식으로 특징지어졌다. 일찍이 4세기 후반에 마리아가 죽었을 때에 하늘로 그 몸이 들려 올려졌다는 소문이 떠돌았고, 6세기 말에 마리아의 승천절(Feast of the Assumption)이 1월 18일에 일부 지역들에서 지켜졌고, 다른 지역들에서는 8월 15일에 지켜졌다. 후자의 날짜가 황제의 권위에 의해

득세하게 되었다.[8)]

마리아에 대한 이러저러한 축제는 뒤이은 세기들에서 중요한 것으로 성장할 것이고, 새 절기의 선언은 마리아를 기념하는 교회의 헌정과 자주 연관이 있었다. 신약성경이 보증하는 것 이상으로 마리아를 숭앙하려는 주장들이 확실히 발전했다. 마리아의 제의가 특히 강력했던 동방에서 그녀는 "하늘의 여왕", 도시들의 수호녀, 그리고 황제의 보호자로 기념되었다. 많은 경우에 이교 어머니-여신 종교들의 전통과 분명히 연관이 있었다.

"옥타브"(8일째) 절기

일부 기독교 절기는 그 절기가 발생했던 날만이 아니라 그 이후에 주간에 걸쳐서 기념되었다. 그런 관행은 구약의 의식으로부터 성장했고(참조. 예. 레 23:36), 새로운 교회와 성지를 헌정할 때 발생하는 기념식을 확장할 수 있는 확실한 방법을 제공했다. 예전적인 용법에서 "옥타브"는 절기날 이후에 여덟 번째 날이었고, 그것은 포괄적인 계산에 의해 본래의 절기날과 동일한 날에 항상 해당했다. 이 날에 축제가 특별한 의식과 함께 공식적으로 끝났다. 부활절, 오순절, 그리고 동방에 공현절(신현절)을 포함하는 주요한 절기들은 그러한 "옥타브"의 위상이 주어졌다. 적절한 과정에서 이 형태는 사도 베드로와 바울과 같은 주요한 성인들의 축제에도 역시 적용될 것이다.

사역의 구조

성직자 직책의 구조는 3세기에 발전했던 주요한 역할을 계속 반영하였지만,[9)] 개별적인 교회와 지역의 관행에 따라서 상당히 다양하였다. 주요한 교회들은 세속 세계에서 행정가나 정치가들이 간직한 일련의 직책과 유사한 과정을 성직자들이 거치는 것으로 상정하였다. 더 높은 직책은 부제, 사제, 주교의 순서였지만 낮은 직급의 수와 관련해서는 통일성이 없었다. 차부제, 조수, 엑소시스트, 낭독자, 문지기가 큰 교회에서 보통 흔하였지만, 그러한 역할의 숫자와 서열은 상당히 다양했다. 규칙들이 커다란 공의회와 지역 대회에서 상술되었다.

서열의 분류는 직무가 성례 행위와 연관해서 허락이 주어졌는가 하는 정도와 점차적으로 연계되는 경향이 있었다. 아주 높은 직책들, 즉 사제와 주교의 직책은 그 직책을 보유한 사람들이 성례전의 기능, 특히 성찬의 성별을 행할 수 있는 권위가 부여되어 있기 때문에 그렇게 할 수 있다고 널리 믿어졌다. 부제들은 떡과 잔을 실제로 성별할 수는 없었지만 성찬의 예전을 집행하는 일에 긴밀하게 참여하였기에 특히 중요하였다. 또한 차부제가 있었는데, 그들은 성찬 용기를 준비하고 사용한 다음에는 처리하는 일을 감당했다. 이 차부제는 낮은 직급과 높은 직급 사이에 다리를 놓는 일을 대변했고, 어떤 경우엔 성직자의 높은 층의 일부에 속한 것으로 취급되었다.

각각의 서열 안에서 또한 등급이 있었다. 일부 상임 사제들은 "수석사제"로 알려졌고, "수석부제들"은 이전 시대에 이미 존재했다. 고참자는 경험의 횟수나 주교로부터의 특별한 인정에 의해 수여되었는데, 그들은 보다 높은 서열에 적합한 특별한 예전적, 행정적, 서기적 책임을 가진 것으로 생각되었다. 특별한 교회들에서 수석사제들의 수는 다양했다. 6세기에 골에서 수석사제는 지방의 성직자들을 감독하는 것으로 역할했고, 많은 수로 존재했다. 한편으로 스페인에서는 각 주교의 교회에서 오직 한 수석사제가 있었다. 수석부제는 성직자의 훈련, 자산의 관리의 문제에 대한 책임과 함께 주교의 대리자로서 상당한 권한을 가졌다. 골에서와 같은 상황에서 수석부제는 중요성에서 수석사제를 무색케 했다.

시리시우스(Siricius, p. 138을 보라)와 조시무스(Zosimus, p. 217을 보라)와 같은 교황들의 교서와 교회법은 직책을 보유할 수 있는 나이와 관련한 다양한 규칙들을 내놓았다. 전반적인 경향은 이전 시기에서 인정되었던 것 외에 적절한 한계들을 제기하는 것이었다. 성직이 충분히 성숙하고 더 높은 서열에 따른 책임이 있음을 적절히 준비하였는가를 확실히 하고자 하는 명목으로 말이다. 일반적으로 조수나 차부제를 할 수 있는 최소한의 나이는 21세, 부제는 25세, 사제는 30세였다. 주교직의 허용을 위한 가장 공통되게 언급되는 나이는 45세였다. 하지만 이 모든 원리들에 대한 예외가 널리 퍼져 있었고, 상당히 많은 경우, 다른 나이에 또는 서열을 통한 규칙적인 길을 완성하지 않고 더 높은 직책으로 올라갔다. 아타나시우스의 시대에 한 주교는 단지 30살에 불과했고, 아타나시우스 자신도 논쟁이 되게 이 나이에 이르지 않고서 성별을 받았다. 암브로스는 세례를 받은 후에 30대 중반에 주교가 되었다. 그는 한주간의 시간 내에 성직의 다양한 등급을 거쳐 올라갔다. 로마의 교회에서 주교들을 부제의 서열에서 찾는 것이 전혀 이상한 것이 아니었으며, 전에 결코 사제직을 갖지 않았던 사람이 주교의 자리에 오르기도 했다. 로마의 부제는 상당한 정도의 위엄을 누렸으며, 적어도 4세기 후반에 대중적인 평가에서는 그 도시의 사제의 지위보다 사실상 나았다.

성직자의 독신

성직자의 독신의 이상에 관한 성장은 금욕주의와 성례의 신비적인 위상의 상승이 연합해서 영향을 준 것과 관련이 있었다. 다마수스, 시리시우스, 제롬, 그리고 암브로스와 같은 4세기의 서방의 성직자들은 성례를 관장하는 사람들에게 필수적인 것으로 독신을 간주했다. 즉 금욕은 의식의 정결을 보증했다. 독신은 성찬의 희생이 영적으로만이 아니라 육체적으로 "불결하지 않은" 사람들이 제공했음을 확실히 했다. 의식의 정결에 대한 전제는 다른 종교들에서도 흔하였고, 이교도의 사제는 희생제사를 드리기 전에 성 관계를 갖지 않는 것으로 유사하게 제기되었다. 그러한 개념들이 특히 로마의 권위를 통해서 기독교에 강력한 영향을 가지게 되었다. 특히 동방에서 하지만 시골지역에서 더 넓게, 많은 교회 지도자들이 성례 이전에 금욕의 기간을 유지하기를 선호했지만 성찬을 매일 기념했던 사람들에게서 이것은 충분치 않았고, 독신의 끊임없는 상태가 필수적인 것으로 보였다. 그러한 규칙들은 주교와 사제들만이 아니라 부제들에게도, 5세기에는 로마와 북아프리카에서 적어도 차부제들에게도 적용되어야 한다고 제기되었다.

그럼에도 불구하고 많은 성직자들이 결혼한 상태로 있었고, 이전에 젊은 나이에 결혼했던 후보자들이 교회의 봉사에 자신을 바쳤다. 4세기 초에 엘비라 공의회의 33번째 법규와 같은 입법은[10] 아내를 자매로 취급하면서 결혼한 주교들, 사제들, 그리고 부제들이 금욕하며 살 것을 요구했다. 정결이 금욕적인 사고를 가진 교사들에 의해 칭송되었을 때, 유사한 규정들이 이어지는 시대들에서 자주 있었다. 제롬, 암브로스, 어거스틴과 같은 신학자들은 금욕이 보통 결혼한 관계보다 필연적으로 우월한 상태에 있다고 가르침으로써 결혼을 훼손하고 또 성관계는 죄의 전파와 밀접하게 관련이 있다고 주장한 것으로 비판을 받았다.

결혼한 성직자는 금욕하라는 권고가 자주 소귀에 경읽기가 되었고, 유혹에 넘어가거나 위선적으로 행동한 독신 성직자들이 가졌던 다양한 문제들이 있었다는 것이 많은 성직자들의 설교와 문서에서 분명하다. 많은 독신 사제와 부제들이 그들의 아내나 다른 어떤 혈육과 연관되지 않은 여성들과 살았다.[11] 그것은 분명히 매우 위험스러운 것이었으며, 교회 공의회와 주교들은 반복해서 그것을 정죄했다. 주교들은 하위 성직자들에게 이중적인 표준의 모든 의심들을 피할 것을 명했다. 독신이 창출한 또 다른 문제는 열정적으로 결혼했던 사람이 영적인 소명을 추구하기 위해서 자기 아내를 버리려 하는 상황이었다. 그러한 행위는 5세기에 법으로 금지되었다.

서방과 동방 간에는 관습에서 상당한 차이가 있었다. 주요한 헬라 교회들에서 사제와 부제는 서임 전에 결혼할 수 있음을 인정했다. 주교들은 독신자들 가운데서 선택했을지라도 말이다. 서방에서 더 높은 서열을 위해서는 완전한 독신의 훨씬 더 강력한 요구가 있었고, 이런 상급의 직책에 이르기를 열망하는 어린 직무자들은 어린 나이에서부터 전적으로 결혼의 포기를 준비하는 것이 필요하다고 주장했다. 수도원의 확산으로 좋은 많은 주교들이 아무튼 금욕적인 배경의 출신자로부터 나오는 경향이 있었다. 그레고리 대제의 경우도 마찬가지다(p. 389을 보라). 그러나 독신의 이상에도 불구하고, 이 규칙에는 많은 예외들이 있었고 서방에서조차도 꽤 많은 사람들이 6세기와 그 이후에도 결혼한 사람으로서 주교의 지위에 올랐다. 교황의 교서와 교회법이 높은 직급에 있는 사람들에게 전적인 금욕을 주장하기를 계속한 정도는 독신에 관한 법의 위반이 얼마나 넓게 퍼져 있었는가를 알려준다.

주교들

주교의 권위가 교회의 사회적 위상의 변화에 따라 매우 증가하였다면 그들의 임명을 둘러싼 도전들도 역시 증가했다. 이웃하는 교회의 다른 주교들의 생각이 그 지역 사람들의 의지를 자주 위압했고, 어느 후보자에 대한 성별에 대한 주교들의 집합적인 동의가 중요했다. 어떤 경우에 평신도로부터의 압력이 다른 지도자들의 생각과 반대되는 결과를 강요할 만큼 충분히 강력하였지만, 어느 사람을 성별할 준비가 되어 있는가를 지정하는 것은 외부의 주교에 더 자주 달려 있었고, 그러한 결정은 물론 항상 대중적이지 않았다. 특히 전략적인 관구들에서 시민 세력으로부터의 간섭을 포함하여, 승인의 과정은 정치적인 책략에 의해서 자주 직접적으로 영향을 받았다.

어떤 주교들은 상당한 위상과 사회적 특권을 누렸고 그들은 다른 성직자들보다 훨씬 높은 사례를 받았다. 전통적으로 정부 관료들에게 사용되던 응대적인 태도의 의식적 형태가 주교들에게 적용되었고, 특별한 존경이 주요한 관구들에 있는 주교들에게 적절히 주어졌다. 6세기 이후부터 로마, 알렉산드리아, 안디옥, 콘스탄티노플, 그리고 예루살렘의 주교들이 "총대주교"로 공식적으로 호칭되었다. "교황"(헬라어로 '파파스', 라틴어로 '파파', "아버지")이란 칭호는 꽤 일반적으로 주교들에게 전통적으로 사용되었고, 특히 동방에서 알렉산드리아의 주교에 대해서 그렇게 사용되었다. 5-6세기부터는 "교황"은 점차적으로 특히 서방의 로마 주교에게 적용되었다. 중세기까지 다른 주교들에 대해서도 사용되기를 계속했을지라도 말이다. 특별한 위치에 대한 로마의 주장은 물론 매우 오랫동안 진행되었던 과정의 일부였고, 이미 4세기 초에 로마의 주교는 세속적인 어조로 매우 구별되는 지위를 나타내는 묘사인 "가장 영광스러운 이"로 어떤 경우에 호칭되었다.

주교직의 현세적인 보상은 교회의 위상과 변함없이 상응하였고, 더 작은 지역의 교회 지도자들은 아주 커다란 관구의 교회지도자들보다 불가피하게 훨씬 수수한 혜택을 불가피하게 받을 수밖에 없었다. 다마수스와 같은 인물들의 형태와 시골지역의 주교들이 따랐던 삶의 방식간의 대조는 그리스도인들과 비그리스도인들에 의해 비판을 받았다. 아울러 주요한 주교들이 의도적으로 검소한 방식을 보이거나 금욕적인 원리에 대한 그들의 지지를 강조했을 때, 콘스탄티노플의 존 크리소스톰처럼 이상하고 비열하거나 불친절한 것으로 항상 비판을 받을 수 있었다. 자선의 감독자, 정치적인 운영자, 그리고 검소한 목회자로서 행동해야 하는 도전이 동시에 다가왔고, 이런저런 방식으로 일을 잘못 했다고 비난을 받기가 아주 쉬웠다.

주교들은 상당한 기술을 필요로 했고, 아주 많은 지역에서 책임의 온전한 양상을 떠맡을 수 있기에 적합한 후보자를 찾기가 매우 어려웠다. 고참 성직자의 전반적인 사회적 지위가 콘스탄틴 이후에 암브로스와 같은 인물들과 더불어 상당히 올라갔을지라도, 많은 평범한 성직자들이 그들에게 가능한 교육적 기회가 분명히 제한되어 있었던 가난한 경제적 상황의 출신이었다. 더욱더 학식 있고 사회적으로 윤택한 지도자들은 연구의 적절한 습관, 의사전달 기술, 그리고 그들 아래에 있는 성직자들에게 목회적인 민감성을 일깨우기 위해서 그들의 일을 자주 축소하였다. 성직자의 도덕성은 성적인 윤리에서 또한 다른 영역에서 놀라운 도전을 제기할 수 있었고, 여유로운 시간에 상업적인 일에 참여하고, 부유한 교구민들로부터 유산을 구애하고, 술에 취하는 만찬 파티를 좋아하거나 자주 참석하는 것과 같은 세속적인 오락에 취하는 것에 대해서 그들의 성직자들을 경고하는 일을 주교들은 계속했다.

우리가 아주 자주 보았던 것처럼, 주교들은 그들의 공동체 내에서 상당한 교리적 분열에 직면했을 뿐 아니라 통치자에 의한 직접적인 개입을 포함하여 관료들이나 다른 정치적 대리자들로부터 간섭을 받았다. 그러한 외부적인 조정은 황제의 차원에서 아리안주의를 공식적으로 종결한 후에는 어떤 면에서 완화된 것으로 보였지만 바베리아인의 기승의 시대와 5-6세기의 지속적인 기독론적 논쟁은 성직자들이 많은 요구들에 직면하게 했고, 정치적인 주인들의 명령에 저항함으로써 그들의 생명을 내어놓는 것을 포함하는 매우 심각한 대가를 여러 사람들이 치르기도 했다. 어떤 이가 민간인 권력자의 영적인 친구나 지적인 조언자로서의 특권 있는 역할을 갖게 된다면, 더 많은 이들이 사회적, 귀족적, 또는 군사적 세력의 게임에 볼모로 사로잡힐 수밖에 없었다. 아주 뛰어난 성직자들이 그들의 공동체의 소중한 후원자요 기부자로 나타날 수 있었지만 모두가 그렇게 성공적인 것은 아니었다. 특히 주요한 중심지에서 살 수 있는 기회에서 멀어진 기독교 복음전도의 변방에서 섬겼던 사람들에게서 그러했다.

재능 있는 사람들이 주교적인 삶과 관련한 요구에서 자신을 드러내기를 마지못해 했다. 어떤 이들은 직무를 받아들이는 지적이고 사회적인 대가가 너무 과도하다고 우려했고, 교회에 대한 봉사가 개인의 평정의 끝을 요구할 것이라고 두려워했다.[12] 주교가 된다는 것은 그들의 영적인 길로 신실한 자들을 이끌고 가르치는 것 훨씬 이상의 것을 의미했다. 그것은 사소한 민간 분쟁을 해결하고, 일이 잘못되었을 때에 지역사회의 문제를 다루는 잡무와도 관련되었다. 또한 기근이 닥친 공동체에 음식을 공급하는 일을 조직하거나 야만적인 침입자들의 폭력에 맞서서 도시를 보호하는 일을 준비하는 것과도 관련이 있었다. 때로 주교로 자신이 후보로 거론되는 것과 관련한 공식적인 반대는 겸손의 표현으로서가 아니라, 진정으로 그 부담을 지지 않으려 하였기 때문이었다.

그러나 그 모든 것을 통해서 신실하게 놀라운 헌신으로 섬겼던 수많은 성직자들이 확실히 있었고, 교회 그리고 더 넓은 지역에서 그들의 위치는 믿음의 지경을 넓히는데 매우 중요하였다. 4-6세기는 탁월한 설교자들을 배출하였고, 성경 강해와 신자들에 대한 그들의 가르침의 헌신은 지극히 인상적이었고, 소명에 따른 그들의 개인 경건과 거룩에 대한 열정은 많은 현대의 기독교인들을 부끄럽게 할 것이다.[13] 사회적인 행위라는 측면에서 많은 주교들의 실천은 그들의 논리가 제기했던 것보다 실제로는 덜 철저했다-그들은 가난한 자들에 대한 남용, 고리대금의 관행, 또는 노예에 대한 악한 대우와 같은 악들을 단호히 정죄하였지만, 부자와 권력자들의 부정의가 의존하고 있었던 사회 경제적 구조를 바꾸려는 노력은 거의 하지 않았다. 그럼에도 불구하고 빈자들이 참으로 많은 세계에서 구제하는 일, 아픈 자를 돌봄, 그리고 교회에 맡겨진 약한 자들을 보호하는 일이 교회에서 적지 않게 이루어졌다. 의무에서의 실패와 특권의 남용이 확실히 많았지만 그럼에도 역시 훌륭한 성취들이 있었고, 많은 성직자들에게 영향을 주었던 본질적인 보수적 성향은 금욕적인 운동의 도덕적 정직성에 의해서 계속해서 도전을 받았다.

성직자의 옷

대체로 기독교 지도자들은 주요한 절기와 같은 경우를 제외하고는 초기 세기에는 특별한 옷을 입지 않았다. 일부 크리스천들이 교회에 갈 때 가장 좋은 옷을 입으려고 노력한 증거는 있지만 평범한 사람들의 대다수는 설사 입을 것을 선택하였다할지라도 이렇다 할 옷이 없었을 곳이고, 많은 경우에 그들의 지도자들도 그보다 훨씬 낫지는 않았다. 4세기 이후부터 일부 성직자들이 교회의 점증하는 부와 사회적 지위로 인해서 보다 인상적인 형태의 옷을 입으려고 점점 시도했다. 때로 부유한 개인들이나 정치 후원자들이 특별한 옷을 기독교 공동체에 선물로 주었을 것이고, 그러한 옷들을 의미 있는 날에 입었을 것이다.

그러나 성직자의 옷과 관련하여 특히 '성직자복' 이란 것은 일반적으로 없었다. 옷을 입은 자가 구분되게 교회직이나 사제직에 있는 사람임을 전달할 수 있는 형태의 의복은 후대에 가서였고, 4-6세기에 성직자의 의복의 형태는 세속적인 사회의 전통을 반영했다. 서방에서 "부제복"과 같은 울이나 린넨의 긴 오버튜닉은 후기 고대 사회에서 상류층의 형태를 대변했다. 어떤 색깔과 자료의 선호(또는 기피)는 당대의 사고방식에서 유래했다. 때로 새로이 세례를 받는 사람들이 입는 하얀 튜닉이나 순결과 입문자가 들어가는 새로운 생명의 빛을 대변하는 세례 예전에서 주교가 입었던 밝은 린넨은 상징적인 연관관계가 있었다. 과시적인 의복은 기독교 도덕가들에 의해서 널리 정죄를 받았고, 많은 성직자들이 단순하거나 평이한 형태의 옷을 의도적으로 입었다.[14)]

엘리트 사회 계층으로 주교가 상승함은 사회적 탁월함의 표지를 더욱더 얻었음을 의미했을지라도, 주교가 지팡이, 주교관, 반지 등을 입거나 특별한 상징의 옷을 입음으로써 성직자의 외관을 더욱 정교하게 치장하는 것이 발전한 것은 후대에 가서였다. 일찍부터 시작한 한 가지 예외가 있었다. 그것은 어깨 주위에 걸쳤던 십자가로 장식된 하얀 울의 띠였다. 이것은 4세기 후반부터 대도시 주교의 상징이 되었던 것으로 보이고, 나중에 그것은 교황과 교회의 승인으로 직접적으로 재가를 받은 주교들이 입었던 로마의 권위와 특히 연관이 있었다.

주교의 신분을 정의하기

"대도시" 주교의 신분을 정의하는 과정은 니케아 공의회의 네 번째 정경에서 그 문제에 대해서 처음으로 공식적인 언급을 한 이후에 오래도록 얽혀 있었고, 대주교나 총대주교 그리고 다른 커다란 교회들 사이에 많은 긴장이 있었다. 로마와 다른 서방 교회들 간에 관계도 상당히 문제가 있었다. 총대주교와 대도시의 주교는 그들의 선임 신분을 의미하기 위해서 "대주교"와 "수석 대주교"로 지칭되었다. 대도시 주교 아래에 주교들은 자신의 "관구" 내에서만 권위를 갖는 사람들이었다. "관구"(diocese)라는 헬라어는 로마제국에서 행정적인 단위에 사용되었고, 4세기에 현대의 교회적인 사용에서 사용하는 것과 동일한 것을 의미하는 서방의 기독교적 용법에서 출원했다. 시간이 흐르면서 그러한 관구의 그룹은 민간 조직의 또 다른 용어인 "지방"(province)으로 전형적으로 알려지게 되었다.

본직의 주교에서 직접 종속되는 지역에 대한 전통적인 용어는 "교구"(헬라어로는 '파로이키아', 라틴어로는 '파로키아', "영역")였지만 4세기 후반부터 "교구"는 주교에 의해 사제에게 위임된 관구의 일부분으로 사용되기를 시작했다. 관구의 주교는 자주 그 관구에 계승자가 되었던 보좌 신부에 의해 그의 임무를 지원 받았다. 어떤 지역에서, 특히 소아시아에서, '코레피스코포스'란 칭호(헬라어에서 "지방 주교")는 4세기에 시골 지역의 주교들에게 적용되었고, 그러한 직책은 주교의 서열로 간주되고 신임 성직자들을 서임할 수 있는 권한이 있었지만, 공식적인 모임에서 그가 대변했던 관구 주교의 권위에 상당히 종속되었다. '코레피스코포이'의 수와 기능은 동일한 시기 내에 축소되었다.

집합적인 권위와 정통

3세기에 주교제에 관한 신학적인 묵상에서 핵심적인 상정 중에 하나는 "집합적인 권위"의 개념이다 – 주교들이 대회나 공의회에서 만났을 때 그들은 개인의 집합 그 이상을 형성하고 혼합적인 영적 권위를 가진 몸을 구성한다는 개념. 이것은 주교들의 연합된 승인이 규율의 경우에 아주 중요한 이유 중에 하나였고, 공의회의 교리적이고 훈육적인 통치가 개인의 의견의 중요성을 초월하는 특별한 의미를 가졌다는 것은 이런 인식 속에 내재되어 있었다.

소위 교회의 "에큐메니컬" 공의회는 정치적인 인가에 의해서 그리고 소급하여 이런 위상을 획득했다. 사실상 공의회들은 그 구성에서 전혀 "에큐메니컬" 적이 자주 아니었다. 서방은 보통 동방보다 훨씬 덜 대표자를 보냈고, 모인 많은 사람들의 궁극적인 의미가 보다 진정으로 다양한 주교적 배경을 반영하기에는 부족한 점이 있었다. 공의회는 정치적인 자극이나 배후의 조정 세력의 정도와 그 판단들이 실제로 수납되었던 한도에 따라서 권위를 획득하는 경향이 있었다. 결정을 만드는 일에 참여했던 사람들의 논증은 전통에 많이 호소했고, 존경 받는 교사들과 그들의 작품들의 권위를 상기시켰다. 한 공의회는 다른 공의회가 발견한 것을 확증함으로써 공의회의 위상에 축적된 영향이 있었다. 그 기원이 아무리 모호할지라도, "에큐메니컬"이나 "총회"로서 커다란 공의회의 지정은 중대한 무게가 있었고, 신학적인 전통에서 중대사건의 장기적인 중요성은 매우 의미심장하였다.

교회들에서 상당한 분열이 있었음에도 불구하고, 크리스천 지도자들 사이에서 연합이 바람직하다는 지속적인 확신이 있었고, 원리상 적어도 참된 신자들이 동의할 수 있어야 하는 전제의 근본적인 구조가 있었다. 믿음의 그러한 규칙에 관한 설명은 결코 쉽지 않았고, 논쟁이 될 수밖에 없었지만,[15] 확실히 그것은 중요한 탐구였다. 5세기에 레린스의 수도사인 빈센트(Vicent)는 진리가 "모든 곳에, 항상, 그리고 모든 이들에 의해"[16] 믿어졌다는 것과 동일시가 되어야 한다고 논증했고, 그는 이런 원리에 부합하지 않는 전통은 거짓으로 거부되어야 한다고 주장했다. 빈센트는 교리는 발전할 수 없다고 주장하지 않았지만, 이 발전을 유기적인 과정으로 보았고, 핵심적인 기독교 정체성은 믿음을 표현하는 형태와 환경의 다양성과 상관없이 유지된다고 간주했다.

빈센트 자신의 논증의 맥락도 논쟁적이었다는 사실 – 그는 430년대 초에 골에서 어거스틴의 가르침에 반대하는 일에 참여했다(pp. 222-224을 보라) – 은 정통적인 믿음의 본질을 지적하는 도전이 얼마나 복잡한 것인가를 증거해 준다. 그럼에도 불구하고 보편성의 논리에 관한 빈센트의 제기는 그 임무를 접근하는 데 있어서 지속적으로 유용한 방식을 제공했고, 그의 정의는 "빈센트 법규"로 알려지게 되어 많이 인용되었다.

여성들의 사역

2-3세기의 과정에서 여성들은 사도 시대에서 가졌던 것보다 사역에서 훨씬 덜 눈에 띄는 역할을 행했고, 4세기와 그 이후에 교회의 공식적인 얼굴은 압도적으로 남성이었다.[17] 일부 학자들이 몇 가지 예외를 지적했을지라도, 교회의 공식적인 기능은 주로 남자들에 의해서 행해졌고, 대다수의 지역들에서 여성은 주요한 성직의 자리를 차지하지 못했다. 여성들이 설교나 성찬을 주거나하는 일과 같은 임무에 참여했던 곳에서 그들의 행위는 비정규적이거나 다른 여성들에 대한 분명히 제한된 영역에서만 유효했던 것으로 주로 간주되었다.

특히 동방의 교회들에서 여성이 부제 역할로 섬겼지만 '디아코네스' (deaconess, 그 용어 자체는 오직 4세기에서 기원한다)의 일에 대한 임무는 남성 부제의 서임과 비교할 수 없는 것으로 보였다. 여성 부제는 때로 사역에서 남성의 특권을 찬탈하는 것으로 남자들에 의해서 때로 의심스럽게 간주되었고, 많은 경우에 그들은 그들의 지정된 권위를 초과하였다. 여성 부제는 그러한 두려움으로 인해서 중요성에서 퇴보하였고, 유아세례가 확장됨으로 말미암아 곤란을 겪었다. 전반적으로 거의 성인 여성들이 세례를 받지 않았기 때문에 거의 여성 부제는 입문 예식에 참석할 필요가 없었다. 우선 그러한 사역이 발전하는데 훨씬 늦었던 서방에서, 여성 부제의 직무는 6세기에 골에서 공의회에 의해 폐지되었다.

항상 그랬던 것처럼, 금욕주의는 여성들에게 남성의 권위에서 독립할 수 있는 정도로 자신들의 경건을 표현할 수 있는 주요한 기회를 제공했다. 더 높은 영적인 삶의 추구를 위해 필요한 자격이 서임이 아니었기 때문에, 여성들은 교회의 규칙적인 사역에서 그들에게 열려 있지 않았던 영역에서 역할을 행할 수 있었다. 여성 금욕주의의 어떤 형태는 결국에 주교의 통치에 종속되었다 – 로마, 밀란, 안디옥과 같은 주요한 교회들에서 또는 그들의 소중한 재원과 에너지를 그러한 공동체의 일에 바쳤던 많은 과부들 속에서 아주 두드러지게 발견할 수 있었던 성별된 처녀성의 종류처럼 말이다. 그러한 헌신을 칭송한 많은 방식들이 여성들의 복종과 익명을 요구하는 남성적인 이상을 반영했다. 그러나 다른 상황들에서 사막의 어머니들이나 여성 수도원 공동체의 리더들과 같은 여성들은 비교적 자유로운 삶을 살았고, 영적인 모범자로서 그들의 역할은 기독교인들에게, 특히 보다 전통적인 사회적 환경에서 살아가고 있는 다른 여인들에게, 진정한 의의가 있었다.

여성들이 교회 내의 특별한 운동에서 자리가 주어지는 정도는 그 운동의 건전성으로 때로 나타내고 여성들이 너무 두드러진다는 우려는 어떤 발전들을 위험한 것으로 억누르는 이유로 사용되었다. 프리스실리안주의의 경우에서처럼 말이다(116-18을 보라). 보다 인정받는 범주에서 멜라니아와 파울라(p. 143을 보라)와 같은 훌륭한 많은 여성 영웅들은 남자들에 근접한 것으로 자료들에서 정의되는 경향이 있었다. 결혼의 이상(vision)이란 측면에서 신부의 정결에 대한 그리스도인의 상승은 사회적 존재의 전통적인 패턴을 결정적으로 파괴하는 것이었고, 그것은 고대 로마 사회에서 많은 비기독교 전통주의자들에 의해서 활발하게 반대되어 왔다. 그들은 그것을 이 세상에서 결혼의 구조와 자녀 양육의 구조를 심각하게 위협하는 것으로 보았다. 하지만 결국에 거룩한 여성의 화려한 이상이 도덕적 진정성의 새로운 모델로 기독교 소통자들에 의해서 제시될 수 있었다: 여기에 여성의 정결과 절제의 보수적인 이상을 실제로 불러일으켰던 여성이 있었고, 새로운 단계로 이 이상들을 취하는 방식으로 그렇게 했다.

또한 실제적인 고려사항들이 다른 것들보다 우세했다. 결혼보다 보수적인 정결을 택했던 여성들은 그들의 가정이 막대한 결혼지참금을 지불해야하는 부담을 덜어주었다. 딸들이 교회에 자신을 바치려는 바람을 표현했을 때 어떤 가정에서는 확실히 반대하였을지라도, 모든 부모들이 그러한 단계를 취하려는 소녀들을 반대하지는 않았다. 실로 이른 나이에 소녀들이 금욕적인 삶을 선택하는 것은 특별한 일이 아니었다. 어린이의 유기와 낙태와 같은 전통적인 로마 관습에 기독교인들이 깊은 적대감을 가진 것으로 보건데, 많은 기독교 가정들이 결혼지참금이란 문제에서 그들이 쉽게 제공할 수 있는 것보다 훨씬 더 많은 소녀들을 거느리고 있었을 것이고, 교회로 소녀들이 헌신하는 것은 이런 실제적인 문제를 경감시키는데 도움이 되었다. 이 모든 방식에서 여성 금욕주의의 성장은 사회적인 변화의 힘을 대변했다.

확실히 여성들은 그들의 가정에서 기독교의 주요한 전달자로서 자주 기능했고, 그들의 남편이나 다른 남성 친척들이 회심한 것은 자주 여성들의 노력을 통해서였다. 그들의 열심이 어떤 경우에는 불안을 야기했을지라도 – 특히 풍부한 가정의 재물이 자선행위로 인해서 침식되거나 가정의 계대를 잇는 자녀들에 대한 전망이 성적인 금욕으로 위험에 처한 곳에서[18] – 믿음이 확산되고 선이 성취되었던 것은 그러한 여성들의 수고로 말미암았다. 결혼한 여성들만이 아니라 결혼하지 않은 여성들도 이런 면에서 전략상 중요했다. 마크리나(Macrina)와 같은 여성들은 상당한 영적인 탁월함과 신학적인 이상을 분명히 소유한 자들이었으며, 가정과 공동체 내에서 그들의 영향은 매우 의미심장했다. 공식적인 사역의 수준에서는 그 가능성이 제한을 받았을지라도, 여성들의 헌신은 – 항상 그랬고 항상 그럴 것이지만 – 기독교 복음의 대의에 매우 필수적이었다.

교회 건축물

크리스천들은 3세기 말에 로마 세계의 많은 부분에서 인정된 교회 건물들을 소유했지만 그들의 재산은 권력자의 마음에 따라서 유약한 상태에 있었고, 대박해 시에 많은 예배 장소가 황제의 세력들에 의해 파괴되거나 사로잡혔다. 콘스탄틴의 회심으로 교회들은 물질적으로 상징적으로 공적인 특성을 이룩했고, 확실한 건축물들이 제국의 도시와 마을의 주요 거리에 나타났다. 어떤 지역에서는 크리스천들이 4세기에서도 역시 개인 건물에서 만나기를 계속했지만,[19] 로마 세계에서 전반적으로 새로운 물리적인 실제 – 제국의 호의와 새로운 종류의 사회적 확증을 반영하는 예배의 분명한 처소의 존재 – 가 목격되었다.

구로마에서 신로마로, 성지로, 그리고 그밖에 다른 곳으로 확장된 콘스탄틴의 광범위한 기독교 건물 프로그램은 크리스천들이 박해로 고통당했던 손실을 보상하고 그들의 믿음이 이제 황제의 후원을 누리고 있다는 것을 명확히 하기 위한 그의 결의를 보여주었다. 콘스탄틴의 교회의 건축물의 구조는 많은 백성들과 군사적인 기능들을 수용하기 위해 계획된 현존하는 로마의 강당 형태의 바실리카(법정과 교회 따위로 사용된 장방형의 회당 – 역자주)였다. 로

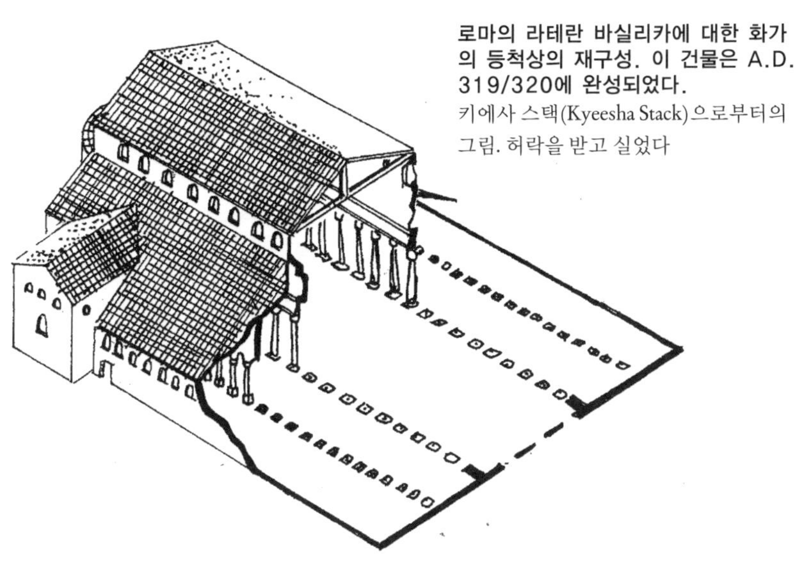

로마의 라테란 바실리카에 대한 화가의 등척상의 재구성. 이 건물은 A.D. 319/320에 완성되었다.

키에사 스택(Kyeesha Stack)으로부터의 그림. 허락을 받고 실었다

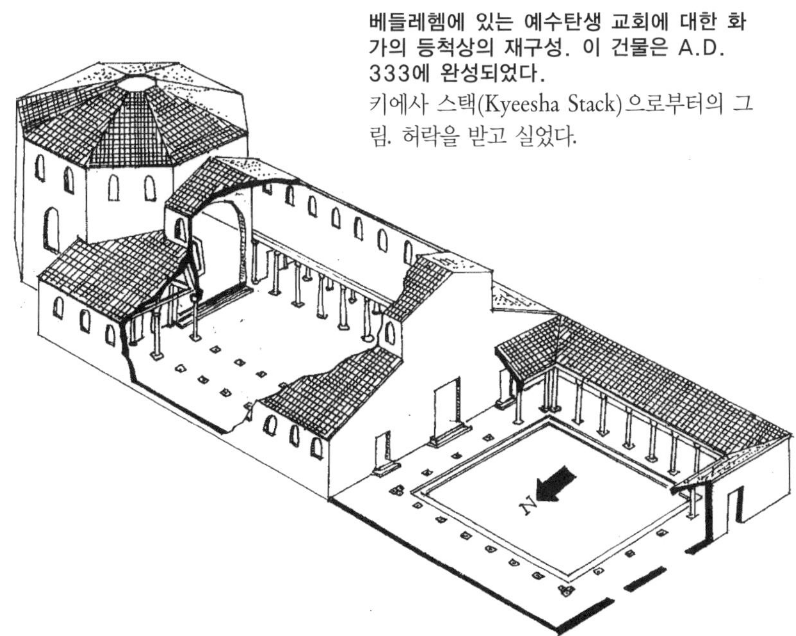

베들레헴에 있는 예수탄생 교회에 대한 화가의 등척상의 재구성. 이 건물은 A.D. 333에 완성되었다.

키에사 스택(Kyeesha Stack)으로부터의 그림. 허락을 받고 실었다.

마의 모델이 다양한 측면에서 개조되었지만 건축물의 공적인 형태로서의 명확한 특징과 넉넉한 비율은 콘스탄틴의 의도와 잘 맞아떨어졌고, 기독교적 용법에 고전적인 형태의 적용은 기독교 신앙의 눈에 보이는 착좌(着座)를 표시했다.

기독교 바실리카의 계획에서 상당히 지역적인 변화가 있었고, 4세기 중엽 이전에는 어떤 단일한 형태가 지배하지 못했다. 그러나 점차적으로 319-320년에 완성된 로마의 성 요한 라테란의 콘스탄틴 교회에서 사용된 형태에 영향을 받아서 한 고전적인 형태가 부상했다. 라테란 바실리카는 75-55미터 규모로서 다섯 개의 복도와 더 좁은 지역으로 들어가는 반원형의 범주나 애프스(apse, 교회당 동쪽 끝에 쑥 내민 반원형의 부분 – 역자주)를 가진 직사각형으로 구성되어 있었다. 전통적인 바실리카는 기둥에 의해 구분되는 둘 또는 때로 네 복도를 접할 수 있는 본당 회중석을 보통 구성하고 있었다. 중앙 홀의 지붕은 기둥 위의 중앙 홀의 가장자리의 지붕보다 더 높았다. 빛은 지붕 위의 중앙 홀 벽 높은데 있는 창문에서 들어왔다. 이 구조는 나중에 "고창층"(高窓層, 고딕 건축 대성당의 통로의 지붕 위의 높은 창이 달려 있는 층)이라 불리는 건축 형태를 제공했다. 이전에 바실리카는 건물의 서쪽 끝에 애프스를 보통 갖고 있었으나 나중에 그것은 부활의 상징으로 떠오르는 태양을 향해서 동쪽으로 바실리카를 향하게 하는 것이 표준이 되었다. 또한 그것은 측면의 현관이나 본당 회중석 앞에 나르텍스(고대 기독교 회당에서 본당 입구 앞의 넓은 홀; 참회자 · 세례 지원자를 위한 공간 – 역자주)를 포함하는 것이 흔하였다. 많은 경우에 이외에 부가적인 안뜰이나 바깥뜰이 있었다.

그 형태들은 지역적인 적용에 따라서 변하였고, 많은 바실리카들이 시간과 함께 개조되고 추가되었지만, 콘스탄틴 바실리카의 본질은 널리 뒤따라졌다. 서방에서 그것은 표준적인 형태가 되었고 – 그것의 대중화는 로마와 성지에서 커다란 교회를 방문했던 순례자들의 열정에 의해 확실히 확장되었다. 성지에서 콘스탄틴의 바실리카는 예수의 삶과 관련한 곳에 보통 세워졌다. 이것은 이 건물들의 거룩함의 중심 요지는 기념의 전당임을 자주 의미했다. 예를 들어 베들레헴의 예수 탄생 교회에서 애프스는 예수가 태어났다고 믿어지는 곳을 기념하는 팔각형의 방으로 대체되었고, 예루살렘의 성묘교회에서

오늘날 이스탄불에 있는 하기아/상타 소피아(Hagia/Sancta Sophia)의 돔 지붕의 바실리카. 터키에 의해 그 교회는 15세기에 사원으로 개조되었다.
알란 잉그람(Alan Ingram)의 그림. 허락을 받고 실었다.

애프스는 포르티코(특히 대형 건물 입구에 기둥을 받쳐 만든 현관 지붕 – 역자주)를 통해 원형 건물과 연결되어 있었다.

그러한 형태들은 특별한 장소나 순교자를 기념하는 교회로 주로 제한되었고, 그것들은 중앙의 계획과 성전 건축물을 조합한 로마 전통에 의해서 아마도 파생되었을 것이다. 순교자의 성지('마르티리아')는 거룩한 유물이 놓여 있는 지점을 강조하기 위해서 사각형, 원형, 또는 팔각형이 될 수 있었다. 시리아와 메소포타미아에서 중앙집권적인 기획이 규범이 되었고, 그것들은 큰 돔 형태의 지붕을 가진 교회를 낳은 직사각형 바실리카 형태로 점차적으로 조합되었다. 가장 유명한 사례는 콘스탄티노플에 있는 하기아/상타 소피아(Hagia/Sancta Sophia, '성스러운 지혜 교회')의 장엄한 바실리카다(p. 23을 보라).

바실리카 교회의 출현은 건축학적인 측면에서만 의미가 있는 것이 아니었다. 그것은 성직자와 평신도간에 점증하는 구분에 의해서 영향을 받았고, 나아가서 그 구분을 강화시켰다. 애프스는 성직자들을 위해서 보유되었고, 그 위의 자리에 주교가 중심에 앉았다. 돌제단이나 상은 성찬의 기념을 위해서 애프스 앞에 영구적으로 세워졌고, 그 밑에는 성인들의 유물이 자주 있었다. 주교와 그를 돕는 자들은 예전을 행하는 동안에 애프스에서 이 영역으로 나아갔고, 청중들이 듣고 주목하는 동안에 그곳에서 그들은 그 일을 주재했다. 교리문답자, 세례후보자, 그리고 복종할 준비를 하는 참회자들은 회중석의 뒤편에 나르텍스나 현관 영역으로 제한되었다.

어떤 건물에서는 성직자와 사람들의 분리가 더 강화되었다. 로마의 성 베드로 성당에서 트랜셉트(교회당 좌우 익부 – 역자주)가 회중석과 애프스 사이에 교회를 가로지어 있어서 둘을 형식적으로 구분지어 주었다. 트랜셉트는 예전 동안에 성직자의 공간으로서만이 아니라 베드로의 순교의 자리라고 믿어졌던 것을 기념하는 거룩한 지점으로 기능했다. 시리아에서 바실리카는 회중석의 끝이 아니라 더 긴 사이드의 어느 한편에 문들을 갖는 경향이 있었고, 때로 그곳에는 성직자와 평신도 또는 남자와 여자를 위한 구분된 입구가 있었다.

개인 부동산에 오래된 "교회의 집들"과 이러저러한 종류의 "교회의 홀"이 5세기 늦도록 바실리카와 더불어 사용되었다. 또 다른 경우에 목욕탕, 도서관, 그리고 덮개가 있는 상점들은 형태상 어렴풋이 바실리카가 되도록 적용했다. 이것은 동방에서 특히 흔한 관습이었다. 아울러 4세기말부터 크리스천들은 이교도 성전을 접수하여 그곳을 기독교 성전으로 바꾸었다. 특히 이교도의 제의적 관행을 금지하는 데오도시우스의 입법이 있은 후부터 그러했다 (pp. 132-135을 보라). 5세기에 아테네의 파르테논, 로마의 판테온, 다프네의 아폴로 신전은 모두 성전의 형태로 전환되었다.

어떤 경우에 이교도 성전의 전환은 새로운 건축물을 세울 목적으로 그곳을 강제 징발하였음으로 이는 먼저 상당한 파괴를 의미했다. 하지만 이전 건물의 건축 형태를 뒤이은 건축물에서도 발견할 수 있었다. 에베소의 마리아 교회의 장엄한 이중적인 바실리카는 400년경에 크리스천들에 의해 파괴된 이교 성전 건물을 이용하여 건축되었다. 유사한 과정이 북부 마게도냐에 있는 스토비(Stobi)와 같은 유대회당에서도 발생했다. 그곳에서 유대인들의 모임 장소가 부서졌고, 그곳에 교회가 재건되었는데, 그곳의 옛 요소들과 비문들의 일부가 새 건물에 재사용되었다.

5세기 초에 에개 해의 바실리카는 서방의 바실리카와는 다소 달랐다: 즉 직사각형보다는 정사각형이었고, 자주 십자형의 트랜셉트였다. 자주 교회 주변의 건물들이 다시 만들어졌고, 병원이나 주교들의 거주지와 같은 교회의 부속물로 사용되었다. 이와 같은 기독교 건물 프로젝트는 도시 사회의 공적인 공간에 교회의 활력적인 장소를 보여줌으로써 고대 도시의 물리적인 조망을 혁신적으로 바꾸어놓았다.

기독교 예술

건축물이 콘스탄틴의 회심에 의해 심오하게 영향을 받았다면, 예술도 마찬가지였다. 세대에 걸쳐서 그래왔던 것처럼,[20] 크리스천들은 보석, 장식, 식탁, 그리고 모든 가정용품들의 장식에서 그들의 확증을 상징했지만, 믿음의 시각적인 표현은 더 이상 지배적으로 사적인 세계로 한정되지 않았다. 이제 그것들은 더 커다란 규모로 피어날 수 있었다.

황제의 혜택을 통해서 세워진 바실리카는 내부가 호화롭게 장식되었다. 벽은 홍해를 이스라엘이 건너는 것을 포함하여 성경적인 주제의 확장된 레퍼토리로 뒤덮였고, 선한 목자로서 그리스도에 대한 묘사와 같은 아주 오래된 기독교 초상화 모티브는 영광중에 앉아계시거나 법을 사도들에게 건네주시는 그리스도의 장면과 같은 보다 승리적인 이미지로 대체되는 경향이 있었다. 새, 꽃, 포도, 그리고 추수 장면과 같은 전통적인 로마의 설명들이 계속되었으나 그것들은 점차적으로 그리스도의 왕적인 모습과 얽혀지게 되었다. 일부 교회들, 특히 순교자가 죽었다고 가정되는 장소(순교자의 무덤)와 가까운 곳에 세워진 교회들이나 특별한 성인들을 경외하는 것과 동등한 교회들은 기독교 남녀 영웅들의 그림들을 가졌다.

그림과 더불어 벽, 마루, 그리고 천장 등에 아주 널리 사용된 모자이크가 있었다. 북이탈리아의 아퀼레이아에서 우리는 요나의 이야기와 선한 목자의 이미지를 그린 4세기 초의 마루 모자이크를 갖고 있으며, 북아프리카의 교회에서는 사도들, 동정녀 마리아 그리고 다른 성경의 모범자들에 대한 다양한 그림들이 있었다. 특히 마리아를 공경하는 일의 성장은 예술에 대한 주요한 기회를 제공했고, 많은 주요한 교회들이 마리아를 기념하여 헌정되었다. 430년대에 세워지고 정교한 모자이크와 승리적인 아치 모양으로 장식된 로마의 상타 마리아 막기오르(Sancta Maria Maggiore)가 대표적이다. 그림과 모자이크 외에 교회는 장식적인 벽걸이, 제단의 옷, 촛대를 가졌고, 주교의 의자와 같은 중요한 장식들과 상자, 책갈피, 그리고 서판과 같은 항목들에 있는 주요한 아이보리 조각들이 있었다. 사도적 기원을 주장하는 공동체들은 그 설립자에게서 기원된다고 주장하는 특별한 항목들을 자주 자랑했고, 베드로, 야고보, 그리고 다른 초기 기독교 지도자들이 앉았다고 가정되는 주교의 보좌가 로마와 예루살렘과 같은 관구들에서 소중이 여겨졌다.

아무리 득세했을지라도, 교회를 장식하는 관행은 역시 일부 사람들에게 논쟁이 되었다. 황제의 교회 건물 프로그램이 시작되기 전에도 엘비라 공의회는 이미 교회 안에 벽화의 불인정을 표현하는 규범을 발행했다. 어떤 형상이 잘못되었는지를 구체적으로 언급하지는 않고서 말이다. 가이사랴의 유세비우스가 그리스도의 초상을 요구하는 콘스탄틴의 누이와 320년대 후반에 접촉했을 때(그녀는 참으로 유사한 것은 팔레스타인에서 발견된 것과 다름없다고 생각했다), 그는 그러한 형상이 방문하는 순례자들에게 널리 팔려졌을지라도, 그것들은 꽤 부적절하고 예수의 초상이나 조각품을 좋아하는 사람들은 참된 크리스천이 될 수 없다고 확고하게 반응했다. 4세기 후반에 살라미스의 에피파니우스(Epiphanius of Salamis)는 팔레스타인 교회에서 유사한 형상들을 제거하려는 열정적인 운동을 펼쳤으나 결국에 성공하지는 못했다.

형상을 인정하지 않으려 한 것은 대중적인 경건과 장식적인 재능의 조합에 의해 영감된 행위를 멈추게 하지 못했다. 놀라의 파울리누스는 형상들이 회중을 위해 가치 있는 시각적 교훈을 제공한다는 근거 하에서 그의 교회에 있는 초상들을 변호할 필요를 느꼈다. 아주 많은 평범한 예배자들이 문맹이었던 시대에 예술은 글로 쓴 형태로는 접근할 수 없는 빈약한 지적 능력을 소유한 신자들에게 교훈을 제공할 수 있었다. 어거스틴과 여타 사람들도 성인들에 대한 공경은 그들의 예배에서 접경을 이루고 있지만 많은 종류의 형

오늘날 현존하는 라벤나의 산 비탈리(San Vitale) 교회. 본래 이 건물은 A.D. 546-548에 완성되었다.

마이클 가디스(Michael Gaddis)의 그림. 허락을 받고 실었다.

상들이 도처에 있고, 그것들이 어떤 이들을 위해서 긍정적인 기능을 확실히 수행한다고 생각했다. 교회 바깥에서 신자들은 사적으로 요나, 다니엘, 그리고 선한 목자이신 그리스도의 형상을 한 조각품들을 소유했고, 다른 기독교 조각들도 공적인 장소들과 다른 민간 건축물의 사례들 속에서 발견할 수 있었다. 가이사랴 빌립보에서 예수와 4세기에 존재했던 피의 문제를 가진 여성을 대변하는 동상이 그 여인의 집이었다고 말하는 건물 근처에 세워졌다.[21)]

기독교 예술의 만개가 고대 로마와 초기 비잔틴 시기에 나타나게 되었고, 특히 유스티니안의 통치 하에서 그러했다. 이 시기에 기독교 예술과 건축물은 더 이상 세속적인 형태의 대안에 속하지 않았다. 건물이나 어떤 대상이 "기독교적"인지는 명백히 기독교적인 초상의 형태에 있다기보다는 그것의 출처, 후원, 그리고 용법에 더욱 달려 있었다. 건물과 가공물은 사회적 위신, 부, 그리고 교회의 정치적 기반의 표현이었다. 부유한 은행업자가 자금을 댄 라벤나의 산 비탈(San Vital in Ravenna)의 커다란 교회와 같은 건물들은 순례자들의 센터가 되었다. 여행객들이 그 예술적인 영광을 찬미하고 성인들로부터 영적인 복을 찾기 위해 몰렸을 때에 말이다. 이것은 나아가서 그들의 기본재산에 부와 위신을 상당히 추가시켰다.

2세기의 기독교 범주에서 고대 두루마리가 사본(코덱스) 양피지나 양장으로 점차적으로 대체됨에 따라서 예술적인 표현에 대한 특별한 기회가 주어졌고, 5세기 말과 6세기에 그 관행은 이 텍스트들에 달걀 템페라로 보통 작업하고 금과 은의 잉크로 그린 작은 그림들을 집어넣는 것으로 시작했다. 그 작품은 제국의 많은 다른 부분, 특히 애굽과 시리아에서도 실행되었다. 훌륭한 6세기 사례들은 황궁의 수령자를 위해 아마도 의도되었던, 책의 가치를 강조하기 위해서 화려한 주황의 채색된 양피지에 작업한 비엔나의 창세기 사본의 현존하는 48개의 조각을 포함한다. 그것들은 노아의 방주와 우물에 있는 리브가와 엘리에셀(창 24장)을 담고 있는 뛰어난 소형 그림을 포함한다.

마태복음과 마가복음으로부터 발췌한 것으로 구성되어 있는 로사노(Rossano)의 이탈리아 도시에 간직되어 있는 복음서의 사본은 나사로를 살리신 일과 빌라도 앞에서의 재판을 포함하는 예수의 생애에서의 많은 장면들을 그려 넣고 있다. 십자가처형 장면을 담고 있는 현존하는 가장 이른 작품이 라불라(Rabbula)라 불리는 6세기말의 서기관이 작성한 시리아 복음서 사본에서 발견되어진다.[22] 이는 성지의 순례자들을 위해 만든 이미지들에 의존하였을 것이다. 그러한 문학적 배경에서 생산된 탁월한 예술은 기독교 믿음의 표현이 비잔틴 세계의 복잡한 문화적 성취의 핵심에 있었던 방식에 대한 진전된 증거를 제공해준다.

유스티니안의 시대부터 종교적인 형상들이 전통적인 황제의 조상(彫像)의 위치를 점하게 되었다. 유스티니안은 콘스탄티노플의 그의 궁전의 정문에 그리스도의 거대한 조상을 세웠고, 7세기 이후부터 그리스도의 형상이 제국의 동전에 나타났다. 그리스도, 성경의 인물, 그리고 기독교 성인들을 대변하는 아이콘(성상)이나 그림들은 대중적인 경건의 우세한 특징이 되었다. 이전 시기에 살라미스의 에피파니우스(Epiphanius of Salamis)와 같은 인물들로부터 들려졌던 불인정의 목소리가 어떤 지역에서 계속 반향되었고, 8세기에는 그러한 형상이 우상숭배에 상응하고 성경의 신학을 이교 신과 관련한 전통과 융합시켰다는 근거 하에, 그것을 파괴하려는 조직적인 시도가 있게 될 것이다. 많은 신자들이 헌신에 대한 그들의 패턴을 포기하지 않을 것이고, 성육신의 의미, 물질적인 세계의 선, 그리고 기독교 예배의 본질에 대한 격렬한 논쟁이 있을 것이다. 황제의 정책을 확보하기 위해서 박해가 사용될 것이지만, 동방 기독교인들의 대다수가 특히 수도사들이 성상을 파괴하기보다 죽음을 맞을 준비를 하였다.

한 세기 반 동안 지속된 "성상에 대한 논쟁"의 과정은 이 시리즈의 다음 책에서 후속될 수 있다. 이 논쟁은 길고 씁쓸하였고, 그것은 비잔틴 세계를 예리하게 갈라놓을 것이다. 그것은 성상을 선호했던 동방의 황제들과 그렇지 않았던 로마의 주교들 사이에 점증하는 간격에 기여할 것이다. 그러나 실제적인 측면에서 그들의 노력은 오히려 평범한 신자들 사이에서 형상에 대한 헌신을 고무시키는 일이 될 것이고, 성상에 대한 존경은 비잔틴 교회의 공적이고 사적인 예배에서 필수적인 요소가 될 것이다.

제11장

기독교인과 바베리아인들: 변화하는 세계에서의 교회

로마(Rome)와 바베리아인들(the Barbarians)

7장과 8장에서 우리가 살폈던 기독론적인 논쟁과 교회의 발전은 4세기에 기독교의 가장 인상적인 사회적 발전의 시대 이후로 극적으로 바뀐 정치적 세계의 배경을 뒤에 두고 있었다. 서방에서 바베리아인의 침입의 계속된 흐름은 수세기 동안 지속되어온 행정적인 질서의 경계와 구조를 재편성하고 결코 끝날 것 같지 않은 방식의 로마 제국 제도의 모습을 재형성하기 시작했다. 변화의 기원은 주로 로마 영토 바깥에서 처음에 발생했던 지역에서 이민과 투쟁에 주로 있었지만, 그것은 나아가서 로마 제국의 안정과 양상에 지대한 영향을 끼쳤고, 결국 상당한 유럽, 아프리카, 그리고 동방의 기독교의 발전에 영향을 미쳤다.

로마의 변방을 넘어서는 중부와 동부의 유럽에서 비로마 사람들의 두 주요한 범주가 있었다. 하나는 그 영토가 로마 제국을 경계선으로 하고 있는 고트족, 반달족, 수에비족, 프랑크족 그리고 색슨족과 같은 상당히 정착된 그룹들이었다. 이 모든 그룹들은 독일어의 변형들을 사용하였고, 본질적으로 정주적인 농업의 형태를 취하고 있었다. 다른 하나는 목초지에서 살았던 아시아의 스텝 지역 출신의 비게르만계 족속들인 알란족(Alans, 로마 제정시대에 남러시아의 초원지대에서 위세를 떨친 이란계 기마민족 – 역자주)과 훈족(Huns)과 같이 동방에서 멀리 떨어진 곳에서 기원한 유목민들이 있었다. 로마법의 규제적인 법전과 관료를 제외하고는 일부 게르만족이 실천한 삶의 패턴은 변방의 로마 영토에서 살았던 사람들과 핵심에서 그리 다르지 않았지만, 로마는 이들을 "바베리아인"의 영역으로 간주했고, 그 성격이 로마의 사고방식과 보다 이질적이었던 것은 아시아의 유목민들이었다. 언급한 두 그룹은 땅과 새로운 기회를 찾고 있었고, 제국의 변방에 아주 가까이 있는 사람들은 특히 로마 제국을 부와 문명과 기회의 영역으로 바라보았다.

땅에 대한 욕구와 번영한 제국으로부터 혜택을 공유하려는 것은 새로운 것이 없었다. 바베리아인 족속의 유사한 압력은 수세기 동안 로마 변방의 안정에 대한 주요한 도전이었다. 그러나 4세기 후반에 제국의 안정에 대한 영향이 이전보다 더 커졌고, 다양한 사회경제적이고 군사적인 이유 때문에 로마인들은 그 문제를 제대로 대처할 수 없었다. 그것은 교회와의 관계에도 역시 매우 의미가 있었다. 서방이든 동방이든, 수많은 신자들이 세력의 극적인 변화에서 그들 주변에 일어났던 발전들과 그들의 더 넓은 정치적 세계에서 발생했던 사회적 상태로 인한 것들을 우리가 인식하지 못한다면, 4-7세기의 기독교 이야기를 따라잡는 것은 불가능하다.

고트족들

370년대 초에 가장 커다란 동방의 유목민인 훈족은 동부 고트족의 영토인 서방 지역으로 점점 움직이기를 시작하였다. 그들의 이런 움직임의 이유는 매우 분명하지가 않다. 훈족은 이란계의 방랑자들인 알란족의 분견대에 의해 수반되었는데, 그들은 돈(Don) 강의 동부 지역을 점유하고 그들과의 동맹을 강요하였다. 이들은 흑해의 북부와 서부의 방대한 영토를 점유했던 고트족들을 공격하여 동부 고트족의 주요한 족속들인 그류퉁기(Greuthungi)와 테르빙기(Tervingi)를 밀쳐내었다. 그들은 훈족의 살육을 저항할 수 없어서 더욱더 남쪽으로 향했다.

376년에 많은 고트족은 하부 다뉴브의 북쪽 강둑에 피난처로 거주했고, 절박한 심정으로 그들은 발렌스 황제에게 도피처를 호소했다. 발렌스는 용병

자원을 확장하고 그들을 받아들임으로써 세금의 재원을 더욱 확보할 수 있는 기회로 이미 인식하고 있었으므로 그는 테르빙기 족속에게 다뉴브강을 건너와서 특별히 지정한 영토에 거주할 것을 허락했다. 그러나 그류퉁기 족속은 거래가 성사되지 않았다. 로마는 바베리아인 세력의 위협적인 연합을 깨뜨리려는 통상적인 정책을 따랐기 때문이었다. 테르빙기 족속의 거주는 신입자들이 발렌스의 '호모이안' 의 아리안 기독교를 공식적으로 수용한다는 조건이 있었을 것이다. '호모이안' 기독교 신조는 울필라와 다른 선교사들의 활동으로 말미암아 다수의 다른 고딕족들 사이에서 이미 퍼져 있었기 때문에(pp. 55-57을 보라), 호모이안의 고백을 공식적으로 채택하는 것은 주요한 부과가 되지 못하는 것으로 보였고, 설사 테르빙기 족속이 그것을 필요로 하지 않았다할지라도, 안정에 대한 대가로는 작은 지불이었다.

그러나 제국의 내부와 외부에서 고딕족들은 로마를 심히 불신했고, 오래지 않아서 싸움이 발생했다. 고딕족은 폭넓게 약탈을 시작했고, 아르메니아와의 동쪽 지역의 전쟁에 몰두한 로마는 이들의 약탈에 대응할 수 있는 적절한 자원이 없었다. 그 절정은 378년에 아드리아노플의 재앙적인 전쟁이었는데, 그때에 발렌스의 군대의 2/3가 파괴되었고, 황제 자신도 그 싸움에서 죽고 말았다. 데오도시우스 황제는 군사적인 원정과 외교를 조합함으로써 고딕족과의 전쟁을 해결하는데 성공했는데, 그는 381년에 그라티아누스 세력의 효과적인 활약에 도움을 받아 그 일을 이루어내었다. 382년의 10월에 아마도 그류퉁기와 테르빙기 족속과 평화 조약이 체결되었다. 고트족은 다뉴브강 그리고 북부 다시아(Dacia)와 트라키아(Thrace)의 발칸 산악 사이에서 안전하게 정주하여 농사를 지을 수 있는 제국의 땅이 주어졌다. 그들은 세금이 면제되었고, 그들 자신의 일을 관리하고 그들 자신의 법을 준수할 수 있는 권리를 가졌다 – 이는 통상적인 로마 정책의 양보였다. 그 보답으로 그들은 하부 다뉴브를 따라 그들 자신의 지역적 변방을 보호하면서 로마를 위한 군사적 봉사를 맡았고, 어느 단일한 고트족 지도자도 공식적인 예속 왕으로 인정되지 않을 것이었다.

로마의 대중적인 견해는 이런 타협에 상당한 불편한 감정을 느꼈지만, 일종의 안정이 확보되었고, 고딕족이 로마에 의해 군사적으로 활용되고 그들의 봉사에 대해 땅으로 보상했던 것은 이번이 처음이 아니었다. 고딕족의 지도자들은 데오도시우스와 우호적인 관계를 누렸고, 고트족의 상당수가 387년에 막시무스의 반란을 진압하고 392-394년에 찬탈자인 유게니우스를 패퇴시키는 일을 위해서 군사적인 복무에 참여했다(p. 139을 보라). 그럼에도 불구하고 그 하부에는 심각한 문제가 조성되고 있었다. 산발적인 반란이 발생했고, 데오도시우스의 정책이 고트족들로 하여금 엄청난 군사적 모험에 가담케 함으로써 그들의 인력을 축소시키는 것을 의도하고 있다고 그들 사이에서 심각한 의심이 있었다 – 아마도 그것은 충분히 근거가 있었다. 특히 일만의 고트족의 군사들이 유게니우스의 군대를 진멸하는 일에서 죽임을 당하였던 프리기두스의 전투(Battle of the Frigidus)가 그러했다. 데오도시우스의 실용적인 정책의 위험은 오래 가지는 못하였다.

그의 통치의 마지막 몇 달을 남겨두고 데오도시우스는 그의 영토를 그의 두 젊은 아들들이 통치하는 것으로 나눌 것을 결정했다. 즉 그의 죽음 이후에 장자인 17살의 아르카디우스는 동방을 통치할 것이고, 열 살인 어린 아들 호노리우스는 서방을 통치하도록 할당되었다. 아르카디우스는 집정관인 루피나스의 보호 하에 있었고, 반달족의 전략가인 스틸리초(Stilicho)는 호노리우스의 섭정자로 임명되었다. 그런데 스틸리초는 395년에 데오도시우스가 죽을 때 침상에서 그를 아르카디우스의 보호자로 지정했다고 주장했고, 그의 야망은 서방과 동방을 동시에 제어하는 것임이 분명하였다. 스틸리초의 주장은 동방에서 뜨겁게 논쟁이 되었고, 두 황궁은 달마시아와 서부 발칸을 망라하고 용병의 주요한 자원을 형성했던 핵심적인 전략 지역인 일리리쿰을 어느 쪽이 통치하느냐의 문제를 놓고 특히 논쟁하였다.

고트족은 자신들의 감정을 알릴 수 있는 기회를 잡았다고 인식했다. 고트족 사령관인 알라릭(Alaric)이 이끄는 주요한 반란이 발생했다. 이전의 혼란에도 일부 참여했던 모호한 출신의 사람인 알라릭은 382년의 조약 하에서 정주했던 고트족들 사이에서 가장 강력한 리더로 부상했다. 추종자들의 강력한 세력에 의해 지지를 받은 그는 395년과 397년에 사실상의 서방 통치자인 스틸리초의 로마 군사들에 맞설 수 있었고, 서방과 동방의 황궁 사이에 있었던 술책의 약점들을 이용하였다. 그는 수년의 기간에 걸쳐서 그를 따르는 자들을 부양할 돈과 자신의 지휘권을 요구했다. 이는 고트족의 어느 개인 지도자도 인정하지 않기로 했던 382년의 평화 조약과 반대되었다. 전체 제국을 통치할 정치적인 야망을 의도한 스틸리초는 알라릭과 다양하게 협상을 시도했다. 그는 알라릭을 패퇴시키거나 그를 매수하려고 애썼다. 환경에 따라서 알라릭은 무력에 의해 반대되어지는 "병사들의 주인"('마지스터 밀리티움')으로 인식되었고, 아울러 유용한 동맹자로도 그려졌다. 이런 상황을 다루는 스틸리초의 많은 왜곡과 변화는 동방의 안목에서 볼 때, 콘스탄티노플과 서방 사이의 관계를 붕괴시키는 것으로 크게 작용했다.

480년에 스틸리초는 아직 어린 호노리우스의 고문관들이 조직한 쿠데타에 의해 파직되었다. 그가 동방에서 더 이상의 성과를 거두지 못할 것으로 인식한 알라릭은 서방으로 관심을 돌리고, 이탈리아로 침공했다. 노예와 바베리아인에 협조적인 많은 세력들이 알라릭의 편에 가세함으로서 그의 군대는 상당히 불어났다. 그는 로마로 진격했고, 그 도시를 봉쇄했다. 그는 상당한 양의 노략물을 인정하지 않는다면 그 도시를 약탈할 것이라고 위협했다. 굶주림과 곤란이 전면적으로 확대됨으로써 그 도시의 상황이 악화되었을 때, 혼비백산한 당국자들은 그의 요구에 항복하였고, 포위망이 해제되었다. 그러나 라벤나에 거점을 둔 서방 정부가 공식적인 해결의 비준을 미루었음으로 409년에 알라릭은 다시 한 번 로마로 진격했다.

로마의 임시 정부는 금, 지휘권, 식량, 그의 군대가 정주할 땅의 다양한 요구를 하는 알라릭과의 협상을 계속 지연시킴으로써, 결국 알라릭은 라벤나의 당국자들에게 더 이상 참지 못하고, 410년 8월 24일에 그의 사람들에게 그 도시를 약탈할 것을 명했다. 삼일간의 광란으로 그들은 제국의 역사적인 요새를 노략질했다. 광범위한 약탈 이외에 상당한 생명의 손실이 있었고, 여자들이 고딕족의 군사들에 의해 강간을 당했다. 8백 년만에 처음으로 로마가 외국의 적군에 의해 사로잡혔다.

로마의 함락에 대한 대처

충격파가 제국의 주변에 반향되었고, 크리스천들은 제롬이 말한 것처럼

"전 세계를 포획하던 도시가 포획되었다"는 실제에 직면하게 되었다.[1] 비기독교인들만이 아니라 기독교인들도 희생자들 속에 포함되었고, 제롬과 다른 신자들은 옛 친구들을 잃은 것을 애도했다. 광범위한 지역에 재앙의 소식을 들은 사람들에게 이 소식은 세상의 종말을 전조하는 것으로 보였다. 하지만 기독교에 대한 이교 비판자들은 영원한 도성에 떨어진 재앙을 이상스러운 외국 종교의 헌신자들이 야기한 것이 아니라 공식적으로 크리스천이었던 사람들이 야기하였다고 지적하는 쓴 소리를 하였다. 고딕족의 군대의 일부는 몇 년 전에 라다가이수스(Radagaisus)라 불리는 이교 고딕족의 리더에 의한 실패한 이탈리아 침공의 잔존자들 출신이었지만, 적어도 알라릭의 군대의 대다수는 '호모이안' 신조를 수용한 명목상으로 기독교인이었다. 기독교인이었다는 것이 그들로 하여금 파괴적인 형태를 감행하지 못하게 하지는 않았다.

기독교를 증오했던 사람들은 이런 사실을 강조하는데 재빨랐다. 이는 처음이 아니었다. 기독교인들은 불충성한 행위를 한 것으로 그리고 겉치레의 믿음과 가치로 옛 신들의 심판을 유발한 것으로 비난을 받았다. 이미 408년의 위기 동안에 교황 이노센트 1세는 신들을 유화시킨다는 구실로 공개적인 제의를 회복시키려는 호소를 반대했다(하지만 그는 사적인 이교 제사를 눈감아주었다). 전통적인 이교 종교주의자들에게서(여전히 로마 사회에서 많이 있었다), 로마가 이제 그 공격자들을 맞설 수 없었던 것은 기독교 신앙의 문화적 침투와 다른 신들을 기념하는 것을 극도로 무관심한 것 때문이었다. 기독교인들은 좋아하든 좋아하지 않든 침략자의 범죄에 어느 정도 상징적으로 연루되었다. 교황 이노센트는 고딕족이 쏟아져 들어왔을 때 호노리우스와 적들 사이에서 정전을 협상하기 위해서 – 물론 성공적이지 못했다 – 그 도시에서 멀리 물러나 있었다. 그의 동기는 사실상 진심이었고, 크리스천들에게서 싸움에서 그가 사라진 것은 섭리적이었지만, 다른 이들에게서 그것은 도피주의의 부끄러운 행위처럼 보였다.

어거스틴과 같은 인물들이 로마의 함락에 대해 직간접적으로 크리스천들이 책임이 있다는 비난에 대해서 반응할 필요가 있다고 느낀 것은 당연했다 (pp. 226-228을 보라).[2] 소위 크리스천이란 사람들이 다른 이들에게 그러한 행위를 했다면, 기독교와 역사에서 하나님의 목적에 대해서 무엇을 말할 수 있는가? 사실상 어거스틴이 재빨리 주목했던 것처럼, 고트족은 교회 건물에 피난했던 사람들의 생명을 면해줄 만큼 충분히 기독교화 되어 있었다. 설사 그들이 보물을 위해서 건물을 약탈하는 것을 주저하지 않았을지라도 말이다. 그들의 이단적인 신앙은 비난할 만하고, 그들의 전반적인 폭력은 변명의 여지가 없지만, 이교도들이 아주 비난했던 것은 순전한 기독교였고, 고트족의 야만적인 최악의 본능을 기독교가 완화시켰다고 어거스틴은 반응했다. 이런 논리는 특별한 설득이었다. 침입자들이 기독교 재산에 대한 많은 파괴를 가하는 것을 주저하지 않았고, 어거스틴이 역시 동의했던 것처럼 다른 여성들만이 아니라 성별된 기독교 처녀들도 고트족에 의해 폭력을 당했기 때문이다.

지대한 심리적 충격, 진정한 고통, 그리고 그것이 낳은 피난의 홍수에도 불구하고 로마의 함락은 정치적인 차원에서 아주 의미가 있었다. 알라릭은 다른 정책이 실패로 돌아간 것에 좌절하여 마지막 호소로서 도시를 약탈하는 것에 광분했다. 이 정책들이 개인적인 탐욕과 야망과 분명히 연결되어 있었을지라도, 그것들은 그의 백성들을 위한 땅과 평화와 안전을 확보하는 일에 더욱더 관심이 있었다. 알라릭은 서방에서 최고의 군사사령관으로서 독자적으로 강력한 역할을 갖기를 원했지만 그는 고트족의 합법성을 얻으려고 역시 애썼다. 외교가 실패하고 인내가 한계에 다다랐을 때에만 로마가 약탈을 당했다. 로마는 알라릭을 신뢰할 수 없다고 꽤 올바르게 계산했지만 결국에 그들은 알라릭의 위협의 규모를 저항해낼 수 없었다.

하지만 로마에 떨어진 재앙에도 불구하고, 상황의 전반적인 결과는 결론적이지는 않았다. 어쨌든 로마는 서방에서 주요한 정치적 중심이 더 이상 아니었고, 서방의 왕실은 라벤나의 습지를 배후로 하여 비교적 안전하였다. 의미있는 해결이 뒤따르지 않았다. 알라릭은 더 남쪽으로 더 진격했지만, 북아프리카를 공격하려는 생각으로 시실리를 공격하는 일은 감행하지 못했고, 알라릭은 410년 말 이전에 질병으로 죽었다. 고딕족의 통치는 그의 처남인 아다울프(Athaulf)에게로 넘어갔고, 그는 동료들을 골로 이끌 것을 선택했다. 그는 그곳에서 자기 백성들을 위한 가장 좋은 조건들을 확보하기 위해서 정치적 찬탈자들을 지원하는 것을 포함하여, 무력, 설득, 그리고 간섭을 조합하는 것과 유사한 전략을 채택했다.

결국에 어느 일치도 아다울프의 시대에는 이르지 못했다. 고트족은 호노리우스의 주요한 총독인 콘스탄티우스로부터 새로운 압력을 받아서 스페인으로 물러났다. 음모, 불화, 그리고 정치적 살인이 협력적인 지도부의 변화를 이끌어내었고, 417-418년에 평화조약이 결국에 고딕족의 왕인 왈리아(Wallia)와 로마 사이에 이루어지게 되었다. 왈리아를 데오데릭 1세(Theoderic I)가 계승했고, 그는 로마와 다른 조약을 완성했는데, 그것은 마침내 안정기를 이루었다. 고딕족은 툴루스에서 브로듀스에 이르는 아키타니아의 가로네밸리(Garonne Valley)에 비옥한 땅이 주어졌다. 그것은 경제적인 자급자족을 위한 오랜 갈구 상태에 있었던 그들을 마침내 만족시켰다. 그 뒤로 몇 년 동안 그들의 대다수가 로마를 위해서 싸웠다. 알라릭과 그의 계승자의 가장 야망적인 꿈들은 이루지 못했지만, 고딕족이 두 세대에 걸쳐서 추구했던 본질적인 부분은 이루어졌다. 즉 그들은 로마가 공식적으로 인정하는 왕 아래서 마침내 그들 자신의 영토에 정착했다.

교회들과 관련하는 한, 고트족의 이주와 서방에서 일어난 격변들은 많은 일반적인 신자들에게 고통과 고난을 가져왔고, 특히 로마의 함락은 세상의 사건들에서 하나님의 목적에 대한 보다 진지한 기독교 사상가들의 자기 분석을 파생시켰다. 고트족의 활동은 종교적인 대의와 관련한 것은 없었지만, 명목상으로 기독교 세력의 손에 로마가 멸망한 것은 제국의 당국자들에 의해서 공식적으로 인정된 가톨릭주의와 많은 침입자들이 채택한 아리안 신앙의 지속적인 세력 사이에 차이를 한 번 더 돋보이게 했다. 로마와 바베리아인의 갈등은 일부 크리스천들에 의해서 참된 신자와 이단들 사이에 경쟁으로 오랫동안 제시되었지만 신자와 이교도간의 전쟁으로는 아마도 묘사될 수 없었다.

기독교의 대적자들에게 고트족이 야기한 파괴는 기독교가 사회적으로 얼마나 위험한지를 보여주었지만, 신자들에게는 스스로를 기독교인이라고 불렀지만 진정한 관심은 물질적이고 경제적이며 정치적이었던 사람들의 폭력적인 행위와 거리를 둔 복음의 도덕적 함의를 이루는 일이 필요함을 보여주었다. 로마의 크리스천들은 고트족과 더불어 사는 것을 배워야했고, 변화된 사회적 환경을 수용할 수 있어야 했다. 이런 문제들이 주어졌을 때, 또 다른 이슈들을 역시 직면해야 했다. 그 혼란은 적절한 기독교적 행위의 매우 다른 이해들 사이에 존재했던 간격을 노출시켰을 뿐 아니라, 다양한 기독교적 이상들의 전파를 역시 촉진시켰다. 특히 펠라기안주의가 지중해 세계의 다른 부분으로 아주 널리 전파된 것은 어느 정도 로마로부터 피난민들의 탈출로 말미암은 것이었다. 이런 모든 방식 속에서 고딕족의 이주의 영향은 교회가 5세기 초에 자신을 발견했던 환경을 위해서 의미가 있었다.

반달족들

반면에 훨씬 더 장기적인 심각한 결과를 낳은 또 다른 주요한 침략이 제국에 있었다. 406년 12월 31일에 라인강이 꽁꽁 얼었고, 다른 게르만계 족속들인 반달(Vandals)과 수에비족(Sueves)의 수많은 사람들이 골로 넘어왔고, 알란족이 여기에 합세했다. 그들 중에 가장 두드러졌던 것은 두 주요한 무리인 아스딩(Asdings)과 실링스(Silings)로 구성된 반달이었다. 이 모든 그룹들이 훈족의 압력에 의해 서방으로 내몰려졌는지는 분명하지 않지만 그럴 가능성이 높다. 어떤 원인으로 그들이 이동했던 간에, 서방 제국과 교회들에 반달족의 영향은 대단했다.

침략자들은 골을 건널 때 별다른 방해를 받지 않고 그냥 넘어 들어왔고, 수많은 도시와 마을이 그들의 손에 넘어갔다. 한동안 그들이 해협을 건너 브리튼으로 들어갈 것이라는 두려움이 있었지만, 그들은 방향을 바꾸어 피레네(Pyrenees)와 스페인으로 갔다. 많은 골 지역들이 당대의 말에 의하면, 거대한 "장례식장" 으로 변했다.[3] 특히 반달족은 사실상 가는 곳마다 무자비한 폭력과 파괴의 대명사란 별명을 얻었다 – "반달주의." 하지만 고트족들처럼, 그들의 대다수는 명목상 이전의 복음전도의 여파로 인해서 기독교로 개종하였던 자들이었다. 그들도 역시 '호모이안' 의 아리안 신앙을 수용했고, 이런 입장에 깊이 헌신되어 있었다. 그들은 제국의 대적자들의 신조들과 그들 자신을 구분 짓는 발전된 방식으로 아리안 신앙을 간주했다. 그러므로 비기독교인들만이 아니라 기독교인들도 그들의 검과 불의 화염으로 고통당했다.

그동안 스틸리초는 알라릭과 그 자신의 정치적 구조에만 계속 사로잡혔고, 다른 문제들이 서방에서 복잡하게 연루되었다. 406년에 브리튼에 정주한 로마 군대가 그들이 선호하는 황제로 다른 후보자들을 지명했고, 마지막으로 이들 중에 콘스탄틴이란 행운의 이름을 가진 한 장교가 407년 초에 해협을 건너 골로 들어왔다. 그는 그의 주장을 확고히 세우려는 결의를 가졌다. 그는 아를레스에 기지를 세우고 알프스와 피레네를 향해 서방과 동방으로 그의 세력을 확장했다. 409년에 반달족, 스베스족, 그리고 알란족이 스페인으로 넘어왔고, 골 지방이 점차적으로 라벤나 황궁의 통치에서 벗어나 점점 분산되었다. 호노리우스의 장관인 콘스탄티우스는 411년의 콘스탄틴의 반란을 제압하기 위해서 선두에 서서 남부 골에서의 권위를 회복했지만, 동맹자로서 고트족을 수용하고 그들을 침략자들의 새로운 흐름에 맞서서 싸우게 활용해야 하는 대가를 지불해야 했다.

수에비족은 북서부 스페인의 갈리시아에서 그들 자신의 독립적인 나라를 세우려고 시작했다. 그들은 고트족으로부터의 상당한 압력에도 불구하고 거의 2세기 동안 그곳에서 자리를 그럭저럭 유지할 것이다. 그러나 알란족의 남은 자들을 동반한 반달족들은 아프리카, 유럽의 곡창지대, 그리고 성격상 서방 세계에서 가장 비옥한 지역을 향해서 더 남쪽으로 압박해 내려갔다. 429년의 봄에 가이세릭(Geiseric, 428-477의 그들의 통치자)이 이끄는 반달족들이 지브랄타 해협을 건넜다. 뒤이은 해에 그들은 마우레타니아와 누미디아에 있는 이런 저런 도시의 해변을 따라 진격해 나갔고, 어거스틴의 말년에 히포를 포위했다. 수년 내에 그들은 제국의 북아프리카의 커다란 지역을 장악했고, 439년에는 카르타고를 수중에 넣었다.

이 기지로부터 전에는 내륙 사람들이었던 자들이 서부 지중해에서 가장 강력한 해상 세력이 되었고, 선적의 주요한 문제들을 야기하면서, 아프리카와 유럽 간의 옥수수, 기름, 그리고 다른 물품들의 주요한 거래를 장악했다. 그 동안 쭉 서방의 권위자들은 위기에 대처할 수 있는 그들의 시도에서 빈약한 상태에 있었고, 심지어 동방으로부터의 야심찬 노력들은 성공을 거두지 못했다. 해상에 대한 반달족의 지배는 이탈리아에 주요한 식량난을 야기하였고, 455년에 그들이 로마를 공격하게 했다. 이때에 교황 레오는 로마에 대한 그들의 취급에서 어떤 자제를 보일 것을 가이세릭의 군대에 탄원하였고, 로마는 그들의 약탈을 막을 수는 없었지만, 적어도 대규모의 학살과 파괴는 면했다.

북아프리카에서 반달의 격렬한 에너지는 그들의 아리안 신앙을 부과하려는 시도를 감행케 했다. 이 정책은 가이세릭 하에서 시작되었고, 그의 계승자인 후네릭(Huneric, 477-484) 하에서 여전히 강화되었다. 가톨릭의 성직자들이 유배되었고, 수도원은 해산되었으며, 순응하라는 요구에 저항하는 크리스천들은 심각한 압박을 받았다. 어떤 이들은 포기하고 그들의 요구를 따랐고, 어떤 이는 도망했으며, 많은 이들이 그들의 요구에 저항하여 심각하게 고통을 당했다. 피난자들은 성직자들과 평신도들을 포함했고, 특히 평신도들은 그들의 재산을 빼앗긴 지주 부류가 전형적으로 많았다. 그들은 해외에 있는 동료 신자들로부터 동정을 얻었고, 그들은 가는 곳마다 반달의 잔악한 행위에 대한 이야기를 했다. 5세기 후반의 아프리카 저자들이 만든 아주 중요한 기독교 문헌들의 일부가 교리적인 전체주의를 반달족이 시도한데 따른 희생에 의해서 생산되었다. 그러한 작품들 중에는 비타의 빅토르(Victor of Vita)와 같은 유배 중에 있는 성직자의 작품들이 있었다. 빅토르는 480년대 후반에 그의 교회에서 파직되어 있는 동안에 소중한 박해의 이야기를 썼다. 탐수스의 주교인 버질리우스(Vigilius)는 484년에 후네렉으로 추방되었고, 그는 콘스탄티노플로 도망하여, 그곳에서 정통 교리를 변호하는 많은 작품들을 생산했으나, 이중에 대부분은 현재에 전해 내려오고 있지 않다.

반달의 통치자인 군다문드(Gunthamund, 484-496)와 드라사문드(Thrasamund, 496-523) 하에서는 다소 덜한 폭력이 있었지만, 아리안주의가 계속 강압되었고, 가톨릭 신자들은 이런저런 경우의 문제를 경험했다.[4] 6세기 초에, 루스페(Ruspe)의 주교인 어거스틴주의자의 풀겐티우스(Fulgentius)는 이전의 많은 가톨릭 지도자들과 공통된 운명을 겪었고, 니케아의 가르침을 옹호한 것으로 인해서 사르디니아로 추방되었다. 유배 시에 그는 아리안과 펠라기안의 견해에 대항하는 다양한 소책자를 썼다. 그러나 그는 드라사문드보다 더 관용적인 계승자인 힐데딕(Hilderic, 523-530)의 통치 하에서 아프리카로 돌아올 수 있었다. 힐데릭이 가톨릭 주교에 대한 적대 정책을 바꾸어 다시 한 번 가톨릭 신자들이 예배를 위해서 공개적으로 모일 수 있도록 허락했기 때문이다.

힐데릭은 반달족들에게는 통치자로서 인기가 없었고, 그는 530년에 폐위되었다. 그는 도움을 얻기 위해서 콘스탄티노플에 호소했고, 533-534년에 그 지원은 결정적이었다. 반달의 해적 국가는 마침내 유스티니안의 장군인 벨리사리우스(Belisarius, 381-383을 보라)에 의해 마침내 분쇄되었다. 가톨릭주의를 몰아내려는 그 통치자들의 노력은 성공하지 못했다. 강력한 대중적인 저항, 결의적인 성직자들의 강력한 핵심 세력, 그리고 니케아측의 참된 지적이고 영적인 힘이 존재했다. 반달의 정책은 그 지역의 정통 기독교인들에게 많은 곤란과 지대한 혼란을 야기하였지만, 결국에 반달족들의 행위는 북아프리카와 서방의 다른 교회들 간에 개인적인 접촉과 교리적인 이상, 그리고 영적인 가르침의 중요한 부분을 나누는 일에 기여하였다. 특히 추방된 많은 성직자와 수도사들이 스페인, 골, 그리고 이탈리아의 교회들의 생활에 상당한 기여를 하였다.

훈족들

로마의 지배에 대한 또 다른 두드러진 바베리아인의 도전은 훈족으로부터 왔다. 그들의 움직임은 다른 많은 이주자들이 로마 제국으로 들어오는 일을 촉발시켰다. 존 크리소스톰과 여타 사람들에 의해 주도된 일부 교회들로부터 훈족에 대한 선교적인 접근이 있었을지라도, 전반적으로 그들은 고트족과 반달족과 다르게 기독교에 영향을 받지 않았다. 로마와 고트족들에게 훈족들은 잔인함, 파괴, 그리고 여성과 어린이들, 또는 교회 건물에 피난해 있는 사람들을 상관하지 않고 만행을 저지른 것으로 악명이 높았다. 그들은 다뉴브 지방의 많은 지역들을 4세기 후반과 5세기 초에 습격하여, 동방의 갑바도기아와 아르메니아 그리고 시리아에 특히 재앙을 야기하였다.

이 습격들은 충분히 심각하였으나, 군지도자인 아틸라(Attila)가 430년대에 권력을 잡았을 때, 훈족의 다양한 부족들이 전에는 없었던 연합을 이루었다. 아틸라의 지도 아래 훈족 사회는 더 조직화되었고, 안정되었으며 부유해졌다. 그들은 점차적으로 단결된 국가로서 로마에 상당한 군사적 위협이 되었다. 440년대에 아틸라는 제국에 대한 일련의 공격을 시작했다. 그들은 발칸을 침략했고, 지역 백성들이 완강하게 저항했을지라도, 그들은 상당한 지역을 노략하는데 성공했다. 451년에 그들은 골로 들어갈 수 있었다. 그들은 유능한 군대 장관인 아에티우스와 연합한 고트족의 세력에 의해 패퇴를 당하였지만, 452년에 이탈리아로 쳐들어가서 노략질을 행하고 그 나라의 북쪽 지역 전체를 위협했다. 그들은 교황 레오의 중재로 인해 로마를 노략질 하는 것을 멈추었다고 전해지지만(우리가 이미 보았던 것처럼 교황 레오의 호소로 3년 뒤에 반달족의 파괴의 영향을 줄일 수 있었다), 실상은 훈족이 북부 스텝의 그들의 전통적인 지역과 멀어져서 모험을 할수록 군사적인 안전을 확보하지 못하였기 때문이다. 그들의 군사전략은 말의 공급과 그 말을 사용할 수 있는 적절한 대지에 의존하고 있었다. 그들이 로마 도시에 관대함을 보인 것은 레오의 제안보다는 이런 사실 때문이었을 것이다.

현대의 지형으로 환산한다면 아틸라가 정복한 지역은 카우카수스에서 서쪽의 프랑스 그리고 북쪽의 덴마크에 이르는 전 지역을 망라했다. 아틸라를 대하는 로마의 정책은 권력자들의 변화를 계산하면서 저항과 회유를 오갔다. 450년대에 마르시안 황제는 아틸라와 싸울 것을 결정했으나 전망이 좋지 않았다. 결국에 환경이 개입하였다. 아틸라는 453년에 그의 여러 아내들 중에 가장 최근에 어떤 여인과의 결혼 예식에서 술을 먹은 후에 발작을 일으켜 갑자기 죽고 말았다. 그의 아들들이 그가 지배한 지역을 나누어서 통치했지만, 그들은 곧 다투기 시작했고, 그들의 군대는 로마에 의해 반란을 일으킬 것을 고무 받은 그들의 신하들의 기승에 의해 먹이가 되었다.

이 모든 것에서 교회들에 대한 결과는 통상적으로 군사적 혼란이 초래하는 혹독한 것이었다 – 재산의 파괴, 강간, 부당한 대우, 무고한 사람들의 죽음, 경제적인 어려움, 그리고 일반적인 곤란. 골과 이탈리아에서의 침입은 많은 민간 당국자들이 하지 못한 방식으로 공동체를 이끄는 저항의 영웅과 기독교 주교들을 동일시하게 만들었다. 많은 지역들에서 주교들은 그들의 영역에 머물도록 사람들에게 활력을 불어넣었고, 그들의 설교와 모범으로 끔직한 곤란에 직면해서 용기를 북돋았다. 물론 자주 하나님을 신뢰하는 그들의 권고는 파괴와 약탈과 공포가 어느 경우에도 발생했기 때문에 희망적인 생각을 표현한 것에 불과해 보였다. 동시에 바베리아인들이 어떤 관용을 보였을 때, 그것은 자연스럽게 주교의 간청에 의한 것으로 귀속되었다. 자주 진정한 이유는 군사적인 긴박한 이유가 있었기 때문이었다. 그럼에도 불구하고 사회적인 붕괴를 제어하는데 성직자들의 상징적인 역할은 자주 꽤 중요했고, 커다란 정치적 세계에서 발생하고 있는 모든 변화 속에서 지역의 안정을 지원하는 자로서 성직자의 이미지를 강화시키는 일을 도왔다.

어쨌든 폭력과 부정의는 아무런 정당성이 없을지라도, 훈족은 특히 기독교인들을 진멸하는데 관심이 없었다. 기독교인들이 훈족들의 손에 확실히 커다란 시련을 당하였지만, 훈족들의 진정한 대상은 기독교인들이 아니라, 땅, 부, 그리고 지위의 추구에 있었다. 그들은 그들의 손에 희생되는 사람들의 종교적인 믿음에는 관심이 없었다. 훈족의 세력이 비교적 짧은 기간동안 지배했을지라도 신자들에게 많은 혼란과 곤란을 야기하였고, 이는 확실히 로마제국의 전반적인 붕괴에 기여했지만 기독교의 확산에 장기적인 영향은 거의 없었다.

살비안(Salvian)

일부 크리스천들은 바베리아인의 침략이 낳은 격변을 그 근원이 무엇이었든지 간에 타락과 부패의 로마 세계에 대한 심판으로 간주했다. 아틸라는 다양한 기독교 자료들에서 악한 시대에 하나님의 보수하심의 도구로서 "하나님의 채찍"으로 나타난다. 5세기 중엽의 마르세유에서 교회의 한 사제인 살비안(Salvian, 약 400-480)은 바베리아인들의 시대를 보다 일반적으로 유사한 이미지로 확대하였다. 그는 과거에 로마의 높은 이상에서 타락한 사회, 즉 관료정치의 무능, 재정적인 유용, 그리고 호색적인 방종이 만연한 세계의 악과 부정의의 어두운 그림을 묘사했다. 문명화된 사회의 태만과 침략자들의 보다 도덕적인 특성의 일부를 대조하는 것도 심지어 가능하였다.

살비안의 비난은 더 넓은 세계를 향하고 있었을지라도, 그것은 역시 교회를 목표로 하고 있었다. 그는 크리스천들, 특히 기독교 지도자들을 세속에 크게 물든 것으로 간주했다. 너무 많은 성직자들이 사회적 신분을 위해서 그리고 그들의 보수적인 사회적 가치를 붙잡게 해주는 방법으로서 직무를 추구했다. 살비안은 고백하는 공동체에 심각한 시련을 닥치게 하시는 하나님의 섭리는 거룩과 믿음과 정결의 삶에 대한 명령을 깨어 지키라는 신자들에 대한 명쾌한 요청이었다고 믿었다.

바베리아인 나라와 교회들

5세기말에 고딕족의 두 "큰 그룹"이 부상했다. 첫 그룹은 아킨타니아(Aquitania)에 정착했던 서고트족으로 구성되었다. 그들은 점차적으로 그들의 지배를 남쪽 방향의 동서쪽으로 확대하고 유릭(Euric, 466-484) 왕 아래서 프로방스와 아우베르그네의 중요한 제국의 중심지들을 장악하였다. 그들은 수에비의 영토를 제외하고서 470년대에 스페인의 대부분을 획득하면서 강력한 독립적인 국가가 되었다. 대체로 그들은 외교, 협력, 그리고 로마법에 대한 존중을 혼합함으로써 로마 제국 지배 하의 골 사회에 있었던 엘리트들을 확보하려고 열심을 내었으나, 점차적으로 무력으로 땅을 장악할 준비를 했고, 특히 스페인으로의 확장은 검에 의해 실행되었다.

지역을 장악한 수단들이 평화로운 곳에서조차도, 부유한 지주들은 그들의 영토의 커다란 부분(일반적으로 2/3)을 "손님"으로 새로이 도착한 자들에게 내어줄 준비가 되어 있어야 했다. 영토에 대한 그러한 합병은 갑작스럽게 방대한 재산을 상실한 원로원 귀족들로부터 불가피하게 항의를 받았지만, 짧은 기간에 여러 번의 황제가 바뀐 라벤나의 서방 궁전은 그런 문제를 대처하는데 다소 무기력하였고, 땅의 분배는 어찌되었든 공식적으로 법적인 동의에 기초하고 있었다. 황제의 정치 세력의 대부분은 바베리아인의 군사적 지도자들의 손안에 있었다.

다른 주요한 게르만 백성들의 그룹도 그들에게 혜택을 줄 것을 강요했다. 동부 게르만 그룹인 브루군디족은 훈족들로부터 심히 고통을 당했고, 라인 밸리 주위에 동부 골의 제국 내에 정착했다. 그것은 현대의 스위스에서 프랑스어를 말하는 부분을 대체로 망라하는 지역이며, 이탈리아와 남부 골 사이에 주요한 루트를 통제하는 중요한 전략 지역이었다. 북쪽으로 이교 프랑크족은 로이레(Loire)를 넘어서 상당한 영토를 강력하게 휘둘렀다. 로마에 다른 장기적인 문제를 일으킨 자들은 알라만니(Alamanni, "모든 곳에서 온 남자들")의 절충적인 서방 게르만 족속들인데, 그들은 라인 밸리와 알자스 주변을 습격함으로써 문제를 계속 일으켰다. 서고트족들은 아리안 교리에 열정적이었고, 아리안주의가 부르군디족들에 의해서 신봉되었다. 수에비는 정치적인 상황에 따라서 신조적인 제휴에서 흔들렸다. 프랑크족과 알라만니족은 아직 이교도가 우세하였다.

서고트족들 하에서 가톨릭교회에 대한 간헐적인 박해는 골의 남쪽과 동쪽 그리고 스페인에서 발생했다. 일부 정통 주교들이 죽었을 때, 그들은 정통 주교로 대체되지 않고 새로운 아리안 주교들로 많이 채워졌다. 불가피하게 가톨릭 성직자들은 로마의 세력과 기존의 구조들을 보존하려는 자와 동일한 것으로 간주되었다. 그처럼 그들은 서고트족 주인이 괴롭히는 '봉' 으로 자주 취급되었다. 이런 가운데 많은 성직자들이 서고트족의 목표에 저항하며 전통적인 권위와 활발하게 협력했고, 그들이 그런 일로 인해 고통에 직면한다면 기꺼이 그것을 면할 것을 주장하지 않았다. 한편으로 서고트족은 새로운 통치자의 대의를 옛 통치자에게 전달할 수 있는 로마 제국 세력과의 중개자로 주교들을 유용하게 사용할 수 있다고 보았다.

아키티안과 같은 지역에서 많은 평민들이 서고트족을 로마로부터 정치적으로 구원하는 자로서 환영할 수 있는 것으로 보았다. 그들이 믿음에서 이단적일지라도 말이다. 그리고 서고트족은 교회의 재산과 가톨릭 지도자들을 존중할 때 사회적인 융합의 이득이 향상될 수 있음을 점차적으로 인식하였다. 결국에 교리적인 근거와 관련해서 존재했던 분개는 서고트족의 편에서보다도 가톨릭의 편에서 훨씬 더 강했다. 결국 고백적인 차이가 고트족과 그들의 백성들을 문화적으로 구분지었을지라도, 시간이 흐르면서 상당한 정도로 종교적인 자유가 주어졌다. 전반적으로 가톨릭 기독교는 게르만 아리안주의 하에서 고통을 당했던 것보다도 반달족의 손에서 훨씬 더 고통을 당했다.

남부 골에서 가톨릭교회의 상태에 관한 것들을 시도니우스 아폴리나리스(Sidonius Apollinarius, 약 430-486)의 서신에서 볼 수 있다. 시도니우스는 470년에 클레르몽의 주교가 되었던 애국적인 골계 로마 귀족이었다. 재능 있는 시인이자 고전 문화의 옹호자인 시도니우스는 아우베르그네에서 서고트족의 점령에 성공적으로 저항하는 일에 선봉에 설 수 있다는 희망으로 주교가 될 것을 동의했다. 그의 모범은 훨씬 덜 안전하고 옛 엘리트들의 대표자들에게 기회가 적은 세계에서, 보수적인 마음을 가진 귀족들이 전통적인 가치를 보존하며 삶을 살아가는 합리적인 방식을 확실히 하게 하는 방법으로서 주교적인 직무를 볼 수 있게 하였다. 그러나 시도니우스의 희망은 실현되지 못했고, 그는 유배와 투옥을 당했다.

476년에 재복직한 후에 시도니우스는 남은 시간의 대부분을 골지역의 다른 지도자들과 교신한 내용들을 정돈하면서 보냈다. 이 서신들에는 골 교회의 주요한 지성 가운데 한 사람인 리즈의 주교인 파우스투스(Faustus), 트로에스의 주교인 루푸스(Lupus), 철학적인 지성이 있는 비엔나 주교의 형제인 클라우디아누스 마메르투스(Claudianus Mamertus, 그는 영혼이 형체가 있다라는 파우스투스의 견해에 대항해서 논증했다), 리모게스의 주교이자 동료 귀족 정치가 중에 한 사람인 루리시우스(Ruricius)와 같은 인물들을 포함했다. 시도니우스의 서신은 그 환경이 어렵고 성직자들이 정치적 제휴를 하고 있다는 의심을 자주 받을지라도, 교회의 생활과 의식과 신학적 논쟁을 진행할 수 있고 불확실과 변화 가운데서 새로운 교회 건물을 세우는 것도 가능하다는 것을 보여준다. 심지어 군사적인 싸움의 최악의 결과 – 기근, 질병, 고난, 그리고 죽음 – 는 교회에 궁핍한 자에게 자비와 구제를 행하는 중요한 역할을 주었다.

서고트족 이외에 이 시기에 부상한 다른 주요한 고트족 그룹은 동고트족(Ostrogoths)이었다. 그들은 훈족이 기승하는 동안에 판노니아(Pannonia)와 트라키아(Thrace)에 정착한 동부 고트족으로 구성되어 있었고, 많은 경쟁과 투쟁 후에 데오데릭 대제(Theoderic the Great, 약 453-526)를 중심으로 연합했다. 데오데릭의 지도 아래 동고트족은 발칸의 바베리아의 불안정한 상태에서 이탈리아의 로마 제국의 전통적인 중심부에 정주하는 나라가 되었다.

데오데릭

이탈리아에 동고트족이 오게 된 배경은 서방의 마지막 꼭두각시 황제인 로물루스 아우구스툴루스(Romulus Augustulus)가 이탈리아의 게르만 군대의 사령관인 바베리아인 장군 오도아서르(Odoacer)에 의해서 공직에서 물러나게 되었을 때인 476년의 가을이었다. 오도아서르는 로물루스를 대신해서 스스로 이탈리아의 "왕"이 될 것을 결정했다.[5] 오도아서르는 더 이상 요구하지 말라는 근거로 로물루스 황제의 기장을 콘스탄티노플의 동방 황제인 제노(Zeno)에게 보냈고, 이에 대해 제노는 이론적으로는 그 자신이 유일한 황제였을지라도, 그에게 "귀족"의 반열을 하사하고 사실상 그를 인정했다.

오도아서르에 의한 이 쿠데타가 476년이 서방에서 로마 제국의 멸망을 표지하는 것으로 보는 것이 오랫동안 의례적이었으나, 사실상 그 전환은 당시에 별 의미가 없었다. 실제적인 멸망은 두 세대 이전에 있었고, 서방에서 그 이후에 뒤따랐던 모든 것은 로마 제국주의의 그림자였을 뿐이었다. 오도아서르는 이탈리아에 수년간 평화를 가져왔고, 대중들과 좋은 관계를 촉진하였으나 그의 위치가 불안정하였으며, 480년대에 제노의 관리들이 콘스탄티노플과 가변적이고 불편한 관계에 있었던 데오도릭을 고무시켜 이탈리아를 그의 땅으로 만들고 그곳의 사람들을 그의 백성으로 삼도록 자극했다.

493년에 라벤나를 오래도록 포위한 후에 데오데릭은 오도아서르를 패퇴시키고 처형했으며 그를 대신해서 스스로 이탈리아의 왕이 되었다. 오도아서르처럼 그는 콘스탄티노플에서 황제(지금은 아나스타시우스)의 권위에 명목상 복종했고, 그의 위치를 분명히 하기까지는 동방과 수년간의 협상을 벌였다. 그가 확보한 것이 동방의 황궁에서 예상한 것을 확실히 넘어섰기 때문이었다. 결국에 490년대 후반에 그가 그의 영역에서 법적인 독립을 보장받을 것이지만, 콘스탄티노플은 황제의 신분과 비교되는 것으로 그를 인정하는 것을 확실히 의도하지 않았다. 공식적으로 그는 동방의 황제와 동등한 것이 아니라 대리자였다. 하지만 그것은 적어도 이론이었고, 동방의 당국자들은 그것을 고수할 수 있는 입장에 있지도 않았다.

데오데릭은 콘스탄티노플로 데려와져서 로마의 전통과 문화에 대해 본능적인 존경을 표했다. 그와 관련해서 말할 때, 그가 공식적으로 왕이지 황제가 아닐지라도, 그의 나라는 로마제국이 연속되는 것으로 서방에서 동일시되었고, 그의 이탈리아는 지금까지 유럽의 모든 바베리아인 계승자들 중에서 가장 두드러지게 로마적이었다. 데오데릭과 그의 사람들이 권세를 가질 것이지만 그의 백성들의 대다수는 물론 로마 사람들이었고, 그는 문화적인 통합과 사회적인 조화를 이루는데 열심히 있었다. 데오데릭은 가능한 한, 회유적이었던 오더아서의 정책을 답습했고, 그는 제국의 원로원과 행정적인 질서를 보유했으며, 오도아서르의 관리의 대다수를 유지시켰다. 라벤나에서 그의 수도는 콘스탄티노플의 건물들의 모형을 닮은 장엄한 건물을 간직했고, 그의 궁전은 로마의 문학과 예술을 좋아했고, 그의 통치 아래서 많은 문맹의 고트족들이 로마의 이름을 취하기를 시작했고, 라틴어를 말하는 것을 배웠다.[6)]

종교적인 정책

데오데릭은 아리안이었지만 교리적인 차이가 그의 정치적 열망을 방해해서는 안 된다는 생각을 가졌다. 가톨릭이 그의 기독교 신하들 가운데 분명히 다수파에 속했고, 그는 그들에 대한 관용 정책을 선호했다.[7)] 대체로 그는 교회적인 업무에 간섭하지 않으려고 노력했고, 성직자들이 그들의 영역에서 활동할 수 있게 하는 의지를 표명했다. 물론 일부 주교들은 정치적 조정을 받았지만, 그들은 보통 커다란 존경을 받았고, 많은 이들이 데오데릭을 신실한 신자요 그리스도의 대의의 옹호자로 기꺼이 인식하려고 했다.

500년에 로마에 대한 데오데릭의 유명한 방문 기록을 보면, 그는 교황 심마쿠스를 베드로 사도인 것처럼 환영했다고 전해지고, 뒤이어지는 해들에서 그는 경쟁적인 교황인 로렌스의 지지자들이 야기한 로마 교회의 분열을 해결하도록 요청을 받았다. 그의 개인적인 감정의 본질이 무엇이든지 간에(그리고 분열의 경우에 그의 성향을 측정하기 어려울지라도), 데오데릭은 꽤 다른 의견을 가진 신자들로부터 찬사를 얻는 방식으로 행동했고, 그의 덕성은 이전의 수사학자인 엔노디우스(Ennodius)와 같은 많은 성직자들에 의해 칭송을 받았다. 엔도디우스는 밀란의 교회의 부제로서[8)] 507년에 왕 앞에서 대중적인 찬사를 전달했다.

데오데릭은 그의 수도가 부여하는 부와 위상을 상징하면서 눈에 띄게 아리안 교회들과 라벤나의 세례당의 치장과 건립에 많은 돈을 쏟았다.[9)] 그러한 활동들은 서방의 다른 곳에서 많은 동료 크리스천들과 유사하게 번영하였던 지역 가톨릭 교인들에게 모험심의 경쟁적인 표현을 자극했다. 억압적인 조치는 취해지지 않았고, 데오데릭은 통치하는 대부분에서 가톨릭의 직제와 긍정적인 관계를 가졌다. 많은 유능한 가톨릭 크리스천들이 거의 정부에서 고위직에 오를 수 있었고, 시간이 흐르면서 사실상 아리안 동고트족이 니케아 신앙으로 회심하는 경우도 상당히 있었다.

"로마화"에 대한 데오데릭의 호소는 확장주의적인 외국 정책을 합법화하려고 부분적으로 의도되었고, 수년에 걸쳐서 그는 반달, 부르군디, 그리고 대체로 서고트에 대한 그의 지배를 제법 확장하였다. 그의 정부의 안정은 서방의 원로원 귀족의 편에서 콘스탄티노플에 대한 적대감이나 냉정함의 유지에 매우 의존하였고, 데오데릭은 이런 분위기가 바뀐다면 그가 잠재적인 정치적 위기에 직면할 것으로 인식했다. 482년 이래로 로마와 콘스탄티노플 교회를 심각하게 양분시켰던 분열이 518-519년에 끝이 났을 때(pp. 220-22, 224-25를 보라), 데오데릭은 콘스탄티노플이 서방에 대한 정치적 권위를 재확증하려고 화해를 추구하려고 하는 것에 놀랐다. 이미 그와 같은 표지들이 있었고, 데오데릭은 골과 스페인에서의 곤란과 더불어 서방에서 점증하는 문제들을 역시 경험하고 있었다. 이 모든 와중에서 그가 지명한 상속자가 죽었고, 대안적인 계승자의 선택을 둘러싸고 많은 복잡한 일들이 발생했다.

보에티우스

데오데릭이 통치의 구실로 크리스천들을 희생시키는 경우가 있었다. 그의 주요한 민간인 행정가이거나 "교장"은 유능한 귀족 아이시우스 만리우스 토르쿠아투스 세베리누스 보에티우스(Anicius Manlius Torquatus Severinus Boethius, 약 480-524)였다. 아테네와 알렉산드리아에서 교육 받은 부유한 원로원 의원인 보에티우스는 플라톤과 아리스토텔레스의 작품에 관한 최상의 지식을 가진 철학자였다. 그는 헬라 사상가들의 책을 주석하고 번역했으며, 정통 기독교 신학을 변호하는 일련의 소책자를 냈다. 523년에 그는 불충성-또는 콘스탄티노플과의 교류-의 의미를 폄하했을 때 다른 저명한 원로원 의원인 알비누스(Albinus) 편에서 반역죄로 고소를 당하여, 그는 사형의 죄로 정죄되었다. 그의 장인인 심마쿠스도 유사한 운명을 맞았다.

어떤 지역의 가옥에서 구금되어 처형을 기다리는 동안에 보에티우스는 그를 아주 유명하게 만들어준 작품인 『철학의 위로』(*Consolation of Philosophy*)를 썼다. 저자와 의인화된 "철학"간에 발생하는 산문과 운문식의 대화는 대단히 고전적인 자료를 담고 있다. 그것은 자신의 이성과 덕성으로 부당한 고난을 받아들이고 만족한다는 생각을 제공하고 있고, 그 분위기는 기독교적인 것만큼 적어도 스토아 철학적이다. 보에티우스의 작품은 후대의 사상에 크게 영향을 주었고, 많은 면에서 그는 신학과 철학이 밀접하게 뒤얽힌 인물로서 중세기의 지적 전통의 시작에 속한다. 더욱 넓게는 그의 문학적 작품 속에서 그는 12세기의 스콜라 신학자들을 예기(豫期)했고, 나아가서 기독교의 교리와 아리스토텔레스의 논리의 종합을 이루었다.

데오데릭의 손에 휘둘러진 보에티우스의 운명은 재능 있는 자의 비극적인 낭비였지만 보에티우스를 종교적인 순교자로 볼 수는 없다. 그는 궁정에서 많은 유력한 대적자들을 분명히 만들었고, 다양한 정책적 이슈에 관한 그의 조언은 다른 파들의 관심과 상충되었다. 특히 그는 데오데릭을 계승할 후보자들 중에 한 사람, 즉 데오데릭이 좋아하지 않았던 왕의 조카인 데오다하드(Thedahad)와 긴밀하게 연관되었다. 보에티우스의 죽음은 그의 주인이 그 권위를 주장할 준비가 꽤 되어 있다는 표시였다. 데오데릭은 콘스탄티노플의 정치적인 생각과 연결되어 있거나 반역적인 의존을 하고 있다고 의심되는 유명한 크리스천이나 비크리스천을 본보기로 희생시킴으로써 그의 권위를 과시하였다.

데오데릭의 몰락

그러나 데오데릭을 구하는 일은 이와 같은 행동으로는 부족했다. 그의 제국은 쪼개지고 있었고, 그가 반동자들 특히 부르군디족에 대한 조치를 행하는데 일부 성공을 거두었을지라도, 그리고 그가 반달족을 좇는 야심찬 계획을 육성했을지라도, 그는 권력을 장악하는 일에 실패하고 있었다. 콘스탄티노플은 동고트족의 꿈을 분쇄하기 목적을 진전시키기 위해서 이런 문제들을 의도적으로 이용했고, 유스틴 황제는 대다수의 고트족을 포함하는 아리안 신하들을 박해하는 일에 착수했다. 따라서 가톨릭주의로 강압적으로 회심하는 일이 발생했고, 가톨릭교회가 사용하기 위해서 아리안 교회들을 압수했다.

교황 존 1세(John I, 523-526)의 대리자들을 통한 데오데릭의 항의는 아주 비효과적이었다. 유스틴이 몇 가지 요청을 들어주었을지라도, 그는 개종자들을 회복시키는 데에는 동의하지 않았다. 중재하는 사절단들과 관련해서 문제를 더 악화시킨 것은 콘스탄티노플에서 극진하게 환대를 받은 교황은 유스틴에게 황제로서 그의 축복을 줄 것을 선택했고, 그 보답으로 그는 로마의 교회에 대한 관대한 선물을 얻었다. 이럴 경우에 발생할 수 있는 것처럼, 사절단들이 데오데릭의 어린 손자인 아다라릭(Athalaric)을 그의 계승자로 콘스탄티노플의 인정을 얻으려고 계획했을지라도, 그것은 확실히 실패로 돌아갔다. 데오데릭은 격노하여 그들이 라벤나로 돌아오는 길에 존과 그의 동료 사절단들을 감옥에 가두었고, 존은 이미 연로하고 허약한 상태인지라 곧바로 죽고 말았다.

데오데릭은 그의 말년에 가톨릭을 더 폭넓게 억압하려는 계획을 꾸민 것으로 다양한 기독교 자료들에서 언급되고 있지만, 이 일이 사실상 발생했다는 증거는 없다. 하지만 로마의 교황 존을 대체하는 일을 둘러싸고 분명한 긴장이 있었다. 데오데릭은 526년에 죽었고, 몇 년 내에 그의 나라는 붕괴되었다. 그의 어린 계승자의 정치적인 보호자와 관련한 격렬한 투쟁이 있었고, 동방의 당국자들과 관련하여 어떤 노선을 취할지를 놓고 예리하게 의견이 분열했기 때문이다. 아울러 주변에 다른 바베리아인 사람들이 융성하고 있었다. 이 모든 변화는 교회에 중요한 결과를 갖게 될 것이다. 그러나 데오데릭이 라벤나의 그의 권좌에 여전히 있는 동안에 서방의 다른 곳에서 역시 다른 발전들이 이미 발생했다.

제12장

새로운 서방: 골, 이탈리아, 스페인

프랑크족

북부 골의 서고트족의 주요한 라이벌은 프랑크족이었다. 그들은 여러 세대에 걸쳐서 라인강변의 로마 진영을 몹시 괴롭힌 여러 전사 부족의 종류로 구성되었다. 3세기말과 4세기의 과정에서 많은 프랑크족들이 북부 골 지역을 압박하여 현재의 벨기에와 라인란드가 있는 로마의 동맹자로서 정착하는데 성공했다. 주요한 분견대들이 로마 군대의 용병으로 봉사했고, 4세기에 가장 뛰어난 군사 장교들 중에 여러 명이 프랑크족이었다. 그러한 사람들은 전형적으로 대단히 로마화되어 있었고, 그들 중에 많은 이들이 로마를 위해서 다른 바베리아인 사람들과 싸웠던 충성스럽고 능력 있는 장교들이었다.

그러나 로마에 그리 열정적이지 않았던 훨씬 먼 북부 지역 출신인 소위 "살리안들"이라 불렸던 사람들이 지배했던 다른 프랑크족의 커다란 무리들이 있었다. 470년대에 그들의 호전적인 지도자인 칠데릭(Childerric) 통치 하에서 이 부족들은 북부 골 지역의 로마에 상당한 고통을 안겨주고 있었다. 칠데릭은 프랑크 여왕과 해양신의 동침으로 잉태되었다고 믿었던 훌륭한 장수인 메로벡(Merovech, "해양 전사")의 후손인 "메로빙거 왕조"에 속했다.[1] 480년대에 칠데릭의 아들이자 계승자인 클로비스(Clovis, 또는 더 정확하게는 클로도벡[Chlodovech, "약탈 전사")는 아버지의 권위와 관심을 이어받아 그의 지배를 결정적으로 확장하였다. 그는 처음에 로이레 밸리의 서쪽에서 시작해서, 다음에 알라만니에 대항하여 라인강으로, 그리고 서고트족 영토의 로이레 남쪽으로 영토의 범위를 넓혀갔다.

칠데릭과 클로비스는 이교도였지만 칠데릭의 마지막 장지는 기독교회와 가까이 있었고, 클로비스는 그의 백성들에 대한 리더십을 취했을 때 라임의 가톨릭 주교인 레미기우스(Remigius)의 훌륭한 조언을 받았다. 490년대 초에 클로비스는 가톨릭 신자인 브르군디족의 공주인 클로딜드(Clotilde)와 결혼했다. 다른 부르군디족의 많은 구성원들이 이때에 개종했고, 여기에는 비엔나의 인상적인 주교인 아비투스(Avitus)에 의해 영향을 받았던 군도바드(Gundobad) 왕의 아들인 시기스문드(Sigismund)를 포함한다. 클로딜드의 영향과 열정적인 선교사였던 레미기우스의 노력이 더해져서 클로비스는 기독교 신앙을 고백하는 것으로 자극을 받았다.

클로비스의 회심

전통적으로 내려오는 이야기는 콘스탄틴처럼 클로비스가 기독교 신앙을 전쟁의 상황에서 받아들였다는 것이다. 그는 알라만니와의 전투에서 승리한다면 기독교인이 되겠다고 맹세했고, 승리했을 때, 그 말을 지켰다. 아마도 499년경에 그는 상당한 수의 그의 병사들과 함께 세례를 받았는데, 아마도 모두 합해서 3천명이나 되었던 것으로 보인다. 이것은 가톨릭 신앙으로 게르만 그룹이 처음으로 대량 회심한 사건이었다고 전해진다.

이런 전례적인 사건의 상세한 부분을 확실히 하기는 어렵고, 클로비스가 처음 기독교에 관심을 표현했던 날짜와 그의 회심의 상황, 그리고 세례에 대한 그의 최종적인 수락의 정황과 관련한 아주 학문적인 논쟁이 여전히 있다. 확실히 그는 그리스도의 이름을 인정하기 전에 이미 남쪽으로 군사적인 진보를 이루어내었을 것이고, 그의 기독교에 대한 수락은 그의 팽창적인 전략을 발전시킬 수 있는 방법으로 그가 계산한 것과 연관이 있는 것으로 보인다. 그런 의미에서 클로비스의 믿음의 고백은 개인의 신앙만큼이나 거의 확실히 정치와 상당히 관계가 있었다.

모든 프랑크족 사람들이 기독교 신앙으로 나아온 것은 아니다. 첫 번째 개종자들은 명목상이든 다른 어떤 경우이든지 간에 평민들보다는 지도자들 중에서 있었고, 일반적으로 프랑크족들이 어느 날에는 이교도였는데 다른 날에는 기독교인이 되었다고 하는 것은 명백히 잘못이다. 확실히 클리비스 정부의 성격은 도덕적인 측면에서 많이 바뀌지 않았다. 즉 그들은 폭력, 음모, 그리고 난폭성으로 특징지어지는 일을 계속했다. 그의 통치가 프랑크족의 정치적 통치의 구조로 기술적인 변혁을 나타내 보였을지라도 – 부족장의 느슨한 연합적 구조가 클로비스의 메로빙거 왕조만이 통제하는 강력한 왕권으로 대체되었다 – 그 자신의 계획은 원색적인 권력적 기획으로 추구되었다. 이교도 신앙과 관행은 그의 평범한 백성들 사이에서 널리 퍼져 있었고, 확장된 프랑크 왕국의 법과 관습은 동물의 희생제사와 같은 전통적인 종교의 많은 양상들을 계속 수용하고 있었다.

니케아 종교회의를 따르는 가톨릭의 기독교적 입장을 채택한 클로비스는 많은 주교들과 골의 지주들로부터 소중한 지지를 얻을 것을 희망했다. 그는 그들에게 이교도와 이단들과의 성전을 감행하는 군사 원정대로 비춰지기를 바랐다. 그는 이미 알라만니를 패퇴시켰고, 부르군디족을 그의 편에 넣었고, 상류 다뉴브를 따라 다양한 지역들을 점령했다. 이제 그는 서고트족의 세력과 일전을 벌이려하고 있다. 그 자신을 교리적으로 서고트족의 아리안주의의 대적자로 만듦으로써 그는 자신이 남부의 강력한 지배에 직면해서 성공의 기회를 높일 수 있다고 역시 생각했다.

그러나 실상은 남부 골의 가톨릭의 많은 사람들이 클로비스의 진격에 대해서 열정적이지 않았다. 그들은 서고트에 의한 통치 – 교리적인 일탈이든 아니든 – 가 북쪽의 전사들에 의한 정복보다 낫다고 여겼다. 많은 사람들에게서 클로비스는 무자비한 제국주의자였음이 분명했고, 그가 기독교 정통주의를 위해서 십자군 전쟁을 행하고 있다는 주장은 나중에 그의 군사적인 무용이 많은 목적을 이루었을 때에 발생했다. 서고트와 그들의 왕인 알라릭 2세가 507년의 여름에 포이티에르 근처에 부이레(Vouillé)의 전투에서 결정적으로 패퇴하였을 때, 정복된 자들 가운데는 아리안도 있었고, 가톨릭도 있었다. 보르듀스와 툴루스를 점령하고 클로비스는 파리로 돌아왔지만, 부르군디족과 프랑크족의 분견대는 남쪽으로 계속 진행했고, 507-508년에 아를레스(Arles, 최근에 구 로마 골의 가장 중요한 도시)를 포위했지만, 고트족과 골계 로마인들에 의해 강력하게 저항을 받았다. 결국 공격자들은 데오데릭이 보낸 군대에 의해 패했고, 동고트족은 남동부를 통치하는 일을 구축했다.

메로빙거 왕조의 교회

클로비스가 511년에 죽었을 때 즈음에 그는 그의 제국의 영토를 두 배로 늘렸고 골의 대부분은 가톨릭주의로 공식적으로 회복되었다. 서고트족은 나르본네 주변의 남쪽 작은 지역만을 보유했다. 데오데릭은 남동부를 회복했다. 하지만 뒤이어지는 세대들의 과정에서 클로비스의 아들들과 손자들이 동고트족의 권력의 쇠퇴를 이용하는데 성공했고, 프랑크족의 지배를 현대에 프랑스 지역이 된 영토의 대부분을 망라하는 것으로 확장시켰다. 반세기 이상 뒤에 프랑크족의 대단히 영향력 있는 역사를 쓴 투르의 그레고리(약 539-594) 주교는 클로비스의 통치를 하나님이 인정하시는 많은 기적적인 표지가 동반한 것으로 묘사하였고, 또한 그의 승리는 하나님의 섭리로 악과 잘못을 패퇴시킨 것으로 설명된다. 새로운 콘스탄틴이 승리했고, 진리의 그의 제국이 도래했다. 프랑크족의 영토의 연속된 확장은 참된 신앙의 헌신으로 인해 그의 정부를 비추시는 거룩한 복을 확증하는 것으로 보였다.

사실상 클로비스 이후에 세대들에 관한 그레고리 자신의 증거가 충분히 명확히 하고 있는 것처럼, 메로빙거 왕조의 골은 권력을 잡은 귀족 통치자들이 주재하는 사회였고, 그것은 부패와 부도덕이 왕성하고 교회의 지도자들도 그들의 정치적 주인들에게 상당히 휘둘리는 치명적인 분쟁 하에 계속해서 있었다. 영적인 기준에서 수반하는 쇠퇴가 있었고, 골의 교회가 아리안 서고트족 지배하에 있을 때보다 메로빙거 왕조의 가톨릭주의의 통치 하에서 훨씬 더 나았는지는 의심스럽다. 심지어 가톨릭 신조 자체도 결코 안전하지 않았다: 그레고리가 증거한 것처럼 아리안주의는 결코 허세가 아니었다. 아리안주의는 많은 지역들에서 영향력을 갖고 있었다. 성인들의 제의가 대중적인 호소력을 갖고 상당히 확장되었던 시기에 옛 프랑크족 형태의 의식과 기독교 경건의 상징, 성지, 유물 간에 혼합주의 – 의도적이든 별 생각이 없는 것이든 – 가 상당히 있었다. 확실하게 기독교의 메시지를 확산하려는 사람들은 그들의 터를 쉽게 발견할 수 없었다.

많은 주교들이 그들 사회의 자연스러운 엘리트였다 – 새로운 종류의 사회적 구축의 선두주자로서 그들 자신의 가장 가능한 조건을 협상하는데 관심이 있었던 옛 형태의 골계 로마 신사들. 옛 로마의 질서는 더 이상 없었고, 실로 많은 성직자들이 명백히 프랑크족의 배경에서 침투하기 시작했지만, 전통적인 구조의 상속자들이 왕의 재가를 누렸던 신앙의 강력한 지역적 대변자로서 새로운 위치를 세우는 것이 가능했다. 많은 경우에 그러했던 것처럼, 메로빙거의 통치자들은 공의회로 모일 것을 통지했고, 많은 입법이 교회의 특권을 지키는 것과 관련되는 한, 모인 성직자들의 관심은 전통적인 경향이 있었다. 하지만 주교들이 취한 태도들은 정치적으로 자주 고분고분했다. 법규를 만들었던 사람들이 그들의 왕을 그들의 전반적인 보호자요 후원자로 간주했기 때문이다.

그럼에도 불구하고 모든 것이 혼란스러웠다거나 모든 성직자들이 자기 보존적이거나 단순히 왕의 꼭두각시였다고 생각하는 것도 잘못일 것이다. 영적인 역동성의 진정한 증거들이 있었고, 기독교의 문화적 강화의 두드러진 표지가 역시 있었다. 투르의 그레고리는 그의 시대에 골 교회에 나타났던 쇠퇴의 상태를 한탄했지만, 그는 특별한 영적 특성을 보여주었던, 먼 과거만이 아니라, 최근의 수많은 성인들 – 주교, 귀족, 은둔자, 그리고 금욕자들 – 의 삶을 문서화했다. 정치적인 제휴로 말미암아 발생할 수 있는 주교의 자기 방종적인 유혹에 대항하는 다른 확신들이 있었다. 그중에 가장 두드러진 것은 골의 금욕주의의 지속적인 힘이었다. 그것은 특히 초기 수도원에 아주 영향을 많이 받았던 지역들에서 영성의 형태에 지속적인 역할을 계속했다. 또한 인상적인 문화적 성취가 있었다. 그레고리와 동시대의 친구 중에 한 사람은 재능 있는 시인 베난티우스 포투나투스(Venantius Fortunatus)였는데, 우리가 9장에서 보았던 것처럼, 그의 작품은 영적인 통찰의 풍부한 특성을 보여주었고, 다양한 측면에서 중세 작품의 성격을 예기(豫期)했다.

아를레스의 케사리우스

클로비스가 그의 기독교적 신앙을 선포하였을 즈음에 골의 남부에 있는 교회는 여전히 당시에 서고트족의 영토에 속해 있었지만 특히 인상적인 인물에 의해 주도되었다. 그는 강력한 영적 열심으로 무장한 천부적인 지도력의 은사를 가진 사람이었는데, 바로 502-542년에 아를레스의 주교였던 케사리우스(Caesarius, 약 470-542)다. 그는 귀족 출신의 골계 로마 가정 출신의 사람이었지만, 그의 형성기는 레린스의 수도사로의 삶을 포함하며, 그는 교회의 지도자들이 영적인 헌신의 모범적인 삶을 반영할 수 있도록 부름을 받았다고 확신했다. 그는 양떼를 돌보는 소명보다도 자신의 이득을 붙잡는 표지를 보여주는 동료 주교들을 비판했다. 그는 어거스틴에 의해 아주 유명해진 선례를 따라서 금욕적인 노선에 있는 자신의 성직자 공동체를 조직했고, 여성들을 위한 부가적인 수도원을 세웠으며, 전반적으로 그의 교회에 수도원적 영성의 영향을 확산시켰다.

케사리우스는 존경 받는 공동체의 전통적인 덕성 – 정의, 정직, 그리고 악을 피하는 것 – 과 전통적인 품위를 초월하는 크리스천의 자기 부인과 자비의 특성을 추구할 것을 그의 회중들에게 요청했다. 그는 크리스천의 범주에서 "난폭한" 관행을 그냥 참아내는 것을 잘못된 것으로 도전했다. 그에게서 그러한 것들은 조야한 이교도 농부의 라이프스타일보다 못한 도덕적 행위를 의미했다. 그가 그의 백성들에게 상기시켰던 것처럼, "조야스러움"을 시골 지역에서 발견할 수 있는 마술과 미신에 여전히 찌들어 있는 사람들에서만이 아니라, 복음을 받아들였던 세계의 사회적이고 성적인 활동에 그들이 참여했을 때, 문화적으로 계발되었다고 하는 도시 거주자들의 삶에서도 역시 그런 것을 발견할 수 있었다.

케사리우스는 의도적으로 직접적인 형식으로 생각을 전달하는 재능 있는 설교자였고, 그는 기독교 문헌을 독파하여, 그것을 어거스틴과 다른 권위자들의 주제와 개념에 적용하는 능력을 가졌다. 그는 북아프리카와 구분되는 것으로 프로방스를 위해서 어거스틴의 설교를 편집하고 재활용했다. 그의 많은 현존하는 설교들이 보여주는 것처럼, 그의 수사적인 재능은 칭송되었을지라도, 그의 조언은 비실제적인 것으로 자주 무시되거나 거부되었다. 그의 이상은 너무도 분명하였다. 지칠 줄 모르는 도덕 교사인 그는 교회의 분위기를 끌어 올리려는 노력을 지속했다. 하지만 그의 명확한 설교에 대한 무관심과 반대가 여전히 있었고, 따라서 어떤 경우에 그는 설교가 끝나기 전에 자리를 뜨는 사람들을 막기 위해서 교회당 문을 닫아놓았던 것으로 보고된다. 도시 생활의 핵심을 개선하려는 전적인 노력의 일환으로 그는 폭넓은 사회의 모범으로서 그의 기독교 공동체를 세우려고 애썼고, 이 거룩의 추구는 어려운 시기에 사회적 질서를 촉진하려는 의미와 상충되지 않았다.

이런 모습이 항상 쉽게 유지되었던 것은 아니었다. 아를레스는 다양한 사회였고, 그것의 종교적인 양상은 크리스천들만이 아니라 오래된 제의적 관행의 헌신자들과 상당한 수의 유대인들을 포용하고 있었다. 케사리우스는 유대인의 경건에 대한 칭송을 표현했고, 사회에서 유대인들을 학대하는 것을 강력하게 억제했다. 하지만 유대인과 크리스천의 믿음을 구분 짓는 것을 섬세하게 했고, 그렇게 종교적으로 다른 사람들이 있다는 것이 그로 하여금 기독교와 시민 사회가 통합된 공동체에 대한 비전을 갖게 도전했다. 또한 주교 자신이 여전히 유약할 수 있었던 뚜렷한 징조가 있었다. 아를레스가 507-508년에 부르군디족과 프랑크족으로부터 압력을 받고 있었을 때,[2] 케사리우스는 방어하는 고트족에 의해 적군들에게 공감하는 것으로 의심을 받고 체포되어 반역죄로 정죄되었다. 보르듀스에서 잠시 유배를 당한 후에 그는 자신의 의심을 벗어버리는데 성공하여 그의 관구로 돌아올 수 있었다. 하지만 그의 충성과 관련한 의심이 전적으로 사라진 것은 아니었다.

동고트족이 브루군디족과 프랑크족을 몰아낸 후에 케사리우스는 그 도시의 거주자들의 반감을 샀는데, 그 이유는 교회의 은을 팔아서 전쟁 포로들을 풀어주는 비용을 지불했기 때문이다. 그것도 포로에서 풀려난 대부분의 사람들이 적군의 편에 있었던 사람들이었다. 이전에 주교들도 그러한 행위를 했다고 그는 지적했지만, 그 행위는 자연스럽게 논쟁이 되었다. 크리스천 기부자들은 교회 자산의 처분에 커다란 영적 의미를 자주 부여했었다. 그럼에도 불구하고 그 지역 사람이든 적군의 사람이든 간에 케사리우스의 자비로운 행위는 위기의 시간에 온화한 지도력을 매우 보여주었고, 그의 회중들 가운데 많은 이들이 그의 대의에 자선을 베푸는데 기여할 준비가 되어 있었다. 우선해서 곤란을 겪고 있는 사람들에게 다가감으로써 케사리우스는 그의 복음이 다른 쪽 편에 있는 사람들을 위해서도 있다는 믿음을 명백히 했다.

데오데릭은 케사리우스의 능력에 크게 감명을 받았고, 로마의 교황 심마쿠스도 그를 역시 인정했다. 심마쿠스는 아를레스의 주교가 골에 주요한 주교가 될 권위를 다시 회복시켰다. 이 지위는 가이사리우스의 전임자 중에 한 사람이었던 힐라리가 로마에서 문제를 야기하였기 때문에 440년대에 교황 레오에 의해서 빼앗겼던 것이었다. 가이사리우스는 골 전역에서 교황의 영대(領帶, 흰 양털로 짬, p. 331를 보라)를 입을 수 있는 권리가 부여되었고, 그 지역에서 교황을 대신하는 자로 활동할 수 있게 되었다. 그러한 위치는 골의 다른 곳, 특히 근처의 아익스(Aix)에서 논쟁을 불러왔다. 그곳의 주교는 아를레스의 상승을 깊이 못마땅해 했지만, 그것은 케사리우스에게 매우 커다란 영역에서 교회의 훈련과 예전적인 행위에 대한 강력한 책임을 가져다주었고, 이는 동고트족의 팽창과 함께 골과 스페인에서 더욱 확장되었다. 그것은 그의 권위를 강화시켰을 뿐 아니라 서방에서 로마의 관습을 확산시키는데 기여했다.

케라시우스는 많은 교회 공의회를 주재했고, 그중에 가장 유명한 것은 529년에 있었던 오렌지(Orange) 공의회다. 오렌지 공의회는 이미 죽은 리츠의 파우스투스와 같은 성직자들이 얼마 전에 개진했던 종류의 견해를 정죄했다. 파우스투스는 예정론에 관한 어거스틴의 교리가 인간의 자유 의지에 대한 여지를 남기지 않는다고 주장했었다. 오렌지 공의회가 악에 대한 예정은 없다고 선언했을지라도, 믿음에 대해 은혜의 우선성을 강력하게 강조했고, 인간이 선한 행위를 하려면 하나님이 그렇게 하게 하시는 것이 전적으로 필요함을 역시 강조했다.

지도자와 신앙의 옹호자로서 케사리우스의 활동과 더불어 주교로서 그는 유명한 다른 한 가지 주장을 했다. 그의 설교 중에 하나는 "아타나시안 신조"(Athanasian Creed)로 잘 알려진 '퀴쿤케 불트'(그것의 서두어에 "구원 받기를 원하는 자마다")로 명명된 신조의 역본을 담고 있었다. 그 작품은 사실상 아타나시우스와는 관련이 없었다. 그것은 처음에 라틴어로 작성되었고, 그 기원과 용법에서 믿음의 서방적인 고백이었다. 그것은 확고하게 반 아리안의 입장을 주장하고 있었고, 그것의 다른 신학적인 강조는 어거스틴과 반 네스토리안이었다. 케사리우스가 그것의 저자였다고 주장할 만한 증거는 없지만, 소위 아타나시안 신조가 5세기와 6세기의 전환기에 남부 골의 배경에서 기원했다고 믿을 만한 좋은 이유가 있고, 뒤이은 대중성은 케사리우스의 영향에 빚을 지고 있을 가능성이 꽤 있다.

케사리우스의 후대의 삶은 많은 정치적 격변 속에서 보냈다. 프랑크족이 마침내 프로방스를 합병하는데 성공했고, 아를레스를 점령했다. 이런 변화는 교회적인 파워를 행사하는 그의 능력에 새로운 도전을 가져왔고, 그의 사후에 아를레스의 그의 계승자들이 그들의 새로운 주군들에게서 상당한 영향을 받았으며, 그들의 동료 주교들에 대한 권위에서 보다 제한을 받았기 때문에 이런 곤란들은 더 강화되었다. 이런 성직자들 중에 어떤 이들은 자신의 영지를 운영하고 확실한 사회적 지위와 부와 권세를 보상으로 거둘 수 있는 안락한 삶을 보냈을 때, 케사리우스가 옹호했던 목회자의 개혁과 영적인 헌신의 포괄적인 이상을 채택할 필요를 거의 인식하지 못했다.

누르시아의 베네딕트

골에서 케사리우스의 작품이 교회 생활의 정규적인 구조 내에서 진행되었다면, 서방에서 어떤 다른 열정적인 크리스천들이 다소 더 독립적인 접근으로 그들의 시대의 도덕적 성격을 전달하는데 관심이 있었다. 이탈리아에서 움부리아의 누르시아(Nursia) 출신인 베네딕트(Benedict, 약 480-547)가 로마에서 교육을 추구하는 동안에 사회에서 목격한 부패로 인해 낙심했고, 그는 그 도시의 동부에 있는 수비아코(Subiaco) 근처의 동굴로 은둔자의 삶을 살기 위해서 물러났다. 그는 많은 칭송자와 모방자들에게 매력을 주었으나 그 이전에 많은 금욕주의자들처럼 그는 그의 행동으로 인해 교회의 성직자들을 혼란케 했다. 529년경에 그는 나폴리와 로마 사이의 중간에 있는 몬테 카지노(Monte Cassino)에서 수도원을 세웠고, 그곳에서 그는 남은 삶을 살았다.

베네딕트의 수도원 조직의 유형은 영적이고 실제적인 활동의 조합에 기초

베네딕트의 초상화

MA 보스톤의 변화산 수도원(Holy Transfiguration Monastery)에 있는 그림. 허락을 받고 실었다.

하고 있었다. 그의 수도사들은 주로 평신도였고, 그들의 삶은 기도와 노동의 세심하게 규정된 일상적인 순환으로 형성되었다. 주요한 강조는 일곱 번의 지정된 시간으로 형성된 예배에 있었다. 이 구조는 시편기자의 고백인 "내가 하루 일곱 번씩 주를 찬양하나이다"(시 119:164)에서 단서를 얻은 다른 기독교 수도원이 이미 채택했었던 것이었다. 베네딕트의 구조는 영적인 대적으로 오락을 금했고, 그래서 매일의 상당 시간을 노동으로 보냈다. 이것은 성경이나 기독교 사본들을 작성하는 것과 같이 손으로 하는 활동이나 들에서 일하는 노동을 포함했다. 베네딕트 자신은 훌륭한 세속 교육을 받았지만, 그는 고전 책에 대한 저급한 견해를 가졌고, 수도사들이 이런 것들을 반드시 공부해야 한다고 믿지 않았다. 세속적이 아닌 성스러운 문헌이 가치가 있는 관심의 대상이었다.

베네딕트는 그의 『규칙』(*Rule*)에서 영적이고 실제적인 행동에 대한 지침을 설명했다. 그것은 다양한 수도원의 권위자들,[3] 특히 『대가의 규칙』(*Master of the Rule*)으로 알려진 이탈리아에서 거의 동시대에 작성된 익명의 문서에 의존하고 있다. 그의 규범에 관한 설명에서 그의 수도사들은 엄격하지만 결코 특이하게 힘들지 않은 삶의 방식이 주어졌음이 분명하다. 베네딕트가 그를 따르는 자들에게 추천했던 존 카시안의 작품처럼 베네딕트는 극단의 자기 부인보다는 온건, 분별, 인간됨의 원리를 강조했다. 그의 수도사들은 다른 수도원으로 이동하는 것이 금지되었고, 그들이 처음에 맹세를 취했던 동일한 집에서 그들의 온 삶을 살았다. 그들은 정결, 재산의 공동 소유, 그리고 수도원의 규율에 대한 순종의 삶에 헌신했다. 그러나 그들은 모든 금욕자들이 누리지 않았던 혜택이 허락되었다. 심지어 그들은 절제하면서 술을 마시는 것이 허락되기도 하였다. 또 오히려 어떤 다른 외적으로 제한된 요건들이 그들 자신의 혜택을 가져왔다. 예를 들어, 평생을 한 집에 소속되어야 하는 의무는 제한으로 보이나, 많은 베네딕트 수도사들에게 그렇지 않았다면 그들이 달리 알 수 없었던 안전감과 가족과 같은 친밀감을 가져다주었다.

베네딕트의 마음에 그의 가르침은 "초심자들을 위한 얼마간의 규칙"이었고, 그는 엄격한 규율이 있는 수도단을 구성하고 있지 않았다. 그가 죽은 후에 그가 추구한 형태의 수도원은 오직 이탈리아에서 지역적인 현상으로만 계속되었다. 점차적으로 베네딕트파는 훨씬 더 커다란 영역을 사로잡는 원리가 있는 외적인 운동이 되었다. 7세기 이후부터 베데닉트파의 유형은 골 지역에 상당히 침투하기 시작했고, 다른 수도원의 규칙들을 더욱 능가했다. 670년에 아우툰의 대회(Synod of Autun)의 시대부터 베네딕트의 『규칙』은 모든 메로빙거 왕조의 수도원에 해당하는 것으로 선언되었다. 또한 그것은 브리튼과 독일에서도 역시 널리 따르기 시작했다.

그때에 베네딕트파 수도사들이 참여했던 학문적인 일은 성경이나 오직 기독교 저작자들의 작품을 복사하는 것 이상을 포함하게 되었다. 베네딕트파는 고전적인 작품의 많은 훌륭한 문헌들도 활발하게 보호하는 수호자들이 되었다. 그들은 중세기의 종교적 문화의 핵심부에서 중요한 위치를 갖는 크고 다양한 수도단으로 부상했다. 베네딕트의 『규칙』은 이즈음까지도 베네딕트파에게 주요한 기초가 되기를 계속하고 있다. 설사 다양한 적용이 환경의 변화에 따라서 수세기에 걸쳐서 도입되었을지라도 말이다.

카시오도루스

베네딕트는 그의 추종자들이 세속적인 학문을 배우는 것에 대한 관심을 주창하지 않았지만, 6세기 서방에서 다른 개혁적인 기독교 인물들은 그렇지 않았다. 카시오도루스(Cassiodorus, 약 485-580)는 데오데릭과 그의 계승자들이 통치하고 있던 라벤나에서 고위직을 지냈던 로마의 귀족이자 가톨릭 크리스천인데, 그는 헌신된 학자요 교육에 대한 열정가였다. 지난 로마제국의 문화적 유산을 촉진한 데오데릭의 영향을 받아서, 그는 알렉산드리아와 니시비스에서 동방의 훌륭한 학문의 형태를 좇은 높은 학식의 기독교적 학교를 로마에 세울 것을 계획했다. 그는 고전적인 인문학의 인간적 전통으로 고트족의 문명을 발전시키는데 열성적이었다.

535-536년에 교황 아가페투스(Agapetus)와 협력하여 로마에서 문고를 수집하였을지라도, 동고트 왕국의 붕괴와 530년대에 로마제국의 군대에 의한 이탈리아에서의 군사적 원정은 카시오도루스의 최초의 계획을 무산시켰다. 그는 그의 나라의 혼란에서 멀리 떨어져서 콘스탄티노플에서 많은 시간을 보낸 후에 그의 나라에 비바리움(Vivarium, 전망 있는 정원에 "연못")이라 불리는 나폴리 근처의 스퀼라스(Squillance)로 돌아왔다. 그곳에서 그는 554년경에 자신의 수도원 공동체를 세웠다. 몬테 카지노와 달리 여기서는 종교적인 목적의 성취를 넘어서는 지적인 활동에 대한 명백한 관심이 있었다. 카시오도루스는 공식적인 규칙을 부과하지 않은 것으로 보이지만, 그의 수도사들은 세속적인 학문의 과정을 추구하도록 기대되었다. 그의 수도원은 기독교 작품들과 고전 저자들을 연구하고, 복사하고 번역하는 서재와 도서관이 구비되어 있었다.

카시오도루스는 재능 있는 성경 주석가였고, 그는 철학, 역사, 문학, 그리고 언어에도 깊이 관심이 있는 사람이었다. 『거룩하고 세속적인 연구의 제도』(*Institutes of Divine and Secular Studies*)란 책에서 그는 인문학과 성경 학문의 강력한 종합을 제기했다. 우선해서 그는 성경 사본과 번역들과 본문 비평 그리고 주석들과 같은 문제들에 대한 가르침을 제공했다. 나아가서 그는 문법, 문학, 수사학, 그리고 철학을 포함하는 당대에 표준이었던 교육적인 주제들의 중요성을 설명했다. 그 이전에 어거스틴처럼 그는 세속 학문이 성경을 이해하고 설명하는 크리스천의 능력을 발전시킬 수 있다고 믿었다. 그러나 어거스틴과 달리 그는 어떤 의미에서 여전히 경쟁하는 문화들이 있다는 사실을 다루지 않았다. 카시오도루스에게서 이교 학문은 구분된 실체로서 더 이상 간주되지 않았다. 그것은 오래 전에 기독교 사상으로 명확하게 동화되었다는 것이다.

카시오도루스는 훌륭한 고전 저자들의 문학적 유산을 공부하는 것을 하찮은 것으로 또는 불필요한 것으로 생각했던 사람들을 비판했다. 동시에 그는 이전의 서방 신학, 특히 어거스틴 신학과 친밀해질 것을 촉구했고, 클레멘트와 알렉산드리아의 디디무스와 같은 헬라 성직자들의 중요한 작품들의 번역을 관장하며, 독자적으로 성경 주석을 썼는데, 그중에 가장 두드러진 것은 시편에 관한 것이다. 그의 목적은 세속 학문과 기독교 지혜가 단일한 일관된 유닛을 형성할 수 있는 변화된 세계를 위한 지적이고 영적인 엘리트를 구비시키는 것이었고, 그의 바람은 그러한 지도자들에게 "교육"이 모든 상황에서 만사를 의미하는 환경에 기능할 수 있는 도구를 제공하는 것이었다. 카시오도루스는 그 자신과 그의 독자들을 "현대적" 시대에 살고 있는 것으로 생각한 첫 번째 저자일 것이고, 확실히 그는 중세기의 개척적인 인물 중 한사람을 대변한다. 그의 『거룩하고 세속적인 연구의 제도』는 교육적인 가이드로서 널리 연구되었다. 특히 베네딕트파의 전통은 카시오도루스로 인해서 학문에 대한 관심을 가질 것을 거의 확실히 고무되었는데, 그 때문에 베데딕트파는 카시오도루스의 이상(理想)의 영향에 부분적으로 유명한 감사를 하게 되었다.

유스티니안과 서방의 회복

몬테 카지노에서 베네딕트의 모든 수고와 비바리움의 카시오도루스 공동체의 형성기는 유스티니안 황제의 통치 기간에 발생했다(527-565). 우리가 8장에서 보았던 것처럼, 유스티니안은 이전에 로마 세계의 위대함을 복원하려는 사명을 가진 통치자로 자신을 대변했고, 그는 정치적이고 문화적이며 종교적인 의미에서 동방과 서방의 재연합을 이룩하려고 노력했다. 530대에서 550년대에 이르는 일련의 야심찬 군사 정복으로 유스티니안은 서방의 상당한 부분을 확보하는데 성공했다. 그의 유능한 장군인 벨리사리우스(Belisarius)는 533-534년에 반달의 지배에서 북아프리카를 탈환했다. 이는 전략적이고 경제적인 측면에서 중요한 성취였다. 이 성공은 처음에 벨리사리우스가 그 다음에 나르세스라 불리는 아르메니아 사령관이 이탈리아로 지속적인 공격을 감행한데 따른 것이다. 이탈리아에서의 전쟁은 신속하고 직접적이지 않았다.

유스티니안의 계획은 여러 번 후퇴를 겪었다. 하지만 마침내 그 반도가 동고트족의 통치에서 성공적으로 회복되었다.

그러나 그 대가는 상당했다. 즉 도시들이 파괴되었고, 지방은 황폐화되었으며, 농업이 무너졌다. 동고트족의 통치 하에서 매우 잘 지냈던 지주들은 자신들의 터가 황폐화된 것을 직면하게 되었고, 아주 많은 배고프고 가난하고 쫓겨난 사람들이 있었다. 또한 그 나라는 540년대에 지중해 세계의 많은 다른 지역들을 황폐케 한 전염병에 심각하게 영향을 받았다. 이탈리아는 제국으로 공식적으로 회복되었으나 서방에서 제국의 관료정치가 심하게 손상을 입었고, 동고트족이 보유했던 중요한 행정들이 일시 정지되었다. 몇 년 뒤에 동방의 상관에게 직접적으로 보고하는, 동방에서 건너온, 사람들에게 권력이 부여되었다. 황제의 주권은 580년대 이후부터 "태수"(총독)로 알려진 대리자에 의해 라벤나에서 대표되었고, 그것은 별 의미를 갖지 못하는 서방의 정부였다.

이탈리아에서 많은 불평과 민심이반의 불충성이 병사들과 정부 관리들 그리고 대체로 그 나라 전반에서 발생했다. 지적인 생명도 역시 같이 고통했다. 카시오도루스와 같은 사람들은 고통의 극단에서 대중적인 삶에서 물러났다. 전쟁이 끝난 후에 비바리움에서 카시오도루스의 학문적인 공동체는 폭넓게 사회의 문화적인 분위기를 반영하기보다는 하나의 피난처가 되었다. 이 공동체가 중요함에도 불구하고, 본래 로마를 위해서 계획된 훌륭한 학교보다는 사유지에 자리한 수도원들의 교제 공동체가 되었다는 사실은 530년대와 550년대 사이에 격변으로 말미암은 문화적 분위기에 주요한 쇠퇴를 증거해 준다.

아이러니하게도 비잔틴이 이탈리아를 정복한 이후보다도 정복하기 전에 이탈리아에서 헬라 문학에 대한 융성한 관심이 있었다. 유스티니안의 세계에서는 예술, 건축, 그리고 법률학에서 풍부한 문화가 있었지만 그것의 정밀한 표현들은 서방이 아니라 동방에서 압도적으로 발견할 수 있었고, 지적인 생명의 범주가 유스티니안의 통치의 시작에서만큼 그의 통치의 마지막 시기에도 그렇게 폭넓게 있었는지는 매우 의심스럽다. 확실히 이탈리아에서 선호하는 정부로서 동고트족의 시대를 동경하며 되돌아보았던 많은 사람들이 있었다. 그들에게서 그들의 땅이 제국으로 복귀한 것은 실제상으로보다는 원리상 더 좋게 보였던 개념일 뿐이었다.

겉으로 보기에 서방에서 유스티니안의 성취의 모호함은 그의 종교적인 정책의 영향으로도 확대되었다. 우리가 이미 보았던 것처럼, 그는 그의 제국 전체에 단일한 가톨릭 신앙의 촉진에 확고하게 헌신했고, 그는 그의 당대에 교리적인 논쟁에서 직접적인 역할을 행했다. 많은 서방 크리스천들에게서 그의 노력이 아리안주의의 억압과 칼케돈의 증진을 확실히 목표로 두고 있는 한 이것은 매우 좋았다. 하지만 그가 세 헌장들(Three Chapters)에 관한 그의 칙령을 발행하는 일을 했을 때, 그의 간섭은 칼케돈의 가르침과 상충되는 것으로 보였고, (인정하듯이 매우 우유부단한) 교황 버질리우스(Vigilius)에 대한 그의 취급은 서방에서 제국의 이미지에 도움이 되지 못했다(271-274을 보라). 버질리우스의 계승자인 펠라기우스 1세(Pelagius I, 556-561)는 세 헌장의 문제에 관한 유스티니안의 바람에 순복함으로써, 많은 사람들이 그를 서방을 배신한 황제의 꼭두각시로 간주했다. 유스티니안은 이탈리아 주교들의 중요한 권리와 특권을 보증하는 소위 "실용적인 재가"("Pragmatic Sanction")라는 선언문을 발행했고, 펠라기우스는 그것의 세부사항들을 실행하려고 애썼다. 하지만 로마의 일부 지역에서는 성공했을지라도, 새로운 제국의 질서가 서방 교회의 지도부에 나타났던 의미에 대해서 다른 곳에서 상당한 반감이 있었고, 아켈레이아와 밀란의 주요한 북부 주교들은 로마와의 교제를 단절했다.

유스티니안의 군대는 서부 지중해의 주요한 섬들을 재점령했고, 남동부 스페인의 전진기지를 손에 넣었으나, 남부 골과 함께 스페인의 대부분은 서고트족의 손안에 남아 있었다. 로마 군대는 아리안 대적자들에 대항해서 자동적으로 우세할 수는 없었다. 서방의 재점령한 지역들에서 특히 아프리카에서 신학적인 통일에 대한 황제의 복잡한 일정과 그가 동방에서 "단성론파"들을 유화시킴에 있어서 너무 많이 나아간 것에 대해서 많은 기독교 범주에서 지속적인 반대가 있었다. 그에 대해서 가장 반대의 목소리를 높였던 자들을 당국자들이 확고하게 조치를 취했음에도 별 도움이 되지 못했다. 많은 사람들에게서 유스티니안의 정부는 너무 중앙집권적이고, 통치에 대한 그의 노력은 너무 야망적이었다.

유스티니안은 로마 세계의 모든 사람들의 공통된 선을 고수하는데 책임이 있는 주요한 입법자로 자신을 간주했고, 그는 로마법의 조직적인 편찬과 영향력 있는 법전들의 생산을 관장했지만, 콘스탄티노플을 훨씬 넘어서는 모험을 감행하지 않았고 커다란 제국의 제도를 관장하려는 그의 시도는 많은 사람들에게서 순진하고 서툴러 보였다. 다른 믿음을 실행하는 것에 대해서 법적인 재가를 갖게 함으로서 기독교적인 고백을 강화시키려한 그의 노력은 도덕적으로 대단히 문제가 있었고, 이교도와 유대인들은 그의 법규 아래서 매우 고통을 당했다. 기독교의 사회적 위신은 의심할 여지없이 확고하였다. 유스틴이 수도의 안팎에서 세우고, 복원하고 치장한 많은 탁월하고 장엄한 교회들이 이를 강력하게 증거해 주지만,[4] 의와 선한 질서의 요새로서 통일된 기독교 영역에 대한 그의 수사적인 외침은 현실과는 동떨어져 있었다.

신자들은 그들 사이에서 또한 매우 의문이 있는 행동을 불사하는 기독교 관리들 사이에서 분열이 있었다. 모든 바베리아인들을 나쁜 통치자나 심지어 이단으로 자동적으로 간주할 수 없었다. 확연히 알 수 있듯이 프랑크족들은 자신을 가톨릭 정통과 제휴하였다. 그들은 이득의 계산에 따라서 제휴하거나 공격하면서 동고트족과 더불어 속임수로 일관했고, 동고트족의 멸망 이후에는 북이탈리아의 대부분을 약탈하고 노략함으로써 유스티니안의 계획에 심각한 위협이 되었다. 그들을 그 나라에서 쫓아내는 것은 아주 어려웠다. 프랑크족의 더 깊은 지역으로 활동을 넓히는 것은 단순히 불가능하였다. 이것은 군사적인 이유만은 아니었다. 프랑크족과 심각하게 교전하는 것은 종교적인 대적자와 충돌하는 것이 아니라 참된 하나님의 믿는다는 동류 신자들을 공격하는 것이었다. 외형상으로 프랑크족은 반달이나 고트족처럼 바베리아인 세력이고 그들의 행위는 이탈리아에서 고트족이 행했던 것보다 때로 더 악했지만, 어쨌든 그들과 관련해서 말할 수 있는 것은 그들을 진리의 대적자로 표현할 수 없었다는 사실이었다.

회고적으로 살펴볼 때, 유스티니안의 정부는 로마 제국의 영광의 정신을 탈환하는데 인상적인 정도로 성공했다고 말할 수 있지만, 역사에서 마지막으로 그런 방식으로 이 정신을 대변했다고 역시 말할 수 있다. 유스티니안은 정치적이고 문화적인 영역에서 상당한 것을 이루었고, 예술과 건축과 같은 그의 통치의 더 정교한 성취는 후대의 비잔틴 세계의 보다 장엄한 양상들을

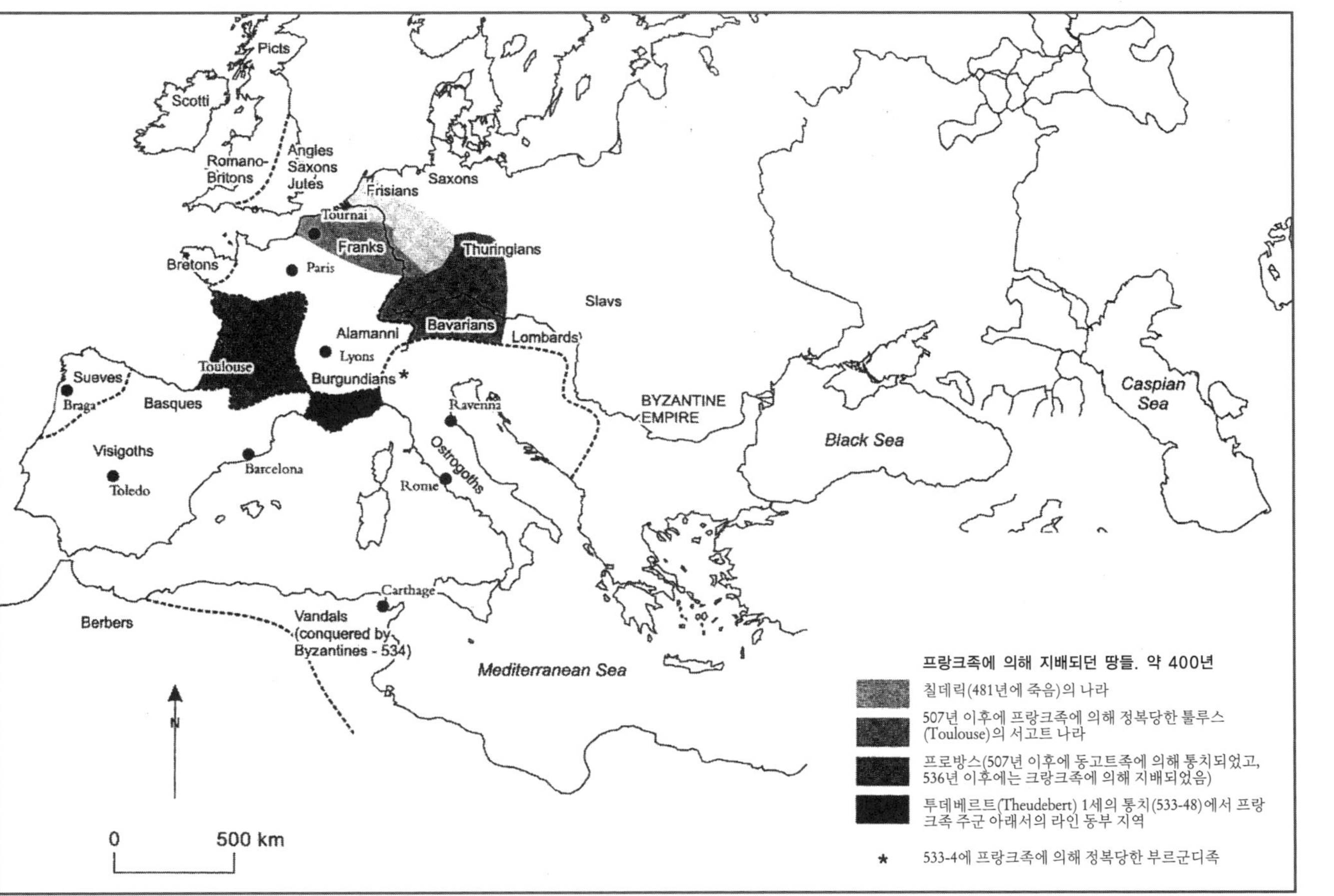
Picts
Scotti
Romano-
Britons
Angles
Saxons
Jutes
Frisians
Saxons
Tournai
Franks
Thuringians
Bretons
Paris
Slavs
Alamanni
Lyons
Bavarians
Lombards
Toulouse
Sueves
Braga
Basques
Burgundians *
Ravenna
BYZANTINE
EMPIRE
Caspian
Sea
Black Sea
Visigoths
Toledo
Barcelona
Rome
Ostrogoths
Carthage
Berbers
Vandals
(conquered by
Byzantines - 534)
Mediterranean Sea
N
0
500 km
프랑크족에 의해 지배되던 땅들. 약 400년
칠데릭(481년에 죽음)의 나라
507년 이후에 프랑크족에 의해 정복당한 툴루스
(Toulouse)의 서고트 나라
프로방스(507년 이후에 동고트족에 의해 통치되었고,
536년 이후에는 크랑크족에 의해 지배되었음)
투데베르트(Theudebert) 1세의 통치(533-48)에서 프랑
크족 주군 아래서의 라인 동부 지역
* 533-4에 프랑크족에 의해 정복당한 부르군디족

6세기의 서방 유럽

예기(豫期)했다. 하지만 6세기의 상황에서 통합된 정치적 교회적 질서에 대한 그의 비전은 성공하지 못했고, 또 성공할 수도 없었다. 그는 서방에서 기독교인들의 일반적인 호의를 얻지 못했을 뿐더러 동방에서 분열된 형제와 자매를 통합할 수 없었다.

어쨌든 서방이 그에게 매우 중대했을지라도, 그가 권력의 모든 상징적 실제적 기구를 거의 모두 집중시켰던 것은 동방에서였다. 유스티니안은 그의 지배가 동방의 지중해 세계만이 아니라 서방의 커다란 지역을 포괄하는 어떤 합법적인 주장을 할 수 있는 마지막 로마 황제였으나 그도 역시 그 세상의 무게 중심이 전과 달리 콘스탄티노플에 자리하고 있지 않다는 것을 확실히 했다. 그처럼 그는 로마제국과는 반대되는 독특하게 비잔틴적인 것이 될 주요한 기획가 중에 한사람이었다.

유스티니안의 후대의 통치는 새로운 도전들이 사회적으로 경제적으로 군사적으로 발생했을 때 다양한 측면에서 점증하는 문제들로 특징지어졌고, 그는 개인적으로 인기가 없는 문제와 정치적인 투쟁, 그리고 시민 사회의 불안정과 싸워야 했다. 새로운 위협들이 부상했는데, 그의 질서는 아프리카에서 베르베르족들, 발칸에서 슬라브족과 아바르족들, 그리고 동방에서 페르시아의 강력한 재출현에 맞설 수가 없었다. 이탈리아에서의 문제는 또 다른 근원에서 파생했지만, 동등하게 저항할 수 없었다. 이론적으로 황제의 권위가 흔들리고 있었고, 실제로 매우 불안정한 상황을 만들 준비가 되어 있는 새로운 침략자들의 유입을 거의 막을 수가 없었다.

568-569년에 유스티니안의 죽은 지 삼년 또는 얼마 안 있어서 다른 게르만 민족이 북동부로부터 이탈리아에 들어왔고, 극도의 불안정 속에 있는 그곳을 제국의 통치에서 빼앗는데 성공했다. 다시 한 번 교회에 주요한 문제들이 있게 될 것이다.

롬바르드족

현대의 덴마크와 가까운 엘베강 근처에 처음으로 자리를 잡은 롬바르드 또는 롱고바르드는 520년대에 다뉴브를 건너서 판노니아의 일부 지역을 점령하고 뒤이어지는 세대에 걸쳐서 그들은 세력의 기지를 상당히 확장하며 콘스탄티노플과 긍정적인 관계를 형성했다. 그들은 그들의 영토를 로마의 동맹자로 인식하고 여러 상황에서 로마의 편에서 싸웠으며, 여기에는 유스티니안이 북이탈리아를 점령하였던 마지막 단계를 포함한다.

다른 게르만 민족과 롬바르드의 외교적 군사적 접촉은 그들에게 기독교, 주로 아리안 신조의 기독교를 알게 했을지라도 일부 롬바르드 귀족은 콘스탄티노플에 호의를 얻기 위해서 가톨릭주의로 개종했다. 그들의 왕인 알보인(Alboin, 560-572)은 가톨릭계의 프랑크 공주와 결혼했음에도 불구하고 확신있는 아리안계였다. 그러나 대부분의 롬바르드는 여전히 이교도로 남아 있었고, 기독교 신앙을 신봉했던 그들의 지도자들 가운데는 영적인 이유만큼이나 정치적인 이유가 있었을 것이다. 기독교의 영향은 그들 가운데 앞으로 확장될 것이나 이교 종교가 여러 세대 동안 롬바르드의 삶의 많은 부분에 계속해서 작용하였던 증거들이 있다.

롬바르드가 568년에 처음으로 이탈리아를 침략했을 때, 그들은 빈약한 저항만을 만났을 뿐이고, 수년 내에 그들은 그 나라 북부의 대부분을 점령할 수 있었다. "공작들"이 정복한 도시와 지역을 책임 맡았고, 스폴레토와 베네벤토의 남쪽 멀리까지 다른 병합된 영토에서 유사한 배열들이 있었다. (574-584년까지 왕보다는 공작들에 의해서 다스려진) 롬바르드족들 사이에서 불화를 촉진하고 뇌물과 그들에 대항하는 프랑크족을 이용함으로써 그들의 권력을 손상시키는 다양한 시도들을 콘스탄티노플이 하였지만, 590년대에 이런 노력의 대부분은 무위로 돌아갔는데, 이는 주로 프랑크족이 신빙성이 없었기 때문이었다. 라벤나에서 제국의 통치자는 일부 영토들, 두드러지게는 해변지역들, 섬들, 남부의 일부, 그리고 중앙 이탈리아, 라벤나의 핵심지역, 남부 투스카니, 그리고 로마와 라벤나 사이에 서로 경쟁하는 지역들을 고수하기를 그럭저럭했었다. 그러나 이탈리아에 대한 제국의 통치는 단번에 무너졌고, 뒤이어 두 세기 동안 지속될 롬바르드 왕국은 공고히 되어질 것이다.

이미 빈약해진 나라에서 이탈리아에 롬바르드의 침입은 크리스천들에게 격변을 가져왔다. 대규모의 바베리아인의 이주라는 다른 상황들에서와 마찬가지로 새로 온 자들은 황제의 당국자들과 협력하는 것으로 주교들을 자연히 의심했고, 많은 교회 지도자들이 정복의 초기 시절에 가져갈 수 있는 교회의 자원을 취하여 도망했다. 일부 북부지역들에서 혼란은 덜 심각했다. 아마도 아퀼레이아와 밀란의 교회들이 세 헌장(Three Chapters)의 문제로 인해 로마와 교류를 최근에 단절하였기 때문이었고(p. 327을 보라), 따라서 롬바드르족은 그들의 직제가 제국의 정권과 이미 멀어졌다고 보았다. 그러나 더 많은 경우에 교회 생활의 패턴들은 심각하게 붕괴되었다. 롬바르드의 정복은 크리스천들에게 많은 고통을 가져왔다. 많은 피흘림과 약탈과 재산의 파괴가 있었다. 교회와 수도원은 훼파되었고(몬테 카지노도 재앙을 입은 수도원에 해당한다), 교회의 보물들이 약탈을 당했으며, 많은 평범한 신자들이 도망을 가야했다.

기독교가 롬바르드 귀족들 사이에서 확산되었을 때, 대부분은 제국의 공식적인 믿음과 대항하는 아리안 신앙을 고백했지만, 롬바르드 지도자들 사이에 점증하는 가톨릭의 영향이 있었고, 따라서 특히 바바리아(Bavaria) 출신의 가톨릭 공주인 데오델린다(Theodelinda)가 처음에 롬바르드의 왕인 아우타리(Authari, 584-590)와 그 다음에 그의 계승자인 아길루프(Agilulf, 590-616)와의 결혼이 이어졌다. 아우타리는 그의 사람들 중에 가톨릭 세례를 금한 것으로 제기되지만 아길루프는 그의 아들과 상속자인 아다로알드(Adaloald)가 가톨릭으로 세례를 받을 것을 허락하는데 동의했고, 590년대의 롬바르드 왕궁에 적절한 가톨릭의 세력이 있었다. 많은 롬바르드의 공작들이 역시 가톨릭 아내들을 가졌다. 신앙의 고백이 그들의 지도자들 사이에서 공식적으로 어떻게 존재했든지 간에 롬바르드는 많은 크리스천들에게서 무고한 희생의 대가와 상관없이 이기적인 목적을 추구하려고 신성모독적이고 살육적인 범죄를 저지르는 것으로 보였다.

아무리 심판이 자연스러울지라도, 롬바르드의 체계를 가까이에서 다루고, 매우 도전적인 시대에 기독교 지도자로서 기능할 수 있도록, 새로운 정권과의 관계를 협상해야 하는 자의 보다 미묘한 견해가 필요했다.

그레고리 대제

전통적으로 "그레고리 대제"로 알려진 그레고리는 540년경에 저명하고 부유한 로마 가족에서 태어났다. 그의 가문은 경건하기로 유명했다. 그의 고조 할아버지는 교황 펠릭스 3세(Felix, 483-492)였고, 또 다른 교황인 아가페투스(Agapetus, 535-536)도 친척이었으며, 그레고리의 이모와 고모 가운데 세 사람이 정결의 삶을 살 것을 맹세하고 경건한 헌신의 삶을 살았다.[5] 좋은 교육을 받고 난 후에 그레고리는 공적인 일에 경력을 추구했고, 573년에 로마 도시의 학사장이 되었다. 그런 후에 그는 곧바로 그의 직무를 사임하고 수도사가 되어 자신을 세상의 모든 관심에서 절연시켰고, 영적인 삶에 대한 혼전한 소명을 추구했다. 그는 자신이 유산으로 물려받은 재산을 처분하여 로마의 캘리안(Caelian) 언덕에 그의 아버지의 집을 수도원으로 전환시켰고, 또한 시실리의 사유지에 많은 다른 수도원 공동체들을 세웠다.

금욕적인 은거로 시간을 보낸 후에 그레고리는 더욱더 뛰어난 역량으로 로마 교회를 섬길 수 있도록 579년에 부름을 받았다. 그는 교황 펠라기우스 2세에 의해 부제로 서임되었고, 콘스탄티노플의 황궁의 특별한 대리자로서 또는 외교사절(‘아포크리시아리우스’)로 보내졌다. 이런 역할이 다시 한 번 그를 더욱더 대중적인 인물로 분명히 서게 했고, 또 정치와 교회의 영역에서 많은 저명한 사람들과 접촉할 수 있게 했지만, 그는 그의 수도원 이상을 육성하기를 계속했다. 그리고 585년에 로마로 돌아왔을 때, 그는 수도원의 삶으로 돌아와서 성경 연구와 영적인 문제들을 추구하였지만, 그는 그의 주교를 위해 봉사하는 부가적인 일을 했다. 그 후 590년에 펠라기우스 2세가 죽었고, 그레고리는 그의 계승자로 뽑혔다.

그 직무를 맡는 것은 끔찍한 시간이었다. 롬바르드와의 전쟁이 있었을 뿐 아니라, 질병과 기근이 만연했다(펠라기우스도 역병으로 인해 죽었다), 폭우가 티버강을 범람케 하여 상당한 피해를 입혔다. 공무 체계가 무너졌고, 주교가 되는 임무는 교회의 지도부, 심지어 그 사회의 핵심에 있는 교회의 지도부보다도 훨씬 큰 소명이었다. 그것은 붕괴하고 있는 사회적 경제적 세계를 함께 묶는 일을 취하는 의무였다. 그레고리가 가장 깊이 끌리는 것은 묵상과 수도원적인 은거였기에 그는 그러한 임무를 떠맡는 것을 불가피하게 마지못해 했고, 콘스탄티노플의 황제 마우리스(Maurice)가 그의 임명을 승인하는 것을 분명히 하는 것을 조건으로 동의했다. 그러나 황제의 재가를 기다리는 동안에 그는 이미 그의 도시의 긴급한 인간적 필요들을 붙들고 애쓰기를 시작했다. 그가 좋아하든 그렇지 않든 간에 그의 새로운 소명에 대해서는 모호성이 없었다. 그는 수도원적 삶의 소중한 은거에서 현세적인 문제들의 폭풍우 속으로 들어갔다.

그레고리의 목회적 이상

그레고리가 604년에 죽을 때까지 그가 교황으로 재직한 14년은 놀라운 성취를 이룬 기간임을 입증해준다. 그는 재능 있고 기략이 무궁한 행정가이자, 헌신된 목회자, 그리고 철저한 복음전도자요 도덕 개혁가였음을 보여주었다. 그는 『목회규칙』(*Pastoral Rule*)에서 목회자의 이상을 제시한다. 그는 매우 널리 읽혀지고 뒤이은 세기에 찬탄을 받은 짤막한 작품인 그 책을 그가 재직한 첫해에 썼다. 그 같은 개념의 많은 것들은 그의 이전 작품에서 역시 예상되었다. 특히 콘스탄티노플에 있는 동안에 그가 전달했던 이야기에 기초한 욥기서에 관한 도덕적인 일련의 설명에서 그리고 그의 많은 서신들에서 그러했다.

교황으로의 부름과 관련해서 많이 씨름했던 그레고리는 목회적인 소명을 활동적이고 묵상적인 삶에 대한 위탁으로 인식했다. 그는 이런 차원의 삶을 기도와 묵상에 대한 많은 헌신을 주변에 있는 사람들의 실제적인 필요에 대한 커다란 헌신과 조화시킨 그리스도의 삶에서 추적했다. 그는 그런 사실들을 단일한 서신에서 영적인 통찰의 극치로부터 수신자들의 일상적인 행동의 세속적인 실제를 망라한 사도 바울에게서도 설득력 있게 목격하였다.

그레고리는 매일의 요구를 충족시킬 필요가 묵상의 더 높은 삶을 산란하게 하는 것처럼 보일 수 있었음을 인식하였지만, 그는 그것을 단지 개인적이거나 사적인 영성을 계발하는 것만이 아니라 몸으로서의 교회를 섬기는 신실한 사역자의 의무로 보았다. 동시에 실제적인 의무의 전체 범주－설교, 교육, 또는 물질적인 베품－는 그에게서 내적인 거룩함의 추구에 의해 활력 있게 육성되고 적절한 형태가 잡혔다. "모든 기술을 끝낼 수 있는 기술은 영혼을 통제하는 것이다"[6]라고 그는 썼다. 그레고리에게서 이런 지극한 의무는 공적이고 사적인, 즉 영적인 헌신의 외적이고 내적인, 양상들의 역동적인 연합을 요구했다.

행정가이자 정치가

그레고리 자신의 직접적인 의무는 확실히 영적이고도 실제적이었다. 즉 그는 사회적 혼란과 군사적인 위험의 시대에 궁핍한 대중들을 먹이고 돌보아야 했다. 그의 교회는 굶주린 자가 먹고 아픈 자가 치료를 받으며, 전쟁의 희생자에게 자비가 베풀어지며, 빈궁한 자가 환대를 받는 곳이었다 – 하지만 부정직한 탄원자들은 확고하게 거부했다. 그는 롬바르드의 공격에 대항하는 방어자로 행동해야 했다. 회심한다면 그들이 파괴적인 방식을 행하지 못할 것이라는 확신 속에서 그의 자연스러운 본능은 침략자들에게 복음을 전하는 것이었지만, 군사적인 위험이 임박한 곳에서 그들에 대항하여 맞서는 것이 역시 필요했다.

592-594년에 먼저 스폴레토의 공작 아리울프(Ariulf) 하에서 그 다음에 아길울프(Agilulf) 하에서 롬바드르는 사실상 로마의 문턱까지 몰고 왔다. 이때에 라벤나로부터 어느 도움도 없다는 것이 분명했을 때, 그레고리는 위기에 대처하기 위한 자신의 수단에 의존했다. 그는 스스로 방어선을 구축하고 적과 협상에 참여했다. 그레고리는 아리울프와 정전을 성공적으로 이끌어냈지만, 라벤나의 총독에 의해 그것이 뒤이어 깨어지고 아길울프가 로마로 내려와서 포위하였을 때, 그는 금을 상당히 지불하고 그 왕과 협상에 이르렀다.

그레고리의 해결은 황제에게서 대단히 논쟁적이었다. 그는 그레고리가 바베리아인들과 협상함으로써 어리석게 행동했다고 생각했다. 하지만 무고한 백성들이 곤경에 처해 있으나 정부의 무관심에 직면한 그레고리로서는 시민을 보호할 책임을 가질 수밖에 없었고, 그의 행위에 의해서 많은 고난과 고통이 경감되었음이 분명하다. 그러나 로마의 포위가 해제되었다고 해서 롬바르드와 지속적인 평화를 이룬 것은 아니었다. 그레고리는 그렇게 희망했을지라도, 곧 그는 더 진전된 협상에 연루되었고, 이번에는 제국의 통치자들과 롬바르드 왕궁의 중재자로서 그리했다. 이 협상은 오랜 시간이 걸리면서 쉽지 않았고, 그레고리의 행동은 라벤나에서 많은 악의를 갖게 했으나 그는 데오델린다 여왕과 긍정적인 관계를 세우고 그의 목적을 전진시키기 위해서 다른 접촉들을 활용할 수 있었다.

수년에 걸쳐서 그레고리는 이탈리아의 정치적인 세계의 폭풍우 속에서 사실상의 주역으로 행동했다. 천부적인 애국자인 그는 상당한 평정을 가지고서 이런 책임들을 이행했다. 그는 이룰 수 있다고 기대되는 명령을 발행했고, 그의 교회와 나라를 위해서 가능할 수 있는 최대한의 조건을 확보하기 위해서 조직, 외교 후원의 기술을 활용하였다. 구 서방이 더욱 분해되고, 라벤나의 동방의 대표자들이 문화적으로 부실하거나 정치적으로 새 질서에 대처하는 데 무능하다는 것이 더욱 확실해질수록 교황이 사회적 요체와 적어도 계속 이어질 수 있는 연속성의 담보자의 역할을 갖는 것으로 가정하게 되었다. 그레고리가 그렇게 믿었던 것처럼, 교회와 국가가 그들의 복리에 대해서 서로 의존적이었다면, 로마 주교에 의한 그러한 역할의 가정은 공적이고 개인적인 영역의 통합의 또 다른 표현으로 보일 수 있었다. 그처럼 그는 그 책임이 교회를 이끄는 대리적인 교황의 책임에 맡겨져 있다고 추론했다.

로마의 교회는 이때에 이탈리아와 시실리아의 매우 커다란 영토의 소유주였고, 다른 지역, 즉 북아프리카, 골, 코르시카와 사르디니아, 그리고 달마디아에서도 광범위한 토지를 소유했다. 교회의 영지는 투자 자산이었고, 교회의 구조적이고 자선적인 요건의 기금을 일으키기 위해서 그 재원을 극대화하는 것은 매우 중요했다. 그레고리는 그 제도를 관장하기 위해서 방대한 구조를 철저히 조사했고, 효율과 책임에 매우 관심을 가졌다. 그는 로마에 새 교회를 짓는 데에는 적은 돈을 투자했고, 매우 많은 돈을 복지 프로그램에 투자했다. 성직자, 수도사, 그리고 수녀들의 상당한 공동체를 지원했을 뿐 아니라 그의 교회는 심각한 어려움의 시대에 백성들에게 곡식을 나누어주기 위해서 곡물을 구입했고, 약한 자들을 돌보고 먹이며, 죄수들을 속량해주고, 대의적인 일에 즉석에서 기부금을 내었다. 공적인 자금이 규칙적으로 모자랐던 시기에 그는 병사들의 급료와 같은 필요를 위해 사용할 수 있도록 정부 당국자에게 보조금과 대여를 자주 개진했다. 롬바르드에 대한 그의 행위가 보여주었던 것처럼, 그는 평화를 위해서 적에게 주는 뇌물로 교회의 자금을 사용하는 것을 거리끼지 않았다.

교회의 업무

그레고리의 서신중에 850편 이상이 현존하고, 그것은 서신을 담고 있는 그의 『등록』(*Register*)에 모아져있다. 이것은 그의 전반적인 작품의 적은 부분임에 틀림없고, 그와 그의 측근들이 그가 교황으로 재직하던 중에 2천편의 서신을 발행했을 가능성이 꽤 있다. 그레고리는 통치자, 민간인 관리, 그리고 모든 서방의 교회 지도자들과 교신했다. 그의 현존하는 서신들의 대다수가 "포고령"이나 관리의 요청에 반응한 판결로 구성되어 있고, 상당수가 행정적인 문제들과 관련이 있다. 그의 관심의 주요 대상은 자연스럽게 이탈리아의 그의 대도시 내에 교회들이었지만, 교황령을 관장했던 광범위한 "교구사제"의 연락망과 다른 성직자들과의 폭넓은 접촉을 통해서 그는 훨씬 더 지역의 교회 일도 잘 알고 있었다.

그레고리는 이 "교구사제"는 회계행정만이 아니라 그의 지역을 대표하는 것으로 행동할 것을 기대했고, 그들의 책임은 환경에 따라서 아주 다양했을 지라도, 그들은 자주 상당한 권세가 부여되어 지역의 성직자가 의무를 잘 실행했는지 그리고 진행과정에서 로마의 뜻이 방해를 받지 않게 하는 것을 책임졌다. 주교와 대주교에 대한 직접적인 명령과 그들의 대리자들을 통해서 그레고리는 선호하는 후보자가 성직과 수도원직에 임명되는 것을 확실히 했고, 훈령이 그가 바라는 것에 따라서 전달되었다. 로마의 권위를 그렇게 광범위하게 부과한 것은 자신들의 특권이 손상되었다고 느꼈던 지역의 관리들 사이에서 때로 논쟁이 되었다. 자주 그러한 것처럼, 이것은 성직의 표준에 대한 그레고리의 개념이 지역의 상황에서 선호하는 것보다 더 엄격한 곳에서 특히 그러했다.

그레고리는 성직매매의 악이나 진급을 위한 대가로 선물이나 호의를 베푸는 사람들을 서임하는 관행들을 특히 비난했다(p. 156을 보라). 이런 행위는 다양한 교회회의에서 금지되었으나 여전히 광범위한 문제가 되고 있었고, 특히 왕이 후원하는 시대에 더욱 그러했다. 그레고리는 주교들에게 호의를 보여주는 메로빙거왕조의 통치자들과 같은 왕들에 대해서 반대하지 않았지만, 그러한 관계의 명백한 부패로 의심되는 것들과 정치적인 제휴로 인해 성직에 오른 평신도들과 관련해서는 예리하게 비판했다. 그는 이와 관련해서 특히 골 교회에 솔직한 말을 했다. 그는 그러한 관습들을 뿌리 뽑기 위한 개혁적인 조치를 강력하게 고무시켰다.

동방과의 관계

콘스탄티노플과 그레고리와의 관계는 확실히 미묘했다. 그는 물론 그의 교회의 사신으로서 이전에 동방의 수도에서 그 구조가 작용하는 법을 알았지만, 그는 동방의 문화에 편하지 않았다. 그는 헬라어를 알지 못하였다고 고백했고, 그의 주장이 그의 이름으로 헬라어로 순환되고 있는 작품들에 대해서 자신이 책임이 없고 전적으로 신뢰할 수 없는 것이라는 맥락에서 나타나고 있을지라도, 그것은 그가 콘스탄티노플의 형태에 편치 않았던 것으로 보인다. 동방에서 그의 시간의 대부분은 라틴어를 말하는 단체의 작은 범주와 관련되었다.

교황으로서 그레고리는 황제에 대한 예의 있고 충성스러운 경의를 표했다. 설사 콘스탄티노플이 이탈리아가 군사적으로 위기 상태에 있을 때에 많은 도움을 주지 못했을지라도 말이다. 그러나 동방의 수도에서 그의 동 자격자에 대한 그의 대우는 살짝 위장된 의심으로 특징지어졌다. 구 로마와 신 로마 사이의 잘 알려진 긴장은 이때까지 매우 오래 지속되었고, 이전 세기의 분열에 의해서 상당히 악화되었다(pp. 260-262, 265-266을 보라). 그 긴장은 겉으로 보기에 꽤 작은 문제들에 대한 반응에서도 여전히 명백히 나타났다. "에큐메니컬(전교회적인) 총대주교"란 칭호가 요한(John) 2세 총대주교의 시대 이래로 콘스탄티노플에서 사용되었고, 그것은 그의 계승자들 사이에서 명백하게 관습이 되었다. 그것은 580년 후반에 로마의 불만의 핵심이 되었고, 몇 년 뒤에 그레고리는 그 칭호를 계속 사용하는 것은 그의 주교 형제에게 있는 용인할 수 없는 교만의 표지라고 극렬하게 항의했다. 암묵적으로 그는 그것을 로마 주교의 지위를 찬탈하는 시도로 보았다. 이 칭호에 대한 폭넓은 교회적인 반대를 자극하는 시도에도 불구하고 그레고리의 운동은 대체로 실패했고, 그 호칭은 동방에서 계속해서 사용되고 인정되었다.

그레고리는 전 교회에 대한 로마의 효과적인 관할을 침범하는 것으로 보았던 어느 행동도 반대했다. 로마 교황의 수위권을 주장함으로써 그는 적어도 다마수스 이후부터 로마의 주교에 의해 부여되고 레오 1세(440-461)와 겔라시우스(Gelsius, 492-496) 하에서 있었던 종류의 교황권을 강화시키고 있었다.[7] 자신의 직무에 대한 그레고리의 이상은 중세 교황권의 포괄적인 주장의 전환을 이루었고, 그가 콘스탄티노플을 간주했던 방식은 서방과 동방의 교회가 로마와 비잔틴의 서로 다른 문화적 영향 하에서 서로 멀어져갔던 정도를 반영해준다. 동시에 가톨릭교회의 연합과 그 전통 내에서 로마의 중심성에 대한 그레고리의 인식은 예전적인 관행과 절차적인 과정의 폭넓은 다양성을 인정하는 충분히 실용적인 것이었다. 교회의 하나됨은 그 교회가 섬기고 세상에 대변하고 있는 참된 그리스도에 대한 공통된 헌신에 있는 것이지 모든 행동의 문제에 대해서 통일성의 강압적인 유형에 있지 않았다.

금욕주의의 영향

수도사였었던 로마의 첫 주교로서 그레고리의 활동의 모든 것은 이런저런 방식으로 거룩을 실천할 의무가 있는 사람들에 의해 인도되는 공동체로서 교회에 관한 그의 이상으로 특징지어졌다. 그는 그의 개인적인 금욕으로 말미암아 건강을 해쳤고, 그는 지극히 진지하게 육체를 포기하는 그리스도의 종에 대한 필요를 취했다. 그는 서열이 높은 사람만이 아니라 젊은 부제들에게도 독신의 필요성을 강조했고, 그가 많이 빚지고 있는 존 카시안과 어거스틴의 문서에 영향을 받아 부분적으로 성직자의 금욕적인 의무를 다양한 방식으로 수도사의 금욕적 의무와 연관시켰다. 그레고리는 특히 베네딕트에 의해 매우 강력하게 영향을 받았고, 수도적인 삶에 관한 그 자신의 처방이 베네딕트의 처방을 명료하게 반복하고 있지는 않을지라도, 그는 베네딕트의 모범과 거룩한 사람으로서 베네딕트의 성취를 풍부하게 칭송함으로써 베네딕트파의 유형이 뒤에 유명해지는데 기여했다.

하지만 영적인 엘리트들의 성취의 이런 목표와 더불어, 그레고리는 평범한 사람들의 경건을 확증하고 대변하는 깊은 관심을 보여주었다. 그의 설교와 헌신의 대중적인 표현의 주창 속에서 말이다. 그는 널리 서로 다른 사회적 부류의 기독교인들 사이에서 순교자의 제의의 능력과 성스러운 유물의 존중을 잘 인식하고 있었고, 아주 많은 사람들이 문맹이었고 성경을 스스로 읽을 수 없었던 사회에서 시각적인 도움과 예배 시에 형상의 사용을 활발하게 변호했다. 그는 영적인 능력의 당대의 증거를 확인하고 세속적인 불안정과 당대의 압박 속에서 의미 있는 신성함의 표지를 좇는데 열심이었다.

590년대 초에 작성된 그의 『대화』(*Dialogues*)는 이탈리아의 거룩한 남녀들과 연관된 기적과 불가사의를 모아두고 있다.[8] 그레고리는 새로운 사람들의 유입으로 급진적으로 변화된 사회는 일상적인 상상력으로 접근할 수 있는 방식으로 복음을 증거할 필요가 있음을 인식하였고, 그의 영적으로 경이적인 일의 이야기에 대한 많은 것들이 현대인의 귀에 이상스러울지라도, 그것들은 그가 사역했던 환경을 설명하고자 하는 그의 관심을 반영한다. 그레고리가 기적의 시대가 과거에 있었던 것이라고 생각하도록 유혹을 받았을지라도, 그는 롬바르드의 이탈리아에서 여전히 발견되었던 풍부하게 거룩한 이적은 하나님이 그의 백성들을 버리시지 않았다는 증거라고 믿도록 용기를 부여받았다.

다른 영역들: 스페인과 그 너머

그레고리의 영향이 가장 널리 미친 것 중에 하나가 선교에 대한 그의 관심이었다. 그것은 자연스러운 의무였다. 로마에서 바라보았을 때, 그레고리는 두드러진 발전과 의미심장한 기회를 볼 수 있었다. 골의 대부분으로 그 나라가 확장되었던 프랑크족은 이미 가톨릭주의로 회귀했고, 그들의 사회에서 교회의 책임 성취에서 어떤 진정한 문제가 존재했든지 간에 정통적인 믿음이 약화될 위험성은 없었음이 분명해 보였다. 개혁이 확실히 필요했고 그레고리는 그 일을 시행하도록 촉구하기 위해서 590년대 후반부터 주교와 왕족들과 많은 서신을 교류했지만, 그는 골에 이미 참된 신앙이 우세했다고 생각했다.

서쪽으로 더 진행했을 때 스페인에 꽤 놀라운 일이 발생했다. 서고트족 왕인 레오비길드(Leovigild, 569-586)의 통치 하에서 그 나라는 거의 전적으로 단일왕국으로 연합했다. 레오비길드는 분열된 북쪽과 남쪽의 영토를 통합했고,

종내 수에비의 영역도 복속시켰다. 587년에 레오비길드의 아들이자 계승자인 레카레드(Reccared, 586-601)는 가톨릭주의로 회심했고, 589년에 스페인 주교와 귀족과 왕족의 커다란 공의회가 그 나라에서 아리안주의의 공식적인 포기를 확증하기 위해서 톨레도에서 모였다.

새로운 신조가 매우 적은 저항으로 스페인에서 수용되었던 것으로 보이고, 그레고리는 콘스탄티노플에서 알게 되었던 친구인 세빌레의 주교 리안데르(Leander)로부터 그런 발전에 관한 소식을 듣고 기뻐했다. 특히 가장 대표적인 세빌레에 리안데르의 형제이자 계승자인 이시도르(Isidore, 약 560-636) 덕택에, 7세기에 서고트족 스페인의 기독교는 놀랍게 연합되고 활발한 세력이 될 것이다. 이시도르는 서방에서 그의 당대에 아주 탁월한 학자요 교육가요 교회 조직가였다. 그는 후대의 중세세계에 상당한 영향을 끼쳤다. 이시도르는 600년경까지는 세빌레의 주교가 아니었고, 따라서 그의 성취는 그레고리의 시대 이후에 주로 이루어지만, 스페인에서 교회의 상황은 이미 590년대와는 상당히 다른 모습을 보여주기를 시작하고 있었다.

따라서 그레고리가 서방 교회들에서 다양한 문제들 – 북아프리카에서 도나투스주의의 재생에서 그가 취했던 것을 포함해서 – 을 인식했을지라도, 그리고 이탈리아에서 롬바르드의 많은 사람들이 변화에 고통스럽게 저항했을지라도(파비아와 같은 어떤 롬바르드 도시에서는 각기 가톨릭과 아리안의 두 주교가 있었다), 서방에서 가톨릭 신앙을 확장시키는데 있어서 많은 격려의 표지를 역시 볼 수 있었다. 바베리아인 침략자들에 의해 만들어진 변혁의 세기에 발생했던 모든 것에도 불구하고, 복음은 발전했고, 이전에 로마 제국의 바깥에 있었던 사람들이나 진리의 거짓된 형태로 회심한 자들이 정통 기독교의 영역으로 들어왔다 – 적어도 명목상으로라도 말이다.

그러나 유럽과 북아프리카에 대한 관심과 더불어 그레고리가 바라보았던 또 다른 환경이 있었다. 그것은 아직 이 책에서 많이 관심을 갖지 않았던 지역이다 – 브리튼 그리고 특히 우리가 영국이라고 부르는 부분. 우리가 남아 있는 이 책의 장들에서 살펴볼 것은 잉글랜드만이 아니라 이질적으로 다른 환경의 초기 기독교의 흥미로운 이야기에 대한 것이다.

제13장

브리튼과 아일랜드: 첫 국면

로마의 브리튼

오늘날 우리들이 생각하는 것처럼 브리튼은 초기 기독교 시대에는 지정학적인 실체로서 존재하지 않았다. '브리타니카' 는 A.D. 43경부터 410년까지 로마의 속주였지만 일세기 말 또는 그 이후의 로마에서는 이 속주가 남부 스코틀랜드의 주변부를 포함하여 현대의 잉글란드, 웨일즈에 대체로 상응하는 지역을 형성했다. 이 현대적 이름들 – 잉글란드, 웨일즈 또는 스코틀랜드 – 중에 어느 것도 오늘날과 같은 방식으로 민족적인 영토의 지칭으로 존재하지 않았다. 우리가 잉글랜드와 웨일즈로 생각하는 것은 일세기 후반부터 단일한 제국의 지역이 되었고, "잉글랜드" 와 "웨일즈" 라는 이름은 아직 생성되지 않았었다. '스코티' 또는 "스코트" 는 아일랜드에서 살았고, 포트클라디 북쪽부터 스코틀랜드의 후대 왕국의 상당 부분은 칼레도니안들의 부족들과 "픽트 사람들" (Picts) 에 의해서 거주되었다.

일세기 후반에 로마인들은 우리가 스코틀랜드라 부르는 것의 북동쪽으로 꽤 멀리 침투해 들어갔고, 140년대에 포스클라이드 지협을 따라 토담을 세워 북부 변방의 그들의 영토를 구분했지만 2세기후반부터 제국의 의도된 경계는 티니(Tyne)에서 솔웨이 퍼드(Solway Firth)에 이르는 커다란 돌담이 120년대에 세워졌다.[1] 일부 더 진전된 원정이 3세기 초에 스코틀랜드에서 발생했고,

로마 군대는 다시금 북동쪽에 이르렀지만 로마 브리튼은 스코틀랜드 고지 특유의 하이란드와 아일랜드를 복속시키지는 못했고, 로란드 스코틀랜드(스코틀랜드 남동부의 저지 지방)도 장기적으로 로마의 정착지가 되지는 않았다.

브리튼은 풍부한 자산을 가진 섬이었고, 로마에 대한 곡식과 광석 자원의 주요한 공급처였지만 그 이질적인 지역이 로마 문명에 의해 영향을 받은 정도는 매우 다양했다. 로마의 영향이 가장 크게 미친 지역은 남부, 특히 남동부였다. 그곳에서 가장 자연스러운 대가가 치러졌는데, 정복자의 군대가 적어도 그들의 업무를 방해했다. 번성하는 로마의 마을은 로마 문화, 예술, 그리고 건축의 모든 통상적인 증거－성전, 공동 목욕탕, 도관, 상점, 학교, 널찍한 집, 그리고 투기장－를 보이며 성장했다. 이 지역들의 시골에는 로마의 빌라가 산재되어 있었다. 그 가운데는 장엄한 대지에 매우 우아한 농장이 있었고, 4세기 초에 별장 경제가 극치에 이르렀을 때, 그 나라의 아주 비옥한 남부에 이런 별장들이 많이 있었다.

다른 지역에서 웨일즈의 산악과 페닌스와 데본과 콘월의 황무지의 거칠고 빈한한 지역들에서 로마인들이 있었던 것은 주로 군사적인 필요에 의한 것이었고, 도로, 수비대, 요새, 야영지의 제도는 평화를 유지하려는 바람을 반영했다. 이 지역들은 저지대의 보다 번성하고 정치적으로 발전한 귀족들이 없었고, 그곳의 많은 사람들은 도발행위를 하는 것이 삶의 방식이었다. 그들의 부족들은 산발적인 기습과 게릴라적인 전투로 로마인들에게 많은 고통을 야기하였다.

지중해의 로마 세계의 사람들에게서 브리튼은 땅 끝에 해당했고, 통제되지 않는 토착민들을 제어하고 아일랜드와 북쪽의 바베리아인들의 공격을 막아낼 책임으로 특히 음산한 고지대에 정주하는 것은 철저히 인기 없는 임무였다. 로마가 남부 스코틀랜드와 같은 지역을 고수하는데 자원을 소비할 가치가 있다고 생각한 정도는 다른 곳에서 군사적이고 정치적이며 경제적인 긴급함에 많이 달려 있었고, 5세기 초에 전반적으로 로마가 브리튼에 애착을 갖지 않게 하는 일로 이끌었던 것은 지역적 문제들과 제국의 다른 지역에서의 압박의 조합이었다.

기독교의 기원과 발전

로마 세계의 많은 다른 지역에서의 상황과 비교할 때, 브리튼에서의 초기 기독교의 이야기는 상당히 모호하다. 동방, 유럽, 그리고 아프리카에서 교회 역사에 대한 우리의 주요한 자료의 대부분은 북쪽 멀리까지의 상황에 대한 지식을 보여주지 않고 있고, 심지어 문헌 자료에서는 얻을 수 없는 중요한 정보를 자주 가져다주었던 고고학조차도 이 경우에 당시의 모습에 접근할 수 있게 하지 못한다. 전반적으로 우리는 4세기 전에 브리튼에서의 기독교 신앙의 영향에 대해서 매우 적은 지식을 가질 수 있을 뿐이다.

후대의 다양한 전설들은 초기 기독교 인물과 브리튼 간에 연관을 만들어 주는데, 가장 유명하게는 아리마대 요셉과 서모셋의 글라스톤버리(Glastonbury)의 교회와의 관계이지만, 아마도 이것은 경건한 픽션(허구)일 것이다. 200년경에 글을 썼던 터툴리안과 이보다 40년 뒤에 글을 썼던 오리겐은 그들의 시대에 브리튼의 바베리아인들로까지 확장된 믿음을 언급한다.[2] 우리는 이 말이 잘 확립된 주장인지 아니면 복음이 얼마나 참되고 얼마나 그 영향이 멀리까지 미쳤는지를 보여줄 의도(복음이 이렇게 먼 섬의 야만족에게까지 평화를 가져왔다)로 만들어진 과장된 소문인지를 알 방법이 없다. 아마도 복음은 영국 해변에 꽤 일찍 이르렀을 수도 있고, 특이하게 늦었을 수도 있다. 우리는 이런저런 방식으로 단정 지어 말할 수는 없다. 물론 기독교가 3세기 초에 이미 브리튼에 들어갔다는 터툴리안의 증언을 필연적으로 무시해야 하는 것인지는 확실하지 않다.

그리스도의 이야기가 도달했을 때마다, 그것은 십중팔구 상인, 병사, 또는 여행자의 중개를 통해서일 것이거나 해외에 있는 동안에 새로운 믿음과 접촉하고 돌아왔던 브리튼족에 의해서 전달되었을 것이다. 켈트어를 말하는 브리튼 사람들은 대륙 유럽의 어떤 곳에서 그들 자신의 근거지를 두고 있었고, 이런저런 종류의 켈트 문화가 유럽 영토의 상당한 지역을 점유했었으며, B.C. 일세기의 중간에 로마가 무력으로 처음 도달하기 전에 브리튼과 더 넓은 세계 사이에 수세기 동안의 접촉이 있었다. 무역과 여행의 연결고리는 제국의 구조 하에서 자연스럽게 강화되었고, 그들의 정복자들에 의해서만이 아니라 브리튼 사람들에 의해서 많이 소통되었다. 기독교의 전파에서 이런 경우에 자주 있는 것처럼, 믿음의 가장 중요한 파종은 한두 주요한 인물의 노력으로 인해서가 아니라 개종의 경험에 대해서 이야기하고 그들의 삶의 질로 매력을 주었던 평범한 사람들의 증거로 말미암아 이루어졌을 것이다.

우리가 어떤 구체적인 증거를 갖고 있는 가장 초기의 영국 순교자는 알반(Albanus, Alban)이라 일컫는 병사다. 그는 셉티미우스 세베루스의 통치 시에 십중팔구 3세기 초인 208-209년에 베룰라미눔(후대에 성 알반스로 알려진)에서 죽음에 처해졌다. 알반은 박해의 와중에서 도망한 기독교 사제에게 은신처를 제공하는 동안에 회심하였다고 전해진다. 그의 고난을 둘러싼 다듬어진 전설 속에서 실제적인 환경은 결정하기가 불가능하지만, 그가 브리튼에 기독교의 특별한 박해의 시기 동안에 죽음에 처해진 경우였다면, 그 박해는 매우 짧았을 것이다. 3세기에 그러한 박해에 대한 증거가 거의 없기 때문이다.[3)]

우리는 율리우스와 아론이라 이름 하는 두 명의 다른 순교자들을 알고 있다. 그들은 궨트(Gwent)의 캐르레온에서 순교를 당했다고 보고된다(70년대 이래로 로마의 주요한 군사적 주둔지). 이 희생은 알반과 동일한 시기에 발생하였거나 아마도 그 뒤에 데이수스나 발레리안의 박해에서 발생하였을 것이지만, 우리는 콘스탄틴 이전 시대에 브리튼에서 다른 순교자들에 대해서 알지 못한다. 골에서의 경우처럼, 대박해는 브리튼에서 별로 영향이 없거나 심각한 영향이 없었던 것으로 보인다. 데오클레시안의 정책을 콘스탄티우스가 느슨하게 적용하였기 때문이었다.[4)] 예배 장소에 대한 일부 파괴가 있었지만 그것을 확실히 하기가 어렵다. 4세기 이전에 영국의 기독교에 대한 고고학적인 증거는 전반적으로 매우 빈약하다. 크리스천들이 존재했다고 할 수 있는 흔적이 보이기는 하지만 자료가 모호하다. 아래에 나오는 기명을 시렌세스터에 있는 로마 가정의 석고 벽의 낙서에서 발견할 수 있다.

ROTAS
OPERA
TENET
AREPO
SATOR

겉으로 보기에 무의미한 문자의 나열을 기묘한 글자 하나를 더하여 라틴어 문장으로 읽을 수 있다("아레포 곧 씨를 심는 자가 신중하게 바퀴를 붙들고 있다"). 그 믿음이 불법적이고 따라서 공격을 받고 있을 때 한 신자가 그린 기독교 암호로서, 다른 방식으로 이해하는 것이 가능하다. 이 단위는 아마도 마태복음의 주기도의 서두어인 '파테르 노스터'(Pater noster, "우리 아버지", 마 6:9)를 담고 있을 것이다. 그것은 높아지신 그리스도의 성경적인 지칭인 헬라어 '알파'와 '오메가'를 나타내는 문자 A와 O로 둘러싸여 있다(계 1:8; 21:6; 22:13). 이것이 그러하다면, 문자 N의 이중적인 사용은 그 용어들이 십자가의 형태로 배열되어야 한다는 것을 함축한다. 따라서 그 스탠자는 다음과 같이 읽혀질 수 있다.

```
                A
                P
                A
                T
                E
                R
A  P A T E R N O S T E R  O
                O
                S
                T
                E
                R

                O
```

고고학자들은 로마 제국에서 다양한 넓은 장소들에서 유사하거나 동일한 형태의 "마술 단위들"을 발견했다. 이것들에 대한 해석은 상당히 논쟁이 되고, 많은 학자들이 그것이 필연적으로 기원에 있어서 기독교적이라고 믿지 않는다. 기독교와 연관된 것을 완전히 의심하는 것은 보증되지 않은 것이지만, 그러한 상징이 어떤 곳에서 기독교인들에 의해서 설사 채택되었다할지라도, 주어진 사례가 명확히 기독교적인 연관을 갖는다고 확정하기는 매우 어렵다.[5] 이것은 세렌세스터에서 발견된 경우도 마찬가지다. 그 연대는 불확실하고, 사실상 4세기만큼이나 늦을 수 있다. 따라서 브리튼에서 일찍이 기독교인들이 있었다는 직접적인 증거로서 그것을 채택할 수 있는지는 매우 의문이 된다. 우리는 세렌세스터의 단위가 기독교적이 아니라고 단정적으로 말할 수도 없지만 그것이 기독교적이라고 확실하게 말할 수도 없다.

우리가 확실하게 기독교적인 활동의 증거를 가질 수 있는 곳에서조차도 학자들은 그 연대적인 배경에 대해서 급하게 결론을 내리는 것을 점차적으로 조심하고 있다. 기독교적인 의식에 사용되었던 그릇을 담는 은쟁반의 저장물이 1975년에 캠브지쉐어에 워터 뉴톤(Water Newton)에서 발견되었다.[6] 이 아이템의 일부는 3세기의 비기독교적 상황에서 사용된 다른 쟁반과 유사성을 갖고 있지만, 그 조각의 모든 것들은 아니라할지라도, 대부분이 4세기에서 기원했다는 것은 전반적으로 옳을 것이다. 그 쟁반들은 분명히 기독교 사원에서 출원했을 것이고 아마도 그것들이 묻혀 있었던 곳에서 멀지 않은 곳에 사원이 있었을 것이다. 그것들이 3세기 후반에 체스터톤의 로마 마을인 워터 뉴톤의 조상들의 거처지 근처에 기독교 공동체가 있었음을 가리킨다고 할 수 있지만, 논쟁 없이 이 사실을 구축하는데 이 가공품을 사용할 수는 없고, 사실상 그것들이 4세기로부터 유래할 가능성이 훨씬 더 있다.

4세기

기독교 신앙과 실제에 대한 증거가 콘스탄틴 시대 이후부터 광범위하게 발견되기를 시작한다. 물론 그때조차도 우리는 많은 다른 지역들에서보다도 브리튼에서 훨씬 더 적은 것만을 알 수 있을지라도 말이다. 콘스탄틴이 306년 7월에 요크에 있던 그의 군대에 의해서 아우구스투스로 처음 선언된 곳이 브리튼이었고, 궁극적으로 그를 처음에 기독교의 황제로 앉을 수 있게 한 긴 원정을 시작한 것도 브리튼에서였다. 콘스탄틴이 브리튼에서의 기독교의 영향과 어떤 종류의 관계를 가졌는지는 우리가 정보를 가질 수 없는 문제가 있다. 기독교적 고백을 향한 그의 원정의 분명한 표지는 확실히 후대로부터 기원했다. 그럼에도 불구하고, 그의 지도력 하에서 일어났던 교회의 평화의 시작은 다른 곳에서와 마찬가지로 브리튼에서 신자의 상황을 이전에 득세했던 어느 것과도 꽤 다르게 만들어놓았다.

기독교가 합법적이 되었던 거의 가장 이른 시점부터 우리는 브리튼에서 교회지도자들에 관한 이야기를 듣지만, 그 시기에 그러한 브리튼교회의 직제나 예전에 대해서는 거의 알지 못한다. 주교가 감독하는 조직화된 제도가 브리튼에서 형성되었던 것은 콘스탄틴의 시대 경부터였을 가능성이 있지만 그 이전에 그러한 구조에 대한 증거가 부족하다고 해서 그것들이 존재하지 않았다고 확증한다고 가정할 수도 없다. 세 브리튼 주교가 사제와 부제를 동반하고 314년에 아를레스의 종교대회에 참석했는데, 그들은 카르타고에서 그들의 시조가 되는 지도자의 정죄에 대항해서 도나투스주의자들의 첫 번째 항의를 다루기 위해서 소집되었다. 그들은 런턴, 요크, 그리고 아마도 린코른(하지만 콜체스터일 가능성도 있다)으로부터 왔는데, 이 주교들은 로마가 최근에 브리튼에 세웠던 네 주요한 지역 중에 세 곳에 기반하고 있었다.

브리튼의 주교들은 뒤이어지는 두 세대에 걸쳐서 아리안주의에 대한 논쟁에서 개최된 여러 공의회에 서방의 대표자들의 반열 가운데 올라와 있었을 것이다. 359년에 아리미눔의 공의회에서도 브리튼이 확실히 참석했다. 우리는 브리튼의 성직자들이 공의회에 어떻게 왔는지를 알 수 없지만, 브리튼의 세 주교가 여행비용을 충족할 수 없어서, 그들이 참석하기 위해서 황제의 자금에 의존해야 했다는 것을 알고 있다. 이것은 아마도 적어도 브리튼 교회들이 여전히 상대적으로 가난했다는 것을 암시하지만 단편적인 증거를 가지고 일반적인 추론을 하는 것은 또 다시 위험스러운 일이다.

4세기 중엽에는 로마 브리튼에서 심각한 구조적인 문제가 있었고, 상당한 경제적이고 사회적인 격변이 있었다. 마그누스 마그네티우스(Magnus Magnetius)의 반란으로 발생한 정치적인 혼란(p. 63를 보라)은 그를 지원했다고 제기되는(옳게 또는 그렇지 않게) 사람들에 대한 사악한 보복이 뒤따랐다. 또한 360년대 후반에 그 나라의 남쪽에 자주 침투했던 픽트족과 스코트족으로부터의 지극히 심각한 바베리아인들의 공격이 있었다. 동시에 북해를 건너온 색슨족 해적에 의한 동부쪽의 급습이 발생했고, 로마는 색슨족과 대륙의 프랑크족으로부터의 압력을 견디어냈다. 이런 연합된 도전들은 로마의 방어진을 압도했다. 브리튼의 북쪽 변방 지역의 로마 사령관은 제압을 당하여 그의 핵심 장군 중에 한사람이 살해되었다. 데오도시우스 백작 하에서는 안정이 회복되었는데, 그는 장래에 황제가 되는 데오도시우스 1세의 아버지였다. 그는 로마 영토 바깥으로 침략자들을 몰아내는 결정적인 행동을 취했고, 방어진과 마을을 보수하고 브리튼 사람들의 생활에 대한 안전과 질서를 되돌려놓았다. 하지만 이전 시대에 로마-브리튼 사회의 상당 부분을 특징지었던 번영과 조직체계는 침략에 의해 회복할 수 없을 정도로 손상을 입었고, 발생한 회복은 부분적이었고 잠정적이었다.

마을과 도시가 침략자들의 파괴로 고통당했을 때, 행정, 무역, 그리고 농업의 손상은 효과적인 세력이 경제적으로 정치적으로 전통의 대중적인 중심지에서 교외의 별장지역으로 이동이 발생했다. 브리튼에서의 기독교는 전반적으로 대중들 속에서보다 사회의 가장 로마화된 요소들 사이에서 이미 더 강했고, 기독교 신앙의 고백과 토착적인 브리튼 문화와 반대되는 것으로 라틴과의 동일시 사이에 의미 있는 연관이 있었던 것으로 보인다. 별장이 점차적으로 중요해졌을 때, 기독교의 관습이 주요한 중심지에서만이 아니라 이런 지역에서 더욱더 자리하게 되었다고 믿을 만한 이유들이 있다. 별장의 기독교 영주들의 일부는 확립된 로마-브리튼 명문가의 일원들이었을 것이고, 또 어떤 이들은 특히 골 출신의 대륙에서 온 부유한 이민자들이었을 것이다. 그들의 배경이 어떠하든지 간에 그러한 사람들이 증가하였다고 가정하는 것이 옳다면, 이것이 브리튼에서 교회의 전반적인 경제적 위치에 긍정적인 영향을 주었다고 우리는 추측할 수 있을 것이지만 또 다시 직접적으로 그것을 확증하기는 어렵다.

우리는 4세기의 기독교 의식의 많은 지침들을 여전히 갖고 있다. 마을에서 교회의 쟁반, 세례반, 그리고 특히 도르셋에서 포운드베리에서 발견된 많은 기독교 장지와 같은 공동묘지의 고고학적 증거가 이 같은 정황을 말해준다. 기독교의 관습이 결코 부자나 복잡한 문화의 대변자들로 제한될 수는 없었다. 그러나 전반적으로 이 시기에 영국 기독교의 고고학적 특징은 마을과 도시에서 독립된 교회 건물이 상대적으로 없었음을 보여준다.[7] 대체로 우리가 발견하는 것은 이와는 다른 상황들, 즉 커다란 교외의 집이나 도시 지역의 수수한 배경에서 진행된 기독교 예배의 강력한 증거다.

켄트에서 별장의 소유주는 자신의 집에 기독교 벽화로 장식한 방을 가지고 있었는데, 그것은 흔한 카이로(그리스도) 모티브[8]와 기도하는 사람을 포함했고, 이 방들은 기독교 예배를 위해서 준비된 것임이 분명하다. 기독교 모자이크는 도르셋의 프람톤에서와 힐톤 성 메리의 다른 정교한 별장의 공적인 방에서 존재했다. 그러한 보고(寶庫)의 후원자들은 그들의 믿음을 개인적으로 실천했을 뿐 아니라 그들의 땅에서 그리고 보다 일반적으로 그들의 지역에서 일했던 사람들 중에 기독교적인 준수를 강력하게 고무시키거나 강요했다고 생각할 수 있다. 어떤 이들은 그들 자신의 성직자를 그들의 영지에 두었을 것이다. 별장 경제의 중요성이 4세기 말에 브리튼에서 쇠퇴하였지만, 그 제도가 극도에 달했던 세대들에서 교외 지역에서 기독교의 확장이 약간 진전되었다고 하는 것이 가능하다.

이교도가 지속됨

그러나 기독교의 관습의 표지와 더불어 이교도가 브리튼에서 상당히 완강하게 지속되었음이 매우 분명하고, 항상 그러했던 것처럼, 이교도의 영향은 시골지역에서 가장 강력했다. 물론 이교도를 확실히 시골지역으로 한정할 수는 없을지라도 말이다. 어떤 이교도 사원은 4세기 전반부에는 사용되지 않았고, 다른 사원들은 기독교인들이나 바베리아인들의 습격에 의해 파괴되었으며, 황제가 340년대와 350년대에 모든 사원들을 문 닫게 하는 명령을 발행했을지라도, 신전의 대다수는 사용되고 있었고, 많은 중심적인 이교 제의들은 계속 융성했다. 전통적인 신전들이 어떤 곳에서는 포기되거나 다른 목적으로 두어졌을 때조차도, 다른 곳에서는 새로운 신전이 360년대와 그 이후에도 역시 세워졌다.

기독교적인 준수와 관련한 고고학적인 자료가 분명한 곳에서조차도, 경쟁적인 종교적 영향과 오래도록 잔존했던 이교 상징주의를 엿볼 수 있다. 룰링스톤에서 자기 집에 예배실을 갖추었던 동일한 부유한 크리스천이 기독교의 이미지와 이교 신화의 장면을 섞어놓은 다른 벽화들을 가졌다. 즉 악의 세력에 대한 그리스도의 승리가 키메라(Chimera)를 죽인 벨레로폰(Bellerophon)의 고전적인 신화와 동등시되었다. 유사한 복합적인 일들이 다른 별장 모자이크에서 나타난다. 그것들에 대한 역사적인 발전의 평가와 설명은 다양하지만, 기독교와 이교도의 모티브를 나란히 병렬시킨 것을 많은 경우에 발견할 수 있는 것은 적어도 주목할 만한 가치가 있다.

기독교 신앙의 확산에 대한 한 특별한 경쟁자는 미트라(Mithras, 빛 · 진리의 신; 후에는 태양신 – 역자주)라는 강력한 동방 신비 제의였다. 남자들에게로 제한되었던 이 종교 제도는 군사 장교들, 상인들, 그리고 다른 유사하게 중요한 사회의 구성원들 사이에서 오랫동안 강력하게 추구되었다. 기독교에 대한 황제의 후원과 모든 군대가 "지고의 하나님"에 대한 기도를 음송해야 했던 공적인 순서에도 불구하고, 미트라주의는 군장교들 사이에서 가장 인기 있는 종교였다. 우리는 병사들 사이에서 특히 잉글란드 북부의 변방 지역에서 기독교 관습에 관한 것보다 미트라의 예배에 관한 훨씬 더 강력한 증거를 가지고 있다. 미트라의 사원과 형상들이 때로 기독교인들로부터 파괴를 당하였지만, 일부 파괴는 경쟁적인 제의들이나 바베리아인들의 공격으로 말미암았고, 기독교인들만이 아니라 이교도들도 적들에 의한 약탈을 막기 위해서 자신들의 보물을 땅에 묻어야 했다.

4세기의 후반부에서조차도 이교도가 역시 구축되어 있었다. 이교 종교가 명확히 금지되었을 때(pp. 132-135을 보라), 황제 데오도시우스의 통치의 거의 절반 동안 브리튼은 처음에 찬탈자인 막시무스(383-388) 하에 그 다음엔 유게니우스의 반란기(392-394) 동안에 데오도시우스의 직접적인 지배를 받지 않았다. 브리튼의 그의 군대에 의해 처음에 환호를 받았던 막시무스는 니케아의 대의의 강력한 후원자였고, 그는 프리실리안주의자들(pp. 137-139을 보라)과 같이 가상된 이단들과 이교 신전이 있는 장소에 대한 조치를 취했지만, 이교의 관행은 그가 통치하였던 때에도 계속되었다. 유게니우스는 로마에서 종교적인 전통주의자들에게 공개적인 호의를 보일 준비가 되었고, 그가 관장했던 정부 하에 아르보가스트 이교도가 서방에서 다시금 관용되었다. 데오도시우스가 그의 제국을 다시 제어할 힘을 얻었을 때조차도 이교 신앙은 제의적 관행을 금하는 입법에도 불구하고 브리튼에 널리 퍼져 있었고, 많은 신전들이 여전히 5세기에 후원금을 받았다. 군사적인 범주에서 이교도가 지속된 것은 로마가 용병을 사용하여 바베리아인들에게 더욱 의존함으로써 촉진되었다. 병사들 가운데 많은 이들이 통일된 기독교 신앙에 공식적으로 헌신하는 제국을 위해서 싸우고 있다고 생각했던 곳에서조차도 그들 자신의 종교적 관습을 계속 지켰다.

투르의 마틴의 사례가 브리튼에서 칭송을 받았을지라도, 그 나라는 마틴과 직접적으로 유사한 사람을 갖지 못했던 것으로 보인다. 우리는 그 나라를 직접적으로 복음화하고 이교의 전통적인 관행을 억누르기 위해서 조직화된 선교적 노력을 기울인 단 한명의 지도자도 알지 못한다. 마틴의 제자들 중에 한 사람인 루우엔의 주교인 빅트리시우스(Victricius, 약 330-407)는 골 지역에 채널(Channel) 해변을 따라 선교 사역을 맡았고, 일종의 교회적인 분쟁을 다루기 위해서 4세기와 5세기의 전환기에 브리튼을 방문했지만 북부 골에서 진행되었던 일반적인 전도 사역의 종류가 브리튼으로 건너갔다는 증거는 없다.

로마 브리튼의 멸망

5세기 초에 브리튼에서 로마 세력의 하락이 있었다. 로마의 정치적인 어려움이 다른 곳에서 가중되었을 때, 브리튼에서의 군대가 대륙의 더 필요한 곳으로 이동하게 되었고, 서방 제국이 와해되기 시작하고, 브리튼이 로마의 권위에 반기를 들며, 로마 자체가 고트족에게 멸망당했을 때, 409-410년에 그 나라에서 직접적인 로마의 통치는 결국 끝나게 되었다. 410년에 호노리우스 황제는 브리튼의 도시를 스스로 방비하라고 말했다. 그 조치는 위기의 시간에 절차적인 임기응변이었고, 그 의미는 자주 과장되었다. 그것은 로마의 세력으로부터 브리튼의 영구적인 단절을 표하는 것이 의도되어 있지 않았다. 즉 폭풍우가 지나가면, 로마가 적절한 과정에서 다시 통치를 재개할 것을 예상하고 있었다.

어쨌든 그런 일을 일어나지 않았지만 서로 다른 질서로의 급격한 전환은 없었다. 남쪽과 북쪽에서 급습으로 인해 혼란이 야기되고 유럽에서의 사건으로 인해서 통상 교류가 무너지며, 해변을 따라 해적들이 기승했음에도 불구하고 전반적인 경제적 번영의 커다란 붕괴는 없었고, 대체로 브리튼의 삶은 합리적으로 질서정연한 형태가 지속되었다. 지역의 브리튼 지도자들은 침략자들에 대항해서 스스로를 돌보아야 했고, 더 이상 중앙집권화된 제도의 가능성은 없었지만 로마 문화의 영향은 다가올 세월 동안 강력하게 남아 있었다.

일부 역사가들은 로마 브리튼의 엘리트들 사이에서 기독교의 확산은 결국에 가장 강력한 부류들 사이에서 정치적인 이탈의 태도와 로마의 권위를 회복할 가치와 관련해서 무관심을 고무시켰다고 주장하기를 시도했지만, 로마 세력의 마지막 붕괴는 주요한 의미로 종교적인 요소로 귀속시킬 수 있다고 생각하는 것은 너무 단순하다. 그럴 때조차도 제국의 영토로서의 브리튼의 위치의 중단은 브리튼에서의 신자들과, 아무리 그 제도가 약화되고 있었을지라도, 로마 제도 내에서 살기를 계속했던 형제와 자매들 간에 존재했던 어떤 교리적인 차이의 의미를 강화시키는 것으로 기능했다. 이에 대한 한 가지 사례를 5세기 초에 브리튼에서 펠라기안주의의 명백한 영향에서 발견할 수 있다.

브리튼에서의 펠라기안주의

5세기 초에 지중해 세계에서 폭풍우를 일으켰던 펠라기우스의 개념에 대해서 브리튼 교회의 어떤 지역에서는 상당한 공감이 있었던 것으로 보인다 (pp. 213-226을 보라). 펠라기우스는 아마도 브리튼 사람이었을 것이고, 그와 그의 추종자들이 그의 고향 해변과는 멀리 떨어져서 논쟁이 되었고, 그의 개념이 필연적으로 그의 고국에서 처음에 파생되었다고 생각할 이유가 없을지라도, 그의 가르침은 꽤 일찍이 브리튼으로 그 방향을 찾았다. 우리는 펠라기우스주의가 어떤 종류의 신자나 어디에서 추종자들을 얻었는지는 알 수 없을지라도, 다른 지역의 상황과 유사성이 있었다면, 아마도 영적인 은혜의 지표로서 진지한 도덕적 노력을 강조하는 데에 매력을 느꼈던 부유한 부류의 구성원들 사이에서 특별한 지지를 발견했을 것이다.

그 증거가 매우 빈약하고, 때로 제기된 것보다 덜 결정적이므로 숙고함에 있어서 조심할 필요가 있다. 우리는 브리튼에서 세베리아누스(Severianus)라는 펠라기안 주교의 활동을 감질나게 엿볼 수 있는데, 그의 아들 아그리콜라(Agricola)가 420년대 후반에 주요한 인물이었다. 또한 우리는 대륙을 방문하는 동안에 펠라기안의 견해로 돌아선 것으로 보이는 430년대 경에 분명히 주교였던 파스티디우스(Fastidius)를 엿볼 수 있다. 하지만 정확히 이 인물들이 어디서 활동했으며, 그들의 가르침의 진정한 영향이 무엇이었는지를 알 수가 없다. 그럼에도 불구하고 몇 가지 단서로부터 우리는 펠라기안주의가 브리튼에서 문제였던 것으로 대륙의 사람들이 간주했다고 주장할 수 있는 잠정적인 모습을 구성할 수 있다.

420년대에 펠라기안주의는 제국의 칙령에 의해 명백하게 정죄되었으나 그러한 칙령이 더 이상 브리튼에서는 자동적으로 유효하지 않았고, 이런저런 방식으로 펠라기안 신학의 비난에 관심을 기울일 이유가 없다고 보았던, 브리튼에서 지도자의 역할을 맡고 있었던 사람들이 있었을 것이다. 어떤 이들은 펠라기안의 개념에 공감하는 자였을 것이고, 어떤 다른 이들은 비그리스도인이었으므로 그러한 모든 문제에 단순히 무관심했을 것이다. 동시에 어거스틴계 가톨릭주의와 같은 것을 선호하여 그것을 대체로 서방 교회에서 다수가 공식적으로 승인한 것으로서 로마 전통과 동일한 연속성에 있는 중요한 것으로 보았던 브리튼의 또 다른 사람들이 분명히 있었다. 또 다시 빈약한 근거와 부분적으로 상충되는 역사적 단서들을 갖고 추측하고 있음을 강조해야할지라도, 남부 브리튼에서 기독교의 그룹, 아마도 런던과 같은 중요한 중심지에 근거한 그룹은 그들 자신의 교회나 더 넓은 지역들에서 펠라기안주의의 영향에 맞서 싸울 수 있도록 유럽으로부터 도움을 호소했을 가능성이 있다.

429년에 아마도 그러한 요청에 응답해서 교황 클레스틴(Celestine) 1세는 아욱세르(Auxerre)의 주교인 강력한 어거스틴계 게르마누스(Germanus)가 이끄는 브리튼 사절단을 보냈는데, 여기에는 트로이스의 주교인 골 출신의 다른 성직자인 루푸스(Lupus)를 적어도 포함하고 있었다. 게르마누스는 설교, 교육, 그리고 행정 훈련에서 놀라운 노력을 기울였고, 그의 방문은 어떤 영향을 끼친 것으로 보인다. 그와 그의 동료들은 알반의 성지를 방문했다고 전해지는데, 그곳에서 순교자의 제의가 이때쯤에 잘 구축되어 있었을 것이다. 펠라기안파들은 그러한 성지를 존중하는 것을 인정하지 않는 경향이 있었고,

방문객들은 그들의 반대자들과 선을 긋기 위해서 그러한 관행을 의도적으로 격려하였을 가능성이 있다. 그럼에도 불구하고 게르마누스의 선교는 완강한 반대에 부딪혔음이 분명하다. 색슨족과 픽트족의 침략에 대항한 전투에서 승리한 로마-브리튼 군대에 세례를 주고 인도한 것을 포함하는 성취가 있었다(그 승리는 "알렐루야"를 외침으로 승리했다고 제기된다)고 보고될지라도,[9] 그는 펠라기안에 대한 공감을 쫓아내버리는 그의 주요한 목적은 성공하지 못했다.

우리는 5세기 후반부에 작성된 게르마누스의 성인 전기인 『삶』(*Life*)에 대한 우리의 정보에 상당히 의존하고 있는데, 사실상 그것은 브리튼에서 그 영웅의 활동에 대해서 비교적 적은 부분의 설명을 주고 있고, 증거로서는 약간 조심성 있게 사용해야 한다. 그럼에도 불구하고 우리가 게르마누스에게서 확실하게 듣는 것에서 추론하는 것은 안전하다. 게르마누스의 『삶』에 따르면, 그는 몇 년 뒤에 브리튼으로 2차 선교여행을 한 것을 상기했는데, 아마도 448년에 그가 죽기 몇 년 전에 있었을 것이다. 이것이 그 경우에 해당하는지는 확실하지 않지만, 두 번째 원정의 이야기가 단순히 성인전의 픽션이라 할지라도, 그것을 포함시킨 것은 429년의 원정 이후에도 펠라기안주의가 여전히 브리튼의 교회에서 오랫동안 이슈가 되었다는 것을 저자의 편에서 인식하고 있었음을 암시한다.[10]

펠라기안주의를 진압하는 것은 클레스틴이 431년에 브리튼 섬에 도 다른 주교를 보냈을 때 그의 심중에 역시 있었다. 그러나 이번에 그의 목적지는 브리튼이 아니라 아일랜드였다.

아일랜드에서의 복음

아일랜드는 결코 로마제국의 일부가 된 적이 없었다. 80년대 초에 섬의 침략에서 아일랜드의 로마의 훌륭한 통치자인 아그리콜라(Agricola, 77-83)가 어떤 계획을 시도했지만, 이것은 오직 단기간의 모험적인 공격으로 끝났다. 군사들을 다른 곳으로 보내야했기 때문이다. 로마인들에게 '히베르니아'(Hibernia)는 원리상 문명화된 세계의 경계에 있지 않은 다른 바베리아인 영역으로 남아 있었고, 그것은 '브리타니카' 의 공식적으로 안정된 영토와 물리

브리튼과 아일랜드의 초기 기독교 역사에서 의미 있는 지역들

적으로 분리됨으로 인해 강화되었다.

그러나 아일랜드를 훨씬 더 넓은 영향들과 단절되고 관계없는 것으로 생각하는 것은 꽤 잘못이다. 초기 아일랜드 사람들은 광범위한 무역자들, 침략자들, 그리고 매우 넓은 지역에 대한 약탈자들이었으며, 그들은 평화롭든 그렇지 않든 간에 대륙의 유럽과 그 너머의 지역들과 많은 접촉들을 가졌다. 아일랜드와 로마 세계 간에 폭넓은 상업적 교류의 증거가 많이 있고, 로마의 관습이 아일랜드의 매장 관습과 사회적 종교적 문화의 다른 양상들에 영향을 미쳤다. 아일랜드는 로마 제국으로부터 방문객들을 받았고, 어떤 아일랜드 투사들은 로마를 위해서 용병이나 보조군대로서 기능했을 것이다. 3세기 말 이후부터 브리튼의 서부 해변을 따라, 콘월과 웨일즈가 되었던 곳에서, 훨씬 북쪽으로는 장래의 소코틀란드에서, '스코티' 의 식민지가 구성되었다. 아일랜드는 서부 유럽의 다른 어느 곳에서보다도 훨씬 오랫동안 선사시대 철기 사회를 유지했지만, 다른 문화적 세력들이 영향을 받지 않은 나라는 결코 아니었다.

아일랜드에서 복음의 기원이 브리튼에서만큼 모호하고, 그리스도의 이름이 브리튼에서보다 더 일찍 그곳에 들려졌을 가능성이 있을 수 있을지라도, 다시 한 번 신앙은 처음에 무역하는 자들의 접촉을 통해서 도달했을 가능성이 있다. 브리튼, 골, 그리고 스페인이 가장 그럴법한 근원이 되었을 것이다. 브리튼과 서부 유럽에서 아일랜드인들의 습격으로 인해 포로로 잡혀서 아일랜드로 이송되어 온 사람들 가운데 거의 확실히 크리스천이 있었다. 또 이와는 반대편 현상이 있었다. 아일랜드의 어떤 이들은 브리튼의 군사들에 의해 포로로 잡혀 이송되어, 그곳에서 회심하였다가 어떤 단계에서 새로운 신앙을 아일랜드로 가져갔다. 브리튼의 본토에 아일랜드 정착자들을 둘러싼 지역들에서 문화적인 호환은 다른 영향들만이 아니라 종교적인 영향도 동등하게 포함되어야 한다. 아울러 아일랜드에 살았던 로마 브리튼의 그룹이 역시 있었을 것이고, 이들은 상업 활동에 참여했고, 두 나라 사이에 연결을 제공하는 업무를 맡았을 것이다. 그들은 역시 크리스천들을 포함했을 것이다.

확실히 4세기 말과 5세기 초에 아일랜드에 이미 기독교 신자들이 있었고, 그 수는 골에 바베리아인 침략자들로 인해 난민들로 인해 증가되었다. 431년에 클레스틴이 시작한 선교의 대상이 이교도의 회심이 아니라 기존 세력을 공고히 하는 것에 있었음이 분명하다. 우리가 브리튼에서 펠라기안의 영향의 정도에 대한 확신 있는 평가를 할 수는 없을지라도, 펠라기안주의가 브리튼 교회의 적어도 일부에서 문제가 되었었다는 것이 옳다고 한다면, 그 영향이 바다를 건너 아일랜드로 이동했을 것이라고 생각할 수 있다. 클레스틴의 목적의 주요한 부분은 펠라기안주의를 근절시켜 아일랜드 기독교인들을 정통적인 로마의 입장과 같게 하는 것이었다.

브리튼으로 게르마누스가 가는 일을 준비했던 것으로 보이는 부제 팔라디우스(Palladius)는 아일랜드 신자들의 기존 영역을 관리하는 지도자로 파송되었다. 팔라디우스는 레인스터에서 교회를 세운 것으로 전해지지만 펠라기안주의를 도전하는 것이 그의 임무의 일부였다면 우리는 그가 그 일에서 얼마나 성공하였는지는 알 수 없다. 어쨌든 그의 주교적인 사역은 길지 않았다. 그는 그 일을 맡고 오래 지나지 않아서 죽었기 때문이다. 그의 활동은 브리튼의 많은 다른 사람들에 의해서 계속되었지만 그들의 노력이 얼마나 성과를 거두었든지 간에, 그들은 아일랜드의 다른 기독교 사역자 – 소위 "아일랜드의 사도"인 성 패트릭으로 더 잘 알려진 파트리시우스(Patricius) – 의 노고에 곧 전적으로 가려지게 되었다.

패트릭

패트릭과 관련한 모든 것은 역사적인 측면에서 의문시되고, 그의 삶과 사역에 대한 다양한 기사들은 매우 논쟁되며, 많은 전설적인 첨가가 이루어졌다. 그의 태생과 죽음의 연대조차도 불확실하다. 우리가 그에 대해서 알고 있는 대부분은 그의 현존하는 일부 진정한 문서들로부터 조합한 것이고, 그때조차도 많은 어려운 문제들이 남아 있다.

우리는 패트릭이 브리튼, 아마도 북서부에서 로마-브리튼의 참사회 의원(지방의 작은 정부 관료)이자 지주였던 아버지 밑에서 태어났다는 것을 알고 있다. 그의 아버지는 교회의 부제였고, 그의 할아버지는 사제였다. 그는 십대 때에 아일랜드인의 기습에 의해 붙잡혀 아일랜드로 끌려가 아마도 마요(Mayo) 지역의 대서양 해변에서 목자로서 6년간 포로 상태에서 일했다. 납치되었을 당시에 그가 기독교인이었는지, 아니면 그가 믿음을 고백했지만 여전히 세례를 받지 않았는지(그는 그 당시의 자신에 대해서 "참된 하나님에 대해서 무지한 자"로 밝히고 있다)는 전적으로 분명하지 않지만, 포로로 있는 동안에 그가 깊은 기독교적인 확신을 발전시켰음이 확실하다. 결국에 그는 포로상태에서 도망하여 브리튼으로 돌아왔고, 나중에 복음 선포자로 아일랜드로 돌아가라는 소명을 느꼈던 환상을 경험했다. 그는 일종의 훈련과 서임을 받은 후에 주교의 반열에 올랐고 아일랜드로 돌아갔다. 그 섬에 도착한 전통적인 시기는 432년이지만, 이 날짜는 중세 작가들에 의해서 만들어진 단지 추측에 지나지 않을 수 있고, 명확한 연대를 확정할 수는 없다.

거의 30년간 이어진 패트릭의 사역의 대부분은 울스터와 북부 코나우트의 아일랜드 북부 지역에서 발생했고, 그는 로마인의 마음에 알려진 세계의 최외각 지역까지 광범위하게 여행한 것이었다. 팔라디우스가 펠라기안주의를 바로잡으려는 책임이 있었다면, 패트릭의 사역은 그것이 아니었다. 그의 우선순위는 주요한 복음전도에 있었다－설교와 세례와 그리스도에게로 돌아온 새 회심자를 양육하는데 있었다. 그는 특히 부족의 왕과 가족들을 통해서 복음을 확산시키는 노력을 기울였고, 그의 메시지가 성공을 거두었을 때, 보답으로 그의 대의를 위해서 그들로부터 재산을 선물로 받았다. 그는 수많은 회심자들을 세례했고, 이교 제사장들의 권위와 아일랜드 사람들의 대중의식 속에 있었던 마술적인 세력들을 상당히 약화시키는 영적인 능력을 보여주었다.

패트릭이 말년에 썼던 그의 영적 순례의 묵상적인 기사인 그의 『고백』(Confession)에서 우리는 보는 것처럼, 그는 아일랜드 사람들 사이에서 자신이 나그네요 이방인임을 인식하고 있었다. 그는 복음을 땅 끝에 거하는 사람들에게 전하면서, 부활한 그리스도를 따르는 자들은 모든 민족들에게 증거자가 되어야 하는 위임이 있음으로 자신이 그것을 성취하고 있다고 여겼다. 시골지역의 골과 여타 곳에서 복음을 전하는 많은 그의 동료 복음전도자들처럼, 패트릭은 거의 확실히 그의 사명을 그리스도의 믿음의 진리를 전파하는 것만이 아니라 로마 문화의 문명화된 영향을 바베리아인 사람들에게 확산시키는 것으로 보았다. 하지만 그가 쓴 라틴어－그 문화의 주요한 요소 중에 하나－는 사실상 꽤 조야하고 구어적이었으며, 그는 그의 빈약한 교육과 거친 문체로 인해 비판을 받았다. 또한 패트릭은 아일랜드의 명문가들을 설득하여 그들의 돈과 보물을 분배받는데 성공함으로써 개인적인 이득을 얻었다고 브리튼의 성직자들에 의해 무법자와 극단주의자로 비난을 받았다. 그는 당대의 일부 사람들에게 자신의 목적을 위해서 아일랜드인을 이용하고 그의 행위로 인해서 브리튼의 교회를 평판이 나쁘게 한 조잡한 벼락부자처럼 보였다. 그는 이처럼 아일랜드 내에서도 불가피한 비판자들을 가졌다. 따라서 그의 『고백』은 부분적으로 이런 두 종류의 비방자들의 비난을 논박하기 위해서 의도되었다.

패트릭의 지적인 은사에 대한 현대인의 평가는 그의 당대의 판단보다는 다소 더 긍정적인 경향이 있다. 패트릭은 성경에 대한 깊은 지식과 라틴어만이 아니라 아일랜드와 브리튼의 다른 켈트어로 성공적으로 의사소통하는 능력을 분명히 소유했다. 그가 작성한 라틴어가 고전적이지 않은 것을 확실할지라도, 한때에 제기되었던 것보다 훨씬 더 정교한 형태를 보여주고 있다. 어떤 최근의 작품은 패트릭의 글이 권유적인 형태로 말을 조직하는 섬세한 능력을 보여준다고 주장했고, 우리가 이런 증거를 너무 강조할 수는 없을지라도, 그의 산문은 자주 제기되었던 것처럼 필연적으로 거친 것이 아니었다. 적어도 패트릭이 작성한 라틴어가 고전적인 구조에 비추어서는 비판을 받는다 할지라도, 그의 현존하는 글이 로마 세계의 변방을 넘어서서 존재한 최초의 의미 있는 라틴어 단편이라는 것은 기억할 만한 가치가 있다.

패트릭이 문명의 로마 개념의 확산과 믿음의 팽창을 연관시킨 정도와 그의 배경이 브리튼적임에도 불구하고 패트릭이 고대 아일랜드인의삶의 유형과 관습과 가치로 그의 복음을 문화적으로 적용하려는 진정한 노력을 기했던 것이 분명하다. 그가 고대 켈트 종교의 많은 양상들을 예리하게 비판하였을지라도, 자신이 설교했던 사람들의 영적인 전통들에 대한 이해를 갖고 있었고, 그는 그의 청중들이 동일시할 수 있었던 상징과 이상으로 그의 복음을 적용하기 위해서 과거 이교도들의 요소들에 호소할 준비가 되어 있었다. 그가 삼위일체의 상징으로서 클로바(아일랜드의 국장 – 역자주)를 실제로 언급했는지(유명하게도 그가 그렇게 했다고 제기된다)를 확실히 할 수 없으나, 가톨릭 삼위일체 신앙의 그의 판형은 의도적으로 단순한 용어로 소통하는 것이었다.

그의 교리가 지역적인 것과 국제적인 것의 융합적 성격을 대변하였던 것처럼, 그의 방법도 마찬가지였다. 은혜의 그의 신학은 모든 신자들의 연합을 보편적인 교회의 몸으로 강조했고, 골에서와 같은 다른 지역에 기독교인들의 행위와 관련지었지만, 패트릭은 그의 복음의 전달의 중개자로서 지역의 사회적 구조를 차단하지 않았다. 그는 과거 기독교 이전의 것들을 너무 많이 의존하는 사람들을 확실히 곤란해 했지만, 복음전도의 그의 형태는 어떤 기준을 가지고 명백히 대결하는 것이 아니었다. 아일랜드에서 기독교의 초기 팽창에서 전혀 순교자가 기록되지 않은 것이 눈에 띈다.[11)]

어떤 범주들에서 나타난 그의 결점이 무엇이었든지 간에 그는 아일랜드에서 카리스마적인 지도자요 영적인 모범자로 중요한 영향을 끼쳤다. 그는 그의 개인적인 무가치성과 결점을 매우 기꺼이 인정했으며, 말씀을 전파하는 그의 노력에서 실수와 잘못 오해될 수 있는 위험성을 역시 이해하고 있었다. 그의 메시지는 영향에서 단지 영적인 것만이 아니었다. 그는 해적, 약탈, 그리고 (그가 우선해서 경험했던 것처럼), 야만적인 노예무역의 시대에 헌신된 평화의 촉진자였다. 서방의 브리튼 군 지도자인 코로티커스(Coroticus)가 울스터(Ulster)를 급습하여 크리스천들을 포함한 포로자들을 데려갔을 때, 패트릭은 그들의 잔인함을 항의하면서 악에 대한 하나님의 심판을 그들에게 경고하는 글을 썼고, 기독교 신앙을 고백했던 사람들에게 지워지는 도덕적 의무를 설명했다. 그의 서신은 신자들의 악행에 대한 도덕적 분노의 감정을 전달하는 것이었지만, 새로운 회심자들이 어떻게 행동할 것인가에 대한 가르침과 지도자로서 그의 방법의 합법성을 반대했던 사람들에 대한 그의 편에서 자기 방어의 목적이 있었다.

울스터의 왕들이 거하는 궁전과 가까웠기 때문에 패트릭이 그의 거주지로 의도적으로 아르마흐(Armagh)를 선택하여 그곳에 주교적 관구를 세웠다는 전승이 있다. 5세기 중반에 우이 네일(Ui Neill)과 그들의 동맹자들에 의해서 아일랜드 북부의 지배적인 왕조인 울라이드(Ulaid)가 패배한 이후에 패트릭은 그의 본부를 훗날에 다운패트릭(Downpatrick)이 되는 반(Bann)의 동쪽인 새로운 울레이드 수도로 옮겼고, 그가 마침내 그곳에서 죽었다고 전해진다. 이런 내용들은 후대 7세기에 아르마흐 교회의 사제였던 무이르추(Muirchu)가 쓴 패트릭의 『생애』(*Life*)에서 명시된다. 그러나 그것들에 깔려 있는 역사적인 실제는 결정하기가 지극히 어렵고, 우리는 특히 아르마흐 교회와 패트릭의 이름을 중세기에 연관 지은 것이 진정한 주장인지 또는 단순히 아르마흐를 아일랜드 교회의 선구적인 관구로서 확정지으려는 후대의 노력의 일부였는지는 확실히 말할 수 없다. 패트릭은 자신을 주교로서 보았지만, 이것은 그가 그의 교회의 영구적인 중추를 세우거나 그가 브리튼이나 골에서 적용했던 종류의 관구 제도를 정확하게 따르려했다는 것을 필연적으로 의미하지는 않는다. 그가 이 일을 행했을 수도 있으나 우리는 확신할 수 없다.

후대에 전설들이 패트릭을 골에서의 수도원 형성과 연관을 짓는 것을 신뢰할 수는 없을지라도(그것은 팔라디우스와의 혼돈에서 유래한다), 그는 수도원 운동을 열렬하게 지지하였고, 그의 회심자들이 그리스도에 대한 진지한 헌신을 추구할 것을 권고했다. 그는 이교도 통치자들의 아들들과 딸들이 영적인 성별의 삶으로 들어간 사실에 특별히 자부심을 가졌다. 그러한 헌신을 자주 그들의 가족들이 반대했을지라도 말이다. 하지만 수도원운동이 아일랜드에서 진정으로 시작된 것은 다음의 과정에서 보게 되는 것처럼 패트릭 이후의 세대에서였다.

브리튼의 정치적인 조망

우리는 다음 장에서 브리튼 섬과 그 이상의 지역에서 아일랜드 수도원 운동과 기독교 역사에 대한 그것의 기여에 관한 이야기로 돌아갈 것이다. 그러나 먼저 5세기 중반 이후의 몇 십 년간에 브리튼의 정치적 조망에서 발생했던 것을 주목하는 것이 중요하다. 이 세대와 뒤이어지는 세대들에서 교회의 위치를 이해하기 위해서다. 아일랜드에서 패트릭의 사역과 유사한 시기에 그리고 다음 세대에서 남부 브리튼은 훨씬 더 분명히 로마 이후 사회로 전개되기 시작하였다. 변화가 발생했던 과정에 대한 우리의 지식이 원하는 것보다 훨씬 불완전하지만, 그 자극은 침략과 브리튼 지도자들이 그 침략을 다룬 방식의 조합된 영향으로부터 유래했음이 분명하다.

우리가 보았던 것처럼, 로마의 브리튼은 몇 세대에 걸쳐서 바베리아인들의 침략으로 인한 반복된 때로 심각한 압박에 노출되어 있었고, 4세기말과 5세기 초에 픽트족과 스콧트족 그리고 색슨족으로부터 다양한 측면에서 계속된 문제를 안고 있었다. 전통적으로 이런 압박은 산발적인 급습과 이따금의 모험으로 형성되어 있었지만, 430년대 후반부터 침략자들이 대다수로 도착하기 시작했고, 남동부에 특히 게르만 세력들의 유입이 있었다. 왜 그러한 유입이 있었는지는 전적으로 확실하지 않지만, 다른 공격자들, 특히 픽트족과 스콧트족으로 인한 곤란에 대처하고 있는 브리튼의 새로운 지도자들을 도우려고 색슨족이 상당한 수로 브리튼에 넘어왔다는 전통적인 지혜의 말이 있었다. 보르티게른(Vortigern)이라 불리는 남부의 유명한 브리튼 군벌이 그 나라의 방비를 돕게 하려고 두 색슨족 형제들, 즉 헹게스트(Hengest)와 호르사(Horsa)를 남동부로 불러들였다고 전해지지만, 얼마 안 있어서 색슨족의 지도자들은 동맹을 파기하고 자신들의 영토를 주장했고, 결과적으로 이것이 켄트 왕국의 설립으로 이어졌다.

이 기사는 전설에 상당히 의존하고 있고, 참된 역사적 상황이 무엇이었는지, 또는 보르테게른으로 알려진 인물이 실제적으로 어떤 인물이었는지는 분명하지 않다. 우리는 얼마나 많은 침략자들이 대륙으로부터 도착했는지 또는 그들이 어떤 조직의 형태를 가졌는지를 확신 있게 알지 못한다. 그럼에도 불구하고 다른 사람들에 대항해서 게르만 용병들을 사용한 로마 시대의 지속된 전통이 있었다는 것은 사실이고, 이 동맹한 병사들과 그들과 관계된 사람들의 일부가 이미 남동부 지역에 정착해 있었으므로, 로마를 계승하는 나라가 그러한 정책을 계속해서 이어갔다고 가정하는 것이 불가능하지 않다. 따라서 이것이 연합적인 상태의 보다 제한된 보상보다 세력의 가능성을 추구하기를 원했던 사람들의 이주를 낳았다고 볼 수 있다. 하지만 그 상황과 도착한 범주가 어떠하였든지 간에 새로이 건너온 사람들은 곧 상당한 진전을 이루었고, 브리튼에서 이룩한 수입에 관한 소식이 대륙으로 급속이 전달되어서 첫 전사들을 이끌었던 곳으로 다른 모험자들이 따라가도록 유혹했다.

그들이 얼마나 많았든지 간에 침략자들은 단일한 그룹은 아니었다. 그들은 색슨족만이 아니라 쥬트족, 프리시안족, 그리고 특히 북부 독일의 오늘날의 쉴스비그-홀스타인 지역에 근거를 두었던 앵글족들을 포함해서 다양한 게르만족과 남부 스칸디나비아 사람들의 절충적인 혼합이었다. 오래 전에 이 서로 다른 그룹들은 남부와 동부에 정착해 있었고, 기존 브리튼 백성들과 그 지도부가 심각한 곤란을 겪게 하고 있었다.

이런 시간들의 많은 실제들이 많은 전통들과 불확실한 역사적 주장에 가려 있고, 자세한 것을 확실히 하기 어렵다. 하지만 고고학적이고 제한적인 문서적 증거의 조합으로부터 침략자들이 언어, 친족, 통치, 농업, 본질적으로 시골스런 삶과 이교 종교의 독특한 전통들로 특징지어졌던 영토들의 잡동사니를 형성하기 시작했다고 말할 수 있을 만큼 충분히 우리는 알고 있다. 기존의 브리튼 사람들과 평화스러운 통합의 사례가 일부 있기는 했을지라도, 대부분 새로운 정착자들은 그들이 차지하고 있는 땅의 사람들에게 인정을 베푸려는 관심을 거의 보여주지 않았다. 침략은 자주 폭력적이고 잔인했으며, 많은 생명과 재산의 파괴가 있었고, 정복된 지역에 강제적인 인구 감소가 있었다. 브리튼이 대륙에 방어적인 도움을 호소하였더라도, 물 건너에서 달리 전개되고 있는 혼란의 와중에서 대륙은 그 호소를 유념할 수 없었다.

많은 토착적 지도자들이 선봉을 맡은 일부 성공적인 브리튼의 저항이 있었고, 그들 중에 어떤 이들은 유명한 군사적 영웅이 되었다. 브리튼이 이룩한 가장 두드러진 성공은 '몬스 바도니쿠스' 또는 마운트 바돈(Mount Badon)이라 불리는 장소에서 발생했던 전쟁에서 이긴 것이었다. 그것은 나중에 윌트셰어(Wiltshire)로 알려질 지역에서 500년경에 발생했던 것으로 보인다. 침략자들은 꽤 심각하게 타격을 입었고, 그들의 회복과 또 다른 진격은 연이은 일련의 운동에 의해서 제어되었다. 브리튼의 전쟁 지도자인 아더의 전설적인 공적이 나타나는 것은 거의 이 시기에서다. 우리는 역사적인 아더에 대해서는 사실상 거의 알지 못하지만, 그가 마지막으로 이전의 지방 세력을 규합하여 성공적으로 침략자들의 만행에 도전하였던 부족장이거나 군벌이었을 가능성이 있다.

그러나 결국에 게르만 세력을 멈추게 할 수는 없었다. 앵글족, 색슨족, 주트족, 그리고 프리시안스족들은 남동부 해변의 중심지들을 점령하였을 뿐 아니라 중앙-남부 브리튼의 핵심지역들을 손에 넣었고 훔베르를 넘어서 그 나라의 동쪽으로까지 나아갔다. 시간이 흐르면서, 이 지역의 점령자들의 일부는 내적인 투쟁과 전략적인 동맹의 형성을 통해 연합하기를 시작했고, 다양한 앵글로색슨 왕국이 발전했다 – 수섹스, 웨섹스, 동부 앵글리아, 메르시아, 그리고 노덤브리아와 같은 이름을 갖는 주들(states)의 연합체.[12] 이런 모든 영토들의 초기적인 설립은 민간전승과 전통적인 전설의 모든 종류가 다시 뒤섞여 있고, 그 나라 발전에 관한 역사의 대부분은 이 책의 시간적인 구조를 넘어서 있으나, 6세기말에 이미 앵글로색슨족이 사실상 브리튼의 절반을 영구적으로 지배하게 되었다.

그들의 성공은 토착적인 브리튼 사람들을 서쪽으로 더욱 밀어내었다. 주요한 집단은 귀네드, 디페드, 포이스, 그리고 궨트와 같은 그들 자신의 나라들을 발전시킨 웨일즈였다. 침략자들과 관련되는 한, 이 지역들의 거주민들은 '웰라'("외국인", "웰시"라는 이름의 기원)였다. 그들은 거친 산악 지역에서 농부처럼 살았다 – 하지만 아이러니하게도 그들의 사회적 조직의 많은 형태가 앵글로색슨족의 사람들과 그리 다르지 않았다. 또 다른 브리튼 사람들이 거주한 지역은 둠노니아(Dumnonia)였다. 그것은 후대에 콘월, 데본, 그리고 서머셋을 망라한다. 북부 지역에서는 요크서의 남서부에 중심한 엘멧트, 슬로웨이의 퍼르트에 레게드, 그리고 둠바르톤에 수도를 둔 스트라트클리데에 브리튼 사람들이 주로 거주했다.[13)]

변화하는 세계에서 브리튼의 기독교인들

6세기경에 브리튼에서 기독교인들의 대다수가 서부와 복부 지역으로 제한되었지만 어떤 다른 사람들은 브르타뉴(프랑스 북서부의 반도 – 역자주)나 아일랜드로 바다건너 도망했다. 어떤 이들은 앵글로색슨족의 영토에 그냥 남아 있었으나 그들의 수가 제법 있지는 않았을 것이다. 크리스천들은 침략자들에 의해 폭력적인 취급을 받기 위해 특히 선별되지는 않았지만, 많은 사람들이 불가피하게 남용과 재산의 손실과 약탈을 경험했고, 어떤 이들은 죽임을 당했다. 교회의 대다수는 파괴를 당했고, 재산은 약탈당했으며, 건물은 훼파되었다. 격변의 와중에서 브리튼의 성직자들은 그들의 동료들이 위기의 순간에 공동체의 리더로 역할하면서 골에서 침략자들에 대항해서 성공을 거두었던 역할의 종류를 수행하지는 않았다. 도주와 생존이 저항과 모든 것의 손실을 무릅쓰는 것보다 가치가 있었다.

540년대 말경에 웨일즈나 남서부 잉글랜드에서[14)] 길다스(Gildas)라는 학식 있는 기독교 저자가 유명한 소책자인 『브리튼의 파괴와 정복에 관해서』(*On the Ruin and Conquest of Britain*)를 썼다. 이 책을 쓴 길다스의 목적은 그의 제목이 암시하는 것처럼 확고한 어조로 당대의 악행을 비난하는 것이다.

그는 브리튼에서 로마가 통치한 시대를 건전한 정부와 훌륭한 질서가 있는 황금시대로 회상하고, 브리튼의 도덕적 타락과 변절을 이 로마 구조의 쇠망으로 비난하며, 색슨족의 침투는 브리튼 지도자들의 어리석음을 나타내 보이고 그들의 사악한 행위를 심판하는 것으로 간주한다. 그는 브리튼에서 약탈적인 이교도들이 동맹자로 연합을 이루어 양심의 가책도 없이 살인과 도시를 훼파한 것을 한탄한다. 평화의 기간이 마침내 발생했으나 길다스 자신의 시대에 악한 정복자들에게 브리튼은 치욕적인 노예로 특징지어진다.

길다스는 그의 사회의 한탄스러운 상태와 종교적이든 일반적이든 권위 있는 자리에 있는 사람들의 부패를 신랄하게 비판한다. 교회 지도자들은 로마 이후의 브리튼의 정권을 장악한 독재자들을 지지하는 죄를 범하고 있다. 길다스는 당대의 영적이고 도덕적인 특성의 동시적인 쇠퇴와 라틴어와 문학의 연구에 문명화된 영향의 쇠락을 추적한다. 바베리아인들은 잘못된 사람들에 대한 하나님의 징계이며, 브리튼 사람들이 잘못한 것을 회개하고 하나님께 순종할 때만이 의로운 지도자의 형태와 종교적이고 문화적인 삶의 회복으로 구원의 전망이 있게 될 것이다.

길다스의 한탄을 액면 그대로 취할 수는 없다. 그의 작품이 아주 교묘하게 구성되어 있고, 우리가 매우 제한된 문서 자료만을 갖고 있는 시대에 역사적인 자산으로서 소중할지라도, 그것은 너무 많은 부정확한 것들과 차이와 실수적인 판단을 포함하고 있어서 6세기에 브리튼의 상태에 관한 진솔한 증거로 취급할 수는 없다. 과거 로마를 저자가 이상화한 견해는 순진하고, 그의 나라의 황폐화에 대한 그의 도덕적 설명은 분명히 과도하고 주관적이다. 그는 그의 독자들에게 역사의 단편보다는 설교를 제공하고 있다.

그럴지라도, 색슨족의 침투로 발생한 변화는 브리튼의 기독교인들에게 많은 새로운 변화를 가져왔다고 생각하는 것은 합리적일 수 있다. 비교적 정치적인 안정의 시기가 혼란의 세 세대 이후에 실현되고, 브리튼이 로마 세계와 반대되는 앵글로색슨족에서 존재할 새로운 형태의 것들을 취하기를 시작했을지라도, 교회의 조직적이고 문화적이며 영적인 삶은 거의 잘될 수가 없었다. 우리가 추측하는 것일지라도, 교회의 지도부는 덜 유능했고, 헌신의 기준은 혼합되어 있었다고 꽤 생각할 수 있다. 브리튼에서 기독교에 대한 확실한 전망이 상당히 위축되고 있었을 때, 교회의 구조와 증거를 이 로마 이후의 장면에 어떻게 가장 잘 적용할 것인가에 관한 불확실성이 상당히 있었을 가능성이 있다.

기독교인들은 로마의 문화와 어느 정도 일치시키기를 계속할 수 있었고, 그들의 지역적 전통을 어느 정도 소중히 여기고 확장시킬 수 있었는가? 서부와 북부의 브리튼의 교회들과 대륙의 교회들 간에 관계성은 어떠했는가? 유럽 사회에 역시 영향을 주었던 심오한 변화가 많이 있음에도 불구하고 로마와의 매우 분명한 관계가 여전히 존재하고 있었는가? 강력한 이교도 나라가 주변에 있고, 기독교인의 증거의 도덕적 고결성을 타협케 하는 새로운 유혹들이 있는 환경에서, 복음의 진리를 확산시키고 그리스도의 이름을 증거하는 것은 무엇을 의미했는가? 이런 종류의 세상에서 어떤 방식으로 믿음으로 살고 가르치고 전파할 수 있는가?

이런 유사한 질문에 대한 대답을 작성케 하는데 많은 여러 요인들이 기여했다. 그러나 특히 한 기독교 전승, 즉 수도원운동은 특히 탁월한 역할을 할 것이다. 수도원은 교회의 영적인 삶을 육성하고, 선교적인 열심을 타오르게 하며, 브리튼과 아일랜드의 크리스천들의 일부를 당대에서 가장 괄목할 만한 사람들이 되게 할 것이다.

제14장

켈트 수도원에서부터 영국의 복음화

켈트 사회

5세기 말과 6세기에 브리튼과 아일랜드에서 주요한 기독교 중심지에서 사회의 구조는 넓은 로마 세계에서 전통적으로 존재했던 구조와는 달랐다. 아일랜드, 웨일즈 남서부, 그리고 북부에서 정치적인 지도(map)는 독립적인 부족 왕국으로 구성되었고, 권력은 주로 지역의 왕조와 가계 체계를 따라 조직되었다. 조망은 압도적으로 시골풍이었고, 대체로 제국의 영토에서 수세기에 걸쳐서 있었던 일종의 행정적이고 경제적인 중심지는 없었다. 로마 문화의 영향의 오랜 증거가 있었고, 로마의 영향과 접촉하였다는 다른 표지들이 있었을지라도, 전반적으로 서방의 켈트족의 핵심지역은 사회적이고 정치적인 구성에서 독특하였다.[1)]

동시에 이 모든 지역들에서 기독교는 물론 중요한 현상이었고, 그것은 다양한 방식으로 더 큰 서방 전통의 패턴과 유형을 불가피하게 반영했다. 아일랜드 교회의 터는 로마 세계를 순환했던 메시지에 있었고, 아일랜드의 기독교는 많은 세월에 걸쳐서 상당히 로마의 영향을 받고 있었다. 패트릭과 같은 복음전도자는 기존의 사회적 관습과 그가 전도했던 사람들의 종교적 개념과 그의 가르침을 문화적으로 적용하는 방식을 가졌지만 그는 온 세계에 유사한 용어로 선포되었던 복음의 사자로 자신을 간주했고, 그는 아일랜드에 로마 문화의 대표자였다.

우리가 지난 장에서 보았던 것처럼, 아일랜드에서 기독교는 다른 지역들에서 신자들에 의해 채택된 믿음, 가치, 그리고 관습과 별개로 발전하지 않았다. 웨일즈, 데본, 그리고 콘월과 같은 다른 켈트 지역에서 믿음의 본질과 동등하다. 실로 이 후자의 지역들이 공식적으로 로마 제국의 일부였기 때문에 로마의 영향이 여전히 강력했을 가능성이 있다. 이 영토들이 '브리타니카'의 보다 중심적인 부분보다 전반적으로 훨씬 덜 로마화되었을지라도, 그것들은 기술적으로 '팍스 로마나'의 권위 아래에 있었고, 따라서 주류 서방 기독교로 우리가 생각할 수 있는 세력에 어느 정도 노출되어 있었다.

이런 두 현실들 – 켈트 사회의 사회문화적인 차이와 이런 상황에서 기독교인들이 고백한 믿음과 다른 곳에서 그들의 동료들 간에 강력한 연관 – 은 6세기에 브리튼과 아일랜드에서 영적인 이상을 형성하는데 의미가 있었다. 색슨족의 침입과 그 계승자들의 국가의 점차적인 출현은 서부 브리튼의 영역에 있는 신자들이 그들의 시대의 요구를 대면하게 하고 다른 세계에서의 그들의 영적인 의무를 생각하게 하였다면, 이 신자들의 일부가 그 도전에 반응했던 방식은 그들 자신의 사회적 환경과 해외의 전통들이 연합한 영향을 자연스럽게 반영했다.

이 과정의 가장 중요한 결과 – 켈트족의 기독교의 발전 – 는 양 유산의 흔적을 담고 있었다. 브리튼의 섬들에서 발전한 수도원 전통은 그들의 특별한 배경의 특징들을 보여주었고, 나아가서 이 전통들의 영향은 자연스럽게 지역의 상황과 연관되었다. 동시에 그러한 수도원운동은 진공상태에서 발생한 것이 아니라, 해외로부터의 이상과 유형에 많이 영향을 받았다.

아일랜드에서 수도원의 성장

복음이 아일랜드에서 확산된 방식은 교회를 기존의 사회적 구조와 긴밀하게 연관시켰다. 기독교는 아일랜드 사회의 엘리트들 사이에 상당히 침투하여 족장들과 그들의 가족들로부터 교회의 강력한 후원자가 되게 했다(패트릭의 선교의 경우에 논쟁이 되었다). 영적인 훈련을 진지하게 취하라는 강력한 권고가 있었고, 패트릭과 같은 복음전도자의 사역의 열매 중에 하나는 이런 유력한 부류의 사람들에 의해 금욕적인 이상을 채택하게 한 것이었다.

돈, 땅, 그리고 자원의 기부가 그리스도의 사역의 대의를 위해서 교회에 이관되게 되었을 때, 친족과 왕권의 전통적인 형태가 의미 있는 제도로서 수도원의 터가 발전하는 것을 도왔다. 아일랜드의 대부분의 이름 있는 수도원 하우스는 부족의 권력의 전통적인 중심지와 유사하게 기반하고 있었고 커다란 수도원 하우스는 제법 규모를 갖추고 있었다. 주요한 도시들이 없는 나라에서 수도원은 사람들의 주요한 공동체의 핵심을 형성했고, 자주 커다란 땅을 소유했으며, 그 중에 어떤 것들은 방문객이자 일하는 자였던 사람들에 의해서 돌보아졌을 것이다. 수도원장은 보증된 권리와 책임을 가지고 영토의 영주처럼 기능했다.

그러나 아일랜드 수도원의 성장은 토착적인 사회적 패턴에 의해서 진전되었을지라도, 그 제도는 해외의 은자적이고 공동체적인 전통의 많은 요소들을 조합하고 있었고, 다른 상황들에서 몇 세기에 걸쳐서 존재했던 금욕적인 신앙을 정기적으로 실천하는 것이 대표적이었다. 많은 아일랜드 수도원의 수도사들의 생활은 다른 곳에서 많은 열정적인 영적 헌신자들의 삶과 그리 다르지 않았고, 신실한 자들은 그들 자신을 본질적으로 유사한 교리와 이상을 믿는 신자로 여겼다. 매일의 패턴은 기도, 노동, 그리고 연구, 특히 성경과 교부들에 대한 연구에 대한 조합으로 이루어져 있었다. 특히 골에서 수도원의 영향은 강력했다. 존 카시안과 같은 저자들의 책이 널리 읽혀졌고, 이런 자료들에서 출원한 이상이 영적인 삶에 대한 아일랜드의 개념에 깊이 흡수되었다. 수도사들의 세부적인 삶의 방식은 다양했지만, 전반적인 통치 체제는 의도적으로 엄격하였다: 음식은 수수했고, 금식이 자주 실천되었으며, 가난하고 단순한 삶이 의무적이었다. 다른 곳에서처럼, 여행자들을 환대하고 병자를 돌보는 의무가 진지하게 취해졌다.

많은 수도원들이 단순하게 디자인되었다 – 중심적인 교회 주변에 군집한 작은 오두막으로 구성되어 있었다. 건물들은 보통 나무나 가지로 구성되었고, 목재를 이용할 수 없는 곳에서만 대체로 돌이 사용되었다. 물론 돌은 더욱 내구성이 있고, 현대 시대에 남아 있는 것은 바로 돌을 재료로 사용한 흔적들이다. 벌집통 모양의 독방은 표준적인 형태의 돌 건물로 이루어져 있었다. 그것들은 "내쌓기"의 과정이나 돌의 각 층이 내적인 연광성을 갖고 있었으므로, 건물이 위로 올라가면서 점점 좁아졌다. 공동체적인 수도원은 교회의 성소로부터 시작해서 일상적인 작업이 이루어지거나 방문객이 투숙할 수 있는 영역에 이르기까지 성스러움의 정도가 다양하게 상징적으로 구분되는 내부적인 장소들을 자주 갖고 있었고, 그곳에 거주하는 자들은 한 영역에서 다른 영역으로 지나갈 때 성호를 그리는 것과 같은 의식적인 행위를 취했을 것이다.

많은 수도원들이 아란 아일랜드에 이니쉬모어(Inishmore)와 같은 섬 지역에 위치하고 있었고, 다수가 케리 카운티의 해변에 있는 스켈리그 미카엘(Skellig Michael)과 같이 특히 동떨어진 장소에 있었다. 그런 곳에는 세속적인 산란함에서 초연할 수 있었고 자연과 밀접할 수 있었으므로 영적인 헌신을 촉진할 수 있었을 것이다. 유사한 이상들이 브리튼과 유럽의 다른 곳에서 지역의 선택에 자주 영향을 주었고, 섬과 해변 그리고 호수와 강은 규칙적으로 선호되는 장소였다. 묵상이 수도원의 삶의 매우 중요한 양상인 것으로 보이고, 심지어 다소 덜 외진 공동체적인 수도원도 수도사들이 홀로만의 묵상의 기간을 위해 은거할 수 있는 암자나 예배실을 전형적으로 포함하고 있었다.

수도원장과 수녀원장은 그들의 집에 전반적인 영적 지시자로 행동했고, 그들은 절대적으로 규율할 수 있는 권위를 소유했다. 아일랜드에서 성직자의 독신은 규칙보다는 다소 예외가 있었던 것으로 보이고, 수도원의 지도자들이 결혼하는 것은 이례적인 일이 아니었다. 아일랜드 상속법에 따르면, 그러한 지도자가 자신의 재산을 그들의 후손에게 유증하는 것은 흔한 일이었고, 따라서 중요한 교회직과 권리가 아버지에서 아들로 전수되었다. 공동적인 창립을 갖는 수도원은 공통된 규칙으로 결합된 "가족들"과 자주 연계되었다. 자주 통상적인 특징들을 포함하고 있었을지라도, 수도원 형태의 개인의 집들은 그들 자신의 규칙을 따르는 경향이 있었다. 아주 유명한 수도원 창립자들은 많은 제자들을 이끌었고, 그들이 죽은 후에 그들이 거하였던 거처지는 그들의 명예를 기리는 제의가 풍성히 이루어지면서 순례자들의 주요한 센터가 되었다.

아일랜드 교회가 주로 수도원적 실체였다고 생각하거나 수도원장의 탁월성이 주교와 관구가 제 역할을 하지 못했음을 의미한다고 상상하는 것은 꽤 잘못된 일이다. 어떤 경우에 수도원장과 주교는 한 수도원에서 공존했을 것이고, 각기 서로 다른 책임을 가졌다. 다른 경우에 주교의 의무를 수도원장이 가정했을 것이지만 이럴 경우에도 주교적인 의무는 관계가 없는 것으로 버려지지 않았다 – 그것들은 명백히 수도원의 직무에 흡수되었다. 아일랜드에서 매우 진지하게 취해진 고행과 같은 훈련은 주교와 수도원의 지도자에 의해 흔히 관장되었다. 골이나 이탈리아에서 있었던 것과 같은 주교적인 권위의 행사는 6세기에 아일랜드에서 훨씬 덜 특출하였지만, 그렇다고 정규적인 성직자의 구조가 전적으로 없어졌음을 의미하지 않는다. 수도원장과 수녀원장의 중요성에도 불구하고, 아일랜드 교회의 목회적인 필요는 전통적인 수단들에 의해 주로 기능하였다.

니니안

강력한 수도원 전통과 주교적인 권위의 그러한 공존은 아일랜드로 제한되지 않았다. 명확하게 연대를 정하기는 어렵지만, 대략 5세기 초나 6세기 초에 해당하는 시기에 갤로웨이의 크리스천들 사이에서 니니아(Nynia) 또는 니니안(Ninian)[2]이라 불리는 지도자가 있었다. 니니안은 안개 속의 인물이었다. 그의 삶과 활동은 불명확하게 남아 있다. 훌륭한 앵글로색슨 학자인 비데(Bede, 약 673-735)가 쓴 『교회사』(*Ecclesiastical History*)는 초기 중세 영국의 지식에 대한 아주 중요한 정보를 제공하는데, 그것은 니니안을 로마에서 훈련받은 브리튼의 주교로 묘사한다. 그는 '아드 칸디담 카삼' ("하얀 집에")이라 불리는 장소에 투르의 마틴에게 헌정되는 돌로 만든 교회(당시에 브리튼에서는 흔치 않은 현상이었다)를 세웠고, 그곳에서 그가 종국에 묻혔다고 전해진다.[3] 니니안의 교회와 무덤은 위그타운의 남쪽에 있는 휘도른(Whithorn)에 있었고, 그곳에서 현대의 고고학 발굴단들은 스코틀랜드의 초기 기독교 활동의 아주 인상적인 증거를 발굴해 내었다.

니니안은 북쪽의 픽트족들 사이에서 광범위한 선교를 한 것으로 유명해졌다. 이런 행위와 영향에 대한 설명은 확정하기가 매우 어렵고, 니니안의 사역의 대부분은 사실상 우리가 남부 스코틀랜드로 한정할 수 있다. 그가 북쪽으로 모험을 감행했다면, 그것은 아마도 포르트 남쪽에 살았던 최 남부에 자리한 픽트족들이었을 것이고, 그의 사역이 정치적인 문제에 연루되었을 가능성이 있다. 니니안의 성취에 대한 일부 전승적인 설명들은 확실히 과장되었다. 니니안이 스코틀랜드에 전체 교회를 주교, 사제, 관구, 교구의 구조로 조직했다는 것이 12세기에 요크셔의 리발크스에 시스테리안 수도원의 원장인 아일레드(Ailred)에 의해서 제기되었다. 그 주장은 명확히 잘못된 것이다.

다른 아일레드의 주장은 니니안이 투르의 마틴과 직접적으로 교제했다는 것이고, 그가 심지어 로마로부터 브리튼으로 돌아오는 중에 마틴을 방문했다는 것이다. 니니안이 로마로 갔을 가능성을 의심할 이유는 없다 – 그러한 여행은 브리튼의 성직자들에게서 꽤 흔한 일이었다 – 하지만 그가 마틴을 만났다는 이야기의 진위는 그가 연대적으로 어디에 위치하느냐에 달려 있다. 이른 시기보다 후대의 시기가 그의 주교직에 선호된다면, 보고되는 마틴과의 만남은 물론 불가능하다.

고고학적인 증거는 5세기 후반에 갤로웨이에서 조직된 교회가 있었음을 암시하고, 교회와 수도원이 그 시기 경부터 휘도른(Whithorn)에 존재했다. 그러나 우리는 휘도른의 건물들이 처음에 니니안에 의해서 설립되었는지 아니면 그것들의 설립이 니니안의 시대보다 앞섰던 것인지는 확실히 할 수 없다. 사실상 문헌적인 자료는 그가 그것들을 설립했다고 주장하지 않고, 갤로웨이에서 교회의 최초 세력이 기지는 사실상 다른 곳 즉 아마도 칼리슬(Carlisle)만큼 먼 동쪽에 있었을 것이다. 니니안에 대해서 후대의 연대를 선호하는 사람들은 휘도른이 이미 그니니안의 시대 이전에 설립된 수도원 센터였고, 그 자신도 사실상 그곳에서 훈련을 받았다고 주장한다. 이것이 옳다면, 주교로서 후대에 그의 주요한 사역은 센터의 영향력을 공고히 하고 갤로웨이에서 기존의 기독교 공동체에 대한 목회적인 감독의 중추로 그것을 세우는 것에 있었다.

우리는 니니안이 마틴에게 그의 교회를 헌정했는지, 아니면 비데의 시대에 의해 단지 그런 연관이 주어졌는지를 알 수 없다. 그때쯤 이미 니니안이 누운 자리와 그의 옆에 누었던 "많은 다른 성인들"(비데가 그들을 설명하는 것처럼)을 기리기를 시작했었다. 비데의 시대에 휘도른은 영국 교회의 중요한 일부였고, 그가 더 먼 북쪽의 기독교의 다른 요소들에 반하여 니니안의 터전의 고대성에 대한 이유를 분별하려는데 관심이 있었을 가능성이 꽤 있다. 그럼에도 불구하고 마틴은 금욕적인 선교사의 '모범적인' 사례였고, 휘도른에서 그를 초기에 이상화하려는 이유들이 있다. 휘도른에서 수도원 공동체가 니니안의 주도 하에 시작되지 않았다할지라도, 니니안이 마틴에게 새로운 교회 건물을 헌정했을 가능성이 꽤 있다.

니니안의 사역과 휘도른에서 교회의 기원을 둘러싸고 모호함이 있을지라도, 그 공동체가 다른 지역들에서 생생한 수도원적 전통과 조직화된 교회론적 권위를 수용했음은 확실하다. 또한 이 교회가 정확히 어떻게 발전했는지와 상관없이 더 먼 지역으로 수도원에 대한 의미 있는 영향력을 행사하게 되었다는 것 역시 확실하다. 휘도른은 대부분의 스코틀랜드보다 아일랜드와 더 가까웠고, 6세기에 많은 아일랜드 수도사들, 특히 아일랜드 북부 지역의 절반가량에서 활동했던 사람들이 그곳에서 훈련을 받거나 그 공동체를 방문했다. 켈트 수도원은 동떨어진 세력이 아니었다. 그들은 긴밀하게 연관된 센터와 인물의 조직을 갖고 있었다. 수도사들은 서로 다른 지역들에서 어느 기간 동안 연구하거나 일했지만, 많은 수도사들이 전도하고, 가르치고 조직하고 영감을 불어넣는 일을 하며 광범위하게 여행했다. 한 지역에서 영적인 전통의 영향은 다른 지역으로 퍼져나갔고, 이상과 실천들이 널리 다양한 지역들에서 공유되었다.

웨일즈에서의 수도원

쥴리우스와 아론에 대하여 기록된 순교로부터 판단하면(p. 402를 보라), 브리튼 교회의 역사에서 꽤 초기에 기독교적 영향을 받았던 지역인 남부 웨일즈에서, 5세기 후반부터 수도원의 몇몇 특출한 모범자들이 있었다. 가장 유명한 사람은 5세기 말에 글라모르간 밸리에 란튀트에 커다란 수도원을 설립한 일티드(Illtyd) 또는 일투드(Illtud)였다. 후대의 전승에 따르면 그는 브리튼에서 기독교로 개종한 브리타니(Brittany) 출신 사람이었지만 그의 삶의 상세한 부분은 모호하다. 6세기경의 사람들로 우리들에게 알려진 또 다른 금욕주의자들은 란카르판에서 수도원을 설립한 카독(Cadoc)이 있다. 그의 이름은 다양한 지역과 관련되어 있고, 특히 그는 란다프의 주교로 알려져 있다. 브리타니의 돌(Dol)의 주교가 되기 전에 텐비 근처의 해변에서 떨어진 칼디 섬에 기존에 있던 수도원의 원장이 되었고 디프리그(Dyfrig)에 의해 서임되었던 삼손도 여기에 포함된다. 또한 아베리스튀드 근처에 란바다른 파우르(Llanbadarn Fawr)에 수도원을 설립한 것과 특히 연관된 파다른(Padarn)과 란다프의 주교로서 디프리그(Dyfrig)를 계승했다고 전해지는 테일로(Teilo)가 있었다(그 관구의 기원은 더욱 복잡하다).

웰시의 수도원 지도자들 중에 가장 유명한 사람은 물론 데이비드(David, 또는 Dewi)가 있는데, 그는 웨일즈의 수호성인으로 유명하게 되었다. 그에 대한 연대기는 불분명하지만, 그를 6세기의 후반부에 인물로 확실히 둘 수 있다. 전승에 따르면, 데이비드는 자신의 특권적인 삶을 버리고 영적인 소명에 헌신한 유력한 귀족 가문 출신의 사람이었다. 그는 처음에 사제로 그 다음에 수도사로 헌신했다. 그의 이름은 많은 수도원 유적지에 기록되어 있는데, 무엇보다도 미니우(Mynyw, Menevia) 교회의 기원과, 뒤이어 그가 엄격한 조직으로 수도원을 설립하여 이 관구의 첫 번째 주교로 봉사했다고 전해지는 성 데이비드가 대표적이다. 데이비드는 명백히 탁월한 인물이었고, 재능이 있는 조직가였으며 인상 깊은 신앙의 사람이었다. 하지만 그의 삶에 대한 많은 전설 가운데 매우 적은 것만을 확립할 수 있을 뿐이다. 그가 예루살렘으로 순례여행을 했다는 이야기와 거룩한 도성의 총대주교가 그를 웨일즈의 대주교로 성별했다고 하는 이야기와 같은 공적은 그에게 해당될 수 없다.

다른 수도원 개척자들은 더 북쪽의 웨일즈에서 활동했다. 그러한 사람 가운데는 브렉스함 근처에 방고르의 첫 주교이자 커다란 수도원의 개척자로 존경을 받는 다이니올(Deiniol), 카에르지비(홀리헤드)와 다른 지역이나 해변 근처에서 기념되는 시비(Cybi), 앵글레시의 섬에 다른 터전들과 연관되어 있는 세이리올(Seiriol)이 있다. 남쪽이든 북쪽이든 이 모든 성인들의 경력에 관한 우리의 지식은 역사적인 증거로서 상당히 조심스럽게 읽어야할 후대 중세기의 『삶들』(*Lives*)에 의존해 있다. 그러한 수도원 지도자들이 실천했던 금욕주의의 정도와 그들이 복음전도자와 조직가로서 활동했던 방식은 상당히 다양했고, 성인전에서 제시된 것과는 그들이 확실히 다를 수 있다.

가장 유명했던 인물들 가운데 많은 이들이 세상과 아주 절연한 삶을 살면서 금욕자로 정착하여 살아간 것이 아니라 웨일즈에서만이 아니라 훨씬 더 먼 지역으로까지 대의를 추구하며 널리 여행했던 영적인 인도자요 교사요 전도자로 바쁘게 생활했다. 삼손과 같은 지도자들은 자신의 나라에서만 활동한 것이 아니라 아일랜드, 콘월, 그리고 브리타니에서도 역시 활동했다. 그들은 외부적으로 영향력 있는 수도원운동을 상징했고, 수도원의 팽창과 교구의 확장은 자주 같은 선상에서 이루어졌다. 놀랍지 않게 남부 웨일즈에서 아일랜드인들의 정착으로 인해 촉진된, 특히 아일랜드와의 잘 구축된 연관이 있었고, 두 지역 간에는 무역과 여행이 자주 소통되었고, 레인스터와 문스터와 같은 지역에서 많은 아인랜드인 수도사들이 웨일즈 수도원들에서 훈련을 받았다.

콘월에서 가장 유명한 성인인 페트록(Petroc)은 파드스토우에서 수도원을 세웠고, 한동안 보드민 무어에서 살았는데, 그는 웨일즈와 연관을 가졌고, 아일랜드에서 한동안 공부했다. 데본과 콘월에서 기념되는 다른 성인들은 웨일즈 사람, 브리타니 사람 그리고 아일랜드 사람과 연관을 가졌는데, 그러한 인물들 가운데는 콘월과 브리타니에서 사역했던 일티드의 제자인 폴 아우렐리안(Paul Ayrelian)과 영국 해협의 양편에서 기념되는 영웅적인 공적의 부독(Budoc)과 같은 이들이 있다.

학자로서의 수도사들

특히 아일랜드에서 커다란 수도원들의 가장 중요한 기능 중에 하나는 교육을 진전시키는 일에 있었다. 글을 쓰는 것은 종교적인 헌신의 이상에 핵심에 속해 있었고, 라틴어를 배우는 것은 성경을 연구하는 일에 주요한 도구로서 인정되었다. 라틴어 성경이 교육의 주요한 대상이었기 때문이었다. 특히 시편과 복음서 단편들은 핵심적으로 연구되었다. 아일랜드의 왕실이 자녀들을 교육을 위해서 수도원에 보내는 것은 흔한 일이었고, 클로나르드, 크론마크노이스, 그리고 클로페르트에 있는 것과 같은 많은 주요한 수도원은 학문의 괄목할 만한 센터가 되었다. 아일랜드, 골, 그리고 특히 스페인 간에 학문적인 지식과 이상의 상당한 교환이 있었다. 유사한 형태들이 웨일즈와 그밖에 다른 곳의 여러 장소에서 발전했지만 아일랜드의 수도원은 정치적 특권으로 인해 누렸던 자원과 정교함의 차원에서 브리튼의 다른 동료들을 훨씬 능가했다.

수도사들은 언어와 문학에서 생명력 있는 가르침을 제공하였을 뿐 아니라, 그들이 연구했던 텍스트들의 복사본을 만드는데 상당한 시간을 소비했다. 여기에는 성스러운 신학적인 작품들만이 아니라 고전적인 저자의 작품도 포함되었다. 후대에 아일랜드인 수도사들은 특히 그들이 생산했던 책에 대한 풍부한 설명으로 부차적으로 유명해질 것이다. 이 모든 방식에서, 공식적으로 문명화된 세계의 가장자리에 위치해 있던 기독교 학자들이 서부 유럽에서 로마의 쇠락과 고 중세 시대 사이의 기간에 풍부한 문학과 예술적인 문화의 보존에서 괄목할 만한 역할을 했다.

성인들의 삶

켈트 수도원의 주요한 인물들의 실제적인 삶을 접근하는 것은 그럼에도 불구하고 지극히 어렵다. 우리가 그들에 대해서 전수 받고 있는 것 중에 많은 것들이 칭송일색의 전기적인 설명과 지역의 전설을 짙게 혼합하고 있고, 기독교의 전승과 이교적인 특성들을 그들의 성취의 이야기와 섞어놓고 있다. 주인공들은 왕가의 가문에 속하고, 어린 시절부터 특별했고, 자연 세계와의 조화에서 초인적이었으며, 다양한 기적적인 능력들을 누렸다고 규칙적으로 전해진다. 이런 주장들의 어떤 양상들은 개인적인 경우에 사실일 수 있으나 성인전의 특징적인 장르를 표준적인 특성에 따라 배분하고 다양한 종교적 상황에서의 개념들을 혼합시키는 경향이 있으므로 사실과 허구의 경계를 결정하기가 매우 어렵다.

아일랜드 성인 가운데 가장 기념되는 사람인 브리지트(Brigit)는 일반적으로 5세기와 6세기의 영적인 모범자들 중에서 가장 존경 받는 자로서 패트릭 다음에 둘 수 있다. 그녀는 전승이 제기하는 것처럼 레인스터의 실 다라(Cill Dara, Kildare)에 남성과 여성을 위한 수도원을 세운 것과 참으로 관련이 있을 것이지만[4]), 그녀는 생산과 치유의 켈트 여신인 브리그(Brig)와 다양한 방식으로 역시 융합되었고, 그녀의 명성은 발아하고 있던 동정녀 마리아의 제의적 요소들과 혼합되었다. 어떤 학자들은 그녀가 전혀 존재했는지를 심지어 의문하기까지 했다.

지금의 위크로 군(카운티)에 글렌다루의 계곡에서 수도원을 세웠던 케빈(Kevin)은 자연숭배의 켄트적 이상과 많이 연관되어 있고, 가장 흔한 이미지 중에 하나는 그를 달걀이 부화하기를 기다리는 동안에 검은 새의 둥지를 부드럽게 붙잡고 있는 것으로 묘사한다. 새와 나무와 동물과 성인들의 친근성에 관한 유사한 이야기들이 다른 지도자들의 전승에서 풍성하다.

갈웨이 군에 클로페르트 수도원장인 브렌단(Brendan)은 7년간 지속된 서사적인 해양 여행을 동료들의 그룹과 가진 것으로 언급되는데, 그들은 블레스트의 신화적인 섬을 추적하였다. 그의 오딧세이의 이야기는 후대의 중세기에 매우 유명했고, 많은 언어로 번역되었다. 이 이야기는 많은 환타지를 뒤섞어 놓고 있지만, 참된 여행에 일부 기초하고 있을 가능성이 꽤 있다. 1970년대에 모사한 아일랜드 보트를 가지고 탐험한 사람들은 대서양을 건너서 헤브리데스, 파에로 섬, 아이스란드, 그리고 그린란드를 통해 뉴환두란드에 이르는데 성공했다. 아마도 항해자 브렌단(Brendan)은 스코틀랜드의 북서부를 따라 선교여행을 했고, 아마도 그는 아이스란드나 그 이상까지도 갔던 것으로 보인다. 하지만 우리는 정확히 알 수가 없다. 그의 공적이 많은 복잡한 신화적 융합으로 인해 모호하기 때문이다.

수도원의 많은 남녀 영웅들에게서 특별한 장소와의 확고한 연관을 확정하는 것은 쉽지 않다. 어떤 수도원장과 수녀원장은 아주 널리 여행하는 경향이 있었음으로 개인 성인들의 명성이 여러 다른 장소들과 연결되는 것을 의미했다. 540년대에 아일랜드 중부지역에서 융성했던 학문적인 수도원운동의 거물 가운데 한 사람인 클로나르드의 핀니안(Finnian of Colnard)이 있는데, 그의 모범은 많은 제자들을 이끌었다. 그는 아마도 휘도른에서 교육을 받은 다운(Down) 카운티의 모빌레의 피니안과는 다른 사람일 것이다. 이 두 사람은 유사한 이름을 가진 후대의 사람인, 코르크에서 숭앙되었던, 핀드바르(Findbarr)와는 구분된다. 후대의 중세기 관습에서 지명과 교회 헌정으로 성인들의 명예를 기리는 것이 매우 흔하였고, 켈트 성인들 중에 아주 훌륭한 이름 중에 어떤 이들은 넓은 다양한 지역들에서 여러 장소에 소속되었다.

콜롬바누스와 그의 동료들

550년대에 존경받던 콤갈(Comgall) 수도원장에 의해 세워진 다운 카운티에 방고르의 수도원에서 학문과 엄격성에 있어서 전형적으로 인상적인 융합이 있었다. 이 수도원이 배출한 가장 유명한 사람은 콜롬바누스(Columbanus)였다. 성경에 몰두했던 위대한 학자이자 교회 교부이며 고전 저자들 사이에서도 읽혀지는 콜롬바누스는 기독교 헌신에서 중요한 요소로서 학문의 중요성에 대해서 아주 열정적이었다. 많은 시간을 방고르에서 교사로 지낸 후에 중년의 나이에 그는 동료들을 이끌고 아일랜드에서 골로 갔다. 이때쯤에 골은 메로빙거 왕조의 통치 아래 있었다. 콜룸바누스는 이전에 로마인들이 있었던 보스게스 산에 안내그레이에 수도원을 세웠다. 그 수도원은 이교 신전을 그의 교회로 전환한 것인데, 급속히 지역의 많은 추종자들을 이끌었다.

이 공동체의 성장은 아주 강력해서 루세우일(Luxeuil) 그 다음에 폰타이네스(Fontaines) 지역에 수도원이 곧 세워졌다. 이 집들은 매우 엄격한 규칙에 의해 통제되었고, 규율의 진지한 기준을 회복시킨 콜롬바누스와 그의 동료들의 영향은 상당한 영적인 쇠퇴를 목격했던 시대에 부르군디의 더 넓은 교회를 활성화시키는데 기여했다. 그러나 콜룸바누스는 그의 아일랜드 전통에 호전적으로 집착함으로써 그리고 왕실의 행동을 정죄함으로써 종교적이고 세속적인 당국자들에게 별로 인기가 없었고, 610년경에 그와 그의 동료들은 골을 떠날 수밖에 없게 되었다.

아일랜드로 강제 추방을 당하는 운명을 간신히 면한 후에 그들은 몇 년 동안 오스트라시아(Austrasia) 나라를 통해 여행했고, 마지막으로 알프스를 넘어 이탈리아로 가기 전에 현대의 스위스에 해당하는 스와비아(Swabia)의 일부를 통해 남부로 진행했다. 그들은 여행 도중에 선교사역을 펼치고 많은 다른 수도원 하우스를 세우는 일을 하였지만, 순례자들의 생각만이 아니라 정치적인 사건들이 그들의 방향을 몰고갔다. 그들이 세웠던 수도원 중에 가장 유명한 것은 스와비아에 성 골(St. Gall)의 수도원인데, 그것은 콜롬바누스의 제자 중에 한 사람이 관장하는 것이었다. 콜롬바누스는 아페니네스의 작은 마을인 보비오(Bobbio)에 마침내 정착했고, 그곳에서 그는 곧 경건과 학문의 센터로서 유명해진 다른 수도원을 세웠다. 그는 그곳에서 615년에 죽었다.

콜롬바누스의 원리를 동일한 시기와 뒤이은 시기에 해외로 여행하며 사역했던 많은 다른 아일랜드 수도사들이 공유했다. "순례여행"('페레그리나티오')의 이상은 그들의 신앙의 근본적인 요소였다. 그것은 고행적인 자기 훈련의 개념과 연관되었다. 여행하는 것은 흥미로운 유람 여행을 시작하거나 특별한 성지를 찾는 것이 아니라, 편안함과 익숙한 것의 유혹에서 의도적으로 벗어나는 일을 시작하는 것이었다. 그 목적은 세상을 보는 것이 아니라 세상을 도덕적으로 거부하는 것이었다. 그러한 탐험은 다양한 형태를 취할 수 있으나, 해외 순례여행이 아일랜드 자체 내에서의 순례여행보다 영적인 측면에서 더 뛰어난 특별한 헌신의 표시로 간주되었다.

더 후대의 중세기에 켈트 수도원 문화의 영향은 아일랜드를 멀리 벗어나서 동부 유럽과 이탈리아 남부 지역에서도 느낄 수 있을 것이다. 그 대표단들의 활동에 대한 우리의 정보가 역시 우리가 바라는 것보다 훨씬 제한적일지라도, 이런 많은 인물들이 유럽의 매우 넓은 영역에서 그들의 형태의 수도원을 확산시키고 후대의 세대들이 크게 혜택을 보는 영성과 학문의 고귀한 요소들을 조합함으로써 탁월한 봉사를 행했다. 아일랜드 수도사들이 유럽 대륙으로부터 기독교의 풍부한 유산을 물려받았다면, 그들은 결국에 기독교적인 삶에 대한 그들 자신의 독특한 기여를 유럽과 공유하게 되었다.

콜롬바

그러나 아일랜드 선교사 성인들 중에 가장 유명한 사람은 그의 수도원의 형태를 골과 이탈리아가 아니라 그의 고향과 아주 가까운 곳에서 취했고, 환경적으로 정치적인 발전과 훨씬 더 직접적으로 연관시켰다. 563년에 한 아일랜드 수도사와 작은 그룹의 추종자들(전통적으로 수에서 12명이었다고 전해진다)은 울스터에서 스코틀랜드 서부 해변을 항해했다. 우리는 그들이 맨 처음 어

오늘날 존재하는 이오나의 대수도원

콜롬바의 시대에 그 장소에 처음 세워졌던 기본적인(목재, 나뭇가지, 진흙의) 수도원보다 상당히 많은 실제적인 건물들이 들어서 있다.

디에 도착했는지는 정확히 확신할 수 없지만, 결국에 – 아마도 같은 해에 약간 더 늦은 시기에 – 그들은 나중에 이오나(Iona)로 알려지게 된 뮬(Mull) 해변에서 좀 떨어진 작은 섬에 이르렀다.[5] 그곳에서 그들은 한 수도원을 세웠고, 기독교 역사의 뒤이은 세기에 스코틀랜드와 그 이상의 지역에 매우 영향을 끼쳤던 사역을 시작했다. 하지만 그들이 이오나에서 있었던 상황과 스코틀랜드 교회의 더 넓은 이야기에서 그들의 지도자의 위치는 많이 오해되었고 수세기에 걸쳐서 무익하게 낭만적으로 묘사되었다.

이 그룹을 이끌었던 수도사는 콜룸바(Columba, 약 521-597)였다. 아마도 도네갈 출신인[6] 그는 우이 네일("니알의 후손들") 왕조의 북부지파(아일랜드의 주요한 족속 중에 하나)의 구성원이었던 중요한 가문 출신이었다. 중세전통에 따르면, 콜룸바의 이름은 본래 크리옴타안(Criomhthann)이었고, 그가 라틴어 이름인 '콜룸바' ("비둘기")를 얻은 것은 수도원 때문이었다. 아일랜드에서 그는 콜룸 칠리(Colum Cille, "교회의 비둘기")가 되었는데, 그 이름은 지금도 여전히 아일랜드에서 더 많이 알려져 있다. 그는 당대에 가장 유명한 교사였던 크로나드의 핀니안(Finnian) 밑에서 교육을 받았던 것으로 보이고, 또한 다른 많은 수도원 학교들에서도 공부했을 것이며, 사제로서 서임을 받았다. 우리는 그가 훈련을 완성할 시기와 563년에 아일랜드로 떠날 시기 사이에 그의 삶에 대해서 확실하게 알지 못한다.

7세기 말에 이오나의 수도원장이 되었던 콜룸바의 먼 친척인 아돔난에 의한 유명한 콜룸바의 『생애』(*Life*)에 따르면, 그는 노력하는 수도사의 평균적인 이상을 따라서, "그리스도의 순례자가 될 것을 선택하고" 아일랜드를 떠났다. 그러나 아돔난은 콜룸바가 아일랜드 교회의 지도자들 사이에서 몇몇 적을 만들었고 어떤 (사소한) 잘못으로 인해 일시적으로 파문당했음을 암시한다. 아울러 아돔난의 기사는 콜룸바가 아일랜드를 떠난 것이 스리고의 북쪽인 쿨 드라임네라 불리는 지역에서 전투가 발생하고 2년 뒤에 있었다는 것을 언급한다. 이 전투는 남부의 우리 네일의 군벌과 아일랜드의 고왕(high king)의 세력에 대항하여 북부 우리 네일의 콜룸바의 친족에게 승리를 가져다주었다. 이 승리는 나중에 콜룸바의 기도 때문인 것으로 여겨졌고, 다른 사람들은 콜룸바가 디아르마이트의 권속과의 차이 때문에 전투를 의도적으로 조정했다고 추측했다. 아돔난 자신은 그렇게 말하고 있지 않을지라도, 후대의 전설들은 콜룸바가 아일랜드를 떠난 것은 그 전투와 연관이 있고, 그가 많은 병사들의 죽음을 야기한 일에 대한 벌이나 고행의 채택으로 유배를 간 것으로 발전했다.

역사적인 실체는 헤아릴 수 없지만, 콜룸바가 고왕(high King)에 대항하여 자신의 편을 지원했을 것이고, 아마도 다른 성직자들과 일부 긴장된 관계와 더불어 왕조의 정치에 그가 이렇게 연관된 것은 그의 평판에 손상을 가져왔다. 아마도 그는 이런 곤란함을 타개하고 보다 도움 되는 환경에서 영적인 삶을 추구할 장소를 찾기 위한 명분으로 부분적으로 아일랜드를 떠났을 것이다. 그의 동기가 무엇이든 간에, 그는 사소한 여행자로서가 아니라 강력한 정치적 세력과 잘 연관된 리더로서 스코틀랜드에 도착했다. 어쨌든 그는 아일랜드를 떠났을 때 배후에 정치를 두고 있었고, 사실상 그가 전략적인 이유로 인해 이오나를 택했을 가능성이 전적으로 있다.

이 시기에 아르질(Argyll)이 되었던 많은 영역이 픽트족이 아니라 달 리아타로 알려진 아일랜드의 북동부 지역 출신의 아일랜드 정착자들('스코티')에 의해 통치되었고, 이 스코틀랜드인의 달 리아타와 그것과 관련된 아일랜드에서의 지배 사이에 꽤 밀접한 관계가 있었다. 스코틀랜드인의 달 리아타는 픽트족의 영토를 끊임없이 침식했지만 콜룸바가 도착하기 전 시기에 북부의 픽트족은 상당히 잘 싸워서 스코틀랜드의 세력을 축소시켰다. 반면에 아일랜드에서 우이 네일의 우세는 아일랜드인 달 리타를 역시 도전하고 있었다. 이미 픽트족의 회복으로 인해 고통을 당하고 있는 적어도 스코틀랜드인 달 리타의 사람들에게서 스코틀랜드에 콜룸바의 도착은 전혀 환영할 수 없는 것이었다. 우이 네일이 그들 자신의 기지에 또는 달 리타 영토와 가까운 곳에 기지를 세우려 하는 것처럼 보였을 것이기 때문이었다.

콜룸바는 스코틀랜드에서 뛰어난 정치적 역할을 확실히 행했다. 그는 스코틀랜드인 달 리타 내에서 독자적으로 영향력 있는 위치를 만들어내었고, 코날 막 콤가일(Conall mac Comgaill) 왕이 이오나 섬을 "준" 것으로 보고된다. 574년에 콜룸바는 코날의 계승자로 아에단 막 가브레인(Aedán mac Gabráin)을 성별했고, 뒤이어지는 해에 그를 수반하여 리마바디 근처의 드루임 케트에서 열린 아일랜드에서의 회담에 참여했다. 그곳에서 아일랜드의 고왕에 대하여 달 리타 왕의 책임과 관련한 협상이 이루어졌다. 이 회담의 가능한 결과 중에 하나는 아에단이 북부의 우이 네일의 왕과 더 긴밀하게 가까워졌다는 것이었다. 콜룸바는 다른 정치적 상황에도 역시 일부 영향을 행사했다. 그는 픽트족과 많은 접촉을 가졌고, 인베르니스의 요새에 있었던 북부 픽트족의 강력한 왕인 브루이데(Bruide)에게로 특별히 중요한 방문을 했는데, 그때에 그는 그의 영적인 능력으로 충분히 브르이데를 설득하여 그의 혈족을 위한 일종의 이해를 얻어냈다. 비데와 여타 사람들이 보고한 것과는 달리 콜룸바가 브르이데나 그의 사람들을 회심시켰다는 확실한 증거는 없다. 하지만 북부의 픽트족이 콜룸바의 개인적인 권위에 깊이 인상을 받음으로써 그는 달 리타의 위치를 진전시켰고, 따라서 그의 기술은 물의 양편에서 스코틀랜드 나라의 위상을 확보하는데 도움이 되었다.

하지만 콜룸바는 단지 정치가만은 아니었다. 그는 수도사요, 설교자요, 목회자요, 치유자요, 교사요, 시인이었으며, 그의 삶과 사역은 분명히 영적인 측면에서 카리스마적인 영향을 끼쳤다. 그의 수도원은 급속히 종교적인 터전으로서 강력한 영향을 주는 장소가 되었고, 아일랜드와 브리튼의 많은 지역에서 수도사들을 이끌었다. 이오나는 교회의 전체 구조의 핵심이 되었고 아일랜드, 헤브리데스, 그리고 서부 스코틀랜드 본토에서 동일계의 수도원들의 광범위한 그룹의 모체가 되었다. 이 다양한 수도원들 사이를 여행하는 것이 빈번했고, 여러 지역의 수도사들 사이에서 소식, 이상, 그리고 학문의 상당한 호환이 있었다. 콜룸바는 달 리아타 전역을 광범위하게 여행했고, 픽트족의 영토를 방문하는 것을 제외하고서 이 영토에 그의 에너지의 대부분을 집중시켰던 것으로 보인다.

그러나 콜룸바의 제자들은 북부와 남부 픽트족들과 북부의 브리튼 사람들 사이에 훨씬 더 넓은 지역에서 복음전도적인 노력에 참여했다. 그들의 사역의 유산을 지명의 이름과 교회의 헌정에서 알 수 있고, 스코틀랜드 북부에서 북부 잉글랜드에 이르는 현대의 브리튼의 상당한 범주를 넘어서는 종교적인 전통에서 추적할 수 있다. 어쨌든 콜롬바가 여전히 살아 있는 동안에 이런 활동의 모든 영향이 이루어진 것은 아니지만, 그의 모범은 지속적인 영감을 입증해주었던 것으로 보인다.

그 모든 것에도 불구하고, 콜룸바와 그의 추종자들이 중앙의 픽트족과 북부의 스코틀랜드와 같은 사람들에게 또는 북부 브리튼의 다른 부분에 복음을 전달한 첫 번째 사람이었다고 생각하는 것은 꽤 잘못일 것이다. 콜룸바의 시대 이전에 이 지역에서 활동하고 있던 아일랜드와 브리튼의 상당한 복음전도자가 이미 있었다는 좋은 증거가 있고, 그의 시대 동안에 그리고 이후에 북쪽에서 많은 다른 활동적인 선교사들이 확실히 있었고, 그들은 아마도 그와 거의 또는 전혀 관계가 없는 수도사들이나 여타 사람들이었을 것이다. 케소그, 세르프, 블레인, 그리고 테르난과 같은 성인들은 모두 픽트족의 영토에서 기독교의 발전의 이야기에서 중요한 역할을 했다. 설사 전통의 혼란으로 그들의 설명을 역사적으로 확인하는 것은 거의 불가능한 일일지라도 말이다.

콜롬바의 동시대 사람들 가운데 가장 잘 알려진 사람은 켄티게른(Kentigern, Mungo로 역시 알려진)이었다. 그는 둠바르톤에 중심한 스트라디클라이데의 브리튼 왕국을 재활성화한 열정적인 주교였다. 스트라디클라이데는 이전에 선교적인 열정에 이미 영향을 받았지만, 켄티게른이 이 일을 공고히 했고, 남부와 북부로 복음전도를 확장시켰고, 북부의 경우에 분명히 에버딘셔와 그 너머에까지 이르렀다. 그는 쿰브리아와 웨일즈에서 다양한 시기에 활동했다고 전해지고, 웨일즈에서 클리드에 성 아삽의 교회를 개척한 것으로 신임이 주어졌으나, 이런 주장들은 매우 불확실하고, 특히 그가 웨일즈로 갔느냐조차도 확실하지 않다. 켄티게른은 글레스고의 교회의 창시자로 특히 환호를 받는데, 그의 무덤은 그를 기리기 위해 후대에 세워진 성당에 있다.[7] 어떤 전승들은 콜룸바와 켄티게른이 만났음을 묘사하지만, 켄티게른이 전적으로 독립적인 브리틴인의 선교적 열정을 대변했을 것 같지는 않다. 콜룸바는 후대의 스코틀랜드 전통에서 그리스도의 모든 다른 대사들을 능가하였지만, 이것이 그의 사회적 위상, 정치적 중요성, 그리고 선교사로서 그의 개인적인 영향에서 그에 대한 아돔난의 설명의 영향과 많이 관련이 있었다.

우리가 예상할 수 있는 것처럼, 콜룸바의 성취에 관한 아돔난의 이야기는 한 세기 후에 독자들을 설득하는데 목적이 있는 칭송일색의 기사인데, 콜룸바는 그 당시에 매우 칭송을 받던 대륙의 성인들과 아주 동등하다는 것이다. 그럴지라도 콜룸바의 예언, 환상, 그리고 이적적인 공적의 기념적인 일화 속에서 우리는 정치적이고 조직적인 재능만이 아니라 진정한 경건과 열정을 분명히 소유했던 사람을 직면한다. 콜룸바가 지은 것으로 귀속되는 많은 헌신의 구절들은 진정성이 의심스럽지만, 보다 안전하게 그의 이름을 부여할 수 있는 시들로부터 우리는 성경에 대한 깊은 경외, 창조물에 대한 진정한 사랑, 그리고 하나님의 장엄함과 섭리에 대한 강력한 감정을 가진 사람을 엿볼 수 있다.[8] 동시에 콜룸바는 반대자들에게 거의 인내하지 않았고, 엄격한 훈련을 믿었으며, 육체와 거의 타협하지 않는 명백히 매우 강한 개성을 가진 인물이었다. 콜룸바는 열정과 강렬함을 인물이었고, 그는 그의 확신을 실천하는 실제적인 문제에 직면했을 때, 야릇한 성향에 빠지지 않았다.

콜룸바와 관련한 후대의 전승들은 감성적인 것에서 미신적인 것에 이르는 다양한 이미지들을 만들어냈고, 전반적으로 그 분위기는 도니갈에서보다도 헤브리데스에서 더 긍정적이었다. 콜룸바의 영적인 기운과 능력은 많은 대중적인 켈트 민간전승과 기도와 의식에서 본질적인 요소가 되었다. 많은 초상들이 콜롬바를 이상화된 성인으로 그리고 있고, 이오나로의 여행과 그의 사역을 순전히 영적인 비전의 실현으로 간주한다. 콜롬바에게 부여된 위엄이 스코틀랜드의 복음의 확장에 또 다르게 기여한 중요성을 가리는 것은 유감이다. 대중적인 평가에서 진리와 미신이 혼합해 있고, 또 북쪽의 복음전도자로서 홀로 서 있었다는 어떤 가정에 확고한 자격을 제시할 필요가 있을지라도, 브리튼 섬에서 기독교의 위대한 개척자의 한사람으로서 콜롬바의 위치는 확실해 보인다.

"켈트 기독교"의 해석

현대 서방 사회의 명백한 세속주의 속에서 니니안, 데이비드, 콜룸바누스, 그리고 콜룸바와 같은 성인들의 유산을 20세기와 21세기의 서방 기독교인의 삶의 물질주의, 외향주의, 그리고 영적인 메마름에 대한 치유로서 적절한 자격이 있는 독특한 "켈트 기독교"의 일부로 간주하는 것이 흔하다. 매우 훌륭한 근면은 모든 일의 촉진에서 "켈트 사람"을 성장시켰고, 특히 "켈트의 영성"은 전인적이고 창조 중심적인 것으로서 모든 서방 세계의 많은 신자들이 바람직하게 배울 수 있는 기독교 신앙의 "대안적"인 유형으로 환호를 받았다. 그들의 가르침에서만이 아니라 그들의 이상과 관련한 예술적이고 음악적인 전통들에서 표현된 켈트 성인들의 지혜는 주요한 서방 기독교 전승들의 형식주의와 권위주의를 많이 수정할 필요가 있음을 제기한다.

"켈트족"의 예전, 기도, 묵상, 순례는 주로 "로마화된" 기독교가 소홀히 하거나 억압했던 영적인 통찰과 자질들, 즉 영성에서 여성의 중요성, 자연세계의 신비, 또는 기독교 이야기를 이야기함에 있어서 예술과 문화의 토착적인 전통의 가치들과 같은 것을 교감하고 적용하는 방식으로 풍성하다. 이 거룩한 조상들이 유증한 십자가, 기념비, 그리고 사본들에서 묘사된 신비한 "켈트족의 유대"는 라틴교회의 공식적인 목소리가 채택한 형식적이고 정적인 이해들에 반대되는 자연과 믿음에 관한 켈트족의 개념의 끊임없는 연합과 역동적인 패턴의 상징으로서 자주 취해진다. 켈트족의 성인들은 하나님, 세계, 그리고 그들 자신에 관한 견해에서 서방 교회의 다수가 형태를 취하고 있는 권위 아래 있는 성직자들보다 훨씬 더 자유로웠다고 전해진다. 때로 그들은 원죄, 또는 하나님의 심판의 교리와 같은 부정적 개념을 공유하지 않았다고 심지어 주장된다.

"켈트 기독교"의 많은 현대적 부흥과 "켈트 교회"에 대한 매력은 상당히 조심스럽게 다룰 만한 가치가 있다. 실천적인 좋은 의미의 매력적인 영적 환경, 자연과의 신비적인 조율, 그리고 조직화된 교회 생활의 법적이고 정치적인 관심에 대한 무관심과 같은 "켈트 기독교"의 현대적 이미지는 역사적인 측면에서 자주 핵심을 벗어나고 있다. 아일랜드와 브리틴의 켈트 수도원의 이상은 우리가 보았던 것처럼 외부 세력과 무관하게 성장하지 않고 다양한 외적 영향으로 인해 깊이 형성되었고, 금욕주의자들은 기독교 세계의 많은 다른 부분들로부터 탁월한 영적인 권위자들의 문서를 열심히 공부했다. 로마의 전통에 물들지 않은 기독교의 원 형태를 대표하는 것으로서 켈트 수도사들에 대한 낭만적인 개념들은 사실상 꽤 잘못된 것이다.

아일랜드와 브리튼 수도원의 유명한 인물들의 신학적인 견해 중에 다수가 성경의 중심성, 하나님의 삼위일체적 본질, 그리고 창조와 구속의 밀접한 관계와 같은 문제들에서 정통적인 것으로 자신들을 생각했던 대부분의 서방 성직자들의 견해와 본질적으로 유사했다. 수도사들은 하나님의 창조의 아름다움과 질서와 능력을 자주 풍미하고 규칙적인 수도원의 활동의 일부로서 영적인 활동과 육적인 활동의 조합을 강조했으므로 어떤 점에서 세상에 대해서 긍정적이었다. 하지만 그들은 세속적인 세계가 위험하다고 강력하게 믿었고, 또 일반적으로 그들은 본질적인 인간의 선과 잠재성의 개념에 대해서 열정주의자가 아니었다. 7세기에 아일랜드 수도사들의 일부는 펠라기안의 경향이 있다고 비난을 받았다면, 이것은 아마도 자연적인 인간 잠재력에 대한 그들의 견해의 요소와 관련이 있었던 것만큼 존 카시안의 사역에 대한 그들의 열정과 상당히 관계가 있었을 것이다.

그들은 믿음의 내용을 표현하는데 있어서 인간의 본능이나 직관에 직접적으로 호소하는 것을 찬성하지 않았다. 영적인 삶의 수도원의 패턴은 묵상에 커다란 중요성을 두었고 또 온 세상에 임재하시는 하나님을 기쁨으로 찬미하는 것에 있었지만, 성경과 전통적인 권위에 대한 연구에 성인들이 열심히 헌신한 것은 그들의 묵상이 아무런 제한 없이 종교적인 상상력을 행사한 것이 아님을 의미했다. 그들의 믿음은 시와 상징의 가치에 깊은 – 그러한 차원을 다소 소홀히 했던 전통 출신의 우리 많은 사람들에게서 진정으로 교훈적인 – 투자를 했지만, 전형적으로 지적이면서 심미적인 사건이었고, 그 교리적 본질은 의도적으로 다른 곳의 기독교 신앙과 조화되었다.

죄책과 같은 개념에 부담을 갖지 않거나 세상의 위험에 대해 무관심하게 살아가는 안이한 자연 애호가가 아니었던 켈트족의 수도사들은 내주하는 죄, 인간 실패에 대한 하나님의 전지하심, 그리고 인간의 훈련의 중요성과 관련한 매우 진지한 견해를 자주 주장했다. 따라서 아주 폭넓게 서방 교회들이 채택한 일종의 교회적인 권위를 차단하지 않은 그들은 자기 부인, 복종, 그리고 대부분의 다른 배경들에서 실천한 엄격하였던 고행의 형태를 믿었던 경향이 있었다.[9] 수도사들에게서 "순례"는 오늘날 경험하는 것 – 영적인 원기회복을 발견하거나 조정하려는 어떤 조용한 장소를 찾기 위해서 분주한 도시적인 삶의 압박에서 벗어나는 기간 – 과는 완전히 다른 것이었다. 오히려 순례는 기존의 규칙적인 엄격한 생활을 벗어나 유배를 가는 육체의 의도적인 "순교"였다.

우리는 그러한 훈련에 참여했던 사람들이 교회 권위의 다수의 통상적인 패턴들과 필연적으로 적대적이었다고 가정할 수는 없다. 교회 조직의 구조가 본래 다른 곳에서보다 아일랜드와 같은 곳에서 본래 다소 더 유동적이었다 할지라도, 그 조직들이 존재하지 않았다는 것을 의미하지 않는다. 켈트 지역의 영토에서 때로 주교의 권력과 수도원장의 권력이 합쳐진 것은 교회조직의 의도적인 거부나 성직자의 관할을 거부한 것이라기보다는 정치적인 요인과 기독교가 이들 지역에서 확산된 특별한 방식과 더욱 관계가 있다. 우리가 이미 주목했던 것처럼, 주교와 관구는 대다수 상황에서 여전히 주요한 의미가 있었다. 때로 다른 지역에 순례를 유발시킨 것은 수도사들이었고, 브리타니의 삼손의 경우에서처럼 그들은 자신들이 봉사했던 지역의 주교가 되었다.

기존에 있던 어떤 패턴들이 유럽에서 들어온 점차적으로 강력해지는 다른 형태들과 상충하게 되었을 때, 7세기와 8세기에 브리튼 섬의 기독교인들의 확신과 실천 그리고 다른 교회적인 전략의 계획 사이에 상당한 긴장이 있게 될 것임은 사실이다. 우리는 적절한 과정에서 이런 문제들의 사례들을 간략하게 상고할 것이다. 지금으로서는 그러한 차이가 토착적인 "켈트" 교회 그리고 브리튼과 아일랜드의 교회에 통일적인 이국적 형태를 씌우려고 결의했던 대표적인 "로마" 세력 사이에 충돌로 전체적으로 특징지을 수 없다는 것을 강조하는 것으로 충분하다. 우리가 보게 되는 것처럼, 그러한 역동성은 그보다 훨씬 더 복합적이다.

콜룸바와 같은 인물들이 비로마나 심지어 원시적인 프로테스탄트 서방 기독교의 진정한 형태를 대변하는 것으로 믿음의 궤도를 간주하는 사람들은 동일한 노선이 강력한 "로마식"의 강조를 포함하고 있는 정도를 과소평가하는 경향이 있다. 말하자면 마리아 숭배, 성인들의 중보적 능력, 아울러 성례와 기도, 부과한 고행과 같은 것이 있는데, 이는 확실히 많은 현대 프로테스탄트들이 민감하게 생각하는 문제들이다. 수도원 성인들의 이야기를 채우고 있는 기적, 환상, 예언, 그리고 천사의 간섭에 관한 기사들은 분명히 로마 전통에서 발견할 수 있는 것과 별반 다르지 않았다. 켈트족의 지도자들을 주류적인 영성의 서방 개념에 물들지 않은 것으로 간주하는 것은 오늘날 켈트의 성인들을 옹호하는 자들이 이런 사실의 의미를 아무리 거북하게 생각한다 할지라도 단순히 잘못된 일이다.

켈트의 수도원은 초기 중세시대에 브리튼과 아일랜드의 교회의 에너지와 활력을 유지하는데 탁월한 역할을 수행했고, 그 이야기는 현대 세계의 많은 기독교인들에게서 영감을 줄 만하다.[10] 아울러 이런 유산의 대중적인 방식들이 행했던 것보다 역사적인 증거와 관련한 보다 비판적인 노선을 취하는 것이 역시 필요하다. 켈트 기독교의 아주 열정적인 옹호자들이 아무리 잘 의도한다고 할지라도, 과거에 켈트족과 관련하여 제기되었던 상당 부분이 문화적인 낭만성, 칭송일색, 그리고 지난 2세기에 걸쳐서 다양한 영향으로부터 형성된 종교적인 이원론의 혼합을 반영한다. 초기 세기들의 위대한 이름들이 우리가 확실히 매우 배워야할 인물들이지만, 이 신자들이 열렬하게 증거하기를 추구했던 믿음과 관련하기보다는, "뉴에이지"의 영성이나 자연 세계의 신이교도적 개념에 더욱 빚을 지는 개념과 그들의 기여를 혼돈할 때 전혀 유익하지 못한다.

다른 수도원 선교의 시작

콜룸바는 597년 6월 9일에 이오나에서 죽었다. 아돔난에 따르면, 그의 마지막 날은 많은 이적과 천사의 방문으로 특징지어졌다. 그가 죽기 몇 주 전에 새로운 선교사역이 잉글랜드의 남동부의 구석진 곳에서 100마일 남쪽으로 시작되었다. 그것은 한 수도사와 그의 동료들의 그룹에 의해 인도되었다. 그러나 이 경우에 그 문제의 사람의 교회적인 배경은 브리튼 섬에 있지 않고 로마에 있었다. 그는 켈트 수도원장(심지어 정치적인 연관을 갖는 사람)의 권위로 온 것이 아니라 로마 주교의 이름으로 왔다.

교황 그레고리는 아마도 595년경에 잉글랜드에 대한 선교의 개념을 품었을 것이다. 그레고리는 훔버르의 남쪽 모든 게르만 정착자들의 군주로 이제 인식되었던 켄트 왕국의 통치자인 아에델베르트(Aethlberht)가 베르다(Bertha)란 프랑크족 가톨릭 공주와 결혼했다는 사실에서 어떤 비전을 보았을 것이다. 아에델베르트는 기독교에 대해서 다소 의심스럽게 보았으나 그는 그의 왕비로 인해 그것을 관용했고, 그의 궁전 안에 또는 멀지 않은 곳에 다른 기독교인들이 있었을 것이다. 베르다는 그의 개인 채플린으로서 프랑크족 주교를 두었고, 그녀는 성 마틴을 기리기 위해서 본래 지어진 일부 파손된 교회를 사용하였다. 그 교회는 그녀를 위해서 아에델베르트가 복원시켜 주었던 것이다.

우리는 그레고리가 브리튼에서의 정치적인 기후와 관련하여 얼마나 많은 지식을 가졌는지를 확실히 할 수 없고, 그가 특히 아에델베르트의 위상에 대해서 세부적으로 잘 알고 있었을 것 같지가 않다. 그럼에도 불구하고 그는 광범위한 접촉으로 앵글로색슨족 사이에서 어떤 종류의 사역을 시작할 수 있는 적당한 시기임을 계산할 만큼 충분히 알았다고 생각할 수 있다. 그 자신의 후대의 주장에 따르면, 모든 민족들에게 복음을 전파하는 그의 비전은 세상의 먼 구석에 있는 이 미개한 땅의 우상숭배 이교도들에게 복음의 확장을 보는 것을 자연스럽게 열망했다는 것을 의미했다. 그와 관련되는 한, 브리튼은 하나님에 대한 찬미가 멋지게 울릴 수 있는 장소였지만, 그 조직된 교회의 구조들은 심각한 무질서 속에 있었고, 그 나라의 많은 부분이 이교도 통치자들에 의해 지배되고 있었다. 그레고리 자신은 영국을 복음화하려는 그의 바람은 아주 오래되었다고 주장하고, 뒤이은 세대들의 전설 속에서도 그의 계획은 그가 주교가 되기 전으로 거슬러 올라가는 것으로 전해진다.

이런 영향에 대한 한 특별히 유명한 이야기는 역사가 비데에 의해 언급된다.[11] 그 이야기는 어느 날 그레고리가 매력적이고 예쁜 피부를 가진 소년들이 로마의 노예시장에서 팔려나가는 것을 보았고, 그들이 누구인지를 물은 그는 그들이 영국, 곧 이교도 출신의 '앵그리', 즉 "앵글족"이라고 듣게 되었다. 이에 대해서 그는 그들이 '앵그리'가 아니라 '엔젤리', 즉 "앵글족"이 아니라 "천사들"이고, 그들은 하늘의 천사들과 동료 상속자가 될 만하다라고 반응했던 것으로 전해진다. 즉 그들과 그들의 백성들은 기독교로 개종되어야 한다. 그 이야기는 분명히 묵시적이다. 그것은 595년에 발생했던 실제적인 사건에 관한 경건한 상술에서 발생한 것으로 보인다. 그때에 그레고리는 골의 대표자들에게 교회에서 봉사할 생각으로 수도원에서 훈련받도록 로마로 분명히 보내어졌던 가련한 영국의 노예 소년들에게 옷을 구입할 것을 명했었다. 아마도 그레고리는 어느 날 이 젊은 사람들이 자신의 나라로 보내어질 것을 염두에 두었을 것이다. 그가 영국으로 선교사들을 파송했던 것은 이로부터 얼마 지나지 않아서였기 때문이었다. 그러나 그가 570년대나 580년대만큼 일찍이 영국을 복음화하기 위한 계획을 품었다고 하는 것은 지극히 그럴 것 같지 않다.

하지만 596년에 상황은 달랐다. 그레고리는 로마에서 그의 교황청 수도원을 책임지고 있는 수도원 부원장인 어거스틴을 40명의 다른 수도사들의 그룹을 동반케 하여 영국으로 떠나도록 책임을 지웠다. 그들의 여행은 오래 끌게 되었다. 그들은 목적지로 향하는 모험을 할 때 프랑크족 교회들과 접촉하라는 명령에 따라서, 레린스, 아익스, 아를레스, 아우툰, 그리고 투르를 포함하여 골의 여러 다른 교회 중심지들을 경유하였기 때문이다. 이 그룹은 그들의 선교에 대해서 우려했고, 어떤 단계에서 어거스틴은 로마로 돌아가서 그들의 감정을 전달하였다. 그는 그레고리로부터 격려의 메시지와 그들의 권위적인 리더로서 그의 위치를 확고한 후에 다시 여행길로 돌아갔다. 마침내 그들은 597년 부활절 직전에 다네트의 섬에 도착했고, 아에델베르트가 있는 켄터베리로 나아갔다.

켄터베리에서 어거스틴의 사역

방문객들은 정중하지만 매우 조심스러운 대접을 아에델베르트로부터 받았다. 그는 그들이 마술적인 능력을 소유했다고 두려워함으로써 공개적인 장소에서만 그들을 만날 것을 주장했다. 그러나 왕이 최초에 의심했음에도 불구하고, 그들의 활동에 대한 상당한 반대가 있었다는 증거는 없다. 아에델베르트는 그들에게 양식과 설교할 권한과 켄터베리 안과 주변에 옛 로마 교회를 사용할 수 있는 자유를 줄 만큼 수도사들의 신실함에 충분히 감명을 받았다.

오래지 않아서 왕은 기독교 신앙을 갖게 되었고, 그는 마침내 세례를 받을 것을 동의하지만 여기서 상세한 설명은 매우 불분명하다. 뒤이어지는 해에 그의 백성들 중에 상당한 사람들이 세례를 받았던 것으로 보고된다 - 그레고리는 믿음을 고백하는 일만 명 이상의 사람들에 관한 이야기를 들었다. 이런 현상은 확실히 과장이지만, 기독교에 대한 아에델베르트의 지지는 클로비스의 회심의 상황에서 프랑크족에 대해서 보고되었던 것과 유사한 충성의 변화를 부족들에게 가져왔음이 분명하다(pp. 370-372을 보라). 이때쯤에 어거스틴은 주교로 성별되었고,[12] 그의 교회를 세웠으며, 켄터베리 도시의 동쪽에 베드로와 바울에게 헌정하는 수도원을 시작시켰다.

601년에 어거스틴은 선교의 발전에 관한 소식을 전하러 로마로 그를 따르는 자들의 무리를 보냈고, 그는 더 많이 돕는 자들과 성스러운 그릇, 유물, 그리고 의복과 같은 항목과 책들의 공급을 요청했다. 수도원 선교사들의 두 번째 흐름이 601년에 로마에서 왔는데, 그들은 멜리티우스(Mellitus)라는 수도원장에 의해 인도를 받았다. 이 사역은 이제 잘 구축되어 있어서 어거스틴은 교회가 성장했을 때 많은 다른 주교들을 세우는 권위가 주어졌다. 그레고리는 브리튼에서 회복된 가톨릭 기독교를 런던과 요크가 주요한 도시들이었던 로마 지방 제도의 옛 구조를 따라 조직해야 한다고 계획한 것으로 보인다. 그것은 선임리더로서 어거스틴이 런던의 대주교가 되고, 복음이 확산될 때, 잉글랜드 북부의 더 많은 주교를 성별할 권위가 부여된 대주교가 요크에도 있게 될 것임을 의미했다. 하지만 실제로 어거스틴은 켄터베리에 남을 것을 선택했고, 따라서 켄터베리는 영국의 주요한 관구가 되었고, 그 지위는 이 시대까지도 그대로 유지되고 있다.

그레고리는 앵글로색슨족의 회심이 급속도로 진행될 것이라고 기대하였다. 이교 종교의 사원과 우상이 재빨리 파괴되고, 이교적인 행위의 사회적 위상은 전적으로 훼손될 것이고, 사람들은 옛 방식을 버릴 것으로 곧 설득될 것이다. 그러나 로마시대의 브리튼의 이전 세대에서처럼 게르만 사람들의 영국에서도 마찬가지로 이교도의 저항이 완강했다. 공식적으로 기독교적인 통치자가 있음에도 불구하고 기독교화의 과정은 교황이 예상했던 것처럼 어느 곳에서도 부드럽게 진행되지 않았다. 그레고리는 아에델베르트가 믿음을 촉진하는데 그의 역할을 할 것을 권고하였지만, 헌신된 이교도의 완강한 반대는 특히 켄트족과 다른 영역에서의 조직들 사이에 미묘한 정치적 관계 속에서 이 역할을 이루는 왕의 능력을 제한했다.

어거스틴이 많은 좋은 자질을 가졌지만, 그는 창조적인 지도자는 아니었고, 그는 모든 종류의 세부적인 것들을 그레고리에게 문의하는 글을 썼다. 이것은 주교적인 성별의 적절한 시행과 조직화된 재정 문제의 적절한 방법과 같은 교회적인 절차만이 아니라, 징계, 도덕성, 그리고 회심자들 사이에서 규칙 준수에 관한 문제를 포함했다. 그는 심지어 로마의 예전적인 관행을 따를 것인지 골의 관행을 따를 것인지(그것은 많은 면에서 다양했다)를 확신하지 못했다. 로마가 일부 융통성을 이미 관용했다는 사실에도 불구하고 말이다.

영국에서 실제적인 상황에 관한 그레고리의 지식이 이런 문의들과 다른 보고들로 말미암아 성장했을 때, 그는 그 나라에서 복음전도 프로그램이 최초에 의도되었던 것보다 차차 진행되어야 한다는 것에 동의하게 되었다. 멜리티우스가 그 사역에 동참하려고 하고 있었을 즈음에, 그레고리는 강압이 아니라 오직 설득이 있어야 한다는 것을 깨달았고, 그는 아에델베르트에 대한 이전의 조언과 달리 결국에 이교의 종교적인 건물을 파괴하는데 초점이 있지 않다고 말하는 지침을 전달했다. 이교도의 성소에서 우상은 확실히 없애야 하지만, 기독교 예배의 장소로 그것들을 재성별하는 것이 용인되었다.

다른 기독교인들과의 긴장

그레고리의 사신들은 사실상 로마를 위해서 브리튼 기독교를 재주장하고 침략 세력들에 의해 변두리로 밀려났던 교회의 운을 회복하려는 것으로 비판을 받았다. 그러나 그레고리가 잉글랜드에 깔려 있는 진정한 상태의 도전들을 차츰 더 분명하게 획득하게 되었을지라도, 그는 브리튼 섬의 다른 지역들에서 살았던 기독교인들의 상황에 대해서 잘 알고 있는 단계에 있지 않았었다. 이미 그들은 세대들을 위해서 믿음을 활력 있게 하고 그 믿음을 인접한 지역에 전파하는 것에 바빴다. 이 신자들 중에 많은 이들이 영국인들 사이에 복음이 확산된다는 소식에 기뻐했지만, 앵글로색슨족을 교황이 후원하는 것과 같아 보이는 것에 감동을 받지 않았고, 오히려 커다란 규모의 관할권을 주장하는 새 주교적인 구조의 상승을 분개했다.

서부, 북부, 웨일즈, 아일랜드, 그리고 스코틀랜드에서 이 크리스천들의 다수가 넓은 유럽의 전통과 본능적으로 적대적이었다고 가정할 수 없음을 다시 한 번 강조해야 한다. 켈트 교회에서 곧 수도원의 영향이 보여주었던 것처럼, 대륙의 이상과 실천과 매우 유사하고 널리 서방교회가 채택했던 동일한 교리적 원리를 소중히 하려는 관심이 있었다. 우리가 이미 지적했던 것처럼, 이 신자들이 특히 로마에 대해서 본질적으로 적대적이었다고 가정하는 것은 꽤 잘못이다. 그들의 신학의 많은 것들이 암묵적으로 또는 자의식적으로 로마가 뛰어난 수호자라고 고백했던 동일한 본질적 정통성의 원리에 충실하였기 때문이다. 널리 퍼진 현대적 인상과 달리, 앵글로색슨 선교의 지도자들과 켈트 기독교인들 사이에서 7세기 초에 발생했던 문제들은 기독교의 "로마"와 "비로마"의 충돌로 간단하게 묘사할 수는 없다.

그럼에도 불구하고 그레고리의 대사들의 전제와 브리튼 섬의 다른 교회들의 대표자들 사이에 긴장은 사소한 것이 아니었다. 많은 지역들에서 켈트 기독교인들은 그들 자신의 독특한 실천을 가졌다. 그들 중에 많은 이들이 부활절을 계산하는데 과거의 84년 주기를 활용했다.[13] 그것은 유월절의 날짜를 계산하는 유대적 방식에 기초한 것이었다. 그러한 제도는 브리튼에서 기독교의 기원으로 거슬러 올라간 것으로 보이고, 동일한 원리의 해석을 5세기까지 로마를 포함하여 서방의 다른 곳에서 널리 따랐다. 그러나 그 문제에 관한 오래 끈 일련의 논쟁이 있은 후에 이즈음에 서방 교회들의 대다수는 3세기 말 이후에 알렉산드리아 교회가 선호했던 변형적인 방식인 19년의 주기를 사용하게 되었고, 이것을 525년에 로마가 공식적으로 채택하였다(p. 319을 보라). 켈트 신자들은 역시 부활 주일이 춘분과 관련해서 해당되었던 제한에서 서로 달랐다.

아울러 세례적인 관행, 주교 서임의 절차, 수도사와 사제들에게 주어진 삭발의 형태와 같은 문제에서 일부 차이가 있었다. 특별한 형태로 머리를 자르는 관습은 고대에 많은 동방의 상황에서 종교적인 헌신의 일부가 되었고, 4세기 이후부터 그것은 기독교적인 범주에서 영적인 헌신의 표지로 적용되기를 시작했었다. 먼저는 수도사들에게 적용되고,그 다음에는 성직자의 범주에 있는 사람들을 구분하기 위해서 말이다. 켈트족은 성별의 표시로서 머리의 앞을 넓게 세로의 띠로 깎는 것을 선호했던 것으로 보이지만, 로마가 선호했던 것은 머리의 정점을 둥글게 삭발하는 것이었다.

어거스틴이 603년에 남서부와 웨일즈의 성직자들과 만났을 때, 그는 그들이 부활절을 계산하는 19년 주기의 방식을 채택하고 이러저러한 문제들에 대해서 그들의 독립적인 관습을 버려야 한다고 주장했다. 켈트 지도자들은 많은 논쟁을 벌인 후에도 그들의 관습을 바꾸기를 원치 않았다. 교회의 일정을 준수하는 것은 수도원의 범주에서 대단히 가치 있는 활동이었고, 그들은 그들의 계산 방식이 더 오래되고 더 우수하다고 확신했다. 동일한 것이 다른 전통들의 경우에도 해당되었다. 그들의 애착은 깊이 자리 잡은 것이고 널리 공유되었다. 대륙에서 콜룸바누스는 유사한 견해에 대한 그의 주장으로 인해서 유사한 반대에 부딪혔지만 그는 고위직의 교회 당국자들에게 그의 가르침을 담대하게 변호하였다.

그러나 브리튼에서 그 감정은 점차적으로 신랄하였다. 브리튼의 일곱 주교들과 디노드(Dinoth)가 이끄는 많은 학자들이 참석한 두 번째 회담에서 웨일즈의 대표자들은 어거스틴이 그들을 환영하기 위해서 일어서지 않았을 때 깊이 모욕감을 느꼈다. 이런 분열들은 치유되지 않은 채로 남았다. 비데의 견해에 따르면, 고집스러운 웨일즈 사람들은 613년경에 성직자들의 많은 그룹이 노덤브리아의 이교 왕인 에델프리트와 체스터 근처에서의 전투에서 죽었을 때 그들의 완고함으로 인해서 심판을 받았고, 그들의 이런 운명은 어거스틴의 요청에 순응하지 않았기 때문이라고 주장되었다.[14]

휘트비의 "대회"

부활절의 날짜와 다른 이슈들에 대한 논쟁이 노덤브리아의 왕 오쉬우(Osuiu)가 휘트비(Whitby)에서 성직자들의 모임을 소집했을 때인 664년에 마침내 다소 해결되었다고 생각하는 것이 전통적이다. 이때쯤에 브리튼의 서부와 아일랜드의 남부에 많은 이들이 부활절을 계산하기 위해서 19년의 주기를 채택할 것을 결정했고, 이는 이제 세대를 위한 그들의 주기에 표준이 되었지만, 더 오래 되었던 켈트족의 패턴을 아일랜드의 북부와 이오나, 그리고 북부 아일랜드인의 전통에 매우 영향을 받았던 노덤브리아와 같은 상당한 지역에서 여전히 고수되고 있었다.

휘트비의 모임에 관한 비데의 유명한 기사에서,[15] 각 편에 주창자들은 다음과 같았다. 즉 "켈트족"의 편에서는 노덤브리아 해변에서 떨어져 있는 작은 섬인 린디스파른의 주교였던 이전에 이오나의 수도사이자 아일랜드 사람인 콜만(Colman)이 있었다. 린디스파른은 이오나의 다른 수도사인 아이단(Aidan)에 의해서 그 나라에서 주요한 수도사와 선교사의 센터로서 630년대에 세워졌었다. "로마인"의 편에서는 요크의 주교인 윌프리드(Wilfrid)가 있었는데, 그는 켈트 전통에 환멸을 느꼈고, 이제 로마의 입장에 열정적이 되었다. 콜만은 로마의 주장을 받아들일 것을 거부했고, 아일랜드에서 그의 남은 날을 보내기 위해서 떠났지만, 오쉬우는 로마의 노선을 채택하도록 설득을 받았다.

비데가 보기에, 휘트비는 로마의 베드로 관구의 우선하는 권위에 따라서 영국교회의 통일성을 향한 결정적인 전환의 시작을 특징지었다. 그의 관점은 브리튼 교회 역사의 전통적인 설명에 강력하게 영향을 주었고, 소위 "휘트비의 대회"는 "로마"와 "켈트" 기독교 전승의 관계에 관한 이야기에서 주요한 사건으로 보였다. 사실상 우쉬우가 "로마"의 주장을 받아들인 이유는 무엇보다도 정치적이었을 것이고, 국내적인 전략과 그의 야망과 관련이 있었다. 영국에서 그의 수위권에 대한 교황의 인정을 얻기 위해서 말이다. 더욱 의미가 있는 것은 그 모임이 동부 색슨족들 사이에서의 영향을 제외하고는 노덤브리아를 넘어서서 크게 영향을 미치지 못했다. 린디스파른의 이전 수도사였던 동부 색슨족의 주교인 세드(Cedd)는 에섹스의 사람들이 로마의 입장을 취하도록 설득을 받았다.

역사의 오랜 과정에서 휘트비는 교회의 실천의 어떤 표준을 향한 지속적인 운동의 다소 결정적인 순간을 대변하지만, 그렇다고 그것이 고전적으로 취할 수 있는 일종의 획기적인 사건이 아니므로 그 영향을 과장해서는 안 된다. 아일랜드와 이오나를 포함하는 많은 지역들에서 부활절의 서로 다른 날짜에 대한 묵인이 있었고, 웨일즈 교회는 한 세기 뒤인 768년이나 가서야 마침내 순응하였다.

자주 그러한 것처럼 휘트비를 강력한 로마 기독교 관료정치와 용감하고 수적으로 우세한 "켈트 교회"간의 교착 상태나 두 전적으로 분리된 문화들 간에 충돌로 축소시킬 수는 없다. 다양한 요인들이 논쟁의 양 진영에서 작용하고 있었다. 현대의 어법으로 "켈트" 영역이라고 할 수 있는 사람들 사이에서 모든 이들이 7세기 중반에 로마의 관습을 반대한 것이 아니었고, "로마"의 제도는 부분적으로 이미 발달한 색슨 전통의 상징이 되어 있었다.

영국의 선교를 평가하기

660년경에 어거스틴과 그의 수도사들이 잉글랜드의 남부 해변에 상륙한 지 두 세대가 지나갔다. 어거스틴은 그의 계승자로 로마 동료인 로렌스(Lawrence)를 성별한 후에 아마도 604년과 609년 사이에 죽었을 것이다. 어거스틴은 로체스터와 런던의 동부 색슨족들 사이에 관구를 세웠다. 그의 선교는 꽤 인상적인 것을 이루었다. 그와 그의 동료들은 복음을 전파했고, 회심자들이 있게 했으며, 이교 문화 가운데서 교회를 설립하거나 재건했다. 그는 라틴 지식과 고전 예술을 잉글랜드의 게르만 사회에 소개했고, 아에델베르트가 라틴어가 아니라 앵글로색슨어로 그 나라에 처음으로 문서화된 법을 만들

수 있도록 도왔다. 기독교회는 그 나라의 사회 조직의 필수적이 부분이 되었다. 이교도로부터의 강력한 반대에도 불구하고, 남동부 브리튼의 변화된 토양에 기독교 메시지를 심는 상당한 사역이 이루어졌다.

그러나 결국에 이 모든 성취가 계속해서 이루어진 것은 아에델베르트의 묵인이나 지원에 긴밀하게 의존했다. 이 왕이 616년에 죽은 후에 켄트 왕국의 탁월함은 약화되었고, 이교도의 강력한 부흥이 있었다. 그들은 다시 한 번 교회에 많은 도전을 제기했다. 로렌스와 그의 계승자들에 의해 기독교적인 발전의 진전이 있었을지라도, 역시 많은 방해가 있었다. 601년에 어거스틴의 선교를 강화시키기 위해서 로마로부터 도착한 사역자들 중에 한 사람인 폴리누스가 켄트족의 공주인 아에델부르그의 지도신부가 되었고, 그녀가 노덤브리아의 에드윈 왕과 결혼했을 때 그녀를 따라 북쪽으로 갔다. 그의 사역은 620년대에 에드윈과 그의 신하들의 회심으로 이끌었고, 폴리누스는 한동안 요크의 주교가 되었지만, 에드윈이 633년에 패퇴하여 죽음을 당하였을 때, 그는 마침내 남쪽 로체스터로 물러났다.

전반적으로 잉글랜드의 복음화는 남쪽에서의 사역보다도 아일랜드와 북쪽 출신의 선교사들의 에너지로 말미암아 훨씬 더 진전되었고, 기독교는 주로 이오나 출신의 헌신된 수도사들의 노력을 통해서 노덤브리아에서 주로 강화되었다. 나아가서 이오나의 수도사들은 그들의 복음을 남쪽 훔베르와 그 너머로 전달했다. 서쪽에서는 웨일즈, 아일랜드, 그리고 코르니쉬 선교사들과 골에서 넘어온 여타 사람들에 의한 상당한 노력이 있었다. 켈트의 사역자들은 휘트비 대회 이후에도 사역을 멈추지 않았다. 아일랜드와 여타 수도사들은 664년 이후에도 오래도록 잉글랜드에서 매우 활동적이었다.

교황 그레고리가 590년대에 그의 대표자들을 보냈던 임무는 잉글랜드가 마침내 기독교로 전반적으로 회심하게 되는 과정의 작은 부분만을 이루었다.[16] 이루어진 성취에도 불구하고, 그레고리 자신의 계획과 관련해서, 그 선교는 단기적인 측면에서 실패였다. 영국사회의 변화를 일구어내지도 못했고, 그 주장에도 불구하고 로마의 견해에 대한 단일한 애착을 갖는 교회의 조직을 형성시키지도 못했기 때문이다. 사실상 몇 가지 점에서 영국으로의 그레고리의 전도는 프랑크 교회와 거의 같다고 주장할 수 있었다. 즉 골의 주교들과 그레고리의 대표자들과의 접촉이 유럽 대륙의 교회적이고 정치적인 리더들과 교황청의 관계적인 조직을 크게 강화시켰고, 그들의 일에 대한 그레고리의 영향을 공고히 했기 때문이다.

그레고리의 비전은 모두 로마의 목적에 일치하여 프랑크와 영국 교회를 복음의 영향을 확장시키는 조화로운 파트너십으로 함께 일하게 하는 것이었다. 그 꿈은 이루어지지 않았지만, 그것은 후대 세대들이 환기해야 할 강력한 심상–서방 세계의 여러 다른 사람들을 통합시키는 단일한 정통 교회의 이상–이었다. 그러한 통일성에 대한 바람은 그레고리나 후대의 비전가들이 생각했던 것보다 더 어려울 것이지만, 그런 개념의 오랜 잠재성은 흥미로운 가능성을 증거했다. 적어도 브리튼에서 그 일들은 항상 훨씬 더 복잡할 것이지만, 그레고리가 염두에 두었던 종류의 일치의 증거가 천천히 부상했다.

그레고리의 『삶』(*Life*)을 쓴 첫 번째 시도자 중에 한 사람이 657년에 세워졌던 휘트비의 수도원의 거주자에 의해서 8세기에 만들어진 것은 아마도 적절하다. 그녀는 이전에 아디안의 학도였던 힐드(Hild)라는 수녀원장이었다. 확실히 영국이 그리스도에게로 오게 되었던 것은 그레고리 자신의 시대의 노력으로 말미암은 것이 아니었고, 또한 영국에서 일치된 가톨릭의 증거에 관한 그레고리의 개념은 일찍이 실현되지 않을 것이다. 하지만 아무리 그 결과가 제한적이고 복잡할지라도 그의 영감하에서 시작된 사역은 전반적으로 브리튼에 기독교의 장기적인 이야기에 대한 기여에서 기억할 만한 가치가 있다.

후기

대중적인 신앙

7세기 기독교의 발전으로 이 책에 대한 우리의 여행은 끝이 난다. 우리가 역사의 이 시점에서 기독교 신앙의 위치를 개요할 때, 이 이야기의 과정에 대한 것들을 다시 살피고 우리가 취했던 루트를 다시 상기하는 것은 가치가 있다.

이 책의 제목은 "대중적인 신앙"이고, 그것이 실로 우리의 이야기가 진행된 것들이다. 처음 세 세기들에서 기독교는 갈릴리와 유대에서 시작된 곳에서부터 아주 멀리 여행했지만, 통계적인 성장과 형태의 발전에도 불구하고 주요한 정치적 세계에서 어떤 공식적인 위상을 얻지 못한 채로 신앙이 남아 있었다. 3세기 후반에는 무시할 수 없을 정도로 로마 제국에서 훨씬 많은 기독교인들이 있었지만 신자들은 당대의 권력을 잡은 자들의 감정을 건드리거나 권력자들이 기독교인들에 대해서 조치를 취할 이유를 발견한다면, 그들에게 무슨 일이 일어날지를 모르는 상태에 있었다. 기독교가 대체로 평화 속에서 그들의 삶을 살아갈 수 있게 허락되고, 복음이 더 많은 인종과 사회적 구역으로 확산되었다 할지라도, 그들은 상당한 의심, 대중적인 적대, 그리고 지적인 비판을 제법 받았고, 간헐적으로 그들은 물리적인 박해와 고난의 심각한 희생자가 되었다. 4세기 초의 고난이 보여주었던 것처럼, 제국의 사회에서 교회 실존의 확장은 안전의 보증을 가져오지 못했고, 로마 세계에서 그리스도에 대한 헌신은 여전히 모든 것을 지불할 수 있었다.

기독교 신앙을 고백하는 것은 여전히 공격을 받을 수 있었고, 개인적인 차원에서도 어느 누구도 영적인 열정이 상당한 곤란이나 위험을 초래하지 않을 것이라고 확신할 수 없었다. 그러나 결국에 크리스천들은 로마 사회의 구조에서 아주 깊이 침투하여서 정치적인 선언을 일구어낼 수 있게 되었고, 4세기 초에 제국의 구조의 정점에서 이 사실을 인식할 수 있게 되었다. 뒤이어지는 시대는 새로운 종류의 기후가 상승하는 것을 목격하게 되었고, 기독교 신앙은 이전에는 전혀 불가능하였던 방식으로 대중 속에서 표현되었다. 연이은 변화들이 즉시 발생하지는 않았고, 전반적인 문화적 영향들을 손쉽게 과장할 수는 없지만, 다음 몇 세대의 과정에서 기독교인들과 그 공동체들의 상황은 그럼에도 불구하고 극적으로 바뀌었다.

언젠가 박해를 받았던 후손들이 대접을 받는 사회적 제도의 대표자가 되었다. 그들의 지도자들은 이전 시대에 성직자들에게 주어진 어느 것도 훨씬 능가하는 신분과 위엄과 권세로 혜택을 입었다. 언젠가 빈약했던 기독교 공동체의 감독들이 상당한 경제적 재원의 관리자가 되었고, 그들 자신만이 아니라 지역 사회의 수령자들에게 자비를 나누어주는 자가 되었으며, 심지어 행정 당국자들에게도 베풀어주는 자가 되었다. 언젠가 은밀하게 진행되었던 운동이 고대 세계의 도시와 마을에서 발견할 수 있는 아주 장엄한 공개적인 건물에서 신앙을 기념하며 의식을 드렸고, 예술 음악, 그리고 문학의 풍부한 전통으로 그 개념들을 표현했다. 어리석은 자들로 경멸을 받았던 사람들이 그들 가운데서 당대의 위대한 사상가와 학자를 배출했고, 그들의 책과 개념들은 유럽과 여타 곳에서 다가올 세기에 지적인 문화를 지배할 것이다.

되돌아보는 변화

우리가 이미 살펴 보았던 것처럼, 콘스탄틴의 회심과 교회와 그 지도자들에 대한 그의 관대한 호의는 확실하게 로마 제국을 기독교 영역으로 전환시키지는 못했다. 여전히 많은 이교 종교들이 있었고, 뒤이어지는 세대에 걸쳐서 여전히 많은 여러 다른 종류의 지적이고 사회적인 반대가 기독교 신앙에 대해서 있었다. 하지만 기독교인의 사회적 성공은 인간의 모든 다양한 종교적 전통들의 배후에 단일한 초월적인 신이 있어야 한다는 점증하는 감정을 확증하는 것으로 보였고, 전통적인 제의들은 문화적인 차원에서 그러했던 것만큼, 더 이상 그렇게 중요하지 않았다. 로마 세계의 대부분의 거주자들에게서 삶은 전과 같이 진행되었으나 도시와 마을의 거주자들에게서 변화의 표지가 있었다. 특히 더 큰 도시에서 살았던 사람들은 온 제국에 건설되고 헌정되는 새로운 교회들, 기독교인 관리들의 상승하는 형태, 기독교 의식의 확증, 그리고 주요한 축제와 순교 제의에 수반했던 대중적인 헌신의 모습을 거의 놓치지 않았다.

전반적으로 제국의 거주자들의 대다수가 기독교인들의 전도에 무관심하거나 그들의 주교들의 점증한 정치적 중요성에 반감을 가졌다면, 또 다른 이들은 교회의 설교자들이 말에 귀를 기울이거나 무엇보다도 기독교인들의 공동적인 헌신의 다른 양태들을 경험하기에 충분할 만큼 호기심이 있었다. 기독교의 위상이 상승했을 때 기독교 신앙의 고백은 사회적, 경제적, 또는 직업적 혜택을 가져왔고, 이는 크리스천의 삶의 방식에서 전례가 없는 이익을 가져왔다. 어떤 이들이 참된 지적 영적 확신을 얻었다면, 다른 이들은 그들 자신을 기독교적 대의와 제휴하는 보다 실용적인 이유를 가졌다. 참된 헌신과 거짓된 헌신을 구분하는 임무는 전보다도 복잡해졌고, 믿음의 도덕적 요구가 새롭게 된 활력과 함께 나타나는 것이 필요했다. 대체로 복음은 여전히 개인의 복음증거의 차원에서 그리고 가족, 친구, 이웃의 직접적인 사회적 구조 내에서 표현된 선한 행위의 실제적인 증거 속에서 중요한 영향을 가져야 했다.

4세기에 문화적인 측면에서 실제적으로 큰 변화는 크리스천의 사고에서 있었다. 그들은 처음으로 그들의 신앙을 황제 자신의 신앙으로 간주할 수 있었고, 그러한 것으로 제시할 수 있었다. 그럴 때조차도, 그들은 국가가 자동적으로 특별한 기독교적 대의의 편에 있었다고 가장할 수는 없었다. 크리스천들이 그들 사이에 다툼이 있었을 때 황제와 그의 대리자들은 어떤 입장을 취해야 했다 – 그들은 황제의 호의를 얻으려고 열정을 다하지 않을 수 없었다. 그 과정에서 전반적으로 교회 내에 불가피하게 이긴 자와 진 자가 있었다. 도나투스파들은 이것을 반복해서 발견했고, 아리안의 논증에 섰던 파들도 그들의 대가를 지불해야 했다. 때로 논쟁적인 사례에서 진자들은 380년대에 처형된 아빌라의 프리스실리안과 그를 헌신적으로 따르던 자들처럼 부당한 비극적 대우를 받았다. 어떤 다른 이들은 덜 비극적인 운명을 견뎠지만, 동일하게 고통을 당했다. 많은 것들이 권세를 잡은 자들의 변화하는 계산과 특별한 입장에 대한 공식적인 재가를 이끌어내는 서로 다른 교회의 정파들의 능력에 달려 있었다. 비기독교인들도 자신들의 독립적인 목적을 위해서 기독교적인 대의에 서로 싸움을 붙임으로써 사건에 영향을 끼칠 수 있었다.

"아리안"이라 명명된 다양한 신학들에 대하여 4세기에 발생했던 커다란 교리적 분열들은 이런 변화하는 사회적 배경에서 기독교적인 이야기의 깊은 정치화를 증거해준다. 기독교적인 언쟁은 이런 저런 방식으로 정치적이었지만 콘스탄틴 이후 시대에서 그러한 것들은 전에는 결코 없었던 정도로 정치적이었다. 당국자들이 특별한 신학적 입장을 지원했다면, 그 입장은 어떤 다른 방식으로는 획득할 수 없었던 공식적인 위상을 소유했다. 이런 환경 속에서만 니케아, 콘스타니노플, 에베소, 그리고 칼케돈에서 열렸던 공의회의 형태를 따른 모임들이 있었고, 그 교리적인 신조들은 민간 권력자들의 도움－또는 협략－으로 강화되었으며, 모든 곳에서 신자들이 따라야 하는 공식적인 가르침으로 소중히 간직되었다. 이런 세상에서 어떤 신학적 입장을 선호하는 지배적인 정치적인 의지에 순응하지 않는 사람들에게는 괴롭힘과 유배와 투옥과 심지어 처형의 청구가 있었다.

크리스천들은 콘스탄틴의 회심과 뒤이어지는 기독교의 사회적 특권이 결국에 그들의 믿음을 위해서 좋은 것이었는지 나쁜 것이었는지를 항상 논쟁할 것이다. 폭넓게 유사한 질문이 클로비스와 같은 다른 통치자들의 회심에 대해서 물을 수 있을 것이고, 이는 아르메니아, 에디오피아, 스페인, 또는 잉글랜드에서든 실로 정치적인 군주가 교회의 이득의 특별한 개념의 후원자가 되었던 어느 경우에라도 마찬가지일 것이다. 그러나 콘스탄틴의 경우에 이 이슈는 유례가 없는 중요성을 갖는다－그가 개종한 첫 번째 통치자이기 때문이 아니라(그는 실제로 그렇지 않다), 기독교로의 그의 전환의 결과는 신앙의 미래에 대한 아주 중요한 비중을 입증했기 때문이었다.

이미 제기했던 것처럼, 이 질문에 대한 단순한 대답은 적절하지 않다. 콘스탄틴의 혁명이 교회에 복과 화의 복잡한 혼합을 낳았음이 분명하다. 콘스탄틴의 출현을 기독교 복음의 진리의 즐거운 옹호요 새로운 기회와 혜택의 놀라운 시작으로 간주함으로써 유세비우스를 따랐던 사람들은 그림의 한쪽 면만을 보는 경향이 있다. 한편으로 정치적인 이득에 의한 교회의 운명적인 흡수와 복음의 명령과 인간 문화의 모든 자연적인 구성간의 비극적인 용해로 그 과정을 간주하는 사람들은 동등하게 진리의 일부만을 식별하는 것이다.

긍정적인 것과 부정적인 것

사실상 교회의 번영에서 발생했던 변화는 긍정적인 것과 부정적인 것이 있었다. 콘스탄틴과 그의 기독교 상속자들의 제국이 없었다면, 그런 속도와 함께 4세기에 발생했던 형태로 고대 세계의 커다란 영역으로 신앙의 확장은 없었을 것이고, 교회는 사회적으로 정치적으로 지적으로 뒤이어지는 역사에서 있었던 경제적이거나 문화적인 위치의 종류에는 이르지 못했을 것이다.

예를 들어, 아타나시우스, 갑바도기가 교부들, 암브로스, 존 크리소스톰, 어거스틴, 알렉산드리아의 시릴, 그리고 그레고리 대제와 같은 괄목할 만한 기독교 학자, 설교자, 조직가로 특징지어지는 신학적 에너지와 영적인 리더십의 위대한 세대는 결코 없었을 것이다. 확실히 이런 개인들의 업적과 교회의 미래를 위한 의미는 매우 달랐다. 그러한 인물들을 "교회의 교부들"이라고 지칭한 것은 그들의 가르침에 부여된 경외, 그들의 거룩함, 그리고 기독교 사상에서 그들의 지속적인 영향을 가리킨다.[1)] 주요한 위치를 어떤 소수에게 제한한 것을 유감스럽게 여길 수 있고, 특히 영적인 모범자와 복음의 통로로서 활발한 역할을 했던 많은 여성들을 상대적으로 인정하지 않은 것을 한탄할지라도(교회의 공식적인 "어머니들"은 없다. 즉 교부는 있었어도 교모는 없었다), 크던 작건 간에 알려진 모든 거인들의 성취는 그들이 존재했던 세계를 통해 영향을 끼쳤다.

동시에 그러한 세계는 기독교에 확실히 위험성을 내포했다. 다소 오랫동안 사람들의 마음속에 기독교 신앙을 "로마화"와 동일시하기가 쉬웠고, 공식적인 정통 교리를 둘러싼 일치 운동이 영적인 고려만큼이나 정치적이고 문화적인 연합의 이상(비전)이 동기부여가 되었다. 사회적 경제적 특권이 도덕적인 부패, 물질주의, 그리고 편리함의 상당한 위험을 초래했다. 감사하게도 기독교가 로마 세계를 위한 것만이 아니라 모든 사람과 세대들을 위한 것임을 인식하는 신자들이 항상 있었고, 콘스탄틴이 친 기독교 정책을 시행하기를 착수하기 전에 이미 신앙이 제국 바깥의 다른 지역에 즉 동부, 아프리카, 북부 유럽 이전에 세대들에게 전달되었다. 이 그룹들의 사람들이 신봉한 신앙의 여러 다른 형태들은 그들 자신의 문제를 물론 초래할 것이지만, 무수히 영적으로 적극적인 기독교인들이 있었고, 로마 세계의 한계를 넘어서서 대단히 발전된 신학과 예배의 전통이 있었다는 것을 부인하기가 어려웠다. 주요한 교회들이 아시아와 비로마-아프리카 지역에서 4세기 이전에 존재했다. 5세기와 6세기에 비로마 사람들 사이에서 발생했던 상당한 팽창은 확실히 로마의 지배를 훨씬 초월하는 믿음의 실제를 만들었다. 우리가 보았던 것처럼, 기독교는 제국의 영토 바깥에서 풍부하게 다양한 형태를 발전시켰고, 초기 교회의 역사를 "서방"에 훨씬 못 미치는 지중해 세계의 맥락으로 한정할 수는 없다 – 그런데 자주 그렇게 해왔다. 기독교는 북부 유럽의 커다란 지역에서 확립을 이루려고 여전히 씨름하고 있을 때, 중동, 아시아, 그리고 아프리카의 많은 부분에서 융성하고 있었다. 기독교 신앙은 앵글로색슨족이 단지 회심하기를 시작하였을 때 수세기 동안 에디오피아에서 풍부한 헌신으로 실천되어 왔다. 이 책의 우리의 이야기에 모든 단계에서 – 그리고 실로 이 책이 다루고 있는 시기를 넘어서서 오랜 세기 동안 – 신자들의 압도적인 다수가 유럽에 발견된 것이 아니었고, 전형적인 기독교인의 얼굴이 확실히 연한 피부를 가진 사람들만도 아니었다.

제도화된 기독교의 도덕적 타락의 위험과 관련해서 그 모든 형태에서 금욕적인 운동의 활성화는 거룩의 의무를 잠재적으로 상기시키는 것으로 기능했고, 교회에 대한 수도원의 복합적인 영향중에 하나는 정규적인 교회적 구조를 보다 포괄적인 – 그리고 자주 더 독립적인 – 거룩의 종류의 도전에 직면하게 하는 능력에 있었다. 조직화된 교회의 권위와 금욕주의 간에 관계는 자주 불편하였지만, 바실의 갑바도기아나 어거스틴의 힙포와 같은 많은 부분에서 수도원의 핵심적인 강조들을 흡수하여 주교의 권위 하에 수도원을 포함하는 것이 가능했다. 금욕주의 세력들이 성직자의 구성원을 더욱 형성하게 되었을 때, 교회는 사회적 책임과 구조적 위엄의 그림자 속에 잠복해 있는 영적인 타성으로의 유혹을 제어할 수 있는 도덕적 확신과 실제적인 헌신의 형태를 동화시켰다.

만약 사건들이 4세기에 다른 과정을 취했다면, "황제 교황주의"의 위험, 세속적인 권세에 의한 교회 일의 지배, 그리고 확신과 헌신보다 관습과 편리로 특징지어지는 신앙의 부족이 장기적으로 유럽의 후대 조직과 그 부속 국가들에서 그렇게 강력하게 나타나지는 않았을 것이다. 하지만 기독교가 4세기 이후부터 특권 있는 대중적인 이력을 획득했다는 사실이 모든 방면에서 심각하게 부패했다거나 교회가 세계의 거대한 도전 속에서 그리스도에 대한 신실한 도덕적 지적 증거를 갖지 못하였다는 것을 의미하지는 않는다. 우리가 고대 후기의 복잡한 양상을 공정하게 대하려면, 기독교 신앙의 문화적인 확증으로 대변되는 위험성과 가능성을 둘 다 인식해야 하고, 흑백 논리로 그것들을 제시함으로써 그 결과를 과도하게 단순화하려는 유혹을 삼가야 한다. 4세기의 사회적 변화가 함축했던 것에 대한 미묘한 평가가 점차적으로 기독교 이후의 서방 세계의 관점에서 역사를 우리가 관찰할 때 더욱더 필요한 것이 될 것이다.

정치, 믿음, 심상들

360년대에 율리안의 통치 하에서 이교 종교의 짤막한 부흥이 보여주었던 것처럼, 기독교는 콘스탄틴 이후에도 로마 제국에 자동적으로 안전하지 않았고, 신자들에게 계속되는 많은 지적 사회적 도전이 있었다. 그러나 고전적인 과거의 전통적인 종교를 재생하려는 율리안의 노력은 생명이 짧았고, 그의 죽음 이후에 그의 개인적인 이상을 공유했던 사람들은 그것들을 더 이상 전달할 수 있는 세력과 기회를 상실했다. 곧 기독교 신앙을 고백하는 황제가 다시 한 번 권좌에 올라섰기 때문이다. 360년대 초에 발생했던 일에도 불구하고, 기독교는 아주 깊게 뿌리를 내리고 있어서 쉽게 근절할 수 없었다.

기독교 지도자들에게서 특히 동방에서 4세기의 중반은 정치적인 환경에 의해서가 아니라 아리안의 위기가 파생한 매우 분열적인 논쟁에 의해 지배되었다. 아리안 논쟁은 교회에 복잡하고 비극적인 결과를 가져왔고, 모든 편에서 많은 주창자들이 오늘날 기독교인들이 보기에 분명히 평판이 잘못된 방식으로 행동했다. 하지만 결과적으로 개인과 집단들이 사용한 전력에 관해서 우리가 무엇을 말하든 간에 이 문제는 복음의 논리에 관한 심오한 중요성을 담고 있었고, 진행된 사상은 예수의 위상과 하나님과 그의 관계, 성령의 본질과 역할, 따라서 – 이 두 영역이 합쳐진 – 그리스도 안에서 드러난 하나님의 삼위일체적 성격에 관한 기독교 역사에서 취해진 가장 중요한 교리적 묵상을 만들어내었다. 아무리 그 환경이 위험하고 그 처방이 분열적일지라도, 325년에 니케아 공의회와 381년에 콘스탄티노플과 같은 사례는 기독교의 교리적 역사에서 매우 중요한 의미를 담고 있었고, 아타나시우스와 갑바도기아인들과 같은 인물들에 의해 4세기의 과정에서 행해진 신학적 작업들은 후대 세기에 어느 것 못지않게 중요한 특성을 지닌다.

많은 평균적인 신자들과 관련되는 한, 사실상 그 신학적 논쟁은 오랫동안 소귀에 경읽기였고, 아무리 열성적인 정파가 대중적인 동요를 불러일으켰을지라도, 그 문제에 대해서 자주 제한된 이해만이 있었다. 꽤 많은 성직자들의 경우도 마찬가지였다. 세부적인 일에 그들이 참여한 수준은 그들이 교육받은 정도나 그들의 지역에서 다른 성직자들로부터의 인도가 가능한가에 다양하게 달려 있었다.

그럼에도 불구하고 가장 잘 알려진 지도자들은 교리적인 가르침, 설교와 서신, 그리고 특히 찬송의 강력한 매개를 통해서 그들의 사람들 사이에서 보다 정확한 이해를 심어주려고 노력했다. 오해와 솔직한 이의제기자가 널리 퍼지게 되었고, 확실히 교회의 어느 곳에서도 아리안 개념을 전적으로 포기하는 것과 같은 것은 없었다. 설사 아리안주의가 공식적인 정통주의와의 대결에서 패배하였을지라도, 그것은 결코 죽지 않았다. 그 영향은 제국의 경계를 넘어서 분명하게 계속되었고, 고트족과 같은 사람들은 분명히 아리안 선교사들에 의해 복음화가 되었다. 그러한 차이가 야기한 교리적인 긴장은 후대 세대에서 더 커질 것이다.

보다 일반적으로 로마 사회의 측면에서 보다 강압적인 종류의 기독교화가 데오도시우스의 통치 시에 발생했다. 이교도에 대한 그의 칙령은 점차적으로 신앙의 다른 표현을 공식적으로 소멸시키는 일을 감행했고, 반(anti) 기독교적 조치가 로마 당국자들이 예전에 행했던 것보다 더 효과적인 종교적 강압의 형태에 자극을 주었다. 그럴 때조차도 기독교로의 대량 회심은 없었고, 다른 개념에 대한 사적인 믿음을 근절하는 어떤 진지한 노력이 없었으며, 대중적인 상징의 폭넓은 파괴에도 불구하고 이교도는 결코 죽지 않았다. 그럼에도 불구하고 4세기에 교회의 위치가 상당히 상승했음은 의심의 여지가 없었다. 성직자 특히 주교들의 권리와 특권이 매우 견고히 되어졌다. 주교들은 이제 새로운 부류의 정치적인 관리자로 알려지게 되었다. 매우 큰 대도시 교회의 지도자들은 그들 시대에 엘리트에 속하는 자로서 구분되는 의무와 특권을 가진 매우 중요한 대중 인물로 부상했다. 어떤 이들은 이 역할을 행하는데 다른 이들보다 더 잘 준비되어 있었다.

장엄함과 부와 권위의 가장 두드러진 교회적 사례가 로마 교회에서 있었다. 교황권이 독자적으로 강력한 정치적 세력으로 기능하기 시작했던 것은 4세기 후반부터였다. 그것은 서방의 모든 다른 교회들에 대한 자연적인 관할권과 주도권을 주장했고, 다른 서방 주교들의 규율적인 문제에 대해서 실제적인 지침을 제공했으며, 점차적으로 로마가 원하는 대로 이들이 따를 것이 예상되었다. 특히 예전적 관습과 관련해서 사실상 상당한 지역적 다양성이 계속되었지만, 점증하는 속도로 로마의 영향이 확산되었다. 로마의 주장은 동방 쪽으로도 확대되었지만, 여기서는 다른 고대의 주교들, 특히 안디옥과 알렉산드리아의 강력한 이력 때문에 훨씬 더 큰 문제에 부딪혔다. 로마만이 아니라 다른 교회들과 경쟁하고 있는 콘스탄티노플의 위상으로 인해서 오래 지속되는 문제가 발생하기 시작했다.

도덕성과 교리

4세기와 그 이후에 교리적 발전은 확대되는 문화적 신학적 정교함이 낳은 발전을 대표한다. 또한 그것들은 사회적 확장이 제기한 도전을 반영했다.

예배, 절기, 그리고 예식의 패턴들은 새로운 혜택을 특징지었고, 교리문답의 설명과 성례의 신비, 하위 성직자들을 교육하려는 주교의 노력, 그리고 기독교적 교화에 대한 설교자와 작가의 노력은 전례가 없었던 문제를 다루는데 관심이 있었음을 가리킨다. 교회를 개혁한다고 자임하는 개혁가들은 그 일을 너무 쉽게 생각했다는 사실을 발견했다. 제롬과 같은 이들은 다른 성직자들을 비난하는데 너무 신랄했고, 존 크리소스톰과 같은 사람들은 저명한 사람들에 대한 그들의 주장에서 너무 솔직했으며, 다른 교회들에 대해서 너무 간섭하였다. 다른 이들은 신학적인 개념에 관한 것 때문에 문제에 봉착했다. 4세기와 5세기의 첫 몇 십 년간에 펠라기우스와 그의 지지자들은 기독교인의 삶에서 도덕적 노력의 열정적인 옹호로 인해서 많은 추종자들에게 매력을 주었으나 그들은 이 개념을 교리적으로 뒷받침하려는 방식 때문에 곤란에 처하게 되었다.

특히 어거스틴에게서 펠라기우스와 그의 추종자들, 특히 위협적이었던 에클라눔의 쥴리안의 가정은 거저주시는 은혜의 복음과 구원이 본질적으로 스스로 구원할 수 없는 사람들에게 부여되는 하나님의 선물이라는 근본적인 기독교인의 확증을 건드렸다. 이 두 서로 다른 접근 방식 사이에 논쟁은 다양한 오해로 인해 가중되었다. 펠라기안의 편에 있는 사람들이 구원에 대한 은혜의 필요성을 부인하기를 원치 않았고 단지 은혜가 어떻게 작용하고 이것이 크리스천의 행위에 어떻게 적용되는가와 관련한 지배적인 견해에 제한을 두려는 것이었다. 하지만 결국에 어거스틴의 추론은 인간의 능력에 관한 낙관적인 견해 속에서 크리스천의 윤리적 노력의 개념에 토대를 놓으려는 것은 불가능하다는 사실을 보여주었다.

4세기에 그리스도가 하나님에 못지않다는 폭넓은 일치를 생산하였다면(물론 이 사실을 어떻게 가장 잘 진술할 것인가와 관련해서 일치를 얻어내는데 상당한 어려움이 있었다), 4세기말과 5세기 초는 그리스도의 신성과 인성 사이에 관계를 언급하는 적절한 방식을 정확히 하는데 오래도록 지속된 노력이 있었다. 알렉산드리아와 안디옥 전통의 헬라 신학자들 사이의 논쟁에서 서로 다른 강조가 심사되고 논쟁되었다. 양 진영에서 극단적인 것들에 대항하는 폭넓은 일치가 있었을지라도, "위격"과 "인성"에 대해서 언급하는 방식들에 대해서 합법적인 것과 그렇지 않은 것과 관련해서 강력한 감정이 있었다.

이전 세대에서처럼 교회 정치가들에 의한 꼴사나운 행동들이 상당히 있었고, 싸움의 과정에서 네스토리우스와 같은 무고한 희생자가 있었다. 네스토리우스는 그의 대적인 시릴이 그가 믿는다고 고발했던 것을 거의 확실히 간직하고 있지 않았다. 그럼에도 불구하고 전과 마찬가지로 진행된 이슈들은 중요한 의미가 있었다. 그리스도가 완전히 하나님과 동등이신 것은 크리스천의 구원의 논리에 매우 중요했던 것처럼 그가 절대적으로 인간이셨다는 것은 등등하게 중요했다. 그리스도의 어느 부분에서도 고결성을 타협하지 않는 양 부분의 실제를 확증하는 방법을 찾는 것이 필요했다.

451년에 칼케돈 공의회는 양 부분에 관한 지속적인 관심에 정당성을 줄 수 있는 해결책을 찾기를 시도했고, 논쟁에 둘러싸이고 특별한 계획에 의해 매우 영향을 받았을지라도, 그것은 세심하게 균형 잡힌 신조를 만들어내었다. 성육신하신 주님은 신성과 관련해서 하나님과 완전하게 동질하시며, 인성과 관련해서 우리와 완전하게 동질하시지만 한 실체이시다. 즉 그는 두 본성으로 알려진 한 인격이셨고 지금도 한 인격이시다. 이런 고백은 서방에서 폭넓은 인정을 얻었고, 동방의 많은 사람들에게서도 그러하였지만, 이런저런 이유 때문에 그 고백이 믿음의 참된 설명을 대변하지 못한다고 느꼈던 제법 많은 동방의 분열자들을 낳았다.

칼케돈파와 특히 "단성론파"들 사이에 있었던 논쟁들은 신학적인 분열만이 아니라 주요한 정치적인 분쟁과 관련이 있었고, 이 시기에 나타났던 교리적 차이는 동방 세계와 서방 세계에 기독교의 분열을 그들의 방식대로 일으켰다. 교리에 대한 논증이 수세기 동안 동방을 지배했고, 실로 이 날까지도 극복되지 않았다. 새로운 교회들이 분열을 발전시켰고, 그들 자신의 독특한 믿음과 실천의 전통을 공고히 했기 때문이다. 그러나 이런 모든 문제에도 불구하고, "단성론파"와 안디옥파의 비칼케돈 선교사들이 아시아, 아프리카, 인도, 그리고 그 너머의 새로운 상황으로 복음을 전달했을 때, 기독교 메시지의 계속된 팽창이 있었고, 영성의 강력한 독립적 전통이 변화하고 있는 정치적 환경의 이런 모든 상황 속에서 발전하기를 계속했다. 아시아, 아프리카, 인도, 중국의 비로마의 동방의 교회들은 기독교인의 노력의 이야기에서 간과해서는 안 된다.

도전과 기회

모든 기독교 통치자의 정부가 보여주었던 것처럼, 정치적인 호의가 확실히 교회 문제의 끝이나 심지어 물리적인 위험성의 끝을 의미하지는 않았다. 콘스탄틴의 시대부터 유스티니안의 시대와 그 너머까지 신실한 크리스천들은 구원이나 교회의 본질 또는 그리스도의 위격에 관한 그들의 개인적인 믿음이 정치적 주인의 믿음과 일치하지 않았을 때 고통을 당할 수 있다는 것을 매우 잘 알게 되었다. 공식적으로 기독교 통치자에 의한 정부가 의와 정의가 자동적으로 사회적 차원에서 우세하였음을 의미하지 않았다. 때로 이교도 당국자들이 기독교를 고백했던 사람들보다 훨씬 더 잘 행동했고, 때로 이단들이 가톨릭보다 훨씬 더 좋은 매너를 보여주었다. 5세기와 6세기가 풍성하게 보여주었던 것처럼, 자신을 크리스천이라고 일컫는 사람들의 무기에 의해 감행된 많은 무자비한 폭력과 파괴가 있었고, 무고한 신자들이 희생의 몫을 면하지 못했다. 이런 격변은 그러한 고난을 허락하신 하나님의 목적에 대한 많은 의문을 불러일으켰다. 어떤 이들에게서 고난은 도덕적이고 영적인 무기력에서 깨어나라는 긴급한 촉구였고, 그것은 또 다른 이들에게서 세상의 종말과 악한 자에 대해서 이 땅에 심판을 가져오시는 주님의 재림을 전조하였다.

그러나 이 모든 과정 속에서 교회는 계속되었고, 이 믿음의 경계는 확장되었다. 프랑크족들 사이에 회심이 있었고, 가톨릭의 메로빙거 왕조의 교회가 공고히 되어져갔다. 고트족의 일부를 가톨릭 신앙으로 데려오는 성공이 있었고, 스페인에서 서고트족들 사이에서는 그 일이 아주 괄목할 만하게 이루어졌으며, 이탈리아의 롬바르드들 사이에서도 복음이 침투해 들어갔다. 브리튼과 아일랜드에서 분명히 느린 시작이 있은 후에 복음전도가 브리튼 사람과 스코트족, 픽트족 그리고 가장 최근에는 앵글로색슨족들 사이에서 발전했고, 대륙의 교회들에게 상당한 영향을 끼쳤던 켈트의 영토에서 수도원, 학문, 그리고 선교적인 헌신의 특별히 생생한 전통들이 있었다.

이교도는 지속적인 세력이었고, 이런 상황에서 의미 있게 사회를 기독교화 하는 것은 자주 제기되었던 것보다 상당히 더 어려운 도전이었다. 어느 곳에서도 대량의 회심은 없었고, 북부 유럽에서 기독교적 팽창의 사회적 효과는 후대의 경건한 이야기들이 주장하는 것보다 자주 훨씬 더 제한적이었다. 세대에 걸쳐서 있었던 정치적, 경제적, 그리고 사회적 문제들은 무수한 정체와 오르내림을 가져왔고, 복음을 문화화하는 방식과 민간인 권세자로부터 교회 지도자들의 독립, 그리고 (항상 그런 것처럼) 지역 교회와 그밖에 다른 곳에서의 관계에 대한 교회 지도자들의 독립에 대해서 많은 의문들이 있었다. 하지만 각각의 경우에 새로운 도전과 더불어 새로운 기회가 있었고, 초기 중세 서방의 복합적인 세계에서 교회는 사회적 안정과 복리, 그리고 문화적 청지기의 대리자로서 역동적인 역할을 많은 상황들에서 가정했다.

4세기가 새로운 시대의 시작을 특징지었다면, 7세기의 여명은 또 다른 시대의 시작을 가져왔다. 로마에서 그레고리 대제와 그의 상속자들이 서방에서 그 기회들을 인식하였을 때, 불길한 변화가 동방에서 진행 중에 있었고, 이에 비교하여 유럽에서 정치적으로 발생했던 모든 것은 제한된 결과만을 가졌음을 입증해 줄 것이다. 비잔틴 제국과 페르시아간의 긴 싸움은 비잔틴 영역의 크리스천들과 동방 이외에 그들의 동자격자 사이에 있었던 간격을 넓히게 했고, 그들 사이에 신학적인 차이를 악화시켰다. 아라비아에서 이슬람은 처음에 지역적인 사소한 운동으로 보였지만, 새로운 믿음의 영향은 놀라울 정도로 급속하게 성장할 것이고, 결국에 그것은 지중해 세계와 그 너머의 커다란 지역들에서 기독교의 번성에 매우 커다란 도전을 제기하게 될 것이다. 이 모든 발전의 실제적인 영향은 아직도 먼 미래의 것이었지만 이를 향한 과정의 첫 씨가 심겨졌다. 중세 시대에 기독교 세계의 지도는 급진적으로 재조정될 것이다.

연대표(Time Line)

많은 사건들, 개인, 그리고 책들의 연대가 논쟁이 된다. 아래 연대표는 몇 가지 경우에 근접한 연대를 가정한다. 연대적인 문제에 관한 구체적인 논의는 '더 자세한 읽기를 위한 참고문헌' 에서 인용한 문서들에서 발견할 수 있다.

연도	주요한 발전들
303-304	"대박해" 가 시작되다
304-313	락탄티우스가 『거룩한 제도』(Divine Institutes)에 관한 작품을 쓰다
305	디오클레시안과 막시미안이 양위되다
306-312	서방에서 박해가 완화되다 동방에서 박해가 계속되다 애굽에서 멜라티안의 분열이 시작되다
약 310	아르메니아가 처음 공식적으로 기독교 국가가 되다
311	갈레리우스가 관용령을 발표하다 갈레리우스가 죽은 후에 특히 애굽에서 막시민의 통치 하에서 박해가 계속되다
312	콘스탄틴이 밀비안 다리의 전투에서 막센티우스를 패퇴시키다
313	"밀란 칙령" 이 콘스탄틴과 리니시우스에 의해 발행되다: 보편적인 관용
313-315	락탄티우스의 『박해자의 죽음에 관해서』(*On the Deaths of the Persecution*) 콘스탄틴과 리시니우스 사이에 전쟁이 시작되다
318	알렉산드리아에서 아리우스를 둘러싼 논쟁이 시작되다
321	콘스탄틴이 일요일을 특별한 날로 촉진시키다

321-324	기독교인들이 리시니우스의 영토에서 박해를 당하다
324	콘스탄틴이 리시니우스를 패퇴시키고 유일한 황제가 되다
325	가이사랴의 유세비우스가 『교회사』를 완성하다 첫 번째 "에큐메니컬" 공의회인 니케아 종교회의가 열리다: 그리스도가 성부 하나님과 동질('호모우시오스')이신 것으로 고백되다
320년말-330년대	팔레스타인에서 금욕주의적인 '라브리'가 성장하다
328	아타나시우스가 알렉산드리아의 주교가 되다
330	콘스탄티노플의 헌정식
335	두로의 공의회: 아타나시우스가 정죄되고 유배로 보내지다
336	안키라의 마르셀루스가 유배되다 콘스탄티노플에서 아리우스가 죽다
337	콘스탄틴의 세례와 죽음 콘스탄틴 2세, 콘스탄티우스, 그리고 콘스탄스의 통치로 제국이 나뉘다 유배된 주교들이 사면되다
약 338년	유세비우스의 『콘스탄틴의 생애』(Life of Constantine)
339	아타나시우스와 마르셀루스가 로마에서 다시 한 번 유배를 당하다 기독교인들이 로마와의 전쟁 동안에 페르시아에서 박해를 당하다
340	콘스탄틴 2세와 콘스탄스간의 시민전쟁 콘스탄틴 2세의 죽음
340년대	울필라가 고트족에게 선교하고 고트족 언어로 성경을 번역하다
약 343	사르디카 공의회
346	아타나시우스가 알렉산드리아로 돌아오다 수도원 지도자인 파코미우스가 죽다
약 349	시릴이 예루살렘의 주교가 되다
350	힐라리가 포이테르의 주교가 되다 콘스탄스가 찬탈자인 마그네티우스에 의해 살해를 당하다 조지아의 왕가가 회심했다는 평판이 있다
350년대	교리적인 일치를 위한 콘스탄티우스의 아리안적인 전략에 반대한 일부 서방 주교들이 유배를 당하다
350년대말	"아리안"과 "니케아" 파의 싸움이 강렬해지다

356	아타나시우스가 한 번 더 유배를 당하다 유명한 애굽 금욕주의자인 안토니의 죽음
357	서미움의 "불경"
350년대말-360년	그리스도와 성령의 위상에 대한 진전된 논쟁이 부상하다 수도원 운동이 활성화되다
359-360	일치의 쌍둥이 공의회(셀류시아와 아리미눔)와 콘스탄티노플의 모임이 '호모이안' 아리안 신학의 정치적인 승리를 확증하다
361-363	"배교자" 율리안의 통치: 이교주의를 회복시키려고 애쓰다, 기독교에 대해서 지적인 공격을 감행하다, 기독교인이 교사가 되는 것을 제한하다, 교회 내에 경쟁적인 교리적 입장을 관용하다(유배된 주교들이 돌아오다)
362	알렉산드리아 공의회
362년말-363	아타나시우스가 다시 유배되다
360년대 중반말	시리아인 에프렘의 주요한 저서들이 에데사에서 생산되다 마틴(나중에 투르의 마틴)이 리구게에서 금욕주의적인 공동체를 세우다
364-375	서방의 발렌티니안 1세 황제
364-368	동방의 발렌스 황제
364	아타나시우스가 알렉산드리아로 돌아오다
365-366	아타나시우스의 다섯 번째이자 마지막 유배
366	다마수스가 로마의 주교가 되다
360년대 말-370년대	동방에서 메살리안들이 상당히 확장되다
367-383	서방에서 공동 황제인 크라티안
370년대	아폴리나리스의 기독론에 대한 논쟁 갑바도기아 교부들 특히 가이사랴의 바실이 활동하다 금욕주의 운동의 보다 의미 있는 확장이 진행되다
약 371	마틴이 투르의 주교가 되다
373	아타나시우스의 죽음
374	암브로스가 밀란의 주교가 되다
370년대 중반	살라미스의 에피파니우스가 오리겐의 가르침을 격렬하게 공격하다 수년 동안 "오리겐주의"에 대한 강렬한 논쟁이 있다

370년대 후반	프리실리안주의가 스페인에서 부상하다
378	아드리아노플에서 로마가 패퇴하고 발렌스 황제가 죽다 안디옥파의 학자인 디오도레가 다소의 주교가 되다
379	데오도시우스가 동방의 황제가 되다
380	아리안주의를 포함한 이단들이 데오도시우스에 의해 정죄되다
381	콘스탄티노플에서의 두 번째 "에큐메니컬" 공의회: "아리안주의"를 제어시키다, 콘스탄티노플의 교회적인 위상을 로마 다음으로 확증하다
380년초	나지안주스의 그레고리와 니사의 그레고리가 더 많은 글을 쓰다 투르의 마틴의 선교 사역 제롬이 성경 번역을 시작하다 에게리아가 동방에서의 그녀의 여행에 관한 글을 쓰다 티코니우스의 『규칙서』(*Book of Rules*) 펠라기우스가 로마에 도착하다
382	폰투스의 에바그리우스가 애굽의 사막으로 이동하다
384	시리시우스가 로마의 주교가 되다
385	제롬이 로마를 떠나 동방으로 향하다 프리실리안과 그의 추종자들의 일부가 트리어에서 처형을 당하다
385-386	아리안 대적자들과 암브로스의 싸움의 극치, 그리고 밀란에서 발렌티니안 2세의 궁전
386	밀란에서 어거스틴의 회심 제롬이 베들레헴에 정착하다 존 크리소스톰이 안디옥에서 사제로 서임되다
387-388	이탈리아의 침공과 막시무스의 패배
390	데살로니가에서의 학살, 데오도시우스가 뒤이어 참회를 하다 "기둥 고행자" 시몬의 탄생
391	이교 희생제사가 금지되고 신전이 닫히다, 대중들이 이교신전에 대한 파괴를 일삼거나 이교 신전을 기독교인들이 개조하여 사용하다
390년대초	이교도와 마니교와 같은 운동에 대한 진전된 입법 폴리누스가 놀라에 도착하다
392	데오도르가 몹수에시아의 주교가 되다
392-394	혁명과 유게니우스의 패퇴

395	데오도시우스의 죽음 어거스틴이 히포의 보좌신부가 되고, 뒤이어지는 해에 히포의 유일한 주교가 되다
397	존 크리소스톰이 콘스탄티노플의 주교가 되다 암브로스의 죽음
397-401	오리겐주의자에 대한 논쟁이 매우 강화되다 알렉산드리아에서 맹인인 디디무스가 활동하다 어거스틴이 『고백』(*Confessions*)을 작성하다 루엔의 빅트리시우스가 남부 브리튼을 방문하다
약 399-412	어거스틴이 도나투스주의자들에 대항하여 활동하다
약 399-419	어거스틴이 『삼위일체론』(*On the Trinity*)을 쓰다
약 402-407	프로덴티우스가 찬송집을 만들다
406-407	반달족들, 수에비족들 그리고 알란족들이 라인강을 건너 로마 영토로 들어오고, 골과 스페인을 넘어 남부로 내려오기 시작하다
407	유배 중에 존 크리소스톰이 죽다
409-410	로마가 브리튼에서 퇴각하다
410	폴리누스가 놀라의 주교가 되다 알라릭 하에서 고트족에 의한 로마의 함락 펠라기우스와 그의 많은 추종자들이 이탈리아를 떠나다
411	카르타고에서의 회담이 도나투스주의자들을 정죄하다 펠라기안의 교사 셀레티우스가 카르타고에서 정죄되다
412	도나투스주의자 교회가 불법으로 선언되다 펠라기안주의에 대한 어거스틴의 논쟁이 시작되다 시릴이 알렉산드리아의 주교가 되다
413-426	어거스틴이 『하나님의 도성』(*The City of God*)을 쓰다
415	신플라톤주의자 교사인 히파티아가 알렉산드리아에서 살해되다
415-430	골에서 수도원 지도자인 존 카시안의 활동 어거스틴의 은혜의 신학에 대해 골에서 논쟁이 발생하다
417-432	펠라기안주의가 로마에서 정죄되다
420	제롬이 죽다

420년대	에크라눔의 쥴리안이 펠라기안의 논쟁가로서 활동하다
423	데오도렛이 시루후스의 주교가 되다
428-431	콘스탄티노플의 주교인 네스토리우스의 가르침에 대한 격렬한 논쟁, 알렉산드리아의 시릴로부터 강력한 반대가 있다. 브리튼에서 펠라기안 신학에 대한 지지
429	반달족들이 북아프리카를 침략하다 브리튼으로 아욱세레의 게르마누스가 선교사로 가다
430	어거스틴이 죽다
430년대초	아퀴타이네의 프로스퍼에 의한 어거스틴의 가르침에 대한 변호
431	에베소에서 세 번째 "에큐메니컬" 공의회가 열리다: 네스토리우스와 펠라기안의 셀리스티우스가 정죄되다 팔라디우스가 아일랜드에서 기독교 사역을 행하다
약 432	아일랜드에 패트릭이 도착했다는 전통적인 날짜
433	그리스도의 인격에 관해서 합일의 신조가 안디옥과 알렉산드리아 신학자들 사이에 긴장을 해소하기 위해서 시도되다
437	네스토리우스가 애굽으로 유배되다
439	카르타고가 반달족에게 함락되다, 북아프리카에 반달 왕국이 아리안주의를 선호하고 수세대 동안 가톨릭 신자들을 괴롭히다
440	레오가 로마의 주교가 되다
440년대	아틸라의 통치 하에서 훈족의 공격적인 팽창 네스토리우스에 의한 소책자와 서신들
444	알렉산드리아의 시릴의 죽음
446	플라비안이 콘스탄티노플의 주교가 되다
448	유티케스가 그리스도의 인성을 손상시켰다는 제기된 주장으로 인해 콘스탄티노플에서 정죄되다
449	에베소에서의 "강도 회의" 레오의 '교서' 레린스의 빈세트(?)가 죽다
440년대 말	살비안이 마르세유에서 글을 쓰다
450	데오도시우스 2세의 죽음, 마르시안과 풀케리아가 뒤를 잇다

451	칼케돈에서의 네 번째 "에큐메니컬" 공의회: 그리스도가 "두 본성으로 인식되는 한 인격"이라고 선언되다
450년대-470년대	동방에서 칼케돈에 대한 광범위한 논쟁, 애굽, 팔레스타인, 시리아에서 "단성론 전통"이 강화됨
453	아틸라의 죽음
470	시도니우스 아폴리나리스가 클레르몽의 주교가 되다 마지막 서방 황제인 로물루스 아우구스툴루스가 오도아서르에 의해 권력에서 물러나다
482	제노의 '헤노티콘'
484	콘스탄티노플의 아카이수스가 로마에서 파문되다, 두 교회들 사이에서 분열이 발생하다
490년대	시리아와 페르시아에서 안디옥파 기독교의 팽창
492-493	프랑크족 왕 클로비스가 브르군디족 기독교인 공주인 클로틸드와 결혼하다
493	데오데릭이 이탈리아의 왕이 되다
약 499	클로비스의 회심과 뒤이어지는 프랑크족 사이에서의 기독교의 확장
502	케사리우스가 아르렐스의 주교가 되다
512	세베루스가 안디옥의 주교가 되다 예배 중에 '트리사곤'을 사용한다고 콘스탄티노플에서 대중적인 폭동이 발생하다
519	"아카시안" 분열이 끝나다
520년대	동방의 많은 부분에서 "단성론" 신자들의 박해
523-524	보에티우스가 데오데릭에 대항하여 반역을 행했다는 죄목으로 처형을 기다리기 전에 『철학의 위로』(*Consolation of Philosophy*)를 쓰다
527-565	황제 유스티니안의 통치
520년대말	동방에서 "단성론" 교회가 강화됨
529	오렌지 공의회가 은혜에 관한 어거스틴의 교리를 지지하다(하지만 악에 대한 예정론을 정죄하다) 누르시아의 베네딕트가 몬테 카지노에 수도원을 세우다

530년대-540년대	동방에서 친칼케돈파와 반칼케돈파 논쟁가들 사이에 광범위한 논쟁이 발생하다 유스티니안에 의한 다양한 화해 시도가 있다 바베리아인의 통치로부터 서방 제국의 커다란 지역들을 회복시키는 군사적 원정이 있게 되다 남부 스코틀랜드에서 니니안의 사역의 가능성 있는 연대(하지만 전통적인 연대는 약 397-398이다)
533-534	벨리사리우스가 반달족으로부터 북아프리카를 되찾다
약 540	베네딕트의 『규율』(*Rule*)
541-543	제국이 전염병으로 황폐화되다
약 542	제이콥 바라두스가 에데사의 "단성론" 주교로 은밀하게 성별되다, 뒤이은 시기에 "단성론" 교회들에 대한 순회사역을 행하다
543-544	"세 헌장"(Three Chapters)에 관한 유스티니안의 칙령이 안디옥파 신학의 극단적인 형태를 정죄하기를 시도하다
540년대 중반	누비아와 악섬에서 "단성론"이 확장되다
540년대 말	길다스가 브리튼 교회에 글을 쓰다
550년대-560년대	수도원이 아일랜드와 웨일즈에서 확장되다
553	콘스탄티노플에서의 다섯 번째 "에큐메니컬" 공의회가 "세 헌장"을 정죄하고 칼케돈의 친 시릴적인 해석을 승인하다
554	카시오도루스가 나폴리 근처에 그의 영지에 학문적인 수도원 공동체를 세우다
555	아르메니아의 교회가 비칼케돈파 시리아인들과 제휴하다
563	콜룸바가 아일랜드를 떠나 스코틀랜드로 향하다, 동일한 시기나 좀 더 늦은 시기에 그와 그의 친구들이 이오나에 정착하다
568	롬바르드족이 이탈리아를 침공하다
570	모하멧의 탄생
570년대-590년대	바나티우스 포투나투스의 찬송들
약 576	투르의 그레고리가 그의 『프랑크족 역사』(History of Franks)를 시작하다
587	서고트족 스페인 왕인 리케어드가 가톨릭으로 회심하다

589	톨레도의 공의회가 스페인에서 아리안주의를 포기하다
590	그레고리 대제가 교황이 되다
590년대	콜룸바가 아일랜드에서 골로 여행하고 수도원을 세우다
597	켄트에서 앵글로색슨족에 대한 어거스틴의 선교단이 도착하다 콜룸바가 죽다
약 600	이시도르가 세빌레의 주교가 되다
604	그레고리 대제가 죽다
622	모하메드와 그의 추종자들이 메디나로 이주하다
630	이슬람의 영적 센터로 메카를 세우다
630년대	단의론과 양의론 논쟁이 시작되다
662	고백자 막시무스가 죽다
664	휘트비의 "대회"
680-681	콘스탄티노플에서 여섯 번째 "에큐메니컬" 공의회가 양의론 신학을 확증하다

추가도서 소개

초기 기독교와 관련한 거의 모든 것에 관한 방대한 문헌이 있고, 많은 카탈로그와 인덱스들은 매년 쏟아지는 이 참고문헌에 대한 홍수를 기록하고 있다. 많은 종류의 자료들이 이 책을 집필하는데 영향을 주었고, 아래에 나오는 참고물들은 더 깊게 특별한 주제들을 추적하기를 원하는 독자들을 안내하기 위한 작은 부분의 지침이 들어 있다. 이 목록은 영어로 된 문헌들에 한정하고 있지만, 매우 광범위한 자료들을 다른 언어들, 특히 프랑스어, 독어, 그리고 이탈리어로 된 책에서 발견할 수 있다. 이 자료는 책으로 만들어진 연구서들로 역시 제한되어 있지만, 잡지 형태의 상당한 문헌들이 모든 주제에 관해서 존재하고 있고, 자주 활발한 논의가 이런 배경에서 발생한다. 이 목록은 역사적이고 신학적인 관점의 폭넓은 범주를 반영하지만, 이 책에서 제공되는 해석을 필연적으로 대변하고 있지는 않다.

자료

1. 고대 기독교 저자들

고대 기독교 저자들에 대한 다양한 영어 번역 시리즈들이 있다. 가장 중요한 책들 가운데는 아래와 같은 것들이 있다.

Ancient Christian Writers. Edited by J. Quasten and J. C. Plumpe. Westminster, MD, and New York: Newman Press, 1946–.

Classics of Western Spirituality. Edited by R. J. Payne. Ramsey, NJ: Paulist Press; London: SPCK, 1978–.

The Fathers of the Church. Washington, DC: Catholic University of America Press, 1946–.

Library of Christian Classics. Edited by J. Baillie, J. T. McNeill, and H. P. van Dusen. Philadelphia: Westminster; London: SCM Press, 1953–69.

The Library of Early Christianity. Washington, DC: Catholic University of America Press, 2002–.

Loeb Classical Library. Cambridge, MA: Harvard University Press; London: Heinemann, 1912–.

Oxford Early Christian Texts. Edited by H. Chadwick. Oxford: Oxford University Press, 1970–.

The Oxford Library of the Fathers. Edited by M. Dods. Edinburgh: T. & T. Clark; New York: Eerdmans, 1838–81.

Popular Patristics. Crestwood, NY: St. Vladimir's Seminary Press, 2001–.

A Select Library of Nicene and Post-Nicene Fathers of the Christian Church. Edited by P. Schaff and H. Wace. Reprint. Grand Rapids: Eerdmans, 1975–.

Translated Texts for Historians. Liverpool: Liverpool University Press, 1985–.

다른 의미 있는 번역들은 Penguin Classics(Harmondsworth, England: Penguin)와 같은 시리즈들과 Cistercian Publication(Kalamazoo, MI), 그리고 Liturgical Press(Collegeville, MN)과 같은 출판사들에 의해 발행되었다.

2. 유용한 명문집들

Bettenson, H., ed. *The Later Christian Fathers*. Oxford: Oxford University Press, 1970.

Stevenson, J., ed. *A New Eusebius: Documents Illustrating the History of the Church to* A.D. *337*. Rev. ed. by W. H. C. Frend. London: SPCK, 1987.

———. *Creeds, Councils and Controversies: Documents Illustrative of the History of the Church* A.D. *337–461*. Rev. ed. by W. H. C. Frend. London: SPCK, 1989.

Wiles, M. and M. Santer, eds. *Documents in Early Christian Thought*. Cambridge: Cambridge University Press, 1975.

서론적인 에세이를 수반하는 교리적, 사회적, 그리고 도덕적 주제에 관한 다양한 글들의 소중한 집합들을 *Message of the Fathers of the Church*(Wilmington, DE: Michael Glazier; Collegeville, MN: Liturgical Press, 1983-) 시리즈물에서 발견할 수 있다.

성경 텍스트들에 관한 초기 기독교의 해석과 적용을 훌륭한 시리즈물인 Ancient Christian Commentary on Scripture(Downers Grove, IL: InterVarsity, 1988)에서 살필 수 있다.

3. 고고학적인 자료들의 역할에 관해서

Frend, W. H. C. *The Archaeology of Early Christianity: A History*. London: Geoffrey Chapman; Minneapolis, MN: Fortress Press, 1996.

4. 법률적인 문서들에 관해서

Coleman-Norton, P. R., *Roman State and Christian Church: A Collection of Legal Documents to A.D. 535*. 3 vols. London: SPCK, 1966.

5. 공의회들에 관해서

Davis, L. D. *The First Seven Ecumenical Councils: Their History and Theology (325–787)*. Collegeville, MN: Liturgical Press, 1990.

Tanner, N. P., ed. *Decrees of the Ecumenical Councils*. Vol. 1, *From Nicaea I to Lateran V*. Washington, DC: Georgetown University Press; London: Sheed and Ward, 1990.

참고작품들

Ackroyd, P. R. and C. F. Evans, eds. *The Cambridge History of the Bible*. Vol. 1, *From the Beginnings to Jerome*. Cambridge: Cambridge University Press, 1970.

Altaner, B. *Patrology*. 6th ed. Translated by H. C. Graef. Freiburg, Germany: Herder; Edinburgh and London: Nelson, 1960.

Apostolos-Cappadona, D. *Dictionary of Christian Art*. New York: Continuum, 1994.

Armstrong, A. H., ed. *The Cambridge History of Later Greek and Early Medieval Philosophy*. Cambridge: Cambridge University Press, 1967.

Atiya, A. S., ed. *The Coptic Encyclopedia*. 8 vols. New York and Toronto: Macmillan, 1991.

di Berardino, A., ed., with bibliographies by W. H. C. Frend. *Encyclopaedia of the Early Church*. 2 vols. Cambridge, England: James Clarke, 1992.

Bowersock, G. W., P. Brown, and O. Grabar, eds. *Late Antiquity: A Guide to the Postclassical World*. Cambridge, MA: Harvard University Press, 1999.

Bradshaw, P., ed. *The New SCM Dictionary of Liturgy and Worship*. London: SCM Press, 2002. U.S. edition: *The New Westminster Dictionary of Liturgy and Worship*. Louisville: Westminster John Knox Press, 2002.

Chadwick, H. and G. R. Evans, eds. *Atlas of the Christian Church*. London: Guild Publishing, 1987.

Cross, F. L., ed. *The Oxford Dictionary of the Christian Church*. 3rd rev. ed. Edited by E. A. Livingstone. Oxford: Oxford University Press, 1997.

Farmer, D. H. *The Oxford Dictionary of Saints*. 2nd ed. Oxford: Oxford University Press, 1987.

Ferguson, E. *Backgrounds of Early Christianity*. 3rd ed. Grand Rapids: Eerdmans, 2003.

———, ed. *Encyclopaedia of Early Christianity*. Rev. ed. 2 vols. New York: Garland, 1997.

Fitzgerald, A. D., ed. *Augustine through the Ages: An Encyclopedia*. Grand Rapids and Cambridge, England: Eerdmans, 1999.

Hornblower, S. and A. Spawforth, eds. *The Oxford Classical Dictionary*. 3rd ed. Oxford: Oxford University Press, 1996.

Johnston, W. M., ed. *Encyclopedia of Monasticism*. 2 vols. Chicago and London: Fitzroy Dearborn Publishers, 2000.

Kelly, J. F., ed. *The Concise Dictionary of Early Christianity*. Collegeville, MN: Liturgical Press/Michael Glazier, 1992.

Kelly, J. N. D. *The Oxford Dictionary of Popes*. Oxford: Oxford University Press, 1986.

McGuckin, J. A. *The Westminster Handbook of Patristic Theology*. Louisville: Westminster John Knox Press, 2004.

van der Meer, F. N. S. and C. Mohrmann, eds. *The Atlas of the Early Christian World*. Translated by M. Hedlund and H. H. Rowley. London: Nelson, 1958.

Parry, K., D. J. Melling, D. Brady, S. H. Griffith, and J. F. Healey, eds. *The Blackwell Dictionary of Eastern Christianity*. Oxford and Malden, MA: Blackwell, 1999.

Quasten, J. *Patrology*. 3 vols. Utrecht, Netherlands, and Antwerp, Belgium: Spectrum; Westminster, MD: Newman Press, 1962–64. Supplemented by 3 further vols. by A. di Berardino, 1978–2001.

Young, F., L. Ayres, and A. Louth, eds. *The Cambridge History of Early Christian Literature*. Cambridge: Cambridge University Press, 2004.

다른 역사적 안내서들

예수에서 콘스탄틴까지의 시기에 관해서는

Davidson, I. J. *The Birth of the Church: From Jesus to Constantine, A.D. 30–312*. The Baker History of the Church/Monarch History of the Church. Vol. 1. Grand Rapids: Baker, 2004; London: Monarch Books, 2005.

현 책에서 다루고 있는 시대에 관한 다른 보다 일반적인 안내서는 다음과 같은 것들을 포함한다.

개론서

Brown, P. R. L. *The World of Late Antiquity: From Marcus Aurelius to Muhammad*. London: Thames and Hudson, 1971.

———. *The Rise of Western Christendom: Triumph and Diversity, A.D. 200–1000*. 2nd ed. Oxford and Malden, MA: Blackwell, 2003.

Brox, N. *A History of the Early Church*. Translated by J. Bowden. London: SCM Press, 1994.

Chadwick, H. *The Early Church*. Harmondsworth, England: Penguin, 1967.

Frend, W. H. C. *The Early Church*. Reprint. London: SCM Press, 1982.

Hazlett, I., ed. *Early Christianity: Origins and Evolution to A.D. 600*. London: SPCK, 1991.

Herrin, J. *The Formation of Christendom*. Oxford: Blackwell, 1987.

Lietzmann, H. *A History of the Early Church*. Vol. 2, parts 3–4. Translated by B. L. Woolf. Foreword and bibliography by W. H. C. Frend. Cambridge, England: James Clarke, 1993.

Markschies, C. *Between Two Worlds: Structures of Earliest Christianity*. Translated by J. Bowden. London: SCM Press, 1999.

Rousseau, P. *The Early Christian Centuries*. London: Darton, Longman and Todd, 2002.

심층서

Chadwick, H. *The Church in Ancient Society: From Galilee to Gregory the Great*. Oxford History of the Christian Church. Oxford: Oxford University Press, 2001.

———. *East and West: The Making of a Rift in the Church, from Apostolic Times until the Council of Florence*. Oxford: Oxford University Press, 2003.

Esler, P. F., ed. *The Early Christian World*. 2 vols. London and New York: Routledge, 2000.

Frend, W. H. C. *The Rise of Christianity*. London: Darton, Longman and Todd; Philadelphia: Fortress Press, 1984.

그 시기에 관한 일반적인 역사

고대와 초중세에 관한 소중한 논의를 Cambridge Ancient History 과 The New Cambridge Medieval History(Cambridge: Cambridge University Press)의 연관된 책들에서 발견할 수 있다. 다른 매우 유용한 자료들은 다음과 같은 것들을 포함한다.

Cameron, A. *The Later Roman Empire, A.D. 284–430*. London: Fontana; Cambridge, MA: Harvard University Press, 1993.

———. *The Mediterranean World in Late Antiquity, A.D. 395–600*. London and New York: Routledge, 1993.

Garnsey, P. and R. Saller. *The Roman Empire: Economy, Society and Culture*. London: Duckworth, 1987.

Jones, A. H. M. *The Later Roman Empire, 284–602: A Social, Economic, and Administrative Survey*. 3 vols. + maps. Oxford: Oxford University Press, 1964.

Lançon, B. *Rome in Late Antiquity: A.D. 313–604*. Translated by A. Nevill. London and New York: Routledge, 2001.

MacMullen, R. *Christianizing the Roman Empire (A.D. 100–400)*. New Haven and London: Yale University Press, 1984.

———. *Christianity and Paganism in the Fourth to Eighth Centuries*. New Haven and London: Yale University Press, 1997.

개념, 교리, 그리고 관습에 관한 것들

Ayres, L. *Nicaea and Its Legacy: An Approach to Fourth-Century Trinitarian Theology*. Oxford: Oxford University Press, 2004.

Behr, J. *The Way to Nicaea: Formation of Christian Theology*. Vol. 1. Crestwood, NY: St. Vladimir's Seminary Press, 2001.

———. *The Nicene Faith: Formation of Christian Theology*. Vol. 2. Crestwood, NY: St. Vladimir's Seminary Press, 2004.

di Berardino, A. and B. Studer, eds. *History of Theology*. Vol. 1, *The Patristic Period*. Translated by M. J. O'Connell. Collegeville, MN: Michael Glazier/Liturgical Press, 1997.

Daley, B. E. *The Hope of the Early Church: A Handbook of Patristic Eschatology*. Cambridge: Cambridge University Press, 1991.

Evans, G. R. *A Brief History of Heresy*. Oxford and Malden, MA: Blackwell, 2003.

———, ed. *The First Christian Theologians: An Introduction to Theology in the Early Church*. Oxford and Malden, MA: Blackwell, 2004.

Greer, R. A. *Broken Lights and Mended Lives: Theology and Common Life in the Early Church*. Reprint. Philadelphia: Pennsylvania State University Press, 2001.

Grillmeier, A. *Christ in Christian Tradition*. Vol. 1, *From the Apostolic Age to Chalcedon (A.D. 451)*. Rev. ed. Translated by J. Bowden. London and Oxford: Mowbray, 1975. Vol. 2, *From the Council of Chalcedon (451) to Gregory the Great (590–604)*. Part 1, *Reception and Contradiction: The Development of the Discussion about Chalcedon from 451 to the Beginning of the Reign of Justinian*. Translated by P. Allen and J. Cawte. London and Oxford: Mowbray; Atlanta: John Knox Press, 1987, 1995. Part 2 (with T. Hainthaler), *The Church of Constantinople in the Sixth Century*. Translated by P. Allen and J. Cawte London: Mowbray; Louisville: Westminster John Knox Press, 1995. Part 4 (with T Hainthaler), *The Church of Alexandria with Nubia and Ethiopia after 451*. Translated by O. C. Dean, Jr. London: Mowbray; Atlanta: Westminster John Knox Press, 1996.

Hall, C. A. *Reading Scripture with the Church Fathers*. Downers Grove, IL: InterVarsity Press, 1998.

———. *Learning Theology with the Church Fathers*. Downers Grove, IL: InterVarsity Press, 2002.

Hall, S. G. *Doctrine and Practice in the Early Church*. London: SPCK, 1991.

Hanson, R. P. C. *The Search for the Christian Doctrine of God: The Arian Controversy 318–381*. Edinburgh: T. & T. Clark, 1988.

Kelly, J. N. D. *Early Christian Creeds*. 3rd ed. London: Longman, 1972.

———. *Early Christian Doctrines*. 5th ed. London: A. & C. Black, 1977.

Pelikan, J. *The Christian Tradition: A History of the Development of Doctrine*. Vol. 1, *The Emergence of the Catholic Tradition (100–600)*. Chicago and London: Chicago University Press, 1971.

Prestige, G. L. *God in Patristic Thought*. 2nd ed. London: SPCK, 1952.

Ramsey, B. *Beginning to Read the Fathers*. London: SCM Press, 1993.

Studer, B. *Trinity and Incarnation: The Faith of the Early Church*. Translated by M. Westerhoff. Edited by A. Louth. Edinburgh: T. & T. Clark, 1993.

Tanner, N. P. *The Councils of the Church: A Short History.* New York: Herder and Herder/Crossroad, 2001.

Torrance, T. F. *The Trinitarian Faith: The Evangelical Theology of the Ancient Catholic Church*. Edinburgh: T. & T. Clark, 1988.

Turner, H. E. W. *The Patristic Doctrine of Redemption: A Study of the Development of Doctrine during the First Five Centuries*. London: Mowbray, 1952.

Wilken, R. *The Spirit of Early Christian Thought: Seeking the Face of God*. New Haven and London: Yale University Press, 2003.

Young, F. *From Nicaea to Chalcedon: A Guide to the Literature and Its Background*. London: SCM Press, 1983.

———. *The Making of the Creeds*. London: SCM Press, 1991.

새 시대의 여명

Barnes, T. D. *Constantine and Eusebius*. Cambridge, MA, and London: Harvard University Press, 1981.

Baynes, N. H. *Constantine the Great and the Christian Church*. 2nd ed. Oxford: Oxford University Press, 1972.

Bowder, D. *The Age of Constantine and Julian*. London: Paul Elek, 1978.

Cameron, A. and S. G. Hall, ed. and trans. *Eusebius: Life of Constantine*. Oxford: Oxford University Press, 1999.

Drake, H. A. *Constantine and the Bishops: The Politics of Intolerance*. Baltimore: Johns Hopkins University Press, 2000.

Frend, W. H. C. *Martyrdom and Persecution in the Early Church*. Oxford: Blackwell, 1965.

Jones, A. H. M. *Constantine and the Conversion of Europe*. London: Macmillan, 1962.

Kee, A. *Constantine versus Christ*. London: SCM Press, 1982.

Lieu, S. N. C. and D. Montserrat, eds. *Constantine: History, Historiography and Legend*. London and New York: Routledge, 1998.

Pohlsander, H. A. *The Emperor Constantine*. London and New York: Routledge, 1996.

Chapter 1

In addition to the above literature on Constantine:

Cameron, A. *Christianity and the Rhetoric of Empire: The Development of Christian Discourse*. Berkeley and Los Angeles: University of California Press, 1991.

Digeser, E. D. *The Making of a Christian Empire: Lactantius and Rome*. Ithaca, NY: Cornell University Press, 1999.

Frend, W. H. C. *The Donatist Church: A Movement of Protest in Roman North Africa*. 3rd ed. Oxford: Oxford University Press, 1985.

Grant, R. M. *Eusebius as Church Historian*. Oxford: Oxford University Press, 1980.

Greenslade, S. L. *Church and State from Constantine to Theodosius*. London: SCM Press, 1954.

Gregg, R. C. and D. E. Groh. *Early Arianism: A View of Salvation*. Philadelphia: Fortress Press, 1981.

Hanson, R. P. C. *The Search for the Christian Doctrine of God: The Arian Controversy 318–381*. Edinburgh: T. & T. Clark, 1988.

Hunt, E. D. *Holy Land Pilgrimage in the Later Roman Empire, A.D. 312–460*. Oxford: Oxford University Press, 1982.

Mendels, D. *The Media Revolution of Early Christianity: An Essay on Eusebius's Ecclesiastical History*. Grand Rapids: Eerdmans, 1999.

Walker, P. W. L. *Holy City, Holy Places: Christian Attitudes to Jerusalem and the Holy Land in the Fourth Century*. Oxford: Oxford University Press, 1993.

Wilkens, R. L. *The Land Called Holy: Palestine in Christian History and Thought*. New Haven and London: Yale University Press, 1992.

Williams, R. *Arius: Heresy and Tradition*. London: Darton, Longman and Todd, 1987.

Chapter 2

Anatolios, K. *Athanasius: The Coherence of His Thought*. London and New York: Routledge, 1998.

———. *Athanasius*. London and New York: Routledge, 2004.

Ayres, L. *Nicaea and Its Legacy: An Approach to Fourth-Century Trinitarian Theology*. Oxford: Oxford University Press, 2004.

Barnes, M. R. and D. H. Williams, eds. *Arianism after Arius: Essays on the History of the Fourth Century Trinitarian Conflicts*. Edinburgh: T. & T. Clark, 1993.

Barnes, T. D. *Athanasius and Constantius: Theology and Politics in the Constantinian Empire*. Cambridge, MA, and London: Harvard University Press, 1993.

Borschardt, C. F. A. *Hilary of Poitiers' Role in the Arian Struggle*. The Hague: Nijhoff, 1966.

Brakke, D. *Athanasius and the Politics of Asceticism*. Oxford: Oxford University Press, 1995.

Gregg, R. C., ed. *Arianism: Historical and Theological Reassessments*. Cambridge, MA, and Philadelphia: Philadelphia Patristic Foundation, 1985.

Hanson, R. P. C. *The Search for the Christian Doctrine of God: The Arian Controversy 318–381*. Edinburgh: T. & T. Clark, 1988.

Kopecek, T. A. *A History of Neo-Arianism*. 2 vols. Cambridge, MA: Philadelphia Patristic Foundation, 1979.

Newlands, G. M. *Hilary of Poitiers: A Study in Theological Method.* Berne, Switzerland: Peter Lang, 1978.

Pettersen, A. *Athanasius*. London: Geoffrey Chapman, 1995.

Thomson, R. W., ed. and trans. *Athanasius,* Contra Gentes *and* De Incarnatione. Oxford: Oxford University Press, 1971.

Vaggione, R. P. *Eunomius of Cyzicus and the Nicene Revolution*. Oxford: Oxford University Press, 2000.

Widdicombe, P. *The Fatherhood of God from Origen to Athanasius*. Oxford: Oxford University Press, 1994.

Wiles, M. *Archetypal Heresy: Arianism through the Centuries*. Oxford: Oxford University Press, 1996.

Chapter 3

Athanassiadi, P. *Julian: An Intellectual Biography*. London and New York: Routledge, 1992.

Bowder, D. *The Age of Constantine and Julian*. London: Paul Elek, 1978.

Bowersock, G. W. *Julian the Apostate*. Cambridge, MA: Harvard University Press, 1978.

Browning, R. *The Emperor Julian*. Berkeley and Los Angeles: University of California Press, 1976.

Coakley, S., ed. *Rethinking Gregory of Nyssa*. Oxford and Malden, MA: Blackwell, 2003.

Fedwick, P. J., ed. *Basil of Caesarea: Christian, Humanist, Ascetic*. 2 vols. Toronto: Pontifical Institute of Medieval Studies, 1981.

Haykin, M. A. G. *The Spirit of God: The Exegesis of 1 and 2 Corinthians in the Pneumatomachian Controversy of the Fourth Century*. Leiden, Netherlands: E. J. Brill, 1994.

McGuckin, J. A. *Saint Gregory of Nazianzus: An Intellectual Biography*. Crestwood, NY: St. Vladimir's Seminary Press, 2001.

Meredith, A. *The Cappadocians*. London: Geoffrey Chapman, 1995.

———. *Gregory of Nyssa*. London and New York: Routledge, 1999.

Momigliano, A., ed. *The Conflict between Paganism and Christianity in the Fourth Century*. Oxford: Oxford University Press, 1963.

Pelikan, J. *Christianity and Classical Culture: The Metamorphosis of Natural Theology in the Christian Encounter with Hellenism*. New Haven and London: Yale University Press, 1993.

Raven, C. E. *Apollinarianism: An Essay on the Christology of the Early Church*. Cambridge: Cambridge University Press, 1923.

Rousseau, P. *Basil of Caesarea*. Berkeley and Los Angeles: University of California Press, 1994.

Seitz, C. R., ed. *Nicene Christianity: The Future for a New Ecumenism*. Grand Rapids: Brazos Press; Carlisle, England: Paternoster Press, 2001.

Shapland, C. A. B., ed. and trans. *The Letters of Saint Athanasius Concerning the Holy Spirit*. London: Epworth Press, 1951.

Smith, R. *Julian's Gods: Religion and Philosophy in the Thought and Action of Julian the Apostate*. London and New York: Routledge, 1995.

Stewart, C. *"Working the Earth of the Heart": The Messalian Controversy in History, Texts, and Language to A.D. 431*. Oxford: Oxford University Press, 1991.

Torrance, T. F., ed. *The Incarnation: Ecumenical Studies in the Nicene-Constantinopolitan Creed, A.D. 381*. Edinburgh: Handsel Press, 1981.

Chapter 4

Brown, D. Vir Trilinguis: *A Study in the Biblical Exegesis of Saint Jerome*. Kampen, Netherlands: Kok Pharos, 1992.

Brown, P. R. L. *Authority and the Sacred: Aspects of the Christianisation of the Roman World*. Cambridge: Cambridge University Press, 1995.

———. *Power and Persuasion in Late Antiquity: Towards a Christian Empire*. Madison: University of Wisconsin Press, 1992.

Burrus, V. *The Making of a Heretic: Gender, Authority and the Priscillianist Controversy*. Berkeley and Los Angeles: University of California Press, 1995.

Cameron, A. *Christianity and the Rhetoric of Empire: The Development of Christian Discourse*. Berkeley and Los Angeles: University of California Press, 1991.

Chadwick, H. *Priscillian of Avila: The Occult and the Charismatic in the Early Church*. Oxford: Oxford University Press, 1976.

Curran, J. *Pagan City and Christian Capital: Rome in the Fourth Century*. Oxford: Oxford University Press, 2000.

Davidson, I. J. *Ambrose,* De Officiis: *Edited with an Introduction, Translation, and Commentary*. 2 vols. Oxford: Oxford University Press, 2002.

Hagendahl, H. *Latin Fathers and the Classics: A Study on the Apologists, Jerome, and other Christian Writers*. Gothenburg, Sweden: Gothenburg University Press, 1958.

Hayward, C. T. R. *Saint Jerome's Hebrew Questions on Genesis, Translated with an Introduction and Commentary*. Oxford: Oxford University Press, 1995.

Homes Dudden, F. *The Life and Times of Saint Ambrose*. 2 vols. Oxford: Oxford University Press, 1935.

Humphries, M. *Communities of the Blessed: Social Environment and Religious Change in Northern Italy, A.D. 20–400*. Oxford: Oxford University Press, 1999.

Kamesar, A. *Jerome, Greek Scholarship, and the Hebrew Bible: A Study of the* Quaestiones Hebraicae in Genesim. Oxford: Oxford University Press, 1993.

Kelly, J. N. D. *Jerome, His Life, Writings, and Controversies*. London: Duckworth, 1975.

King, N. Q. *The Emperor Theodosius and the Establishment of Christianity*. London, SCM Press, 1961.

Lieu, S. N. C. *Manichaeism in the Later Roman Empire and Medieval China*. 2nd ed. Tübingen, Germany: Mohr Siebeck, 1992.

Matthews, J. *Western Aristocracies and Imperial Court, A.D. 364–425*. Oxford: Oxford University Press, 1975.

McLynn, N. B. *Ambrose of Milan: Church and Court in a Christian Capital*. Berkeley and Los Angeles: University of California Press, 1994.

Moorhead, J. *Ambrose: Church and Society in the Late Roman World*. London and New York: Longman, 1999.

Ramsey, B. *Ambrose*. London and New York: Routledge, 1997.

Rebenich, S. *Jerome*. London and New York: Routledge, 2002.

Wiesen, D. S. *St. Jerome as a Satirist: A Study in Christian Latin Thought and Letters*. Ithaca, NY: Cornell University Press, 1964.

Williams, D. H. *Ambrose of Milan and the End of the Nicene-Arian Conflicts*. Oxford: Oxford University Press, 1995.

Williams, S. and G. Friell. *Theodosius: The Empire at Bay*. London: Batsford, 1994.

Chapter 5

Binns, J. *Ascetics and Ambassadors of Christ: The Monasteries of Palestine, 314–631*. Oxford: Oxford University Press, 1994.

Brock, S. *The Luminous Eye: The Spiritual World Vision of St. Ephrem*. Rev. ed. Kalamazoo, MI: Cistercian Publications, 1992.

———, ed. and trans. *St. Ephrem the Syrian: Hymns on Paradise*. Crestwood, NY: St. Vladimir's Seminary Press, 1990.

Brown, P. *The Body and Society: Men, Women and Sexual Renunciation in Early Christianity*. New York: Columbia University Press, 1988.

Burton-Christie, D. *The Word in the Desert: Scripture and the Quest for Holiness in Early Christian Monasticism*. New York: Oxford University Press, 1993.

Caner, D. *Wandering, Begging Monks: Spiritual Authority and the Promotion of Monasticism in Late Antiquity*. Berkeley and Los Angeles: University of California Press, 2002.

Chadwick, O. *John Cassian*. 2nd ed. Oxford: Oxford University Press, 1968.

Chitty, D. J. *The Desert a City*. Oxford: Blackwell, 1966.

Chryssavgnis, J. *In the Heart of the Desert: The Spirituality of the Desert Fathers and Mothers*. Bloomington, IN: World Wisdom, 2003.

Clark, E. A. *The Life of Melania the Younger: Introduction, Translation, and Commentary*. New York: Edwin Mellen Press, 1984.

———. *The Origenist Controversy: The Cultural Construction of an Early Christian Debate*. Princeton, NJ: Princeton University Press, 1992.

Conybeare, C. *Paulinus Noster: Self and Symbols in the Letters of Paulinus of Nola*. Oxford: Oxford University Press, 2000.

Cunningham, M. and P. Allen, eds. *Preacher and Audience: Studies in Early Christian and Byzantine Homiletics*. Leiden, Netherlands: E. J. Brill, 1998.

Dunn, M. *The Emergence of Monasticism: From the Desert Fathers to the Early Middle Ages*. Oxford and Malden, MA: Blackwell, 2000.

Dysinger, L. *Psalmody and Prayer in the Writings of Evagrius Ponticus*. Oxford: Oxford University Press, 2004.

Elm, S. *"Virgins of God": The Making of Asceticism in Late Antiquity*. Oxford: Oxford University Press, 1994.

Gould, G. *The Desert Fathers on Monastic Community*. Oxford: Oxford University Press, 1993.

Griffith, S. H. *Faith Adoring the Mystery: Reading the Bible with St. Ephrem the Syrian*. Milwaukee: Marquette University Press, 1997.

Harmless, W. *Desert Christians: An Introduction to the Literature of Early Monasticism*. New York: Oxford University Press, 2004.

Kelly, J. N. D. *Golden Mouth: The Story of John Chrysostom—Ascetic, Preacher, Bishop*. London: Duckworth, 1995.

Liebeschuetz, J. H. W. G. *Barbarians and Bishops: Army, Church, and State in the Age of Arcadius and Chrysostom*. Oxford: Oxford University Press, 1990.

Lienhard, J. *Paulinus of Nola and Early Western Monasticism*. Cologne and Bonn, Germany: P. Hanstein, 1977.

Mayer, W. and P. Allen. *John Chrysostom*. London and New York: Routledge, 2000.

McVey, K. E., trans. *Ephrem the Syrian: Hymns on the Nativity, Hymns against Julian, Hymns of Virginity and on the Symbols of the Lord*. New York: Paulist Press, 1989.

Murray, R. *Symbols of Church and Kingdom: A Study in Early Syriac Tradition*. Cambridge: Cambridge University Press, 1975.

Rousseau, P. *Ascetics, Authority and the Church in the Age of Jerome and Cassian*. Oxford: Oxford University Press, 1978.

———. *Pachomius: The Making of a Community in Fourth-Century Egypt*. Berkeley and Los Angeles: University of California Press, 1985.

Rubenson, S. *The Letters of St. Anthony: Monasticism and the Making of a Saint*. Minneapolis: Fortress Press, 1995.

Stancliffe, C. *St. Martin and His Hagiographer: History and Miracle in Sulpicius Severus*. Oxford: Oxford University Press, 1983.

Stewart, C. *Cassian the Monk*. New York: Oxford University Press, 1998.

Trout, D. *Paulinus of Nola: Life, Letters and Poems*. Berkeley and Los Angeles: University of California Press, 1999.

Ward, B. *The Sayings of the Desert Fathers: The Alphabetical Collection*. London: Mowbray; Kalamazoo, MI: Cistercian Publications, 1975.

Wilken, R. L. *John Chrysostom and the Jews: Rhetoric and Reality in the Late Fourth Century*. Berkeley and Los Angeles: University of California Press, 1983.

Wilkinson, J. *Egeria's Travels*. London: SPCK, 1971.

Wimbush, V. L. and R. Valantasis, eds. *Asceticism*. New York: Oxford University Press, 1995.

Chapter 6

Babcock, W. S., ed. and trans. *Tyconius: The Book of Rules*. Atlanta: Scholars Press, 1989.

Bonner, G. *Augustine and Modern Research on Pelagianism*. Villanova, PA: Villanova University Press, 1972.

———. *God's Decree and Man's Destiny: Studies on the Thought of Augustine of Hippo*. London: Variorum Reprints, 1987.

———. *St. Augustine of Hippo: Life and Controversies*. Rev. ed. Norwich, England: Canterbury Press, 1986.

Brown, P. R. L. *Augustine of Hippo: A Biography*. London: Faber & Faber, 1967.

———. *Religion and Society in the Age of Saint Augustine*. London: Faber & Faber, 1972.

de Bruyn, T. S., ed. and trans. *Pelagius's Commentary on St. Paul's Epistle to the Romans*. Oxford: Oxford University Press, 1993.

Burnaby, J. *Amor Dei: A Study of the Religion of Saint Augustine*. London: Hodder and Stoughton, 1938.

Burt, D. X. *Friendship and Society: An Introduction to Augustine's Practical Philosophy*. Grand Rapids: Eerdmans, 1999.

Burton, P., ed. and trans., with introduction by R. Lane Fox. *Augustine: The Confessions*. London: Everyman, 2001.

Chadwick, H. *Augustine*. Oxford: Oxford University Press, 1986.

———. ed. and trans. *Saint Augustine: Confessions*. Oxford: Oxford University Press, 1991.

Clark, M. T. *Augustine*. London: Geoffrey Chapman, 1994.

Dodaro, R. and G. Lawless, eds. *Augustine and His Critics: Essays in Honour of Gerald Bonner*. London and New York: Routledge, 2002.

Evans, G. R. *Augustine on Evil*. Cambridge: Cambridge University Press, 1982.

Evans, R. F. *Pelagius: Inquiries and Reappraisals*. London: A. & C. Black, 1968.

Ferguson, J. *Pelagius: A Historical and Theological Study*. Cambridge: Cambridge University Press, 1956.

Frend, W. H. C. *The Donatist Church: A Movement of Protest in Roman North Africa*. 3rd ed. Oxford: Oxford University Press, 1985.

Gilson, E. *The Christian Philosophy of Saint Augustine*. Translated by L. E. M. Lynch. London: Victor Gollancz, 1961.

Harrison, C. *Augustine: Christian Truth and Fractured Humanity*. Oxford: Oxford University Press, 2000.

Kirwan, C. *Augustine*. London and New York: Routledge, 1989.

Lancel, S. *St. Augustine*. Translated by A. M. Nevill. London: SCM Press, 2002.

Lawless, G. *Augustine of Hippo and His Monastic Rule*. Oxford: Oxford University Press, 1987.

Markus, R. A. *Saeculum: History and Society in the Theology of St. Augustine*. Cambridge: Cambridge University Press, 1970.

Merdinger, J. *Rome and the African Church in the Time of Augustine*. New Haven and London: Yale University Press, 1997.

O'Daly, G. J. P. *Augustine's Philosophy of Mind*. London: Duckworth, 1987.

O'Donnell, J. J. *Augustine,* Confessions. 3 vols. Oxford: Oxford University Press, 1992.

Rees, B. R. *The Letters of Pelagius and His Followers*. Woodbridge, Suffolk, England: Boydell Press, 1991.

———. *Pelagius: A Reluctant Heretic*. Woodbridge, Suffolk, England: Boydell Press, 1988.

Rist, J. *Augustine: Ancient Thought Baptized*. Cambridge: Cambridge University Press, 1994.

Scott, T. K. *Augustine: His Thought in Context*. Mahwah, NJ: Paulist Press, 1995.

Stump, E. and N. Kretzmann, eds. *The Cambridge Companion to Augustine*. Cambridge: Cambridge University Press, 2001.

TeSelle, E. *Augustine the Theologian*. New York: Herder & Herder, 1970.

Wetzel, J. *Augustine and the Limits of Virtue*. Cambridge: Cambridge University Press, 1992.

Willis, G. G. *Saint Augustine and the Donatist Controversy*. London: SPCK, 1950.

Chapter 7

Bagnall, R. S. *Egypt in Late Antiquity*. Princeton, NJ: Princeton University Press, 1993.

Bethune-Baker, J. F. *Nestorius and His Teaching*. Cambridge: Cambridge University Press, 1908.

Greer, R. A. *Theodore of Mopsuestia: Exegete and Theologian*. London: Faith Press, 1961.

Keating, D. A. *The Appreciation of Divine Life in Cyril of Alexandria*. Oxford: Oxford University Press, 2004.

McGuckin, J. A. *Cyril of Alexandria: The Christological Controversy*. Leiden, Netherlands: E. J. Brill, 1994.

Norris, R. A. *Manhood and Christ: A Study in the Christology of Theodore of Mopsuestia*. Oxford: Oxford University Press, 1963.

Russell, N. *Cyril of Alexandria*. London and New York: Routledge, 2000.

Sellers, R. V. *The Council of Chalcedon: A Historical and Doctrinal Survey*. London: SPCK, 1953.

———. *Two Ancient Christologies: A Study in the Christological Thought of the Schools of Alexandria and Antioch in the Early History of Christian Doctrine*. London: SPCK, 1940.

Torrance, T. F. *Divine Meaning: Studies in Patristic Hermeneutics*. Edinburgh: T. & T. Clark, 1995.

Wallace-Hadrill, J. S. *Christian Antioch: A Study of Early Christian Thought in the East*. Cambridge: Cambridge University Press, 1982.

Weinandy, T. G. and D. A. Keating, eds. *The Theology of St. Cyril of Alexandria: A Critical Appreciation*. Edinburgh: T. & T. Clark, 2003.

Wessel, S. *Cyril of Alexandria and the Nestorian Controversy: The Making of a Saint and of a Heretic*. Oxford: Oxford University Press, 2004.

Wickham, L. R., ed. and trans. *Cyril of Alexandria: Select Letters*. Oxford: Oxford University Press, 1983.

Young, F. *Biblical Exegesis and the Formation of Christian Culture*. Cambridge: Cambridge University Press, 1997.

Chapter 8

Atiya, A. S. *A History of Eastern Christianity*. London: Methuen, 1968.

Attwater, D. *The Christian Churches of the East*. 2 vols. Milwaukee: Bruce Publishing Company, 1947–48.

Berkey, J. P. *The Foundation of Islam: Religion and Society in the Near East, 600–1800*. Cambridge: Cambridge University Press, 2003.

Brown, D. W. *A New Introduction to Islam*. Oxford and Malden, MA: Blackwell, 2004.

Chesnut, R. C. *Three Monophysite Christologies*. Oxford: Oxford University Press, 1976.

Frend, W. H. C. *The Rise of the Monophysite Movement: Chapters in the History of the Church in the Fifth and Sixth Centuries*. Cambridge: Cambridge University Press, 1972.

Gray, P. T. R. *The Defense of Chalcedon in the East (451–553)*. Leiden, Netherlands: E. J. Brill, 1979.

Gregorios, P., W. H. Lazareth, and N. A. Nissiotis, eds. *Does Chalcedon Divide or Unite? Towards Convergence in Orthodox Christology*. Geneva: WCC Publications, 1981.

Hussey, J. M. *The Orthodox Church in the Byzantine Empire*. Oxford: Oxford University Press, 1986.

Kamil, J. *Christianity in the Land of the Pharaohs: The Coptic Orthodox Church*. London and New York: Routledge, 2002.

Louth, A. *Denys the Areopagite*. London: Geoffrey Chapman, 1989.

———. *Maximus the Confessor*. London and New York: Routledge, 1996.

Mango, C., ed. *The Oxford History of Byzantium*. Oxford: Oxford University Press, 2002.

McCullough, W. S. *A Short History of Syriac Christianity to the Rise of Islam*. Chico, CA: Scholars Press, 1982.

Meyendorff, J. *Byzantine Theology: Historical Trends and Doctrinal Themes*. Rev. ed. Crestwood, NY: St. Vladimir's Seminary Press, 1978.

———. *Christ in Eastern Christian Thought*. Rev. ed. Crestwood, NY: St. Vladimir's Seminary Press, 1975.

———. *Imperial Unity and Christian Divisions: The Church 450–680 A.D.* Crestwood, NY: St. Vladimir's Seminary Press, 1989.

Norwich, J. J. *Byzantium: The Early Centuries*. London: Macmillan, 1991.

Pelikan, J. *The Christian Tradition: A History of the Development of Doctrine*. Vol. 2, *The Spirit of Eastern Christendom (600–1700)*. Chicago and London: University of Chicago Press, 1974.

Sarkissian, K. *The Council of Chalcedon and the Armenian Church*. 2nd ed. New York: Armenian Prelacy, 1975.

Torrance, I. R. *Christology after Chalcedon: Severus of Antioch and Sergius the Grammarian*. Norwich, England: Canterbury Press, 1988.

Trimingham, J. S. *Christianity among the Arabs in Pre-Islamic Times*. London and New York: Longman, 1979.

Watson, J. H. *Among the Copts*. Brighton, England: Sussex Academic Press, 2000.

Chapter 9

Aland, K. *Did the Early Church Baptize Infants?* Translated and edited by G. R. Beasley-Murray. London: SCM Press, 1963.

Bradshaw, P. F. *Early Christian Worship: A Basic Introduction to Ideas and Practice*. London: SPCK, 1996.

———. *The Search for the Origins of Christian Worship: Sources and Methods for the Study of Early Liturgy*. 2nd ed. Oxford: Oxford University Press, 2002.

Jeremias, J. *Infant Baptism in the First Four Centuries*. Translated by D. Cairns. London: SCM Press, 1960.

Johnson, M. E. *The Rites of Christian Initiation: Their Evolution and Interpretation*. Collegeville, MN: Liturgical Press, 1999.

Jungmann, J. A. *The Early Liturgy to the Time of Gregory the Great*. Translated by F. A. Brunner. Notre Dame, IN: University of Notre Dame Press, 1959.

McGuckin, J. A. *At the Lighting of the Lamps: Hymns of the Ancient Church*. Harrisburg, PA: Morehouse Publishing, 1997.

McKinnon, J. W. *Music in Early Christian Literature*. Cambridge: Cambridge University Press, 1987.

Palmer, A.-M. *Prudentius on the Martyrs*. Oxford: Oxford University Press, 1989.

Riley, H. M. *Christian Initiation: A Comparative Study of the Interpretation of the Baptismal Liturgy in the Mystagogical Writings of Cyril of Jerusalem, John Chrysostom, Theodore of Mopsuestia, and Ambrose of Milan*. Washington, DC: Catholic University of America Press, 1974.

Taft, R. *The Liturgy of the Hours in East and West: The Origins of the Divine Office and Its Meaning for Today*. Collegeville, MN: Liturgical Press, 1986.

Westermeyer, P. *Te Deum: The Church and Music*. Minneapolis, MN: Fortress Press, 1998.

Whitaker, E. C. *The Baptismal Liturgy*. 2nd ed. London: SPCK, 1981.

White, C. *Early Christian Latin Poets*. London and New York: Routledge, 2000.

Yarnold, E. J. *The Awe-Inspiring Rites of Initiation: The Origins of the R.C.I.A.* 2nd ed. Collegeville, MN: Liturgical Press, 1994.

———. *Cyril of Jerusalem*. London and New York: Routledge, 2000.

Chapter 10

Bacchiocchi, S. *From Sabbath to Sunday: A Historical Investigation of the Rise of Sunday Observance in Early Christianity*. Rome: Pontifical Gregorian University Press, 1977.

Brown, P. R. L. *The Cult of the Saints: Its Rise and Function in Latin Christianity*. Chicago: University of Chicago Press, 1981.

Cantalamessa, R. *Easter in the Early Church: An Anthology of Jewish and Early Christian Texts*. Translated by J. M. Quigley and J. T. Lienhard. Collegeville, MN: Liturgical Press, 1993.

Carson, D. A., ed. *From Sabbath to Lord's Day*. Grand Rapids: Zondervan, 1982.

Clark, E. A. *Ascetic Piety and Women's Faith: Essays on Late Ancient Christianity*. Lewiston, NY: Edwin Mellen Press, 1986.

Clark, G. *Women in Late Antiquity: Pagan and Christian Lifestyles*. Oxford: Oxford University Press, 1993.

Cloke, G. *This Female Man of God: Women and Spiritual Power in the Patristic Age, A.D. 350–450*. London and New York: Routledge, 1995.

Eisen, U. E. *Women Officeholders in Early Christianity*. Translated by L. M. Mahoney. Collegeville, MN: Liturgical Press, 2000.

Finney, P. C. *The Invisible God: The Early Christians on Art*. Oxford: Oxford University Press, 1994.

Gambero, L. *Mary and the Fathers of the Church: The Blessed Virgin Mary in Patristic Thought*. Translated by T. Buffer. New York: Ignatius Press, 1999.

Hobbs, H. C. and W. C. Wuellner, eds. *The Role of the Christian Bishop in Ancient Society*. Berkeley and Los Angeles: University of California Press, 1980.

Janes, D. *God and Gold in Late Antiquity*. Cambridge: Cambridge University Press, 1998.

Jensen, A. *God's Self-Confident Daughters: Early Christianity and the Liberation of Women*. Louisville: Westminster/John Knox Press, 1996.

Jensen, R. M. *Understanding Early Christian Art*. London and New York: Routledge, 2000.

Kaufman, P. I. *Church, Book, and Bishop: Conflict and Authority in Early Latin Christianity*. Boulder, CO, and Oxford: Westview Press, 1996.

Limberis, V. *Divine Heiress: The Virgin Mary and the Creation of Christian Constantinople*. London and New York: Routledge, 1994.

Milburn, R. L. *Early Christian Art and Architecture*. Berkeley and Los Angeles: University of California Press, 1988.

Pelikan, J. *Mary through the Centuries: Her Place in the History of Culture*. New Haven and London: Yale University Press, 1998.

Salisbury, J. *Church Fathers, Independent Virgins*. London and New York: Verso, 1991.

Talley, T. J. *The Origins of the Liturgical Year*. New York: Pueblo Publishing Company, 1986.

Telfer, W. *The Office of a Bishop*. Reprint. London: Darton, Longman and Todd, 1962.

White, L. M. *The Social Origins of Christian Architecture*. 2 vols. Valley Forge, PA: Trinity Press International, 1996–97.

Chapter 11

Chadwick, H. *Boethius: The Consolations of Music, Logic, Theology, and Philosophy*. Oxford: Oxford University Press, 1981.

Drinkwater, J. F. and H. Elton, eds. *Fifth-Century Gaul: A Crisis of Identity?* Cambridge: Cambridge University Press, 1992.

Fletcher, R. *The Barbarian Conversion: From Paganism to Christianity*. Berkeley and Los Angeles: University of California Press, 1999.

Harries, J. *Sidonius Apollinaris and the Fall of Rome, A.D. 407–485*. Oxford: Oxford University Press, 1994.

Heather, P. J. *The Goths*. Oxford and Malden, MA: Blackwell, 1996.

———. *Goths and Romans, 332–489*. Oxford: Oxford University Press, 1991.

Marenbon, J. *Boethius*. Oxford: Oxford University Press, 2003.

Mathisen, R. W. *Ecclesiastical Factionalism and Religious Controversy in Fifth-Century Gaul*. Washington, DC: Catholic University of America Press, 1989.

Moorhead, J. *Theoderic in Italy*. Oxford: Oxford University Press, 1992.

Thompson, E. A. *A History of Attila and the Huns*. London: Oxford University Press, 1948.

———. *The Huns*. Rev. ed. Oxford and Malden, MA: Blackwell, 1996.

———. *Romans and Barbarians: The Decline of the Western Empire*. Madison: University of Wisconsin Press, 1982.

Wolfram, H. *History of the Goths*. Translated by T. J. Dunlap. Berkeley and Los Angeles: University of California Press, 1988.

———. *The Roman Empire and Its Germanic Peoples*. Berkeley and Los Angeles: University of California Press, 1997.

Chapter 12

Christie, N. *The Lombards: The Ancient Longobards*. Oxford and Malden, MA: Blackwell, 1995.

Evans, G. R. *The Thought of Gregory the Great*. Cambridge: Cambridge University Press, 1986.

Fry, T., ed. *The Rule of St. Benedict*. Collegeville, MN: Order of St. Benedict, Vintage Spiritual Classics/Random House, 1998.

Homes Dudden, F. *Gregory the Great: His Place in History and Thought*. 2 vols. London: Longmans Green and Co., 1905.

James, E. *The Franks*. Oxford and Malden, MA: Blackwell, 1988.

Kelly, J. N. D. *The Athanasian Creed*. London: A. & C. Black, 1964.

Klingshirn, W. E. *Caesarius of Arles: The Making of a Christian Community in Late Antique Gaul*. Cambridge: Cambridge University Press, 1994.

Markus, R. A. *The End of Ancient Christianity*. Cambridge: Cambridge University Press, 1990.

———. *Gregory the Great and His World*. Cambridge: Cambridge University Press, 1997.

Moorhead, J. *Justinian*. London and New York: Longman, 1994.

O'Donnell, J. J. *Cassiodorus*. Berkeley and Los Angeles: University of California Press, 1979.

O'Donovan, P. *Benedict of Nursia*. London: Collins, 1980.

Richards, J. *Consul of God: The Life and Times of Gregory the Great*. London and Boston: Routledge and Kegan Paul, 1980.

———. *The Popes and the Papacy in the Early Middle Ages, 476–752*. London and Boston: Routledge and Kegan Paul, 1979.

Straw, C. *Gregory the Great: Perfection in Imperfection*. Berkeley and Los Angeles: University of California Press, 1988.

Van Dam, R. *Leadership and Community in Late Antique Gaul*. Berkeley and Los Angeles: University of California Press, 1985.

———. *Saints and Their Miracles in Late Antique Gaul*. Princeton, NJ: Princeton University Press, 1993.

Wallace-Hadrill, J. M. *The Barbarian West, 400–1000*. 3rd ed. London: Hutchinson, 1967.

———. *The Frankish Church*. Oxford: Oxford University Press, 1983.

Wood, I. N. *The Merovingian Kingdoms, 450–751*. London and New York: Longman, 1994.

———. *The Missionary Life: Saints and the Evangelization of Europe, 400–1050*. London and New York: Longman, 2001.

——— and K. Mitchell. *The World of Gregory of Tours*. Leiden, Netherlands: E. J. Brill, 2002.

Chapter 13

Barley, M. W. and R. P. C. Hanson, eds. *Christianity in Britain, 300–700*. Leicester, England: Leicester University Press, 1968.

Carver, M., ed. *The Cross Goes North: Processes of Conversion in Northern Europe, A.D. 300–1300*. York, England: York Medieval Press, 2003.

Dumville, D. N., et al. *St. Patrick, A.D. 493–1993*. Woodbridge, Suffolk, England: Boydell Press, 1993.

O'Loughlin, T. *St. Patrick: The Man and His Works*. London: SPCK, 1999.

de Paor, L. *Saint Patrick's World: The Christian Culture of Ireland's Apostolic Age*. Dublin: Four Courts Press, 1993.

Petts, D. *Christianity in Roman Britain*. Stroud, Gloucestershire, England: Tempus, 2003.

Thomas, C. *Christianity in Roman Britain to A.D. 500*. London: Batsford, 1981.

Thompson, E. A. *Who Was Saint Patrick?* Woodbridge, Suffolk, England: Boydell Press, 1985.

Watts, D. *Christians and Pagans in Roman Britain*. London and New York: Routledge, 1991.

Winterbottom, M., ed. and trans. *Gildas: The Ruin of Britain and Other Works*. London: Phillimore; Totowa, NJ: Rowman and Littlefield, 1978.

Chapter 14

Atherton, M., ed. *Celts and Christians: New Approaches to the Religious Traditions of Britain and Ireland*. Cardiff: University of Wales Press, 2002.

Bradley, I. *Celtic Christianity: Making Myths and Chasing Dreams*. New York: St. Martin's Press, 1999.

Chadwick, N. K. *The Age of the Saints in the Early Celtic Church*. London: Oxford University Press, 1961.

Charles-Edwards, T. M. *Early Christian Ireland*. Cambridge: Cambridge University Press, 2000.

Clarke, H. B. and M. Brennan, eds. *Columbanus and Merovingian Monasticism*. Oxford: BAR, 1981.

Dales, D. *Light to the Isles: Missionary Theology in Celtic and Anglo-Saxon Britain*. Cambridge, England: Lutterworth Press, 1997.

Davies, O. *Celtic Christianity in Early Medieval Wales: The Origins of the Welsh Spiritual Tradition*. Cardiff: University of Wales Press, 1996.

Herren, M. W. and S. A. Brown. *Christ in Celtic Christianity: Britain and Ireland from the Fifth to the Tenth Century*. Woodbridge, Suffolk, England: Boydell Press, 2002.

Hughes, K. *The Church in Early Irish Society*. London: Methuen, 1966.

Lacey, B. *Colum Cille and the Columban Tradition*. Dublin: Four Courts Press, 1997.

Macquarrie, A. *The Saints of Scotland: Essays in Scottish Church History, A.D. 450–1093*. Edinburgh: John Donald, 1997.

MacQueen, J. *St. Nynia*. Edinburgh: Polygon, 1990.

McNeill, J. T. *The Celtic Churches: A History, A.D. 200 to 1200*. Chicago: University of Chicago Press, 1974.

Meek, D. E. *The Quest for Celtic Christianity*. Edinburgh: Handsel Press, 2000.

O'Loughlin, T. *Celtic Theology: Humanity, World and God in Early Irish Writings*. London and New York: Continuum, 2000.

Sharpe, R., ed. and trans. *Adomnán of Iona: Life of St. Columba*. Harmondsworth, England: Penguin, 1995.

Sheldrake, P. *Living between Worlds: Place and Journey in Celtic Spirituality*. London: Darton, Longman and Todd, 1995.

Victory, S. *The Celtic Church in Wales*. London: SPCK, 1977.

Walsh, J. R. and T. Bradley. *A History of the Irish Church, 400–700 A.D.* Dublin, Ireland: Columba Press, 1991.

주(註)

새 시대의 여명

1. 이어지는 단락들에서 설명된 정치적인 상황에 관한 보다 상세한 설명을 *The Birth of the Church*, pp. 334-42에서 발견할 수 있다.

2. Lactantius, *On the Deaths of the Persecutors* 44.5-6.

3. 콘스탄틴이 죽은 뒤에 쓰인 *Eusebius, Life of Constantine* 1.28은 콘스탄틴의 삶이 끝나가고 있을 때 스스로 그 문제에 대해서 설명하였음을 상기시키고 있다.

1장

1) 락탄티우스도 인간의 몸을 하나님이 창조하신 것(*On the Workmanship of God*, ca. 303)과 인간의 죄에 관한 벌로 표현된 하나님의 진노(*On the Anger of God*는 313-324의 시기의 어떤 때에 작성되었다. 그 시기에 그는 *Epitome of Divine Institutes*도 역시 썼다)에 관한 흥미로운 작품을 썼다.

2) 발레리안의 박해에 관해서는 *The Birth of the Church*, pp. 331-32을 보라.

3) 장소가 그 자체로 초자연적인 특성을 지닌 것이 아니라 거룩한 사람에 의해 거룩해졌다는 원리는 일반적으로 순례에 대한 기독교 사상에 적용되었다. 그것은 성지의 위상으로만 한정되지 않았다.

4) 서방과 동방이 점차적으로 분열되고 서방 제국이 5세기에 무너졌을 때(pp. 295-306을 보라), 콘스탄티노플은 "동로마"나 비잔틴 영역의 수도가 될 것이고, 그것은 또 다른 일천년을 지속할 것이다.

5) 후대의 전설은 이 주교적인 특권이 온 이탈리아와 서방에 대한 주권으로 확장되면서 훨씬 더 많은 것을 포함했다고 주장하지만 이는 경건한 자들의 허구에 해당한다.

6) 광범위한 송덕문에도 불구하고 *Life of Constantine*은 일부 중요한 역사적 자료를 포함하고 있다. 유세비우스는 336년에 콘스탄탄이 권력을 잡은 지 30년을 기념하는 자리에서 수사적인 칭송을 아끼지 않았다. 그의 또 다른 글들은 역사, 변증, 성경의 해석과 신학을 넘나든다.

7) 그 정황에 관해서는 *The Birth of the Church*, pp. 325-31을 보라.

8) 터툴리안(Tertullian)에 관해서는 *The Birth of the Church*, pp. 239-47을 키프리안(Cyprian)에 관해서는 pp. 325-32을 보라.

9) 노바티안(Novatian)과 그의 추종자들에 관해서는 *The Birth of the Church*, pp. 328-30을 보라.

10) 그러한 "고백자들"의 위상에 관해서는 *The Birth of the Church*, p. 324을 보라.

11) 보다 초기의 신학에서 "양태론자"의 사상과 동일시되었던 문제들에 관해서는 *The Birth of the Church*, pp. 237-38, 244-46을 보라.

12) 오리겐(Origen)에 관해서는 *The Birth of the Church*, pp. 256-69을 보라.

13) *The Birth of the Church*, pp. 233, 262-69을 보라.

14) *Eusebius, Epistle to the Church of Caesarea* 4.

15) *The Birth of the Church*, pp. 269-69을 보라.

16) 마니교(Manichaeism)에 관해서 더 자세한 것은 pp. 114-16을 보라.

17) "양태론"에 관해서는 각주 11을 참조하라.

18. 대도시 성직자들의 권리가 니케아 종교회의에 뒤이은 세대들의 많은 지역들에서 사실상 꽤 다양했고, 어떤 주교들은 공식적으로 대도시의 주교로 인정되지 않았음에도 불구하고 지역적인 영향에서 매우 의미심장한 위상을 가졌다.

19. *The Birth of the Church*, pp. 230-32을 보라.

20. 참회의 훈련에 관한 이전의 역사에 관해서는 *The Birth of the Church*, pp. 309-11을 보라.

21. 이때에 서임된 사람 중에 한 사람이 아리우스였다는 소문이 어떤 지역들에서 돌았지만 이는 거의 확실히 사실이 아니다.

22. 이 용법의 기원은 3세기와 세속적인 상황에 있는데, 그것은 세금을 면제받았던 직업적인 연극배우와 운동선수들의 "폭넓은" 길드를 묘사하는 것이었다.

23. *The Birth of the Church*, pp. 237-38을 보라.

2장

1. 기독교 공동체의 사회적인 복합성과 이전 시대에 회심과 소속의 과정에 관한 묵상에 대해서는 *The Birth of the Church*, pp. 101-30을 보라. 4세기 이후부터 입문, 조직, 실천에 관한 형태에 관해서는 이 책의 9장과 10장을 보라.

3. 리베리우스는 그의 관구로 돌아가기 위해서 니케아신조에 대한 충성을 포기했으나, 361년에 콘스탄티우스가 죽은 후에 마침내 그의 진정한 입장으로 되돌아갔다.

4. 그 가운데 몇 가지는 이 시대에 사상들의 역사에 관한 소중한 증거를 제공한다.

5. 그러나 그들 모두가 성자가 성부와 "같지 않은" 것으로 항상 생각해야 한다는 절대적인 주장을 가진 것은 아니었다.

6. 이 바실을 훨씬 더 유명한 동일한 이름인 가이사랴의 바실과 혼동해서는 안 된다(pp. 84-93, 145-47을 보라).

7. '호모이우시안스' (homoiousians)를 일종의 "반(semi) 아리안주의"와 자주 동일시하였지만 이런 지칭은 호도된 것이다. 어떤 문제를 그들의 입장에 부여하든 간에 그들의 의도는 완전히 아리안주의와 멀어지는 것이었다.

8. *Hilary of Poitiers*, On the Synods 10.

9. 로마의 교회를 대표하지는 않았다.

10. Jerome, *Dialogue Against the Luciferians* 19. 더 자세한 논의는 뒤이어지는 pp. 122-32에서 제롬에 관한 것을 보라.

11. 우리가 갖고 있는 텍스트는 두 부분의 논문, 즉 *Against the Pagans-On the Incarnation*에 속한다. 첫 부분은 헬라 문화에 대항하는 기독교의 전통적인 변증인 반면에 두 번째 부분은 하나님과 창조의 전반적인 관계에 관한 논리를 펼치는 보다 직접적으로 신학적인 것들을 다루고 있다. 이 작품의 연대는 많이 논쟁이 된다. 전통적으로 그것은 니케아 이전에 318년만큼 이른 시기로 연대가 주어진다. 아리안주의에 대한 명백한 언급이 없기 때문이다. 하지만 그것을 아타나시우스가 336년에 트리어로 유배를 가기 전에 주교로서 초기에 재직한 시기로 특정할 수 있을 것이다.

12. Athanasius, *On the Incarnation* 54.

13. E. Gibbon, *The History of the Decline and Fall of the Roman Empire*, vol. 2. 그것은 움머슬리(D. Womersley)에 의해 편집되었다(London: Allen Lane/Penguin Press, 1994), ch. XXI.III.

14. 이레니우스에 관한 더 자세한 정보에 대해서는 The Birth of the Church, pp. 225-28을 보라.

3장

1. 마술에서 경배자는 신의 상(statue)을 정령화하고 형상이 탄원에 대한 어떤 시각적인 반응을 드러내려고 전형적으로 추구함으로써 명백한 신적인 임재를 보이려고 한다.

2. 그러나 우리가 이미 보았던 것처럼 이 칭호는 콘스탄틴을 포함하여 기독교 황제들도 역시 보유하고 있었다.

3. 훌륭한 로마 역사가 중에 마지막 사람인 암미아누스(Ammianus, 약 330-395)는 안디옥에서 태어난 헬라 출신의 군대 장교였다. 그는 일세기말에서 그의 시대에 이르는 로마 제목의 광범위한 역사를 썼다. 그가 설명한 31개의 책 가운데 앞의 13책은 소실되었으나 354-378년의 기간을 다룬 나머지 것들은 중요한 역사적 자료로 남아 있다. 특히 그의 자료는 제국의 이야기에서 핵심적인 국면으로 율리안의 통치를 제시한다. 율리안에 대한 그의 모든 평가에도 불구하고, 암미아누스는 이교도의 부흥에 대한 종교적인 과도성을 강력하게 비판했고, 기독교의 다양한 양상들에 대해서 긍정적인 견해를 가졌다. 심지어 암미아누스가 기독교인이었을 것이라고 한 두 학자들이 제기하지만 그럴 것 같지는 않다.

4. 기독교의 변증에 관한 이전의 전통들에 관해서는 *The Birth of the Church*, pp. 212-20을 보라.

5. Cyril에 관해서 더 자세한 것은 pp. 200-208을 보라.

6. *The Birth of the Church*, p. 321을 보라.

7. Philostorgius, *Ecclesiastical History* 7.15.

8. Theodoret, *Ecclesiastical History* 3.25.7.

9. 사벨리안주의(Sabellianism)에 관해서는 *The Birth of the Church*, pp. 237-38을 보라.

10. Ammianus, *History* 30.9.5.

11. 신약정경의 이전의 역사에 관해서는 *The Birth of the Church*, pp. 172-78을 보라.

12. 그의 용어의 일부 해석과는 반대되게, 그리스도 안에서 인간 영혼의 확증과 일치하는 많은 것이 아타나시우스의 논리에 있지만 그 주제에 적절한 무게를 두지 않았다고 확실히 논증할 수 있다.

13. Athanasius, *Tome to the Antiochenes* 7.

14. *The Birth of the Church*, pp. 268-69을 보라.

15. 니사의 그레고리(Gregory of Nyssa)는 모세의 생애, 아가서, 주기도문, 그리고 팔복과 같은 성경적 주제에 관한 것만이 아니라 다른 성경적이고 금욕적인 주제들에 관한 괄목할 만한 신비적 해석을 제공했다. 갑바도기아의 모든 교부들은 오리겐에 의해 일련의 방식에서 영향을 받았다. 그 빚진 것에 관한 한 가지 사례에 대해서는 p. 435 각주 23을 참조하라.

16. Gregory of Nazianzus, *Epistle* 101.32. 헬라어에서 "전제로 취하지 않은 것은 치유되지 않는다"란 어구는 단지 세 단어로 되어 있다.

17. Athanasius, *Tome to the Antiochenes* 3.

18. 우리가 이전에 만났던 안디옥의 유스타디우스(Eustathius of Antioch)와 그를 혼돈해서는 안 된다(pp. 31, 78을 보라).

19. 그것은 애굽의 마카리우스라 불리는 금욕주의 교사에게 귀속되는 일련의 텍스트들로 구성되어 있었다. 사실상 그 모든 것이 설교는 아니지만 "마카리안 설교들"이라 불리는 것은 실제로 이 마카리우스에 의해서 된 것이 아니라 시리아에 기원을 두고 있다. 그것들은 헬라어, 시리아어, 아랍어를 포함하는 몇 가지 언어들의 다양한 집합물들에서 나타난다. 메살리안주의와 그것들의 관계는 논쟁이 된다. 메살리안의 가르침과 유사한 것들만이 아니라 다른 것들도 있기 때문이다. 하지만 5세기 초의 메살리안의 주장들의 일부가 이 작품들에서 취해진 것으로 보인다.

20. 이 어구는 이 시기에 삼위일체 신학의 역사에 관한 학문적인 묘사에서 한때에 전형이 되었다.

21. 다시금 이것은 세 인간 존재의 유추가 그의 사상에 근본이었다는 일부 널리 퍼진 현대적 가정에 반한다.

22. 그레고리의 사상의 창문으로서 『알라비우스에게』(*To Ablabius*)의 의미가 자주 과장되었던 것은 주목할 만한 가치가 있고, 최근의 학자들은 그의 다른 주해적이고 영적인 문서들의 범주를 포함하는 것으로 그의 삼위일체 논리의 연구를 확장하는데 관심이 있었다. 여기서 그의 추론에 관한 요약은 다른 곳에서 그레고리에 의해 발전되고 명확하게 된 주제들을 언급하고 있다.

23. 그러나 '페리코레시스'(perichoresis)라는 용어는 갑바도기안들에 의해서 이런 방식으로 사용되지 않았고, 그 개념에 관한 후대의 삼위일체적 이해는 그들의 용어로 항상 신뢰할 수 있게 회고될 수 없다.

24. 4세기의 이 단계에서 높은 위치에 있는 그러한 명목상의 많은 크리스천들이 상당했고, 그것은 얼마나 많은 사회적 변화가 콘스탄틴의 시대에 발생했는가를 보여준다—믿음의 고백이 직업직인 벌진에 방해가 되기보다는 도움이 될 수 있었다.

25. Gregory of Nyssa, *On the Deity of the Son and the Holy Spirit*, PG 46.557 B-C.

26. 이 네 가지 지칭은 교회의 네 "니케아 논조"로 후대의 신학에서 자주 언급된다(특히 종교개혁 이후의 시기부터). 그것은 가장 깊은 차원에서 교회가 무엇인지에 관한 본질을 특징짓는다.

27. 예를 들어, *Gregory of Nyssa's To Ablabius: On Why There are Not Three Gods*은 그의 경력에 후대인 380년대에 작성될 것이다(하지만 일부 학자들은 그것을 더 이른 시기에 둔다).

4장

1. 그 영향의 한 유명한 사례에 대해서는 pp. 162-63을 보라.

2. 그러므로 마리아의 자궁은 역설의 장소로 간주된다: 그것은 "정결의 왕실"이며 동시에 영적인 "침방"이다. 그곳에서 신성과 인성이 하나님의 주도로 신비롭게 연합된다.

3. 그 작품의 첫 번째 책과 두 번째 책은 378년의 가을에 아마도 출간되었다(하지만 일부 학자들은 그것들을 380년의 봄으로 연대를 잡는다). 3-5번째 책은 380말-381년 초에 작성되었다.

4. Ambrose, *Epistle* 76 [20].2.

5. 곧 암브로시아나 성당(Basilica Ambrosiana)으로 알려지게 되는 그것은 주교 자신이 나중에 안식하게 되었던 곳이다.

6. Ambrose, *Epistle* 74 [40].

7. 젊은 어거스틴은 기독교로 회심하기 전에 거의 십여 년간을 그러한 "듣는 자"로서 마니교에 관련되었다. p. 161을 보라.

8. 우르시누스는 380년대까지 생존했고, 로마로부터 추방되었을지라도, 그는 교황의 자리를 얻으려는 희망을 포기하지 않았다. 그와 그의 추종자들은 서방의 다양한 부분들에서 곤란을 일으키는 것으로 계속해서 비난을 받았다.

9. 양파는 모두 로마의 거룩한 장소에 대한 소유권을 주장하는 것을 결의했었다.

10. Jerome, *Against John of Jerusalem* 8.

11. 하지만 기독교에 대한 사회적 존중이 귀족들에게로 침투할 수 있을 길을 가져다주었다면, 일부 상류계층의 신자들이 특히 여성들이 금욕주의의 다양한 형태를 취하기를 시작

했을 때 점차적으로 긴장이 있었다. 그렇게 하는 것은 소중한 사회적 경제적 형태를 동요케 하는 것으로 보였기 때문이다. 부자가 결혼을 포기하고 오래도록 축적한 부를 나누어주게 이끈 기독교는 존경 받는 경건으로 제한되는 믿음보다 당연히 훨씬 더 불화를 일으켰다. 더 자세한 것은 pp. 144, 148, 285-86을 보라.

12. Augustine, *On Christian Doctrine* 2.16.36.

13. *The Birth of the Church*, p. 258을 보라.

14. *The Birth of the Church*, p. 173을 보라.

15. 동방의 크리스천들은 예수의 친척이 이전의 결혼에 의한 요셉의 아들들이었다는 에피파니우스의 견해를 일반적으로 따랐다(pp. 152-53을 보라). 현대 시대에 만들어진 더 진전된 주장은 이 사람들은 실로 예수의 사촌이었고, 그들의 부모들은 마리아와 글로바라는 것이었지만, 이 마리아가 예수의 어머니의 누이가 아니라 글로바가 요셉의 형제라는 것이었다. 그럼에도 불구하고 헬비디우스(Helvidius)가 제기한 것처럼 신약성경의 언급에 대한 정직한 독법이 가장 일관된 선택이라고 할 수 있다.

16. Jerome, *Epistle* 22.30.

5장

1. *The Birth of the Church*, pp. 311-16을 보라.

2. *The Birth of the Church*, pp. 31-32, 34을 보라.

3. 다른 고전은 유명한 일세기 신피타고라스 순회 교사이자 이적 행위자인 티아나의 아폴로니우스(Apollonius of Tyaana, 약 170-249)의 『삶』(Life)이었다. 그것은 220년대에 플라비우스 피로스트라우스(Flavius Philostratus, 약 170-249)에 의해 쓰였다.

4. *The Birth of the Church*, p. 175을 보라.

5. *The Birth of the Church*, pp. 285-86을 보라.

6. 기둥은 해가 거듭할수록 더 높아진 것으로 전해진다.

7. 수도원과 교회가 그의 기둥 곁에 세워졌고, 그 남은 흔적을 오늘날에도 볼 수 있다. p. 137에 그림을 보라.

8. 그들은 7세기에도 계속 존재했다.

9. 오리겐의 금욕주의에 관해서는 *The Birth of the Church*, p. 315을 보라.

10. 내부 산의 전통적인 장소는 오늘날도 여전히 방문자가 있는 콥트 수도원이 되었다.

11. 팔라디우스(Palladius, 약 364-420s)는 비디니아와 그의 고향인 갈라디아에서 주교로 봉사했다. 그는 존 크리소스톰과의 우애로 인해 고통을 당했다(pp. 153-57을 보라). 그는 젊은 시절에 애굽의 수도사들 사이에서 많은 시간을 보내면서 그들의 헌신에 매우 감탄했다. 이 "하나님의 친구들"의 특성에 관한 기사는 '라우수의 역사'(Lausiac History)로 알려져 있다. 그것이 황제 데도오시우스 2세의 관리였던 라우수스(Lausus)에게 헌정되었기 때문이다(약 419년).

12. 예를 들어, 팔라디우스는 그의 학도 중에 한사람이었다.

13. 4세기 후반과 5세기 초에 파코미우스 수도원의 모델은 엄격한 훈련을 갖기도 했다. 두드러지게는, 문서로 작성된 순종과 재가의 법규가 있는 매우 엄중한 제도를 시행했던 아드리비스의 수도원장인 강력한 쉐노우트(Shenoute)가 있었다. 그 법규는 규율을 깨뜨린 자에게 채찍과 구금을 하는 것을 포함하고 있었다. 세노우트는 알렉산드리아의 주교인 위대한 시릴의 주요한 동맹자였다(pp. 200-208을 보라).

14. 에게리아의 『순례』(*Travels*)의 텍스트는 700년 동안 소실되었지만 중세시대의 사본이 이탈리아에서 19세기말에 발견되었다.

15. 젊은 시절의 멜라니아의 덕성은 헬라어와 라틴어로 서로 다른 판으로 존재하고 있는 성인전인 『삶』(*Life*)에서 기념된다. 그 작품은 금욕적인 이상의 표준적인 환기를 담고 있을 뿐 아니라 당시에 로마 원로원 귀족이 미친 사회적 경제적 상태에 관한 중요한 증거를 제공해준다.

16. 시릴도 팔레스타인의 수도원의 다섯 주요한 지도자들에 관한 유명한 전기적 스케치를 썼다: 존, 시리아쿠스, 데오도시우스, 데오그니우스, 아브라함.

17. 유스타디우스의 이름은 그가 죽은 후에 메살리안주의와 연관되었지만 이는 보증할 수 없는 오명이었다.

18. 자주 대중적으로는 그의 『규칙』(*Rule*)으로 지칭되었다.

19. 2세기후반부터 베일(가리개)은 그리스도와 영적으로 "결혼한" 성별된 여성들의 경건한 신분을 상징했다. 이는 로마의 결혼 예식과 연관된 베일을 모방한 것이다. 그 베일을 언제 취했는가와 관련해서는 아주 다양했다. 때로 그것이 금욕적인 삶으로 들어간 젊은 여성들에 의해 취해졌다. 또 다른 경우에 헌신의 이런 마지막 공적인 표현은 나중 시기까지 연기되었다.

20. 아퀴타니아 출신의 부유한 변호사인 술피시우스는 390년대에 그의 아내가 죽은 후에 금욕주의적인 삶으로 헌신했다. 그의 친구인 폴리누스와 마틴에 의해 영향을 받은 그는 그의 영지에 종교적인 공동체를 세웠다. 매우 유명한 마틴의 『삶』(*Life*)과 더불어 그는 마틴의 놀라운 능력과 애굽의 성인들의 능력을 비교한 『대화』(*Dialogues*)를 썼다. 또한 구약성경과 400년까지의 기독교회의 역사를 설명하기를 시도한 『역대기』(*Chronicles*)라 불리는 작품을 썼다. 후자는 프리실리안주의자들의 운동의 과정에 관한 소중한 자료다(pp. 116-18을 보라).

21. 수도원 운동에 관한 그의 작품과 더불어 카시안은 430년에 『주님의 성육신』(*On the Incarnation of the Lord*)이란 작품을 만들었다. 그것은 콘스탄티노플의 논쟁적인 성직자인 네스토리우스의 견해를 반대하고 있다(네스토리우스에 관해서는 pp. 199-208을 보라).

22. *The Birth of the Church*, pp. 265-67을 보라.

23. 그들이 지속적으로 대중들에게 인기가 있었던 한 두드러진 사례를 350년이나 360년대 초에 '필로카리아' (Philokalia, "아름다운 것들의 사랑")로 알려진 바실과 나지안주스의 그레고리가 모은 오리겐으로부터의 단편들의 명문집에서 볼 수 있다. 이 작품은 오리겐의 원 헬라어 작품들의 모음집에서는 없었던 텍스트들의 많은 발췌문을 담고 있다.

24. 에피파니우스의 이전 작품인 파나리온(Panarion)이나 "모든 이단들의 치유를 위한 약 상자"("A Medicine Chest for the Cure of All Heresies")는 교회의 시작 이래로 그가 알고 있는 모든 잘못된 가르침의 사례를 공격했다. 니케아 정통의 철저한 변호자요 그가 생각하기에 니케아의 중요성을 빈약하게 이해하고 있는 사람들에 대한 비판자인 그는 아폴리나리스(pp. 82-87)와 멜리티안들(pp. 37-38을 보라)의 견해를 포함하는 다른 논쟁적인 개념을 반대한 것과도 관련이 있다.

25. Jerome, *Epistle* 95.

26. 존은 역시 당시에 일부 기독교인들에게 매력을 준 것으로 보이는 유대교를 아주 격렬하게 공격했다.

6장

1. 이 책은 13권의 책으로 구성되어 있다. 1-9권의 개인적인 설명이 있은 후에 어거스틴은 하나님에 대한 그의 탐구의 시작으로서 타락한 세계에 대한 현재의 상태를 묵상하는 것에 참여하고, 11-13권은 시간의 본질과 그것과 하나님의 관계를 상고함으로써 창세기의 서두에 관한 상상력 있는 주석의 형태를 취한다.

2. Augustine, *Confessions* 7.9.13.

3. 플로니투스(Plotinus)와 포피리(Porphyry)에 관해서는 *The Birth of the Church*, pp. 320-21을 보라.

4. 그리고 스토아철학을 포함한 다른 것들.

5. 마리우스 빅토리누스(Marius Victorinus)는 기독교인들이 가르치는 직분을 갖는 것을 금한 362년의 율리안의 칙령이 있은 후에 그의 자리를 사임했다. 어려운 형태일지라도 심오한 깊이가 있는 사상을 담고 있는 그의 기독교 문서들은 일부 바울서신에 관한 중요한 주석들과 아리안주의에 대항하는 많은 작품들을 담고 있다. 그것은 어떤 면에서 그 주제에 관한 어거스틴의 후대의 사상을 예기(豫期)했던 삼위일체의 정교한 신플라톤주의자의 교리를 제공했다.

6. Augustine, *Confessions* 8.12.28-30.

7. *Ibid.*, 1.1.1.

8. 하지만 그는 셈어적인 방언이었던 북아프리카 지방의 지배적인 언어인 카르타고(Punic) 언어를 알고 있었다.

9. Augustine, On the Trinity 5.9.10.

10. 티코니우스(Tyconius)의 요한계시록 주석은 단편으로 존재하며, 그것은 후대의 학자들에 의해서 모아졌다.

11. 그러나 반항자에 대한 죽음의 벌은 선택할 수 있는 것이 아니었다.

12. *The Birth of the Church*, pp. 325-32을 보라.

13. *Ibid.*, pp. 330-31을 보라.

14. Augustine, *Confessions* 10.29.40, 31.45, 37.60.

15. 일반적으로 유아세례에 관한 더 자세한 것은 pp. 253-54을 보라.

16. 암브로시아스터는 한 가지 두드러진 예외였다.

17. 그러나 이 개념을 사실상 어떤 경우에도 어거스틴에게서 명백히 발견할 수 없다. "이중 예정론" – 어떤 이는 생명으로 선택되고 어떤 다른 이는 죽음으로 선택된다는 개념 – 의 교리는 9세기의 일부 지역에서, 특히 오르바이스의 고데스케일(Godescale of Orbais, 약 804-869)에 의해 주장되었지만, 그의 견해는 정죄되었다. 그것은 종교개혁에서 재활성화되었다.

18. 그중에 한사람이 오로시우스(Orosius)였다. 어거스틴은 그를 팔레스타인으로 보내서 펠라기안주의에 대항한 싸움에서 제롬과 같은 지원자를 얻게 했다. 어거스틴의 요청으로 오로시우스는 417-418년에 아담에서부터 그의 시대에 이르는 일곱 권의 책으로 된 세계역사의 연대기를 완성했다. 그것은 기독교가 로마의 번영에 치명적이라는 이교 불평자들을 논박하기 위해 의도되었다. 그의 작품은 대단히 조야하게 제작되었다.

19. 다소 유사한 주장이 5세기 중반에 마르셀레스의 사제인 살비안(Salvian)에 의해 제기될 것이다. 그는 동등하게 로마 사회의 쇠퇴를 황제들의 덕성과 대조시켰다(p. 307을 보라).

7장

1. *The Birth of the Church*, pp. 260-61을 보라. 4세기의 알렉산드리아 주해자 가운데 가장 인상적인 사람인 매우 학식 있는 금욕적인 학자 디디무스(Didymus, 약 313-398)가 있었다. 그는 어린 시절부터 맹인이었음에도 불구하고 매우 많은 주석과 다른 신학적 작품들을 썼다. 그는 제롬과 루피누스와 같은 사람들을 가르쳤고, 그의 책을 읽는 사람 가운데는 밀란의 암브로스도 있었다. 그의 작품의 많은 것들이 오리겐에 의해 강력하게 영향을 받았고, 이런 연관이 5세기와 6세기에 그에 대한 의심을 가져왔고, 그의 작품들 중에 많은 것들이 553년에 그가 오리겐주의자로 정죄된 이후에 소실되었다.

2. 그는 434년에 네스토리우스를 계승할 것이다.

3. 알렉산드리아파 제우리(Alexandrian Jewry)는 물론 지극히 컸다. *The Birth of the Church*, p. 45을 보라.

4. 존과 그의 파는 기근으로 인한 안디옥에서의 대중적인 혼란 때문에 안디옥으로부터 출발하는데 있어서 늦었다.

5. 로마가 서방에 다수를 대변하는 입장에 있었던 것은 동방에서 널리 인정되었다.

6. 흥미롭게도 몸과 영혼의 연합에 관한 유추는 본질적으로 안디옥파의 접근을 신봉햇던 사람들에 의해 역시 인용되었다. 그러한 사람 가운데 한 사람이 4세기 후반에 시리아의 에메사의 학자적인 주교였던 네미시우스(Nemesius)였다. 그는『인간 본성에 관하여』(*On Human Nature*)란 논문에서 인간 존재가 정신적인 연합체라고 주장했다. 아무리 구조에서 복잡할지라도, 몸과 영혼의 관계에 관한 본질은 아주 밀접해서 그리스도 안에서 신성과 인성의 결합과 비유되는 것을 형성한다. 그러나 네미시우스에게서 성육신적인 연합은 "말씀-육체"가 아니라

"말씀-인간"으로 투사되었다.

7. 에데사에서 이바스의 전임자인 바룰라(Rubbula)는 시릴의 개념으로 열정적으로 전환했고, 데오도르의 글을 격렬하게 비판했다. 이바스는 바불라를 적극적으로 반대하였다.

8. "수도원장"(archimandrite)이란 칭호는 직역하면 "우리의 책임자"란 말인데, 그 용어는 4세기에 동방에서 부상했다.

9. 그러한 대표자에 대한 용어는 '아포크리사리우스' 인데, 그 이름이 많은 상황에서 교회의 사절단에 대해서 여전히 사용되고 있다.

10. 참석한 수는 회기마다 달랐다. 공의회에서 발행한 믿음의 진술은 452명이 서명했다.

11. 쥬비날(Juvenal)은 팔레스타인의 수도사들에 의해 조직된 반란으로 인해 그의 주교직을 상실했지만, 그의 동맹자들 덕택에 453년 말에 그의 직위를 회복했다.

8장

1. "단성론파"와 "단성론"이란 지칭이 불운하게도 그러한 용법의 사용으로 수세기에 걸쳐서 익숙해졌을지라도, 그들은 오늘날 유사한 견해를 보유하고 있는 사람들에 의해서 불쾌한 것으로 간주되기를 계속하고 있고, 그들의 비판자들에 의해서 그러한 오래 지속된 사용 때문에 오도될 수 있는 지속적인 위험이 있다. 소위 "단성론파"란 개념이 아무리 다양할지라도 그들 모두는 유티케스의 이름과 관련한 입장에서 그들 자신을 멀리하기를 추구했다. 그 용어를 조심스럽게 다루어야 할 필요가 이 책에서 그 용어에 대해서 인용부호를 사용하는 것에서 나타난다.

2. 헬라어에서 '고양이' 라는 "아엘루루스"라는 지칭이 그의 작고 민첩해 보이는 모습 때문이었던 것으로 제기된다.

3. "주관이 없는 자" 티모디(Timothy "Wobblecap")

4. "쉰 목소리의 사람" 피터(Peter "the hoarse one")

5. 나르사이(Narsai)는 구약성경에 관한 주석 작품과 더불어(그 모든 것이 소실되었다) 매력적인 찬송과 구절 설교들을 생산했고, 그런 많은 것들이 오늘날도 존재한다. 운문식의 설교는 페르시아와 시리아 기독교의 풍부한 특징 가운데 하나였다. 또 다른 중요한 시인-해석가는 시리아 작가인 제이콥(Jacob)이었다. 그는 오스로엔에 있는 세루의 주교인데, 그는 나르사이와는 반대되는 기독론적 전통을 지지했다(하지만 그는 교리적인 논쟁에서 평화적인 입장을 취함으로서 친칼케돈파와 반칼케돈파의 크리스천들에 의해서 존경을 받았다). 제이콥은 성경의 영적인 의미에 관한 괄목할 만한 시적 찬미를 썼다.

6. 485년부터 히에라폴리스(Mabbug)의 주교인 필록세누스(Philoxenus)는 독창적인 신학자였으며, 그의 신학적이고 성경적이며 도덕적인 주제에 관한 광범위한 문서들은 헬라사상에 관한 지식을 그 자신의 시리아 전통의 독특한 강조와 조합시켰다. 시리아에서 신약성경의 "필록세니안"(Philoxenian) 판본이 508년에 그를 위해서 만들어졌다.

7. 사실상 그것은 친 칼케돈 수도사들에 의해 지지되었다.

8. 로엔티우스(Loentius)의 연대는 불확실하다. 전통적인 추산은 그를 6세기 중반의 어느 시점으로 두지만 그가 7세기 초만큼 늦은 시기에 속한 사람이라고 최근에 제기되었다.

9. 비잔티움의 로엔티우스(Leontius of Byzantium)와 예루살렘의 로엔티우스(Leontius of Jerusalem)는 학문의 역사에서 자주 혼돈되었지만 그들을 구분하는 것이 중요하다.

10. 흑사병의 일종인 몇 가지 유사한 유행병의 발발이 뒤이어지는 세대에 발생할 것이다.

11. Greek Indikopleustes.

12. 제이콥(Jacob)은 긴 외투를 입고 변장하고 여행을 다니는 습관 때문에 "바라데우스"(Baradaeus)로 알려지게 되었다(Syriac burd'ana).

13. 말라바르의 모든 시리아 기독교인들은 그들의 교회의 기원을 사도 도마의 복음전도로 추적하고 있으므로 그들 자신을 "도마의 기독교"("Thomas Christian")로 형태를 지운다(*The Birth of the Church*, p. 154을 보라). 이 시리아 공동체들 가운데 많은 다른 전통들이 있고, 상당히 많은 것들이 네스토리안들과 본래 공감을 가졌고, 역사적인 발전의 결과, 특히 15세기에서 포르투갈의 상승으로 인해 수세기에 걸쳐서 친 칼케돈 서방 교회들과 동맹관계에 있었다. 그러나 다른 이들은 로마와의 교제를 거부했고, 시리아 정통 교회로 연합했다. 후대 세기에 더 많은 분열이 이어졌을지라도, 오늘날 도마 기독교인들의 상당한 부분은 이 전통의 두 부류 중 어느 하나에 속한다.

14. 그러나 4세기에 아마도 그 지역에 어떤 신자들이 있었다.

15. 에디오피아에서 기독교의 최초의 확산에 관해서는 p. 57을 보라. 더 진전된 자극은 5세기에 아마도 그 지역에서 수도원 운동을 촉진시켰던 시리아 출신의 수도사 그룹의 영향으로부터 왔다.

16. 다른 괄목할 만한 학식 있는 아르메니아 성직자는 에즈닉(Eznik)이라는 메스롭(Mesrob)의 제자였는데, 그는 440년대에 의미심장한 논문인 『종파들에 대항해서』(Against the Sects)를 썼다. 네 권으로 이루어진 이 책은 이교신앙, 페르시아 종교, 헬라 철학, 그리고 마르키온 신학을 논박하고 있다.

17. 호노리우스(Honorius)는 이 문서가 발행되었을 때 즈음에 죽었다.

18. 엄격히 말해서 이 용어들의 정확한 철자는 "Monothelete"("단의론")과 "Dyothelete"(양의론)(따라서 역시 "Monotheletism", "Dyotheletism)이지만 여기서 채택한 형태를 사용하는 것이 보다 흔하다.

19. 하지만 서방에서 일부 사람들에 의해서 특히 553년의 공의회에 대한 인정이 늦었고 복잡했으며, 어떤 다른 이들은 양의론의 승리의 의미에 대해서 매우 미온적이었다.

20. 하지만 아르메니아 교회는 다른 오리엔탈 정통교회 전통과 충분히 교류하지 않았다는 것을 주목해야 한다.

21. 특히 에디오피아 교회는 고대의 이스라엘과 문화적으로 언어적으로 연결되었고, 유대적인 영향을 강력하게 받았다. 그것의 성경 정경은 에녹1서(*1 Enoch*)와 쥬빌리서(*Book of Jubilees*)와 같은 유대 위경의 범주를 포함시켰다.

9장

1. 그 지칭은 17세기로부터 기원한다.

2. *The Birth of the Church*, p. 276을 보라.

3. 5세기에 니케아 신조는 동방의 일부에서 성찬을 시행할 때에 음송되기 시작했다. 이 전통은 마침내 관습이 될 것이지만, 그것은 중세기까지는 힘을 얻지 못했다.

4. *The Birth of the Church*, pp. 278-79을 보라.

5. Cyprian, *Epistle* 64.5.2과 오리겐, 예를 들어, *Commentary on Romans* 5.9.

6. Gregory of Nazianzus, Oration 40.28.

7. 더 자세한 것은 *The Birth of the Church*, pp. 279-84, 특히. p. 283을 보라.

8. Cyril of Jerusalem, *Mystagogical Catecheses* 5.21-22.

9. Ambrose, *On the Sacraments* 4.14.

10. 때로 "당신의 마음을 들어 올리십시오"(Lift up your hearts)는 단순한 "마음을 올려라"(Hearts up)로 대체되었다. 북아프리카에서는 단수의 "마음"(Heart up)이 표준이었다.

11. 그러한 유형의 2세기와 3세기의 근원에 관해서는 *The Birth of the Church*, pp. 281-82을 보라.

12. 그러나 이것은 시리아의 의식에 대한 우리의 주요한 자료에서는 생략되어 있다. 그 예전은 일세기의 메소포타미아에서 기독교의 개척자로 믿어지는 아다이(Addai)와 마리(Mari)에게로 귀속되지만 아마도 그것은 오히려 3세기에 기원을 가질 것이다.

13. 헬라어 '카데드라'는 "보좌"를 의미한다. "성당"(cathedral)은 주교들의 직무하는 곳이므로 특별한 영역에서 전체 교회의 상징적인 중심지이다.

14. *The Birth of the Church*, p. 286을 보라.

15. 프라임(Prime)과 콤플라인(Compline)은 베네딕트의 『규율』(*Rule*)에도 나오지만, 이전에 뿌리를 두고 있다.

16. Didascalia와 Didache을 포함하는 다양한 자료들에게 나온 예전적인 자료의 집합(*The Birth of the Church*, p. 277 and p. 180)인 그것은 거의 확실히 아리안에 동감하고 있는 저자에 의해 시리아에서 작성되었다. 그것의 마지막 장은 소위 85개의 '사도적 법규'로 구성되어 있는데, 주로 성직자들의 서임과 도덕적인 책임을 다룬다.

17. 이 모음집은 성탄절과 신현절을 위한 찬송들(pp. 272-74)과 죽은 자의 장사를 위한 찬송을 역시 포함하고 있다.

18. 세둘리우스(Sedulius)가 430년경의 어떤 시기에 이탈리아에서 썼다. 그의 Carmen Paschale("부활절 노래")은 성경만이 아니라 버질(Vigil)을 알고 있었다. 4-5세기에 서방에서 기독교 저자들에 대한 버질의 영향은 상당했다. 많은 사례들을 인용할 수 있지만 두 가지로 충분하다. 330년경에 스페인 사제인 쥬벤쿠스(Juvencus)는 복음서만이 아니라 버질을 상당히 생각나게 하는 그리스도의 삶에 관한 육보격의 시를 발행했다. 한 세대 뒤에 프로바(Proba)라는 귀족출신의 한 로마 여성은 성경 역사의 과정에 관한 '센토' 또는 "주워 모은" 시를 만들었다. 기독교의 가르침에 관한 그녀의 이해는 결정적으로 혼돈이 있었지만, 그것과

고전적인 자료에 근거한 다른 그런 잡동사니 시들은 후대 세기들에서 상당히 많이 읽혀질 것이다. 보다 일반적으로 기독교 운문에서는 버질과 다른 고전 작가들의 넓은 범주들 – 호레이스, 오비드, 루크리티우스, 사타티우스, 쥬베날, 그리고 여타 사람들 – 을 활용하였다.

19. 이 설교에 대해서 '콘타키아' (kontakia)라는 명칭은 9세기에 처음 사용되었다. 그것은 헬라어 '콘토스' 에서 유래하는데, 이는 찬미를 적는 양피지 텍스트를 감아두는 "막대"를 의미한다.

20. Augustine, *Confessions* 9.6.14; 10.33.49-50.

10장

1. 아나톨리안 제도는 로마에서 채택한 모델을 6세기에 수집한 스키타이족 수도사인 이오니시우스 엑시구스(Dionysius Exiguus) 이후에 디오니소스 주기로도 알려지게 될 것이다. (디오니시우스의 구조가 잘못된 계산에 기초하고 있을지라도, 그리스도의 탄생의 사건들을 연대짓는 제도인 B.C/A.D 전환의 출처를 디오니시우스로 추정한다.)

2. 6세기도 알렉산드리아파와 콘스탄티노플파의 조직의 화해를 보여주었다.

3. 모세(출 34:28)와 엘리야(왕상 19:8)의 사례를 역시 주목하라..

4. 영어 명칭인 "세족"의 목요일은 라틴어 '만다툼 노붐' (mandatum novum)에서 유래하는데, 그것은 세속식의 예전에서 상기되는 구절인 서로 사랑하라(요 13:34)는 제자들에 대한 예수의 "새 계명"을 묘사한다.

5. *The Birth of the Church*, pp. 205, 292을 보라.

6. 폴리누스의 시 중에 둘은 놀라에서 그의 수호성인인 펠릭스(Felix)의 삶에 관한 것이고(p. 149을 보라), 이들 가운데 14개는 1월 14일의 연례 절기에 펠릭스에게 헌정되었던 '나타리시아' 또는 "탄생 시"이다.

7. 그 이름들이 자주 상아로 만들어진 접혀지는 두 쪽의 판에 기록되어 있기 때문에 그렇게 불리어졌다(헬라어로는 '딥투촌'). 그렇게 접혀지는 판은 공적인 직무와 같은 특별한 경우를 위한 초대장으로 로마 신사들에 의해 처음 사용되었다.

8. 동방에서 선호되는 마리아 승천절에 대한 이름은 '코이메시스' (Koimesis)나 성처녀가 "잠들어 있는" 절기다.

9. *The Birth of the Church*, pp. 297-309을 보라.

10. 310. 연대는 불확실하고, 전통적인 추측은 그 모임이 약 306년에 발생했다는 것이지만 보다 후대인 310년에 발생했을 수도 있다.

11. 자주 라틴어로 불리어질 때, '서브인트로덕태' (subintroductae, '동반자')와 함께 살았던 관행은 2세기부터 일부 지역들에서 존재했다.

12. 이에 관한 한 흥미로운 사례는 키리네 출신의 시네시우스(Synesius, 약 370-413)이다. 그는 410-413년경에 프톨레미아의 주교로 후보에 올랐다. 그가 키리네 사람들의 공동체에서 역할했던 부분에 대해서 대중적인 찬탄이 있었기 때문이었다(그것은 그 지방의 세금감

면을 협상하기 위해서 콘스탄티노플 황궁으로 사신을 가는 것을 포함했다). 시네시우스는 교육 받은 신플라톤주의자였고(그는 이전에 알렉산드리아에서 불운했던 히타티아의 학도였다), 기독교 신자인 아내와 결혼했다. 그는 자신이 주교가 된다면 철학적인 신념(영혼의 선존재나 부활의 본질과 같은 문제들에서)이나 그의 아내(또는 둘 다)를 포기해야 할 것을 우려했다. 따라서 그는 이런 희생이 필요치 않다는 것을 알렉산드리아의 총대주교인 데오필루스가 확신시키고 나서야 그 역할을 수용했다. 시네시우스의 글들은 기독교 신앙의 깊은 플라톤적 신앙을 보여준다.

13. 암브로스, 니지안주스의 그레고리, 존 크리소스톰과 같은 분명한 거물들과 더불어 사람들과 교감하는 열정과 은사를 발전시킨 덜 잘 알려진 많은 다른 모범자들이 있다. 5세기의 전반부에 라벤나의 주교였던 피터(Peter)는 광범위한 설교 모음집을 남겼다. 그는 피터 크리소로구스(헬라어 '크리소로고스', "황금 입")로 알려지게 되었는데, 이는 분명히 그가 서방의 존 크리소스톰과 대응되는 자였음을 암시한다. 이보다 20-30년 전에 또 다른 북 이탈리아의 성직자인 투린의 주교인 막시무스(Maximus, 아마도 약 420년에 죽었다)는 여러 편의 설교들을 남겼고, 그 대부분은 꽤 짧았다. 그것은 재능과 대중적인 활발함을 조합하고 있고 이 당시에 그의 지역에 살았던 크리스천들의 삶을 엿볼 수 있게 만들어준다. 위대한 설교자들의 작품에 깔려 있는 초기 기독교 설교와 수사적인 전략의 역동성에 관한 연구는 오늘날 학자들에게 점증하는 매력이 있는 영역이다.

14. 특히 옷을 입는 것이나 머리를 깎는 것은 종교적인 맹세의 상징으로 특징지어지고, 이는 수도원의 관행에서 성직자들에게로 6세기에 확산되었다. pp. 386-87을 보라.

15. *The Birth of the Church*, pp. 168-70을 보라.

16. Vincent of Lerins, *Commonitorium* 2.3.

17. 그 배경에 관해서는 *The Birth of the Church*, pp. 116, 127-30, 301-9을 보라.

18. 많은 학자들이 주장하는 것처럼, 금욕을 선택함은 주로 성적인 파트너와 어머니로 여성들의 역할을 전통적으로 가졌던 것에 대한 도전을 대변했다.

19. 그 배경에 관해서는 *The Birth of the Church*, pp. 287-89을 보라.

20. *The Birth of the Church*, pp. 292-96을 보라.

21. Eusebius of Caesarea, *Ecclesiastical History* 7.18.1-4.

22. 5세기에 에데사의 주교인 라불라(Rabbula)와 혼돈해서는 안 된다(p. 436n7을 보라).

11장

1. Jerome, *Epistle* 127.12.

2. 또한 오로시우스에 관해서는 p. 436n18을 보라.

3. Orientius, Commonitorium 2.184. 오리엔티우스(Orientius)는 툴루스의 서쪽 아욱(Auch)의 주교였을 것이다. 그는 시인이었고, 그의 '코모니토리움(Commonitorium)은 크리스천의 거룩을 추구하고 도덕적인 악을 피하라는 애가 형식의 권고다.

4. 군다문드(Gunthamund) 아래서 드라콘티우스(Dracontius)라는 카르타고 출신의 변호사는 비잔틴 황제의 제논에게 헌정하는 시를 쓴 것으로 인해서 구금되었다. 그는 구금되어 있는 동안에 더 많은 시를 썼고, 여기에는 그의 주요한 작품인 '하나님의 찬미에 관해서'(On the Praises of God)를 포함한다. 그것은 창조주, 보호자, 그리고 인간의 구원자로서의 하나님의 위대함을 칭송한다.

5. 이전의 왕들에 대한 전복과 약 509년에 로마 공화정의 설립 이래로 "왕"이란 칭호는 전통적으로 로마 사람들에게 거부되었다.

6. 일부 로마인들도 고트어를 배웠다.

7. 그는 두드러지게 유대인들에 대해서도 그러했다. 그는 많은 경우에 유대인들의 관심을 보호하기를 추구했다.

8. 나중에 그는 약 513에 파비아의 주교가 되었다.

9. 많은 건물과 장엄한 모자이크들을 여전히 오늘날 볼 수 있다. 가장 기념되는 것은 궁전 교회인 누오보(S. Apollinare Nuovo)에 있는 것들이다. 라벤나의 커다란 보물 중에 하나는 스웨덴 웁살라의 대학도서관에 지금 소장되어 있는 소위 '코덱스 아르겐튜스'(Codex Argenteus)라 일컫는 것이다 - 그것은 고트어로 되어 있는 훌륭한 책인데, 매우 좋은 진홍의 양피지에 금색과 은색의 문자로 작성된 188쪽이 남아 있다.

12장

1. 투르나이에 칠데릭(Childeric)의 매장지가 1653년에 발견되었고, 현대 시대에 더 많이 발굴되었다. 그것은 칠데릭의 부 그리고 다른 사람들의 조직과 프랑크족의 접촉을 증거하는 장식품, 무기류, 그리고 동전의 훌륭한 저장물들을 보여주었다.

2. 여인들을 위한 케사리우스(Caesarius)의 수도원은 507-508년에 마지막 포위 시에 매우 파괴되었고, 뒤이어 도시 성벽 내에 보다 안전한 장소에서 재건되었다. 그것은 케사리우스의 누이에 의해 처음에 관장되었고, 그 주교 자신이 만든 규율을 따랐다. 그것은 여성 금욕주의 공동체를 위해 작성된 최초의 규칙인 것으로 제기된다.

3. 흥미롭게도 아를레스의 케사리우스(Caesarius of Arles)를 포함한다.

4. 유스티니안은 콘스탄티노플과 그 교회에서 33개의 교회들을 세웠거나 회복시켰고, 제국의 다른 도시들에서 수많은 교회들을 세우거나 회복시킨 것으로 보고된다. 가장 유명한 것은 537년에 성별된 상타(도는 헬라어로 '하기아') 소피아의 장엄한 바실리카(성 지혜의 교회)다. 그 교회는 이전에 360년에 헌정되었던 것인데 532년 초에 심각한 대중 폭동으로 파괴된 후에 다시 건설되었다. 이는 요즈음까지 이스탄불에서 주요한 이정표 중 하나로 남아 있다. 교회, 모스크사원, 그리고 박물관으로 다양하게 변화되었기 때문이다. p. 289를 보라.

5. 한 사람은 그녀의 직원 중에 한 사람과 결혼하기 위해서 그 소명을 포기했다. 그 결혼은 불행했던 것으로 그레고리에 의해 언급된다.

6. 그레고리 대제(Gregory the Great), *Pastoral Rule* 1.1

7. 4세기에 다마수스와 시리시우스는 교회가 세워진 "반석"(마 16:18)인 베드로의 관구로서 로마의 수위성에 관해서 많은 것들을 만들었다. 이런 연관성은 레오에 의해 아주 강력하게 강조되고, 그 권위적인 의미는 로마와 동방간의 오래 끄는 분열의 상황에서 겔라시우스(Gelasius)에 의해 더 자극을 받았다(pp. 220-22, 224-25을 보라).

8. 『대화』(*Dialogues*)의 진정성은 최근에 도전을 받지만 학자들의 대다수는 그 작품에 대한 그레고리의 저작권을 변호하기를 계속하고 있다. 『대화』의 두 번째 책 전체는 베네딕트에게 헌정되고 있다.

13장

1. 서부에 하드리안의 벽의 2/5는 본래 토탄으로 지어졌지만, 처음부터 돌로 지어졌던 벽의 나머지들과 일치시기기 위해서 다시 돌로 재건되었다. 이 벽에는 수많은 보조부대가 정주했다. 대중들의 오해와 달리 그것은 변방에서 건너오는 모든 사람들을 막는 것을 의도하지 않았고, 양방향에서 활발한 왕래가 있었다. 그럼에도 불구하고 그 벽은 가능성 있는 군사적 침략자들에 대한 심리적인 방벽을 보여주는 것으로 확실히 의도되었다. 그 모든 두드러진 상징과 경제적 사회적 상황에 관한 중요한 영향에도 불구하고, 그 벽은 제국의 영토를 급습하려는 픽트족과 스콧트족의 결의를 막아낼 수 없었다.

2. Tertullian, *Against the Jews* 7; Origen, *Homilies on Ezekiel* 4.

3. 어떤 학자들은 그의 죽음을 3세기 초보다 더 늦은 시기로 두면서 오히려 250년에 데시우스 하의 박해의 상황을 선택한다(*The Birth of the Church*, pp. 322-23을 보라). 초기 브리튼 교회의 훌륭한 역사가인 비데(Bede, 약 673-735)는 그 사건을 4세기 초의 대박해만큼이나 늦은 것으로 위치시킨다(Ecclesiastical History 1.7). 하지만 이는 가능성이 적어 보인다.

4. *The Birth of the Church*, pp. 334-38을 보라.

5. 가장 유명한 사례들을 이탈리아의 폼페이와 헤르쿠라니움의 고대 도시들의 유적지에서 발견할 수 있는 낙서들에서 찾을 수 있다. 학자들은 이 사례들이 기독교적인지 아닌지를 논쟁한다. 합리적인 제일원인이 그것들이 기독교적이라는 주장을 할 수 있게 만든다. 이것이 그렇다면, 79년에 베수비우스 산의 폭발로 인한 두 도시의 파괴 이전에 각기 그 지역에 적어도 한 명의 신자가 있었음을 암시한다.

6. 저장물은 27개의 은제품을 포함하고 있는데, 그중에 가장 두드러진 것이 두 손잡이가 있는 성배다. 단일한 금조각도 있다.

7. 일부 독립된 교회들을 헴프셔의 실체스터(Silchester)와 같이 도시를 배경으로 둔 곳에서 발견할 수 있지만, 그 기원적인 배경을 둘러싼 다른 상세한 설명들과 더불어 그 연대는 논쟁이 된다.

8. *The Birth of the Church*, pp. 343-45을 보라.

9. 이 보고들에 어떤 진리의 요소가 있는지를 말하기가 어렵다. 어떤 종류의 대량 세례가 발생했다면, 이 시기에 브리튼 사람들 사이에서 여전히 이교도가 심각한 세력이었던 정

도를 암시해준다.

10. 리옹의 사제인 콘스탄티우스(Constantius)

11. 후대의 아일랜드 저자는 사실상 이 사실로 인해서 고통스러워했는데, 그것을 교회가 너무 나태하고 형태에서 편리를 좇고 있는 표지로 간주했다. 지극한 금욕주의의 약간 후대의 형태는 이렇게 인식된 약점을 고치기 위한 필요에 의해 추진되었다. 그러나 보다 문자적인 종류의 순교자를 위한 아일랜드의 시대는 아직 오직 않았다.

12. 그 마지막은 다소 덜 지속된 지칭을 가진 두 나라로 구성되었다: 남부에 데이라(Deira, 훔베르에서 티스[Tees]에 이르는)와 북부에 베르니시아(Bernicia, 궁극적으로는 멀리 포르트[Forth]에까지 이르는).

13. 물론 스트라트클리데만이 7세기를 넘어서까지 존재하였고, 다른 것들은 노덤브리아에 복속되었다.

14. 그 작품의 연대와 지역적 기원은 논쟁이 된다.

14장

1. 켈틱(*Celtic*)과 켈트(*Celts*)란 용어는 대단히 복잡하고 그 적용에서 논쟁적이다. 그리스 로마 작가들이 켈트라고 불렀던 사람들은 한때에 알프스 북쪽 유럽의 상당한 부분에 거주해 있었고, 사실상 우리가 서부 로마 문화로 생각하는 많은 것들이 로마와 켈트 문화의 복합적인 융합을 대변했다(특히 종교의 영역에서). 로마의 영향이 B.C. 1세기 말경부터 지배했을지라도, 켈트의 언어, 사회적 관습, 그리고 물질문화가 로마 영토, 특히 시골 지역에 널리 퍼져 있었다. 그러나 A.D. 5세기의 게르만 문화의 강세로 유럽에서 로마 세력이 해체된 이후에 켈트 전통이 유럽과 브리튼에서 많이 분쇄되었고, 켈트어와 관련된 그룹에서 어떤 한 형태를 말하던 사람들이 서부의 작은 집합으로 모여들었다: 아일랜드, 스코틀랜드, 웨일즈, 콘월, 맨섬(Isle of Man), 그리고 브리타니. 이어지는 부분들에서 "켈틱"과 "켈트"의 지칭은 인종을 묘사하는 것이 아니라 브리튼 섬과 북부 유럽의 지역들에서 반게르만적 전통의 언어적 문화적 대변자들을 언급하는 넓은 방식으로 나타난다.

2. 전통적으로 니니안에 대한 가장 선호하는 연대는 397-398년경에 그의 관구의 설립이 있었던 5세기 초이지만, 보다 최근에는 그를 6세기 중반까지 좀더 늦은 연대로 위치시켜야 한다는 주장들이 있다. 그 증거는 아주 확정적이지는 않지만, 보다 후대의 상황에 두려는 주장이 전통적인 연대보다 약간 더 우세하다.

3. Bede, *Ecclesiastical History* 3.4.

4. 브리지트(Brigit)는 스코틀랜드에서 어떤 영향을 행사했던 것으로 제기된다. 한 수도원이 600년경에 아레르네디에서 그녀를 기리기 위해서 설립되었고, 그녀의 이름은 아베르덴서에서부터 갈로웨이에 이르기까지 지명으로 널리 추모된다.

5. 그것의 게일어 이름은 단순히 "I"("see"에서처럼 ee로 발음되고 직역하면 "섬"[island]을 의미함)다. 후대의 이름은 7세기의 신조어인 '이오아 인술라'(Ioua insula, "나의

섬"[Island of I])의 오독에서 유래한다.

6. 가르탄(Gartan)의 마을이 그의 태생지로 기념되지만 이런 연관성이 갖는 전통이 꽤 후대이고 일부 반대에 직면해 있다.

7. 그는 아마도 콜룸바가 죽은 지 몇 년 후에 612년경에 죽었을 것이다. 현대의 글래스고 성당은 13세기말과 14세기 초로 거슬러 올라가지만, 이곳의 첫 번째 돌 교회는 1136년에 헌정되었다. 켄티게른 직후의 세기들에서 글래스고의 관구에 관한 우리의 지식에 상당한 공백이이 있다.

8. 콜룸바에게로 귀속되는 라틴 시 가운데 가장 잘 알려진 것은 '알투스 프라사토르' (*Altus prosator*, "높으신 창조자" 로 알려진 단편이다(그 시의 서두어에서 따온 말). 그것은 창조자, 구속자, 그리고 심판자로서의 하나님의 장엄함을 찬미하고 있다. 이 시는 A-Z로 이어지는 알파벳 순서를 따라 각 구절의 첫 단어를 형성시킨 ABC...형태로 구성되어 있다. 하지만 J, U, W는 제외되어 있다.

9. 켈트 교회는 고행적인 훈련의 특징적인 제도를 발전시켰다. 그 목록("고행 규정서")은 특별한 죄에 대한 훈련의 적절한 등급을 규정해 놓고 있다. 규정표들은 금식의 서로 다른 기간이나 특별한 죄의 과중에 따라서 구제의 다양한 정도를 정해 놓고 있다. 그러한 관행은 논쟁적이었다. 특히 그것이 참회를 기술적인 과정으로 축소시키고 있기 때문이고, 또한 서로 다른 목록들이 부과한 요구사항에서 상당한 무일관성이 있었기 때문이다. 후대에 돈을 전달함으로써 고행을 면제받는 것이 역시 가능했다. 전개된 이런 남용에도 불구하고, 고행 규정서를 사용하는 관행이 중세기에 서방에서 매우 널리 퍼졌다. 켈트의 기원에서, 그것은 자주 아주 사소한 죄에 대해서도 참회의 혹독한 표현을 요구했다.

10. 현대 교회의 의식적으로 켈트적인 전통을 갖는 가장 두드러진 사례 중에 하나가 조지 맥레오드(George MacLeod, 후대에 퓨니아리의 로도 맥레오드[Lord MacLeod of Fuinary])에 의해 1938년에 세워진 이오나 공동체의 사역이었다. 이 운동은 실제적인 방식으로 즉 경제적인 증거, 정치적인 활동, 그리고 정의와 평화의 증진을 통한 복음의 성육신을 주창했다. 그 구성원들은 본래 주로 스코틀랜드의 교회에서 왔으나 이제는 훨씬 넓은 범주의 교회들을 대변한다. 이오나 공동체의 활동은 다양한 형태로 켈트 영성의 재발견을 고무시키는 것을 포함하였지만, 이 운동은 이오나의 과거의 낭만적인 형태를 추구하는 것은 반대한다.

11. Bede, *Ecclesiastical History* 2.1.

12. 그가 골에서 성별되었을 가능성이 있지만, 그 지역과 연대는 불확실하고, 어거스틴이 이 예식을 위해서 대륙으로 돌아갔는지, 아니면 그가 잉글랜드로 가는 길에 이미 주교가 되어 있었는지는 불분명하다.

13. 이 시기 즈음에 영어로 "부활절" (Easter)이란 이름의 기원에 관해서는 *The Birth of the Church*, p. 384n9을 보라.

14. Bede, *Ecclesiastical History* 2.2

15. Ibid., 3.25.

16. 물론 그때조차도 총괄하여 잉글랜드의 모든 다양한 사람들의 회심이 없었던 것처럼, 우리는 사회 정치적인 측면에서 기독교 신앙의 대대적인 채택은 없었던 것으로 일반적

으로 말할 수 있다. 이교도는 결코 소멸될 수 없는 세력으로 남아 있었다.

에필로그

1. "아버지"(father)라는 칭호는 초기 시대부터 주교에게 주어졌고, 4세기말부터 그것은 그 위상이 특별하고 그 권위가 교리적인 주장을 할 수 있다고 간주되는 어떤 특별한 성직자에게 사용되었다. 분류가 다양했고, 교부들에 대한 단일하게 일치하는 목록이 없었지만, 이런 방식으로 간주되는 사람들의 중요성은 대단했다. 중세기에 암브로스, 제롬, 어거스틴, 그리고 그레고리 대제는 교회의 주요한 "박사" 또는 교사로 알려지게도 되었다. '아버지들'과 그들의 문서에 대한 연구는 "교부학"(Patristics, 라틴어 '파트레스', "아버지들")으로 알려졌고, 그들의 작품에 관한 매뉴얼들은 전통적으로 "교부문헌집"이라 불렸다. 초기 기독교 세기들은 흔히 "교부 시대"로 지칭된다.

색인

대중적 신앙(모나크 교회사 시리즈 [2])

2012년 12월 20일 초판 1쇄 인쇄
2012년 12월 30일 초판 1쇄 발행

저 자 • 아이보르 J. 데이비드슨(Ivor J. Davidson)
역 자 • 라 은 성
발행인 • 조 경 혜
발행처 • 도서출판 그리심
156-763 서울시 동작구 사당5동 196인정 B동(B01)

등록번호 • 제 7-258호(1998. 4. 23)
출 판 사 • 전화 523-7589 팩스 523-7590
홈페이지 • http://grisim.biz
전자우편 • grisimcho@hanmail.net

값: 표지 뒷면에

ISBN 978-89-5799-328-6 (94230)

ISBN 978-89-5799-263-0 (세트)